피터 럭크만의 주석서

마태복음

피터 럭크만 지음

편집부 옮김

말씀보존학회

The Bible Believer's Commentary Series

THE GOSPEL OF MATTHEW

By

Peter S. Ruckman, Ph.D.

Bible Baptist Bookstore

Pensacola, Florida

1996 / Korean by Word of God Preservation Society

Seoul, Korea

피터 럭크만의 주석서

마태복음

편집자 서문

마태복음이 유대인의 왕으로 오신 예수 그리스도를 묘사한다는 것은 신학을 공부한 사람이면 누구나 알고 있는 사실이다. 그러나 대부분의 사람들은 마태복음의 본문을 대할 때 "유대인의 왕"이신 예수 그리스도에 대한 관점으로 해석하지 않는다. 그들은 마태복음의 각 구절들을 교회에게 주는 영적인 교훈으로 적용하며, 더 나아가 교회 시대에 해당하는 교리로 삼아 버린다. 이렇게 될 때 문제는 심각해져, 하나님께서 사도 바울에게 주신 교회에 대한 계시가 흔들리게 되고, 교회가 그리스도 안에서 안전하다는 교리는 무너지게 된다. 왜냐하면 마태복음은 교회와 교회 시대를 대상으로 기록되어 있지 않고, 유대인과 왕국을 겨냥하여 기록되어 있기 때문이다. 이 왕국은 하나님께서 구약성경을 통해 유대인들에게 그렇게도 강조하여 약속해 오신 "다윗의 보좌"로 대표되는 왕국인데, 이 왕국은 팔레스타인 땅에 실제적으로 세워질 것이고, 예수 그리스도께서는 그 왕국에서 다윗의 보좌에 앉아 실제적으로 이 땅을 다스리실 것이다.

그러므로 마태복음을 교리적으로 공부할 때는 항상 "왕"이라는 단어와 "왕국" 또는 "천국"이라는 단어를 깊이 유념해야 한다. 마태복음은 신약의 다른 책들과 달리 구약의 연속선상에 있다. 구약성경은 하나님께서 이스라엘과 유다 왕국을 다루시면서 그들을 통하여 하나님께서 원하시는 왕국을 세우시려는 것에 초점이 맞추어져 있으며, 인간들의 죄악된 본성으로는 결코 그 왕국을 실현할 수 없기에 실패가 거듭되는 역사 속에 완전한 왕이신 메시아에 대한 예언이 지속적으로 강조된다. 이제 마태복음에서는 그 예언이 성취되어서 메시아이신 왕이 나타나시어 유대인들을 구원하시고 그들에게 약속하신 왕국을 세우려고 하신다. 그러므로 마태복음은 처음부터 끝까지 왕으로서의 사역을 수행하시는 예수 그리스도가 강조되신다.

물론 마태복음의 마지막에서는 "새 언약"(New Testament)이 선포되고, 그 언약으로 인해 교회 시대를 향한 문이 열리게 된다. 그리고 마태복음에서 이방인들이 구원받는 부분도 종종 등장한다. 또 『**무엇이든지 전에 기록된 것은 우리의 교훈을 위하여 기록된 것이니 이는 성경이 주는 인내와 위로로써 소망을 지니게 하려 함이니라.**』(롬 15:4)라는 말씀에 따라 마태복음에서 교회를 향한 영적인 교훈들도 종종 발견할 수 있다. 그러나 이러한 사실들이 마태복음을 교회 시대를 위한 책으로 만들지는 못한다. 영적인 교훈은 어디까지나 영적인 교훈으로 끝나야 된다. 영적인 교훈이 교리화되어 마태복음이 교회 시대의 교리로 가르쳐질 때 성경은 모순투성이가 되고, 성경을 읽는 사람들은 혼란에 혼란을 거듭하게 되는 것이다. 그래서 성경은 『**네가 진리의 말씀을 올바로 나누어 자신이 하나님 앞에 부끄럽지 않은 일꾼으로 인정받도록 공부하라.**』(딤후 2:15)라고 말씀하고 계신 것이다.

하나님의 말씀을 음식으로 젖, 꿀, 사과, 빵, 고기라고 하는데, 마태복음은 이 가운데 고기에 해당된다. 따라서 로마서, 갈라디아서, 에베소서, 데살로니가전후서, 요한계시록 등의 책으로 기준 신학을 형성하지 못한 사람이 마태복음을 이해하기란 마치 젖을 먹는 어린아이가 고깃덩이를 먹으려는 것과 같다고 말할 수 있다. 이 주석서 한 권으로 이제 거짓 교사들은 더 이상 성경을 가르친다고 나설 수 없게 될 것이며, 지금까지 마태복음을 영적으로, 은유적으로 적용하여 혼란을 가중시킴으로써 더욱 어렵게 만들었던 부분이 이제는 바로잡혀지게 되었음을 커다란 기여라고 자신 있게 말할 수 있게 되었다.

역자가 알고 있는 한, 저자 피터 럭크만 박사는 성경을 올바로 나누어 공부하는 데에 있어 세계적인 권위자로서, 다른 책들도 마찬가지이지만, 마태복음 주석을 통해 성경 속에서 마태복음의 정확한 교리적 위치를 찾아내어 예수 그리스도의 왕 되심과 그분의 왕국의 영원무궁함을 높이 드러낸다.

본서는 원래 편저로 재편집할 의도였으나, 마태복음의 심각성을 감안할 때 무리라는 판단이 들어 저자의 의도를 따라 번역하기로 했다. 단지 저자의 허락을 받아 약간의 수정을 가하여 미국 사회에 치중된 예는 가능한 한 필요한 부분만 선별했으며, 우리나라 실정에 따라 독자들이 꼭 알아야 할 부분들은 부연 설명하여 독자들의 이해를 도왔다.

아무쪼록 이 한 권의 책을 통하여 기존에 잘못 알려져 있던 거짓 교리들이 무너지고, 주님께 헌신하려는 그리스도인들이 진리의 말씀으로 올바로 무장되어 주님이 원하시는 훌륭한 군사로 성장하기를 바란다.

1996년 2월

편집자

들어가는 말

마태복음을 공부하려 할 때 조심스럽게 이해해야 할 두 가지가 있다. 그것은,

첫째, 마태복음은 유대인의 왕으로 오신 메시아 예수 그리스도를 묘사하고 있다는 것과

둘째, 마태복음은 전환기적인 책으로서 구약과 신약의 중간기에 놓인다는 것이다.

그러므로 마태복음에서의 대부분의 구절들은 이방인이나 교회와는 관계없이 오로지 유대인에게만 적용될 수 있다는 점을 이해해야 한다. 물론 모든 성경은 하나님의 영감으로 기록된 것이기에 성경의 어떤 구절이든지 성도들을 책망하고, 바로잡아 주고, 의로 훈육하는 데에 유익하게 사용할 수 있다. 그러나 성경 기록의 첫째 목적은 "교리"(doctrine)이다(딤후 3:16,17).

교리적인 면으로 성경을 공부할 때 우리는 그 성경 구절들을 올바로 나누어야 하고(딤후 2:15), 그것들을 유대인과 이방인과 교회에게 올바로 적용해야 할 것이다. 물론 유대인에게 쓴 내용이나 이방인에게 쓰인 내용을 교회가 영적인 적용을 하여, 성도들의 영적인 생활에 의롭게 교육할 수는 있으나(롬 15:4), 교리적으로 정확하게 나누지 못할 경우에는 엄청난 오류를 가져오게 된다.

이러한 점에서 볼 때 마태복음을 유대인에게 적용시킨다는 것은 매우 중요하고, 또 흥미로울 것이다. 물론 마태복음에는 교리적으로 교회에 적용되는 내용이 종종 발견된다. 이것은 마태복음이 유대인 세대로 대표될 수 있는 구약과, 교회 시대로 대표될 수 있는 신약과의 전환기적인 책이기 때문에 발견되는 내용들이다. 어떤 구절이 누구에게 적용되는가는 앞으로 한 장 한 장 넘어갈 때마다 자세하게 다루겠지만, 이와 유사하게 신약성경에서 전환기적인 책으로 그 위치를 잡고 있는 성경들이 있다. 바로 사도행전과 히브리서이다. 마태복음이 구약과 신약의 전환기적인 책이라면, 사도행전은 유대인 세대와 교회 시대의 전환기적인 책, 또는 왕국 복음과 은혜의 복음과의 전환기적인 책이고, 히브리서는 교회 시대와 환란 시대의 전환기적인 책이다.

이에 대해 바울 서신들은 교회 시대를 위한 책들이다. 바울은 그리스도의 몸 된 교회에 대해서 계시를 받은 인물이며, 유대인이 아닌 이방인을 위한 사역자였다. 그러나 바울 서신들에는 교회 시대에 적용되어야 할 교리로 가득 차 있고 은혜의 복음으로 일관하지만, 앞서 말한 전환기적인 책들은 은혜의 복음만으로 일관하지 않는다. 오히려 이 책들은 구약의 율법과 관계가 있고, 행위 구원과 관계있으며, 그래서 교회 시대와는 달리 끝까지 견뎌야 구원받는다는 내용이 등장하고(마 24:13, 히 3:14; 6:1-6), 왕국 복음(the gospel of the kingdom)과 그 표적들이 나타난다(마 10장, 행 2장).

특별히 마태복음은 왕국 복음과 깊은 관계에 있으며, 예수 그리스도께서 죽으시고 부활하시기 이전인 26장까지는 아직 구약에 속한 부분이다. 마태복음 26장 이전까지는 아직 예수 그리스도께서 죽으시지 않았고, 그는 여전히 구약의 율법에 나타난 의(righteousness)를 제시하셨을 뿐만 아니라 구약의 율법보다 더 어려운 의, 곧 왕국의 법을 제시하고 계신다(마 5-7장).

그리고 이 의는 왕국과 관련된 것인데, 이것은 하나님께서 자신의 백성인 유대인들을 위해 신정국가를 세우시기 위한 계획의 연속선상에 있다. 성경의 역사는 왕국(the Kingdom)으로 일관하는데, 구약 시대에 유다와 이스라엘의 역사는 하나님의 신정통치의 영역으로서, 하나님께서는 그들의 잘못으로 이방인에게 포로로 잡혀가게 하시지만 그들의 남은 자들로 하여금 강력한 메시아를 맞이하도록 계획을 세우신 것이고, 예수님께서는 그 약속된 메시아로 나타나시는 것이다. 그래서 왕국 복음이란 그 약속된 메시아를 받아들이라고 선포하는 것이다(마 4:17). 마태복음은 바로 이러한 관점으로 일관하는데, 메시아인 예수 그리스도께서 약속된 유대인의 왕으로 오셔서, 왕국의 법령들을 가르치시고(마 5-7장), 왕으로서의 표적을 행하시며(마 8,9장), 거부당한 왕으로서 죽임을 당하시고, 왕답게 부활하셔서 하늘로 오르시는 것이다.

그러나 마태복음이 전환기라는 것은 교회 시대와도 관계된다는 것이기도 하다. 마태는 표면적으로 유대인과 관련해서 기록하고 있으나, 그 밑에는 교회에 대한 암시가 많이 깔려 있다. 신약에서 "교회"(Church)라는 말이 마태복음 16:18에서 처음으로 언급된다. 또한 18:17에서는 교회의 징계에 대해서 언급하고 있는데, 이 규례는 지역 교회의 징계에 관한 지침이 된다.

이러한 근거는 마태복음 1:1에서 제시되는데, 마태복음 1장은 왕의 계보를 기록한 장으로서, 그분의 출생이 구약 예언의 성취임을 나타내 주고 있다. 마태복음 1:1은 『**다윗의 아들이요, 아브라함의 아들인 예수 그리스도의 세대에 관한 책이라.**』라고 되어 있다. 우리는 여기서 구약에 나타난 하나님의 일곱 가지 언약 중에서 중요한 두 가지를 발견하게 되는데, 그것은 바로 "다윗의 언약"(Davidic Covenant)과 "아브라함의 언약"(Abraha- mic Covenant)이다.

1. 다윗의 언약은 누가복음 1:32,33의 말씀대로 메시아, 곧 그리스도께서 다윗의 씨로 오신다는 것이다. 이것은 유대인과 관계되어 있으며, 이스라엘의 실제적인 회복과 관련되어 있는데, 이것은 실제적이며 문자적이고 가시적인 다윗의 보좌에서 메시아가 실제적으로 이 땅을 다스린다는 "땅에 속한"(earthly) 언약이다.

2. 반면에 아브라함의 언약은 육적인 것과 영적인 언약 둘 다를 포함하고 있다. 영적으로는 "믿음의 조상"인 아브라함의 씨인 예수 그리스도를 믿는 자녀들이 하늘의 별과 같이 많아질 것이라는 내용을 말하지만(갈

3:14,29), 그 육적으로는 역시 이스라엘과 관련된 것으로, 이스라엘이 하늘의 별과 같이 많아질 것이라는 언약과(창 12:1-3) 팔레스타인 땅을 유업으로 준다는 언약(창 17:8)을 설명한다. 그러므로 이것도 역시 유대인과 관련되어 있는데, 마태복음 1:1은 단지 메시아 왕의 뿌리를 설명한 것이 아니라, 이러한 두 개의 언약을 성취하시는 메시아를 제시하는 것이다.

이 두 언약이 제시된 것은 마태복음이 유대인으로 시작했다가 교회로 끝난다는 점을 설명하는 것이기도 하다. 다윗의 언약은 분명히 육적인 이스라엘과의 언약이지만, 아브라함의 언약은 영적인 언약을 포함하여 교회와도 연결되고 적용되는 언약이다. 그래서 마태복음은 유대인을 다루는 것으로 시작해서 일관되게 유대인을 다루고 있지만, 암시적으로 교회를 다루고 있으며, 이 책의 마지막인 28:18-20에서는 교회에게 주시는 언약으로 끝맺고 있다. 이 지상명령을 받은 사람들은 일차적으로는 유대인으로서, 왕국 복음을 맡은 자들이나 28:19의 『**모든 민족**』(all nations)은 항상 이방인을 가리키는 말이며, 교회는 유대인과 이방인이 예수 그리스도 안에서 하나가 되는 새로운 유기체이기에(엡 2:14-16) 이 명령은 교회 시대에 적용될 수 있는 지상명령이다. 더욱이 28:19의 침례에 대한 언급은 그것이 교회 시대에 적용된다는 것을 뚜렷이 나타내 주는데, 『**아버지와 아들과 성령의 이름으로**』 침례받는 것은 이방인들(교회)이 받는 침례이기 때문이다. 유대인은 오로지 "예수 그리스도의 이름"으로만 침례를 받는다(28장 참조).

그러나 마태복음에서 주로 강조하는 것은 온 인류의 구주이신 예수 그리스도가 아니라 유대인의 왕이신 예수 그리스도, 즉 다윗의 아들이신 예수 그리스도이다. 그러므로 마태복음을 공부하려고 할 때는 언제든지 "왕"(king)이라는 단어를 기억하고 시작해야 한다. 그리고 이 책이 전환기적인 책이라는 것에 대해서는 아직 예수 그리스도께서 죽으시지도, 묻히시지도, 부활하시지도 않은 상태(26장 이전까지)라는 것을 기억하고, 유대인의 경륜으로부터 유대인과 이방인이 합쳐진 그리스도의 신부인 교회의 경륜 사이에 위치한 책이라는 것을 항상 기억해야만 한다.

마지막으로 마태복음 1장의 본문에 들어가기 이전에 다루어야 할 내용은 마태복음의 기록자에 관한 문제이다. 이 책은 A.D. 37년경에, 세리였으며 사도가 된 마태(마 9:9; 10:3)에 의해 기록되었다. 어떤 사람들은 마태복음의 기록과 관련해서 "두 문서 이론"(two-document theory)을 제시하여, 이 책이 성령에 의해 영감받았다는 사실을 부인한다. 이 이론은 NCC를 지지하는 교단 신학교들에서 가르치는 이론인데, 마태가 이 책을 기록할 당시에는 두 개의 다른 문서, 즉 마가복음과 어떤 밝혀지지 않은 (전설적인) 또 하나의 문서(Q 문서)가 있어서, 마태는 이 두 문서를 참조하면서 기록했다는 이론이다. 공관복음들은 많은 부분이 일치하는 내용을 담는데, 이 중 마가복음이 일치하는 부분에서 가장 많은 부분을 담고 있다는 이유로 마가복음이 마태복음과 누가복음의 기초가 되었다고 말하고, 마태복음에는 있으나 마가복음에는 없는 내용들은 "이름 모를 어떤"(Q) 문서를 참고했다고 말하는 이 유치한 이론은 C.H. 바이스(Weisse)에 의해서 주창되고(1838), 스트리터(Streeter)에 의해서 옹호되었으며(1924), 가짜 학자들과 거듭나지 않은 신학자들의 입에서 여전히 칭송받고 있다.

그러나 성경대로 믿는 그리스도인들은 이 거짓된 이론을 부정한다. 왜냐하면 그리스도인들은 학자들의 말보다 성경 말씀을 더 신뢰하기 때문이다. 베드로후서 1:21에는 분명히 『**예언은 예전에 사람의 뜻에서 나온 것이 아니요 오직 하나님의 거룩한 사람들이 성령으로 감동을 받아 말한 것이니라.**』라고 되어 있고, 디모데후서 3:16에서는 『**모든 성경은 하나님의 영감으로 주어진 것으로...**』라고 말씀하고 계시기 때문이다. 하나님의 말씀을 사랑하는 사람들은 모든 학자들의 이론들을 말씀의 칼로 잘라 버린다. 그것은 세상의 유치한 원리를 따른 것이기 때문이다(골 2:8).

앞으로 각 장들을 전개해 나가면서 이러한 내용들은 증명될 것이다. 그러나 이 책을 공부하기 이전에 먼저 갖추어야 할 자세는 말씀 앞에서의 겸손이다. 그리고 이것은 하나님 앞에서의 겸손이기도 하다. 자, 이제 "갓난아기들로서 순수한 말씀의 젖"을 사모하며(벧전 2:2) 이 책을 열어 마태를 통하여 계시하신 하나님의 가르치심에 귀를 기울이자. 이 책의 문자 하나하나에 주의를 기울이며, 단어 하나하나에 마음을 쏟자. 마태복음은 총 28장이며, 1,071구절로 구성되어 있다.

차 례

이 책에 인용된 성경 구절은 〈한글킹제임스성경〉입니다.

마태복음 1장

1:1 다윗의 아들이요, 아브라함의 아들인 예수 그리스도의 세대에 관한 책이라.

마태복음 1장에는 예수 그리스도의 계보가 나오는데, 이 계보는 "메시아의 계보"(the Messianic line)이다. 이 계보는 예수 그리스도의 왕권의 정통성을 설명해 준다. 그리고 그 정통성은 조그마한 불순물도 섞이지 않은 순수한 왕적 혈통임을 나타낸다. 여기서 순수하다고 한 것은 '왕적'(royal) 혈통이라는 관점에서 순수하다는 것임을 주목해야 한다. 왜냐하면 '경건한 혈통'(godly line)이라는 관점에서 보면 예수 그리스도의 계보는 더럽기 그지없기 때문이다.

마태복음 1장에는 5명의 이방인 여자들이 등장한다. 다말(3절), 라합(5

절), 룻(5절), 밧세바(6절), 그리고 언급되지는 않았으나 르호보암의 어머니인데, 다말은 카나안 여인으로서 시아버지인 유다 사이에서 아들들을 낳았던 여인이고(창세기 38장), 라합은 아모리 여인으로서 직업적인 창녀였으며[야고보서 2:25의 "포르네"(πόρνη)라는 단어는 분명히 창녀를 가리킨다], 룻은 모압 여인으로서 보아스의 침소 속으로 몰래 들어갔었고(룻 3:7-9), 밧세바는 다윗을 유혹했던 헷인 족속 여인이며(삼하 11:2-4), 르호보암의 어머니는 암몬 여인이었다. 이들 중 적어도 3명이 간음죄와 관계가 있으며, 그중 한 명은 직업적인 창녀였다. 또한 솔로몬은 1,000명의 아내를 거느렸고, 언급된 왕들 중에는 하나님이 보시기에 악한 왕들도 있었다. 참으로 마태복음 1장에 나오는 예수 그리스도의 계보를 '경건한 혈통'이라고 하기엔 많은 문제점이 있다.

그럼에도 불구하고 이 계보는 '메시아적인 혈통'이다. 이 말은 왕의 정통성과 관계가 있는데, 그 왕의 정통성은 '다윗의 보좌'를 차지하는 데 있고, 그러기 위해서 다윗의 씨임을 정확하게 그리고 있기 때문이다. 구약성경의 역사서를 자세히 읽은 사람이라면 누구나 마태복음 1장의 이 계보가 실제 유다 왕들의 역사와 일치하지 않는다는 것을 발견했을 것이며, 또한 누가복음 3장을 자세히 읽은 사람이라면 누구나 마태복음의 족보와 누가복음의 족보가 일치하지 않는다는 사실을 발견했을 것이다. 그리고 좀 더 면밀히 이 부분을 연구한 사람이라면 이러한 차이들이 성령님의 의도였다는 사실을 발견해 냈을 것이다.

이 세 계보들의 차이는 다음과 같은 의미를 갖는다.

1. 구약 역사서: 남북 왕조 왕들의 역사와 그 행적들로, 그 당시의 역

사적 사실들을 정확하게 제시한다.

2. 누가복음: 위로는 하나님까지, 아래로는 마리아의 남편 요셉으로까지 이어지는 계보로서, 하나님으로서의 그리스도가 인간으로 오신 것을 강조한다.

3. 마태복음: 다윗의 보좌에 앉으시는 유대인의 왕으로서의 예수 그리스도를 언급한다. 그 과정에서 왕의 정통성과 관계없는 것들은 과감하게 잘라 버리고, 그 씨에 대해서 오해가 있을 만한 부분에 대해서는 세심한 주의를 기울인다.

『**예수 그리스도의 세대에 관한 책이라**』(1절).

“세대에 관한 책이라”[the book of the generation(s)]는 표현은 성경에서 두 번 나온다.

창세기 5:1, 『**아담의 세대들에 관한 책이라.**』

마태복음 1:1, 『**예수 그리스도의 세대에 관한 책이라.**』

이 표현은 아담과 예수 그리스도께만 쓰인다. 그러나 아담은 “살아 있는 혼”(a living soul, 창 2:7)이고 예수 그리스도께서는 “살려 주는 영”(a quickening spirit, 고전 15:45)이시므로, 이 두 표현은 각각 대조되는 상황을 보여 준다.

아담은 그리스도의 한 유형이다(롬 5:16-21, 고전 15:45-47). 그리고 이 두 사람의 두 계보는 두 유형의 사람들을 묘사한다. 중요한 것은 아담의 계보에서는 『**그가 죽으니라.**』(and he died)라는 표현이 계속 나오는데, 그리스도의 계보에서는 “죽는다”라는 표현이 나오지 않는다는 것이다. 이는 이 둘이 묘사하는 것이 각각 다르기 때문이다.

아담은 "죽음"을 묘사한다. 왜냐하면 아담 안에서는 모두가 죽기 때문이다(고전 15:22). 그러나 그리스도는 "생명"을 묘사한다. 왜냐하면 그분은 길이요 진리요 "생명"이시기 때문이다(요 14:6).

1:2 아브라함은 이삭을 낳고, 이삭은 야곱을 낳고, 야곱은 유다와 그의 형제들을 낳고,

3 유다는 다말에게서 파레스와 사라를 낳고, 파레스는 헤스론을 낳고, 헤스론은 아람을 낳고,

4 아람은 아미나답을 낳고, 아미나답은 낫손을 낳고, 낫손은 살몬을 낳고,

5 살몬은 라합에게서 보아스를 낳고, 보아스는 룻에게서 오벳을 낳고, 오벳은 이새를 낳고,

6 이새는 다윗왕을 낳으니라. 다윗왕은 우리아의 아내였던 여인에게서 솔로몬을 낳고,

7 솔로몬은 르호보암을 낳고, 르호보암은 아비야를 낳고, 아비야는 아사를 낳고,

8 아사는 여호사밧을 낳고, 여호사밧은 요람을 낳고, 요람은 웃시아를 낳고,

9 웃시아는 요담을 낳고, 요담은 아하스를 낳고, 아하스는 히스키야를 낳고,

10 히스키야는 므낫세를 낳고, 므낫세는 아몬을 낳고, 아몬은 요시아를 낳고,

이 계보에 속한 왕들을 잠시 살펴보자.

『**아브라함은 이삭을 낳고**』(2절).

아브라함의 언약에 대해서는 본서의 「들어가는 말」 부분을 참조하라.

아브라함은 왕은 아니었지만 왕의 조상이고, 하나님께서 신정국가로 삼으시려고 했던 이스라엘 민족인 유대인의 조상이다.

창세기 20장에서 아브라함은 사라를 자신의 누이라고 속였기에 왕은 사라를 취했다. 그러나 하나님께서 아비멜렉에게 계시를 주셔서 그는 사라를 범하지 못했고 하나님께서는 이 일로 아비멜렉의 집의 모든 태를 닫으셨다. 하나님께서는 사라로 하여금 범죄하지 못하도록 하시어 타국인의 씨가 섞이지 못하게 하신 것이다. 이 일은 아브라함의 씨의 순수성을 위해 하신 일이다.

『**이삭은 야곱을 낳고, 야곱은 유다와 그의 형제들을 낳고**』(2절).

아브라함에게 있었던 이 일은 창세기 26장에서 이삭에게서도 반복된다. 이삭과 야곱과 유다는 하나님께서 아브라함에게 주신 약속의 계승자들이다.

"유다"는 "그의 형제들"보다 강조된다. 이 말은 유다가 장자권을 받았다는 말이 아니다. 우리는 이 계보가 장자권에 관한 계보가 아니라 "왕"의 계보라는 것을 인식해야 한다. 유다가 강조된 이유는 유다 지파가 왕의 지파이기 때문이다. 유다는 창세기 49:8-12(특히 10절)에서 이것에 대해 예언을 받고 있다. 또한 유다는 그의 형제들에게 찬양을 받는다(창 49:8).

『파레스는 헤스론을 낳고, 헤스론은 아람을 낳고, 아람은 아미나답을 낳고, 아미나답은 낫손을 낳고, 낫손은 살몬을 낳고, 살몬은 라합에게서 보아스를 낳고, 보아스는 룻에게서 오벳을 낳고, 오벳은 이새를 낳고』 (3-5절).

파레스에서 살몬까지는 특별한 행적이 언급되지 않는다. 다만 파레스에서 이새까지의 족보가 다윗의 예보를 말하기 위해서 룻기 4:17-22에 기록되어 있다.

『이새는 다윗왕을 낳으니라. 다윗왕은 우리아의 아내였던 여인에게서 솔로몬을 낳고』(6절).

6절에서 "아내였던"(of her that HAD BEEN the wife of Urias)이라는 표현을 주목하라. 이 말은 솔로몬을 낳을 당시에는 밧세바가 이미 우리아의 아내가 아닌 다윗의 아내였다는 사실을 확증해 준다. 하나님께서는 밧세바가 우리아의 아내였을 때 다윗과 간음해서 낳은 아들은 데려가셨다. 그리고 밧세바는 다윗의 정식 아내였을 때 솔로몬을 낳았다(삼하 12:22,23). 하나님께서는 메시아의 혈통에 순수하지 못한 우리아의 씨가 섞이지 않았다는 것을 설명하시기 위해서 그 간음으로 낳은 아들이 죽었다는 기사를 역사서에서 상세하게 다루고 계시면서도, 마태복음에서 다시 한번 강조해서 기록하심으로써 그 '씨'에 대한 의문을 완전하게 불식시키셨다. 단지 솔로몬이 간음으로 낳은 자식인지 아닌지가 중요한 것이 아니라, 그 씨의 순수성이 중요한 문제인 것이다. 변개된 〈개역한글판성경〉(이하 개역성경)은 "우리아의 아내에게서"(by the wife of Urias)라고 표현했으며, 영어 〈개역표준역본, RSV〉과 웨스트코트와 홀트의 원문 역시 그러하다.

『솔로몬은 르호보암을 낳고』(7절).

솔로몬은 다윗의 보좌를 잇는다는 점에서 메시아 왕의 한 유형이 된다. (이 말은 그의 삶 전체가 예수 그리스도의 유형이라는 말은 아니다. 오히려 그의 삶은 적그리스도의 유형과 같다.)

사무엘하 7:12-16의 말씀은 메시아이신 예수 그리스도께 적용되는 구절이다. 그러나 13절은 역사적으로 솔로몬에게 적용된다(『**그의 이름을 솔로몬이라 하라. 내가 그의 시대에 이스라엘에 화평과 평안을 주리라. 그가 내 이름을 위하여 전을 건축하리니...**』, 대상 22:9,10, 왕상 9:5).

솔로몬은 성전을 세운 자였고, 하나님께서는 그의 왕국과 그 보좌를 세우시겠다고 약속하셨으며(삼하 7:12,13 - 물론 교리적으로는 예수 그리스도에게 적용된다), 솔로몬은 성전을 짓고 이 언약을 자신에게 적용하여 기도를 한다(왕상 9:5).

더욱이 솔로몬의 통치 영역은 아브라함에게 주신 땅의 언약(창 15:18)을 이루는 메시아의 통치 영역이다(왕상 4:21,24, 겔 48:1-29). 그는 동서로는 유프라테스강에서 필리스티아인들의 땅과 이집트의 경계까지, 남북으로는 텝사에서 아사(가자)까지 다스렸다. 이 부분은 예수 그리스도께서 재림하신 후 천년왕국에서 다스리실 영토와 일치한다.

『아사는 여호사밧을 낳고, 여호사밧은 요람을 낳고, 요람은 웃시아를 낳고』(8절).

여기서 첫 문제가 발생한다. 이 문제를 해결하기에 앞서 우리는 '아들'

(son)이라는 개념을 먼저 살펴보아야 한다. 마태복음 1:1은 『**다윗의 아들**[son]**이요, 아브라함의 아들**[son]**인 예수 그리스도...**』라고 기록하고 있다. 신구약을 통틀어 성경에서 '아들'(son)이라는 말은 광범위하게 사용된다. 이 '아들'이라는 말은 기본적으로는 문자적인 직계 아들을 뜻하지만, 때때로 손자 이상을 포함하는 '자손'(children)과 '사위'(son-in-law, 눅 3:23, 삼상 24:16), '양자'(출 2:10, 마 1:1-18), 심지어 '의붓아들'(stepson)까지도 단지 '아들'(son)이라는 말로 표현되곤 한다. 이 개념을 알면 구약에서 서로 모순처럼 보이는 많은 문제점들을 해결할 수 있는데, 여기서 다루려고 하는 내용도 이 문제와 관련된다. 예수 그리스도는 다윗과 아브라함의 직접적인 아들은 아니었지만 여전히 '아들'로 표현되고 있다.

그러면 문제점은 무엇인가? 마태복음 1:8에서의 문제는 구약의 유다왕의 연대기와 다르다는 것이다. 역대기하 21-25장을 보면 여호사밧과 웃시야 사이에는 4명의 왕이 있었는데, 그들은 요람(여호람, 대하 21:1), 아하시야(대하 22:1), 요아스(대하 24:1), 아마샤(대하 25:1)이다. 그러나 성령께선 마태복음 1장에서 여호사밧과 웃시야 사이에 단 한 명의 왕, 즉 요람만을 기록하고 계시다. 구약 역사서의 관점에서 보면 다윗부터 바빌론으로 잡혀갈 때까지 17대가 된다. 그러나 마태복음 1:17은 14대라고 말씀한다. 거듭나지 않은 자연인과 배교한 신학자의 눈으로 보면 이것은 분명히 모순이다. 그러나 성경대로 믿는 그리스도인의 눈으로 보면 이것은 모순이 아니라, 성령님의 의도적인 생략이다. 그렇다면 아하시야부터 아마샤까지는 왜 메시아의 계보에서 빠져야 했는가?

역대기하 22:2을 보자. 『**아하시야가 치리하기 시작할 때 사십이 세였고**

그가 예루살렘에서 일 년을 치리하였으며 그의 어머니의 이름은 아달랴로 오므리의 딸이더라.』 역대기하 22:1에서 아하시야는 『**유다의 여호람**(요람)**왕의 아들**』이라고 불린다. 그러나 아하시야는 여호람(요람)과 그의 아내에 의해서 태어난 정상적인 여호람의 아들이 아니다. 왜냐하면 여호람이 죽을 때의 나이는 40세였는데(대하 21:20), 그가 죽고 아하시야가 왕이 될 때 아하시야는 42세였기 때문이다(대하 22:2). 분명히 아하시야는 여호람의 문자적인 아들이 아니다. 아하시야는 또한 여호사밧의 아들이라고 불리기도 하는데(대하 22:9), 역대기하 21:2에서는 여호사밧의 아들들의 이름 중에 아하시야의 다른 이름인 아사랴가 언급되어 있다. 그래서 이 문제는 여호사밧에게까지 거슬러 올라간다.

우리가 알기로 여호사밧은 분명히 남왕국 유다의 왕이다. 하지만 여호사밧은 역대기하 21:2에서 『**이스라엘의 여호사밧왕**』이라고 불린다. 그러나 솔로몬 이후의 르호보암부터 시드기야(유다의 마지막 왕)에 이르기까지 열 지파로 구성되어 있는 북왕국의 왕 이외에는 어느 누구도 '이스라엘의 왕'이라는 칭호를 갖지 못하고 '유다의 왕'이라는 칭호를 갖는다. 그러나 여기서는 예외적인 현상이 발생한다. 남왕국 유다의 왕인 여호사밧이 '이스라엘의 왕'이라고 불리는 것이다. 이때에 잠시 동안 통일 왕국이 되었었는가? 아니다. 그러나 이때에 남북 왕국들은 군사적인 동맹을 했었다(대하 18:1-34).

문제는 이때 발생한다. 이 동맹은 단지 군사적인 동맹 이상의 것이었다. 이 동맹은 혈연적인 동맹을 포함하고 있다. 이러한 혈연적인 동맹은 고대 국가들에서 흔히 있는 일이었는데, 여호사밧은 이때 오므리의 딸이며 아합의 누이인 아달랴를 아내로 맞이하며, 그때에 아달랴에게는 이미 22살의 아들 아하시야가 있었다. 그래서 아하시야는 여호사밧의 '아들'(의붓아들)이라고 불릴 수 있었고, 여호사밧은 이스라엘 왕 오므리(아합의 아버지)의 '아들'이 되어 '이스라엘의 왕'이라고 불릴 수 있었다. 그리고 아하시야는 이때 여호사밧이 전쟁터에 나가 비어 있는 유다의 왕좌에 앉게 된다. 그러나 여호람(요람)이 죽어 정식으로 왕이 되기까지는 20년의 세월이 지난다. 『**아하시야가 치리하기 시작하였을 때 이십이 세였더라. 그가 예루살렘에서 일 년을 치리하였으며, 그의 어머니의 이름은 아달랴로 이스라엘의 오므리왕의 딸이더라**』(왕하 8:26). 이 구절은 42세에 왕이 되었다고 말하는 역대기하 22:2과 모순인 것처럼 보이나 아하시야가 왕으로 임명되었다가 20년 후(42세)에 다시 왕이 된다는 것을 생각하면 전혀 모순이 아니다. 아하시야가 왕이 되기 전에 낳은 어린 아들 요아스는 열왕기상 22:26에서 『**왕의 아들**』(the king's son)이라고 불린다. 아하시야는 그때 '왕'으로 불렸다. 또한 여호사밧의 마지막 20년 중 마지막 8년은 그의 아들 여호람이 함께 통치했다. 이때 여호사밧은 북왕국의 또 다른 아하시야왕과 동맹하여 나갔고(대하 20:35), 여호람은 유다의 보좌에 앉아 있었다.

자, 그러면 이 아하시야는 어떻게 해서 여호람(요람)의 아들로 여겨질 수 있었는가? 그의 어머니는 분명히 오므리의 딸(한글개역성경이 말하는 것처럼 손녀가 아니다) 아달랴이고, 그의 의붓 아버지는 여호사밧이다. 그의 실제의 아버지는 누구인지 모른다. 여기에는 두 가지 가능성이 존재하는데, 첫째 아하시야는 여호람의 딸 시비아와 결혼하여 여호람의 사위(son-in-law)가 됨으로서 '아들'로 여겨졌을 것이다(왕하 8:27, 대하 24:1). 여호람은 아합의 딸과 결혼함으로써 아합의 집에 속한 자가 되었고(왕하 8:18), 아하시야는 여호람의 딸과 결혼하여 아합의 집의 사위가 되었다(왕하 8:27). 둘째, 여호람은 아하시야가 태어난 지 한참 이후에 아달랴와 결혼했을 것이다(레 18:8). 그래서 아하시야는 여호람의 의붓아들, 즉 '아들'이 된다. 어쨌든 이 두 가지 가능성 모두를 통해서 볼 때, 아하시야는 분명 유다 왕의 씨가 아니다. 아마도 바알 숭배자인 아달랴가 이름 모를 씨를 받아서 낳은 아들일 것이다.

그러므로 아하시야는 왕의 '씨'를 다루는 마태복음 1장의 계보에서 빠질 수밖에 없었고, 그의 씨인 요아스와 아마샤도 당연히 메시아의 계보에서 빠질 수밖에 없었다. 그리고 메시아의 계보는 요람의 씨인 웃시야로 뛰어넘어 계속 이어진다.

그러므로 마태복음 1장의 계보에는 왕의 씨를 보호하시는 하나님의 역사가 세심한 주의로 기록되어 있는데, 그것들을 정리하면 다음과 같다.

1. 아브라함 - 아비멜렉 집안의 모든 태를 닫아 사라에게 씨가 섞이지 못하게 하심

2. 다윗 - 간음하여 낳은 자식을 죽이심으로 우리야의 씨에 대한 의문을 종식시키심

3. 아하시야 - 다윗의 씨가 아닌 아하시야와 그 씨를 마태복음의 족보에서 제하심

1:11 바빌론으로 잡혀갈 무렵에 요시아는 여코냐와 그의 형제들을 낳으니라.

12 바빌론으로 잡혀간 후에 여코냐는 살라디엘을 낳고, 살라디엘은 스룹바벨을 낳고,

13 스룹바벨은 아비웃을 낳고, 아비웃은 엘리아킴을 낳고, 엘리아킴은 아소르를 낳고,

14 아소르는 사독을 낳고, 사독은 아킴을 낳고, 아킴은 엘리웃을 낳고,

15 엘리웃은 엘르아살을 낳고, 엘르아살은 맛단을 낳고, 맛단은 야곱을 낳고,

16 야곱은 마리아의 남편 요셉을 낳았으니, 마리아에게서 그리스도라 하는 예수가 나시니라.

17 그러므로 전체 세대는 아브라함부터 다윗까지 십사 대요, 다윗부터 바빌론으로 잡혀간 때까지 십사 대요, 바빌론으로 잡혀간 때부터 그리스도까지 십사 대라.

여코냐(Jechonias, Jeconiah)는 여호야킨(Jehoiachin)이다. 그는 느부캇넷살이 예루살렘에 쳐들어와 그를 잡아가기 전에 3개월간 다스렸고, 느부캇넷살은 그 대신에 시드키야를 앉혔다(왕하 24:3-20).

그의 이름의 뜻은 "여호와께서 세우신다."이다. 예레미야 22장에서 그는 '코니아(Coniah)'로 불리는데, '여호와'를 뜻하는 "Je"가 빠졌다는 것은 여호와께서 코니아를 떠나셨다는 말이며, 또 그가 끊어질 것이라는 뜻이다.

하나님께서는 예레미야 22:24에서 그를 뽑아낼 것이라고 선포하셨으며, 예레미야 22:30에서는 여코냐에 대해서 『**이는 그의 씨에서는 아무도 번성치 못하며 다윗의 보좌에 앉아 유다를 다스릴 자가 더 이상 없을 것임이라.**』**라**고 말씀하고 있다. 그러므로 만일 그리스도가 여코냐(코니아)의 씨를 받은 요셉의 씨로 태어났다면 그는 다윗의 보좌에 앉지 못하셨을 것이다.

요셉은 예수 그리스도의 친아버지는 아니나 왕의 정통성으로 볼 때 적어도 다윗의 순수 혈통을 가진 다윗의 아들이었다. 예수 그리스도는 다윗의 아들인 메시아로서의 가계(家系)가 필요하셨고, 그래서 그 가계로 유입되신 것이다. 만일 그리스도가 여코냐(코니아)의 씨를 받은 요셉의 씨로 태어났다면 그는 다윗의 보좌에 앉지 못하셨을 것이다. 왜냐하면 예레미야 22:30의 예언대로 그의 씨에서는 왕이 끊어졌기 때문이다. 단지 가계(家系)를 통한 왕의 정통성만 남아 있을 뿐이다.

그래서 그는 요셉의 가계만 빌리시고 그 씨는 그의 어머니인 마리아를 통해서 성령으로부터 받아 오신 것이다. 마리아도 역시 다윗의 딸이므로 왕족이다. 누가복음 3장의 계보는 마리아의 계보인데, 누가복음 3:23의 헬리는 마리아의 아버지이다. 하지만 여자는 씨가 없기 때문에 '씨'인 가계로 요셉의 가문을 사용하시는 것이며, 실제의 씨는 하나님으로부터 직접 오게 된다(마 1:21). 그리고 이 씨는 창세기에서 예언된 "여인의 씨"인데(창 3:15), 바로 육신으로 나타나신 하나님이시다.

1:18 이제 예수 그리스도의 탄생은 이러하니라. 그의 모친 마리아가 요셉과 정혼하였으나 동침하기 이전에 성령으로 잉태된 것이 그녀에게 나타났더라.

19 그녀의 남편 요셉은 의로운 사람이라, 그녀를 공개적인 본으로 삼기를 원치 않고 은밀히 버리려고 작정하더라.

20 그러나 그가 이 일들을 생각하고 있을 때에, 보라, 주의 천사가 꿈

에 그에게 나타나 말하기를 "너 다윗의 아들 요셉아, 네 아내 마리아를 네게 데려오는 것을 두려워 말라. 그녀에게 잉태된 아기는 성령으로 된 것이라.

본문은 예수 그리스도의 동정녀 탄생을 말하는 것으로서, 그분의 신성에 대한 가장 뚜렷한 증거가 되는 구절이다. 이것은 3년 반 동안 제자들이 보았던 모습이라든가, 그분의 모든 이적들보다도 더욱 분명하게 그분의 신성을 증거한다. 그분에게는 아담의 성품을 가진 인간 아버지가 없었다. 신정통주의자들은 "동정녀 탄생"이라는 말 대신 "신적 잉태"라는 말을 사용하기 좋아하지만, "신적 잉태"라는 말은 반드시 동정녀 탄생이 아니더라도 가능한 것이다. 예수 그리스도께서는 하나님의 특별한 도우심으로 탄생하신 정도가 아니라 인간 아버지가 전혀 없는 상태에서 탄생하신 것이다. 『**동침하기 이전에**』라는 말씀은 그들의 모든 이론을 분쇄시킨다. 이와 같은 내용을 다루고 있는 누가복음 1:34에서는 『**내가 남자를 모르는데**』(I know not a man)라고 말하고 있다. 그러나 RSV에서는 "내게 남편이 없는데"(since I have no husband)라고 말함으로써, 예수님을 여자가 남편 없이 낳은 사생아로 취급해 버리고 있는 것이다. 여자는 남편 없이 아이를 낳을 수 있다. 하지만 남자를 모르고는 절대로 아이를 낳을 수 없다. 특별히 "처녀"라는 말에 해당하는 헬라어 단어는 "파르테노스"인데, 이는 단순히 '젊은 여자' 정도가 아니라, 오직 문자적인, 생물학적인 처녀를 말할 때만 사용되는 단어이다.

『그러나 그가 이 일들을 생각하고 있을 때에, 보라, 주의 천사가 꿈에

그에게 나타나 말하기를』(20절).

"주의 천사"(the Angel of the Lord)라는 말을 주목하라. 성경에서 "주의 천사"는 매우 독특한 존재이다. 특별히 구약에서 주의 천사는 성육신하기 이전에 현현하신 예수 그리스도를 말한다. 그분께서는 하나님처럼 나타나셨고, 하나님처럼 불리셨으며, 하나님처럼 대우받으셨다(창 16:13; 19:18, 판 6:11-22; 13:18,22, 갈 4:14, 행 27:23). 그분께서 육체로 나타나셨을 때 그분은 하나님으로 대우를 받았다. "주의 천사"라 함은 "주님의 현현"을 말한다. 그래서 사람들은 주의 천사께 "주여"라고 불렀던 것이다.

고전적 헬라어에서 "천사"라는 말은 "전달자"라는 의미이다. 그러나 고전적 헬라어라 함은 소포클레스, 플라톤 등 철학자들이 B.C. 5세기경에 사용하던 헬라어인데, 우리가 주의해야 할 사항은, 신약성경은 고전적 헬라어로 기록되지 않았다는 점이다. 신약성경은 "코이네 헬라어," 즉 평민들이 사용하는 일상적인 헬라어로 기록되었다. 그러므로 우리가 신약성경을 연구할 때 고전적 헬라어의 의미는 절대로 기준이 되지 못한다. 고전적 헬라어와 코이네 헬라어는 종종 달라서, 고전적 헬라어의 의미로 보면 그 뜻이 많이 달라지는 경우도 있다. 따라서 고전적 헬라어는 신약 성경의 어휘를 연구하는 데에 결코 바른 지침서가 되지 못하며, 그래서 고전적 헬라어로 되어 있는 "칠십인역"보다 코이네 헬라어로 되어 있는 파피루스 조각들이 신약성경의 어휘를 연구할 때 훨씬 가치가 있는 것이다.

"천사"(앙겔로스)라는 단어가 대표적인 예이다. "천사"라는 말은 아이스킬로스(B.C. 525)나 이솝(B.C. 521)이나, 아크레온(B.C. 572)이나, 헤로도투스(B.C. 413) 같은 세속적 명상록들에서보다 성경에서 훨씬 많이 등장하는 단어인데, 성경에서 이 단어는 "현현"(appearance) 또는 "환영"(apparition)의 의미로 사용된다. 마태복음 18:10과 사도행전 12:15을 조심스럽게 관찰해 보라. 특별히 사도행전 12장에서는, 감옥에 갇힌 베드로를 위해 기도하고 있던 성도들에게 베드로가 나타나자 놀란 소녀가 베드로라고 얘기했을 때 사람들은 "그것은 그의 천사라."고 말한다. 다시 말해서 그들은 "그것은 그의 모습이 환영처럼 너에게 나타난 것이다. 그가 너에게 현현으로 나타나 보인 것이다."라고 말한 것이다. 이 경우 "천사"는 고전적 헬라어에서 말하는 것처럼 단순한 "전달자"가 아니다. 그것은 나타나고자 하는 자의 "현현"인 것이다.

우리 주 예수님께서도 "현현"으로 나타나셨다. 그것이 바로 구약성경에 종종 나타난 "주의 천사"이다. 주의 천사는 주님께서 현현으로 사람들에게 나타나신 것인데, 그 모습은 2,000년 전에 육체로 임하셨던 바로 그 모습이다. 그래서 사람들은 "주의 천사"를 보고 하나님과 동등하게 대했던 것이다.

자, 이렇게 해서 예수 그리스도께서 탄생하시게 되는데, 이 탄생은 철저히 예언에 근거한 것이다. 직접적인 예언은 이사야 7:14의 예언으로 마태복음 1:23에 인용되어 있지만, 보다 앞서 이 탄생은 아브라함의 언약(Abrahamic Covenant)과 다윗의 언약(Davidic Covenant)을 성취하시는 것이다. 그러나 21절을 주목하라.

1:21 그녀가 한 아들을 낳으리니 너는 그의 이름을 예수라 하라. 이는 그

가 자기 백성을 그들의 죄들에서 구원할 것이기 때문이니라."고 하
니라.
22 이제 이 모든 일이 일어난 것은 선지자를 통하여 주에 관해 말씀
하신 것을 이루려 함이라. 말씀하시기를
23 "보라, 한 처녀가 잉태하여 한 아들을 낳으리니 그의 이름을 임마
누엘이라 하리라." 하셨으니, 이를 해석하면 '우리와 함께하시는 하
나님.'이라.
24 그후 요셉이 잠에서 깨어 일어나 주의 천사가 그에게 분부한 대로
행하여 자기 아내를 데려왔고
25 그녀가 첫아들을 낳기까지 그녀를 알지 아니하였다가 *낳으니* 그가
그의 이름을 예수라 하더라.

여기서 다시 마태복음이 유대인의 왕으로 오신 메시아를 나타내는 책이라는 것이 강조되는데, 21절의 『**자기 백성**[his people]』은 일차적으로 유대인을 가리키는 말이기 때문이다. 비록 그의 백성이 영적으로는 예수 그리스도를 구주로 영접하는 모든 사람을 가리킬지라도, 여기 이 구절은 역사적으로 또 교리적으로 단 하나의 의미만을 갖는다. 즉 예수 그리스도는 유대인들을 그들의 죄로부터 구원하실 것이라는 사실이다. 누가도 이것에 대해 말했다(눅 1:68-77, 특히 77절). 베드로도 이것에 대해 말했다(행 3:26). 『**자기 백성**』이라는 말은 베드로가 이방인들에게 복음을 열어 준 사도행전 10:43까지는 아직 이방인에게 적용되지 않는다. 그의 백성이 유대인이라는 사실은 구약의 여러 구절들에서 명백하다(신 32:36, 43, 시 44:12; 83:3; 85:8 등등). 유대인은 영원히 하나님의 백성이다. 이 시대에는 일부가 반역하여 나갔지만(롬 11:25), 마지막 때에 유대인들은 그들의 죄를 씻고 다시 회복될 것이다(롬 11:26,27).

이 구절은 예언적인 의미를 갖는다. 예수님께서는 "자기 백성"을 구원하시려고 왕으로 오셨으나 당시에 그들이 영접치 아니하였으므로, 이 말씀은 예언적으로 재림 때 다시 이루어질 것이다. 주님은 분명히 "자기 백성"의 구세주이시다. 그렇기 때문에 다윗의 보좌를 그렇게도 강조하셔서 그 씨와 가계를 지키고 계신 것이다. 그것을 위해서 언약이 필요했고, 그것을 위해서 육신의 몸이 필요하셨던 것이다.

그러나 그들의 완고함으로 이 시대(교회 시대, 은혜 시대)에 사는 그리스도인들에게 은혜를 끼치게 되었다. 그리스도인들은 이 왕을 개인적인 "구주"로 모시게 된 것이다. 예수 그리스도를 왕으로 모실 수 있는 유대인들의 특권이 우리 그리스도인들에게 넘어와서 그분께서 우리의 구주가 되셨다. 믿음으로 인해 아브라함의 언약을 받아 『**자기 백성**』, 곧 "주님의 백성"(his people)에 포함된 것이 얼마나 감사한 일인가? 하지만 이 은혜의 날이 닫힐 때, 다시 유대인들의 구원이 이를 것이다. 이 은혜의 날이 닫히기 전에 우리는 이방인들을 한 명이라도 더 주님의 백성의 범주에 들어오도록 힘써야 할 것이다.

『**"보라, 한 처녀가 잉태하여 한 아들을 낳으리니 그의 이름을** 임마누엘 **이라 하리라." 하셨으니, 이를 해석하면 '우리와 함께하시는** 하나님.'**이라**』 (23절).

본문은 이사야 7:14의 인용이다. 예수 그리스도의 동정녀 탄생에 대한 교리는 성경을 믿지 않는 학자들에 의해 항상 공격을 당해 왔다. 그들은 항상 헬라어나 히브리어 같은 "원어"를 들이대면서 성경을 공격하지만, 여기서 "처녀"에 해당하는 헬라어 "파르테노스"는 오직 문자적인 처녀에게만 해당되는 단어이다. 이것이 바로 이사야가 예언했던 바로 그 내용이다. RSV는 이사야 7:14을 "보라, 젊은 여인이 임신하여 아이를 낳으리니..."라고 변개시켜 놓았지만, 이사야는 오직 "처녀"를 말했지, "젊은 여인"이나 "소녀"를 말하지 않았다. 이사야 선지자는 이 예언을 "표적"으로 제시했다. **『그러므로 주께서 친히 한 표적을 너희에게 주시리라...』**(사 7:14) 그러나 젊은 여인이 임신하는 것은 전혀 "표적"으로 제시될 수 없으며, 하나님의 능력을 제한하는 것밖에는 될 수 없다.

이와 같은 몰상식한 변개나 논쟁은 어디에서 기원했는가? 소위 "칠십인역"이라는 것에도 이사야 7:14은 "처녀"로 되어 있다. 벌게이트(A.D. 382)에도 "처녀"로 되어 있다. RV(1881)나 ASV(1901)에도 "처녀"로 되어 있다. 그러면 "젊은 여인"이라는 불경스런 헛소리는 어디에서 온 것인가? 우리는 그와 같은 것을 "바빌론 탈무드"에서 찾아볼 수 있다. 탈무드라는 것은 구약성경을 바탕으로 한 전통이 전혀 아니다. 그것은 디도서 1:14에서 경고하고 있는 "유대인들의 꾸며 낸 이야기"일 뿐이다. 랍비들은 이사야가 예언한 이 여인을 히스키야의 어머니로 둔갑시켜 버렸다. 그러나 이것은 대단히 큰 실수다. 왜냐하면 이사야 7장에서 히스키야는 이미 12살이었기 때문이다(사 7:1). 여기서 "처녀"에 해당하는 히브리어 "알마"도 다른 모든 곳에서와 마찬가지로 문자적인 "처녀"를 뜻한다. 창세기 24:43에서도, 그리고 솔로몬의 노래 1:3과 6:8에서도 이 "알마"는 "처녀"였다. (물론 RSV는 창세기 24장의 경우에도 "젊은 여인"으로 변개시켰다. 다른 역본들도 마찬가지다.)

23절은 한 걸음 더 나아가, 『**그의 이름을 임마누엘이라 하리라.**』라고 말한다. 요셉이 구주("예수")라 불렀던 이 아이는 "임마누엘"이라 불리게 된 것이다. 임마누엘이란 『**우리와 함께하시는 하나님**[God with us]』이라는 말로서, 하나님의 이름 중 하나이다. 어떻게 인간 부모로부터 자연적인 출생을 한 아이를 보고 "우리와 함께하시는 '하나님'"이라 말할 수 있겠는가? 이 말씀 앞에서 성경을 믿지 않는 모든 현대주의 가짜 학자들은 물러나야만 한다.

20세기의 학자들은 히브리어 "알마"의 의미를 바꾸어 버렸다. 그러나 아이로니컬하게도 이 단어는 로마카톨릭에 의해서 깊이 세뇌된 채 마리아에게 아주 잘 사용되고 있다. "나의 귀한 '알마 마터'(ALMA MATER)여!" "마터"(MATER)는 라틴어로 "어머니"(mother)를 뜻한다. 그래서 "알마 마터"는 "처녀 어머니," 즉 마리아를 '영원한 동정녀'라고 부르는 말이다.

『**그녀가 첫아들을 낳기까지 그녀를 알지 아니하였다가** *낳으니* **그가 그의 이름을 예수라 하더라**』(25절).

여기서 "첫"(firstborn)이라는 단어는 웨스트코트와 홀트의 친카톨릭 본문에서 삭제되었다. 물론 이 본문을 따른 RV, ASV, RSV 등 모든 현대 역본들에도 이 단어는 삭제되어 있다. (〈한글킹제임스성경〉을 제외한 모든 한글 성서들에도 마찬가지이다.) 이것은 전적으로 로마카톨릭의 영향으로서, 일이 이렇게 된 데에는 전혀 이상할 것이 없다. 이것은 마리아가 예수님을 낳은 다음에 여러 다른 아들들을 낳았다는 사실을 감춰 버리려는 로마카톨릭의 의도인 것이다.

마리아에게 예수님 이외의 다른 아들들이 있었다는 사실은 명백하다.

정신이 제대로 박힌 사람이라면 누구라도 마가복음 6:3을 읽을 때 예수님의 친형제들을 발견할 수 있을 것이다. 『**이 사람은 마리아의 아들이며, 야고보와 요세와 유다와 시몬의 형제인 목수가 아니냐? 또 그의 누이들이 여기 우리와 함께 있지 아니하느냐?**』(막 6:3) 로마카톨릭이 이 본문을 배척하는 전형적인 방법은, 여기에서의 "형제와 자매"는 실제로는 "사촌들"이라고 말하는 것이다. 그리고 성경은 때때로 혈연관계를 언급할 때 용어들을 혼용하곤 한다며(마치 우리가 마태복음 1:8 주석에서 "아들"이라는 용어가 광범위하게 사용된 것을 본 것처럼), 그들의 거짓말을 정당화한다. 그러나 이번 경우에는 그들의 오류가 분명하게 드러난다. 왜냐하면 성경에서 "사촌"을 언급할 때에는 분명하게 "사촌"이라는 단어가 사용되기 때문이다! 누가복음 1:36을 보라. 성령님께서는 마리아와 엘리사벳의 관계를 말씀하실 때 "자매"(sister)라는 용어를 사용하실 필요가 없으셨다. 성령님께서는 분명히 "너의 '사촌' 엘리사벳도..."라고 분명히 말씀하시는 것이다. 누가복음 1:58도 보라. 엘리사벳이 아들을 낳은 장면을 기록하시면서 성령님께서는 『**그녀의 이웃들과 사촌들이...**』라고 기록해 놓으셨다. 이웃을 말할 때는 "이웃"으로, 형제를 말할 때는 "형제"로, 사촌을 말할 때는 "사촌"으로 말씀하시는 것이다. 만약 마가복음 6:3에 언급된 사람들이 예수님의 사촌들이라면, 왜 그 구절에 "사촌"이라는 말이 없는 것인가? 그것은 그들이 사촌들이 아니라 예수님의 친형제들이기 때문이다.

이들에 대해서는 시편 69편에서도 제시된다. 『**내가 내 형제들에게는 낯선 사람이 되고 내 모친의 자녀들에게는 외국인이 되었나이다**』(시 69:8). 바로 뒤 구절인 『**주의 전을 위한 열성이 나를 삼켰으며...**』(시 69:9)라는 말씀을 요한복음 2:17과 연관시켜 볼 때, 여기서 "나"는 다윗이 아니라 예수님을 가리킨다. 즉 예수님께 친형제들이 있었다는 말이고, 마리아는 다른 자녀들이 있었다는 말이다. 이들 형제들은 처음에는 주를 믿지 않았다. 요한복음 7장에서도 『**이는 주의 형제들까지도 주를 믿지 아니함이더라.**』(요 7:5)라고 말씀하고 있다. 이 형제들 중 하나가 야고보인데, 이 야고보는 열두 사도에 속한 야고보가 아니다. 세베대의 아들 야고보도 아니고 알패오의 아들 야고보도 아니다. 그는 요셉과 마리아 사이에 태어난 야고보로서, 예수님의 동생이고, 후에는 회심하게 된다. 고린도전서 15:7은 그리스도께서 부활하셔서 사람들 앞에 나타나셨다고 말씀하시는 부분에서, 열두 제자에게 나타나셨다는 것과 별도로 이 야고보에게 나타나셨다는 말씀을 강조해서 하신다. 『**그후에 야고보에게 보이셨고 그후에는 모든 사도에게... 보이셨느니라**』(고전 15:7,8). 마리아는 분명히 "첫"아들 예수님을 낳은 이후에 다른 자녀들을 낳았다. 그러므로 마태복음 1:25에서 "첫"(firstborn)이라는 단어를 빼 버린 것은 "마리아의 영원한 처녀성"이라는 미신적 교리를 강조하기 위해 꾸며 낸 로마카톨릭의 거짓말에 동조해 버린 매우 심각한 변개인 것이다.

마태복음 2장

마태복음 1장의 순수한 왕의 계보가 예수님께서 왕의 임무를 수행하시기 위해 나타나시는 뿌리를 제시한다면, 2장은 그 뿌리를 통하여 성육신하시는 왕의 탄생을 나타낸다. 여기서 묘사되는 그분의 탄생의 모습은 구세주의 탄생이 아니라 이스라엘 왕의 탄생이다.

2:1 이제 헤롯왕 때에 예수께서 유대의 베들레헴에서 태어나셨으니, 보라, 동방으로부터 현자들이 예루살렘에 와서
2 말하기를 "유대인의 왕으로 태어나신 분이 어디 계신가? 우리가 동방에서 그분의 별을 보고 그분께 경배드리러 왔노라."고 하더라.

마태복음 2장의 큰 주제는 왕의 탄생이다. 1장에서 우리는 왕께서 나타나시는 모습을 그의 족보를 통해서 살펴보았는데, 하나님께서 그의 택한 백성 유대인을 구원하시기 위하여 그들의 왕의 씨를 얼마나 세심하게 보호하셨는가를 볼 수 있었다. 그렇게 순수한 왕의 계통을 통하여 이제 왕이 나타나는데, 그것은 구약 시대의 유대인들이 기다리던 것처럼 영광스런 왕의 입성이 아니었다. 오히려 그 모습은 말구유에 누우신 작은 아기의 모습이었다. 그럼에도 불구하고 마태복음 2장에서는 초라한 말구유가 묘사되지 않고 왕과 관련하여 예루살렘과, 왕이 받으시는 경배가 묘사되어 있다.

『**예수께서… 태어나셨으니**』라는 말은 예수님께서 탄생하신 정확한 날짜를 말하는 것이 아니라, 그분의 탄생 근처의 어느 때를 말한다. 마태복음 2:8-11의 사건과 누가복음 2:15,16의 사건을 자세히 비교해 보면, 상당한 차이가 난다.

신약성경에는 몇 명의 "헤롯"들이 나타나는데, 여기의 헤롯은 사도행전 12:1의 헤롯이 아니며, 또 이 둘 사이에는(마태복음 2:1의 헤롯과 사도행전 21:1의 헤롯) 마태복음 2:1의 헤롯의 아들인 헤롯 아켈라오(마 2:22)가 통치한다.

이 현자들은 "동방"에서 온 사람들이다. 그들은 동쪽에서 서쪽으로 여행해 왔는데, "동방으로부터"라는 표현은 중요하다. 성경에서 이 방향으로 움직이는 거의 모든 것은 좋은 움직임이기 때문이다. 히틀러(1889)와 나폴레옹(1769)은 모두 이 성경적 현상을 관찰하는 것을 실패한 것으로 인해 그들의 생을 마쳐야 했다. 반면에 호레이스 그릴리(Horace Greeley,

1811)는 이것에 대해 아무런 지식도 없이 우연히 "젊은이여, 서쪽으로 가라."라는 표현을 만들어 냈다. 이것은 〈킹제임스성경〉의 풍요로움 가운데서 발견되는 것 중 하나인데, 웨스트코트와 홀트의 변개된 헬라어를 연구하는 데에 시간을 낭비하는 학생들에게는 간과되어지는 것이다. 이것을 정리해 보면 다음과 같다.

서쪽에서 동쪽으로 가는 방향은 거의 나쁜 방향이다.

1. 하나님께서 아담과 이브를 쫓아내실 때 그들을 동쪽으로 쫓아내셨다(창 3:24).

2. 카인이 하나님 앞에서 떠났을 때, 그는 동쪽을 향해서 나아갔다(창 4:16).

3. 야곱이 "타락"해서 에서로부터 도망쳤을 때, 그는 동쪽으로 갔다(창 28:10).

4. 포로로 잡혀가는 첫 번째 지파는 요단의 동쪽에 자리를 잡았다(민 32장).

5. 유대인들이 포로로 잡혀갔을 때, 그들은 동쪽으로 갔다(렘 52장).

6. 다윗이 압살롬으로부터 피하여 목숨을 구했을 때, 그는 동쪽으로 갔다(삼하 16-18장).

7. 서쪽에서 동쪽으로 가는 것은 지구가 태양에 대해서 자전하는 방향이고, 그것은 지성소를 떠나 성막 밖으로 나가는 방향이다(출 27:13).

이에 대해 동쪽에서 서쪽으로 가는 방향은 거의 좋은 방향이다.

1. 하나님께서 아브라함을 그 땅으로 부르셨을 때, 하나님께선 그를 서쪽으로 가라고 하셨다(창 12:1-6).

2. 야곱이 권리를 얻어 집으로 돌아올 때, 그는 서쪽을 향해서 갔다(창 32-35장).

3. 유대인들이 팔레스타인 땅으로 들어갔을 때, 하나님께서는 그들을 사해 넘어 서쪽으로 보내셨다(민 19-25장).

4. 포로에서 돌아왔을 때, 그들은 서쪽으로 여행했다(에스라 - 느헤미야).

5. 하나님께서는 복음이 동쪽, 즉 아시아로 가는 것을 금하시고, 바울을 서쪽으로 보내셔서 복음이 유럽으로 가게 하셨다(행 16:6-10).

6. 동에서 서로 가는 것은 태양의 방향이고, 태양은 세상을 역행하여 움직이시는 예수 그리스도의 한 모형이다(말 4:2, 요일 2:15).

7. 성전으로 들어갈 때 지성소로 가는 방향은 동에서 서이고, 예수님께서는 그 방향으로 예루살렘에 들어가셨다.

『**유대인의 왕으로 태어나신 분이 어디 계신가?**』(2절)

이것은 신약성경에서 나오는 첫 번째 질문이다. 그리스도의 침례 이전에 사람들이 물어본 첫 질문은 『**유대인의 왕으로 태어나신 분이 어디 계신가?**』였다. 침례받으신 후 그리스도께서 처음으로 하신 질문은 『**너희가 무엇을 찾느냐?**』(요 1:38)였다. 또 구약성경에서 하나님께서 물으신 첫 번째 질문은 『**네가 어디에 있느냐?**』였다. 누군가가 무엇인가를 찾고 있는 것이다! 사람들을 찾으시는 분은 하나님이시다. 그리고 어떤 사람들은 이에 응답하여 그분을 찾는다(눅 19:10).

자, 동방으로부터 온 현자들이 예루살렘으로 와서 왕을 찾는다. 그리고 그들은 왕을 찾았다. 여기서 동방의 현자들이 왕을 찾는 모습은 주목할 만하다. 왜냐하면 그들은 별을 보고 "유대인의 왕"을 찾았기 때문이다. 이 사실은 당시 동방에 있던 사람들 사이에도 유대인의 신앙이 알려져 있다는 것을 보여 준다.

이방인들이 이스라엘의 하나님, 여호와를 알았다는 사실은 생소한 일이 아니다. 창세기 9:26에서 아브라함의 아내를 취할 뻔했던 아비멜렉은 꿈에 하나님의 경고를 받았었고, 예레미야 40:2-5에서 바벨론의 군대 대장 느부살아단도 예루살렘에 대한 하나님의 경고를 알고 있었다. 바벨론의 느부갓넷살도 하나님의 계시를 알았다(단 4장). 이쯤 되면 이방인들이 유대인의 메시아에 대한 예언을 알았다고 생각하는 것이 이상한 일이 아니다. 더욱이 공부를 했을 만한, 동방으로부터 온 현자들이 창세기 49장에 나오는 유다에 대한 예언들을 알았을 가능성은 충분하다.

여기서 "현자들"은 헬라어로 "마고이"(*μάγοι*)라 하는데, 이는 "마법사"(magician)라는 말과 같은 말이다. "막"(mag)이라는 말은 바벨론 사람의 이름에 덧붙여지기도 한다("랍막," 렘 39:13).

그런데 "동방으로부터 온" 현자들은 20세기의 후천년주의 학자들이나 무천년주의 학자들이 갖고 있었던 것보다 더 많은 성경 지식을 갖고 있었다. 그들은 다니엘이 동방에 있었을 때 기록했던 다니엘 9장 및 그 외 구약에서 메시아에 관해 예언한 부분들을 알고 있었던 것이다. 우리는 구약성경을 통하여 예수 그리스도의 초림의 시기를 알 수 있다.

1. 느헤미야 2:1에서 아탁세르세스왕(B.C. 445-446년)이 칙령을 선포한 때로부터 계산했을 때, 다니엘 9장을 통하여 그리스도께서 승리로 예루살렘에 입성하시는 정확한 날짜를 알 수 있다. (클라렌스 라킨의 〈다니엘 주석〉, 로버트 앤더슨의 〈다가오는 통치자, Coming Prince〉 참조.)

2. 민수기 4:43과 사무엘상 2:35을 통해서 우리는 그리스도가 기름부음받은 메시아로서 공식적인 사역을 시작하시기 이전에 30세가 되어야 한다는 것을 알 수 있다.

3. 민수기에서는 유대인의 왕을 나타내기 위해 한 "별"을 말하고 있다(민 24:17). 이것은 왕에 대한 별이고, 그것과 연관해서 "홀"(sceptre, 통치권)이 언급되어 있다.

단지 그들은 평범한 유대인들과 마찬가지로 예수 그리스도의 초림을 몰랐을 뿐이다. 그들은 유대인의 왕이 오신다는 것을 알았다. 후천년주의나 무천년주의 "학자"들이 실수하는 것은 하나님께서 기원전에 있던 바벨론인들에게 그러한 정보를 주셨다는 것을 간과한다는 것이다. 그들은 성경이 이런 것에 대해 제한된 정보만을 준다고 생각하며, 단지 애매하고 비유적이고 영적이며 희미한 미래의 상태만을 알려 준다고 생각한다.

여기서 이방인들인 현자들이 예루살렘에 와서 유대인의 왕께 경배하는 것은 매우 중요한 의미를 갖는데, 그것은 메시아 왕국에서의 이방인의 경배를 뜻한다. 메시아는 유대인의 왕이지만 온 세상을 의로 통치하시는 왕이시다. 그러므로 이방인들도 그 앞에 나와서 엎드린다. 이러한 예는 구약에도 제시되어 있는데, 솔로몬의 시대에 이방인들이 이스라엘 왕에게로 나아온 것이다(왕상 4:21). 여기서 솔로몬은 메시아의 한 유형이고, 주변 국가들이 이스라엘 왕을 섬긴 것은 메시아 왕국, 즉 천년왕국에서 이방인들이 예루살렘에 계신 유대인의 왕에게 경배하러 오는 모습을 예언적으로 보여 준 것이다. 사도행전 8장의 에디오피아 내시도 그러한 상황(아직 왕국이 임하기에 유효한 시기)에서 예루살렘 성전으로 경배하러 왔던 것이다.

2:3 헤롯왕이 이 일들을 듣고 온 예루살렘과 더불어 불안해 하며
4 백성의 모든 선임 제사장들과 서기관들을 함께 모으고 그리스도가 어디서 태어나겠느냐고 물으니,
5 그들이 말하기를 "유대의 베들레헴이오니, 이는 선지자에 의하여 이렇게 기록된 바
6 '너 유다 땅 베들레헴은 유다의 통치자들 가운데서 가장 작지 아니하도다. 이는 너에게서 한 다스리는 자가 나와 내 백성 이스라엘을 통치할 것임이라.'고 하였음이니이다." 하더라.
7 그때 헤롯이 그 현자들을 은밀히 불러서 그 별이 나타난 때를 자세히 묻고,
8 그들을 베들레헴에 보내면서 말하기를 "너희는 가서 그 어린아이에 관하여 자세히 알아보고, 찾거든 내게 다시 알려 주어 나도 가서 그에게 경배하게 하라."고 하더라.

『**헤롯왕이 이 일들을 듣고 온 예루살렘과 더불어 불안해 하며**』(3절). 이들의 방문은 매우 큰 혼란을 야기한 듯하다. 하지만 우리는 예수 그리스도께서 나타나실 때면 언제든지 세상에 혼란을 일으키신다는 것을 알 수 있다. 다시 말해 예수 그리스도께서는 세상에 "혼란(분쟁)을 야기하는 자"(troublemaker)이시다. 그분은 화평의 통치자(사 9:6,7)이시지만, 그분께서 세상의 악을 멸하시고 왕으로서 통치하시기 전까지는 결코 "화평케 하는 자"(peacemaker)가 아니라 "혼란(분쟁)을 야기하는 자"(troublemaker)이시다. 그의 탄생의 소식이 전해지자 예루살렘엔 소동이 일어났고, 그가 태어나자 베들레헴에선 아이들의 대량 학살이 있었다(마 2:16, 이 기간은 공교롭게도 로마의 평화, PAX ROMANA라고 불리던 기간이다). 그는 세상의 사람들은 사랑하셔서 그들을 구원하려고 하셨지만(요 3:16), 세상 자체는 미워하셨기 때문에(요일 2:15,16) 세상의 악이 제거될 때까지는 여전히 "혼란을 야기하는 자"로서 계신다. 그분의 헌신된 제자들도 같은 전염병을 일으켰었다. 그들은 "불화의 사도들," "분리주의자들" 그리고 "혼란을 야기하는 자" 등으로 나타났었다(행 7:54; 5:40; 13:50; 14:14; 16:20; 17:6 등). 지금도 세상은 그리스도인을 미워한다(요 15:18,19). 왜냐하면 세상과 그리스도인은 결코 일치될 수 없고 성경대로 믿는 진정한 그리스도인들은 세상에 역행하는 삶을 사는 "혼란을 야기하는 자들"이기 때문이다.

우리 주님은 사람들을 괴롭게 하셨다. 주님은 유다가 자살하기까지 그를 괴롭히셨다. 주님은 베드로를 괴롭혀서 울도록 하셨다. 그분은 바울을 괴롭혀서 말에서 떨어지게 하여 장님이 되게 하셨다. 그분은 벨사살을 괴롭혀서 두 무릎이 떨리도록 하셨다. 그분은 바리새인들이 자기를 죽일 때까지 그들을 괴롭히셨다. 우리 주님은 "혼란을 야기하는 자"(troublemaker)이시다(눅 14:26; 12:51-53). 이러한 그분의 기질을 무시한 채 단지 "평화의 통치자"니, "온유한 갈릴리 사람"이니, "나사렛 사람," "에세네파"라고 부르는 것은 교육받았다고 드러내는 사람들에게서 나타나는 용서할 수 없는 실수이다. 그러나 그분의 이러한 기질은 "사회적인 문제"나, "계급적인 문제"와 관련된 혁명적인 기질이 아니었다. 오히려 유대인들은 주님께서 그들의 공회가 세워 놓은 "종교적 제도"를 모독한다고 주님을 처형시켰다(마 10:7, 막 13:9, 마 12:14, 행 5:41; 6:12 등등).

『백성의 모든 선임 제사장들과 서기관들을 함께 모으고 그리스도가 어디서 태어나겠느냐고 물으니』(4절).

여기서 주목할 것은 헤롯의 반응이다. 현자들이 "유대인의 왕"에 대해 물었을 때 헤롯은 그 질문에 대하여 "그리스도"를 물었다. 헤롯은 새로 태어난 유대인의 "왕"이 "그리스도"라는 것을 인지했던 것이다. 더욱이 그는 유대인들이 그 대답을 알고 있을 것이라고 기대한다는 것을 주목하라. 헤롯은 유대인 서기관들이 미래를 정확하게 예언할 수 있다고 기대했고, 그들이 그렇게 할 수 있다고 확신했으므로 그는 그 정확한 정보 위에서 살인 계획을 세우고 있다!(마 2:16) 이것은 이 당시의 왕들과 어부들과 마법사들이 오늘날의 사람들보다 하나님의 말씀을 더 잘 알고 있었다는 것을 간접적으로 시사한다.

『그들이 말하기를 "유대의 베들레헴이오니, 이는 선지자에 의하여 이렇게 기록된 바 '너 유대 땅 베들레헴은 유다의 통치자들 가운데서 가장 작지 아니하도다. 이는 너에게서 한 다스리는 자가 나와 내 백성 이스라엘을 통치할 것임이라.'고 하였음이니이다." 하더라』(5,6절).

헤롯이 몹시 놀라서 물었을 때 대제사장들과 서기관들의 대답은 요한복음 7:27과 완전히 대조적이다. 그들은 미카 5:2을 인용하면서 그리스도께서 베들레헴에서 나온다고 헤롯에게 말했으면서도, 요한복음 7:27에서는 **『그가 어디서 오시는지 아무도 모르리라.』라**고 말한다. 그러나 그들은 다시 요한복음 7:42에서 『**그리스도는 다윗의 씨에서 나오며, 또 다윗이 살던 고을 베들레헴에서 나온다고 말하지 아니하였느냐?**』라고 분명히 말하고 있다. 그들은 성경을 통해서 예수 그리스도를 분명히 알 수 있었음에도 불구하고, 마음으로 그를 거부하고 있기에 상황에 맞추어 적절하게 그들의 왕을 부인하고 있는 것이다.

사실 여기서 서기관들은 미카 5:2을 잘못 인용하고 있다. 미카서에서는 베들레헴을 가리켜 『**유다의 수천 가운데서 작을지라도**』라고 말하고 있다. 이 성읍은 너무나 작아서 여호수아의 목록표에도 빠져 있다. 느헤미야 7:26에서는 이 성읍이 나오지만, 11:25에서는 포로에서 귀환된 이후에 재건된 성읍들 가운데서는 언급되지 않는다. 헤롯에게서 질문을 받았을 때 이 서기관들은 유다의 수도인 예루살렘에 있었다. 그래서 그들은 그들의 이방 총독인 헤롯을 자극시키기 위해서 베들레헴을 『**유대의 통치자들 가운데서 가장 작지 아니하도다.**』 라고 말하고 있는 것이다. 그들이 "다스리는 자"(governor, "총독")라는 의미로 "통치자"(prince)라는 말을 사용한 것을 주목하라. 이 말 또한 헤롯을 자극시키기 위해서 사용되었다. 왜냐하면 유대의 다음 치리자(governor), 즉 총독은 폰티오 빌라도이기 때문이다(누 3:1). [이 말씀에 대한 변개는 현대 역본들에서도 여실히 드러난다. 미카 5:2의 말씀은 정확히 성취되는 예언의 말씀이다. 그러나 RSV는 가능한 한 이 예언의 말씀을 변개시키려고 노력한다. 미카 5:2에서 RSV는 그리스도의 영원성을 공격한다. 하나님께서 보존하신 바른 말씀에서 미카 5:2은 『...**그의 나오심은 예로부터요, 영원부터였느니라.**』이다. 그러나 RSV는 "영원부터"(from everlasting)라는 말을 "고대로부터" (from ancient days)라고 바꾸어 버린 것이다. RSV의 할아버지격인 ASV도 여기서 "고대의"(of ancient days)라는 말을 사용하였다. 그러나 ASV가 나온 당시(1901)에 이 말은 본문으로 들어가기에는 너무나 엄청나서 난외주에 표시되기만 했다. 그러나 이제는 이 말이 떳떳하게 성경 본문으로 자리잡고 있는 것이다. 〈모팻 성경〉은 세련되게도 "of long decent"라는 말을 사용했다. (예수 그리스도에 대한 다른 공격들도 "세련되고 관대한 고상한 사람들"에 의해서 그분의 영원성을 파괴하기 위해서 사용된 것들이 많다. (한글 성경들도 예외가 아니다. 〈개역한글판성경〉에도 미카 5:2은 "그의 근본은 상고에 태초에니라"라고 변개되어 있다. 그분의 영원성을 단지 태초에 한정시키고 있는 것이다. 그렇게 되면 그리스도께서는 영원하신 하나님이 아니라, 어느 시점에 만들어진 피조된 신이 되는 것이다.) 학자들은 자기들의 변개를 주장하기 위해 히브리어를 들고 나오지만, 사실 여기에 사용된 히브리어("미메 올람")는 분명히 "영원의 때" (days of eternity)를 가리키는 말이다.]

이제 헤롯은 새로운 "왕"을 죽이기 위해서 현자들에게 자세히 묻고 그들을 보낸다.

『**그때 헤롯이 그 현자들을 가만히 불러서 그 별이 나타난 때를 자세히 묻고**』(7절).

이 로마인 왕은 마치 그의 계승자가 그러했듯이 예언에 대한 "열렬한 학도"라는 것을 주목하라(행 26:27). 구약성경은 현대의 주석가들이 상상하는 이상으로 당시에 헬라어를 말하는 세계에서 매우 널리 읽혔었다. 라이코프론(Lycophron, 프톨레미의 궁전에 있는)에 따르면 헤라클레스는 요나에 대한 모방이다. 필라델푸스(Philadelphus)는 히브리어의 일부를 그리스도 이전에 헬라어로 번역했다. 전도서에(그것은 그리스가 철학자들과 시인들을 낳기 수백 년 전에 기록되었다.) 세심한 주의를 기울인 사람은 어느 누구도 모든 "위대한" 문학들은 성경 앞에서는 물에 빠진 휴지 같이 된다는 생각을 버릴 수가 없을 것이다.

이 별이 나타난 때에 관해서는 현자들이 여행했던 여정의 정확한 거리에 의존해 의문을 가질 만하다. 만약 그들이 그 별이 출현하자마자 출발했다면, (그리고 그 별이 주 예수께서 탄생하셨을 때에 출현했다면) 그 별이 그들을 1년 이상이나 베들레헴으로 인도했기에 그들이 중국에서부터 여행했다고 생각할 수밖에 없다. 다시 말해서 그 별은 그리스도께서 탄생하신 이후 어느 정도 시간이 지난 다음에 예루살렘에 나타났다는 것이다. 왜냐하면 그들이 인도된 곳은 "아기"가 누워 있는 "구유"가 아니라 (눅 2장), 『**어린아이**[young child]』가 있는 "집"이었기 때문이다(11절). 그러나 이 별은 매우 특별한 별이다. 그 별은 움직이는 별이었다.

『**그들을 베들레헴에 보내면서 말하기를 "너희는 가서 그 어린아이에 관하여 자세히 알아보고, 찾거든 내게 다시 알려 주어 나도 가서 그에게 경배하게 하라."고 하더라**』(8절).

베들레헴이라는 말은 "빵의 집"이라는 말이다. 이것은 그분의 탄생과 관련하여 그분이 "생명의 빵"이시라는 사실을 알려 주기 위해 적절하게 고안된 말이다.

헤롯은 여기에서 처음으로 "어린아이"(young child)라는 말을 사용한다. 이것은 현자들이 그곳에 오기 이전에 이미 그분이 탄생했다는 것을 그들이 헤롯에게 말했다는 사실을 보여 준다.

헤롯이 현자들을 "가만히" 불러서 물어본 일을 주목하라(2:7). 그는 유대인 서기관들과 제사장들 앞에서 "유대인의 왕"에게 경배하겠다고 감히 말하지 않았다. 만일 그랬다면 그들은 왕궁에서 그를 비웃었을 것이다. 그러나 의심하지 않는 동방에서 온 외국인들 앞에서 그 왕은 겸손을 가장하고, 새로 온 왕의 정확한 위치를 은밀하게 찾고 있다. 『**나도 가서 그에게 경배하게 하라.**』 "왕에 대한 경배"는 일반적인 일이었다. 헤롯은 카이사 아래에 있었고, 카이사의 칭호 중 하나는 "주"(Lord)였다. (물론 이것은 종교적 로마 제국, 즉 로마카톨릭에서도 흔히 있는 일이다. 로마에 있는 신격화된 "아버지"는 이처럼 경배받는다.)

2:9 그들이 왕의 말을 듣고 길을 떠났는데, 보라, 동방에서 보았던 그 별이 그들을 앞서 가다가 어린아이 있는 곳 위에 와서 멈춘지라
10 그들이 그 별을 보고 심히 큰 기쁨으로 즐거워하더라.

여기서 우리는 소위 말하는 "성탄절"의 시간적 차이를 다시 한번 바로잡아야 할 필요성을 느낀다. 보통 사람들이 생각하기로는 누가복음 2장의 마구간 사건과 마태복음 2장의 "동방 박사" 사건을 동일하게 생각한다. 많은 "크리스마스 캐럴"들이 그것을 조장하고 있다. 하지만 성경을 자세히 살펴보면 이 두 사건 사이에는 적어도 1년 이상 약 2년 이하의 시간적 차이가 있다는 것을 발견할 수 있다.

1. 마태복음 2:8,9,11,13,14,20의 "어린아이"(young child)라는 낱말을

주목하라. 그리고 누가복음 2:12,16의 "아기"(babe)라는 낱말을 주목하라. 성경에서 "아이"(child)라는 말은 단지 "어린이," 또는 "자녀"라는 의미로 쓰이지만, "어린아이"(young child)나 "아기"(babe)라는 말은 나이의 개념을 분명히 한, 다시 말해서 덜 어리고 더 어린 아이를 묘사할 때 쓰이는 말이다. 그러므로 마태복음의 "어린아이"와 누가복음의 "아기" 사이에는 시간적 차이가 있으며, 마태복음의 "어린아이"는 누가복음의 "아기"보다 얼마 더 자란 아이이다. 누가복음 2장에서 목동들이 왔을 때 그 "아기"는 마구간 "구유"에 누워 있었다. 그러나 마태복음의 "어린아이"는 "집"에 있었다(마 2:11).

2. 누가복음에서는 마리아가 그녀의 정결례를 위한 제물을 드릴 때, 그들이 매우 가난했으므로 산비둘기 한 쌍이나 어린 집비둘기 두 마리를 드렸으나(눅 2:24), 마태복음에서는 그들이 황금이라는 예물을 받았을 때, 그들은 부자가 되어서 이집트로 여행할 여유가 생겼다(마 2:11).

3. 더욱이 마태복음 2:16에서 헤롯이 죽인 어린아이들은 두 살 이하의 아이들로서, 그 간격이 약 2년이라는 것을 보여 준다.

그 별은 예수 그리스도께서 태어나셨을 때 동방에 나타났고, 그때 목동들이 베들레헴 마구간으로 갔으며(눅 2:15-20), 현자들은 그때부터 출발하여 약 2년의 기간 동안 여행을 해서 예수께서 계셨던 "집"에 도착해 경배드렸고, 그때 예수께선 이집트로 피하셨으며 베들레헴에 있던 어린아이들은 그리스도의 생애에서 처음으로 순교를 했다. 이 당시의 예수 그리스도의 나이는 만 한 살이 지나 만 두 살이 되지 않은 나이셨다. 그리고 현자들이 약 2년에 걸쳐서 여행했다는 것을 고려해 볼 때 그들은 중국에서 왔을 가능성이 크다.

여기에서 문제는 그 별이 예루살렘에서 베들레헴까지 움직이는 동안 사람이 어떻게 그 별을 추적해 갈 수 있느냐는 것이다. 그 거리는 불과 10마일도 안 되는 거리이다. 여기에는 두 가지 해석이 있는데, 첫째, 그들이 "동방에서 보았던 그 별"이라는 말은 그들이 헤롯 궁에까지 왔을 때 그들을 인도했던 별이라는 것을 말해 준다. "그들이 그 별을 보고 심히 기뻐하더라."라는 말은 그들이 동방에서 보았던 그 별이 잠시 동안 그들을 떠났다가, 그들이 헤롯 궁을 떠났을 때 그들에게 다시 나타났다는 것을 보여 준다. 또 다른 설명은 좀 더 무리한 설명이지만, 본문에 더 합당한 설명이다. (성경대로 믿는 사람들은 별의 의미를 행성이나, 빛을 발하는 별이나, 천체 등의 의미로 제한시키지 않는다.) 성경에서 별은 종종 "천사"(angel)와 관련되어 있다(계 1:20; 12:4; 12:9; 9:1). 요한계시록 9:1에서 별은 "그"(him)라고 말해지며, 더욱이 우리 주 예수 그리스도는 "새벽별"(morning STAR)이라고 말해진다. 이것으로 충분하지 않다면 요한계시록 1:20에서 별들이 천사들로 정의되는 것을 보라!! 실로 우리가 예수 그리스도의 계시를(계 1:1) 받아들이면서 단어들을 결정짓는다면, 우리는 그 의미로 단어들을 사용해야 한다.

마태복음은 그 별이 만약 태양 같은 별이 아니라면 그 별은 메시아가 있는 지점 위에 서 있는 "주의 천사"를 가리키는 것임을 말해 준다. 예루살렘에서 베들레헴까지 11마일도 채 안 되는 거리를 하늘의 별을 보고 길을 추적했다는 것은 불가능하다. 그 별은 현자들의 앞에서 그들을 인도했다. 그 별은 별의 모습으로 나타난 "주의 천사"였을 것이다. 그는 이미 예전에 번제와 희생제의 장소를 지시하기 위해서 예루살렘 위에 서 있었다(대상 21:15,16). 발라암이 예언한 『**야곱에게서 나올**』 『**한 별**』이

"그"(him)로 언급되었다는 것도 주목하라(민 24:17). 그 "주의 천사"가 이제 다시 나타난 것이다. 하나님께서는 예수 그리스도께서 어느 정도 성장할 때까지는 사람들에게 "주의 천사"로 나타나 인도하셨다. 그 천사는 현자들에게 나타났으며, 요셉에게 나타났고(마 1:20), 다시 그들을 이집트로 내려가도록 지시했다가(마 2:13) 이스라엘로 돌아가게 했다(마 2:19). 그리고 그 천사는 "『주』(the Lord)의 현현"(appearance 또는 apparition)이다.

['천사'(angel, ἄγγελος)라는 말은 흔히 '전달자'(messenger)라고 알고 있다. 그러나 성경에서 천사들은 항상 전달자의 모습으로 나타나지만은 않는다. "앙겔로스"(ἄγγελος)를 전달자로 알고 있는 것은 전적으로 고전적 헬라어(Classical Greek)의 영향인데, 신약성경은 코이네 헬라어로 기록되었다는 사실을 알아야 한다. 고전적 헬라어는 소크라테스, 플라톤, 필로 등 이교도 철학자들이 사용하던 헬라어이며, 이것은 오리겐이 성경을 변개시킬 때 사용했던 헬라어인데, 이러한 고전적 헬라어의 의미를 신약성경의 의미로 가져온다면 상당한 혼란을 겪게 된다.

성경에서 천사는 '전달자' 이상이다. 구약에서 천사는 여호와 하나님으로 나타나기도 한다. 사람들은 주의 천사를 보고 『주』(Lord)라고 불렀다(창 19:18). 천사가 전달자로서 나타나는 경우는 극히 제한적일 뿐이다. 성경에서 천사는 나타나고자 하는 자의 '현현'이다. 『주의 천사』(the Angel of the Lord)는 주의 현현이다. 그래서 사람들은 그를 『주』라고 불렀다. 그리고 천사는 항상 날개 없는 젊은 남자의 모습으로 나타난다. 마태복음 1:20의 주석을 잊지 말라.]

2:11 그들이 그 집에 들어가서 그 어린아이가 모친 마리아와 함께 있는 것을 보고 엎드려 그에게 경배하고 보물함을 열어 황금과 유향과 몰약을 예물로 드리니라.

12 그들은 꿈에 헤롯에게 돌아가지 말라는 하나님의 경고를 받고 다른 길로 고국에 돌아가니라.

현자들이 엎드려 "경배"(worship)했다는 사실은 주목할 만하다. 왜냐하면 누가복음의 탄생 기사에서는 경배했다는 말이 언급되지 않기 때문이다. 물론 목동들이 경배했을 가능성은 없지 않으나, 그때 천사는 목자들에게 예수님을 왕으로 말하지 않았으며, 기록으로 볼 때 그들은 단지 보았고(눅 2:15), 하나님께 영광과 찬양을 드렸을 뿐이다(눅 2:20).

그러나 마태복음의 현자들은 그 어린아이에게 "경배"했다. 그리고 경배받는 대상은 마리아가 아니라 분명히 "어린아이" 예수 그리스도였다. 로마카톨릭의 그림쟁이들이 묘사하는 것처럼 예수님을 안고 있는 "마리아"에게 경배한 것이 아니다. 경배는 엎드려 발에 입맞추는 행위인데, 대부분의 로마카톨릭들은 교황과 마리아에게 그 같은 행위를 한다. 성경은 분명히 "어린아이를 안고 있는 마리아"에게가 아니라 "마리아와 함께 있는 어린아이"에게 경배했다고 기록하고 있다.

현자들이 가져온 예물들은 영적으로 중요한 의미가 있다. 황금과 유향과 몰약은 주님의 메시아(기름부음받은 자)임을 인정하는 예물들이다.

1. 황금은 왕을 위한 것이다(왕상 10:16-21). 금은 성경에서 가장 가치 있는 보물로 여겨진다. 성소에서 사용되는 기명들은 모두 금으로 입혀졌다. 그러므로 그 기원이 하나님이신 이 메시아 왕께서는 이 선물을 받으

실 필요가 있으셨다. 하나님은 또한 유대인의 왕이시다. 금은 왕께서 받으시기에 합당한 예물이다. 여기서 황금이 예수님께 바쳐졌다는 것은 그분이 바로 하나님께서 택하신 치리자라는 것을 알리기 위함이다. 그러므로 금은 그리스도의 왕권을 상징한다.

2. 유향은 제사장과 관련되어 있다(출 30:34-48). 제사장은 향을 피우며 백성들을 위해 기도하는 임무를 맡는다. 예수 그리스도는 제사장의 임무를 맡으시는 분이시다. 여기서 우리가 알 수 있는 것은 예수 그리스도께서 "왕-제사장"(King-Priest), 또는 왕으로서 통치하시는 제사장이시라는 것이다. 그의 예표는 스가랴 6:11에서 여호수아이며(그의 이름은 예수와 같다), 그의 또 하나의 유형은 멜키세덱이다. 그는 살렘 왕이었으며 지극히 높으신 하나님의 제사장이었다(히 7:2).

이러한 성경적 기초로 인해 로마카톨릭 교회는 특별한 독재자의 강박관념을 갖고 있다. 제사장직과 왕직을 결합시키려고 하는 것은 모든 교황들의 강박 관념이다. 이것은 또한 사울의 불경한 야망이기도 했다(삼상 14:35; 13:10,11). 물론 다윗의 경우에는 이것이 허락되기도 했지만(삼하 6:14) 사울에게는 그러한 권한이 없었다. 마귀는 항상 모조품을 갖는다. 그리고 이 모조품은 항상 진품에 앞서 나타난다. 카인은 아벨에 앞서 나타났고, 에서는 야곱에 앞서 나타났다. 르우벤은 요셉에 앞섰고, 이스마엘은 이삭에 앞섰다. 사울은 다윗의 앞에 나타났다. 적그리스도는 하나님의 "제사장-왕"이 나타나서 통치하시기 전에 이 땅에 7년간 나타날 것이다!

3. 다음으로 몰약은 그분이 선지자이심을 나타낸다. 몰약은 썩지 않게 하는 액체이며, 슬픔과 탄식과 눈물과 죽음에 관련되어 있다. 예레미야는 눈물의 선지자였다. 예수 그리스도께서 초림하셨을 때 그분은 선지자로

서 죽으셨다(신 18:15-17, 마 21:11). 바로 이 주님께서는 왕-제사장-선지자(King-Priest-Prophet)이시다. 그분의 지상 생애 때에 처음과 마지막에 받으신 것이 몰약이었으며(막 15:23), 몰약은 그분의 선지자 사역을 위해서 예비된 예물이었다.

2:13 그들이 떠난 후, 보라, 주의 천사가 꿈에 요셉에게 나타나 말하기를 "헤롯이 그 어린아이를 찾아서 죽이려고 하니, 일어나 어린아이와 그의 모친을 데리고 이집트로 피하여 내가 네게 말할 때까지 거기 있으라."고 하더라.

14 그가 일어나 밤에 어린아이와 그의 모친을 데리고 이집트로 떠나가서

15 헤롯이 죽을 때까지 그곳에 있었으니 이는 선지자를 통하여 주에 관해 말씀하신 바 "내가 이집트에서 내 아들을 불렀노라." 하신 그 말씀이 이루어지게 하심이라.

『**내가 이집트에서 내 아들을 불렀노라.**』(15절)라는 말은 호세아 11:1에서 인용된 말씀으로, 역사적으로는 이스라엘의 출애굽 사건을 말하는 부분이다. 그러나 많은 설교자들은 이 구절(호세아)을 그리스도인에게 영적으로 적용하여 설교하곤 한다. 이 설명은 어느 정도 가능하다. 왜냐하면 그리스도인은 사탄이 주관하는 이 세상에서 불러냄을 받은 사람들이기 때문이다. 성경에서 이집트는 "세상"(world, world system)을 상징한다(창 12:12; 37:36, 출 1:11; 20:3, 신 4:20, 렘 46:25, 겔 20:7, 계 11:8,

왕상 3:1; 11:5,8). 이스라엘이 민족적으로 "불러냄을 받은 민족"이라면 그리스도인도 세상에서 "불러냄을 받은" 사람, 곧 그리스도의 몸 된 교회이다. 그래서 설교자들 중에서는 출애굽 사건을 성도의 구원으로 설명하는 사람들이 종종 있다. "홍해를 건넌 것은 거듭남, 곧 구원이고, 광야 생활은 시련과 은혜가 있는 성도의 삶이며, 요단강을 건너 약속의 땅에 들어가는 것은 죽어서 천국으로 들어가는 안식이다."라고 가르치기도 한다.

그러나 이러한 관점은 우리가 영적인 가르침을 받기에도 오류가 있으며, 정확한 교리적인 설명도 아니다. 왜냐하면 그리스도인들은 결코 구원을 잃어버릴 수 없으나, 이스라엘은 그 일부가 광야에서 끊어졌으며, 요단강 이후의 사건은 안식이 아니라 전쟁이었기 때문이다.

여기서 우리는 성경의 어떤 한 구절이 하나 이상의 의미를 가질 수 있다는 것을 배우게 되는데, 역사적으로는 호세아가 이 구절을 과거의 사건으로 언급하고 있지만 교리적으로는 미래의 사건을 언급하고 있다는 것이다. 또한 영적으로 우리는 하나님의 사랑에 대한 교훈을 얻는다. 이 삼중 적용은 성경을 공부하는 열쇠이다. 역사적, 교리적, 영적인 적용은 성경의 매 구절들에서 발견될 수 있다. 그러나 교리적으로 적용해야 할 부분에다 단지 영적인 진리만 적용하면, 성경의 목적을 상실한다. 이러한 구분은 우리가 산상설교를 다룰 때 더 많이 연구할 것이다. 이집트로부터 출애굽하는 사건에 대한 끊임없는 암시는 그리스도인에게 그 사건이 교리적으로도 매우 중요함을 강조한다. 모세는 이집트로부터 불러냄을 받았고, 아론도 불러냄을 받았으며, 그리스도도 불러냄을 받았다.

호세아의 이 말씀이 특별히 여기서는 예수 그리스도께서 이집트로 피난을 가셨다가 돌아오시는 사건에 적용된다. 호세아가 이스라엘에 대하여 한 말씀을 마태는 예수 그리스도에 대하여 적용하고 있는 것이다. 우리는 여기서 이스라엘과 예수 그리스도에 대한 공통점을 발견한다.

1. 이스라엘은 민족적으로 한 '아들'이다(출 4:22). 예수 그리스도도 위대하신 '아들'이시다.

2. 이스라엘은 민족적으로 '종'이다(servant-nation, 사 41:8). 예수 그리스도는 '종'인 아들이시다(Servant-Son, 사 42:1-4; 52:13,14). 그래서 이스라엘에게 역사적으로 적용된 구절이 예수 그리스도에게 예언적으로 적용되었다.

그러나 여기에는 또 다른 적용이 가능한데, 그것은 이스라엘이 광야에서 훈련받아 다시 약속의 땅으로 돌아오는 대환란 기간이다. 민족적으로 볼 때 이스라엘은 대환란 기간 중에 다시 광야에서 훈련을 받는다(계 12:6). 그리고 교회가 휴거되어 셋째 하늘에 올라갈 때, 그것은 세상으로부터 바다를 건너 완전한 구원으로 들어가는 것이다. 그때 수백만의 사람들이 이 지구를 떠나서 우주를 통과하고 창공 위의 물층을 통과하여(창세기 1:1-4의 주석을 보라), 그분께서 계신 곳으로 올라갈 것이다. 이것이 미래에 있을 "대탈출"이다.

2:16 그후 헤롯이 현자들에게 속은 줄 알자 심히 분노하여 군사를 보내어, 그가 현자들에게 자세히 물어본 그때를 기준으로 하여 베들레헴과 그 온 지경에 있는 모든 사내아이를 두 살부터 그 아래로 다

죽이니라.
17 그때 선지자 예레미야를 통하여 말씀하신 것이 이루어졌으니, 말
씀하시기를
18 "라마에서 슬퍼하고 울며 크게 애곡하는 소리가 들렸으니, 라헬이
자기 자식들을 위하여 우는 것이요, 그녀가 자식들이 없으므로 위
로받기를 원치 아니하였도다." 한 것이라.

이 사건은 가장 잔학하게 기록된 역사 중 하나로, 소위 "로마의 평화"(PAX ROMANA)의 전형적인 사건이다. 이 기간의 사건들은 〈폭스의 순교사〉에 기록되어 있는데, 거기에 기록된 로마의 잔학 행위는, 마치 태평양이 대서양보다 넓은 것처럼, 공산주의자들의 박해를 능가한다. 이 구절을 대하는 독자들은 그 아이들의 어머니들이 자신들의 아이들을 숨기고 보호하려고 안간힘을 쓰는 것과, 또 아이들이 죽어갈 때 그 곁에서, 그 부모를 죽이지 않고는 아이들을 해칠 수 없는 군인들에 의해 수많은 어머니들이 죽어 쓰러져 있는 것을 상상할 수 있을 것이다. 본문의 아이들의 나이가 2년으로 제한된다는 사실은 주 예수께서 이 당시에 6개월은 족히 넘었을 것이라는 사실을 이해하게 도와준다. 그분은 두 살이 채 못 되었을 것이며, 헤롯은 그 아기의 나이에 약간의 여유 편차를 두어, 그 "왕"의 생명을 끊었다는 확신을 얻었을 것이다. 6개월에서 18개월 사이가 이 당시 그리스도의 추측 가능한 나이일 것이다. 그러나 헤롯이 이 아이에 대해 집요하게 물었다는 것을 보면(마 2:7,16), 그 나이에 대한 오차가 더욱 정확했을 것이라는 점을 알 수 있을 텐데, 그렇다면 한 살에서 두 살 사이가 정확한 나이일 것이다.

헤롯의 행위는 선지자 예레미야에 의해서 명확하게 예언되어 있다. 그 행위는 "세계적으로 존경받는 산은 항상 영원한 눈으로 덮여 있다."는 옛 속담을 기억나게 한다. 헤롯은, 그가 비록 왕이었을지라도 얼마의 아이들을 죽이기 전까지는 잠을 이루지 못했다. 우리는 나폴레옹이 담배를 너무 많이 피움으로써 병에 걸려 노년을 고생했다는 것을 안다. 알렉산더는 그가 정복할 땅을 더 이상 발견하지 못해서 폭주로 인해 죽었다. 하만은 한 유대인이 그에게 인사하지 않았기에 잠을 이룰 수 없었으며, 아합은 그가 탐내는 포도원을 소유한 한 사람으로 인하여 먹지를 못했다! 헤롯은 한 알 수 없는 아기인지 어린아이인지 때문에 그의 침실이나 보좌 어디에서도 잠을 이루지 못했다.

이 인용은 예레미야 31:15에 나온다. 라헬이 포함되어 있는 예레미야 31:13,21을 주목하라. 라헬은 베들레헴이 위치하게 될 바로 그 장소에서 죽는다(창 35:16-19). "라마"라는 말은 "높은 곳"을 의미한다. 여기서 "라헬"은 문자적인 라헬이 아니다. 왜냐하면 라헬은 이미 낙원에 가 있었기 때문이다(눅 16:19-22; 23:43, 히 10:4를 주목하라). 여기서 "라헬"을 사용한 것은 의심할 여지없이 "베들레헴에 있는 모든 여인들"을 묘사하기 위해 그들의 조상인 라헬을 사용한 비유이다(제유법). 그러나 특별히 이 인용은 초림 때뿐 아니라 재림 때(대환란 때)에도 적용된다. 대환란 때 유대인들에게는 극심한 박해가 있을 것이다.

2:19 그러나 헤롯이 죽은 후, 보라, 주의 천사가 이집트에서 요셉에게 꿈에 나타나,

20 말하기를 "일어나 그 어린아이와 그의 모친을 데리고 이스라엘 땅
으로 가라. 어린아이의 생명을 찾던 자들이 죽었느니라."고 하니,
21 그가 일어나 어린아이와 아이의 모친을 데리고 이스라엘 땅으로
들어오니라.
22 그러나 아켈라오가 그의 부친 헤롯을 대신하여 유대를 통치한다
함을 듣고 거기로 가기를 두려워하였으나, 꿈에 하나님의 경고를
받고 갈릴리 지방으로 돌이켜
23 나사렛이라는 성읍에 와서 사니, 이는 선지자들을 통하여 "그가 나
사렛 사람으로 불리리라."고 말씀하신 것을 이루려 함이라.

예수 그리스도는 이집트에서 나와 이스라엘 땅으로 오신다. 그러나 그분은 유대 땅으로 가시지 않고 북왕국 열 지파에게 속하였던 갈릴리 지방으로 가신다. 아셀, 단, 납탈리 모두가 이 지역에 있었다. 그리고 갈릴리는 "이방인의 땅"으로 불린다(사 9:1, 마 4:15). 예수 그리스도는 유대인의 왕으로 오시지만 유대인을 다스리는 것 이상의 사역을 갖고 계신다. 맨 앞에서 언급했듯이 마태복음이 유대인을 다루는 책이지만 때때로 이 책에서는 이방인과 교회에 관한 구절들을 찾아볼 수 있다. 마태복음 1장에서는 5명의 이방 여인이 그러한 경우이고, 2장에서는 바로 이 구절이 그러한 경우이다.

그분은 이방의 빛으로서 비추신다. 이것은 두 가지 경우인데, 이방인들이 거듭나서 그리스도의 몸 된 교회가 되어 주님의 다스림을 받는 경우와, 예수 그리스도께서 세상의 왕으로 오셔서 온 이방을 자신의 발 앞에 복종시켜 통치하시는 경우이다. 물론 마태복음에서는 후자의 의미가 강하고 전자는 암시로서 제시된다.

『**그러나 아켈라오가 그의 부친 헤롯을 대신하여 유대를 통치한다 함을 듣고 거기로 가기를 두려워하였으나**』(22절).

그 아버지의 그 아들이다. 헤롯의 아들이 헤롯보다 나은 사람이라고 요셉이 확신할 수 없었다는 것은 분명하다. 오히려 그는 아켈라오가 "왕이라 불린 한 어린아이"가 나타나는 것을 찾는 데에 매처럼 혈안이 되어 있을 것이라고 절대적으로 확신했을 것이다. 만약 헤롯과 그의 아들이 자기들의 보좌를 잃어버릴 위험에 있었다면, 헤롯은 그의 가족에게 분명한 경고를 해놓고 죽었을 것이다. 아켈라오는 헤롯의 넷째 아내의 아들이었다. 그는 로마에서 양육되었고, 마지막에는 비엔나로 추방되어(A.D. 6년) 거기서 죽었다.

예수님께서 갈릴리로 가신 것은 "택한 백성들"에게는 어떤 불길한 징조일 수 있다. 갈릴리는 이사야 9:1에서 이방인들의(민족들의) 것으로 불린다. 그러므로 여기에서 우리는 이 왕의 주권이 야곱의 집에만 한정되는 것이 아니라는 암시를 받는다. 그리스도의 통치를 언급함에 있어서 누가는 그것을 유대인들에게 제한시키나(눅 1:33), 이사야는 그가 통치하실 영토에 대해 언급할 때 모든 지역을 포함시키고 있다(사 9:6,7).

『**그가 나사렛 사람으로 불리리라**』(23절).

예수 그리스도께서는 갈릴리 지방으로 오셔서 그곳을 고향 삼아 사셨고(눅 4:24), 나사렛 사람이라고 불리셨다.

예수께서 "나사렛 사람"이라고 불리신 것에는 두 가지 의의가 있다.

1. 어휘 분석 사전에 따르면 "나사렛"(Nazarene)은 구약의 "나실인"(Nazarite)과 같은 어군의 말이다. 예수님은 민수기 6장의 나실인의 조건을 성취하신다. 구약의 나실인은 머리도 깎지 않고, 여자도 가까이 않고, 술도 마시지 않았다. 나실인은 평생 동안 나실인인 경우도 있고, 자기가 서원한 일정 기간만 나실인인 경우도 있다. 예수 그리스도께서는 어느 정도 나실인이라고 볼 수 있다. 그분은 결혼을 하지 않으셨다. 또 예수님께서 포도주를 만들어 주셨다는 기록은 있어도 술을 마셨다는 기록은 찾아볼 수 없다. 바리새인들은 그를 "술을 즐기는 자"라고 모함을 했으나(마 11:19), 실제로 예수님께서 술을 마신 증거는 없다. 유월절 만찬에서는 제자들에게 마시라고 "주었으며"(마 26:27) 그것도 발효된 포도주가 아니라 "포도즙"이었다(마태복음 26장 참조). 적어도 예수님께서는 최후의 만찬 이후로 "아버지의 왕국에서 새 것으로 마시는 그날까지"는 나실인이시다(마 26:29). 그러나 "나사렛 사람"이라는 말에는 이것보다 더 큰 의미가 있다.

2. 헬라어의 "나사렛"은 "(나뭇)가지"를 뜻하는 히브리어 "네체르"와 같은 말이다. 그리고 구약에서 예수님의 예언을 다룰 때 종종 그를 "가지"라고 언급한다. 선지자 이사야는 재림을 설명하는 중요한 구절 이사야 11:1-11에서 이 말을 주 예수께 언급하고 있다. 예레미야 23:5에서는 마태복음을 위해서 유대인의 "왕"으로서의 한 가지를 묘사하고, 스카랴 3:8에서는 마가복음을 위해서 "종"으로서의 한 가지를 묘사하며, 스카랴 6:12, 13에서는 누가복음을 위해서 "인자"로서의 한 가지를 묘사하고, 이사야 4:2-4에서는 요한복음을 위해서 "하나님의 아들"로서의 한 가지를 묘사한다!

『**이는 선지자들을 통하여 "그가 나사렛 사람으로 불리리라."고 말씀하신 것을 이루려 함이라**』(23절).

한 가지 주목할 만한 것은 구약성경 어디에서도 『**그가 나사렛 사람으로 불리리라.**』라고 기록된 곳은 없다는 사실이다. 그래서 어떤 사람들은 당시에는 있었으나 지금은 없어진 어떤 문서에 이런 기록이 있었다고 생각하며, 특히 유다서 1:14에서 에녹이 예언했다고 말하는 것을 근거로 삼아 그 문서를 "에녹서"라고 말하기도 하나, 이러한 주장은 근거가 없다.

오히려 이 구절은 하나님의 말씀이 영감받았음을 확증하는 구절이다. 마태복음 2:23은 『**선지자들을 통하여 "..."고 말씀하신**[spoken]』이라고 되어 있다. 즉 구약의 선지자들 중 누군가가 이러한 예언을 했는데, 성경으로는 기록되지 않았던 것을 성령께서 마태에게 영감을 주셔서, 구약성경에는 기록되지 않고 "말해진" 이 예언을 알게 하시고 마태복음에 기록하게 하신 것이다.

마태복음 2장을 마무리하기 전에 꼭 짚고 넘어가야 할 어휘가 있는데, 바로 '천사'(angel)'와 '별'(star)이다.

성경에서 별은 종종 "천사"(angel)와 관련된다(계 1:20; 12:4; 12:9; 9:1). 요한계시록 9:1에서 별은 "그"(him)라고 언급되며, 더욱이 우리 주 예수 그리스도는 "새벽별"(morning STAR)이라고 언급된다. 그러므로 마태복음 2장에서 나타난 별은 『**주의 천사**』와 관련된다. 예루살렘에서 베들레헴까지 11마일도 채 안 되는 거리를 하늘의 별을 보고 길을 추적했다는 것은 불가능하다. 그 별은 현자들의 앞에서 그들을 인도했다. 아마도 그 별은 별의 모습으로 나타난 주의 천사였을 것이다.

그리고 하나님께서는 예수 그리스도께서 어느 정도 성장할 때까지는 사람들에게 『주의 천사』로 나타나 인도하셨다. 그 천사는 현자들에게 나타났으며, 요셉에게 나타났고(마 1:20), 다시 그들을 이집트로 내려가도록 지시했다가(마 2:13) 이스라엘로 돌아가게 했다(마 2:19). 그리고 그 천사는 『주』(the Lord)의 현현이다.

천 국

우리는 마태복음이 유대인의 왕으로 오신 예수 그리스도를 다루는 책이라는 것을 공부했다. 그래서 예수 그리스도께서는 메시아의 언약에 따라 다윗의 가문에서 출생하시고 이제 침례인 요한의 예비로 그분의 왕국을 세우려 하신다. 그렇다면 예수 그리스도께서 세우려 하시는 왕국은 어떤 것인가? 그 왕국은 어떤 모습인가?

이제 우리는 마태복음 3장을 공부하기에 앞서 침례인 요한과 예수께서 전파하신 "천국"(the kingdom of heaven)에 대해 잠시 살펴볼 것이다. [본 장은 역자가 편집하여 삽입해 놓은 장이다. 마태복음 3장부터는 마태복음의 주제인 "천국"에 관한 교리가 본격적으로 펼쳐진다. 따라서 3장을 들어가기에 앞서 천국에 관한 내용들을 분명히 알아야 하기에, 저자의 책들을 바탕으로 천국을 간략하게 요약해 놓았다. 이 부분의 더 깊은 연구를 위해서는 저자 피터 럭크만 박사의 〈하나님의 나라와 천국〉을 참조

하라.]

『**너희는 회개하라. 천국이 가까이 왔느니라**』(마 3:2).
『**회개하라, 천국이 가까이 왔느니라**』(마 4:17).

성경에는 세 가지 종류의 왕국이 등장한다. 그것은 천국(kingdom of heaven)과 하나님의 나라(kingdom of God)와 하늘나라(heavenly kingdom)이다. 물론 이 세 나라는 모두 하나님께서 통치하시는 나라이다. 이 밖에도 성경에는 "인간들의 왕국"(단 4:32), "세상의 나라"(눅 4;5), "이 세상의 나라들"(계 11:15)이 있으나, 여기서는 하나님께서 직접 다스리시는 세 개의 나라만을 살펴보고자 한다.

성경 전체를 통틀어서 "천국"은 마태복음에만 나오는 용어이다. 이 천국은 우리가 알고 있는 것처럼 그리스도인들이 죽어서 가는, 주님이 계신 낙원을 말하는 것이 아니다. 많은 사람들은 단지 관념적으로 "천국"을 피상적인 나라로 생각하지만, 마태복음에서 제시하고 있는 천국은 그러한 모습이 아니다. 이 천국은 구약 전체를 통하여 예언된, 왕이 직접 다스리는 실제적인 지상의 왕국이다.

천국이 실제적인 지상의 왕국이라는 것은 성경에서 "천국"이라고 제시된 나라가 의미하는 바를 살펴보면 알 수 있다. 예를 들어 마태복음 5장에서 묘사되는 천국과, 10장에서 언급되는 천국 복음의 묘사 등을 살펴보면 도저히 예수 그리스도의 피로 거듭난 이방인들이 죽은 다음에 가는 나라로 생각되기가 힘들기 때문이다. 특히 사복음서나 산상설교 등에서 예수님께서 가르치신 내용들과 시대 상황, 그리고 유대인들이 기대하고 있던 메시아 왕국의 생각 등을 살펴보면 이곳이 땅에 속한 왕국이라는 것을 알 수 있다. 예를 들어 마태복음 5:3에서는 『**영이 가난한 자들은 복이 있나니, 천국이 그들의 것임이요**』라고 말하고 있는데, 연결된 문맥인 5절에서는 "땅의 유업"에 대해 말하고 있으며, 마태복음 10장에서는 예수님께서 제자들에게 천국을 전파하라고 말씀하시면서 『**다만 이스라엘 집의 잃어버린 양에게로 가라.**』(마 10:6)고 말하여 그 대상을 유대인에게 한정시키고 있다. 뿐만 아니라 마태복음 11:12에서 『**천국은 폭력으로 탈취되고**』라는 말은 천국을 영적인 나라로 보아서는 도저히 이해하기 힘든 말이다.

그래서 성경을 잘 알지 못하는 자유주의자들이나 "사회복음"을 전하는 사람들은 예수님을 "혁명가," "사회운동가," "해방자" 등으로 이해하곤 한다. 이들은 거듭나지 않은 상태에서 성령님의 조명 없이 성경을 보았기 때문에 영적인 이해가 전혀 없이 현상을 어느 정도만 보고 정확한 판단이 없이 극단적인 생각을 하게 되는 것이며, 영적인 나라를 부정하는 것이다.

하지만 성경에서 제시하는 "천국"이 땅에 속한 왕국이라는 것은 분명하다. 그리스도인이 영적으로 들어가는 나라와 성도들이 죽어서 가는 나라는 따로 있다. 우리는 그 나라들을 매우 중요하게 생각하며 그 나라들을 더 강조한다. 그러나 우리가 마태복음을 교리적으로 공부하는 동안은 땅에 속한 그 왕국을 더 강조하겠다. 왜냐하면 마태복음에는 이 왕국, 즉 천국이 더 강조되어 있기 때문이다. 우리는 구약에서 제시되는 왕국과 메시아, 그리고 그 예언에 대한 성취와 성경에서 이 왕국을 어떻게 말하고 있는가를 살펴봄으로써 이 문제를 해결할 것이다.

이 왕국은 마태복음의 주제가 되는 나라로서, 눈에 보이는 정치적인 나라이며, 몸을 입고 들어가는 나라이다. 이 왕국은 먼저 유대인에게 주어졌는데, 그들이 이 나라에 들어가는 조건은 거듭남과는 관계없이 예수 그리스도를 그들의 메시아로 맞아들이는 것이다.

구약은 전체적으로 메시아 왕이 나타나는 것을 주제로 삼고 있는데, 이 왕은 단지 초림에 그 예언을 모두 성취하시지 않았다. 구약의 기술을 자세히 보면 왕이 나타나시는 것에 대해 초림과 재림을 함께 말하고 있음을 볼 수 있다. 그런데 그 예언을 다시 자세히 보면 그 초점은 초림보다는 재림에 더 많이 맞추어져 있다는 사실을 발견할 수 있다. 그리고 실제적으로 예수님의 초림 때에도 그 왕의 나타나심을 재림의 상황에 맞게 전개해 나가는 모습을 볼 수가 있는데, 그렇기 때문에 우리는 구약의 주제를 "재림"(His Advent 또는 His Second Advent)이라고 말하기에 주저하지 않는다. 그리고 그것과 연관해서 본다면 성경 전체의 주제를 "왕국"(the kingdom)이라고 말하는 것은 아주 자연스런 일이다.

우리가 성경 전체의 주제를 "왕국," 그것도 지상 왕국이라고 말하는 것을 볼 때, 이 사실을 잘못 이해한 사람들은 이러한 설명에 대해서 "저들은 여호와의 증인들과 같은 관점을 가졌는가?"라고 오해할 수도 있을 것이다. 분명히 말하지만 이것은 결코 여호와의 증인들이 말하는 그러한 "왕국"이 아니다. 지금부터 전개해 나갈 "천국"(왕국)에 대한 설명을 자세히 이해한다면 그러한 오해는 쉽게 풀릴 수 있으며, 나아가서 성경 전체의 맥락도 이해하게 될 것이다.

천국이 눈에 보이며, 정치적이고, 물질적인, 이 땅에 속한 왕국으로 실제적인 왕이 다스리는 나라라면, "하나님의 나라"(the kingdom of God)는 눈에 보이지 않고 이 땅에 속하지 않은 왕국으로, 하나님께서 왕이 되어 다스리나 실제적인 몸을 입고 다스리시지는 않는 나라이다.

이 나라에 대한 정의는 로마서 14:17에 『**하나님의 나라는 먹고 마시는 것이 아니라 다만 성령 안에서 의와 화평과 기쁨이라.**』고 명시되어 있는 것처럼 영적인 나라이다. 그런데 이 영적인 왕국은 유대인에게만 주어진 나라가 아니라 예수님을 구세주로 믿는 모든 사람에게 주어진 나라이다. 그리고 이 나라에 들어가는 조건은 예수님께서 요한복음 3:3,5에서 말씀하신 대로 거듭나는(born again) 것이다. 우리는 지금 이 세상에 살고 있으나 이 세상 나라에 속하지 않고 또 하나의 나라, 즉 하나님의 나라에 속할 수 있다. 거듭나기만 하면 된다. 이 나라는 영적 왕국이고, 영이신 하나님께서(요 4:24) 이 왕국의 왕이시다. 그러므로 사람은 영으로 다시 태어나야만 이 나라에 속할 수 있다. 하지만 "천국"은 영적으로 들어가는 나라가 아니라 몸을 입고 실제적으로 들어가는 왕국인데, 이 왕국은 유대인들에게 주어져서 예수 그리스도를 그들의 메시아로 맞아들이기만 하면 거듭나지 않더라도 들어가게 되어 있다. 그 왕국은 다윗의 보좌로 대표될 수 있는데(눅 1:32,33), 그 보좌는 결코 영적인 보좌가 아니다. 그것은 실제적인 땅의 보좌이다. 요한복음에서 예수님께서는 "사람이 거듭나야 '하나님의 나라'에 들어갈 수 있다."고 말씀하셨지, "거듭나야 '천국'에 들어갈 수 있다."고는 말씀하지 않으셨다.

천국과 하나님의 나라는 다르다. 이 두 왕국에 대한 설명은 서로 같은 부분도 있지만 이 나라 자체는 서로 다르다. 두 왕국의 묘사가 비슷하다고 해서, 또 같은 상황 속에서 언급되는 곳이 있다고 해서 이 둘이 서로 같은 것은 아니다. 천국(the kingdom of heaven)과 하나님의 나라(the kingdom of God)가 같지 않은 것은 하늘(heaven)과 하나님(God)이 같지 않은 것과 같다.

하늘은 우리의 육안으로 볼 수 있지만 하나님은 볼 수 없다. 하늘에는 새들이 날아다니고 구름이 있으며 해와 달과 별들이 있지만 하나님께는 그런 것이 없다. 하늘은 하나님의 피조물이지만 하나님은 하늘의 피조물이 아니다. 예수님께서 마태복음에서는 "천국"을, 다른 복음서에서는 "하나님의 나라를" 전파하셨다고 기록되어 있을지라도 이 둘은 서로 다른 것이다. 오히려 이 두 왕국의 전파가 서로 다르게 기술되어 있는 것을 보고 우리가 알 수 있는 것은 예수님께서 이 두 개의 왕국, 즉 실제적인 왕국과 영적인 왕국을 함께 전하셨다는 점이다.

이 두 나라와 구별되는 또 하나의 나라가 있으니, 바로 하늘나라이다. 이 나라도 하나님의 나라와 마찬가지로 거듭나야 들어갈 수 있다. 그러나 하나님의 나라와 다른 것은, 하나님의 나라는 지금 우리가 세상에 사는 동안 영적으로 하나님의 다스림을 받으며 살아가는 나라이지만, 하늘나라는 성도가 죽어서 가는, 셋째 하늘에 있는 나라이다. 이 나라에서 하나님께서는 천상의 보좌에 앉아 계시며, 예수 그리스도께서는 아버지 오른편에 앉아 계신다.

이 나라는 바울 사도에 의해 "낙원"이라고 불리며(고후 12:4), 대부분의 사람들이 "예수 믿고 천국 가십시오."라고 말하는 그 나라이다. 그러나 이 나라는 결코 "천국"이 아니다. 이 나라가 천국과 비슷한 점은 둘 다

하나님께서 다스리신다는 것 외에는 없다. 이 나라는 셋째 하늘에 있는 나라이고, 천국은 이 땅에 세워질 나라이기 때문이다. 그래서 성경에는 이 나라를 디모데후서 4:18에서 분명히 "하늘나라"(heavenly kingdom)라고 못 박고 있다. 그러므로 우리는 구령할 때 "예수 믿고 천국 가십시오."라고 말하면 안 되고 "예수 믿고 하늘나라 가십시오."라고 말해야 한다. 또한 "예수 믿으면 거듭나서 하나님의 나라에 속하게 됩니다."라고 말하는 것은 옳으나 "예수 믿는 사람은 죽어서 하나님의 나라에 갑니다."라고 말하면 틀리다. 물론 하나님의 나라를 포괄적으로 말해서 그렇게 이야기할지라도, 우리는 신학적으로 정확한 표현을 써야 한다.

하늘나라는 죽어서 가는 나라이므로 여기서는 이 정도까지만 다루고, 이제 우리는 하나님께서 역사 속에서 이끌어 오신 두 왕국, 즉 천국과 하나님의 나라의 역사를 살펴볼 것이다. 이 두 왕국은 성경의 역사 속에서 어떻게 진행되어 왔는가? 하나님은 이 두 왕국들을 어떻게 계획하셨으며, 이 왕국들에 무슨 일이 일어났고, 이 왕국들은 지금 어떻게 진행되어 가고 있으며, 또 이 왕국들은 앞으로 어떻게 전개될 것인가? 이것이 우리가 지금부터 하나하나 알아가야 할 내용들이다. 지금 우리는 마태복음에 와 있고, 그러므로 우리는 이 두 왕국들 중에서도 특별히 "천국"에 초점을 맞추어서 공부해 볼 것이다.

왕국에 대한 역사를 맨 처음부터 살펴본다면 창세기 1:1부터 시작할 수 있겠다.

창세기 1:1, 『**태초에 하나님께서 하늘과 땅을 창조하셨느니라.**』

하나님께서 최초의 우주를 만드셨다. 그분께서는 그 안에 속한 모든 것을 창조하셨고 그가 만든 모든 피조물들은 그분께 경배하며 찬양을 드리고 그분께 굴복했다. 이때 하나님께서는 이러한 피조 세계를 다스리는 한 존재를 세우셨는데, 그는 바로 모든 영적 세계의 우두머리인 한 그룹(cherub)이었다. 그는 루시퍼(Lucifer, 사 14:12)라고 불린다.

에스겔 28:14, 『**너는 기름부음을 받은 덮는 그룹이라. 내가 너를 그렇게 세웠더니 네가 하나님의 거룩한 산 위에 있었고 네가 불의 돌들 가운데를 위아래로 걸었도다.**』

여기서 "투로의 왕"으로 묘사되는 그는 하나님의 동산 에덴에 있었고, 모든 아름다운 보석들과 또 북들과 관악기들이 그를 위해 있었다(13절). 그는 보좌를 덮는 기름부음받은 그룹(anointed cherub)이었다. 이 "기름부음받았다"는 말은 "그리스도"를 뜻한다(그리스도라는 말 자체가 "기름부음받은 자"라는 뜻이다). 그는 우리 주 예수 그리스도는 아니지만 나름대로 "하나의 그리스도"(a christ)이다. 우리는 지금 그를 "적"그리스도(ANTI-christ)라고 부를 수 있다.

그가 그리스도라면 그는 왕이다(왕은 기름부음을 받는다). 그가 그리스도라면 그는 제사장이다(제사장도 기름부음을 받는다). 우리가 알 수 있는 것은 왕이 정치적인 직책이라면 제사장은 영적인 직책이라는 것인데, 그는 그렇게 해서 하나님께서 창조하신 피조 세계에서 영적인 왕국("하나님의 나라")과 실제적인 통치의(정치적인) 나라("천국")를 지배하는 왕이 된 것이다.

그가 타락하여 떨어지는 모습을 묘사한 이사야 14장에서는 그를 "바빌론 왕"으로 표현하고 있으며(사 14:4), 그를 "땅을 떨게 하고 왕국들을 진

동시켰던 자"(사 14:16)라고 말하고 있다. 그에게는 하늘의 별 삼분의 일을 이끌고 내려올 만한 권세가 있다(계 12:4). 그러나 그는 교만으로 타락했다. 그리고 그가 타락하자 하나님께서는 그에게서 이 두 왕국의 왕관을 빼앗으셨다.

루시퍼가 타락한 이후 하나님께서는 피조 세계를 통치할 새로운 왕을 창조하셨다. 그는 아담이다.

창세기 1:28-30, 『**다산하고 번성하며 땅을 다시 채우고 그것을 정복하라**[subdue]. **그리고 바다의 고기와 공중의 새와 땅 위에서 움직이는 모든 생물을 다스리라**[have dominion]**...**』

이 구절은 인간에게 이 땅의 문화를 점점 아름다운 것으로 만들라고 주신 소위 "문화 명령"이 아니다. 이 구절은 아담을 왕으로 임명하셔서 모든 것을 다스리라고 하신 "왕권 위임"이다. 땅을 정복하고 다스리라는 말은 아담이 그 세계의 왕이 되었다는 것을 의미한다. 그리고 그는 하나님의 형상으로 창조되어 하나님의 나라에 속하게 된다. 그래서 아담은 실제적인 나라와 영적인 나라의 두 개의 왕관을 쓴 것이다.

이때부터 하나님과 사탄 사이에 길고 긴 왕권 쟁탈전이 벌어진다. 결국에는 하나님께서 승리하실 것으로 정해진 이 전쟁에서 사탄은 인간을 통해서 이 왕국의 자리를 찬탈하려고 한다.

그러나 아담이 타락했을 때 아담은 하나님의 형상을 잃어버렸다. 그의 영은 죽었고 이후로 아담에게서 태어날 모든 사람들은 죽게 되었다. 『**한 사람의 범죄로 말미암아 사망이 그 한 사람으로 인하여 군림하였다면...**』(롬 5:17). 그는 하나님의 형상을 잃었으므로 영적 통치의 자격을 상실한다. 영적인 왕국(하나님의 나라)의 왕관을 하나님께서 가져가 버리신 것이다.

또 하나님께서는 아담에게 저주를 하시는데, 창세기 3장에서 땅은 더 이상 그에게 호의적이지 않다. 땅은 엉겅퀴와 가시를 내었고 아담은 땅에서 양식을 얻기 위해서 땀을 흘리고 평생 동안 수고를 해야 했다(창 3:17-19). 그의 통치권은 땅에서 떠났고, 땅에 속한 실제적인 왕국(천국)의 왕관도 빼앗기게 되었다. 이때 그가 빼앗긴 천국의 왕관은 루시퍼에게 넘어갔다. 그래서 사탄은 누가복음에서 과감하게 이렇게 말하고 있는 것이다. 『**그것**[왕국]**이 나에게 넘겨졌으므로 내가 원하는 자에게 줄 수 있느니라**』(눅 4:6).

그리고 이때부터 영적인 왕국은 예수님께서 오실 때까지 어느 누구에게도 주어지지 않고, 인간 역사는 오로지 실제적인 왕국, 곧 천국과만 관계한다.

세 번째로 이 왕국(천국)을 차지하는 인물은 노아이다.

창세기 9:1,2, 『**다산하고 번성하여 땅을 다시 채우라. 너희를 두려워함과 너희를 무서워함이 땅의 모든 짐승들과 공중의 모든 새들과 땅 위에서 움직이는 모든 것들과 바다의 모든 고기들에게 미치리니, 그들이 너희 손에 넘겨졌음이라.**』

홍수 이후에 텅 빈 땅을 다시 채우는 임무를 맡은 노아에게는 아담에게 주어진 언약과 거의 비슷한 언약이 주어지는데, 노아는 동물들에게까지 두려움의 대상이 된다. 그는 다시 이 땅의 왕국의 왕관을 쓴 왕이 된 것이다. 그러나 노아도 실수함으로써 이 왕관을 빼앗기는 사건이 발생한다.

창세기 9:21, 『**그가 포도주를 마시고 취하여, 그의 장막 안에서 벌거벗은지라.**』

노아의 실수로 함은 범죄하였고(창 9:24) 그의 아들 카나안은 저주를 받게 된다. 그리고 함의 후손 중에서 한 사람이 나타나 시날 땅에 그의 왕국을 세운다(창 10:9-14). 그의 이름은 님롯(Nimrod)으로서, 그는 사탄의 한 유형이며, 하나님을 대적하여 바벨탑을 쌓는다. 다시 이 왕국은 사탄에게 넘어간 것이다.

이 왕국의 네 번째 왕은 아브라함이다.

창세기 12:2,3, 『**내가 너로 큰 민족을 이루게 할 것이며 네게 복을 주고 네 이름을 위대하게 하리니, 너는 복이 되리라. 너를 축복하는 자들에게 내가 복을 주고 너를 저주하는 자를 저주하리라. 네 안에서 땅의 모든 족속들이 복을 받을 것이라.**』

하나님께서는 창세기 15:18-21에서 아브라함에게 땅을 약속하셨으며, 또 17:6에서는 『**네게서 왕들이 나오게 하리라.**』고 말씀하셨다. 아브라함에게는 왕국과 그의 씨와 이방 민족에 대한 언약이 맺어졌으며, 아브라함은 명실공이 "천국"의 왕이 된 것이다. 이때부터 하나님께서는 아브라함에게서 나올 이스라엘 민족을 통하여 자신의 신정통치 왕국(천국)을 이루려고 계획하셨다.

그리고 아브라함 이후에 이삭과 야곱이라는 족장들을 통하여 이 왕국의 약속은 이어져 온다.

창세기 15:13,14의 예언에 따라 이들은 이집트로 내려갔다가 영광의 탈출(출애굽)을 한다. 이때에야 이스라엘은 하나의 민족으로 탄생하게 되고, 이 민족은 모세와 함께한다.

신명기 33:5, 『**백성의 우두머리들과 이스라엘의 지파들이 다함께 모였을 때 그**[모세]**는 여수룬에서 왕이었도다.**』

모세는 하나님과 직접 대면하고도 죽지 않은 사람이었다(신 5:24). 모세는 하나님과 항상 긴밀하게 대화했으며 당시에 이스라엘 민족을 이끈 지도자였다. 하나님께서는 이스라엘 민족을 통하여 그의 "천국"을 이루시려는 계획 속에서 모세에게 그 왕의 위치를 부여하시고 권한을 주셨다. 모세는 표적과 이적을 행사하며 백성들을 이끌었다. 온 백성은 모세의 명령에 따랐다. 심지어 이스라엘이 반역했을 때 하나님께서는 이스라엘을 모두 멸하고 모세를 통하여 새로운 한 민족을 만들겠다고 말씀하신 적도 있다(출 32:10).

그러나 이 왕은 좀 특별하다. 그는 단지 "천국"의 왕이라고만은 할 수 없다. 창세기 49:10에서의 예언에 따르면 그 왕은 분명히 유다 지파에서 나와야 한다. 그러나 모세는 레위 지파에 속한 자다(출 2:1). 그는 하나님의 율법을 받은 자인데, 이 율법은 이스라엘 민족을 통한 하나님의 신정통치의 기틀이 된다. 하나님께서 원하시는 천국은 완전한 의의 통치이기 때문에 이 율법 또한 매우 엄격했다. 그러므로 이 모세는 다윗을 통하여 이루어질 왕국이 임하기 전에 그 왕국의 기틀을 잡기 위해 과도기적으로 이스라엘을 맡은 왕이었다.

그러나 모세에게도 실수가 있었으니, 하나님의 말씀을 어기고 자기의 노함으로 바위를 친 것이다. 하나님의 완전한 왕국은 인간들이 다스리기에 이토록 힘든 것이다.

모세는 하나님께서 자신의 왕국(천국)을 이루시기 이전에 율법을 주시고 그 왕국의 기본적인 틀을 잡아 놓기 위하여 준비하신 자이다.

하나님께서 여호수아를 통하여 카나안으로 그의 백성을 인도하신 이후에는 여러 명의 재판관들을 통해 그의 왕국(천국)을 다스리셨다(판 2:16). 그러나 이 재판관들 중에는 신실하지 못한 자들이 종종 있었으며, 이 재판관들이 죽은 이후에 백성들은 다시금 우상에게로 나아갔다. 결국 재판관들을 통하여도 이 "천국"은 완성되지 못한 것이다. 이 재판관들은 재판관기 3:10의 옷니엘로 시작하여 사무엘까지 이르며(삼상 7:15), 그 이후에는 왕정(王政)이 시작된다. 첫 번째 왕은 사울인데, 이 사람은 하나님께서 세우신 왕이 아니었다. 백성들은 자기들의 왕이신 하나님을 거부하고 이방 민족들처럼 왕을 구했다(삼상 8장). 사울은 다윗이라는 하나님의 사람이 나타나기 이전에 그릇되게 나타난 자인데, 다윗이 예수 그리스도의 모형이라면 사울은 예수 그리스도 앞에 나타나는 적그리스도의 모형이다. 백성들은 '다른' 왕을 받아들인 것이다.

이번에 등장하는 왕은 하나님의 마음에 합한 자, 메시아 왕의 가장 직접적인 모형인 다윗이다. 그는 하나님께서 기름부으신 자이며(삼상 16:13), 하나님께서 예비하신 자이다(삼상 16:1). 더욱이 하나님께서는 그에게 왕국을 약속하셨다.

사무엘하 7:12-16, 『**...내가 네 몸에서 나올, 곧 네 뒤에 올 네 씨를 세우고, 내가 그의 왕국을 견고하게 하리라. 그가 내 이름을 위하여 한 집을 지을 것이요, 나는 그의 왕국의 보좌를 영원히 견고하게 하리라... 네 집**

과 네 왕국이 네 앞에서 영원히 세워지리라. 네 보좌가 영원히 세워지리라.』

하나님께서는 다윗에게 "네 왕국"이 영원히 세워지리라고 말씀하셨고, 또 그의 씨를 견고히 세우겠다고 말씀하셨다. 그러므로 그의 뒤에 오는 어떠한 왕도 다윗의 보좌에 대한 정통성이 없으면 "천국"의 왕관을 이어 받을 수 없게 되었다. 그래서 우리 주 예수 그리스도께서도 "다윗의 아들"로 탄생하시고(마 1:1), 예루살렘으로 입성하실 때도 "다윗의 이름"으로 호산나 환호와 찬양을 받으셨다. 다윗과 예수 그리스도의 왕에 대한 관계는 마태복음에서 지속적으로 다루어질 주요한 주제다.

그러나 다윗에게도 실패가 있었으니, 곧 헷인 우리아의 아내 밧세바와 간음한 사건이다. 그 사건의 결과로 하나님께서는 그에게 그의 집에서 칼이 떠나지 않으리라는 벌을 주셨다(삼하 12:10). 그래서 솔로몬이 등극할 때까지도 그는 아도니야와 싸워야 했다(왕상 1장).

다윗에게 주어진 언약이 솔로몬에게 이루어져 솔로몬에게 큰 왕국이 세워지고 성전이 세워졌으나, 그도 역시 실패하여 이방 여인들을 가까이 하는 죄를 짓고 우상 숭배의 길을 트게 된다. 그리고 그의 아들 르호보암 때에 이르러서는 왕국이 분열되고 "천국"은 유다와 베냐민 두 지파에 한정된다.

그러나 하나님께서는 다윗에게 한 약속을 어기지 않으시고 그의 씨에서 왕이 나타나리라는 계획을 계속 이루어 오시는데, 북이스라엘 왕국은 배교하여 나가지만 남유다 왕국은 그래도 하나님을 섬기며 왕의 정통성을 이어나가게 된다.

그러나 그들은 계속해서 실패하여 하나님께서 원하시는 완전한 신정국가(천국)는 실현되지 못하는데, 드디어 여코냐에 이르러서는 그 왕의 보좌의 정통성을 빼앗겨 유다 지파마저도 천국을 완전히 상실하고 만다(렘 22:30). 여기서 주목할 것은 왕국이 전 우주에서부터 유다지방에 이르기까지 축소된다는 점이다. 예수 그리스도께서 다시 오셔서 모든 것을 회복하실 때까지 이 왕국이 어떻게 축소되는지 주목하라 : 루시퍼(천국과 하나님의 나라 - 전 우주), 아담(천국과 하나님의 나라 - 지구), 노아(천국 - 지구), 아브라함(천국 - 팔레스타인 땅), 모세(천국 - 팔레스타인 땅), 재판관들(천국 - 팔레스타인 땅), 다윗(천국 - 팔레스타인 땅), 르호보암(천국 - 유다 지파), 여코냐(없음), 예수 그리스도(천국과 하나님의 나라).

포로 시대를 통하여 선지자들은 끊임없이 메시아에 대한 말씀을 전파하였고, 백성들은 그 메시아를 기다렸다. 그들에게 있어서 이 메시아는 민족의 해방자며, 이방 왕국들을 깨뜨리고 완전한 "천국"(the kingdom of heaven)을 세우는 자였다(단 2:44).

그리고 그 메시아 왕은 마태복음 4장에서 드디어 나타나시는 것이다!!

침례인 요한과 예수님께서는 마태복음 3장과 4장에서 각각 "천국 복음"을 전파했다. 그것은 "천국이 가까이 왔다."는 것이었다. 다른 복음서들에서 "하나님의 나라"를 전파하시는 예수님은 이 두 개의 왕국을 함께 가져오셨다.

그러나 자기 백성에게 오신 그 메시아 왕이 자기 백성들에게 거부되었을 때(요 1:11; 19:14,15) 이 왕국들은 하나님께서 다시 가져가 버리셨다. 하나님의 나라는 영적으로 이방인에게도 확장되어서 예수 그리스도의 이름으로 거듭난 성도들은 이 나라에 들어오게 되었지만, 천국은 예수 그리스도께서 영광스런 재림으로 다시 나타나실 때까지 연기되었다.

그때까지 천국은 신비스런 형태로 감추어지게 되지만(마 13장), 주님이 재림하셔서 천년왕국을 이루실 때 그 "천국"은 제대로 모습을 갖추게 될 것이다(계 20장). 그 때가 되면 이사야에서 예언된 평화로운 세상, 곧 전쟁이 그치고 사자가 풀을 뜯으며 어린이가 독사굴에 손을 넣는 그러한 세계가 도래할 것이다(사 11장). 이것이 바로 사람들이 그토록 갈망하며 이루려고 노력하는 "천국"의 모습이다. (그러나 그 천국은 예수 그리스도 외에는 아무도 세울 수 없다.) 그리고 천년왕국이 다한 후 하늘과 땅이 불로 소멸되고 새 하늘과 새 땅이 나타나면 "천국"과 "하나님의 나라"는 완전히 합쳐져서 하나님께서 맨 처음 계획하신 원래의 왕국의 모습이 나타날 것이다(계 21,22장).

마태복음 3장

구약 시대의 많은 예언들의 성취로 왕은 탄생했다. 그는 유대인의 왕으로 오셔서 팔레스타인 땅에다 그분의 왕국을 세우려 하신다. 왕국이 임할 준비가 완성되었다. 즉 예언적 계보를 따라서 두 언약(아브라함과의 언약, 다윗과의 언약)을 성취하시고, 다윗의 가문에서 탄생하시어 왕의 자격을 갖추시고(정통성), 동정녀에게서 탄생하심으로 하나님이심을 증거하셨다. 이미 예언들을 통해 메시아 사상이 이방인에게까지 있었고(마 2장), 그 메시아가 오시면 이방 왕국들은 무너진다(단 2:44). 여코냐 이후에 다윗의 보좌의 왕은 끊어졌으나 그 보좌에서 의로 통치하실 왕이 나타나야 한다. 이제 팔레스타인 땅에는 유대인들이 그렇게도 바라던 메시아의 통치, 그것도 하나님께서 직접 다스리시는 완전한 신정통치가 이루어질 순간이다. 그러나 예수 그리스도의 사역에 선행되어야 할 일들이 있었다.

그중 하나가 침례인 요한의 등장이다. 예언에 따라 나타나시는 왕의 길을 예비하기 위하여 침례인 요한은 회개의 침례를 베풀면서 천국 복음을 전한다. 여기서 주의할 점은 침례인 요한이 예비한 길은 "인류의 구세주"로서의 예수 그리스도의 길이 아니라 "유대인의 왕"으로서의 예수 그리스도의 길이라는 점이다.

3:1 그 무렵에 침례인 요한이 와서 유대 광야에서 전파하여,
2 말하기를 "너희는 회개하라. 천국이 가까이 왔느니라."고 하니,

『**그 무렵에**』(1절)란 말은 예수 그리스도의 공생애 기간 중 처음 6개월 내에 있었던 일이다. 정확히 말하면 예수님께서 공생애를 시작하시는 순간이다. 우리 주님의 공생애는 침례를 받으시는 것에서 시작한다. 그래서 "그 무렵"이라는 말은 요한이 지속적으로 침례를 주며 천국 복음을 전파했던 기간을 말하는데, 이 기간 중에 주님께서는 침례를 받으시고 시험도 받으셨다. 이 기간에 대한 더 자세한 정보는 누가복음 3:1,2에 나와 있다. 즉 『**티베리오 카이사가 집권한 지 십오 년째 되던 해에, 폰티오 빌라도가 유대의 총독이요, 갈릴리의 영주는 헤롯이고, 그의 아우 빌립은 이투레와 트라코니티 지방의 영주이며, 루사니아가 아빌레네의 영주로 있고, 안나스와 카야파가 대제사장들로 있을 때**』이다. 카이사 아우구스토(눅 2:1)는 로마력 767년 8월 29일에 죽었는데, 그는 티베리오 카이사와 2년 동안 함께 통치했다. 따라서 티베리오가 집권한 지 15년째라는 말은 아우구스토가 죽은 지 13년 후의 일로, 로마력 781년이라는 말이다. (요한은 30세가 되어 사역을 시작했으므로, 로마력으로 751년에 출생한 것이고, 예수님은 그로부터 6개월 후에 출생하신 것이다. 이 기간에 대한 더 자세한 정보는 린드버그의 〈Christian Dogmatics〉 p.392를 보라.)

『**너희는 회개하라. 천국이 가까이 왔느니라**』(2절).

바로 여기에서 주석가들과 신학교들의 85%가 오류를 범한다. 마태복음에서 말하는 천국은 성도들이 죽어서 안식하는 셋째 하늘의 낙원을 말하지 않는다. 이 왕국은 우리 주 예수 그리스도께서 이 땅에 오셔서 실제적으로 이루실, 물리적이며 정치적인 왕국이다. 세상의 모든 왕국들을 멸하신 후 홀로 우뚝 서게 될 그분의 왕국이다. 물론 그 왕국은 그리스도의 재림 때에야 이루어질 것이다. 이제 그 왕국의 전파와 거부와 회복에 관한 긴 역사가 왕과 더불어 시작되려는 순간이다.

3:3 이 사람은 선지자 이사야가 말한 그 사람이라. 말하기를 "광야에서 외치는 자의 음성이 있어 '너희는 주의 길을 예비하고 그의 길을 곧게 하라.'고 하는도다." 하였더라.

본문은 이사야 40:3-8에서 가져온 인용이다. 누가복음 3:4에서도 같은 말씀이 있는데, 거기서도 역시 선지자 이사야의 글임을 분명히 밝히고 있다. 그러나 오늘날 많은 학자들은 이 부분을 "또 다른 이사야"의 글이라고 생각한다. 즉 이사야 1-39장은 우리가 역사에서 알고 있는 그 이사야가 쓴 것이고, 40-66장은 알지 못하는 다른 이사야가 쓴 글이라는 것이다. 이러한 이론을 소위 "제2이사야설"이라고 부른다. 물론 근거는 전혀 없다. 학자들은 한 책에서 다른 내용과 좀 다른 것처럼 보이는 주제를 설명하면 무조건 저자를 의심하는 경향이 있다. 그러나 신약성경의 기자들은 그 부분에서 이사야의 이름을 밝히면서 열두 번도 더 인용했다(롬 10:20, 마 3:3; 12:17, 눅 4:18, 롬 10:16 등). 이사야 39장과 40장을 갈라놓는 이유가 무엇인가? 특별히 그 "제2이사야"가 썼다는 부분에 성경에서 가장 위대한 속죄에 관한 장이 들어 있다(사 53장). 이러한 위대한 교리를 예언에서 빼 버리겠다는 의도가 아니고 무엇인가?

앞서 언급한 대로 예수께서는 예언을 성취하시는 유대인의 왕으로 오셨다. 민수기 4:43에 따르면 레위인 사역자들은 모두 30세가 되어야 성전의 일을 수행할 수가 있는데, 예수께서는 이제 30세가 되시어 그의 사역을 행하실 때가 되었다. 그러나 이 메시아 사역이 이루어지려면 선행되어야 할 일이 하나 있는데, 그것은 바로 왕의 길을 예비하는 일이다. 그 일을 행하기 위해서 여기 침례인 요한이 서 있다. 침례인 요한은 이사야에서 예언된 대로 왕의 길을 예비하는 선두 주자(forerunner)이다. 그는 예언된 엘리야(말 4:5)이며, 광야에서 외치는 음성이다.

그가 설교한 첫 메시지는 "회개하라."이다. 그리고 이 회개는 왕을 맞아들이는 준비가 되고, 왕국(the kingdom of heaven)이 임하는 조건이 되는 것이다. 그는 말라키 4:5,6과 누가복음 1:17에서 예언한 바와 같이, 아비들의 마음을 자식들에게로, 자식들의 마음을 아비들에게로, 불순종한 자들을 의인들의 지혜로 돌아오게 하며, 주를 위하여 마련해 놓은 백성을 예비시킬 것이다.

메시아 왕이 오시기 전의 이스라엘의 상태는 목자 없는 양의 상태, 흩어져서 들짐승들의 먹이가 된 상태이다(겔 34:5, 마 9:36). 이 "엘리야"는 주의 크고 두려운 날이 임하기 전에 와서(말 4:5) 그의 사역, 곧 왕의 길을 예비하는 사역을 하게 된다. 그 방법은 침례이다. 그는 유대 광야에서 복음을 전파하고 요단강에서 침례를 베푸는데, 침례를 받는 사람들은 "회개"의 표시로 침례를 받는다. 그가 전한 메시지는 "회개하라."이고, 이것은 천국이 임하기 전에 유대인들이 갖추어야 할 태도이다.

이 "천국"(the kingdom of heaven)은 유대인들이 오랫동안 기다려 온 신정통치 국가를 의미한다. 여코냐 이후에 다윗의 보좌에는 왕이 끊어졌고, 이제 그 보좌에 앉아 의로 통치하실 왕이 나와야 한다. 그 왕을 유대인들은 기다리고 있었는데, 그 왕이 임하시기 전에 그 길을 닦아 놓는 사역을 침례인 요한이 "회개"의 복음을 전파하면서 유대인들에게 침례를 베푸는 것이다.

주목할 것은 아직 이 당시에는 신약성경도 없었고, 거듭남에 대한 지식도 없었다. 십자가나 부활에 대해서는 말할 것도 없다. 이러한 상황 속에서 나타난 침례인 요한의 설교는 지금 현시대에 우리가 받아들이기에는 부적합하다. 단지 왕국의 선행조건으로서 회개하는 것이고, 그 방법으로 침례를 받는 것이었을 뿐이다. (이것은 사도행전 2장에서 베드로의 침례와 일치하는데, 메시아 왕국을 받아들이기 앞선 상황 속에서 나온 말이었다.) 그러므로 지금 우리가 받는 침례를 요한의 침례와 같은 의미에서 본다면 잘못된 것이다.

3:4 이 요한은 낙타털로 만든 옷을 입고, 허리에 가죽띠를 둘렀으며, 그

의 음식은 메뚜기와 야생꿀이더라.

이 구절은 열왕기하 1:8의 엘리야의 모습을 연상케 한다. 그는 털의 사람이었고 허리에 가죽띠를 둘렀다. 그러나 침례인 요한은 외모뿐 아니라 사역에 있어서도 그와 유사하다.

구약에서 엘리야에 대한 예언은 침례인 요한에게 적용된다. 말라키 4:5에서는 "선지자 엘리야"를 보낸다고 약속하시는데, 성령께선 그 약속을 누가복음 1:17에 적용하신다. 또 마가복음 1:2,3은 침례인 요한에 대한 설명인데, 3절은 이사야 40:3의 예언이고 2절은 말라키 3:1의 예언으로서, 이사야의 "광야에서 외치는 자의 음성"은 말라키 4장의 엘리야와 연결된다. 더욱이 예수께서는 이 요한이 엘리야임을 증거하셨다(마 11:7-14).

엘리야와 요한의 유사성은 적그리스도의 유형 앞에서 증거한다는 점에서도 유사하다. 구약의 엘리야는 아합 앞에서 선포했으며, 침례인 요한은 헤롯 앞에서 선포했고, 재림 때 엘리야는 적그리스도 앞에서 선포할 것이다.

그들은 둘 다 왕국이 임하기 직전에 왕국이 임하는 조건을 형성시키는 사역을 하다가 목베임당해 죽는다. 침례인 요한은 헤롯에게 목베임당했고, 재림 때 엘리야는 요한계시록 11장에서 두 증인들 가운데 하나로 나타나 목베임당할 것이다. (〈피터 럭크만의 주석서 요한계시록〉 11:3-12 참조.)

엘리야가 다시 온 뒤에 있어야 할 일은 예수 그리스도의 재림이다. 말라키에서는 『**주의 크고 무서운 날**』에 대해 언급하고 있는데(말 4:5), 엘리야는 바로 이날이 이르기 전에 나타나 사역하는 것이다. 그런데 침례인 요한이 엘리야라면 요한 이후에 "주의 크고 무서운 날"과 재림이 이루어져야 한다.

우리가 한 가지 주의해야 할 사실은 구약에서 "왕의 오심"(the Advent of the King)은 초림과 재림을 모두 포함하고 있다는 것이다. 우리가 지금 신구약 성경을 모두 놓고 보니 초림과 재림이 구분되는 것이지 구약 선지자들의 관점으로 볼 때 초림과 재림은 하나의 사건으로, 단지 왕이 오시는 것뿐이었다. 그러므로 재림의 사건들은 초림 때에 모두 성취될 수 있었다. (그러나 유대인들이 그들의 메시아를 거부했기 때문에 재림은 2,000년 후로 연기되었다.) 이 당시가 바로 구약 시대처럼 초림과 재림을 같이 보는 상황이었다. 즉 이제 크고 무서운 주의 날이 이르고, 주님이 왕으로 임하시는 상황이다. 이러한 상황 하에서 침례인 요한이 등장하는 것이다. (침례인 요한에 대해서는 마태복음 11장에서 다시 다룰 것이다.)

3:5 그때에 예루살렘과 온 유대와 요단 강 주위의 모든 지역에서 그에게 나아와,

6 자기들의 죄들을 자백하고 요단 강에서 그에게 침례를 받더라.

이 침례는 분명히 물에 잠기는(immerse) 침례가 분명하다. 요단 강 안에서(in) 주었고, 그 사실을 부정할 사람은 없을 것이다. 로마카톨릭을 비롯한 많은 개신 교회에서 물 뿌려(sprinkle) "세례" 주는 것은 전혀 성경적인 모습이 아니다. (그럼에도 불구하고 로마카톨릭 화가들의 그림에 보면, 예수님과 요한이 요단강 물에 허리쯤 잠기도록 들어가서, 요한이 바가지로 물을 퍼서 예수님의 머리에 붓는 그림을 볼 수 있다.)

신약적인 의미에서 침례는 구원과 전혀 상관이 없다. 우리는 침례를 통해 용서받은 것이 아니라 예수 그리스도를 믿음으로 구원받는 것이기 때문이다. 침례는 구원받은 후에 순종하는 간증이다. 성경에서 종종 침례가 구원과 연관되는 것처럼 보이는 구절들이 있다. 사도행전 2:38이 그것이다. 『**베드로가 그들에게 답변하기를 "회개하라. 그리고 죄들을 사함받은 것으로 인하여 너희 각자는 예수 그리스도의 이름으로 침례를 받으라. 그리하면 너희가 성령의 선물을 받으리라**』(행 2:38). 그래서 사람들은 이 구절을 근거로 해서 침례, 또는 세례를 받아야 구원받는다고 주장한다. 하지만 이 구절은 구원과는 관계없는 구절이다. 더욱이 베드로는 베드로전서 3:21에서 『**물은 예수 그리스도의 부활하심으로 인하여 이제 우리를 구원하는 모형이니, 곧 침례라. (이것은 육체의 더러움을 제거하는 것이 아니라 하나님을 향한 선한 양심의 응답이라.)**』라고 말한다. 즉 침례는 구원의 수단이 아니라, 구원받은 사람이 그 모형의 행위를 함으로써 간증하는 것이다.

3:7 그러나 그가 많은 바리새인과 사두개인이 그의 침례 베푸는 데 오는 것을 보고 그들에게 말하기를 "오 독사들의 세대야, 누가 너희에게 다가오는 진노에서 피하라고 경고하더냐?

8 그러므로 회개에 합당한 열매들을 맺고

9 **'아브라함이 우리의 조상이라.'고 너희 속으로 말하려 생각지 말라.**
내가 너희에게 말하노니, 하나님께서 이 돌들로도 아브라함의 자손
이 되게 하실 수 있느니라.
10 **또한 이제 도끼가 나무뿌리에 놓였으니, 그러므로 좋은 열매를 맺지**
못하는 나무마다 찍혀 불 속에 던져지리라.

바리새인들과 사두개인들은 복음서와 사도행전에서 항상 예수님을 대적하는 세력으로 등장하며, 특히 바리새인들은 더욱 그렇다(마 23장). 요한은 9절에서 『**'아브라함이 우리의 조상이라.'고 너희 속으로 말하려 생각지 말라.**』고 했는데, 이들은 자기들이 아브라함의 후손임을 자랑했기 때문이다(요 8:39). 그러나 예수님은 그들의 조상이 사탄이라고 말씀하셨다(요 8:44). 똑같은 맥락에서 침례인 요한은 그들에게 미리 경고하는데, 돌들로도 아브라함의 자손이 되게 하실 수 있다(11절)는 말은 그들에게 아브라함의 씨임을 자랑하지 말라는 말이다. 왜냐하면 씨를 자랑할 분은 예수 그리스도밖에 없기 때문이다(다윗의 씨). 단지 그들이 할 일은 "다가오는 진노," 즉 말라키 4장의 『**주의 크고 무서운 날**』(말 4:5)에 피하기 위하여 "회개에 합당한 열매들"을 맺는 것이다(8절).

여기서 "독사들의 세대"라는 말은 무언가를 암시한다. 잠언 30:11-13, 욥기 20:16, 시편 58:4, 미카 7:17 등이 이들과 연관되는 말씀인데, 이 각 구절들은 예수 그리스도의 영광스런 재림을 말하는 문맥이다. 특별히 본문에서 이들은 "다가오는 진노"와 연관해서 등장하는데, 그때는 바로 "야곱의 고난의 때"라고 불리는 대환란 때이다. 이것은 재림 때에도 초림 때와 같은 부류의 사람들로 같은 상황이 재현된다는 것을 보여 준다.

3:11 나는 정녕 회개시키기 위하여 너희에게 물로 침례를 주거니와 내 뒤에 오시는 분은 나보다 더 능력이 많으시니, 나는 그분의 신을 들 만한 자격도 없느니라. 그분은 성령으로 또 불로 너희에게 침례를 주시리라.

12 그분은 손에 키를 들고 자기의 타작마당을 철저히 정결케 하실 것이며, 자기의 알곡은 모아서 창고에 들이실 것이나, 쭉정이는 꺼지지 않는 불로 태우시리라."고 하더라.

침례인 요한은 예수 그리스도께서 어떻게 하실지를 말해 주고 있다. 예수 그리스도께서는 성령으로, 또 불로 침례를 주시는 분이요, 손에 키를 들고 타작마당을 정결케 하시는 분이다. 타작마당은 온 세상, 또는 이스라엘인데, 그는 알곡과 쭉정이의 분리 작업을 통해서 알곡에 속한 사람들은 구원하시고 쭉정이에 속한 사람들은 심판하신다.

그러나 중요한 것은 여기서의 알곡과 쭉정이들은 일차적으로 유대인에게 적용된다는 사실이다. 마태복음 19:16-22에서는 영생을 얻으려면 계명들을 지켜야 한다고 말했다. 시편 1편에서는 복 있는 사람을 주의 율법을 지키는 사람으로 묘사하는 반면, 율법을 지키지 않는 악인은 '쭉정이'로 묘사하고 있다. 유대인은 율법과 관계된 백성이고, 왕을 받아들이는 것은 이러한 율법적인 의와 관계된다.

이 상황은 왕국이 임하기 직전의 상황이다. 예수 그리스도께서 왕국을 세우실 때 그분은 야곱에게서 불경건한 것들을 제하여 버리실 것이다(롬 11:26, 사 59:20). 이 날들은 "대환란"이라고 말하기도 하는 "야곱의 고난의 때"(렘 30:7)인데, 그분은 이 날들을 통해 그의 백성 이스라엘의 허물을 씻으실 것이고, 그 환란의 때에 알곡과 쭉정이는 분리되어, 이 심판을 통과하는 사람들이 그분의 왕국으로 들어갈 것이다. 요엘 2:29에 나타난 대로 주님은 주의 영을 부어 주셔서 주님의 백성을 성령으로 보호하시지만, 자신들의 행위로 끝까지 견디지 못한 자들은 결국 쭉정이로 분류되어 불 가운데로 들어가게 될 것이다.

물론 영적으로 적용한다면 교회 시대의 구원받은 성도들도 알곡이라고 말하고 구원받지 않은 사람들을 쭉정이라고 말할 수 있지만, 실제적으로 침례인 요한이 말한 예수 그리스도의 사역은 유대인의 왕으로서의 사역이기 때문에 유대인으로서 예수 그리스도에 대한 믿음을 간직하고 율법의 행위를 지키는 사람(계 12:17), 좀 더 예언적으로 말하면 환란 시대에 끝까지 견디는 유대인(마 24:13)이 알곡의 범주에 들어간다.

우리는 이 두 구절(11,12절)에서 3가지의 침례를 볼 수 있는데, 첫째, 요한의 물침례, 둘째, 성령침례, 셋째, 불침례이다. 이와 연관해서 성경에서는 7가지 침례가 나오는데, 한번 정리해 보자.

1. 모세의 침례(고전 10:2): 이 침례는 이스라엘이 출애굽할 때 홍해를 지난 것과 구름 기둥 아래서 행한 것을 말한다. 성령께서는 이 사건을 "침례"라고 설명하고 계신다. 이 침례는 이스라엘 민족이 따로 부르심을 받은 민족의 표시이기도 하다(Called-Out Assembly).

2. 요한의 침례(마 3:6): 이 침례는 앞에서 언급했듯이 요한이 엘리야의 사역, 즉 왕의 길을 예비하는 사역을 행하는 것으로, 유대인들이 자기들의 죄를 씻고 왕을 맞이하는 데 필요한 행위이다. 구약의 유대인들은

부정한 것을 만졌을 때 손을 씻었다. 이것은 정결례인데, 죄로부터의 돌이킴을 의미한다. 유대인들은 왕을 맞이하기 위해서 자기들의 죄를 씻는 정결례를 행해야 했다. 요한의 침례의 목적은 이스라엘에게 예수 그리스도를 알리는 것이다. 『**나는 그분을 알지 못하였지만, 그분을 이스라엘에게 알리려고, 내가 물로 침례를 주러 왔노라**』(요 1:31).

3. 십자가의 침례(마 20:22): 세베대의 두 아들, 곧 야고보와 요한의 어머니가 그 두 아들을 주의 나라에서 각각 오른편과 왼편에 앉게 해 달라고 구했을 때, 예수님은 『**내가 받는 그 침례를 너희가 받을 수 있느냐?**』라고 물으셨다. 이 침례는 십자가에서의 죽음을 말한다. 혹 예수 그리스도께서 요한에게 침례를 받으신 것을 이 침례와 연관해서 설명하는 사람이 있을지 모르지만, 이 침례는 예수님의 고난과 죽음을 말하는 것이다.

4. 유대인의 침례(행 2:38): 이 침례는 요한의 침례와도 연결된다. 둘 다 메시아 왕과 그분의 왕국을 받아들이기 위한 침례였고, 둘 다 죄를 씻기 위한 정결례로서의 침례였으며, 둘 다 왕국이 임하기 전 상태의 침례이다.

그러나 이 침례가 요한의 침례와 다른 것은, 이 침례는 예수 그리스도께서 죽으신 이후에 있다는 것이다. 유대인들은 기다렸던 왕이 오셨는데 그를 거부했다. 그들은 왕을 거부한 죄가 있다. 사도행전 2장에서 베드로는 유대인들에게 그들이 왕을 거부한 그 죄를 씻으라고 설교한 것이고, 회개와 침례를 요구했다. 이것은 요한이 설교한 것과 같다. 그러나 요한의 침례가 왕이 오시기 전에 왕을 영접할 자세를 갖추기 위한 것이라면, 이 침례는 왕을 거부한 죄를 씻어야 하는 것이다. 그래서 그들은 "예수의 이름으로" 침례를 받아야 한다. 그리고 이 침례에는 표적이 따른다(행 2:43; 8:17; 19:6).

5. 이방인의 침례(행 10:48, 마 28:19): 이 침례는 교회 시대의 성도들이 받는 침례로서 먼저 예수 그리스도를 주로 믿는 고백이 필요하며, 그 공개적인 간증으로서 받는 침례이다. 이 침례는 구원을 이루거나 죄사함 받는 데 아무런 효력이 없다. 침례로는 구원받지 못하며, 그것은 단지 선한 양심의 고백일 뿐이다. 물은 모형이다(벧전 3:21). 이 침례는 아버지와 아들과 성령의 이름, 곧 삼위일체 되신 주(Lord)의 이름으로 받는다(마 28:19, 행 10:48).

6. 영적 침례 또는 성령침례(고전 12:13, 엡 4:4,5, 마 3:11) : 이 침례는 세상에 속해 있던 사람이 예수 그리스도를 마음으로 믿어 그분을 개인의 구세주로 영접할 때, 그리스도의 몸 안으로 잠기는 침례를 말한다. 고린도전서 12:13에서는 이 침례를 말하면서 "한 몸 안으로" 침례를 받았다고 말한다. 그리스도의 몸 된 교회(지역 교회를 말하는 것이 아니다)에 속하는 이 침례를 받은 성도는 결코 떨어지지 않는 그리스도의 몸의 지체가 된다. 이 침례는 구원과 동시에 일어나는 사건이다. 이것은 예수 그리스도께서 나를 위해 죽으셨고, 묻히셨고, 부활하셨다는 사실을 믿고 영접하면서 일어난다(고전 15:3,4). 그래서 성도가 물침례를 받는 것은 자신이 그리스도와 함께 죽었고, 묻혔고, 부활했다는 간증을 하는 것이다.

오순절 은사주의자들은 구원받을 때 성령을 받는 것과 성령침례를 받아 능력을 행하는 것을 구분하는데, 이것은 전혀 성경적인 근거가 없다. 그들이 말하는 것처럼 이 침례는 방언을 말하는 침례가 아니다. 눈에 보이는 소위 "능력"을 행하는 것도 아니며, 성령의 외형적 역사처럼 보이는 것들을 행하는 것이 성령침례의 증거도 아니다. 성경에서 말하는 성령침례는 은사주의자들이 말하는 것과는 전혀 다른 것으로, 예수 그리스도의 몸 안으로 잠기는 것, 곧 구원받는 것이 성령침례이다.

7. 불침례(마 3:11): 많은 사람들은 이 불침례를 성령침례로 오해한다. 오순절에 불 같은 모양으로 갈라진 혀들이 나타난 것은(행 2:3) 불이 아니었다. 그런 형태로 임하신 모습은 불로 침례받은 것을 말하는 것이 아니다. 마태복음 3:11의 불은 지옥 불을 의미한다. 그것은 심판의 불이다. 이것은 12절의 말씀과 연관해 볼 때 더욱 명확해진다. 타작마당을 정결케 하시는 분께서는 쭉정이를 꺼지지 않는 불로 태우신다. 이것이 불로 받는 침례이다. 모든 시대를 포함하여 구원받지 않은 모든 사람은 불못에 던져지게 된다. 만약 성령침례를 받지 못하면 그는 불침례를 받게 된다. 이것을 모르고 불침례를 받으라고 말하는 설교자가 있다면 그는 청중들을 지옥에 가라고 설교하는 것이다. [일곱 가지 침례에 관해서는 〈일곱으로 일하시는 하나님〉(말씀보존학회)을 참조하시오.]

3:13 그때에 예수께서 갈릴리로부터 요단 강에 있는 요한에게 오셔서 그
에게 침례를 받으려 하시더라.
14 그러나 요한이 말리며 말씀드리기를 "내가 주께 침례를 받아야 할
터인데 주께서 내게로 오시나이까?"라고 하니
15 예수께서 대답하여 그에게 말씀하시기를 "이제 허락하라. 우리가
이렇게 하여 모든 의를 이루는 것이 합당하니라."고 하시니, 이에
그가 허락하더라.

사실은 예수님이 아니라 요한이 침례를 받아야 할 판이었다. 요한은 자기가 예수님에게 침례를 받아야 한다는 필요를 알았었다. 물론 요한이 이미 예수님에 대해 대중에게 증거하기도 했거니와, 예수님께서 주시는 침례는 물침례가 아니라 성령침례라는 것도 알았다.

요한은 은근히 예수님께서 자기에게 다가와 침례를 주실 것으로 기대했을지도 모른다. 그러나 예수님께서는 요한에게 『**이제 허락하라.**』라고 말씀하신다. 예수님에게 있어서 물침례는 절대적으로 필요한 것은 아니었다. 왜냐하면 예수님께는 회개하거나 자백할 만한 어떠한 죄도 없고, 정결례를 치러야 할 어떤 것도 없으셨기 때문이다. 그러나 주님이 침례를 받으신 것은 이스라엘에게 자신을 알리시기 위함이었다. 이것을 위해 예수님은 이 의식에 순종한 것이다. 주님의 이러한 행동은 매우 중요하다. 여기에는, 주님의 부활 후에는 물침례가 더 이상 유대인의 정결례로 사용될 수 없음을 보여 주는 깊은 영적 의미가 있다. 왜냐하면 예수 그리스도의 부활 이후에, 우리는 예수님 "안에" 들어와 있기 때문이다. 예수님은 여기에서 『**우리가 이렇게 하여 모든 의를 이루는 것이 합당하니라.**』(15절)라고 말씀하셨는데, 우리는 이미 그분 안에서 의를 얻었기 때문이다(롬 10:1-4). 따라서 침례를 통해서 의를 이루신다는 것은 십자가 이전 사건으로서 의의가 있는 것이지, 지금 우리에게 침례를 통해 의를 이룬다고는 말할 수 없는 것이다. 그리스도인이 침례를 받는 것은 구원을 위한 수단이 아니라, 공개적인 간증일 뿐이고, 또 모형일 뿐이다(벧전 3:21).

3:16 예수께서 침례를 받으시고 곧 물 속에서 올라오시니, 보라, 하늘들

이 그분께 열렸고, 그가 하나님의 영이 비둘기같이 그분 위에 임하
심을 보더라.
17 보라, 하늘에서 한 음성이 있어 말씀하시기를 "이는 내 사랑하는
아들이요, 그 안에서 내가 매우 기뻐하노라."고 하시니라.

『**곧 물 속에서 올라오시니**』(16절)라는 표현을 보아, 침례는 물 속에 잠기는 것임이 분명하다. 이것은 구약에서 위대한 한 모형으로 제시되었는데, 그것은 요나가 삼 일 밤 삼 일 낮 동안 물고기 뱃속에 있었던 것이다. 그때 요나는 물속으로 던져져서 "잠기었다." 그리고 죽었다. 그래서 침례란 죽어 묻히는 것이다. 이것은 그리스도와 성도가 연합했다는 것을 보여 주는 것이기도 하다(골 2:12, 롬 6:2-6). 성도는 예수 그리스도를 영접한 순간 그분의 몸 안으로 "침례"받는다. 이것은 물침례를 말하는 것이 아니라, 그분의 몸 안으로 들어가 그분과 연합을 이루며, 동시에 그분과 함께 죽고 묻히는 것이다. 또한 주님과 함께 부활한 것이기도 하다. 따라서 예수님과 함께 연합하여 죽고 묻히고 부활했다는 영적인 경험을 증거하기 위해서는 반드시 물속에 들어갔다가 나와야 하는 것이다. 이것이 바로 그리스도 안으로 침례받았다는 것에 대한 모형의 행위이다. 물을 뿌리는 것으로는 도저히 그리스도와 연합함으로써 경험하게 되는 이러한 것들을 경험할 수 없다.

요한은 자신의 역할을 이스라엘에게 예수 그리스도를 알리는 것이라고 말했는데(요 1:31), 주님은 요한의 침례에 순종하셔서 그를 통하여 자신을 나타내셨다. 주님이 자신을 이스라엘에게 나타내신 방법은 성령께서 비둘기처럼 그 위에 앉으시는 것이었다(16절). 그리고 요한은 성령께서 비둘기같이 내려와 머무는 분이 그분이라고 이스라엘 백성에게 공포했다(요 1:32,33).

이때 하나님 신격의 삼위가 모두 이 자리에 함께하셨다. 아버지께서는 하늘에서 음성을 발하셨고, 아들께서는 침례를 받으셨고, 성령께서는 아들 위에 비둘기처럼 내려오셨다.

『**이는 내 사랑하는 아들이요, 그 안에서 내가 매우 기뻐하노라**』(17절).

이 말씀은 예수님께서 다른 인간들과는 다른 독특한 분이라는 사실을 잘 설명해 주는 말씀이다. "사랑하는 아들"이란 말씀은 유일하신 아들이라는 말씀이다. 그분은 하나님께서 낳으신 첫째 아들이시고, 또한 "독생자"이시다. 하나님께는 성령으로 태어난 많은 "아들들"이 있지만, 그들 모두는 예수님께서 성령으로 출생하셨기 때문에 성령으로 태어날 수 있었던 것이다. 또한 그분을 따라서 많은 아들들이 하나님으로부터 출생했지만, 그들 모두는 영적으로만 하나님으로부터 출생한 것이고 육신적으로는 인간 아버지가 있다. 하지만 우리 주님께서는 인간 아버지 없이 어머니에게서만 태어나셨으니, 육신적으로도 그분은 하나님께로부터 출생하신 것이다.

특별히 이 말씀과 더불어 하늘이 열린 것은 예수님의 공생애 기간 중 세 번 있었다. 한 번은 여기에서, 또 한 번은 마태복음 17:5에서, 또 한 번은 요한복음 12:28에서였다. 이와 연관해서, "휴거"를 의미하는 "이리로 올라오라"는 말씀도 성경에서 세 번 나오는데, 그것은 잠언 25:7과 요한계시록 4:1과 11:12이다. 한 걸음 더 나아가, 신명기 16:16에는 유대인

남자들이 지켜야 할 세 개의 명절이 있다(무교절, 칠칠절, 장막절). 그리고 이 세 절기 또한 휴거와 연관되어 있다. [이 부분에 대한 더 자세한 내용은 저자의 〈요한계시록〉 주석서의 4:2 주석을 보라.]

이제 예수께서는 요한의 침례에 순종하면서 『**우리가 이렇게 하여 모든 의를 이루는 것이 합당하니라.**』(마 3:15)라고 말씀하셨는데, 이 의(義)는 십자가의 의나 믿음의 의가 아니라 율법의 의이다. 믿음의 의는 로마서에 가서야 등장하는데, 예수님께서 말씀하시던 이때는 아직 왕국의 상황이다. 예수께서는 아직 우리 죄를 위해 죽으시지도 않았으며, 아직 『**세상 죄를 제거하는 하나님의 어린양**』(요 1:29)이라고 표현되지도 않았다. [요한복음 1장은 마태복음 3장과 같은 사건이 아니다. 요한복음에서 침례인 요한은 예수님께서 침례받으신 일을 과거의 사건으로 설명한다(요 1:30-34). 요한복음 1:29은 예수님께서 침례를 받으시고 시험을 받으시러 광야로 들어가셔서 40일을 지내신 이후의 사건이다. 예수님은 침례를 받으시고 "즉시" 광야로 인도되셨다(막 1:12). 주님은 침례를 받으신 "그 다음 날" 요한을 다시 만나러 가시지 않았고(요 1:29) 적어도 40일 후에 요한이 침례 주고 있는 장소로 찾아가신 것이다. 그러므로 요한이 예수님을 "세상 죄를 없애시는 하나님의 어린양"으로 인식한 것은 예수님이 침례받으시고 적어도 40일이 지난 후의 일이었다. 마태복음 3장에서 요한은 예수님의 죽음이라든지 예수님을 통하여 죄가 사해진다든지 하는 진리는 전혀 계시받지 못했으며, 그가 알고 있었던 것은 단지 "율법의 의"와 "천국"이었을 뿐이다.]

주님은 죄에 속한 모든 사람들을 구원하시기 위하여 죄인의 육신을 입어야 하셨던 것처럼, 율법에 속한 이스라엘 사람들의 왕이 되시기 위해서 율법 아래로 들어가셔야 했다. 율법의 일을 이루시면서 자신이 메시아이심을 보여 주시는 것이다. 다시 말해서 율법의 의가 요구하는 그 요구에 맞추셔야 할 필요가 있었다는 것이다.

마태복음 4장

예언에 따라 탄생하신 왕은 침례를 받으신 후 본격적인 사역에 들어가시게 된다. 그의 사역은 왕으로서 왕국을 세우시는 것인데, 이 왕국은 태초부터 하나님께서 계획하신 것이고, 사탄의 계속적인 찬탈의 위협 속에서도 끊임없이 하나님의 계획과 목적 아래서 인간 역사 가운데 진행되어 왔다. 이제 나타나시는 왕은 완전한 신정통치의 왕국을 팔레스타인 땅에 세우실 것이다. 그러나 이 왕국은 계속적인 사탄의 위협 가운데 있다. 결국은 멸망당할 사탄은 끊임없이 이 왕국을 찬탈하여 왕의 보좌에 앉으려 하는데, 여기서는 사역을 시작하시기 전에 왕을 무너뜨리기 위해 그를 시험하는 것이다. 그러나 앞서 왕국을 차지했던 다른 인물들과는 다르게 예수 그리스도께서는 이 시험을 물리치신다.

4:1 그때에 예수께서 마귀에게 시험을 받으시려고 성령의 인도로 광야에

가시니라.

예수께서 시험 받으신 장소는 지금까지는 전통적으로 유대 광야라고 알려져 있었다. 이것은 특별한 근거가 있는 것이 아니라 단지 전통적으로 알려져 있던 것뿐이었는데, 오히려 이 장소는 엘리야와 모세와 관련지어서 볼 때 시내 광야로 보는 것이 합당하다. 엘리야와 모세가 예수 그리스도의 사역과 밀접한 관련이 있다는 것을 안다면 이 사실은 쉽게 이해될 수 있다.

엘리야와 모세와 예수 그리스도는 40일 밤낮 금식했다.

이들 모두는 적그리스도의 모형인 사람들(아합, 파라오, 헤롯)과 대면했다.

엘리야와 모세는 예수님과 함께 마태복음 17장에서 흔히 변형산이라 불리는 이 산에 나타났다(이 문제는 마태복음 17장에서 다시 다룰 것이다).

또한 "40"은 시험(test)의 기간을 나타내는 숫자인데, 이들은 모두 이 산과 관련하여 40일 동안 금식했다(엘리야는 40일을 금식한 후 이 산에 도착했다). 이스라엘은 40년 동안 광야에서 방황했고, 골리앗은 40일 동안 엘라 골짜기에서 이스라엘을 대적하기도 했다. 모세와 엘리야는 40일 동안 금식하고 주님을 만났다.

더욱이 이들 모두는 재림과 연관되어 있으며(말 4:4,5), 특별히 이 산은 주님께서 재림하실 때 내려오시는 산인데, 예수께선 시내산에 내려오셔서 왕의 대로(king's highway)를 따라 올리브산(예루살렘)으로 오실 것이다(사 11:16; 40:3, 신 33:2, 판 5:4, 합 3:3, 민 21:22, 사 63:1). [예수님께서 재림하실 때 주님은 성도들과 함께 먼저 시내산으로 와서 이스라엘이 출애굽할 때의 경로를 거쳐 올리브산으로 오실 것이다. 출애굽할 때의 경로를 따른다는 것은 이사야 11:16에 근거하며, 이 경로는 민수기 21:22에서 "왕의 대로"라고 불리는데, 이사야 11:16에서는 "대로," 이사야 40:3에서는 "우리 하나님의 대로"라고 불린다. 그러므로 재림의 행로는 시내산, 세일, 보스라(에돔), 모압, 헤스본, 여리코, 예루살렘이 될 것이다.]

4:2 사십 일 낮과 밤을 금식하신 후, 시장하게 되셨을 때에

3 그 시험하는 자가 주께 나아와 말하기를 "네가 하나님의 아들이면 이 돌들에게 명하여 빵이 되게 하라."고 하더라.

4 그러나 주께서 대답하여 말씀하시기를 "기록되었으되 '사람이 빵으로만 사는 것이 아니요 하나님의 입에서 나오는 모든 말씀으로 사느니라.'고 하였느니라." 하시더라.

5 그러자 마귀는 주를 거룩한 도성 안으로 데리고 올라가서 성전 꼭대기에 세우고

6 말하기를 "네가 하나님의 아들이면 뛰어내려 보라. 기록되었으되 '그분께서 너에 대하여 자기 천사들에게 명하시리니, 그들이 손으로 너를 받들어서 어느 때라도 너의 발이 돌에 부딪히지 않게 하시리라.'고 하였느니라." 하더라.

7 예수께서 그에게 말씀하시기를 "또 기록되었으되 '너는 주 너의 하나님을 시험하지 말라.'고 하였느니라." 하시더라.

8 다시, 마귀는 주를 아주 높은 산으로 데리고 올라가서 세상의 모든

나라들과 그것들의 영광을 주께 보여 주며
9 말하기를 "네가 내게 엎드려 경배하면, 내가 이 모든 것들을 너에게
주리라."고 하더라.
10 그러자 예수께서 그에게 말씀하시기를 "사탄아, 여기서 물러가라.
기록되었으되 '너는 주 너의 하나님께 경배하고 오직 그분만을 섬기
라.'고 하였느니라." 하시니,

첫 시험은 40일 후에 발생했다. 그러나 누가복음 4:2에서는 『**사십 일 동안 마귀에게 시험을 받으시더라. 이 기간 동안에는 아무것도 잡수시지 아니하시니**』라고 되어 있다. 이것은 서로 모순이 아니다. 마태복음과 누가복음을 그대로 믿는다면, 예수님께서 40일 동안 시험을 받으신 이후에 (어떤 시험인지는 모르지만) 다시 이 세 가지 시험을 받으신 것이라는 사실을 알 수 있다.

빵의 시험으로 시작되는 세 가지 시험은 예수 그리스도로 하여금 왕국을 얻지 못하게 하려는 사탄의 교묘한 속임수이다. 사탄이 누군가를 시험할 때는 전혀 엉뚱한 것으로 시험하지 않고 가장 비슷한 것으로 시험하는 것을 우리는 알 수 있다. 창세기 3장에서도 사탄은 하나님의 말씀을 약간만 바꾸어서 이브를 유혹했는데, 여기서도 그는 말씀을 교묘하게 변개하여 사용하며 잘못된 적용으로 예수 그리스도를 유혹한다.

이 세 가지 시험은 모두 예수 그리스도께서 영광 중에 나타나시어 왕국을 차지하는 상황과 관계된다. 예수 그리스도께서는 영광 중에 천사들과 함께 구름을 타고 내려오셔서 왕국을 차지하며 세상을 의로 다스리실 것이다. 그러나 주님은 영광을 얻기 위해서는 십자가를 져야 한다는 사실을 아셨다(No Cross, No Crown!). 주님은 왕국으로 임하기에 앞서 고난을 당하여 죽으셔야 했으며, 주님은 여기에 대해서 잘 알고 계셨다. 그러나 사탄은 왕국이 하나님께 속할 것이라는 것을 알기에 예수 그리스도께 그 왕국을 "지금" 차지해 보라고 유혹하는데, 만약 주님께서 이 시험에 무너지셨다면 그 왕국은 예수 그리스도께 속할 수가 없게 되는 것이다. 사탄이 자기에게 경배하면 왕국들을 준다고 말했으나, 예수 그리스도께서 경배했을지라도 그는 결코 왕국을 주지 않았을 것이다. 그는 거짓말의 아비이기 때문이다(요 8:44). 에덴의 동산에서도 그는 이브에게 신들과 같이 되리라고 했는데(창 3:5), 결코 그들은 신들과 같이 되지 않았다.

사탄은 구약성경을 인용해 가면서 예수 그리스도를 시험했으나 그가 이 시험에서 저지른 오류는 첫째, 그는 재림에 적용되는 구절을 초림에 적용하려 했던 것이다. 6절에서 사탄은 예수님께 성전에서 뛰어내리라고 말하면서 시편 91:11을 인용하는데, 이것 역시 예수 그리스도께서 하늘에서 내려오실 때 천사들이 주님을 지킬 것이라는 구절이었다.

사탄이 저지른 두 번째의 오류는 말씀을 인용하기는 했으나 변개시켜서 인용했다는 점이다. 시편 91:11은 『**이는 그가 너에 대하여 자기 천사들에게 명하시어 너의 모든 길에서**[in all thy ways] **너를 지키게 하실 것임이라.**』**라**고 되어 있으나, 사탄은 마태복음 4장에서 "너의 모든 길에서"를 제거해 버리고 "어느 때라도"(at any time)로 대체해 넣었다. 한마디로 그의 의도는 "재림뿐 아니라 초림 때에도"였다. 그는 고난을 무시해 버리고 영광만을 쳐다보게 하여 유혹했다. 이와 같은 시험은 마태복음 16:22에서도 베드로를 통하여 "죽지 말라"고 말한 것으로 한 번 더 확인해 볼 수 있다.

사탄은 자기의 목적을 위해서라면 성경을 마음대로 변개시키고 함부로 적용시킨다. 성경 구절을 잘못 적용시키는 것은 성경 본문의 변개 못지 않게 심각한 문제이다. 그래서 디모데후서 2:15에서는 『**진리의 말씀을 올바로 나누어**』라고 말씀하고 계신 것이다. 오늘날도 사탄은 왕국 복음을 은혜의 복음에다 적용하고, 이스라엘과 관련된 사도들의 표적(Apostolic Signs)들을 교회에다 적용하며, 산상설교를 그리스도인의 의(義)에다가 교리적으로 적용하고, 문자적으로 재림에다가 적용해야 할 구절을 교회에다 돌려서 무천년주의, 후천년주의 신학을 만들어 내는 등 여전히 말씀을 "함부로" 다룬다.

그는 또한 마태복음 4:9에서 『**네가 내게 엎드려 경배하면, 내가 이 모든 것들을 너에게 주리라.**』**라**고 말하면서 자기가 찬탈한 세상 왕국으로 예수 그리스도를 시험한다. 물론 주님께서는 이 왕국을 차지하실 것이다. 다니엘 2:44의 말씀대로, 요한계시록 11:15의 말씀대로 이 세상 왕국들을 차지하실 것이다. 이 왕국은 주님이 지금 이 시대에 성도들 안에서 다스리시는 그러한 영적인 나라가 아니다. 이 왕국은 실제적인 왕국이며 이 땅에 속한 왕국이다. 이 왕국은 "다윗의 보좌"에 앉으신 왕이 다스리실 왕국이다. 그러나 그 일이 일어나는 것은 "지금"이 아니다(요 18:36). 또한 예수께서 왕국을 취하시는 방법은 결코 사탄에게 경배함으로써가 아니라 사탄을 쳐부수심으로써이다. 그는 사탄과 세상 왕국들을 깨뜨리고 그분의 왕국을 영원히 세우실 것이다(단 2:44).

예수님께서 사탄의 시험을 물리치시는 방법은 말씀을 인용하시는 것이었다. 세 가지 시험 모두 예수님께서는 구약 성경을 인용하셨는데, 첫째 시험은 신명기 8:3, 둘째 시험은 신명기 6:16, 셋째는 신명기 6:13의 말씀을 인용하여 시험을 물리치셨다. 주님께서는 항상 "기록되었으되"(as it is written)라고 말씀하셨다. 비록 사탄도 "기록되었으되"라고 말했을지라도(10절) 사탄은 이 말을 변개시켜서 사용한 것이다.

이 사실은 우리에게 커다란 교훈을 준다. 성도의 생활 가운데 많은 시험들이 있으나 우리는 이 시험들을 올바른 말씀으로 이겨야 할 것이다. 예수께서는 친히 시험을 받으시고 그것을 말씀으로 물리치셨기에 그는 우리의 시험을 도우실 수 있다(히 2:18).

주님께서 받으신 시험은 여기서 세 가지만 묘사되어 있지만, 이 세 가지 시험을 영적으로 성도의 생활에 적용할 때, 마태복음 4장에서 제시된 세 가지 시험은 각각 요한일서 2:16과, 창세기 3:6의 이브의 유혹과 비교할 수 있다.

빵의 시험은 육신의 정욕에 비유될 수 있고, "먹음직하고"에 적용되며, 재물의 욕심 또는 쾌락과 관계된다.

성전에서 뛰어내리는 시험은 생의 자랑에 비유될 수 있고, "현명하게 할 만큼"에 적용되며, 명예와 관계된다.

왕국의 시험은 안목의 정욕에 비유될 수 있고, "보기에도 즐겁고"에 적용되며, 쾌락에 관계된다.

물론 이 적용은 영적인 적용이기에 재물과 명예와 쾌락에 대한 시험이 마태복음 4장의 시험과 일대일로 적용되는 것은 아니며, 이 시험들이 서로서로 연결된다 할지라도 인간의 모든 시험들을 총망라한다는 것을 기억해 볼 때, 예수께서는 인간의 모든 시험을 다 받으셨다고 말할 수 있고, 또 그렇기 때문에 우리가 당하는 모든 시험과 고난 속에서 우리를 능히 도와주실 수 있는 것이다(히 2:18).

4:11 마귀가 주를 떠나고, 보라, 천사들이 와서 주를 섬기니라.
12 이제 예수께서 요한이 감옥에 갇힌 것을 들으시고 갈릴리로 떠나 가시더라.

11절과 12절 사이에는 시간적인 간격이 있다. 요한복음의 첫 네 장은 11절과 12절 사이, 침례인 요한이 잡히기 이전의 사건이다. 예수님께서는 광야에서 시험을 받으신 후 요단강으로 돌아오셔서 침례인 요한으로부터 "세상 죄를 제거하는 하나님의 어린양"이라 불리신 후, 유대 땅에 잠시 계시다가 갈릴리로 가셨다. 또한 12절과 13절 사이에는 누가복음 4:16-30의 사건, 즉 나사렛 회당에서 이사야의 글을 읽으신 사건이 발생한다.

『**마귀가 주를 떠나고, 보라, 천사들이 와서 주를 섬기니라**』(11절).

예수님께서 40일 동안 광야에서 시험받으신 사건을 묘사함에 있어서 마가복음 1:13은 『**또 들짐승들과 함께 계시니**』라는 말씀을 추가한다. 이 "들짐승들"은 문자적인 들짐승들로 봐도 좋지만, 이사야 34장에서 묘사하는 것과 같이 마귀들을 묘사한 것일 수도 있다. 또 천사들이 주님을 섬겼다는 것은 특별히 히브리서 1:13,14에서 말씀하고 있는 바와 같이, 천사들이 『**섬기도록 보내심을 받은 섬기는 영들**』이라는 것을 보여 준다. 사도행전 5:19이나 시편 34:7에서도 이에 대한 특별한 예를 본다. 가장 고전적인 예는 겟세마네에서 한 천사가 내려와 주님을 도우신 사건에서 볼 수 있다(눅 22:43). 덧붙여 말하자면, 이 부분은 카톨릭 사본인 바티칸 사본에는 삭제되어 있다.

4:13 나사렛을 떠나 스불룬과 납달리 지경의 해변에 있는 카퍼나움에 가서 거하시니

14 이는 선지자 이사야를 통하여 말씀하신 것을 이루려 함이니, 말씀하시기를

15 "요단강 저편, 이방인들의 갈릴리, 해변 길의 스불룬 땅과 납달리 땅아,

16 흑암에 앉은 백성들이 큰 빛을 보았고, 또 죽음의 땅과 그늘에 앉은 자들에게 빛이 비추었도다." 하셨느니라.

이 구절은 의심할 여지없이 이사야 9:1,2의 인용이다. 우리는 성경을 적용할 때 역사적, 교리적, 영적으로 적용해야 한다는 것을 앞서 배웠다. 이 구절은 이사야 9장의 말씀을 '역사적으로 적용'하셔서 예수 그리스도의 초림에 가져온 말씀이다. 이사야 9장의 교리적 적용은 재림에 해당된다. 구약과 신약의 성경 말씀이 서로 다를 때(사탄이 변개시킨 것을 제외하고) 우리는 이것 또한 성령님의 의도라는 것을 알아야 한다.

구약에서 그 구절이 나타날 때 의도했던 것을 신약에서 약간 다른 의도로 말씀하시려면 성령께서는 약간 다르게 인용하실 때가 있다는 것을 알아야 한다. 이러한 예는 종종 등장하는데, 이것은 어떤 "모순"도 아니며 다른 사람들이 말하는 것처럼 신약 저자가 "70인역"을 보고 인용한 것도 아니다. 단지 그렇게 인용하시면서 말씀하시려는 목적이 있을 뿐이다. 구약성경의 저자는 하나님이고 신약성경의 저자도 하나님이시다. 자기의 글을 필요에 따라 적절히 사용하시는 것은 저자의 의도에 따라 자유이다. 이 구절도 역시 그러한 예인데, 말했듯이 재림에 관한 구약 구절을 역사적으로 초림에만 적용시키기 위해서 이러한 차이를 만드셨을 뿐이다. 물론 신약에서 약간 다르게 인용했을지라도 구약의 의미는 결코 사라지지 않는다. 구약성경의 의미는 분명히 남아 있어서 여전히 재림을 지시해 주고 있다.

이사야 9:1-7을 살펴보자. 이 구절은 교리적으로 재림의 상황으로, 예수 그리스도의 통치가 나타나는 곳이다.

1-3절은 "야곱의 고난의 때"라고 불리는 대환란의 때이다. 대환란의 때 이스라엘은 고통을 당하지만 주님의 섭리적인 인도하심을 받는다. 3절의 **『주께서 그 민족을 번성케 하셨으나 그 즐거움은 늘리지 아니하셨나이다** [not increased].』라는 말씀을 통해서 알 수 있는 것은 대환란 때 이스라엘은 고통 중에 번성한다는 것이다. 그러나 변개된 성경들에는 "not"이 삭제되어 있다. 그래서 그들은 "주께서 이 나라를 창성케 하시며 그 즐거움을 더하게 하셨으므로..."(한글개역성경, NIV 등)라고 읽는다. 그들은 대환란 중에 이스라엘이 고통 중에 번성한다는 것을 모른다.

4,5절은 "아마겟돈"이라 불리는 전쟁인데, 이날은 "주의 날"이라고 불리는 대심판의 날이며, 이때 이방 왕국들을 무너뜨리는 것을 기드온의 지

휘 하에서 미디안을 무너뜨리는 사건에 비유하셨다(판 7장). 이 전쟁 후에 예수 그리스도는 다윗의 보좌에 앉으셔서 자신의 의로운 왕국을 다스리실 것이다.

이것은 "천년왕국"이라고 불리는 "천국"(the kingdom of heaven)이다. 6절과 7절에서 천년왕국의 모습이 나타나며, "다윗의 보좌"와 "그의 왕국" 위에는 "정부"(government)와 "화평"(peace)이 증가할 것이다. 이때가 이르기까지는 이 땅에 완전한 평화가 결코 없을 것이다.

이상의 의미를 가진 이사야 9장이 초림에 적용되기 위해서는 부분적인 인용을 할 수밖에 없다. 만약 초림 때에 그의 왕국이 완전히 세워질 것으로 성령께서 아셨다면 이사야 9장의 내용을 모두 인용하셨을 수도 있다. 그러나 성령께선 이 왕국이 초림에서는 이루어지지 않으실 것을 아셨으므로 이러한 '부분 인용'을 하신 것이다.

『**이방인들의 갈릴리**』(15절).

이사야 9:1에는 『**민족들의 갈릴리**』라고 되어 있다. 구약에서 "민족들"(nations)은 신약에서 "이방인들"(Gentiles)로 바뀐다. 성경에서 이 두 단어는 같은 의미로 쓰이는데, 이스라엘을 가리킬 때는 항상 단수로 "민족"(nation)으로 쓰인다. 신약에서 "유대인"과 "이방인"이 항상 대조되는 개념으로 쓰이듯이, 구약에서도 "민족"과 "민족들"은 대조되는 개념으로 쓰인다.

이방인들의 갈릴리에 큰 빛이 비쳤다는 것은 그곳에 예수 그리스도의 빛이 비쳤다는 것이다. 이것은 예수 그리스도께서 이 지방에 가셨다는 것으로 역사적인 적용이 되나, 더 큰 적용이 있다.

교리적으로 이 구절은 그리스도의 통치의 빛 아래서 즐거워할 것이라는 것이다. 이것은 천년왕국 때에 유대인들을 통하여 이방인들에게 예수 그리스도의 빛이 비친다는 것을 의미한다. 그리고 영적으로 이 구절은 이방인들이 참 빛이신 그리스도를 자기들의 구세주로 섬길 것을 의미한다. 유대인들이 예수 그리스도를 거부했을 때 그분의 몸 된 교회의 대부분의 구성원은 이방인이 될 것이다.

4:17 그 때부터 예수께서 전파하기 시작하여, 말씀하시기를 "회개하라, 천국이 가까이 왔느니라."고 하시더라.

17절에서 전파하시기 시작한 천국 복음은 "은혜의 복음"과 전혀 다르다. "천국"은 다윗의 보좌에서 실제적으로 다스리시는 왕의 의로운 통치가 있는, 이 땅에 세워질 왕국이다. 이 "다윗의 보좌"는 이스라엘과 관계된 것이고, 그래서 이 왕국(천국) 복음은 자연히 이스라엘과 관계된다.

천국과 하나님의 나라를 같다고 보는 사람들에 의해서 천국과 교회는 종종 동일시된다. 그러나 성경에서 묘사하고 있는 천국과 교회는 분명히 다르다. 천국(왕국)은 갑자기 세워지는 반면(set up, 단 2:44), 교회는 세워져 간다(built up, 엡 2:20). 천국에는 "왕국의 상속자"들이 있는 반면(약 2:5) "교회의 상속자"란 존재하지 않는다. 왕국에는 "왕국의 자녀들"이 있으나(마 8:12) "교회의 자녀들"은 없다. 교회에 있는 것은 "하나님의 자녀들"이다. 왕국은 "몸"도 아니고 "성전"도 아니나, 교회는 "그리스도의 몸"이고 또 "성전"이다. 왕국에 대해서는 사람들이 왕국이 임하도록 구하며(마 6:10) 사람들이 왕국을 받아들이는 반면(눅 19:12), 교회는 교회가 사람들을 받아들인다. 교회는 임하도록 구하는 것이 아니며, 교회는 오직 "불러냄을 받은 무리"(Called-Out Assembly)이다.

4:18 예수께서 갈릴리 해변을 걸어가시다가 두 형제를 보셨는데, 베드로 라 하는 시몬과 그의 형제 안드레라. 그물을 바다에 던지고 있었으니, 이는 그들이 어부임이라.

19 주께서 그들에게 말씀하시기를 "나를 따라오라. 내가 너희로 사람들을 낚는 어부가 되게 하리라."고 하시니,

20 그들이 즉시 그물을 버려 두고 주를 따라가더라.

21 거기서 조금 더 가시다가 주께서 또 다른 두 형제를 보셨는데, 세베대의 아들 야고보와 그의 형제 요한으로, 그들의 아버지 세베대와 함께 배 안에서 그물을 깁고 있더라. 주께서 그들을 부르시자,

22 그들이 즉시 배와 자기들의 아버지를 남겨 두고 주를 따라가더라.

사복음서에서 예수님께서 제자들을 부르시는 상황은 몇 군데에서 서로 다르게 묘사된다. 그래서 모순인 것처럼 느낄 수도 있으나 사실은 예수님께서 그들을 여러 번 만나신 것이다.

본문과 누가복음 5:1-10과 요한복음 1:40-42가 그중 한 예이다. 마태복음 4장 본문은 (마가복음 1:16-18과 더불어) 예수님께서 베드로와 안드레를 처음으로 사역에 부르신 장면이다. 이때의 상황은 그들이 바다에 그물을 던지는 상황이었고, 처음으로 예수님께서는 이들을 "사람들을 낚는 어부"로 부르셨다. 이때 그들은 그물을 버리고 따라갔다.

누가복음 5장은 두 번째 부르심이 기록되어 있다. 베드로의 말을 보아 그는 이미 주님을 "선생님"이라 부를 정도로 알고 있었다(눅 5:5). 이때의 상황은 그가 그물을 씻는 상황이었고, 베드로는 예수님께 『주』(Lord)라고 고백한다(8절). 이것은 주님께서 베드로의 장모의 병을 고치신 다음의 일이었다(눅 4:38,39). 이때 그들은 모든 것을 남겨둔 채 주를 따라갔다.

요한복음 1장은 마태복음 4장의 사건을 좀 더 자세하고 개인적인 상황으로 다루고 있는 것 같다. 안드레는 이미 침례인 요한이 예수님에 대해 증거한 것을 들었고(요 1:40), 예수님께서 바닷가를 걷고 계실 때 그는 베드로를 예수님께 이끌어 가고 있었다. 특별히 요한복음에서 안드레가 베드로를 예수님께 소개한 것은 빌립이 나다나엘을 소개한 것과 더불어 그리스도인의 삶에 귀한 영적 교훈을 준다. 우리 그리스도인들은 다른 사람들을 예수님께 인도해 와야 한다. 우리도 사람을 낚는 어부로서 사람들을 구령해야 할 것이다.

4:23 예수께서 온 갈릴리에 두루 다니시며 그들의 회당에서 가르치시고, 또 왕국 복음을 전파하시며, 백성 가운데 모든 질병과 모든 허약함을 고쳐 주시더라.

24 그의 명성이 온 시리아로 퍼져 모든 병든 자, 즉 갖가지 질병과 통증으로 고통받는 자들, 마귀에게 사로잡힌 자들, 정신병자들, 중풍병자들을 주께 데려오니, 그들을 고쳐 주시니라.

25 그러자 갈릴리와 데카폴리와 예루살렘과 유대와 요단 강 건너편으로부터 큰 무리가 주를 따르더라.

이 왕국 복음에 대해서는 마태복음 10장에서 다시 다루어질 것이지만, 본 장에서 묘사되어 있는 내용을 살펴보면 다음과 같다.

첫째, 왕국 복음에는 표적(sign)과 이적(wonder)이 수반된다. 이 표적과 이적은 "기적적인 치유"(miraculous healing)로 이것은 이스라엘이 민족으로 처음 나타날 때 그들과 함께했던 것이다(출 4:1-9). 출애굽기 4장까지는 성경에서 어떠한 질병이나 치유도 등장하지 않는다. 성경에서 치유는 특별한 경우를 제외하고 이스라엘과만 관계되는데, 출애굽기 15:26에서 하나님께서는 『**네가 주 너의 하나님의 음성에 부지런히 경청하고, 그가 보시기에 옳은 것을 행하며, 그의 계명들에 귀기울이고, 그의 모든 규례들을 지키면, 내가 이집트인들에게 가져왔던 그 질병들의 하나도 너에게 내리지 아니하리라. 이는 내가 너를 치유하는 주이기 때문이라.**』**라**고 말씀하셨기 때문이다. 실제로 구약이나 신약성경의 많은 기술들을 보면 이스라엘 백성은 "이적"들과 관계된다는 것을 알 수 있다. 그래서 고린도전서 1:22에서는 『**유대인들은 표적을 구하고...**』라고 말씀하시고 계신다. 그들의 역사는 표적으로 시작한다(출 4:30). 마태복음 4:23에서 왕국 복음이 언급될 때 "치유"가 함께 언급된 것을 주목하라. 『**예수께서 온 갈릴리에 두루 다니시며 그들의 회당에서 가르치시고, 또 왕국 복음을 전파하시며, 백성 가운데 모든 질병과 모든 허약함을 고쳐 주시더라.**』

이 치유는 명백히 문자적이고 가시적인 메시아의 표적과 이적이며, 이것은 마태복음 11장에서 침례인 요한이 그의 제자들을 보내어 예수께서 "메시아"인가를 묻게 한 질문에서도 증거된다. 그때 예수님은 주님 자신이 메시아이신 것을 증거하면서 일련의 표적들을 언급하셨다. 『**소경들이 보고, 절름발이들이 걸으며, 문둥병자들이 깨끗해지고, 귀머거리들이 들으며, 죽은 자들이 일으켜지고, 가난한 자들에게 복음이 전파된다 하라**』(마 11:5). 하나님께서 보내시는 통치자는 표적과 이적으로 설정된다.

둘째, 이 왕국 복음은 이방인이나 그리스도의 몸 된 교회와는 관계가 없고 오로지 이스라엘에게만 주어진다. 마태복음 10장에서 예수께서 열두 제자들에게 왕국 복음을 위임하실 때, 『**이방인들의 길로도 가지 말고, 또 사마리아인의 성읍에도 들어가지 말고, 다만 이스라엘 집의 잃어버린 양에게로 가라.**』(마 10:5,6)라고 분명히 말씀하신다. 아직까지는 신약적 의미의 복음(예수 그리스도의 피로 구원받는 "은혜의 복음")을 아무도 알지 못했었고, 거듭남으로 인해 그리스도의 몸에 들어간 사람은 아무도 없었다. 이방인들은 단지 "메시아의 왕국"이 세워지면 그 빛 안에서 은혜를 누릴 뿐이다. 예수 그리스도의 의와 빛은 유대인들을 통하여 이방인들에게 전달될 것이다. 그러나 여기서 우리는 감사할 수 있다. 우리는 이방인들로서 모두 이 왕국과 직접적으로 관련이 없으나, 그들의 일시적인 거부로 말미암아(롬 11:25) 우리가 그 나무에 접붙임받을 수 있게 되었다. 예수 그리스도께서 그의 백성들에게 거부됨으로 이 왕국 복음은 연기되었고, 은혜의 복음이 확장되어 우리는 거듭나서 "그리스도의 몸" 안으로 들어가게 되었다. 이 특권은 유대인들도 결코 누리지 못하는 특권이다. 그들은 메시아의 직접적인 영광스런 통치를 받게 되겠지만, 우리는 그분의 몸으로서 그분과 함께 통치한다. 이 은혜의 복음으로 우리는 "천국"이 아니라 "하나님의 나라"에 들어가게 되었다. 물론 이 시대에 하나님의 나라에 들어온 사람들은, 다음 세대에서 천국(천년왕국)에 함께 참여할 것이다.

하지만 아직은(마태복음의 상황) 하나님의 경륜이 유대인과 함께한다. 아직까지는 하나님의 교회가 없었다. 여기에 모인 청중들은 오직 유대인들이며, 이 유대인들은 바빌론 포로기를 거치면서 계속하여 "메시아" 구세주가 나타나기를 기다렸다. 여기서 예수 그리스도는 그 기다리던 메시아로서 나타나시는 것이다. 그들이 꿈에도 그리던 메시아가 나타날 때 그들은 그분을 알아봐야 하는데, 그것이 바로 "표적"과 "이적"이다. 그분의 왕국은 "표적"과 "이적"을 수반하며 임할 것이다.

24절과 25절에서 큰 무리가 주를 따랐다는 것을 볼 때, 이러한 사실을 더욱 분명히 알 수 있다. 그의 명성은 온 시리아로 퍼졌고, 모든 병든 자, 즉 갖가지 질병과 통증으로 고통받는 자들, 마귀에게 사로잡힌 자들, 정신병자들, 중풍병자들이 주께 나아와 고침을 받았다. 25절의 묘사를 자세히 보자. 『**그러자 갈릴리와 데카폴리와 예루살렘과 유대와 요단 강 건너편으로부터 큰 무리가 주를 따르더라.**』 사마리아를 제외한 전 지역이 예수께 나아왔다. 왕국의 백성들이 왕 앞으로 나아온 것이다. 왕국이 임하기 직전 상황이다! 구약성경을 통해서 왕국은 예언되었다. 마태복음 1장에선 예수 그리스도의 왕으로서의 정통성이 드러나며, 2장에서는 예언된 메시아가 탄생하시고, 3장에서는 그분의 선두 주자인 침례인 요한이 왕의 길을 예비하는 그의 사역을 행했다. 그리고 4장에서 예수 그리스도께서는 사탄의 시험을 물리치시면서 대적을 없애셨고, 이제 직접 "천국 복음"을 전파하셨다. 그리고 백성들이 모여들었다. 자, 왕국은 제시되었다.

그리고 왕은 눈앞에 나타나 있다. 그분의 사역으로 왕국의 백성들이 모였고, 그 모인 백성들의 지역으로 왕국의 영토가 설정되었다. 왕국이 눈앞에 있다! 이제 남은 것은 그 왕국을 다스릴 헌법을 제정하시는 것이다. 그리고 그 왕국의 법은 바로 이어지는 5,6,7장에서 제시된다.

마태복음 5장

왕국을 전파하셨던 예수 그리스도의 초기 사역은 여기에서 커다란 한 획을 긋는다. 산상설교라고 알려져 있는 마태복음 5-7장의 내용은 많은 사람, 심지어 비기독교인들에게까지 위대한 교훈으로 자리 잡고 있다. 또한 이 설교에 있는 내용 중 많은 구절들이 암송되고 있으며, 5:3-10의 "팔복"이나 6:9-13의 소위 "주기도문," 또 7:12의 소위 "황금률" 등은 제도적인 기독교의 핵심으로 자리 잡고 있다. 그러나 우리가 공부했던 대로 마태복음이 유대인의 왕으로 오신 예수님을 그리고 있다는 것과, 마태복음 4장에서 예언된 왕국이 현실로 자리 잡는다는 것을 기억해 본다면, 5장에서 7장에 이르는 이 설교 역시 왕국의 관점으로 재조명해야 할 것이다.

5:1 주께서 무리를 보시고 산에 올라가 앉으시니, 제자들이 그에게 나아

오더라.

2 주께서 입을 열어 그들을 가르치며 말씀하시기를

예수님은 여기서 산에 앉으셨다. 재림 때 예수님은 다윗의 보좌에 앉으실 것이다. 여기서 예수 그리스도께서는 아직 다윗의 보좌에 앉지 않으셨지만 무리를 보시고 그들에게 뭔가를 가르치기 위해 '앉으신다.'

이 사건을 좀 더 명확히 이해하기 위해서 4장으로 돌아가 보자. 4:17에서 예수께서는 "천국"을 전파하셨다. 『**회개하라, 천국이 가까이 왔느니라.**』 예수님은 계속적으로 "왕국 복음"을 전파하시면서(23절) 왕국의 표적을 보이셨다. 그것은 백성들의 질병과 허약함을 고친 것이며, 마귀에게 사로잡힌 자들, 정신병자, 중풍병자들을 고쳐 주신 것이다(23,24절). 왕국 표적은 이스라엘에게 메시아와 그의 왕국이 가까이왔다는 것을 나타내는 것이다. 그러자 갈릴리와 데카폴리와 예루살렘과 유대와 요단 강 건너편으로부터 큰 무리가 예수님을 따랐다(25절). 이 지역은 사마리아를 제외한 팔레스타인 전 지역이다. 자, 왕이 나타났고 왕국이 선포됐다. 그리고 그 왕 앞에 백성들이 모여들었으며, 그들이 모여든 지역은 왕국의 영토가 되는 것이다. 이제 남은 것은 법령을 제정하는 것이었다.

이때 예수님은 모여든 무리를 보시고 산에 앉으셨는데, 그가 말씀하신 것은 보통 설교자와는 달랐다. 그는 권위 있게 말씀하셨다(7:29). 이때 예수께서 말씀하신 내용은 바로 "왕국의 법령"이었던 것이다.

이러한 관점으로 산상설교를 대하기 전에 먼저 몇 가지 사실들을 관찰해 보자.

1. 산상설교가 행해지는 이때에는 그리스도인이 한 명도 없었다. 그리

스도인은 사도행전 11장에서 등장한다(11:26).

2. 이때에는 단 하나의 지역 교회도 없었다. 교회는 마태복음 16장에서 등장한다.

3. 이때에는 열두 사도조차도 선임되지 않았다. 그들은 마태복음 10장에서 선임된다.

4. 이때는 십자가 사건 이전이며, 예수 그리스도의 죽음과 장사와 부활에 대한 지식이나 거듭남에 대한 지식을 가진 사람이 한 명도 없었다.

5. 이 설교의 청중들은 십자가 사건 이전에 위치한 유대인들이며, 이 설교에서는 유대인과 이방인에 대한 구분이 뚜렷이 나타난다.

6. 이 설교의 핵심은 "의"(righteousness)이다. 이 "의"는 율법의 "의"보다 훨씬 엄격하며, 그래서 이 설교는 구약의 율법 이상으로 엄격하다(5:20).

7. 산상설교는 왕국이 전파되는 연속선상에 있는 사건이며, 산상설교가 끝난 이후인 8,9장에서도 계속적으로 왕국 복음에 따른 표적이 나타난다.

8. 그러므로 이 산상설교는 "왕국 헌법"이다. 이 설교는 유대인에게 주어진 왕국에서 행해야 할 완전한 법령을 포함한다. 주의할 것은 우리가 "왕국 헌법"이라고 말할 때, 그것은 천년왕국에만 적용되는 것이 아니라, 왕국이 임하기 전에 왕국으로 들어가기 위해서 지켜야 할 규례도 포함된다는 것이다. 예를 들어 마태복음 6:9-13의 소위 "주기도문"은 환란 시대에 적용된다. 그래서 이 설교는 왕국이 임하기 이전 상황 속에서 임할 왕국을 바라보고, 왕국이 오기 전에 해야 할 일들과, 임한 왕국 안에서 행해야 할 규례들에 대해 말씀하시는 설교이다.

우리는 이 본문을 영적으로, 교훈적으로 교회 시대에다 적용시키기 이전에 먼저 교리적으로 정확한 위치에 놓아야 한다. 교리적으로 정확하게 적용시킬 때, 이 본문은 메시아 왕국에 적용된다. 다시 말해서 이 본문은 결코 교리적으로 교회에 적용되지 않는다. 교회는 예수 그리스도의 피로 산 몸이지만, 여기에 모인 청중들은 단지 예수 그리스도를 왕으로 모시는 "백성"일 뿐이다. 이 왕국이 "땅에 속한," "유대인의" 왕국임을 기억해 보자.

왕국 때 유대인에게 적용되는 본문들은 은혜 시대에 교회에 적용되는 본문과 많은 부분에서 상충된다. 그래서 성경을 잘 모르는 사람들은 성경에 모순이 있다고 생각하는 것이며, 무턱대고 성경을 믿으려고만 하는 사람은 이러한 "모순"들을 해결하기 위해 자기에게 적용되기 어려운 부분을 "영적"으로 해석하여, "이건 이러이러한 의미일 뿐이야."라고 말하는 것이다.

성경의 모순 아닌 "모순"으로 말미암아 나타나는 난해 구절들을 몇 가지 살펴보자.

1. 마태복음 5:22에서는 『**어리석은 자라 하는 자는 누구나 지옥불의 위험에 처하게 될 것이라.**』**라**고 말하는데, 고린도전서 15:36에서 바울은 『**너 어리석은 자야**』라고 말하고 있다.

2. 마태복음 5:29,30에 따르면 오른쪽 눈과 오른손이 범죄할 때 잘라 버려야 한다. 성경은 문자 그대로 믿어야 하기에 이 계명도 문자 그대로 지켜져야 한다.

3. 마태복음 7:1에서는 『**판단하지 말라. 그리하면 너희도 판단받지 않**

을 것이라.』라고 말씀하고 계시나, 고린도전서 2:15에는 『**영적인 사람은 모든 것들을 판단하나 자신은 아무에게도 판단을 받지 아니하느니라.』라**고 되어 있다.

4. 마태복음 5:18-20에서는 율법의 계명을 지켜야 한다고 말하나, 로마서 3:21에는 『**율법 없이 하나님의 의가 나타났으니**』라고 되어 있다.

이러한 차이들을 어떻게 극복할 것인가? 각 구절들은 모두 문자적으로 정확히 지켜져야 할 구절들이다.

우리는 마태복음이 유대인에게 제시되는 복음이라는 것을 이미 공부했고, 이제 다루려고 하는 산상설교가 왕국의 법령임을 앞에서 보았다. 이 사실을 이해한다면 위에서 제시한 성경의 차이들을 극복할 수 있을 것이다. 이러한 차이들이 세대주의적인 관점으로 본다면 쉽게 알 수 있는 것인데, 산상설교를 다루는 데 있어서 이 문제를 굳이 강조하는 것은 많은 성경 교사들과 설교자들이 산상설교를 그리스도인에게 "교훈적"으로 적용하는 것을 넘어서 "교리적"인 적용까지 하는 오류를 범하기 때문이다.

5:3 "영이 가난한 자들은 복이 있나니, 천국이 그들의 것임이요,
4 애통하는 자들은 복이 있나니, 그들이 위로를 받을 것임이요,
5 온유한 자들은 복이 있나니, 그들이 땅을 유업으로 받을 것임이요,
6 의에 굶주리고 목마른 자들은 복이 있나니, 그들이 배부를 것임이요,
7 자비로운 자들은 복이 있나니, 그들이 자비를 얻을 것임이요,

8 마음이 순결한 자들은 복이 있나니, 그들이 하나님을 볼 것임이요,
9 화평케 하는 자들은 복이 있나니, 그들이 하나님의 자녀라 불릴 것
임이요,
10 의로 인하여 박해를 받는 자들은 복이 있나니, 천국이 그들의 것임
이라.
11 나로 인하여 사람들이 너희를 욕하고 박해하고, 거짓으로 꾸며 갖은
악한 말로 너희를 거슬러 말할 때에 너희에게 복이 있나니,
12 기뻐하고 크게 즐거워하라. 이는 하늘에서 너희의 상이 큼이라. 너
희 앞서 있었던 선지자들도 그들이 이같이 박해하였느니라.

많은 그리스도인들이 이 말씀에 근거하여 복을 향유하려고 한다. 하지만 이 복들은 교리적으로 전혀 그리스도인의 것이 아니다.

『**영이 가난한 자들은 복이 있나니, 천국이 그들의 것임이요**』(3절).

영이 가난하다는 것은 구약의 시편에서 많이 강조되고 있는 것인데, 시편 51:17에는 "상한 영," "상하고 참회하는 마음"이 언급되어 있다. 주목할 것은 3절의 "천국"이다. 여기서 영이 가난한 사람은 셋째 하늘에 있는 낙원을 소유하는 것이 아니라 "천국"을 소유한다. 이 천국은 침례인 요한과 예수 그리스도께서 마태복음 3:2과 4:17에서 각각 전파하셨던 그 천국이다.

『**온유한 자들은 복이 있나니, 그들이 땅을 유업으로 받을 것임이요**』(5절).

5절에서 땅을 유업으로 받는 사람들은 온유한 사람들이다. 이 왕국은 땅에 속한 왕국이기에 땅에 대한 소유권이 언급된다. 물론 그리스도인들도 천년왕국 때에는 예수 그리스도와 함께 통치하기 위해서 다스릴 땅이 있어야 한다. 하지만 그리스도인은 땅에 대한 소유권을 "온유함"으로 얻는 것이 아니라 예수 그리스도를 위해 "고난을 당해야" 얻는다(롬 8:17, 딤후 2:12). 그러나 왕국에 참여할 유대인들은 시편 37:11에 따라 온유한 자라야 땅을 유업으로 받는다. 그리고 이 땅에 대한 유업은 유대인에게나 그리스도인에게나 선물이 아니라 행위에 따른 보상이다(눅 19:12-17).

『**자비로운 자들은 복이 있나니, 그들이 자비를 얻을 것임이요**』(7절).

산상설교를 이 시대의 구원을 위한 말씀으로 보면 안 되는 또 하나의 이유는, 만약 그렇게 본다면 이 설교가 행위로 얻는 구원을 가르치는 것이 되기 때문이다. 행위 구원을 가르치는 자들이나 사회복음을 전하는 자들은 이 말씀대로 자비롭게 행하기를 좋아하는데, 만일 그들이 믿음으로 구원받지 못했다면, 그들이 아무리 자비롭게 행했을지라도 그들은 최후의 심판에서 결코 자비를 얻지 못하고 지옥으로 던져질 것이다.

『**마음이 순결한 자들은 복이 있나니, 그들이 하나님을 볼 것임이요**』(8절).

8절은 마음이 순결한 자들이 하나님을 볼 것이라고 말씀한다. 이 말씀은 구약 성도들에게는 잘 알려진 사실인데, 시편 24:3-5에서는 순결한 마음을 지닌 사람이 주의 산에 오르며 그분의 거룩한 곳에 선다고 말씀하신다.

시편의 이 구절은 문맥적으로 재림의 상황인데, 시편 24:1,3,8,10을 자세히 보면 예수님께서 다스리시는 왕국은 문자적인 왕국으로, 메시아 왕께서 이 땅에서 눈에 보이게 통치하시는 왕국임을 우리는 알 수 있다.

하나님을 보는 것은 꼭 마음이 순결해야만 보는 것은 아니다. 거듭난 그리스도인들은 비록 순결한 마음으로 살지 않더라도 이미 구원을 받았으므로 하나님을 볼 수 있을 것이고(고후 5:10, 고전 3:11-15), 또 그를 찌른 자들도 볼 것이다(계 1:7).

그러나 시편 24편은 거룩한 곳과 주의 산에 "오를 자"는 순결한 사람이라고 말한다. 즉 보더라도 참여하지 못할 사람이 있다는 것이다. 그러나 보는 것도 순결해야만 볼 때가 있다. 히브리서 9:28이 그러한 경우인데, 거기에는 『**...두 번째는 자기를 바라는 자들을 구원에 이르게 하시려고 죄 없이 나타나시리라.**』라고 되어 있다. 이 구절은 히브리서 12:14과 같은 맥락인데, 거기에는 『**모든 사람과 더불어 화평함과 거룩함을 추구하라. 이것이 없이는 아무도 주를 보지 못하리라.**』라고 말하고 있다. 다시 말해서 이러한 조건을 수행해야 하나님을 볼 수 있게 되는 날이 이를 것이다.

물론 이 구절은 영적인 적용이 가능하다. 베드로전서 1:22,23에 따라서 거듭난 그리스도인은 순결한 마음과 정결케 된 혼을 갖게 된다.

『**화평케 하는 자들은 복이 있나니, 그들이 하나님의 자녀라 불릴 것임이요**』(9절).

9절에서는 하나님의 자녀라고 불리는 조건이 화평케 하는 것이다. 그러나 우리는 예수 그리스도를 영접했기 때문에, 즉 거듭났기 때문에 하나님의 아들들이 되는 권세를 받았다(요 1:12). 비록 거듭난 성도들이 사람들 사이를 화평케 하지 않더라도 그들은 여전히 하나님의 아들들이다.

이 구절은 이사야 52:7의 말씀과 연결되는데, 이사야에서 말하는 화평의 복음이란 유대인들이 예수 그리스도의 왕국 통치를 선포하는 "왕국(천국) 복음"이다. 예수 그리스도는 재림 때에 "화평의 통치자"가 되신다(사 9:6). 이 구절은 재림의 때(다윗의 보좌)와 연결된다(시 72:3-7; 85:8; 125:5, 사 52:7).

그러나 그분은 초림 때에는 결코 화평케 하는 자가 아니셨다. 오히려 그분은 "혼란(분쟁)케 하는 자"(troublemaker)이셨다(마태복음 2장 참조). 비록 많은 사람이 사탄이 주관하는 세상과 친해 보려고 하고, 진리와 비진리의 사이를 "화평케" 하려고 하나, 예수 그리스도께서 의로 통치하시기 전까지 이 땅에는 결코 참된 화평이 없을 것이다.

『**의로 인하여 박해를 받는 자들은 복이 있나니, 천국이 그들의 것임이라**』(10절).

아직까지 "율법의 의"인 이 "의"는 6:33에서도 마찬가지이다. 그러나 이 "의"는 로마서 10:4에서 "예수 그리스도의 의"로 완성되어 우리에겐 "믿음에서 난 의"가 주어졌다(롬 9:30; 10:6).

5:13 너희는 땅의 소금이라. 그러나 소금이 그 맛을 잃으면 무엇으로 짜게 하리요? 쓸모없어진 소금은 내어 버려져 사람들의 발에 밟힐 뿐이니라.

14 너희는 세상의 빛이라. 산 위에 있는 성읍이 숨겨질 수 없느니라.

15 또 사람들이 촛불을 켜서 *곡식 되는* 말 아래 두지 아니하고 촛대 위
에 두나니, 그러면 빛이 집 안에 있는 모든 사람에게 비치느니라.
16 그러므로 너희의 빛이 사람들 앞에 비치게 하여 그들로 너희의 선
행을 보게 하고, 또 하늘에 계신 너희 아버지께 영광을 돌리게 하라.
17 내가 율법이나 선지서를 폐기하러 온 줄로 생각하지 말라. 폐기하
러 온 것이 아니라 이루려고 왔노라.
18 진실로 내가 너희에게 말하노니, 하늘과 땅이 없어지기 전에는 율
법의 일점 일획도 모든 것이 이루어질 때까지 결코 없어지지 아니
하리라.
19 그러므로 누구든지 이 계명들 중에서 지극히 작은 것 하나라도 범
하고 그렇게 가르치는 사람은 천국에서 가장 작은 사람이라 불릴
것이요, 누구든지 계명들을 행하고 가르치는 사람은 천국에서 큰
사람이라 불릴 것이라.

『너희는 땅의 소금이라. 그러나 소금이 그 맛을 잃으면 무엇으로 짜게 하리요? 쓸모없어진 소금은 내어 버려져 사람들의 발에 밟힐 뿐이니라』 (13절).

유대인들은 땅의 소금이자 세상의 빛이다. 그러나 그리스도인들은 비록 "빛"은 될지언정 결코 "땅의 소금"은 될 수 없다. 소금은 부패를 방지한다. 그리스도인들(교회)은 부패된 세상에 빛을 비추어 한 사람이라도 더 그 세상에서 빠져나오도록 길을 인도하지만, 땅 자체를 변화시키는 사람들이 아니다. 오히려 교회는 부패된 세상으로부터 피한다. 그러나 유대인들은 땅의 부패를 방지하는 사람들이다.

유대인은 항상 땅의 상태와 관계된다(창 12:1-4, 말 4:6, 마 13:44, 롬 11:1-20). 그들이 올바르게 행하면 땅도 복을 받지만 그들이 올바르지 못하면 땅도 저주를 받는다. 그러나 유대인들이 그들의 맛을 잃었을 때, 그들은 내어버려져 사람들의 발에 밟힌다(렘 52장). 예레미야에서는 바빌론으로 잡혀가기 이전에 "내어 버려진다"는 예언이 13번이나 나온다. 앞으로 적그리스도 치하에서도 같은 일이 반복될 것이지만, 그들이 그들의 메시아께 돌아와서 온전한 왕국 백성이 되면 세상의 모든 민족들은 유대인을 통하여 복을 받을 것이다(창 12:1-3).

그리스도인에게도 영적으로 "소금"을 적용할 수 있다. 왜냐하면 골로새서 4:6에서 『**너희의 말이 항상 은혜와 더불어 있게 하고 소금으로 맛을 내듯 하라. 이는 각 사람에게 어떻게 대답해야 하는가를 알게 하려는 것이라.**』**라**고 되어 있기 때문이다. 그러나 이것은 지혜롭게 말하라는 뜻의 말씀이지(빌 4:5) 마태복음 5:12처럼 그리스도인이 "땅"의 소금이라는 말씀은 아니다.

그러나 그리스도인들이 "세상의 빛"이라는 점에서는 교리적인 적용이 가능하다. 예수 그리스도께서 친히 빛이시요, 그리스도인들은 예수 그리스도의 빛을 받아서 비추는 빛이다. 이것은 빌립보서 2:15에서 명확히 제시된다. 『**...너희는 빛들로서 세상에서 비추는 자들이라.**』 그러므로 하나님의 교회는 어둔 세상에 빛을 비추어 한 사람이라도 더 옳은 길로 인도해야 한다.

『**산 위에 있는 성읍이 숨겨질 수 없느니라**』(14절).

"산 위에 있는 성읍"은 위대한 왕의 도성인 예루살렘(마 5:35)을 가리킨다(시 122편).

『진실로 내가 너희에게 말하노니, 하늘과 땅이 없어지기 전에는 율법의 일점 일획도 모든 것이 이루어질 때까지 결코 없어지지 아니하리라』 (18절).

18절은 말씀의 보존에 관련해서는 유대인 세대뿐 아니라 모든 세대에 적용된다. 그러나 그것이 "율법"이라는 사실을 기억한다면, 율법이 지켜진다는 면에서 교회에 적용할 수 없다. 왜냐하면 19절에 따라서 이 말씀은 계명을 행하고 가르쳐야 한다는 것을 말하고 있기 때문이다.

5:20 내가 너희에게 말하노니, 너희의 의가 서기관들과 바리새인들의 의보다 뛰어나지 못하면 결코 천국에 들어가지 못하리라.

산상설교의 핵심은 "의"(義)이다. 17-19절의 문맥으로 볼 때 이 "의"는 "율법의 의"와 관계됨을 알 수 있다. 그러나 이 의는 율법의 의보다 훨씬 엄격하다. 그래서 이 설교는 구약의 율법 이상으로 엄격한데, 여기서는 마음의 범죄도 범죄에 해당한다(마 5:21,22,27,28).

당시 바리새인들은 "시대의 양심"이었다. 400년의 침묵 기간 중에 가장 경건한 유대인 "보수주의자들"이었다. 그들은 사두개인들처럼 자유주의자가 아니었고, 에세네파처럼 금욕주의자도 아니었고, 과격하게 로마제국에 대항해 싸웠던 사람들도 아니었으며, 오히려 종교적으로 완벽하게 율법을 지키려고 하는 "근본주의자"들이었다. 그들이 비록 예수님께 "위선자"라는 비난을 받았고, 예수님을 대항해 싸우는 데 선봉에 선 자들이었으나, 예수님께서는 "그들의 행위는 따르지 말되 그들의 가르침은 따르라."고 하셨다.

그들이 말하는 의는 상당히 엄격했다. 그러나 예수님께서는 여기서 그들의 의보다 뛰어나지 못하면 결코 천국에 들어가지 못한다고 경고하신다. 왕국이 이루어지면 땅에 속한 백성들의 법은 이렇게도 엄격한 것이다.

21절 이하는 법 조항을 나열하듯이 각 주제별로 하나씩 제시하는 내용이다. 예를 들면 21,22절은 "제1조 살인에 관한 규례," 23-26절은 "제2조 예물과 화해에 관한 규례," 27,28절은 "제3조 간음에 관한 규례" 이렇게 나열되는 형식이다. 산상설교의 내용이 구약의 율법보다 훨씬 더 엄격하다는 것은 각 조항들에서 상세히 제시된다.

5:21 너희는 옛사람들이 말했던 바 '너는 살인하지 말지니라. 살인한 자는 누구나 심판의 위험에 처하게 될 것이라.'고 한 것을 들었으나,
22 내가 너희에게 말하노니, 까닭없이 자기 형제에게 노하는 자는 누구든지 심판의 위험에 처하게 될 것이며, 형제에게 라카라 하는 자는 누구나 공회의 위험에 처하게 될 것이요, 또 어리석은 자라 하는 자는 누구나 지옥불의 위험에 처하게 될 것이라.

이 사람들은 까닭없이 노하면 심판의 위험에 처하며, 어리석은 자라고 말하면 지옥불의 위험에 처하게 된다. 메시아 왕국에 있는 이들은 노하거나 욕하기만 해도 심판에 처한다. 고린도전서 15:36의 바울은 메시아의 왕국에 있지 않았기 때문에 지옥불에 떨어지지 않은 것이다. 그러므로 이 내용은 교리적으로 교회에 적용시킬 수 없다.

5:23 그러므로 만일 네가 예물을 제단에 드리다가 거기서 네 형제가 네게 반감을 갖고 있다는 것이 생각나거든

24 네 예물을 거기 제단 앞에 놓아두고 가서 먼저 네 형제와 화해하고 그후에 와서 예물을 드리라.

25 너는 너의 대적과 함께 길에 있는 동안에 그와 속히 화해하라. 그리하여 그 대적이 어느 때나 너를 재판관에게 넘겨주지 않고, 재판관도 너를 간수에게 넘겨주지 않아서 네가 감옥에 들어가지 않도록 하라.

26 진실로 내가 네게 말하노니, 네가 마지막 한 고드란트까지 다 갚기 전에는 결코 거기서 나오지 못하리라.

이것은 이웃과의 관계가 하나님과의 관계보다 더 중요하다는 뜻이 아니다. 이것은 이웃과의 자그마한 문제도 용서받을 수 없다는 엄격한 법이다. 그래서 그와 화해해야 한다.

5:27 너희는 옛사람들이 말했던 바 '너는 간음하지 말지니라.'고 한 것을 들었으나,

28 내가 너희에게 말하노니, 음욕을 품고 여자를 바라보는 자는 누구나 그의 마음으로 그녀와 더불어 이미 간음하였느니라.

왕국의 법이 구약의 율법보다 더 엄격한 것은 마음의 음욕도 간음으로 취급되기 때문이다. 이것은 물론 그리스도인들에게도 해당된다. 그러나 그리스도인이 왕국 백성과 다른 점은 지옥의 위험에 있지 않다는 것이다.

5:29 또 만일 너의 오른쪽 눈이 너를 실족케 하거든 뽑아 던져 버리라. 네 지체 가운데 하나가 없어지는 것이 네 온몸이 지옥에 던져지는 것보다 나으니라.

30 또 만일 네 오른손이 너를 실족케 하거든 잘라 던져 버리라. 네 지체 가운데 하나가 없어지는 것이 네 온몸이 지옥에 던져지는 것보다 나으니라.

"눈에는 눈, 이에는 이"라는 율법의 형벌이 부활되어, 오른쪽 눈이나 왼쪽 눈이 실족케 하면 이들은 실제로 뽑아 던져 버려야 한다. 그렇지 않으면 그의 온몸은 "지옥"에 가게 된다. 그러나 이들은 지옥의 위험 속에서 자기의 죄에 대해서는 철저해야 하나 다른 사람의 허물에 대해서는 용서해 주어야 한다(38-40절).

5:31 '누구든지 자기 아내를 버리려거든 이혼증서를 주라.'고 말했던 바

있으나

32 내가 너희에게 말하노니, 누구든지 음행한 연고 외에 자기 아내를 버리는 자는 그녀로 간음하게 하는 것이요, 또 누구든지 이혼당한 여인과 혼인하는 자도 간음하는 것이라.

신명기 24:1-4에 따르면 단지 음행한 이유 외에도 남편이 아내에게서 어떤 수치스러운 일을 발견한다면 이혼증서를 주어서 내쫓을 수 있다. 그러나 왕국에서는 음행한 이유 외에는 결코 아내를 버리면 안 된다.

5:33 너희는 또 옛사람들이 말했던 바 '너는 거짓 맹세하지 말고, 주께 했던 맹세를 지키라.'고 한 것을 들었으나

34 나는 너희에게 말하노니, 아예 맹세하지 말라. 하늘로도 말지니, 이는 그곳이 하나님의 보좌임이요,

35 땅으로도 말지니, 이는 그곳이 그분의 발판임이요, 예루살렘으로도 말지니 이는 그곳이 위대한 왕의 도성임이라.

36 네 머리로도 맹세하지 말지니, 이는 네가 머리카락 하나라도 희거나 검게 할 수 없음이라.

37 오직 너희 말은 '예'는 '예'로, '아니오'는 '아니오'로 하라. 그 이상의 것은 무엇이든지 악에서 나오는 것이라.

왕국에서는 맹세가 금해진다. 왜냐하면 하늘은 하나님의 보좌이고, 땅은 하나님의 발판이며, 예루살렘은 위대한 왕의 도성이기 때문이다. 그러므로 이때는 "예"나 "아니오" 이상으로 말하는 것은 무엇이든지 악에서 나오는 것이다.

5:38 너희는 '눈은 눈으로, 이는 이로.'라고 말한 것을 들었으나,

39 나는 너희에게 말하노니, 악에 저항하지 말라. 누구든지 네 오른 뺨을 때리거든 다른 쪽도 돌려 대라.

40 또 만일 누가 너를 법에 고소하여 너의 웃옷을 빼앗으려 하거든 외투까지도 갖게 하라.

41 또 누구든지 너에게 억지로 일 미리오를 가자고 하거든 이 미리오를 동행해 주라.

42 너에게 구하는 자에게 주며 너에게 빌리고자 하는 자로부터 돌아서지 말라.

이들은 자신의 범죄에 대해서는 엄격해야 하나(29,30절), 다른 사람이 자기에게 행한 악에 대해서는 용서해야 한다. 그들은 오른 뺨을 맞을 때 왼 뺨을 내어 줘야 하고, 웃옷을 빼앗으려 하면 외투까지도 주어야 한다.

이것은 로마서 12:17-20에 따라서 그리스도인에게도 영적으로 적용할 수 있다. 오히려 그리스도인에게 주어진 영적인 법은 훨씬 더 높은 차원의 것이다. 다른 규례들도 영적으로 그리스도인에게 적용할 수 있는 부분이 있다. 그러나 왕국 백성과 그리스도인의 차이는 이렇게 행하지 않았을 때 형벌을 받느냐 안 받느냐 하는 데에 있고, 또 왕국 백성들은 이렇게 행함으로써 용서를 받을 수 있으나 그리스도인은 그리스도의 피로 이미 용서받은 것에 감사함으로 자발적으로 이웃을 용서하는 데에 있다.

예수님께서도 요한복음 18:22,23에서 경비병이 예수님을 때렸을 때 다른 쪽 빰을 돌려 대지 않으시고, 오히려 왜 때리느냐고 말씀하셨다. 이 규례는 오직 천년왕국에서만 교리적으로 적용될 것이다.

자선에 관해서는 6:1-4에서 다시 제시된다.

5:43 너희는 '네 이웃을 사랑하고 네 원수를 미워하라.'고 말한 것을 들었으나,

44 나는 너희에게 말하노니, 너희 원수들을 사랑하고, 너희를 저주하는 자들을 축복하며, 너희를 미워하는 자들에게 잘해 주고, 너희를 천대하고 박해하는 자들을 위하여 기도하라.

45 그래야 너희가 하늘에 계신 너희 아버지의 자녀들이 되리니, 이는 하나님께서 그분의 태양을 악인과 선인 위에 떠오르게 하시며, 의로운 자와 불의한 자 위에 비를 내리심이라.

46 만일 너희가 너희를 사랑하는 사람들을 사랑하면 무슨 상을 받으리요? 세리들도 그같이 아니 하느냐?

47 또 만일 너희가 너희의 형제들에게만 문안하면 다른 사람들보다 더 나은 것이 무엇이냐? 세리들도 그같이 아니 하느냐?

48 그러므로 하늘에 계신 너희 아버지께서 온전하심같이 너희도 온전하라."

그들은 48절에서 제시된 대로 "온전해야" 한다. 성경에서 "온전함"(perfection)이라는 말은 "죄가 없이 완전한 상태"를 말하지 않는다. "온전함"이란 말은 항상 문맥적으로 봐야 하는데, 여기서는 43-47절의 요구를 충족시키는 온전함, 즉 악인에게도 선하게 행하는 온전함이다. 다시 말하면, 48절에서 "아버지께서 온전하심같이"라고 말했는데, 45절에서 아버지께서는 "그분의 태양을 악인과 선인 위에 떠오르게 하시며, 의로운 자와 불의한 자 위에 비를 내리시는" 온전하신 분이므로, 그들도 이처럼 악인에게도 선하게 대해 주는 온전함을 보여야 한다는 것이다.

그리고 이렇게 하는 것은 하늘에 계신 그들의 아버지의 자녀들이 되는 조건이 된다(5:45). 이것이 문자적으로 해석될 때, 그것은 엄격한 율법이다. 이것은 또한 유대인이 이 땅을 치유하는 모습이기도 하다. 여기에서 "너희"는 유대인이다. 유대인은 이같이 하나님의 백성이 되어 이방에 빛을 전달한다.

6장과 7장에서도 같은 관점으로 설교는 진행된다. 그러나 주의할 것은 산상설교가 "왕국의 법령"이라고 말할 때, 이것이 천년왕국에서만 지켜져야 할 규례가 아니라, 왕국이 임하기 전에 왕국을 바라보는 상황, 좀 더 구체적으로 말하면 대환란 때에도 적용되는 규례임을 알아야 한다. 다음 장에서 자세히 언급하겠지만 6장에서는 왕국 이전 상황에서 행해야 할 규례들이 종종 언급되어 있다. 예를 들어 "주기도문"이라고 일컬어지는 기도문은 환란을 통과하는 유대인들에게 적절하게 적용될 것이다.

예수님께서는 초림 때에 왕국(천국)을 제시하셨고, 그들이 그 왕국을 받아들일 만한 조건들은 형성되어 갔다. 그러나 예수님께서는 유대인들이 자신을 거부할 것과 이 왕국이 연기될 것을 미리 아셨으며, 구약의 예언에 따라서 영광스런 재림의 날 이전에 큰 환란의 때가 있을 것을 미리 아셨기에, 예수님께서는 왕국 이전의 상황, 즉 대환란 기간을 이 왕국의 연속선상에 두고, 왕국 전 상황을 포함하여 천년왕국에서 행해야 할 규례들을 함께 말씀하신 것이다.

물론 산상설교에서 그리스도인들의 효과적인 신앙생활을 위해 영적으로 적용할 만한 부분이 없는 것은 아니다. 우리는 이렇게 제시된 완벽한 의를 보고 하나님께서 얼마나 의로운 분이신가를 깨닫고 그분을 경외할 수 있고, 제시된 내용들이 우리의 구원과는 관계없지만 우리의 성결한 삶을 위해서 거울로 삼을 수도 있으며(5:27-30), 우리에게는 이렇게 엄격한 율법을 주시지 않고 하나님의 은혜로 구원하여 주신 것에 대해서 감사할 수도 있다. 무엇보다 이들과 달리 우리 그리스도인들은 예수 그리스도의 의로 말미암아 믿음의 의를 소유하게 되었다는 사실에 크게 감사해야 할 것이다(롬 10:4-6).

산상설교의 청중들은 바리새인과 서기관들의 의보다 뛰어난 의를 "행해야만" 하는데 우리는 예수 그리스도의 의를 믿음으로 "받아들이기만" 하면 된다. 이러한 기초 위에서 우리는 이 산상설교를 영적으로 적용할 수가 있는 것이다. 그러나 분명히 기억할 것은 마태복음과 산상설교의 정확한 위치이다.

산상설교가 왕국의 법령이라는 사실을 정확히 알지 못한다면 마태복음에서 말하는 왕국 복음을 결코 정확히 알 수 없을 것이다.

마태복음 6장

산상설교의 위대함은 그것이 왕국의 법령이라는 데에서 나타난다. 영광 중에 임하시는 메시아 왕, 그의 통치를 받는 영토에서 시행될 규범들, 이것들은 매우 강력하고도 엄격하게 제시된다.

바리새인들과 서기관들의 의보다 더 엄격한 의를 제시하시는 예수 그리스도께서는 자신의 백성들이 될 청중들, 즉 유대인에게 이 말씀을 하셨는데, 그들에게는 이 의로운 왕국에 들어가기 이전에 당해야 할 엄청난 환란이 기다리고 있다.

그래서 그들에게는 왕국에서의 법령뿐 아니라 왕국이 임하기 직전의 상황 속에서 행해야 할 일들이 제시되어야 한다. 그들은 이 고난의 때에 제시되는 일들을 행해야만 이 왕국에 참여할 수가 있다. 물론 그때에 하나님께서는 이들을 특별한 방법으로 도우실 것이다.

6:1 "너희는 사람들에게 보이려고 그들 앞에서 자선을 베풀지 않도록 조심하라. 그렇지 아니하면 하늘에 계신 너희 아버지께 상을 받지 못하느니라.

2 그러므로 너는 자선을 베풀 때에 위선자들이 사람들에게 영광을 얻으려고 회당과 거리에서 하는 것처럼 네 앞에서 나팔을 불지 말라. 진실로 내가 너희에게 말하노니, 그들은 그들의 상을 받은 것이니라.

3 그러나 네가 자선을 베풀 때에는 네 오른손이 하는 것을 왼손이 모르게 하라.

4 그리하면 너의 자선 행위가 은밀히 이루어져서 은밀히 보시는 네 아버지께서 친히 네게 드러나게 갚아 주시리라.

5장에서 연속되는 규례들이 6장과 7장에서도 상세하게 제시되는 가운데, 6장은 자선과 기도에 관한 규례로 시작한다. 그리고 자선과 기도에 관한 규례에서는 누구든지 "드러내지 말고 은밀하게 하라."는 교훈을 받을 수 있다. 그러나 우리는 이 규례들에서 좀 더 중요한 것을 발견할 수 있는데, 5장에서 연구했듯이 이 규례들은 교리적으로 교회에 관한 규례들이 아니라 왕국에 관한 규례들이라는 것이다.

『**너희 아버지**』(1절).

마태복음 6장에서 "너희"라는 표현은 39번 나오는데, 매 규례마다 항상 강조되는 단어이다. 이 단어가 중요한 것은 이때 모인 청중들이 십자가 이전 상황 속에서 왕국을 기다리고 있는 유대인들이었기 때문이다. 이 "너희"를 교회 시대의 성도들로 생각하고 성경을 읽을 때마다 자신들에게 적용하여 영적으로 푸는 설교자들이 많지만, 여기서 제시되는 “너희”는 분명히 메시아 왕으로부터 설교를 듣는 유대인들이었다.

산상설교에서 “너희”가 유대인이라는 또 하나의 이유는 “너희”가 항상 이교도나 이방인과 반대되는 개념으로 쓰이기 때문이다. 6:7에서는 『**너희는 기도할 때에 이교도들이 하는 것처럼 헛된 반복을 하지 말라.**』 하였고, 6:32은 『**이런 것들은 모두 이방인들이 구하는 것이라.**』 하였다. “너희”는 이방인들과 구별되는 유대인이다. 어떤 이는 “성도들은 곧 영적인 유대인이고 여기서 말하는 ‘이방인’들은 불신자들을 말한다.”라고 생각하여, 성도들은 불신자들과 달리 유대인들에게 주어진 이러이러한 일들을 해야 한다고 말하기도 하나, 그리스도인은 결코 유대인이 아니며, 그리스도인은 불신자들에게 전도하지만 유대인들은 이방인들에게 전도하지 않는다. 『**이방인들의 길로도 가지 말고...**』(마 10:5)

그렇다면 같은 구제에 관한 규례, 같은 기도에 관한 규례라도 교회에게 주는 말씀이 다르고 유대인들에게 주는 말씀이 다르다는 것인데, 본문을 보면서 구체적으로 살펴보자.

6:1-4은 구제에 관한 규례이고, 6:5-15은 기도에 관한 규례이다. 주목할 만한 단어는 “은밀히”(4,6절)와 “드러나게”(4,6절)인데, 예수님께서는 청중들에게 오른손이 하는 것을 왼손이 모르도록 구제하며, 또 골방에 들어가서 은밀하게 기도하라고 가르치셨다. 왜냐하면 위선자들은 회당과 거리에서 이러한 일들을 드러나게 행하기 때문이다. 물론 선한 일을 은밀하게 행하는 것이 어느 시대 누구에게나 아름다운 미덕임은 사실이다. 그러나 우리는 지금 교리적으로 봐야 한다. 본문에서는 이들이 은밀하게

행한다면 "드러나게" 보상을 받는다고 가르친다. 그들은 분명히 많은 사람들이 보는 앞에서 "드러나게" 보상을 받는다. 그에 반해 그리스도인들은 그리스도의 심판석에 가서야 비로소 보상을 받게 되는데(고전 3:8-14, 눅 14:12-14), 그리스도인들이 생애 중에 보상받는다는 것은 약속되지 않았다. 그러나 왕국에 있는 사람들은 자기들의 행위에 대해서 생애 중에 "드러나게"(공개적으로) 보상을 받는다.

『**위선자**』(2절).

2절과 5절에서 쓰이는 "위선자"라는 말은 다른 곳에서도 바리새인들을 비난하기 위해서 사용되던 말이다. 이 말에는 두 가지의 뜻이 있다.

1. 배우(actor) - 위선자란 배우처럼 자기의 진실한 모습을 숨기고 거짓을 꾸며 실감나게 연기하며 겉으로만 선하게 보이려는 사람을 말한다. 사람들 앞에서 자선을 행하고 사람들 앞에서 기도를 하는 등 바리새인들이 자기를 의롭게 보이려고 행한 행위들은 배우들과 같이 그럴듯했다.

2. 극단적인 비평가(hyper-critics) - "hypocrite"(위선자)은 "hyper"(극단적인)와 "critical"(비평적인)으로 구분될 수 있는데, 이것은 바로 바리새인들의 특성이다. 그들은 어떠한 상황에서도 예수 그리스도를 비난한다. 그들은 그리스도의 행하신 일들을 통해 하나님의 능력이 입증된 이후에도 모든 기적을 무시하고 예수 그리스도를 "극단적으로 비평한다." 예를 들어 마가복음 2:5,7에서 주님이 중풍병자를 고치신 이후에 그들은 하나님을 모독한다고 비판했고, 마가복음 3:5,6에서는 안식일에 손 마른 자를 고치신 이후에 예수님을 죽일 음모를 세웠다. 마가복음 3:15,22에서 마귀들을 쫓아내신 이후에는 마귀들렸다고 비난했고, 마가복음 6:43,50

에서 오천 명을 먹이신 이후에는 손을 씻지 않고 먹는 것을 비난했다(막 7:1,2). 마가복음 8:9,11에서 주님이 사천 명을 먹이시는 것을 보고서도 그 위선자들은 하늘로부터 온 표적을 요구했다.

6:5 또 네가 기도할 때에 위선자들같이 되지 말라. 그들은 사람들에게 보이려고 회당과 길 모퉁이에 서서 기도하기를 좋아하느니라. 진실로 내가 너희에게 말하노니, 그들은 그들의 상을 받은 것이니라.

6 그러나 너는 기도할 때에 네 골방에 들어가 방문을 닫고 은밀히 계신 네 아버지께 기도하라. 그러면 은밀히 보시는 네 아버지께서 너에게 드러나게 갚아 주시리라.

7 너희는 기도할 때에 이교도들이 하는 것처럼 헛된 반복을 하지 말라. 이는 그들이 말을 많이 하여야 들으리라 생각함이라.

8 그러므로 너희는 그들을 닮지 말라. 이는 너희가 구하기 전에 너희 아버지께서는 너희가 무엇을 필요로 하는지 아심이라.

기도에 관한 규례는 1-4절의 자선에 관한 규례와 거의 동일하게 그 방법적인 면이나 주의해야 할 점, 그리고 그 보상에 대해서 같은 관점으로 다루어진다.

특별히 여기에서 책망받는 공중기도(5절)는 구약적 유대인의 기도에 관한 것이며, 천년왕국 때에도 적용된다.

신약의 그리스도인들은 어느 때, 어느 장소에서나 공개적으로 기도한다(딤전 2:8, 행 27:35). 사도 바울은 디모데전서 2:8에서 이러한 행위에 대해서 책망하지 않고 오히려 권장하고 있다. 그리스도인에게 있어서 은밀하게 선을 행하는 것이 미덕임은 분명하지만, 그 행위에 대해서 공개적으로 보상받는다는 것은 약속받은 적이 없다.

물론 이 구절을 영적으로 적용시키는 것은 나쁘지 않다. 예를 들어 바쁜 생활 가운데서도 하나님과 특별한 시간을 갖고 주님과 조용하게 교제하라는 적용은 우리의 경건의 생활에 큰 도움이 될 것이다.

특별히 이 기도에 관한 규례에는 9-13절에서 우리가 잘 아는 소위 "주기도문"이 제시된다. 이 "주기도문"은 거의 모든 교회에서 공적인 예배 때마다 사도신경과 더불어 암송된다. 각종 기독교 모임에서 목사의 "축도"가 없을 때에는 "주기도문"이 자동적으로 폐회를 위한 암송 기도문이 되곤 한다. 그러나 이 기도가 그렇게 사용되는 것이 합당한가?

우리는 "주기도문"을 암송하기 이전에 7절을 봐야 한다. 『**너희는 기도할 때에 이교도들이 하는 것처럼 헛된 반복을 하지 말라. 이는 그들이 말을 많이 하여야 들으리라 생각함이라**』(7절). 여기서 "헛된 반복"에는 두 가지의 의미가 있다. 첫째 아무 의미 없는 말을 반복하는 것, 둘째 의미 있는 말일지라도 반복 자체가 헛된 것.

많은 은사주의 집회에 가보면 "유창하게" 방언하는 전단계로 "할렐루야" 같은 단순한 말을 반복하는 것을 볼 수 있다. 이것은 우리가 흔히 볼 수 있는 "헛된 반복"(개역성경 용어로는 "중언부언")이다.

이교도들은 가능한 한 말을 많이 하고 헛되게 반복하여 기도한다. 이것은 기도가 아니라 주문에 가까운데, 이러한 행위를 우리는 오늘날 기독교계에서 많이 볼 수 있다. 불교 신자 중에 자기가 외우는 "천수경"의 의미를 잘 알고 있는 사람은 얼마나 되는가? 천주교 신자 중에 항상 반복해서 기도하는 "로사리오 기도"의 의미를 알고 있는 사람은 얼마나 되는가? 기독교인들 중에 매주 암송하는 "사도신경"이나 "주기도문"의 참 뜻을 알고 외우는 사람은 얼마나 되는가? 만약 그 의미를 알지도 못한 채 단지 의식적(儀式的)으로 마냥 "반복"만 한다면 그는 주님께서 금지하신 "헛된 반복"을 하고 있는 것일 뿐이다.

그래서 사람들은 "주기도문"의 의미를 알기 위해 설교와 책들을 통해서 공부를 한다. 그리고 이 기도문을 외울 때마다 "정성을 다해서," "음미하면서," "또박또박" 외운다.

그러나 이 "헛된 반복"이라는 말은 단지 의미 없는 말을 반복한다는 것만을 말하는 것이 아니라, 비록 그 말이 의미 있는 말일지라도 "헛되게" 반복하는 것을 지적하는 말이다. 다시 말해서 이 기도를 올바로 사용하지 않고 잘못 사용하는 가운데 계속 반복하는 행위를 지적하는 것이다.

6:9 그러므로 너희는 이렇게 기도하라. '하늘에 계신 우리 아버지, 아버지의 이름이 거룩하게 되시옵고

10 아버지의 왕국이 임하시오며, 아버지의 뜻이 하늘에서와 같이 땅에서도 이루어지이다.

11 오늘 우리에게 일용할 양식을 주시옵고

12 우리가 우리에게 빚진 자들을 용서하는 것같이 우리의 빚진 것들도 용서해 주시오며

13 우리를 시험에 들게 하지 마시옵고, 악에서 구하여 주시옵소서. 그

왕국과 권세와 영광이 영원토록 아버지의 것이옵니다. 아멘.'

『**그러므로 너희는 이렇게 기도하라**』(9절).

역시 "너희는"이라고 말씀하신다. 여기의 "너희"는 유대인, 즉 임할 왕국을 바라보는 위치에 있는 유대인이다.

예수님은 이러한 규례들을 가르치실 때 자신을 청중과 철저히 분리시키신다. 예수님은 한 번도 이 기도대로 기도하지 않으셨다. 이 기도를 청중들에게 가르치시면서 "너희는" 이렇게 기도하라고 말씀하셨다. 그러므로 이 기도문에 나오는 "우리" 역시 유대인임이 명확하다. 그래서 이 기도문은 "주기도문"(Lord's Prayer)이 아니라 오히려 "제자들의 기도"(Disciples' Prayer)라고 불려야 합당할 것이다.

『**아버지의 왕국이 임하시오며**』(10절).

여기서 아버지의 왕국은 이 땅에 세워질 "천국"이다("천국"에 대해서는 이 책의 "천국" 부분을 참조할 것). 그래서 이 기도문은 왕국을 기다리는 상황 속에서 드려지는 기도이다. 그 상황은 예수 그리스도의 십자가 이전에, 아직 왕국이 거부되기 이전에 왕국을 기다리는 상황이지만, 유대인들이 거부함으로 왕국은 연기되고, 그래서 그 상황은 천년왕국의 직전 상황, 곧 "야곱의 고난의 때"라고 불리는 대환란 때에 설정된다.

『**오늘 우리에게 일용할 양식을 주시옵고**』(11절).

환란 때는 짐승의 표를 받지 않으면 물건을 매매할 수 없기 때문에 하나님께서 주시지 않는다면 음식을 얻을 수 없다. 특별히 유대인들은 출애굽 때 광야에서 만나를 먹었듯이, 광야에서 하나님으로부터 매일 그날의 양식을 얻을 것이다.

『**우리가 우리에게 빚진 자들을 용서하는 것같이 우리의 빚진 것들도 용서해 주시오며**』(12절).

이 시대의 그리스도인 중에 어느 누구도 다른 사람을 용서해 준다는 기초 위에서 용서를 받는 사람은 없다. 많은 사람들이 주기도문 강해를 할 때 다른 부분은 그럴듯하게 넘어가면서도 이 구절에 와서 주춤거리다가 억지로 해석해 버리는 이유는 이 기도문을 왕국의 관점 없이 해석하기 때문이다.

교회 시대, 즉 은혜 시대에는 예수 그리스도의 보혈로 말미암아 모든 죄를 용서받을 수 있다. 죄의 용서는 믿는 자들 안에서 그리스도께서 완성하신 사역의 부분이다(골 1:14, 행 13:38-40). 만일 구원받은 이후에 어떤 그리스도인이 죄를 범했다면 그는 그것을 자백함으로써 용서받는다(요일 1:9, 고전 11:30-33).

그러나 은혜로 말미암아 믿음으로 구원받는 이 시대가 끝나면 구약처럼 행위가 따라야 하는 시대가 온다. 그때는 예수 그리스도에 대한 믿음과 더불어 계명을 지켜야 하는데(계 12:17), 이때는 다른 사람을 용서해 주어야 용서를 받을 수 있다. 누가복음 16:19-31에 나오는 거지 나사로와 부자의 이야기는 십자가 사건 이전에 있었던 구원과 지옥의 모습을 알려 주는데(이 사건은 비유가 아니라 실제의 사건이다), 여기서 부자는 예수 그리스도를 믿지 않았기 때문이 아니라, 이웃을 사랑하지 않았기 때문에 지옥에 갔다. 이 진리는 마태복음 6:14,15에서 반복된다.

『우리를 시험에 들게 하지 마시옵고, 악에서 구하여 주시옵소서』(13절).

물론 그리스도인들도 시험에 들지 않게 해 달라고 기도해야 한다. 그러나 환란에 처한 유대인들에게 이 기도는 더 실제적이다. 그리스도인들은 한 번 구원받으면 결코 멸망하지 않는다. 우리는 구원의 절대보장을 받는다(롬 8:38,39). 그러나 대환란 때의 사람들은 구원을 잃어버릴 염려가 있으며(히 6:4-6), 끝까지 견뎌야 구원받는다(히 3:14, 마 24:13). 그래서 그들이 시험에 들지 않게 기도하는 것은 절박하다.

악에서 구하여 달라는 기도도 마찬가지이다. 구체적인 악의 대상인 적그리스도로부터 구해 달라는 기도, 어떠한 악이라도 범하지 않게 해달라는 기도, 이 기도가 환란 시대보다 더 절박한 시기는 없을 것이다.

『그 왕국과 권세와 영광이 영원토록 아버지의 것이옵니다. 아멘』(13절).

네슬 원문과 시내 사본, 바티칸 사본, 제롬의 사본에는 이 부분이 삭제되어 있다. 한글 개역성경에는 이 부분을 괄호로 묶고 "고대 사본에, 이 괄호 내 구절이 없음"이라고 각주를 달아 놓았다. 〈톰슨 II 주석성경〉에서는 이 삭제된 부분을 설명하면서 "고대의 유력한 사본 및 누가복음에는 이 부분이 없다. 따라서 이 부분은 기도의 끝에 반드시 송영이 뒤따랐던 유대인들의 관습을 따라 후대 교회가 주기도문을 완전한 기도문의 형태로 만들기 위해 첨가 내지는 삽입한 것 같다."(톰슨 II 주석성경, 마태복음 서론, p.2)라고 말하고 있다.

그러나 이러한 해석은 두 가지 면에서 거짓말을 하고 있는 것이다.

첫째, 그들이 말하는 "고대의 유력한 사본"이란 시내 사본과 바티칸 사본인데, 이 기도문이 들어 있는 고대 사본 중 단지 10개를 제외한 모든 헬라어 필사본에서 이 구절이 발견된다(Freerianus, Σ, φ 사본, 크리소스톰의 인용문 등).

둘째, 송영을 위해 삽입할 만한 후대 교회는 로마카톨릭 교회 및 제도 교회들이다. 그러나 이러한 교회들이 사용했던 제롬의 성경에는 이 부분이 빠져 있다. 이 부분이 보존된 성경은 성경대로 믿었다고 "이단"으로 낙인 찍혀 박해받았던 순수한 교회들이었는데, 이들은 "송영"같은 헛된 예배 의식을 행하지 않았던 사람들이다. 그들이 이 부분을 송영을 위해 첨가할 이유가 하나도 없다.

이 부분은 왕국이 아버지의 통치권 아래 있다는 것과 왕국이 하나님으로부터 임하기 이전에는 어떠한 왕국도 인간들의 노력으로 가져올 수 없다는 강력한 의미가 들어 있다.

그러므로 소위 말하는 "주기도문"은 교리적으로 이 시대를 위한 기도가 아니다. 이 기도는 임할 왕국을 바라보며 대환란을 견디는 유대인들을 위한 기도이다. 비록 이 기도의 내용 중에 그리스도인들이 영적으로 적용할 만한 구절이 몇 있을지라도, 이 기도의 참된 의미를 모르고 매 예배 때마다 반복해 암송하는 것은 예수님께서 마태복음 6:7에서 금지하신 "헛된 반복"일 뿐이다.

6:14 만일 너희가 사람들의 허물을 용서하면 하늘에 계신 너희 아버지께서도 너희를 용서하실 것이니라.

15 그러나 만일 너희가 사람들의 허물을 용서하지 아니하면 너희 아

버지께서도 너희의 허물을 용서하지 아니하실 것이니라.

14,15절에서는 12절의 내용이 반복된다.

6:16 또 너희가 금식할 때에 위선자들처럼 슬픈 표정을 짓지 말라. 그들은 사람들에게 금식하는 것을 보이려고 그들의 얼굴을 흉하게 하느니라. 진실로 내가 너희에게 말하노니, 그들은 그들의 상을 받은 것이니라.

17 그러나 너는 금식할 때에 머리에 기름을 바르고 얼굴을 씻으라.

18 그리하여 네가 금식하는 것을 사람들에게 보이지 말고 은밀히 계시는 네 아버지께만 보이게 하라. 그러면 은밀히 보시는 네 아버지께서 네게 드러나게 갚아 주시리라.

16-18절의 금식에 관한 규례는 1-4절의 자선에 관한 규례와 5,6절의 기도에 관한 규례와 동일한 관점으로 되어 있다. 앞에서와 마찬가지로 금식도 위선자들처럼 사람들에게 보이려고 하면 안 되고, 은밀하게 행해야 하며, 그에 대한 보상은 아버지께서 드러나게 해 주신다.

신약 시대 성도들도 금식은 필요하다. 구약의 모형들과 신약의 사실들로 적용될 수 있다. 마태복음 9:15에서 예수님께서는 신랑을 빼앗길 날이 오면 금식할 것이라고 예언하시고 있으며, 신약 지역 교회에서도 금식을 한 이후에 바울과 바나바를 따로 세우기도 했다(행 13:2,3). 바울의 전 생애를 통해 본 예들에서도 신약 교회에서의 금식은 필요함을 알 수 있다(고후 6:5; 11:27). 그러나 이 금식은 진실한 것이어야 하며 보이기 위한 목적이 되어서는 안 된다(슥 7:4-7). 그리고 반드시 올바른 삶을 동반해야 한다(사 58:3-7).

6:19 너희 자신을 위하여 땅에다 보물을 쌓아 두지 말라. 거기는 좀과 녹이 해치며, 또 거기는 도둑들이 뚫고 들어와서 도둑질하느니라.

20 오히려 너희 자신을 위하여 하늘에다 보물을 쌓아 두라. 거기는 좀이나 녹이 해치지도 않으며, 또 거기는 도둑들이 뚫고 들어오지도 못하고 도둑질도 못하느니라.

21 너희 보물이 있는 곳에 너희 마음도 있느니라.

이 구절은 어느 시대의 사람에게도 좋은 교훈으로 자리 잡을 수 있다. 하늘에다 보물을 쌓아 두라는 말은 이 세상에 소망을 두지 말고 저 하늘에 소망을 두라는 위대한 진리와 연결된다. 골로새서 3:1-4에서 바울 사도는 위의 것을 사모하라고 강조한다. 『**위에 있는 것들에 너희 마음을 두고 땅에 있는 것들에 마음을 두지 말라**』(골 3:2). 또 바울은 『**우리가 바라보는 것은 보이는 것들이 아니요, 보이지 않는 것들이라. 이는 보이는 것들은 잠깐뿐이지만 보이지 않는 것들은 영원하기 때문이라.**』(고후 4:18)라고 성령의 영감으로 말한다. 우리의 집은 이 세상이 아니기 때문에 우리는 하늘에 소망을 두어야 한다. 세상에서의 부귀를 생각하지 말고 그 부를 하늘에 쌓아 두며, 세상에서는 먹을 것과 입을 것이 있으면 만족해야 하고(딤전 6:8), 하늘 위의 집과 예수 그리스도의 재림을 사모해야 한다. 바울에겐 차꼬와 포박만이 그의 손발에 있었을 뿐, 모든 재물이 하늘에 있었다.

여기서 보물은 단지 물질만이 아니라 우리가 가치를 둘 만한 모든 것이라고 영적으로 적용해 볼 수도 있을 것이다. 우리는 단지 재물만을 포기하는 것이 아니라, 이 세상에서의 우리의 모든 가치들을 다 포기해야 한다. 세상을 위해 살려고 하는 것은 세상에 가치를 두기 때문이다. 우리의 가치를 세상에 둔다면 우리의 마음도 자연히 세상에 머물게 되므로, 우리는 하나님과 멀어질 수밖에 없다. 그래서 24절에서는 하나님과 재물을 동시에 섬길 수 없다고 경고하시는 것이다. 이어서 24-31절에서도 계속하여 땅의 것들에 대하여 염려하지 말라고 말씀하고 계시며, 하나님께 속해 있으면 하나님께서 보호해 주신다고 말씀하신다.

그러나 이 부분이 산상설교임을 잊지 말자. 이 부분 역시 왕국의 백성들을 향하여 주는 규범이다. 현 시대의 그리스도인들도 목숨을 위하여 먹을 것, 입을 것을 염려하지 말고 하나님께 맡겨야 하겠으나, 대환란 기간을 살아가는 유대인들에게 이 문제는 훨씬 더 간절할 것이다. 예수님께서 가르치신 기도에서도 나타나듯이 그들은 순간순간의 위험과 어려움을 당하며, 그 순간순간마다 하나님의 도움을 얻어야 한다. 그래서 이 부분은(마 6:25-32) 여러 규례들에 대한 "약속"이 된다. 하나님께서는 아무리 엄한 율법을 주시더라도 반드시 지켜 주시겠다는 약속을 하시는 분이시며, 그 약속을 신실하게 지키시는 분이시다. 우리가 보았듯이 왕국의 법은 매우 엄격하다. 구약 율법의 의보다 더 엄격하여, 떨어져 나갈 만한 위험이 종종 있지만 그분께 의뢰하기만 하면 신실하게 지켜 주신다.

이 시대에 우리 성도들의 적은 사탄과 세상과 육신이다(엡 6:12). 우리가 죄를 짓는 것은 사탄의 미혹을 받아서 짓기도 하고, 육신의 연약함으로 짓기도 한다(롬 7장). 우리는 그때마다 주님을 더 신뢰하고, 성령께 나를 맡겨야 한다. 그러나 우리는 연약하므로 죄에게서 완전히 피할 수 없다. 그리고 우리가 그러한 죄들을 지을지라도 우리의 구원에 어떠한 영향도 미치지 못한다.

그러나 왕국의 백성들은 죄를 지으면 바로 그 대가를 받아야 한다. 너무나도 엄격하기 때문이다. 그러나 이들에게는 사탄이라는 적이 없다. 천년왕국 1,000년 동안 사탄은 "끝없이 깊은 구렁"에 갇혀 있게 되기 때문이다(계 20:1-3). 그리고 그때의 세상은 "의"로 회복된다(사 11:1-9). 그러므로 그들은 육신의 연약함만 잘 다스리면 된다. 그뿐만 아니라 하나님께서는 이러한 연약함으로 인한 위험들에게서 보호해 주시겠다고 약속하신다. 본문에서 주님은 적그리스도의 치하에서도 보호해 주시겠다고 약속하셨다. 그러므로 우리의 신실한 주님께서는 왕국 때에도 의로운 왕으로서 다스리실 것이다. 그는 가난한 자를 의로 판단하며 세상의 온유한 자를 위해서는 정직으로 책망하실 것이다(사 11:4). 그들은 단지 온전하게(마 5:48) 믿음과 행위를 간직하면 된다.

6:22 몸의 빛은 눈이라. 그러므로 네 눈이 순전하면, 네 온몸이 빛으로 가득 찰 것이요,

23 만일 네 눈이 악하면 네 온몸도 어두움으로 가득 찰 것이라. 그러므로 네 안에 있는 빛이 어두움이 되면 그 어두움이 얼마나 크겠느냐?

이 부분은 눈의 순수성을 말하고 있는 부분이다. 눈은 목적에 대해 순수해야 한다. 골로새서 3:22,23은 "눈가림으로 섬기는 것"을 금하고 있다.

눈은 창세기 3장에서 죄의 근원으로 제시된다. 다윗과 아칸(수 7:1)의 실패의 원인도 눈으로 보는 데에 있었다. 그래서 욥은 눈으로 범죄하지 않겠다고 결심하고 있으며(욥 31:1), 다윗도 시편 101:3에서 『**내가 사악한 것을 내 눈 앞에 두지 아니하리이다.**』라고 말하고 있다.

베드로는 마지막 날에 땅 위의 많은 남자들의 눈이 타락할 것이라고 말한다(벧후 2:14). 하나님은 이 문제의 심각성을 아시고 약속의 땅에 들어간 후 주변의 이방의 우상들을 떠나라고 특별히 경고하신다(민 33:52, 막 7:22).

6:24 아무도 두 주인을 섬길 수 없나니, 이는 그가 한 쪽을 미워하고 다른 쪽을 사랑하거나, 한 쪽을 존중하고 다른 쪽을 경시하게 됨이라. 너희가 하나님과 재물을 동시에 섬길 수 없느니라.

이것이냐 저것이냐를 선택하는 문제이다. 열왕기상 18:21에서 이스라엘은 바알과 하나님 사이에서 선택을 요구받는다(엘리야). 재물에 관한 문제는 11절의 기도문에서 환란 중에 하나님께서 필요에 따라 주시도록 구하라는 내용과 연관된다. 출애굽한 이스라엘이 광야에서 만나를 먹었을 때 필요 이상으로 거두면 썩어 버린 사건을 기억하라. 이외에도 이스라엘은 필요 이상의 부를 축적하고 형제를 돕지 않을 때는 항상 경고를 받았다. 하나님께서는 이들에게 환란 때의 부양을 위해서 꼭 필요한 만큼만 주실 것이다. 하나님의 이러한 도우심을 받아 살면서 믿음과 행위를 지키는 것이 요구되는 이스라엘 백성들이 재물에 욕심을 부린다면 그들은 하나님을 섬길 수 없을 것이다.

그러나 영적으로 이것은 탐욕스런 그리스도인들에게 주는 경고이기도 하다(딤전 6:6-11). 하나님과 재물, 둘 다를 취하려는 사람은 영적으로 간음하는 것이다. 그리스도인은 하나님의 목적하신 삶 안에서 모든 것을 가질 수 있으나, 삶을 위해 목적을 떠날 때는 아무것도 가질 권한이 없다. 하나님을 섬길 때 재물이 주어지는 것은 관계없으나, 하나님을 섬기려 하면서 재물을 얻으려 하면 안 될 것이다.

6:25 그러므로 내가 너희에게 말하노니, 너희 목숨을 위하여 무엇을 먹을까, 무엇을 마실까, 또 몸을 위하여 무엇을 입을까 염려하지 말라. 목숨이 음식보다 중요하지 아니하며 몸이 의복보다 중요하지 아니하냐?

26 공중의 새들을 보라. 새들은 씨앗을 뿌리지도 않고, 거두지도 않으며, 곳간에 모아들이지 않아도 하늘에 계신 너희 아버지께서 먹이시나니, 너희들이 새들보다 더 귀하지 아니하냐?

재물에 대한 경고를 몇 가지 하신 후에 예수 그리스도께서는 그들에게 확실한 부양의 약속을 하신다. 이것은 출애굽할 때의 광야 생활처럼 부족함 없이 채워 주신다는 의미이다. 적그리스도의 치하에서 먹을 것이 없는 이들에게 하나님을 따르기만 하면 이런 모든 것을 채워 주신다는 위대한 약속이다. 신명기 29:5을 기억하라. 『**내가 광야에서 사십 년 동안 너**

희를 인도하였으나 너희의 옷이 너희에게서 낡아지지 않았고 네 신도 네 발에서 낡아지지 아니하였으며』.

이들에 대한 확실한 약속은 세 가지 사물과의 비교에서 더욱 확실해진다.

1. 공중의 새들(26절): 일반적으로 염려하지 말라는 가르침을 위해서 하찮은 미물을 비교해 놓은 것이나, 성경에서 "공중의 새들"은 마귀나 마귀의 수하에 있는 영들을 가리킨다(마 13:4,19,32).

2. 들의 백합화(28절): 구원받은 사람들을 보호하신다는 의미로 해석된다. 특별히 신약의 그리스도인들은 솔로몬의 영광보다도 더 아름다운 그리스도의 신부이다.

3. 아궁이에 던져질 들풀(30절): 풀은 말라 버리고(벧전 1:24), 특히 이곳의 들풀은 아궁이에 던져진다. 이것은 구원받지 못한 자들(마 13:42)을 가리킨다. 하나님께서는 멸망당할 사람들도 섭리적으로 돌보신다. 하물며 그분의 백성, 이스라엘에게는 얼마나 더 돌보시겠는가?

6:27 너희 가운데 누가 염려함으로 자기 키를 한 큐빗이라도 더 늘릴 수 있겠느냐?

28 또 어찌하여 너희는 의복에 대해서 염려하느냐? 들의 백합화가 어떻게 자라는지 생각해 보라. 그것들은 수고도 아니하며 길쌈도 아니하느니라.

29 그러나 내가 너희에게 말하노니, 모든 영광을 누릴 때의 솔로몬이 차려 입은 것도 이 들꽃 하나만 같지 못하였느니라.

30 오늘 있다가 내일 아궁이에 던져질 들풀도 하나님께서 이처럼 입히시거늘, 오 너희 믿음이 적은 자들아, 그분께서 너희를 더욱더 잘 입히지 아니하시겠느냐?

27절에서 "큐빗"은 신장의 크기를 나타내는 말이다. 그러나 영어 〈개역표준역본, RSV〉이나 〈확대역본, Amplified Version〉은 이것을 "시간의 길이"에 비유한다. 예를 들어 RSV에서는 이 부분을 "수명을 한순간이라도..."로 번역했다. 그러나 여기서 "큐빗"에 해당되는 말은 누가복음 19:1-3의 삭개오의 이야기에서 나오는 "키"와 같은 단어이다. 그러므로 여기서는 신장의 "길이"이지 "시간"이 아니다. RSV는 현존하는 어떤 계열의 필사본들(서방, 이집트, 비잔틴, 심지어 알렉산드리아 계열)과도 닮은 데가 없는 임의의 번역이다

6:31 그러므로 '무엇을 먹을까?' '무엇을 마실까?' '무엇을 입을까?'라고 말하며 염려하지 말라.

32 (이런 것들은 모두 이방인들이 구하는 것이라.) 하늘에 계신 너희 아버지께서는 너희에게 이런 모든 것이 필요한 줄 아시느니라.

『**하늘에 계신 너희 아버지**』(32절)는 이스라엘의 하나님이다. 예수님은 이교도들인 미국, 영국, 독일, 한국 등 이방인들과 말씀하시는 것이 아니라, "이스라엘의 하나님"에 대해서 이스라엘과 이야기하고 계신 것이다. 이것은 사도행전의 앞부분까지는 마찬가지이다(행 2:39; 3:22). 하나님이

그리스도를 구세주로 믿는 모든 이방인들의 개인적인 아버지라는 것은 사도행전 10장에서야 비로소 등장하는 새로운 계시이다. 산상설교는 십자가 사건 이전에 있었던, 다가오는 천년왕국의 규칙과 요소들의 윤곽을 잡는, 유대인들에게 주어진 구약적인 가르침이다.

6:33 오히려 너희는 먼저 하나님의 나라와 그분의 의를 구하라. 그리하면 이 모든 것을 너희에게 더해 주시리라.
34 그러므로 내일을 위하여 염려하지 말라. 내일 일은 내일 염려할 것이요, 그 날의 재앙은 그 날로 충분하니라."

이 구절은 산상설교의 절정이다. 주님께서는 32절에서 청중들을 이방인들로부터 분리시키신 후 이들에게 "하나님의 나라"(the kingdom of God)를 구하라고 말씀하신다.

"하나님의 나라"는 신약성경에서 처음으로 여기에서 등장한다. 우리는 "천국"과 "하나님의 나라"가 각각 어떤 나라인지 이미 공부했다. 하나님의 나라는 "천국"과 달리 영적인 나라로서, "거듭나면" 들어가는, 눈에 보이지 않는 나라이다.

그러나 산상설교가 공포되는 이때에는 아무도 거듭나지 않았다. 예수 그리스도의 십자가 이전에는 아무도 교회 시대의 성도들처럼 영으로 태어날 수 없었다. 이들은 단지 눈에 보이는 실제적인 왕국(천국)을 바라볼 뿐이었다. 그러므로 이들에게 요구하신 "하나님의 나라"는 "영적인 상태"를 말하는 것이다.

하나님의 나라는 영적인 나라인데, 이 영적인 상태란 도덕적으로, 영적으로 완성된 상태를 말한다. 교회 시대에는 이 영적으로 완성된 상태를 거듭남으로 들어가지만, 이들은 어떤 다른 방법으로 이 나라에 들어가야 한다. 그리고 그 방법은 율법적으로 완전한 의를 행하는 것이다. 산상설교의 주제가 "의"라는 것을 이해한다면 그 "의"를 통하여 하나님의 나라에 들어갈 수 있다는 것을 이해할 수 있을 것이다.

그래서 예수님께서는 천국이 임하기 이전에 하나님의 나라를 구하라고 말씀하시는 것이다. 하나님의 나라, 곧 도덕적으로 영적으로 완벽한 상태의 나라는 천국이 임하기 이전에 유대인들이 구해야 할 나라였다. 그래서 이 산상설교에는 완벽한 의가 요구되는 것이고, 이 "의"로 말미암아 이들은 천국을 기다리게 되는 것이다. 이 나라의 의는 엄청난 것이고, 결과적으로 이들은 이 설교를 지키지 못했다.

그러므로 하나님의 나라는 인간이 다 이루지 못하는 다른 차원의 "의"라는 것을 알 수 있는데, 그렇기 때문에 예수 그리스도께서 죽어야 했다. 다시 말해서 예수께선 이들이 지키지 못할 의를 완성하시고자 죽어야 했으며, 그 의가 입혀졌을 때만이 하나님의 의를 이루는 것이다.

그러나 이것은 교회 시대에 해당되는 내용이다. 아직까지 산상설교의 청중들은 거듭나는 것을 알지 못했다. 이들은 구약의 메시아적 상황 아래 있었을 뿐이다. 이들은 마태복음 5:20의 서기관들과 바리새인들의 의보다 뛰어난 의를 지녀야 했다. 결국 이들은 하나님의 나라를 구하지 않았고, 유대인 지도자들을 통해서 예수님을 거부하게 되었지만, 예수님께서 말씀하신 것은 "완전한 의," 그것이었다. 그래서 마태복음 7장에서는 이 의를 방해하는 거짓 교사들을 향하여 경고하신다.

마태복음 7장

이제 우리는 산상설교의 끝부분에 와 있다. 누누이 강조했지만 산상설교는 예수 그리스도의 십자가 사건 이전에 있었던, 왕국을 기다리는 유대인 청중에게 행한 설교로서, 이 설교는 왕국의 대강령이다. 예수님께서는 마태복음 5장에서 왕국의 규례들을 말씀하셨고, 6장에서 왕국으로 들어가기까지 유대인들이 겪어야 될 일들과 행해야 될 일들을 말씀하셨다. 우리는 6장 마지막 부분에서 성경에서 처음으로 "하나님의 나라"(마 6:33)를 구하라는 명령을 발견한다. 유대인들은 산상설교에서 말씀하신 의(義)의 행위를 행하면서 도덕적으로, 영적으로 완벽한 나라인 하나님의 나라를 구해야 하고, 그것으로 인해 "천국"을 기다려야 했다. 그러나 결과적으로 유대인들은 하나님의 나라를 구하지 않았고, 이 왕국의 왕을 거부했다. 사실 당시의 많은 청중들은 예수 그리스도를 따랐으나 이들이 예수께로 가는 것을 방해한 것은 당시의 종교 지도자들이었다. 왕국 거부의 책임은 일차적으로 이 사람들에게 있다고 말할 수 있으며, 예수님께서는 이들을 향해 거짓 선지자와 거짓 교사라고 말씀하신다. 그래서 마태복음 7장에서는 백성들이 가고자 하는 하나님의 나라와 천국의 길을 가로막는 종교 지도자들에 대하여 말씀하시는 부분이 매우 강조된다.

7:1 "판단하지 말라. 그리하면 너희도 판단받지 않을 것이라.
2 너희가 판단하는 그 판단으로 너희도 판단받을 것이며, 너희가 재는 그 자로 너희도 다시 측정을 받으리라.
3 어찌하여 네 형제의 눈 속에 있는 티는 보면서 네 자신의 눈 속에 있는 들보는 생각지 못하느냐?
4 또, 보라, 네 눈 속에 들보가 있는데도 '네 눈에서 티를 빼내 주마.' 라고 네 형제에게 말할 수 있느냐?

이 구절 역시 많은 기독교인들의 입에서 회자되는 말로서, 누가 누군가를 판단한다고 생각되면 즉시 이 구절을 들고나와 "네 눈에서 들보를 먼저 빼내라"고 말한다. 물론 이 구절은 어느 시대 누구에게나 미덕으로 사용될 수 있는 구절이다. 우리는 남을 함부로 비판하고, 함부로 공격해서는 안 될 것이다. 왜냐하면 우리도 그러한 잘못을 저질렀을 수 있고, 또 저지를 가능성이 충분히 있기 때문이다.

그러나 문제는 이 구절을 지나치게 적용하려는 사람들은 진리를 가지고 오류를 판단하는 것조차 "비판"이라고 생각하여, 스스로의 무지를 정당화하고 있다는 것이다. 사실 그리스도인들은 판단할 수 있다. 만약에 우리가 판단할 수 없다면 어떻게 구원받지 못한 사람에게 복음을 전할 수 있겠는가? 우리는 그 사람이 구원받지 못했다는 판단 하에, 적어도 그 사람이 구원받지 않았을 수도 있다는 "판단" 하에 그 사람에게 복음을 전하는 것이다. 또 오류에 빠진 사람을 진리로 바로잡으려면 그 사람의 오류를 "판단"해야 하며, 누군가에게 지식을 전달하거나 교육할 때 그들의 잘못을 "판단"해야만 그들을 올바로 가르칠 수 있다. 특별히 영적인 문제에 있어서 "판단"은 더욱 명확하게 행해져야 하는데, 그것은 고린도전서 2:15의 말씀 때문이다. 『**영적인 사람은 모든 것들을 판단하나 자신은 아무에게도 판단을 받지 아니하느니라**』(고전 2:15). 영적인 사람은 모든 것을 판단할 수 있다. 그는 판단하여 사람들을 올바른 길로 인도해 주어야 한다.

마태복음 7:1의 말씀과 고린도전서 2:15의 말씀이 서로 상충이 되는 것은 우리가 마태복음 5장에서 살펴보았듯이 이 두 말씀이 서로 다른 경륜(또는 세대)에서 사용되기 때문이다. 즉 고린도전서 2:15의 말씀은 교회 시대의 성도가 행해야 할 말씀이고, 마태복음 7:1은 왕국 시대의 백성들이 행해야 할 말씀이라는 것이다. 물론 이 시대의 그리스도인들도 함부로 비판만 해서는 안 될 것이다. 고린도전서 2:15의 전제는 "영적인 사람"이다. 자신이 영적인 사람이 아니라면 그는 함부로 판단하지 말아야 할 것이다. 육신적인 판단은 또 다른 판단을 낳기 때문이다. 바울 사도는 고린도전서 3장에서 육신적인 판단을 금하고 있다. 그러므로 우리는 항상 자신을 영적인 상태, 즉 성령 충만한 상태로 유지하여 모든 것을 올바로 판단하는 가운데, 진리를 전파해야 한다. 절대 진리, 즉 하나님의 말씀의 잣대로 모든 것을 과감히 판단하라.

7:5 너 위선자여, 먼저 네 자신의 눈에서 들보를 뽑아 내라. 그러면 네가 밝히 보고 네 형제의 눈에서 티를 빼내리라.

마태복음 7장의 판단에 관한 문제는 거짓 선지자들과 좀 더 밀접하게 연구되어야 할 것이다. 5절에서 "위선자"라는 말은 예수님께서 즐겨 사용하시던 비난인데, 6장에서 "위선자"라고 말할 때(마 6:2,5), 우리는 그들을 유대인 지도자들이라고 분명히 알 수 있다. 마태복음 23장에서는 서기관들과 바리새인들에게 "위선자"(23:13,14,15,23,25,27,29)라고 계속해서 말씀하시고 있다. "위선자"(hypocrites)라는 말은 6장에서 살펴보았던 것처럼 "배우"(actor)의 의미 외에도 "극단적으로 비평하는 자들" (hyper-critics)을 말한다. 두말할 나위 없이 이들은 바리새인과 서기관을 비롯한 당시의 종교 지도자들을 말하는데, 이들은 예수 그리스도의 신성의 분명한 증거들을 본 이후에도 비평한 자들이다. 이들은 마가복음 2:1-12에서 중풍병자를 고치는 예수님의 분명한 기적을 본 이후에도 예수님이 죄인들과 함께 먹는다고 비평하였고(막 2:16), 마가복음 3:1-5에서 한쪽 손이 마른 사람을 치료하신 예수님의 분명한 표적을 보고서도 주님을 죽이려고 모의하였다(막 3:6). 이러한 일들은 비일비재하였는데, 이러한 위선자들이 백성들을 판단하고 재판한다고 생각해 보자. 그 결과는 우리가 잘 알듯이 과부들의 집을 삼키는 것일 뿐이다(마 23:14).

예수님은 산상설교의 청중들 모두에게 이 판단에 관한 설교를 하시고 계시지만, 특별히 이 설교는 서기관들과 바리새인들에게 찔림을 주었을 것이다.

7:6 거룩한 것을 개들에게 주지 말고, 너희의 진주를 돼지들 앞에 던지지 말라. 그들이 그것들을 발로 밟고, 다시 돌아서서 너희를 찢을까 함이라.

예수님을 거부한 종교 지도자들에게 좀 더 초점을 맞추어 보자. 보통 이 구절을 "가치 있는 것은 그것을 받을 만한 사람에게 주어라." 같은 평범한 격언 정도로 생각하기 쉬우며, 심지어 어떤 사람들은 "진리를 거부하거나 경멸하는 사람들에게는 진리를 전파하지 말라."라고 말하기도 하지만, 사실 이 구절은 악한 종교 지도자들을 경고하는 말씀이다.

개와 돼지에 관한 말은 베드로후서 2장에서 나와 있는데, 『**개는 그 자신이 토해 낸 것으로 다시 돌아가고 또 돼지는 씻고 나서 그녀의 진창 속에서 뒹군다.**』(벧후 2:22)라고 하는 이 말은 베드로후서 2장 전체의 문맥에 따라서 볼 때 베드로후서 2:1에 나와 있는 "거짓 선지자"들과 "거짓 교사"들에 적용된다.

마찬가지로 마태복음 7:6에 제시된 개와 돼지도 거짓 선지자들과 거짓 교사를 말하는데, 이 거짓 선지자들에 대해서는 15-23절에서 좀 더 자세히 제시된다. 15절에서 거짓 선지자들은 약탈하는 "이리"라고 제시되는데, 이리는 잘 알듯이 "개과"에 속하는 동물이다. 6절의 "개"가 거짓 선지자를 말한다는 것이 다시 한번 증명되었다(그렇다면 두말할 나위 없이 "돼지"는 거짓 교사이다).

마태복음 7:15-23을 통하여 우리는 이들의 모습을 자세히 알 수 있다.

7:7 구하라, 그러면 너희에게 주실 것이요, 찾으라, 그러면 너희가 찾을

것이요, 두드리라, 그러면 너희에게 열릴 것이라.

8 이는 구하는 자마다 받을 것이요, 찾는 자는 찾을 것이요, 또 두드
리는 자에게는 열릴 것이기 때문이라.

9 너희 가운데 누가 아들이 빵을 달라는데 돌을 주며

10 생선을 달라는데 뱀을 주겠느냐?

11 너희가 악하다 할지라도 너희 자녀에게 좋은 선물을 줄 줄 알거든
하물며 하늘에 계신 너희 아버지께서 구하는 자들에게 좋은 것들을
주시지 않겠느냐?

이 기도는 많은 그리스도인들에게 "적극적인 기도"의 한 모범으로 가르쳐지고 있다. 그러나 여기의 기도 역시 신약적인 기도라기보다는 구약적인 기도라고 하는 것이 더 합당할 것이다. 왜냐하면 신약의 그리스도인들은 "예수의 이름"으로 기도하는데 여기에는 "예수의 이름"이 언급되지 않기 때문이다(요 16:23,24). 이것은 역시 산상설교에 포함되어 있는 소위 "주기도문"과도 같은 관점에서 해석되어질 수 있다. 이 구절에서도 "너희"라는 말이 강조되어 있다. 이들은 하나님께 기도할 때 "우리 아버지"라고 기도한다. [이것은 지금 이 시대의 그리스도인들이 '우리 아버지'라고 기도해서는 안 된다는 말이 아니다. 이 시대의 그리스도인들도 '우리 아버지'라고 기도할 수 있다. 그러나 산상설교에서 말하는 '너희'라든가 '우리'라는 개념은 좀 다른 개념이라는 것이다(마태복음 6:1, "너희 아버지"에 대한 주석 참조).]

로마카톨릭과 에큐메니컬 운동을 하는 사람들을 포함한 많은 현대 신학자들이 가지고 있는 문제점 중의 하나는 구약 시대의 것과 신약 시대의 것을 구분하지 못한다는 것인데, 그래서 구약에서 예언되고 마태복음에서 제시되는 "천국"(왕국)을 이 시대에서 이루려고 한다. 특별히 로마 카톨릭 교회는 교회와 교황을 통해서 이 왕국을 종교적, 정치적으로 지배하려고 하는데, 그들이 하는 짓은 바로 이 "우리 아버지"라고 외치는 것이다. 그들에게 있어서 "천국"의 확장은 복음 전파를 통해 영적인 나라가 확장되는 것이 아니라 그들의 정치적 세력이 확장되는 것을 의미한다. 그래서 그들은 복음으로 개심시키는 것과는 관계없이 힌두교도, 불교도, 이슬람교도, 신도교도, 개신교도, 무신론자, 유대교도 등과 "평화"의 손을 내밀어 그들과 하나가 된다는 미명하에 그들을 지배하는 세력이 되는 것이다. 그 방법으로 그들은 "하늘에 계신 우리 아버지"라고 기도하는 것이다. 하나님께선 유대인의 민족적인 아버지와 거듭난 그리스도인들의 개인적인 아버지가 되시는 것 이외에 어떠한 사람의 아버지도 되시지 않는다고 하셨음에도 불구하고, 그들은 "하나님은 모든 인류의 아버지이다. 인류는 모두 한 형제이다."라고 말하며 이교도들과 종교적 연합을 하는 것이다. 이때 "예수님의 이름"을 내세운다면 결코 그들과 연합할 수 없을 것이다. 그래서 그들은 "예수님의 이름"은 빼놓고서 유대인에게 주어진 "우리 아버지"의 개념만을 온 인류에게 적용시켜 기도하는 것이다. 마찬가지로 로마의 손아귀에 붙들려 있는 교회 일치 운동도 같은 움직임을 하고 있는데, 이들은 모든 교회가 자기들의 특수한 교리는 제쳐 두고 모든 교회의 공통적인 교리들, 즉 "믿음의 근본사항"만 같다면 하나가 되어야 한다고 주장한다. 좀 더 구체적으로 말하면 "사도신경"만 고백하는 교회라면 무조건 연합될 수 있다는 것인데, 사도신경에는 "아주 기본적인" 사항들만 제시되어 있어서 각 교회들이 믿음이 너무나 다름에도 불구하고 같은 고백을 할 수 있다. 심지어 이단 중의 최고의 이단인 로마카톨릭도 같은 "믿음의 고백"을 하고 있는데, 그것으로 인해서 하나가 된다는 것은 참으로 우스운 일이 아닐 수 없다. 로마 교회가 "우리 아버지"라는 근본사항으로 온 인류를 지배하듯이, 교회일치 운동가들도 "사도신경"이라는 근본사항으로 온 교회를 지배하려고 하는 것이다.

물론 이 구절을 이 시대의 성도들에게 영적으로 적용할 수 있다. 우리가 하나님의 뜻에 맞게 올바로만 기도한다면, 여기에 제시되어 있는 기도의 모형은 신실하신 주님께 드리는 기도의 아주 좋은 모델이 될 것이다. 바울 사도도 빌립보서 4:6에서 『**아무것도 염려하지 말고 다만 모든 일에 기도와 간구로 너희의 구하는 것들을 감사함으로 하나님께 알려지게 하라.**』**라**고 말하고 있으며, 또 데살로니가전서 5:17에서는 『**쉬지 말고 기도하라.**』**라**고 말하고 있다.

유대인에게 주는 마태복음의 내용이 교회에게 주는 바울 서신의 내용과 연관이 된다면 우리는 그 구절을 신약 성도들에게 가져올 수 있다. 그러나 주의해야 할 것은 "예수님의 이름"을 포함해야만 이 구절을 신약 성도들에게로 가져올 수 있다는 것이다. 바울 사도는 이것을 한 번 더 강조했다. 『**또 말에 있어서나 행실에 있어서나 무엇을 하든지 모든 것을 주 예수의 이름으로 하고 그를 통하여 하나님, 곧 아버지께 감사를 드리라**』(골 3:17).

7:12 그러므로 사람들이 너희에게 해주기를 바라는 것은 무엇이든지 모두 너희도 그들에게 그렇게 해주라. 이것이 율법이요, 선지서들이니라.

같은 구절이 누가복음 6:31에서 반복된다. 이 구절은 소위 말하는 "황금률"인데, 아마도 "율법이요, 선지서니라."라는 부분에서 상당한 권위를 얻었으리라 생각된다.

그러나 이 말씀이 그렇게 중요한 것도 사실이고, "황금률"이라고 할만큼 권위 있는 말씀인 것도 사실이지만, 이 말씀이 "교회 시대의 황금률"은 아니다. 오히려 이 구절이 황금률이라면 "왕국 시대의 황금률"이라고 말해야 하는데, 왜냐하면 뒷받침해 주는 성경이 "율법과 선지서"이기 때문이다.

율법과 선지서는 구약이다. 여기에는 "율법과 복음"이라든지 "선지서와 서신"라고 말하지 않고 다만 "율법과 선지서"라고만 제시된다. 누가복음 16:16에 따라서 "율법과 선지서들"은 침례인 요한까지다. 그래서 이 구절은 율법과 선지서를 믿는 사람에게 실제적으로 영향을 끼치는 "구약적인 의"에 대한 진술인데, 그러므로 이 구절은 신약 시대의 황금률이 아니라 구약과 연속선상에 있는 왕국 시대의 황금률이라고 말해야 한다. 오히려 신약의 그리스도인들은 자기에게 해 주기를 바라는 대로만 베푸는 것이 아니라. 자기에게 해 주지 않더라도 그리스도의 사랑으로 베푸는 것이 올바른 도리일 것이다. 주는 대로 받는다는 원리는 참으로 좋은 것이나, 주는 대로만 받아야 된다든지 받는 대로만 주어야 한다는 것은 좀 더 틀에 매인 율법에서나 있음직한 일이다. 이 구절은 결코 신약 그리스도인들의 대강령으로서 "황금률"이 될 수 없다.

7:13 너희는 좁은 문으로 들어가라. 이는 멸망으로 인도하는 문은 넓고

그 길이 광대하여 그리로 들어가는 사람이 많으나
14 생명으로 인도하는 문은 좁고 그 길이 협소하여 그것을 찾는 자가
적음이니라.

이 구절은 영적인 적용만 해보기로 하자. 진리의 문제에 있어서는 항상 다수가 옳은 것만은 아니다. 오히려 성경은 소수의 무리가 진리를 향해서 나아가고 있다고 말하고 있다. 인류 역사 전체를 통틀어 볼 때 다수가 진리를 향해서 나아간 시기는 교회 시대 중에 "필라델피아 교회 시대"라고 일컬어지는 A.D. 1500-1900년의 기간 외에는 없었다. 진리는 항상 소수의 무리가 지켰다. 이것은 성경이 증명하는 바이며, 또 교회사가 증명하는 것이다.

교회사 초기에는 다수인 로마제국이 소수의 그리스도인들을 박해했으며, 중세 시대에는 다수인 로마 교회가 성경대로 믿었던 소수의 "지하 교회"(왈덴시안, 보고마일, 폴리시안, 불가리안, 카타리 등)를 박해했고, 종교개혁 이후에야 하나님의 교회가 크게 성장했지만, 그때에도 국가-교회가 연합된 제도 교회는 "재침례교도" 등의 성경대로 믿었던 사람들을 박해하기도 했다. 또 20세기에 들어서는 누룩이 독버섯처럼 퍼져 다수의 교회들을 덮어 버렸고 성경대로 믿는 소수의 사람들은 "이단"으로 불리게 된다. 주님은 겉보기에는 성장한 것 같은, 대형 교회들로 충만한 20세기의 교회들에게 이렇게 말씀하시고 계신다. 『**네가 말하기를 "나는 부자며, 부요하고, 아무것도 부족한 것이 없다."고 하지만 너는 비참하고, 가련하며, 가난하고, 눈멀고, 헐벗은 것을 알지 못하는도다**』(계 3:17). 이때에도 진리는 소수에게 있는 것이다.

하지만 다수가 오류 편에 섰고 소수가 진리의 편에 섰다 하여서 진리를 찾기가 어려운 것은 결코 아니다. 그 길은 좁고 협소할 뿐이지 결코 어려운 것이 아니다. 주님은 하나님의 말씀으로 항상 진리를 말씀해 주시기 때문이다. 그러나 성경 변개자들의 "노력"으로 말미암아 이 진리는 찾기에 어렵게 되었다. 바로 영어 〈개역표준역본, RSV〉이 그 "노력"의 결과인데, 이 변개된 역본은 13절과 14절을 각각 다음과 같이 변개시켰다.

RSV : "EASY is the way that leadeth to destruction ... HARD is the way that leadeth unto life"(멸망으로 인도하는 길은 쉽고... 생명으로 인도하는 길은 어려우니라).

더구나 신약 교리로 볼 때 "생명으로 인도하는 길" 되신 분은 예수 그리스도이신데(요 14:6), 예수 그리스도께로 나아가는 것이 어렵다면 누가 그분께 나아갈 수 있으며, 값없이 와서 생명수를 마시라는 주님께 어떻게 가까이 갈 수 있겠는가? 비록 주님을 올바로 찾는 자는 적을지라도, 주님께 나아가는 길은 결코 어렵지 않다.

7:15 거짓 선지자들을 조심하라. 그들은 양의 옷을 입고 너희에게 나아오나 속은 약탈하는 이리들이라.

16 너희는 그들의 열매로 그들을 알게 되리니, 사람이 가시나무에서 포도를, 또 엉겅퀴에서 무화과를 거둘 수 있겠느냐?

17 이와 같이 좋은 나무마다 좋은 열매를 맺고, 나쁜 나무는 나쁜 열

매를 맺느니라.

18 좋은 나무가 나쁜 열매를 맺을 수 없으며, 나쁜 나무가 좋은 열매
를 맺을 수 없느니라.

19 좋은 열매를 맺지 못하는 나무마다 찍혀 불 속에 던져지리라.

20 그러므로 너희는 그들의 열매로 그들을 알게 되리라.

21 나에게 '주여, 주여.' 하고 부르는 자마다 다 천국에 들어가는 것이
아니요, 하늘에 계신 나의 아버지의 뜻을 행하는 자라야 되느니라.

22 그 날에 많은 사람들이 나에게 '주여, 주여, 우리가 주의 이름으로
예언하지 아니하였으며, 주의 이름으로 마귀들을 쫓아내지 아니하
였으며, 주의 이름으로 많은 경이로운 일들을 행하지 아니하였나
이까?'라고 말하리니,

23 그때 내가 그들에게 분명히 말하되 '나는 너희를 전혀 알지 못하
니, 너희 불법을 행하는 자들아, 내게서 떠나가라.'고 하리라.

왕국의 백성들이 하나님을 의지하고 그분께 필요한 것을 얻는 동안 거짓 선지자들은 그들을 미혹한다. 이 시대에도 마찬가지이지만, 이들 거짓 선지자들은 양의 옷을 입고 넓고 편한 길을 제시하여 왕국 백성들을 자기들과 같이 저주로 떨어지게 한다.

환란 시대의 사람들은 지금 교회 시대와 같지 않기에 믿음과 행위가 둘 다 있어야 구원을 받을 수 있는데, 사탄의 종들인 거짓 선지자들과 거짓 교사들은 이들을 미혹하여 구원을 위한 지속적인 행위를 못하게 하여 구원에서 떨어뜨리려 한다. 이들에 대한 경고는 베드로후서 2장에서 자세히 나타나 있다.

대환란 시대의 백성들은 이들의 미혹을 잘 피해야 한다. 그렇지 않고 넓은 길로 들어서 버리면 다시 회개하여 돌이킬 수 없기 때문이다. 『**한 번 깨우침을 받고 하늘의 선물을 맛보며, 성령의 동참자가 되고 하나님의 선한 말씀과 오는 세상의 능력을 맛본 자들이 만약 떨어져 나간다면 다시 새롭게 하여 회개시킬 수 없나니, 이는 그들이 스스로 하나님의 아들을 다시 십자가에 못박아 공개적으로 조롱함이라**』(히 6:4-6). 『**그들에게 자유를 약속하나 자기들 자신은 타락의 종들이니, 누구든지 정복을 당하면 그는 정복한 자의 종이 되는 것이라**』(벧후 2:19). 그래서 예수님께서는 이들의 미혹을 받을 만한 백성들에게 이들을 분별할 기준을 주신 것이다. 『**그러므로 너희는 그들의 열매로 그들을 알게 되리라**』(마 7:20).

본문을 통해서 우리는 이들의 모습을 자세히 알 수 있다.

1. 이들은 양의 옷을 입고 나아온다(15절). 종교적 위선자들이 자신을 위장하기 위해서 행하는 것은 항상 "순수함"으로 가장하는 것이다. 그들은 항상 인자하게 웃고, 항상 세계 평화를 말하며, 난민 구호를 외치고, 세계 화합을 이야기한다.

2. 그들은 하나님께 "주여, 주여" 하고 부르짖기도 한다(21절).

3. 그들은 주의 이름으로 예언할 수도 있다(22절).

4. 그들은 주의 이름으로 마귀들을 쫓아내기도 한다(22절).

5. 그들은 주의 이름으로 많은 경이로운 일들을 행한다(22절).

6. 그러나 이들의 실체는 이리들이며(15절), 나쁜 열매를 맺는 가시나무와 또 엉겅퀴이고(16,17절), "불법을 행하는 자들"이다(23절).

7. 그래서 이들의 마지막은 그날(재림의 날)에 불에 던져지는 것이다(19절).

우리가 여기서 알 수 있는 것은 결국은 멸망당할 거짓 선지자들도 우리에게 다가올 때는 아름답게 다가온다는 것이다. 이것은 사탄이 이 세상에 나타날 때 빛의 천사로 나타난다는 것을 이해한다면 더 명확해질 것이다(고후 11:14). 위선자는 자신의 실체를 숨긴다. 영적인 분별력이 없다면 참과 거짓을 구별할 수 없을 것이다.

이것은 비단 환란 시대와 왕국 시대뿐만 아니라 이 시대에도 똑같은 현상으로 나타난다. 모두가 그런 것은 아니지만 많은 거짓 교사들이 설교 강단에 서서 성도들을 미혹시킨다. 이런 현상은 어떤 어처구니없는 사이비 종교나 이단 교파에서 일어나고 있는 것이 아니다. 오히려 누구나 인정할 수 있는 "정상적인" 제도 교회들에서 일어날 수 있는 것이다. 기독교 윤리나 사상으로 복음을 가려 버리고, 후천년주의 무천년주의 등의 거짓된 종말론으로 예수 그리스도의 재림을 가려 버리며, 뉴에이지 운동을 거부한다고 하면서도 환경신학, 영성신학 등으로 예수 그리스도 없는 세계 평화를 이루려고 하는 모습들, 이 모든 일들이 그들의 "대부"인 로마 카톨릭 교황의 은밀한 조종 하에 움직이고 있는 거짓 교사들의 사역이다.

7:24 그러므로 누구든지 나의 이 말들을 듣고 행하는 사람은 자기 집을 반석 위에 지은 현명한 사람과 같다 하리니
25 비가 내리고 홍수가 나며 바람이 불어 그 집에 들이쳐도 무너지지 아니하는 것은 그 집이 반석 위에 세워졌음이요,
26 나의 이 말들을 듣고 행하지 않는 자는 누구나 자기 집을 모래 위에 지은 어리석은 사람과 같으리니

27 비가 내리고 홍수가 나며 바람이 불어 그 집에 들이치면 무너지되 그 무너짐이 극심하리라." 하시더라.

심판을 받고 안 받고의 차이는 "듣고 믿는 것"이 아니라 "듣고 행하는 것"에 있다. 여기서의 행위를 믿음의 행위니 어쩌니 하면서 "해석"하기 이전에 기록되어 있는 그대로 보자. 성경은 "믿고 행하는"이라고 말씀하고 계신다. 다시 말해서 여기에서 제시되고 있는 사람들은 "행위"로 구원받는 사람들이다. 그렇다면 분명 이 시대의 그리스도인들은 아니다.

여기서 듣고 행하는 사람은 "현명한 사람"이라고 칭해지는데, 마태복음 25:2에서는 현명한 다섯 처녀가 등장한다. 반석 위에 집을 지은 자와 신랑을 맞는 현명한 다섯 처녀는 같은 부류의 사람들임을 알 수 있다.

또한 각 절에서 나타나는 "집"이라는 말을 주목하라. 구약성경과 마태복음 전체에서 "집"은 "이스라엘의 집"을 말한다(마 12:43-47; 23:38). 그러므로 여기서 집을 짓는 두 종류의 사람은 이스라엘의 두 부류의 사람들을 말하는 것인데, 우리는 구약성경에서 모든 이스라엘이 구원을 받는 것이 아니라 이스라엘의 남는 자만 구원을 받는다는 말을 종종 듣는다(사 10:20-22; 11:11,16, 렘 23:3). 이는 이스라엘의 출애굽 당시 이집트를 나온 모든 백성이 카나안 땅에 들어간 것이 아니라, 많은 백성이 광야에서 죽고 일부만 들어간 것으로도 알 수 있다.

이 구절에서 심판은 "불"이 아니라 "물"이라는 사실을 이스라엘의 남는 자와 관련하여 주목하라. 『**그때 그 여인이 큰 독수리의 두 날개를 받았는데, 이는 그녀가 광야에 있는 자기 처소로 날아가서 그곳에서 그 뱀의 낯을 피하여 한 때와 두 때와 반 때를 부양받으려 함이더라. 그 뱀이 여인**

뒤에다 자기 입에서 물을 홍수같이 쏟아 그 여인을 홍수에 떠내려가게 하려 하되 그 땅이 그 여인을 도와 그 입을 벌려 용이 그 입에서 쏟은 홍수를 삼켜 버리더라. 그러자 그 용이 여인에게 분노하여 여인의 씨 가운데 남은 자들, 즉 하나님의 계명들을 지키며 예수 그리스도의 증거를 가진 자들과 싸우려고 나가더라』(계 12:14-17).

그러므로 본문에서 주님의 말을 듣고 행하는, 집을 반석 위에 지은 사람은 이스라엘의 "남은 자"(remnant)들로서, 요한계시록 12:17에서 "하나님의 계명을 지키며 예수 그리스도의 증거를 가진 자들"이고, 주님의 말을 들으나 행하지 않는, 모래 위에 집을 지은 사람은 유대인으로서 환란 때 끝까지 견디지 못하고 떨어져 나가는 사람을 말하는 것이다. 그리고 그들의 무너짐은 극심하다고 말하고 있다(마 7:27). 이스라엘의 "남은 자"들은 광야에서 하나님으로부터 특별하게 부양받으며, 출애굽 당시 만나를 먹었듯이 매일의 양식을 얻을 것이다(마 6:11). 그리고 그들은 구원받아 천년왕국을 상속받게 된다.

7:28 예수께서 이 말씀들을 마치시니 주의 교리에 백성들이 놀라더라.
29 이는 주께서 가르치시는 것이 권위 있는 분 같고 서기관들과 같지 아니하였기 때문이라.

여기에서 제시되는 서기관들은 바리새인들과 마찬가지로 "위선자"로 불리는 "거짓 선지자들"이다. 이들은 마태복음 23장에서 분명하게 "위선자"들이라고 제시되며, 앞으로 적그리스도의 치하에서 하나님의 백성들을 미혹하는 자들의 분명한 모형이 된다. 예수 그리스도께서는 바로 이런 자들을 경계하라고 말씀하시는 것이며, 참으로 신실한 주님으로서 자기 백성들을 구원하는 분이 되시는 것이다(마 1:21).

이렇게 해서 왕국의 법령인 산상설교는 막을 내린다. 설교하시는 주님의 말씀은 권위가 있었다. 29절에서 『**권위 있는 분 같고**』라는 말이 의미하는 것은 바로 "왕"이다. 어떤 권위 있는 선생의 말도 아니다. 어떤 권위 있는 학자의 말도 아니다. 전도서 8:4에는 『**왕의 말이 있는 곳에는 권위가 있나니...**』라고 말하고 있다. 마태복음 7:29이 말하고 있는 것은 바로 "왕"이다. 이 말은 청중들이 그를 왕으로 받아들이기에 전혀 무리가 없었다는 것을 의미한다. 마태복음 4:17에서 처음으로 주님께서 직접 "천국 복음"을 전파하신 이래로 그 천국 복음은 병 고침 등의 "표적"과 더불어서 계속 전파되었다(마 4:23,24). 이 표적은 그 전파하시는 분이 왕이라는 것을 증명하는 것인데, 그것으로 인해서 많은 청중들이 팔레스타인 지역 곳곳에서 모여들었다(마 4:25). 5장에서 7장까지의 산상설교는 이러한 청중들이 모여든 상태에서 이 천국 복음의 연속선상에서 이루어진 설교인데, 이 설교가 천국 복음의 핵심이고 또 이렇게 증거하신 분이 왕이라는 것을 청중들이 깨닫기 시작했다면 예수께선 그것에 대한 증거를 계속해서 청중들에게 보여 주셔야 했다. 그것은 바로 "표적"이다. 8장에서부터 구체적으로 나타나는 병 고침과 이적들은 왕을 기다리는 청중들에게 주님께서 보여 주시는 왕국의 표적이다.

마태복음 8장

위대한 왕국의 법령인 산상설교를 전파하시고 내려오신 예수님께는 많은 무리가 따랐다(마 8:1). 이들은 예수 그리스도의 설교 속에서 그분께서 권위 있는 분이라는 것을 느꼈다(마 7:29). 산상설교가 행해지기 직전에도 온 팔레스타인 땅에서 모여든 이들은(마 4:25) 이때에도 예수님을 따르며 그분의 권위 있는 설교에 따르는 표적을 기대했다. 비록 이들이 이때에 예수님을 그들의 왕으로 인식하지는 않았다 할지라도, 그분만이 자기들의 문제를 해결해 주실 수 있는 분이라고 생각했음이 틀림없다.

8:1 주께서 산에서 내려오시니 큰 무리가 주를 따르더라.

마태복음 5-7장의 내용은 누가복음 6:20-49의 내용과 유사하다. 그래서 사람들은 누가복음 6장의 내용이 산상설교일 것이라고 추측하며 공관복음들의 기록상의 차이 정도로 생각하곤 한다. 그러나 마태복음의 산상설교와 누가복음 6장의 설교는 분명히 다른 설교이다. 마태복음 5-7장은 산상설교라는 말 그대로 "산"에서 하신 설교이고, 이 사실은 마태복음 5:1의 『**산에 올라가 앉으시니**』와 8:1의 『**산에서 내려오시니**』가 증명한다. 반면에 누가복음 6장의 설교는 "평지"에서 하신 설교로, 이 사실은 누가복음 6:17의 『**평지에 서시니**』가 증명한다. 또 마태복음의 산상설교는 열두 제자들이 부름받기 전에 하신 설교이나(열두 제자는 마태복음 10장에서 부름받는다), 누가복음의 설교는 열두 제자의 부르심 이후에 하신 설교이다(눅 6:13-16).

8:2 그런데, 보라, 한 문둥병자가 나아와서 주께 경배드리며 말씀드리기를 "주여, 주께서 원하시면 저를 깨끗게 하실 수 있나이다."라고 하니,

3 예수께서 손을 내밀어 그를 만지며, 말씀하시기를 "내가 원하노니 깨끗해지라."고 하시니, 즉시 그의 문둥병이 깨끗해지더라.

4 또 예수께서 그에게 말씀하시기를 "주의하여 아무에게도 말하지 말고, 가서 네 몸을 제사장에게 보이며, 모세가 명한 예물을 드려 그들에게 증거를 삼으라."고 하시더라.

예수께서 산에서 내려오셨을 때 한 문둥병자가 그를 찾아간다. 그리고 예수께서는 그를 "만지며"(3절) 치료하신다. 이 사건은 당시 유대인의 율법으로 볼 때 상당히 충격적인 사건이었다. 왜냐하면 레위기 13-15장의 문둥병에 관한 규례에 따라서, 문둥병에 걸린 사람은 다른 사람들과 격리되어 살아야 하고(레 13:46), 아무도 그를 만져서는 안 된다. 제사장도 그를 만지면 안 되며 다만 "살펴보아야"만 하고(레 13:17,25,36,43), 문둥병자가 병이 나은 다음에 그를 깨끗하게 하기 위해서 속건제물의 피를 가지고서야 그를 만질 수 있었다(레 14:14).

더구나 문둥병은 죄의 한 유형으로서, 죄와 연관하여 설명할 수 있는 병이다(레 13-15장, 민 12:12).

1. 문둥병은 하나님만이 고치실 수 있는 병인데, 죄도 하나님께서 만이 고치실 수 있다.

2. 문둥병은 체크하지 않으면 번지기 때문에 발병한 지 칠 일 만에 체크하여 제사장에게 보여야 하는데, 죄도 지속적으로 점검하지 않으면 번진다. 죄는 지을 때마다 바로 자백해서 해결 봐야 한다.

3. 문둥병은 집과 의복에도 감염될 수 있는 병이다. 죄는 자신뿐만 아니라, 주위의 사람들에게 전염될 수 있다.

4. 문둥병을 깨끗게 하기 위해서는 피의 제사가 요구되는데, 죄를 해결하기 위해서도 반드시 피의 속죄가 필요하다(구약 시대에는 동물의 피로, 신약 시대에는 예수 그리스도의 단번 속죄의 피로). 그러므로 문둥병자는 죄인으로 간주된다.

예수님께서는 피 없이 문둥병자를 만지심으로 율법을 깨뜨린 것처럼 보이지만, 이것은 예수 그리스도께서 십자가에서 피 흘림으로 죄를 씻는다는 사건의 모형으로 제공되는 것이다. 주님은 우리의 대제사장으로서(히 3:1) 죄의 문둥병을 치유하신다.

『**모세가 명한 예물**』(4절)은 레위기 14:19-24에 제시된다.

『주여, 주께서 원하시면 저를 깨끗게 하실 수 있나이다』(2절).

문둥병자의 말을 주목하라. **『주여, 주께서 원하시면...』** 여기서 문둥병자의 고백은 **『주여』**이다. 신약에서 『주』(Lord)라는 말이 사람들의 고백에 의해서 불리는 것은 마태복음 8:2, 이곳이 처음이다. 적어도 성경의 순서로는 그렇다. 이것은 매우 중요한 의미를 갖는데, 처음으로 **『주』**를 고백한 사람이 문둥병자, 즉 죄인이라면, 그의 지상 생애의 마지막에 『주』를 고백한 사람도 십자가 위의 강도, 즉 죄인이기 때문이다(눅 24:42). 이것은 "그가 범죄자들과 더불어 헤아림을 받았다"고 한 성경을 이루신 것이다(사 53:12, 막 15:28, 눅 22:37).

예수 그리스도를 **『주』**라고 부르는 의미는 5-13절에 기록된 백부장의 사건에서 좀 더 명확해진다.

8:5 예수께서 카퍼나움으로 들어가시니 한 백부장이 그에게 나아와 간구하여

6 말씀드리기를 "주여, 내 종이 중풍으로 집에 누워 몹시 고통 중에 있나이다."라고 하자

7 예수께서 그에게 말씀하시기를 "내가 가서 그를 고쳐 주리라."고 하시니

8 그 백부장이 대답하여 말씀드리기를 "주여, 주께서 내 지붕 아래로 오시는 것을 내가 감당할 수 없사오니 오직 말씀만 하옵소서. 그러면 내 종이 나을 것이옵니다.

9 나도 권위 아래 있는 사람이요 내 수하에도 병사들이 있어서 내가

이 사람더러 '가라.' 하면 가고, 또 저 사람더러 '오라.' 하면 오나이
다. 또 내 종더러 '이것을 하라.' 하면 그렇게 하나이다."라고 하니,
10 예수께서 이 말을 들으시고 놀라워하시며 따르는 사람들에게 말씀
하시기를 "진실로 내가 너희에게 말하노니, 이스라엘에서는 이처럼
큰 믿음을 본 적이 없나니, 결코 없도다.
11 또 내가 너희에게 말하노니, 많은 사람들이 동과 서에서 와서 아브
라함과 이삭과 야곱과 더불어 천국에 앉으려니와
12 그 왕국의 자녀들은 바깥 흑암에 던져져서 거기에서 울며 이를 갈
고 있을 것이라." 하시고
13 예수께서 그 백부장에게 말씀하시기를 "가라, 네가 믿은 대로 네게
이루어지리라."고 하시니, 그의 종이 바로 그 시각에 나으니라.

성경에는 여러 명의 "백부장"들이 등장하는데, 그들은 나름대로 어떠한 신성한 증거들을 가지고 있다.

1. 십자가에서 그리스도의 의와 신성을 증거한 백부장(마 27:54, 눅 23:47)

2. 처음으로 이방인들에게 복음의 메시지가 전파되었을 때, 시몬 베드로에게 이방인으로서 복음을 들은 특권을 가진 백부장(행 10장)

3. 바울이 심문받을 때 그를 풀어 주게 한 백부장(행 22:26)

4. 종의 중풍병을 고치러 온 백부장(마 5:8-13)

『주여, 내 종이 중풍으로 집에 누워 몹시 고통 중에 있나이다』(6절).

성경에는 질병의 이름이 세부적으로 기록되어 있다. 그중에는 마귀 들린 것도 또 하나의 분류가 된다. 어떤 사람들은 모든 질병이 마귀에 의한 것이라고 하나, 마귀 들린 것도 질병의 하나로 분류되는 것을 볼 때, 어떤 것은 마귀가 유발한 것이고 어떤 것은 마귀와 관계없는 것임을 알 수 있다(마 4:24).

『**나도 권위 아래 있는 사람이요 내 수하에도 병사들이 있어서 내가 이 사람더러 '가라.' 하면 가고, 또 저 사람더러 '오라.' 하면 오나이다. 또 내 종더러 '이것을 하라.' 하면 그렇게 하나이다**』(9절).

이 백부장은 자기 종의 병을 고치기 위해서 예수께 간구할 때, 예수님의 권위를 군대의 위계질서 속에서의 지휘관의 권위로 인정했다. 그의 말은 다음과 같은 것이었다. "만약 내가 내 상관에게 복종해야 하고, 내 아래 사람이 나에게 복종해야 한다면, 당신은 당신의 아래에 있는 모든 것을 움직일 수 있습니다. 왜냐하면 당신은 『**주**』이시기 때문입니다."

이 백부장은 예수 그리스도를 "질병에 대해서도" 주인이라고 생각한 것이다. 주인은 종에 대해서 명령할 권한을 갖고 있다. 앞의 문둥병자나 여기의 백부장이나 예수님을 "주인"으로 고백했다. 이때 예수께서는 이 백부장의 말을 "믿음"으로 인정하셨고, 곧바로 능력을 행하셨다.

이 백부장의 믿음은 불과 몇 주 전에 나사렛 회당에서 예수께서 자신의 그리스도이심을 증거하실 때 주님을 벼랑에서 밀어뜨려 죽이려 했던, 회당에 있던 유대인 불신자들과 뚜렷이 대조된다(눅 4:16-30). 예수님께서는 나사렛 회당에서 유대인들이 자신을 믿지 못함을 아시고 엘리야의 이야기와 문둥병자 나아만에 대해서 말씀하셨는데, 문둥병자 나아만에 관한 말씀을 하시자마자 그들은 분개했다. 왜냐하면 문둥병은 하나님만이 고칠 수 있다고 그들은 믿었기 때문이다. 자신을 문둥병을 고치시는 하나님과 동일시하는 예수 그리스도의 말씀을 듣고 분개한 것이다.

그러나 산상설교를 마치신 예수께서는 여기서 자신에게 다가온 문둥병자를 고치심으로써 자신의 말에 대해 증거를 보이셨고, 자신을 거부한 유대인들보다 훨씬 큰 믿음을 가진 백부장에게 자신의 능력을 베푸신 것이다.

예수님께서는 13절에서 『**네가 믿은 대로**』라고 말씀하시며 진정한 믿음을 존중하신다. 백부장은 여기서 주님이 고치실 것을 분명하게 믿었다. 그 믿음은 현대의 많은 사람들처럼 "추측"하는 것이 아니었다. 오늘날에는 믿음을 빙자한 많은 거짓 "믿음"들이 있다. 많은 부흥사들이 "믿음의 치유," "믿음의 기적," "믿기만 하라" 등을 외치며 사람들로 하여금 "뭔가 있는 것 같다"는 식의 추측을 불러일으키곤 한다. 사람들은 하나님께서 요구하지 않으신 것을 "믿으며" 하나님께서 그 "믿음"에 축복해 주시기를 기대한다.

또 믿음을 빙자한 속임수 중의 가장 큰 것을 말하자면 로마카톨릭의 "영성체"(미사)를 들 수 있겠다. 영성체를 인도하는 신부는 믿음을 가지라고 요구한다. 그 "믿음"이란 빵과 포도주가 실제의 그리스도의 몸과 피로 변한다는 것을 믿는 것이다. 그러나 하나님은 이런 믿음을 가지라고 그에게 요구한 적이 없다.

그들은 이러한 "종교"의 이름으로 상식을 파괴해 버리는데, 그것을 종교적인 "성경적" 믿음이라고 말하며, 그들도 역시 하나님께서 그 "믿음"에 축복해 주시기를 기대한다. 그러나 오히려 성경에서는 구약 이전에도 실제적인 피를 먹는 것은 금해졌고(창 9:1-6), 구약 기간에도 그러했으며(레

17), 신약 아래에서도 금해졌다(행 15). 진정한 "믿음"이란 하나님의 계시의 조건하에서(correct bible), 그가 계시해 주시는 방식대로(Bible believing), 그가 계시하시는 것(bible)을 믿는 것이다. 본문에서 백부장은 이러한 종류의 믿음을 보였다.

『또 내가 너희에게 말하노니, 많은 사람들이 동과 서에서 와서 아브라함과 이삭과 야곱과 더불어 천국에 앉으려니와 그 왕국의 자녀들은 바깥 흑암에 던져져서 거기에서 울며 이를 갈고 있을 것이라』(11,12절).

유대인들보다 더 큰 믿음을 소유한 이방인 백부장을 보시고 예수님은 "동과 서에서 오는 많은 사람들," 즉 이방인들이 다가오는 왕국의 축복을 가질 것이라는 사실을 언급하신다. 왕국의 축복은 일차적으로 유대인에게 약속된 것이었다. 그러나 이 축복은 이방인들도 참여하도록 기회가 주어졌다. 이 말은 이방인들이 천년왕국에 참여할 것이라는 말이다.

마태는 바울에 의해 계시될 교회, 즉 유대인과 이방인이 하나가 되어 그리스도의 몸을 이룰 것이라는 사실을 알지 못했고, 단지 유대인들에게 주어진 실제적이고, 가시적이며, 땅에 속한 나라인 천국에 대해서만 알리고 있다. 그러나 마태복음에서는 이방인에 관한 축복의 말씀들도 종종 등장한다.

마태복음에서 이방인들이 왕국의 축복에 참여하는 모습은 다음과 같다.

1. 유대인들을 통하여 이방인들이 축복을 받는 모습(창 12:3), 즉 왕국 백성으로 이방인들이 참여함.

2. 이방인들이 믿음을 통하여 아브라함의 자손이 되는 모습, 즉 영적인

왕국에 참여함. 이것은 마태에게는 계시되지 않은 것으로 이 책에서는 다만 암시될 뿐이며, 이러한 암시되는 사건들은 마태복음 1장의 예수님의 계보에 등장하는 이방 여인들과 2장에서 동방에서 온 현자들, 그리고 8장에서 백부장이 축복을 받는 사건 등이다.

여기서의 "왕국의 자녀들"은 유대인들이다. 만약 "천국"과 "하나님의 나라"를 구별하지 못하고 "천국"과 "교회"를 동일시하여 "왕국의 자녀들"을 "그리스도인"이라고 말한다면, 그리스도인들이 "바깥 흑암"에 떨어질 것이라는 말이 된다. 그러나 그리스도인들은 어떠한 상황에서도 지옥에 떨어지지 않는다(롬 8:35-39). 거듭난 그리스도인들은 예수 그리스도의 몸의 일부이기 때문이다(엡 5:23).

이 말씀은 유대인들이 떨어져 나가고 이방인들이 그 축복을 차지할 것이라는 사실을 말하는 것이다. 여기서 주의할 것은 유대인 모두가 떨어져나가고 이방인들이 그 자리를 모두 차지한다는 뜻이 아니다. 유대인들은 단지 "일부"만이 떨어져 나갈 것이며, 그들은 다시 민족적으로 회개하고 주님께로 돌아올 것이다. 그리고 그 왕국은 아브라함과 다윗에게 주어졌던 언약대로 다시 유대인에게 주어질 것이다(창 15:7, 삼하 7:12-16).

8:14 예수께서 베드로의 집에 오셔서 그의 아내의 모친이 열병으로 누워 있는 것을 보시고

15 그 여인의 손을 만지시니, 열병이 떠나가고 여인이 일어나 그들을 섬기더라.

이번에는 예수님께서 열병을 치료하신다. 여기에서 "그의 아내의 모친"이라는 말을 주목하자. 로마카톨릭은 베드로의 교황권의 정통성을 주장하기 위해서 베드로가 결혼하지 않았다고 말하며, 이 구절을 "그의 장모"(mother-in-law)라고 변개시켰다. 우리말에 있어서 "장모"라는 말은 "아내의 모친"이라는 말이 되어 별 무리가 없지만, 로마카톨릭은 영어의 "mother-in-law"라는 말을 "대모"(代母), 즉 천주교에서 세례받을 때 영적인 어머니라는 의미로 인식시킨다. 오직 〈킹제임스성경〉만이 "그의 아내의 모친"(his wife's mother)이라고 정확히 번역하여 베드로가 결혼하였다는 사실을 분명하게 드러내 준다. 그가 결혼했다는 사실은 고린도전서 9:5에서 베드로가 "자매 된 아내"를 동반했다는 말씀에서도 증명된다.

『**그 여인의 손을 만지시니**』(15절)라는 구절은 많은 신유주의자들이 흉내 내는 구절이다. 그들은 마가복음 16:18의 『**병자에게 안수하면 그들이 회복되리라.**』**라**는 말씀과도 연관시켜 병 고침에 있어서 어떤 "접촉점"을 찾으려고 한다. 마치 그들의 손을 통해 능력이 나가는 것으로 착각하는 것인데, 우리는 종종 "아픈 곳에 손을 얹으십시오."라는 말을 들을 수 있다. 이것은 『**예수 그리스도는 어제나 오늘이나 영원토록 동일하시니라.**』**라**는 히브리서 13:8의 말씀에 근거해, 2,000년 전에 주님이 하셨던 그대로 오늘날도 동일하게 성령께서 역사하신다는 "믿음" 때문이다.

그러나 문제는, 예수 그리스도께서는 분명 영원히 동일하신 분이지만, 그분은 모든 면에 있어서 동일하신 것은 아니라는 사실이다.

1. 예수님은 위치에 있어서 동일하지 않으시다. 예수님은 원래 아버지와 함께 영광 가운데 계셨으나, 어린아이의 모습이 되셨다가, 고통받는

모습과 십자가에서 처형당하신 처참한 모습이 되셨고, 이제 다시 영광스런 모습으로 오실 것이다.

2. 예수님은 사역에 있어서 동일하지 않으시다. 예수님은 과거엔 육체를 입고 이 땅 위에 선지자로 계셨고(행 3:22), 지금은 대제사장으로 하늘에 계시며(히 4:14), 앞으로 왕으로 오실 것이다(계 19:16).

8:16 저녁이 되었을 때에, 사람들이 주께로 마귀들에게 사로잡힌 자들을 많이 데려왔으니 주께서 주의 말씀으로 그 영들을 쫓아내시고 병든 자들을 모두 고쳐 주시니라.

17 그렇게 하심은 선지자 이사야를 통하여 말씀하신 것을 이루려 하심이니, 말씀하시기를 "그가 친히 우리의 연약함을 맡으시고 우리의 질병을 짊어지셨느니라."고 하셨더라.

문둥병의 치유(1-4절), 중풍병의 치유(5-13절), 열병의 치유(14,15절), 그리고 마귀들을 쫓아내심과 여러 질병들에 대한 치유(16절), 이러한 이적들이 산상설교 직후에 나온 것은 왕국 복음의 표적이라는 면에서 중요한 의미를 가진다. 왕국 복음을 전파하시는 가운데 산상설교를 통해서 왕국의 법령을 말씀하신 주님께서는 자신이 그 왕이라는 것을 표적을 통해서 증명하시는 것이다.

질병의 치유가 왕의 표적이라는 것은 구약에서 "주의 날"에 대해 예언한 것이 성취되는 것으로 알 수 있다(겔 34:16, 사 33:24; 35:6). 메시아로 오시는 예수 그리스도는 병든 자들을 치유하실 것이다. 『**그 거민은 "나**

는 병들었다."라고 말하지 아니하리니 거기에 거하는 백성은 죄악이 사해지리라』(사 33:24). 『**그때에 절름발이가 사슴처럼 뛰고 벙어리의 혀는 노래하리라. 광야에는 물이 솟아나오며 사막에는 시내가 흐르리라**』(사 35:6).

이것은 천년왕국에서 병든 자의 치유를 말한다. 더욱이 질병 치유가 예수님의 메시아 되심과 관련이 있는 것은 질병 치유가 이스라엘 민족의 역사와 직접적으로 관련이 있기 때문이다. 치유에 관한 어떠한 기적도 모세가 출애굽을 위임받을 출애굽기 2-4장까지는 나타나지 않는다.

왕국 복음과 치유에 대해서는 마태복음에서 지속적으로 강조하게 된다. 여기서 우리가 분명히 알 것은 성경에서 치유(healing)라는 것은 일차적으로 유대인에게 한정되어 있다는 것이다. 신약성경에서는 유대인에게 메시아 되신 예수 그리스도를 전하기 위해서 이 치유가 사용되었다. 사도행전이라는 과도기적인 책에서 사도 바울이 이방인들에게도 치유를 행하지만 이것은 사도행전이 끝나가면서 점차로 사라져 간다는 것을 알 수 있다.

물론 교회 시대에도 하나님의 치유(Divine healing)는 가능하다. 사람이 고칠 수 없는 질병을 하나님께서는 고치신다. 때때로 믿음의 기도는 능력을 발휘한다. 하지만 하나님께서는 누구에게도 왕국 복음의 표적으로서의 치유를 허락하신 것만큼 은사를 주시지는 않는다. 누군가가 병을 고치면서 "복음의 표적"으로서 그것을 제시한다면 그는 잘못된 것이다. 왜냐하면 "복음의 표적"을 말할 때 그것은 "왕국 복음"일 뿐이기 때문이다. 그러므로 현대의 많은 은사주의자들의 치유는 잘못되었다. 그들은 왕국 복음과 은혜의 복음을 구별하지 못할 뿐 아니라 심지어 그 영광을 자기에게 돌리기도 한다.

왕국 복음에서나 은혜의 복음에서나 "치유"라는 것은 하나님의 능력으로서의 치유를 말한다. 하나님께서는 치유가 복음의 표적으로 제시되지 않는 이 시대를 위해서 "의학"이라는 좋은 도구를 주셨다. 이것이 하나님의 뜻과 반대되게 행해지지만 않는다면 우리는 하나님이 주신 지혜의 산물인 의학의 도구로 병을 고칠 수 있다. 그러나 의학의 도구로 병을 고치는 것을 결코 "치유"(healing)라고 불러서는 안 된다. 왜냐하면 성경에서 치유라는 말은 항상 하나님의 직접적인 능력으로 치유하는 "신적 치유"(divine healing, 일명 "신유"라고도 함)를 의미하기 때문이다. 의학이라는 도구로 복음을 전하는 것은 달란트를 활용하는 차원으로서 매우 긍정적인 일이지만 복음 전파의 표적으로서 치유를 행하는 것은 비성경적이다. 더구나 의학적인 치료를 가지고 예수님께서 행하셨던 왕국 복음의 치유와 연관시켜서 말한다는 것은 더더욱 비성경적이다. 은혜의 복음을 전파하는 데 있어 의학을 사용했다는 사례는 신약성경에서 찾아볼 수 없다. 있다면 바울이 의사인 누가와 동행했다는 것만이 제시될 뿐이다.

복음을 전파하는 도구로서 치유가 사용된 것은 왕국 복음의 표적일 뿐이다. 그것은 누누이 강조했지만 예수님께서 예언된 메시아시라는 사실을 구약성경의 치유에 대한 이스라엘의 민족적인 약속과 예언에 근거해서, 그 치유의 표적을 행하시는 분이 이스라엘의 왕이라는 사실을 증명하기 위한 도구였다.

치유와 관련해서 신유주의자들의 오류 중 하나는 그들이 "치유받는 사람의 믿음"을 강조한다는 것이다. 그러나 예수 그리스도의 병 고치는 사역에는 실패가 없다. 시몬 베드로도 "치유될 믿음"과 관계없이 병자들을 고쳤다(행 5:16). 몇 가지 예외는 있다. 마태복음 17:17과 사도행전 14:9

등은 믿음을 강조한 예외인데, 사람들은 이 구절들을 근거해서 자신들이 병을 고치지 못할 때는 그 안에 믿음이 없기 때문이라고 핑계를 댄다. 그러나 예수님께서는 믿음과 관계없이 많은 사람들을 치유하셨으며, 오히려 마가복음 2:5에서는 한 병자가 자기의 믿음이 아니라 타인들의 믿음으로 치유받기도 한다.

『그가 친히 우리의 연약함을 맡으시고 우리의 질병을 짊어지셨느니라』 (17절).

이 말씀은 이사야 53:4의 인용이다. 그런데 이사야의 본문을 보면 이 말씀이 약간 다르게 기록되어 있는 것을 볼 수 있다.

이사야 53:4, 『**실로 그가 우리의 질고**[griefs]**를 지고 우리의 슬픔**[sorrows]**을 지었는데도...**』

마태복음 8:17, 『**그가 친히 우리의 연약함**[infirmities]**을 맡으시고 우리의 질병**[sicknesses]**을 짊어지셨느니라.**』

이사야의 "질고"가 마태복음에서 "연약함"으로 바뀌었고, 이사야에서 "슬픔"이 마태복음에서 "질병"으로 바뀌었다. 이사야 53장은 예수 그리스도의 속죄제물로서의 죽음에 관한 것으로, "질고와 슬픔"을 말하고 있는 이 구절은 예수님의 속죄 사역에 관한 구절이다. 그러나 마태복음에서는 이 구절이 "치유"에 관한 구절로 바뀌었다. 비평적인 학자들은 이것을 보고 예수님께서 "70인역"을 인용했다고도 한다. 그러나 저자가 자기의 작품을 인용할 때 자유롭게 인용하는 것은 일반적인 문필적 요소이다. 예수님 자신의 영이신 성령님은 성경의 저자이신데, 주님은 주님 자신이 쓰신 원래의 의도를 아신다. 만약 주님께서 인용을 조금 다르게 하셨다면, 일부러 의도하신 바를 나타내시기 위함이다. 마태복음에서 성령님께서는 이사야 본문의 제2의 의미를 주신다.

이것들은 서로 모순되지 않는다. 이 구절은 "치유"가 "속죄" 안에 포함되어 있음을 말하는 것이다. 다시 말해서 치유는 속죄의 일부분이라는 것이다. 이 말은 은사주의자들이 오해하고 있는 것처럼 속죄받은 성도는 치유도 함께 받았다는 뜻이 아니다. 많은 은사주의자들은 예수께서 속죄 사역을 이루셨으므로 우리의 질병도 믿음과 기도로 고칠 수 있다고 말한다. 이에 반대하여 근본주의자들은 속죄받은 성도들도 모든 질병을 믿음으로 치유받는 것은 아니라는 사실에 입각하여, 치유는 속죄 사역에 포함되어 있지 않다고 말한다. 물론 속죄받은 성도들이 모든 질병을 기도와 믿음으로 치유받는 것은 아니다. 어떤 병은 자연적인 병으로 병원에 가야 하고, 어떤 병은 마귀에게 사로잡힌 것이어서 주님께만 의지해야 한다. 그렇다고 이러한 사실들이, "치유는 속죄 안에 포함되어 있지 않다"라고 말할 만한 것은 못 된다.

치유는 분명히 속죄 안에 포함되어 있다. 주님은 단지 죄만을 위해서 죽지 않으셨고, 죄의 결과인 질병과 가난과 잔인함과, 저주와, 파괴와, 모든 육체적인 장애와, 모든 자연과 동물세계에 놓인 저주를 위해서도 죽으셨다(롬 8:20-23). 그러므로 그의 속죄하시고 구속하심은 인간의 죄 뿐만 아니라 죄의 결과로 파생된 모든 문제들에 대한 해결책이다. 그러나 문제는 지금 우리가 "모든 면에서" 속죄받은 것은 아니라는 사실이다. 이 모든 문제는 재림 때에 회복되어질 것이다. 우리는 지금 이 시대에 모든 자연 만물이 회복되었다고 말할 수 없다. 자연계는 천년왕국 때에 회복될 것이다. 우리의 혼이 죄에 대하여는 구속받았지만 우리의 몸은 아직 구속받지 않았다. 우리의 몸은 휴거 때에 구속될 것이다(롬 8:23). 결국 치유는 속죄 안에 포함되어 있지만, 우리와 모든 피조물이 아직 완전히 구속되지 않았기에 속죄에 포함된 일부분만이 우리에게 확실하게 적용된다는 것이며, 그렇기 때문에 속죄받은 성도도 그 속죄로 인해 질병에게서 완전히 해방되는 것은 아니라는 것이다. 하나님께서는 우리를 고치기도 하시며(딤전 5:23, 사 38:21, 행 3:7), 또 질병 가운데 있게도 하신다(딤후 4:20, 고후 12:5-8). 그러나 치유는 여전히 속죄 안에 있으며, 하나님께서는 여전히 이루어지고 있는 모든 치유의 창시자이시다.

8:18 이제 예수께서 자기를 에워싼 큰 무리를 보시고 건너편으로 가자고 명하시더라.

19 어떤 서기관이 나아와서 주께 말씀드리기를 "선생님, 선생님께서 어디로 가시든지 내가 따르겠나이다." 라고 하니

20 예수께서 그에게 말씀하시기를 "여우들도 굴이 있고 공중의 새들도 보금자리가 있지만, 인자는 자기 머리 둘 곳조차 없노라."고 하시니라.

21 그의 제자들 가운데 한 사람이 주께 말씀드리기를 "주여, 나로 먼저 가서 내 아버지를 장사지내게 하옵소서."라고 하니

22 예수께서 그에게 말씀하시기를 "나를 따르라. 그리고 죽은 자들로 그들의 죽은 자를 장사지내게 하라."고 하시니라.

예수님께서는 지상 사역 동안에 기도하시기 위해, 쉬시기 위해, 또는 혼자 있으시려고 큰 군중들로부터 종종 떨어져 계셨다(마 14:13, 막 1:45; 3:9, 눅 6:12). 주님은 비록 그들에게 연민을 가지셨고 그들을 고치셨으나, 때때로 그들로부터 떨어져 계셔야 할 필요를 느끼셨다(요 6:15).

예수님께서는 혼자 계셔야 했다. 주님께 나아온 서기관은 진지하게 물었지만, 그는 다른 서기관들과 마찬가지로 앞일을 내다볼 수 없었다. 『**선생님, 선생님께서 어디로 가시든지 내가 따르겠나이다.**』라고 한 말은 단지 말하는 것에 불과했다. 베드로도 이러한 고백을 했다(눅 22:33). 그러나 실행하는 것은 말하는 것과 다른 문제였다(눅 22:46).

본문에서 볼 때, 그리스도를 따른다는 것은 문 밖에서나 맨땅 위에서라도 잘 수 있어야 한다는 것을 의미한다. 그러나 그들은 그렇게 하지 못했다. 그래서 예수님은 혼자 계셔야 했다. 요한복음 7:53-8:1은 이것을 잘 설명해 준다. 『**그리하여 각자 자기 집으로 돌아가더라. 예수께서는 올리브 산으로 가시니라**』(요 7:53-8:1). 예수님께선 이렇게 되실 줄 미리 아시고 말씀하신 것이다. 예수님께선 때때로 들어가서 주무실 집이 없었다.

『**여우들도... 공중의 새들도**』(20절).

이들은 성경에서 마귀들이나 그들의 세력들을 말할 때 언급되는 말이다(솔 2:15, 눅 13:32, 계 18:2, 마 13:4). 그러므로 이 구절은 서기관들을 비난하시는 강력한 아이러니와 풍자이다. 마귀와 그의 세력들은 이 땅 위에서 그들의 육체적인 안락에 관해서는 하나님의 자녀들보다 더 잘 돌보아진다(고후 6:3-10).

『"주여, 나로 먼저 가서 내 아버지를 장사지내게 하옵소서."라고 하니 예수께서 그에게 말씀하시기를 "나를 따르라. 그리고 죽은 자들로 그들의 죽은 자를 장사지내게 하라."고 하시니라』(21,22절).

잘못 이해하면 예수님의 이 대답은 매우 잔인하다. 이 제자는 참으로 진지하게 물었으나 예수님께선 잔인할 정도로 요구하신 것처럼 보인다. 그러나 의미하고 있는 뜻은 누가복음 9:60에서 제시된 대로 **『너는 가서 하나님의 나라를 전파하라.』**이다. 다시 말해서 예수 그리스도의 지상 사역 기간 동안에 복음을 전파하는 일은 친지들을 장사지내는 것보다 더 중요한 일이라는 것이다.

물론 이 구절은 영적인 일이 육신적인 일보다 앞선다는 일반적인 영적 원리를 가르친다. 하나님의 일에 부름받은 사람은 어떠한 육신적인 일보다도 하나님의 일을 앞에 놓아야 한다. 쟁기를 손에 잡고 뒤돌아보는 자는 하나님의 나라에 합당치 않다(눅 9:62). 우리가 예수 그리스도를 따르려 한다면, 세상은 우리를 향해 "독단주의자, 편협한 사람, 분리주의자, 분파주의자, 혼란(분쟁)케 하는 자(troublemaker)" 등으로 부를 것이다. 그들은 오직 세상과 타협하는 교회만을 좋아한다.

22절에서 예수께서 살아 있는 사람을 "죽었다"고 표현하신 것은 바울서신에서의 교리이기도 하다(엡 2:1-3, 딤전 5:6). 그리고 그것은 "새로운 출생"(거듭남)의 필요성과 관계된다(엡 5:14).

8:23 또 주께서 배에 오르시니 제자들이 주를 따르더라.

24 그런데, 보라, 바다에 큰 폭풍우가 일어나 그 배가 파도에 덮였으
나 주께서는 주무시고 계신지라,
25 제자들이 그에게 다가와서 깨우며, 말씀드리기를 "주여, 우리를 구
하여 주옵소서. 우리가 죽게 되었나이다."라고 하니
26 주께서 그들에게 말씀하시기를 "오 너희 믿음이 적은 자들아, 어찌
하여 두려워하느냐?" 하시고 일어나서 바람과 바다를 꾸짖으시니
아주 조용해지더라.
27 그 사람들이 놀라서 말하기를 "이분이 도대체 누구시기에 바람과
바다까지도 그에게 복종하는가!"라고 하더라.

질병을 치유하신 예수 그리스도는 이제 자연에 대해서도 권위를 행사하신다. 자연에 대해 권세를 행사하신 사건은 여기서 처음으로 등장하는데, 모든 이적 중에 자연에 대해 권세를 행사하시는 이적은 특별히 그분이 "하나님의 아들"임을 나타내는 이적이다(마 14:33). 제자들이 "이분이 도대체 누구시기에"라고 의아해했던 그분이 바로 만물을 창조하신 하나님이시라는 것이다. 성경이 과학적임을 믿지 않는 자유주의자들과 성경을 은유적으로 풀어서 나름대로의 "의미"만을 찾으려고 하는 사람들이 많지만, 성경은 분명히 말씀한다. 『**일어나서 바람과 바다를 꾸짖으시니 아주 조용해지더라**』(26절). 그분은 자연에 대해서도 『**주**』(Lord)이시며 "왕"이시기 때문이다.

본문에서 받을 만한 영적인 교훈은 충분하다. 성도들이 살아가는 세상은 흔히 바다로 비유된다. 그것도 풍랑이 이는 바다이다. 우리 주님께서 우리 안에 계시는데 우리는 제자들처럼 두려워한다. 이때 우리는 믿음으로 주님께 구해야 한다. 주님께서는 우리를 도와주실 것이며, 이 험한 풍랑 이는 바다 같은 세상을 능히 헤쳐 나갈 힘을 주실 것이다. 그리고 이 바다를 다 지나면 저 소망의 나라에 이를 것이다.

8:28 주께서 건너편 겔게사인들의 지방에 가시니, 마귀들에게 사로잡힌 두 사람이 무덤에서 나와 주를 만났는데 몹시 사나워 아무도 그 길을 통과할 수 없더라.

29 그런데, 보라, 그들이 부르짖어 말하기를 "하나님의 아들 예수여, 우리가 당신과 무슨 상관이 있나이까? 당신은 때가 되기 전에 우리를 괴롭히려고 여기에 오셨나이까?"라고 하더라.

30 그들로부터 상당히 먼 곳에 많은 돼지떼가 먹고 있는지라

31 그 마귀들이 주께 간청하여 말씀드리기를 "당신이 우리를 쫓아내시려거든 우리로 돼지떼에게 들어가게 하소서." 하니

32 주께서 그들에게 말씀하시기를 "가라."고 하시자, 그들이 나와 돼지떼 안으로 들어가니, 보라, 온 돼지떼가 산비탈을 거세게 달려 내려가 바다로 들어가서 물에 빠져 죽더라.

33 그러자 돼지떼를 치던 사람들이 달아나, 성읍으로 들어가서 모든 일과 마귀에게 사로잡힌 자들에게 일어난 것을 말하니라.

34 보라, 온 성읍이 예수를 만나러 나와 그를 보고 그들의 지경에서 떠나 달라고 간청하더라.

이 사건은 마가복음 5:1-20과 동일한 사건인데, 여기서 『**겔게사인들**』(Gergecenes)의 지방이라고 되어 있는 것이 마가복음 5:1에는 『**가다라**

인들』(Gadarenes)의 지방이라고 기록되어 있다. 이것은 그 지방이 두 이름으로 불리고 있었다는 것을 제시해 준다.

성경에서 인명이나 지명은 여러 다른 이름으로 불리기도 한다. 한 예로 갈릴리 바다는 여호수아 12:3에서는 『**킨네롯 바다**』로 불렸고, 요한복음 6:1에서는 『**티베랴 바다**』라고 불렸다. 그러나 이들은 모두 한 장소이다. 본문의 『**겔게사인들**』도 마찬가지이다.

마태복음과 마가복음을 비교해 보면 같은 사건을 기록할 때, 마태복음은 숫자에 있어 자세하게 제시하고 있고 마가복음은 사건을 자세히 설명하고 있는 것을 볼 수 있다. 이 사건에서도 마태복음 8장에서는 두 남자가 무덤에서 나왔는데, 마가복음 5:2에서는 단지 『**어떤 사람**』이라고만 제시되어 그 사람에게 일어나는 일에 자세한 초점이 맞추어져 있다. 이러한 예는 바디매오를 치유하신 일에서도 나타난다. 마태복음 20:30에는 『**눈먼 사람 둘**』이라고 기록되어 있으나, 마가복음 10:46에는 한 명의 거지 바디매오만이 제시되어 그에게 초점이 맞추어져 있다. 이것은 두 복음서가 모순이라고 말할 만한 것이 못 된다. 각각의 복음서가 말하고자 하는 관점에 더 충실하게 기술한 것일 뿐이다.

우리는 마귀에게 사로잡힌 자를 치유하시는 이 사건을 좀 더 자세히 알아보기 위해서 마가복음을 잠시 공부할 것이다. 마가복음 5장에서는 이 사건에 대한 상세한 묘사가 되어 있어 성경적인 마귀론에 관한 올바른 견해를 발견할 수 있다.

1. 마귀는 젖은 장소(막 5:13)와 뜨거운 장소를 좋아한다(마 17:15). 이것은 항구 도시의 도덕적 상태가 다른 지역보다 일반적으로 더 악한 이

유이다(L.A., Frisco, New Orleans, Chicago, London, Cairo, Baltimore, New York 등). 이들은 자기들이 살고 있는 "집"(사람이든지 돼지든지)이 죽든지 살든지 개의치 않고 물로 들어가려고 한다(마 8:31).

2. 마귀는 높은 곳을 좋아한다(막 5:5, 창 11:3,4, 왕하 15:4). 이것은 지극히 높으신 분같이 되려는 루시퍼의 본성을 반영한다(사 14:12-14).

3. 마귀에게 사로잡힌 사람들은 가학성(sadism)과 피학대증(masochism)에 걸린다(막 5:5, 왕상 18:28).

4. 마귀는 시체들을 좋아한다(막 5:5,13).

5. 마귀에게 사로잡힌 사람은 절제할 수 없이 울며, 벌거벗는다(막 5:5, 눅 8:27,28).

6. 그것은 항상 종교적이다(막 5:7). 마귀는 종교적인 발언을 할 줄 아는데, 사탄은 원래 거짓말의 아비이므로(요 8:44) 분별력을 가진 영적인 사람이 아니고서는 빛의 천사의 모습으로 다가오는 마귀의 세력을 알아내지 못할 것이다(고후 11:4).

7. 그것은 "영적인 정신분열증"이라고 말할 수 있는데, 많은 마귀가 들어 있기 때문이다(막 5:9).

8. 마귀에게 사로잡힌 사람은 비범한 육체적 힘을 가질 수 있으며(막 5:4), 애정으로나 힘으로도 억제시키거나 설득시키지 못한다(막 5:4).

특별히 이 사건에서 마귀들은 돼지떼에게로 들어가기 원했는데, 돼지는 먹는 것이 금해진 불결한 동물이다(레 11:7). 불결한 영들은 레위기 11장의 "부정한 음식들"과 관련되어 있는 것이 분명하다.

마가복음 5장은 마태복음 8장에서 생략된 다른 사항도 묘사하고 있는데, 마가복음에서는 예수 그리스도의 권세가 그들을 놀라게 했다는 것뿐만 아니라, 마귀 들렸던 사람의 회심이 그들을 두렵게 했다는 것도 묘사하고 있다(막 5:15). 즉, 그는 벌거벗고, 거칠고, 미쳤으나, 이제는 앉아 있고, 옷을 입었고, 정신이 온전하게 되었다(막 5:15). 이것을 영적으로 적용시켜 보면, 거듭난 자들이 겪는 변화에다가 적용시킬 수 있다. 마귀의 세력하에 있었던 사람이 거듭나서 하나님의 나라로 들어오면 그는 구원의 옷으로 옷입게 되며(사 61:10), 건전한 생각의 영을 가지게 되고(딤후 1:7), 순결한 마음을 갖게 된다(벧전 1:22). 그러나 사탄은 모방의 천재라는 것을 기억해야만 한다. 때때로 거듭나지 않은 자들로부터도 외형적으로는 구별하지 못할 만큼 놀랄 만하게 비슷한 반응을 보게 될 때도 있다.

여기서 우리는 또 하나 중요한 점, 돈을 사랑하는 인간의 모습을 현저하게 볼 수 있다(딤전 6:10). 처음에 사람들은 무슨 일이 일어났는지를 보려고 나왔으나(막 5:14), 마귀에게 사로잡혔던 사람이 온전해진 것을 본 사람들은 두려워하였고(막 5:15), 목격자들이 그 사람과 돼지떼에게 일어났던 일, 즉 2,000마리의 돼지 떼가 몰살된 것을 말해 주자 그들은 예수님께 떠나 달라고 간구했다. 그들은 매우 값나가는 재산을 잃자 예수께 떠나 달라고 간구한 것이다.

마태복음 9장

"표적"이라는 것은 단순한 "기적"과는 다르다. 그것은 표적을 행하는 사람이 말하고자 하는 바를 증명하는 도구이다. 예수님께서 병을 고치시고, 풍랑을 잔잔케 하신 이러한 표적들은 바로 예수님께서 증거하시고자 하는 것, 즉 백성들이 기다리는 왕국의 왕이 바로 자신이라는 것을 청중들에게 입증하시는 데에 의의가 있다. 특별히 유대인들은 표적을 구하는 민족이었기 때문에(고전 1:22) 예수님께서는 이들에게 이적, 특히 "치유"의 이적(이것은 이스라엘 민족을 이집트의 압제로부터 이끌어 낸 구원자 모세와 함께 시작된 것이었다.)으로 자신을 증거하셨다. 유대인들은 예수께서 전파하신 천국 복음을 듣고 그분이 행하신 이적들을 표적으로 알고 예수님을 따랐다(마 4:24,25). 예수님께서는 모인 무리들에게 마태복음 5-7장의 산상설교를 행하신 이후에 8장과 9장에서 계속하여 이적을 행하심으로써 자신이 왕이라는 산상설교의 주장을 증명하셨다.

9:1 그리고 주께서 배를 타고 건너가 자기 성읍에 도착하시니라.
2 그런데, 보라, 사람들이 침상에 누운 한 중풍병자를 주께 데려오니,
예수께서 그들의 믿음을 보시고 그 중풍병자에게 말씀하시기를 "아
들아, 기운을 내라. 네 죄들이 용서받았느니라."고 하시더라.
3 그런데, 보라, 서기관들 중 몇 사람이 속으로 말하기를 '이 사람이
하나님을 모독하는도다.'라고 하니
4 예수께서 그들의 생각을 아시고 말씀하시기를 "어찌하여 너희가 너
희 마음에 악한 생각을 하느냐?
5 '네 죄들이 용서받았느니라.'고 말하는 것과 '일어나서 걸어가라.'고
말하는 것 중 어느 것이 더 쉽겠느냐?
6 그러나 인자가 땅 위에서 죄들을 용서하는 권세를 가진 것을 너희
로 알게 하려 함이라." 하시고 (그후 그 중풍병자에게 말씀하시기를)
"일어나 네 침상을 들고 네 집으로 가라."고 하시니,
7 그가 일어나서 자기 집으로 가더라.
8 무리가 이를 보고 놀라며 그러한 권세를 사람들에게 주신 하나님께
영광을 돌리더라.

『**자기 성읍**』(1절)은 마가복음 2:1-12을 근거해서 볼 때 카퍼나움이라는 것을 알 수 있다. 역시 이 부분에서도 마가는 마태보다 더 자세한 사건의 묘사를 하고 있는데, 사람들은 이 중풍병자를 지붕을 뜯고 예수님 앞으로 내려놓는다(막 2:4). 그리고 예수님께서는 그 사람의 병을 치유하신다.

많은 은사주의자들은 사람들의 병을 고치려 할 때 그 환자가 병고침을 받을 만한 믿음이 있는지를 먼저 확인하곤 한다. 그리고 치유가 되지 않으면 그가 믿음이 없었기 때문이라고 한다. 그러나 이 구절에서 우리가 알 수 있는 것은 예수께서 "그들의" 믿음을 보셨다는 것이다. 이 환자의 믿음과는 관계없이 그를 데려온 사람들의 믿음을 보시고 병을 고치셨다는 사실은 예수님이 현대의 흉내 내는 은사주의자들과는 다르시다는 것을 보여 준다. 예수님께서는 때때로 병자의 믿음을 보시고 고치기도 하시지만, 그가 믿음이 없더라도 고치실 수 있다. 이러한 사실은 엘리사에게서 문둥병을 치료받은 나아만의 예에서도 찾아볼 수 있는데, 나아만은 요단강에서 씻으라는 엘리사의 말을 듣고 믿기는커녕, 분노에 차서 돌아갔다(왕하 5:11,12). 그러나 그의 종들이 간청하므로 요단 강물에 몸을 담그니 치유가 되었다(왕하 5:13,14). 하나님께서 행하시고자 하는 치유는 결코 병자의 믿음에 제한받지 않으신다.

『**아들아, 기운을 내라. 네 죄들이 용서받았느니라**』(2절).

죄들을 용서하신다는 것 외에도 이 말은 예수 그리스도의 권위를 나타낸다. 서른 살 내지 서른한 살의 예수님께서 침상에 누운 병자에게 『**아들아**』(son)라고 부르신 것이다. 그리스도께서 인간 이상의 어떤 존재가 아니라면 이런 말씀을 하실 수 없다.

이 사건에서 우리가 주목해야 할 것은 예수님께서 이 중풍병자를 치유하기에 앞서 먼저 죄를 용서하셨다는 것이다. 이것은 실제적인 문제와 영적인 문제가 함께 요구될 때는 영적인 문제가 선행된다는 것을 보여 준다. 예수님께서는 먼저 말씀을 선포하시고 그 다음에 실제적인 요구를 채워 주셨다(마 4:23; 9:35). 이것은 "천국"을 구하기 이전에 "하나님의 나라와 그분의 의"를 구하라는 산상설교의 가르침에서도 명백히 드러난다(마 6:33).

『'네 죄들이 용서받았느니라.'고 말하는 것과 '일어나서 걸어가라.'고 말하는 것 중 어느 것이 더 쉽겠느냐? 그러나 인자가 **땅 위에서 죄들을 용서하는 권세를 가진 것을 너희로 알게 하려 함이라." 하신 후 (중풍병자에게 말씀하시기를) "일어나 네 침상을 들고 네 집으로 가라."고 하시니』** (5,6절).

그러나 우리가 이 사건에서 좀 더 중요하게 관찰할 것은 주님께서 죄 용서에 관해 말씀하신 후(6절) 곧바로 **『일어나 네 침상을 들고 네 집으로 가라.』라**고 말씀하심으로 죄와 육체의 질병을 하나로 취급하셨다는 사실이다. 이것 때문에 어떤 사람들은 "모든 질병은 죄의 결과이다."라고 말하기까지 한다. 그러나 이 사건은 예수 그리스도의 신성을 보여 주는 사건이다.

예수님께서 중풍병자에게 "죄들의 용서"를 선포하시자 서기관들은 예수님께 **『이 사람이 하나님을 모독하는도다**[blasphemeth]**.』**(3절)라고 비난했는데, 이 말은 예수님을 대적하는 자들이 예수님을 향하여 "애용하던" 비난이다. 이들이 예수님을 이렇게 비난할 수 있었던 것은 나름대로 "확신"이 있었기 때문이다. 사실 종교적 박해도 항상 "확신"을 가질 때 최악의 상태에 이른다. 이러한 마음 상태에서 사람들은 폭력을 행사하는 것이 당연하다고 느끼는 것이다. 특별히, 이것은 로마카톨릭 종교에서 실제적인데, 카톨릭교도들은 프로테스탄트를 죽일 때에도 미사를 행하여 서로를 칭찬하고 축복해 주었다(요 16:2). 그들은 이러한 행위가 하나님을 섬기는 것이라고 생각한다.

"하나님을 모독한다"는 비난은 예수님의 마지막 증언 때까지도 유대인들에 의해 행해진 비난인데(마 26:65), 이러한 비난을 행하는 것은 그들 자신의 범죄에 대한 죄과를 가져온다(마 12:31,32).

서기관들이 예수님께 이러한 비난을 한 이유는 하나님만이 할 수 있는 것을 예수님이 하실 수 있다고 말했기 때문이다. 그들은 하나님만이 죄를 용서하실 수 있으며, 하나님만이 그 중풍병자를 치유하실 수 있다고 믿었다.

그들에게 이 병자의 치유는 하나님께 속해 있는 일이었다. 마가는 이 병자가 치유된 상황을 이렇게 묘사한다. 『**그가 즉시 일어나 침상을 들고 모든 사람 앞을 지나가니, 모두 놀라고 하나님께 영광을 돌리며 말하기를 "우리가 이 같은 일을 전혀 본 적이 없노라."고 하니라**』(막 2:12). 물론 죄를 용서하시는 일 또한 하나님께 속한 일이었다(막 2:7). 서기관들은 하나님만이 홀로 이러한 일들을 행하실 수 있다고 생각하였다. 그들 자신은 그 사람을 치유할 수 없었기 때문이다. 그런데 그들의 기준으로 볼 때 하나님만이 하실 수 있는 일을 할 수 있다고 주장하는 한 사람이 나타나서 그 일을 행하는 것이다.

그들은 자신들이 그 사람을 치유할 수도, 그를 용서할 수도 없다는 것을 알았다. 그래서 그리스도께서는 이 두 가지 일을 다 하셨는데, 눈에 보이는 표적으로서의 병 고침의 사역을 행하심으로 자신이 죄를 용서할 수 있다는 것을 증명하시는 것이다. 만약 하나님만이 이 두 가지 일을 다 하신다면 예수님은 하나님이시다. 그러나 서기관들은 (오늘날의 자유주의자들과 같이) 이 사실을 쉽게 납득하지 않았다. 이 일이 그들의 면전에서 증명되었을 때, 그들의 반응은 "그는 하나님이심이 틀림없다"가 아니라 "자, 그를 죽이자."였다(막 3:6). 이 문제로 우리가 알 수 있는 것은 이성적이고 과학적인 증거로는 게으르거나 악한 사람을 납득(이해)시킬 수 없다는 것이다. 그의 문제는 "마음"의 문제이지 "머리"의 문제가 아니기 때문이다.

『**인자가 땅 위에서**[on earth] **죄들을 용서하는 권세를 가진 것을 너희로 알게 하려 함이라**』(6절).

땅 위에서 죄들을 용서하는 권세는 인자, 곧 예수 그리스도께 속한 것이다. 이 말은 거듭난 그리스도인들로 구성된 그분의 몸 이상의 다른 가시적인(visible) 그리스도의 대리자도 이 땅에 있을 필요가 없다는 것을 우리에게 상기시켜 준다. 그러므로 로마카톨릭 교황은 "이 땅 위에서의 그리스도의 대리자"가 될 수 없다. 예수님의 승천 때에도 그는 "땅 위에서" 권세가 여전히 자신에게 속하였고 어떤 다른 사람에게도 위임되지 않았다는 것을 확증하신다(마 28:18)

굳이 이 땅 위에서 "그리스도의 대리자"라고 한다면 그것은 그분의 몸된 교회이다. 하나님은 그분이 인정하시는 유일한 기구로서 지역 교회를 땅에 두셨다. 그러나 교회가 갖고 있는 유일한 권세도 물리적인 권세가 아니라 영적인 권세이다. 그것은 그리스도를 대신한 "대사"로서 예수님께서 이루어 놓으신 죄 사함을 선포하여 사람들로 하여금 하나님과 화목케 하는 것이다(고후 5:19-21).

『**인자**』(Son of Man)라는 표현은 바울 서신에서는 사용되지 않는 말로서, 이스라엘에게 보내진 그리스도의 지상 사역과 관련된 이름이다.

4절에서 예수님께서는 사람들의 마음속의 생각을 아셨다. 이것은 그분의 "전지성"(omniscience)을 나타내는 말이다. 그러나 때때로 예수님의 전지성은 지상 사역 동안에 육체 안에서 제한되었다. 사람의 생각을 미리 아시기도 하셨지만, 생각한 다음에 아시기도 하셨다(마 16:8, 막 2:8; 8:17). 육체의 장막에다 스스로를 제한하시면서, 영광의 하나님께서는 제한성을 가지셔야만 했다. 이것은 그분이 배고픔과 목마름과 슬픔과 고통 등을 체험하셔야 했다는 것과도 연결된다(히 4:15).

9:9 예수께서 그곳을 떠나 지나가시다가 마태라 하는 한 남자가 세무소에 앉아 있는 것을 보시고, 그에게 말씀하시기를 "나를 따라오라."고 하시니, 그가 일어나서 주를 따라가더라.

10 예수께서 그 집에서 음식을 드실 때, 보라, 많은 세리들과 죄인들이 와서 주와 주의 제자들과 더불어 앉았더라.

9:9의 마태가 이 마태복음의 기록자이다. 마가복음 2:14과 누가복음 5:29에서 이 사람은 "레위"라고 불리는데, 이 사람은 당시에 죄인으로 경멸받는 세리이다. 예수님께서 죄인을 부르셨다는 사실로 볼 때, 마태의 부르심은 은혜에 의한 부르심이라는 것을 알 수 있다. 여기에 또한 감추어진 신약 교리가 있다. 하나님께서는 여러 가지 방법으로 죄인들을 구원하시고자 부르신다. 그것은 하나님의 은혜이다. 그러나 하나님께서 베푸시는 은혜에 모두가 순종하는 것은 아니다. 어떤 사람들은 『**주여, 나로 먼저 가서...**』(마 8:21)라고 한다. 그러나 마태는 그렇게 말하지 않았다.

그는 즉각적으로 일어나서 주를 따라갔다(마 9:9). 주님께서 우리를 구원으로 부르시거나 또는 사역으로 부르실 때, 우리의 반응은 어떠한가?

『**세리들과 죄인들**』(10절)은 당시의 사회에서 가장 낮은 위치의 사람들이었다. 누가복음 7:39에서는 죄인인 한 여인이 등장하고, 또 요한복음 9:31-34에서는 소경이 죄인으로 취급당한다. 당시의 유대인 지도자들이 이런 사람들을 죄인으로 취급한 것은 현재에도 마찬가지이다. "자기 의"를 자랑하는 종교 지도자들은 창녀들, 술 취한 사람들, 은행 강도, 살인자, 아동학대자 등을 죄인으로 생각하지만, 성경은 게으른 자, 탐식하는 자, 자기 의를 자랑하는 자, 교만한 자, 진리를 알기를 거부하는 자 등도 죄인이라고 말씀하고 있다. 본문에서 예수님은 실제로 죄인과 함께 식탁에 앉으셨다. 그러나 예수님을 제외하고 누가 죄인이 아닌가?(롬 3:10, 시 14:3)

9:11 바리새인들이 그것을 보고 주의 제자들에게 말하기를 "어찌하여 너희 선생은 세리들과 죄인들과 함께 먹느냐?"고 하니
12 예수께서 그 말을 들으시고 그들에게 말씀하시기를 "건강한 사람들에게는 의사가 필요 없지만 병든 사람들에게는 필요하니라.
13 너희는 가서 '나는 자비를 원하고 희생제를 원치 아니하느니라.'는 말씀의 의미를 배우라. 나는 의인들을 부르러 온 것이 아니요, 죄인들을 불러 회개에 이르게 하려고 왔노라."고 하시니라.

여기서 예수님께서는 하나님께서 에프라임과 유다의 죄들을 꾸짖고 계시는 부분인 호세아 6:6의 말씀을 인용하신다. 이 인용은 마태복음 12:7에서도 반복된다. 이와 관련하여 예레미야 7:21-23에서도 하나님께서는 번제와 희생제에 대하여 명하지 않으셨다고 말한다. 『**만군의 주 이스라엘의 하나님이 이같이 말하노라. 너희 희생제에 너희 번제물을 얹고 고기를 먹으라. 이는 내가 너희 조상들을 이집트 땅에서 인도해 냈던 그 날에는 번제나 희생제에 관해서 그들에게 이르지도 않았고, 명령하지도 아니하였으며**』(렘 7:21,22).

언뜻 보면 이 구절은 레위기의 내용과 모순이 되는 것 같다. 우리가 알기로 출애굽 당시에 하나님께서는 이스라엘에게 율법과 규례, 특히 제사에 관한 규례를 주셨기 때문이다. 이러한 "명백한 모순"같이 보이는 구절로 인해 자유주의자들은 모세오경에 대한 모세저작설을 부인하며 그 기록을 B.C. 400년 정도로 끌어내린다. 그러나 성경은 분명히 모순이 아니다.

1. 하나님께서는 이집트에서 이끌어 내신 "그날"(출 15장)에는 아무것도 언급하지 않으셨다. 그날에 그분이 강조하여 말씀하신 것은 "순종"이었다(출 15:26).

2. 이집트에서 나온 "이후" 하나님께서 제사에 대하여 말씀하셨을 때, 그것은 명령된 것이 아니라(레 1:2,3) 자원함으로 드리는 것이었다.

3. 이집트에서 나오기 "전에" 잡았던 유월절 양은 희생제나 번제로서 드려지지 않았다. 유월절은 단지 자비와 은혜를 기념(기억)하기 위해서 주께 드리는 절기였다(출 12:26-27).

『**너희는 가서 '나는 자비를 원하고 희생제를 원치 아니하느니라.'는 말**

씀의 의미를 배우라』(13절).

본문에서 예수께서는 『**가서... 의미를 배우라.**』(13절)라고 말씀하셨는데, 이것은 오늘날의 자유주의자들에게 하시는 말씀이기도 하다. 그들은 "가서... 의미를 배우지" 않는다. 그리고 그들은 "그것이 무엇을 의미하는지" 알지 못한다.

예수님께선 구약의 이 구절(호 6:6)을 인용하시면서 율법의 행위와 "자기 의(self-righteousness)의 희생제사"로 구원받으려 하는 헛된 노력을 꾸짖으시고 있다. 당시의 바리새인들과 마찬가지로 현대의 많은 자유주의자들과 특히 로마카톨릭은 종교적 행위를 강조하여 예수 그리스도의 보혈에 의한 속죄보다 행위로 인한 구원을 가르치고 있는데, 이에 대해 예수님께서는 이 말씀의 의미를 "배우라"고 말씀하신다. 하나님의 말씀의 의미를 "배우고" "공부하는" 것은 그리스도인들이 우선적으로 해야 할 일이다. 하나님의 말씀은 『**하나님의 영감으로 주어진 것으로 교리와 책망과 바로잡음과 의로 훈육하기에 유익**』한데(딤후 3:16), 이러한 하나님의 말씀을 올바로 배우고 공부하지 않으면, 하나님의 사람이 온전하게 되지도 않고, 모든 선한 일에 철저히 구비되지도 못한다(딤후 3:17). 그래서 디모데후서 2:15에서는 『**네가 진리의 말씀을 올바로 나누어 자신이 하나님 앞에 부끄럽지 않은 일꾼으로 인정받도록 공부하라.**』**라**고 말씀하신다.

여기서 예수님께서 말씀하신 『**나는 자비를 원하고 희생제를 원치 아니하느니라.**』의 참된 의미는 로마서 11:32에서 발견할 수 있다. 『**하나님께서 그들 모두를 믿지 않는 가운데 가두어 두심은 모든 사람에게 자비를 베풀려 하심이니라**』(롬 11:32). 하나님께서는 죄인들이 자기의 종교적 행위로 의롭게 될 수 없다는 것을 아셨다. 그래서 하나님께서는 하나님의 의를 자비로 베풀어 주신다. 로마서 11:32은 하나님께서 자비를 베풀기 위해서 사람들을 죄에 가두어 두신다고 하셨다. 그들은 죄인이기 때문에 필요한 의가 있는데, 이 의는 하나님의 의이고, 율법이 "제사"로서 할 수 없는 그 일을 하나님께서 "자비"로서 이루시는 것이다. 만약 하나님께서 그들이 제단에 바치는 동물들의 제사로 의롭게 될 수 있다고 생각하셨다면 예수님은 제사와 율법의 행위를 잘 지키는 바리새인들과 함께 앉아 음식을 드셨어야 할 것이다. 그러나 하나님께서는 그들이 그렇게 할 수 없다는 것을 아시며, 그들은 모두 죄인이라는 것과 모두 자비와 용서(단지 하나님만이 주실 수 있는 의)를 필요로 하는 존재임을 아시기에 예수님께서는 이 사실을 믿는 죄인들과 함께 이 음식을 드신 것이다.

『**건강한 사람들에게는 의사가 필요 없지만 병든 사람들에게는 필요하니라**』(12절).

예수님께서 자신을 "의사"로 비유하신 것을 볼 때, 우리는 의사의 필요성에 대해서 알 수 있다. 극단적인 사람들은 하나님의 능력의 치유만 있으면 의사는 필요 없다고 말한다. 그들 중 어떤 사람들은 모든 질병은 마귀가 유발한 것이라고 한다. 하지만 의료 행위는 신구약 모두에서 추천하고 있다(잠 17:22, 마 8:17). 하나님께서 의사를 인정하신다는 사실은 성령께서 친히 누가를 "사랑하는 의사"(롬 4:14)라고 쓰셨다는 사실을 봐도 알 수 있다. 그러나 이 구절에서 알 수 있는 더 큰 의미는 예수님 자신이 위대한 의사시라는 것이다(눅 4:23).

9:14 그때 요한의 제자들이 주께 와서, 말씀드리기를 "우리와 바리새인 들은 금식을 자주 하는데 어찌하여 당신의 제자들은 금식하지 아니하나이까?"라고 하니
15 예수께서 그들에게 말씀하시기를 "신혼방의 아이들이 신랑과 함께 있는 동안 슬퍼할 수 있겠느냐? 그러나 신랑을 그들에게서 빼앗길 날들이 오리니, 그때에는 그들도 금식하리라.

여기서부터 우리 주님께선 끊임없이 질문을 받으신다. 이것은 종교적인 논쟁의 질문인데, 사람들은 예수님을 잠시도 쉬게 만들지 않는다. 여기서 제기된 질문은 "금식"(fasting)에 관한 것이었다.

금식에 대해서는 이사야 58:3-7과 스가랴 7:5,6에서 언급하고 있는데, 한 가지 알 것은 "금식"은 구약의 어느 곳에서도 "계명"으로 나타난 적이 없다는 것이다. 그것은 어떤 시험의 때에 있는 사람들 가운데 행해지는 자발적인 행위 중 하나이다. 구약에서 다윗, 다니엘, 아합, 모세, 엘리야, 에스라, 모르드캐 등은 모두 금식했으나, 하나님께서는 그 행위 자체를 죄가 되는 것으로 꾸짖지 않으셨다. 그러나 여기에서 주님은 부당한 금식의 행위들을 비난하고 계신다.

『**신혼방의 아이들**』(15절).

"신혼방의 아이들"(children of the bridechamber)은 다음 두 가지에 해당되는 경우로서의 이스라엘을 말한다.

1. 신랑인 하나님과 함께 있는 "여호와의 신부"(호 1-3장, 사 62:4,5)로서의 이스라엘의 자녀. 호세아에서 하나님은 이스라엘 땅과 결혼하는 신

랑으로 묘사된다. 그러므로 이스라엘 백성들은 이스라엘의 자녀(children)로서 그 아이들(children)이 된다.

2. 신부인 교회와 함께 있는 신랑으로서의 예수 그리스도를 수행하는, 수종드는 자로서의 이스라엘. 마태복음 25장의 "처녀들"은 그리스도의 신부인 교회가 아니다. 그들은 환란성도들로서 이스라엘 백성인데, 그들은 예수님께서 오실 때 그분을 수행할 것이다(시 45장, 솔 6:8-10).

이 구절은 예수 그리스도의 죽음과 장사되심과 부활하심 이후 주님께서 "그들로부터 취해지셨을 때"(요 14:28) 그들이 금식하기 시작했다는 것을 나타내 준다. 그리고 그 이후의 금식은 사도행전에서 교회도 행했다(행 13:1-3; 14:23, 고후 11:27).

그러나 이 말씀의 예언적인 의미는 그리스도께서 오셔서 그의 신부를 잇아가, 완전히 신부에게 가버리신 이후인 대환란 기간에 이스라엘은 금식하며 울부짖는다는 것이다.

9:16 새 천조각을 낡은 옷에 대고 깁는 사람은 아무도 없나니, 이는 기우려고 댄 천조각이 그 옷을 당기어 더 흉하게 찢어지기 때문이라.
17 또 새 포도주를 낡은 가죽 부대에 붓는 사람은 아무도 없나니, 그렇게 하면 가죽 부대가 터져서 포도주도 쏟아지고 부대도 망가지게 되나 새 포도주를 새 가죽 부대에 부으면 둘 다 보존되느니라." 고 하시더라.

이 두 가지 예는 예수 그리스도의 부활 이전과 이후의 사역과 연관된 대조를 보인다. 옷(garment)이나 천조각(cloth)은 성경에서 일반적으로 사람의 "몸"(눅 12:23)이나 몸을 감싸는 어떤 종류의 "의"(righteousness, 눅 15:22, 사 61:10; 59:17)로 언급된다. 시편 104:2,6에서는 하나님의 빛을 "옷"이라고 말하기도 한다. 또 히브리서 1:10-12에서는 하늘들을 말려 버릴 겉옷으로 표현한다.

옷에 대한 비유는 포도주에 대한 비유에서 명확하게 나타난다. "새 포도주"는 "새 천조각"과 같고 "낡은 가죽 부대"는 "낡은 옷"과 같다. 그러므로 우리는 포도주에 대한 비유로 옷에 대한 비유를 알 수 있다.

"새 포도주"(new wine)는 유대인들이 광야 생활 중에 마시도록 허락된 유일한 포도주였는데(신 29:6; 32:14), 그것은 포도송이에서 막 짜 낸 것을 말한다. 새 포도주는 술통에 있지 않고 "포도송이에"(in the cluster) 있다(사 65:8).

이것은 창세기 40장에서는 "포도즙"이었고(창 40:10,11), 바울은 이것을 디모데의 위장병을 위해서 추천했으며(딤전 5:23), 이것은 주의 유월절 만찬에서는 "새 언약의 피"라고 언급되었다(마 26:28). 이것은 "발효되지 않은" 포도즙이다. 신명기 32:14은 이 사실을 증명한다. 『**...또 너는 포도의 순수한 피를 마셨도다.**』 그러므로 성찬식에서 사용되는 것은 발효되지 않은 포도즙이어야 한다.

특별히 "새 포도주"(new wine)는 성령의 모형 중 하나이다(행 2:13, 마 26:29, 엡 5:18). 주님께서는 다가오는 경륜(세대)에 내주하시는 성령을 생각하시면서 이러한 감추어진 예시를 주시는 것처럼 보인다. 구약 시대에 성령은 몸에 들왔다가 나가기도 하셨다(사 63:11, 출 31:3, 민 27:18, 느 9:30). 그러나 신약 시대에 하나님의 영은 구속의 날까지 내주하신다(요 14:16, 엡 4:30).

"새 포도주"가 성령을 말한다면 "새 가죽 부대"는 내주하시는 성령을 받아들이는 "새로운 백성"을 말한다. "낡은 옷"과 "낡은 가죽 부대"로 묘사되는 이스라엘은 이 요구를 충족시킬 수 없다. 새 포도주(성령)가 새 가죽 부대(새로운 백성)에 들어간다면 그것은 터지지 않고 포도주를 보존하게 된다("내주하시는 성령"을 간직하게 된다). 그러므로 이 비유는 예수 그리스도의 죽음과 부활 이전의 그의 사역과 이후의 그의 사역의 차이점을 설명하고 있는 것이다.

그러나 거듭날 때까지는 아무도 새 가죽 부대나 새 천조각이 될 수 없다. 예수님께서는 "그리스도의 몸"이 다가오는 것에 대해서 유대인 청중들에게 언급하셨으나, 아직까지는 이 진리가 그들에게 완전히 닫혀 있었다.

예수님께서 이 말씀을 하시기에 앞서 침례인 요한의 제자들이 질문을 했다는 것은(마 9:14) 매우 의미 있다. 왜냐하면 요한은 "율법과 선지자들의 마침"이기 때문이다(눅 16:16). 그는 그리스도의 신부의 일부가 아니다(요 3:29). 그러므로 이 비유는 세대를 구분한다.

9:18 주께서 이러한 것들을 그들에게 말씀하고 계시는데, 보라, 어떤 관원이 그에게 와서 경배하며 말하기를 "제 딸이 방금 죽었나이다. 그러나 오셔서 그 아이에게 안수하여 주소서. 그러면 그 아이가 살아나겠나이다."라고 하더라.

19 예수께서 일어나 그를 따라가시니, 제자들도 따라가더라.

마태복음 2장에서 현자들의 방문 이후로 누군가가 그리스도를 "경배하는" 모습이 처음 나온다. 그러나 그리스도께서는 그들의 경배를 거절하지 않으셨다. 다윗의 아들로 오신 예수 그리스도는 하나님만이 받으실 수 있는 경배를 항상 자연스럽게, 그리고 정당한 일로서 받으셨다(마 14:33; 8:17, 요 9:38; 20:28). 죽은 딸을 살려 달라고 하는 이 관원은 치유에 대한 그리스도의 능력에 대해 최고의 믿음을 가졌다. 그러나 그는 이미 마태복음 8:4,13,16,32에서 치유받은 사람들에 의해 널리 퍼져 있던 증거들을 가졌을 것이다. 23절에서 이어지는 이 관원의 딸의 치유는 죽은 사람까지도 살리시는 메시아 왕의 강력한 표적이 된다.

마가복음 5장은 예수님과 함께 집에 들어간 사람들, 거기에서 있었던 대화, 부활시킨 방법, 그 후에 이루어진 일 등, 이 사건에 대해 더 상세한 설명을 하고 있다. 마가복음 5:37은 베드로와 야고보와 요한, 세 명의 "측근자 그룹"(inner circle)만이 예수님과 함께 그 집에 들어가도록 허락되었다고 설명한다. 이 세 사람은 그리스도의 재림과 특별한 연관성을 갖는데, 변형산에서도 이 세 사람만 있었고, 겟세마네에서도 이 셋만 있었다. 그리고 이 셋은 모두 순교했다.

9:20 보라, 십이 년 동안 유출병을 앓던 한 여인이 주의 뒤로 와서 겉옷
단을 만지니라.
21 이는 그 여인이 속으로 말하기를 '내가 그분의 옷을 만지기만 하여
도 낫게 되리라.'고 함이라.
22 예수께서 돌아서서 그녀를 보시고 말씀하시기를 "딸아, 안심하라.

네 믿음이 너를 낫게 하였도다."고 하시니, 그 여인이 그 시각부터 낫게 되니라.

여러 의사에게서 많은 고통을 받은 12년 된 유출병 환자의 치유는(막 5:25-31) 그녀의 병의 기간이 12년이라는 사실로 중요하다. 성경에서 "12"라는 숫자는 이스라엘의 숫자인데, 죽었다가 살아난 관원의 딸도 12살이었다(막 5:42). 그러므로 이 사건들의 예언적 적용은 미래에 있을 이스라엘의 부활과 회복(치유)에 적용된다. 이스라엘은 교회의 휴거 이후에 "야곱의 고난"인 대환란을 겪은 이후, 주님이 오실 때 강력한 한 민족으로 새롭게 태어날 것이다. 이 사건을 에스겔 37장에서는 한 민족의 부활로, 로마서 12:25,26에서는 하나의 "신비"로 묘사하고 있다.

의사들이 고칠 수 없는 것을 그리스도께서 고치셨다는 것은 하나님께서 고치셨다는 것이다. 이 여인은 유대인 메시아의 "천국 복음"의 사역에 대한 믿음에 의해서 치유되었다.

9:23 예수께서 그 관원의 집에 오셔서 악사들과 떠들썩한 무리를 보시고,

24 그들에게 말씀하시기를 "물러가라. 그 소녀가 죽은 것이 아니라 자고 있느니라."고 하시니, 그들이 주를 비웃더라.

25 그러나 무리를 내보내신 후에, 주께서 들어가 그 소녀의 손을 잡으시니, 소녀가 일어나는지라.

26 그 명성이 그 온 땅에 퍼지더라.

이 관원은 마가복음 5:38에 의해서 "회당장"이다. "악사들"은 장례식에 따라다니는 직업적인 곡하는 사람이다.

특별히 예수님께서 이 소녀를 살리실 때 "탈리다쿠미"(소녀야, 내가 너에게 말하노니 일어나라.)라고 말씀하신 것을 주목하라. 이 소녀가 "말씀"에 의해서 일어났다는 사실은 중요하다. 왜냐하면 예수님께서는 친히 말씀이시고, 생명이시기 때문이다(요 1:1). 이것은 누가복음 7:15의 나인성 과부의 아들의 경우와 요한복음 11장의 나사로의 경우와 정확하게 일치한다.

책의 순서상 이 사건이 죽은 자를 일으키는 최초의 사건이다. 그리고 이 일은 방해와 더불어(마 9:34) 급속도로 퍼져 나갔다(마 9:34).

9:27 그후 예수께서 그곳을 떠나가실 때, 두 소경이 따라오며 소리질러 말하기를 "다윗의 아들이여, 우리를 불쌍히 여기소서."라고 하더라.

28 주께서 집에 들어가시니 그 소경들이 주께 오더라. 예수께서 그들에게 말씀하시기를 "너희는 내가 이 일을 할 수 있다고 믿느냐?"고 하시니, 그들이 주께 말씀드리기를 "주여, 그러하옵니다."라고 하더라.

29 그때 주께서 그들의 눈을 만져 주시며 말씀하시기를 "너희 믿음대로 되라."고 하시니,

30 그들의 눈이 뜨이더라. 그때에 예수께서 그들에게 엄히 당부하여 말씀하시기를 "주의하여 아무도 알지 못하도록 하라."고 하시니라.

31 그러나 그들이 나가서 온 지방에 그의 명성을 퍼뜨리니라.

"다윗의 아들"이라는 표현은 사무엘하 7:12-16에서 예언된 영원한 다윗의 보좌를 계승할 정당성을 부여하는 이름으로, 예언된 메시아의 공식적인 칭호이다. 두 소경이 예수님을 다윗의 아들이라고 불렀다는 사실은 그들이 마태복음 1장의 예수님의 족보를 알았다기보다는 당시의 일반적인 사람들이 예수님을 "예언된 메시아"로 자각했다는 것을 보여 준다. 그들은 예수님께서 전파하신 천국 복음과 그분이 행하시는 왕의 표적들을 보고 예수님을 그들 민족의 구원자로 알았다. 물론 예수님이 "다윗의 아들"일 뿐 아니라 "하나님의 아들"이라는 것은 마태복음 16:16에서 베드로가 고백할 때까지는 완전히 계시되지 않았지만 그들은 적어도 예수님만이 그들의 문제를 해결해 줄 수 있는 분이시라는 것을 자각했다는 것이다.

이집트의 속박 아래 있던 히브리 민족이 모세에 의해 구출될 때 그들은 모세가 행하는 많은 이적들을 보고 따랐다. 예수님의 초림 때에 이스라엘은 로마의 속박 아래 있었고, 그들 민족의 구원자는 모세와 같이 이적을 행하면서 그들을 구해야 하며(신 18:15, 행 7:37), 그 이적이란 특별히 "치유"로서 이것은 구약에서 이스라엘에게 약속된 천년왕국의 메시아에 대한 예언에서 증거한 바이며(겔 34:16, 사 33:24; 35:6), 그때에 그는 다윗의 보좌에 대한 정통성을 가진 그들의 왕이 된다. 그러므로 예수님께서 행하신 이적들은 다윗의 보좌를 차지하는 다윗의 아들에 대한 강력한 표적이 된다. 그러한 의미에서 두 소경이 예수님을 "다윗의 아들"이라고 불렀다는 사실은 큰 의미를 갖는다 하겠다. 그리고 그들은 이러한 믿음, 즉 예수님이 그들 민족의 메시아라는 사실에 대한 믿음에 기초해서 치유받았다(마 9:29).

9:32 주와 그 일행이 떠나갈 때에, 보라, 사람들이 마귀에게 사로잡힌 벙어리 한 사람을 그에게 데려오니라.

33 그 마귀가 쫓겨나자 그 벙어리가 말을 하더라. 무리가 놀라며 말하기를 "일찍이 이스라엘에서 이런 일을 본 적이 없도다."라고 하더라.

34 그러나 바리새인들은 말하기를 "그는 마귀들의 통치자를 힘입어 마귀들을 쫓아낸다."고 하니라.

백성들이 예수님을 메시아로 자각하고 있다는 것은 이 사건에서 마귀에게 사로잡힌 벙어리를 치유하신 것을 본 무리의 반응으로도 알 수 있다. 『**...무리가 놀라며 말하기를 "일찍이 이스라엘에서 이런 일을 본 적이 없도다."라고 하더라**』(33절). 그러나 유독 바리새인들만은 "위선자"답게 이러한 표적들에 대해서 비평을 가한다. 『**그는 마귀들의 통치자를 힘입어 마귀들을 쫓아낸다**』(34절). 이러한 말은 마태복음 7장에서 거짓 선지자들에 대해 경고하신 예수님의 설교를 기억나게 한다. 『**거짓 선지자들을 조심하라**』(마 7:15).

9:35 그후에 예수께서 모든 성읍들과 마을들을 돌아다니시며 그들의 회당에서 가르치시고, 왕국 복음을 전파하시며, 또 백성 가운데서 모든 질병과 허약함을 고쳐 주시더라.

바리새인들과 같은 위선자들이 천국 복음의 표적을 받아들이지 않음에도 불구하고 예수님께서는 지속적으로 천국 복음을 전파하신다.

마태복음 4:23과 같은 말씀이 여기에서 다시 나타나는데, 여기서도 예수님께서는 왕국 복음을 전파하신 후 표적을 행하신다(제4장 참조). 그리고 4장에서의 이러한 사역 이후에는 5장부터 7장까지 이어지는 산상설교를 전파하시고, 9장에서의 이러한 사역 이후에는 10장에서 제자들에게 왕국 복음을 위임하신다. 산상설교나 10장의 왕국 복음의 위임은 둘 다 왕국 복음의 핵심을 담고 있는데, 이렇게 예수 그리스도의 사역을 개괄적으로 묘사한 후에 왕국 복음의 핵심 내용이 제시되는 것을 주목하라. 단지 4:23에서의 사역 이후에는 예수께서 왕으로서 "직접" 왕국의 법령을 선포하시지만, 여기 9:35에서의 사역 이후에는 그 사역을 제자들에게 "위임"하신다. 이제부터 왕국 복음이 위임되는 것을 주목하라.

9:36 주께서 무리를 보시고 그들을 가엾게 여기시니, 이는 그들이 목자 없는 양과 같이 지치고 흩어졌음이라.
37 그때 주께서 제자들에게 말씀하시기를 "참으로 추수할 것은 많으나 일꾼들이 적구나,
38 그러므로 너희는 추수의 주께 기도하여 추수할 일꾼들을 보내 주시라고 하라."고 하시더라.

예수께서는 천국 복음을 전파하시고, 바리새인들은 천국 복음을 거부하고, 백성들은 어찌할지 몰라 방황한다.

목자 없는 양과 같은 상태는 왕국이 임하기 전의(초림과 재림에서) 이스라엘의 영적 상태이다. 에스겔 34:5에는 『**그들은 목자가 없으므로 흩어졌고 그들이 흩어졌을 때 들의 모든 짐승들에게 먹이가 되었도다.**』라고 되어 있다. 이것은 예수 그리스도의 재림 이전에 있을 이스라엘의 모습을 말한다. 성경에서 목자와 양의 관계는 기본적으로 예수 그리스도와 유대인의 관계를 말한다. 적어도 예수 그리스도의 죽음 이후 교회가 형성되기 전까지는 그랬다. 그런데 양을 보호하는 목자가 없을 때 양은 흩어지고 들짐승들의 먹이가 된다.

이것은 스카랴 13:7에서도 나타난다. 『**...목자를 치라. 그리하면 양들이 흩어질 것이라.**』 예수님은 참된 목자로 그의 백성에게 제시되지만 그들은 예수 그리스도를 거부하고 거짓 목자가 나타날 것이다. 이 거짓 목자에 대해서는 스카랴 11:17에서 『**양떼를 버려 둔 우상 목자에게 화 있으리라!**』**라**고 묘사하고 있다. 그는 하나님의 백성을 돌보지 않고 그들을 버려두고 오히려 그들을 박해할 것이다. 그는 바로 환란 때의 적그리스도이다. 예수 그리스도께서는 이러한 상황 속에서 우상 목자 적그리스도를 쳐부수고 그분의 왕국을 가져오실 것이다. 그러나 그날이 이르기 전까지 이스라엘의 상태는 목자 없는 양과 같은 상태이다.

이것은 예수님의 초림 때도 마찬가지였다. 당시에 왕이 나타나기 전의 이스라엘은 영적으로 방황하는 백성들이었다. 그들은 그들의 왕이 오셨음에도 불구하고 그를 알아보지 못했다(요 1:11). 예수님을 받아들였으면 왕국이 임할 수 있었음에도 그들은 그를 거부하고 결국 『**목자를 치라**』는 스카랴의 예언을 이루고 말았다.

예수님께서 지상에 계셨을 때, 당시의 이스라엘은 목자가 없고 대신 삯꾼들만 있는 상태였다. 그들 삯꾼들은 바리새인, 서기관, 사두개인, 제사장들이었는데, 특별히 바리새인과 서기관들에 대해서 예수님은 "눈먼 안내자들"(마 23:16,17,19)이라고 저주하셨다. 참으로 예수님의 초림 때에는 목자가 없이 삯꾼들만 있어 무리들은 목자 없는 양처럼 지치고 흩어져 있었다.

마태복음 10장

예수님께서 전파하시던 천국 복음은 단순히 말로만 전파되는 복음이 아니라 표적을 동반한 복음이었다. 그래서 그분께서 복음을 전파하셨다는 말 뒤에는 백성들의 질병과 허약함을 고쳐 주셨다는 서술이 뒤따르게 된다(마 4:23; 9:35). 그리고 그것에는 그분의 백성 이스라엘을 그분의 왕국인 "천국"으로 인도하시려는 의도가 뚜렷이 나타난다. 4:23에서의 천국 복음 이후에는 유대인들을 모아 놓고 왕국의 대강령인 산상설교를 행하시고, 9:35에서의 전파 이후에는 이스라엘 양무리를 가엾게 여기시는 목자의 연민이 묘사된다(9:36). 스카랴서의 전체적인 문맥과 특히 13:7에 따라서 예수님께서 왕으로 임하시기 직전의 이스라엘의 영적인 상태는 목자 없이 지치고 흩어진 양무리로 표현된다. 이제 예수님께서는 이러한 상태의 백성을 위해 그분의 사역자들을 임명하시어 복음전파의 사역을 위임하시는데, 제자들이 위임받은 복음은 예수님께서 전파하시던 것과 똑같은 "천국 복음"이다.

10:1 주께서 자기 열두 제자들을 부르시어 그들에게 더러운 영들을 쫓아내며 모든 병과 허약함을 치유하는 권세를 주시더라.

제자들이 위임받은 복음이 "천국 복음"이기에, 그들도 역시 예수님과 같이 질병을 치유하는 "표적"을 행하게 된다.

10:2 그 열두 사도들의 이름은 이러하니, 즉 첫째, 베드로라 하는 시몬이요, 그의 형제 안드레이며, 세베대의 아들 야고보와, 그의 형제 요한이요,

3 빌립과 바돌로매, 도마와 세리 마태, 알패오의 아들 야고보와 다대오라는 별명을 가진 렙배오,

4 카나안인 시몬과, 유다 이스카리옷이니, 그는 주를 배반한 자더라.

"사도"라는 말은 '아포스톨로스'(ἀπόστολος), 즉 "보내심을 받은 자"라는 뜻인데, 이 말을 라틴어로 번역하면 '미시오'(MISSIO)가 되어, "선교"(mi- ssion)라는 단어가 여기서 파생되었다. 성경에 "선교"라는 단어가 없음에도 불구하고 이 단어가 기독교 용어로 자연스럽게 쓰이고 있는 이유는 바로 이 "사도"(아포스톨로스)라는 단어에 근거를 두고 있기 때문이다. 그래서 "선교사"도 "보내심을 받은 자"라는 뜻이고, "선교사"와 "사도"

는 언어적으로 같은 말이다. 한 가지 다른 점은 예수님께서 처음에 임명하신 열두 사도들은 오직 유대인들에게 "천국 복음"을 전파하기 위해 임명된 자들이었는데, 이 시대의 모든 "선교사"들은 "은혜의 복음"을 전파해야 한다는 것이다. 만약 이 시대의 어떤 선교사라도 열두 사도들처럼 "천국 복음"을 전파한다면 그는 갈라디아서 1:8에 의해서 저주를 받게 된다. 그 복음은 이 시대(은혜 시대)에는 주어지지 않았으며, 다른 시대에, 다른 사람들에게 주어질 복음이기 때문이다.

성경에서 "사도"라고 말할 때는 일반적으로 예수님으로부터 직접 임명받은 열두 명의 제자들만을 가리킨다. 그러나 성경을 자세히 살펴보면 실제로 "사도"라고 불렸던 사람이 더 많았다는 것을 알 수 있는데, 그 중의 하나가 우리가 잘 아는 바울이다. 그는 주님의 지상 사역 이후에 부름을 받았는데, 특별히 이 사도는 열두 사도들과는 다르게 "이방인들에게" 복음을 전하실 목적으로 세우신 사도이다(갈 2:8). 또 바울과 더불어 이방인에게 복음을 전파한 바나바도 "사도"라고 불렸다(행 14:4,14). 『**그때 사도 바나바와 바울이 그 말을 듣고...**』(행 14:14) 그리고 사도행전 1:26에서 맛디아도 열한 사도와 함께 계수되었다.

그러나 여기서 말하는 사도는 예수님의 지상 사역 동안 그분에 의해서 직접 선택된 열두 제자들이며, 이들의 숫자가 "12"라는 것과 더불어 그들의 임무가 지극히 "이스라엘적(的)"이라는 것이 중요하다. 나머지는 모두 예수님의 죽음과 부활 이후의 은혜의 복음과 더불어 나타난다.

열두 사도의 이름은 마가복음 3:16-19과 누가복음 6:14-16, 사도행전 1:13에서도 언급되는데 각 책마다 순서와 이름이 조금씩 다르게 기술된다. 각 책에서 베드로는 가장 먼저 언급되고 그 뒤로 안드레와 야고보와 요한이 순서가 바뀌어 가면서 언급된다. 여기의 야고보는 세베대의 아들로서, 마가복음에서는 요한과 더불어 "보아너게," 즉 천둥의 아들들이라는 이름을 얻게 된다. 마태복음에서 마태는 자신을 세리라고 밝히고 있으며, 또 한 명의 야고보는 각 책에서 알패오의 아들로 언급된다. 다대오는 이름이 세 개나 되는데, 마태복음에서는 다대오와 더불어 "렙베오"라는 이름이 언급되며, 누가복음과 사도행전에서는 야고보의 형제 "유다"라고 소개된다. 시몬은 마태복음과 마가복음에서는 카나안인으로 소개되며 누가복음과 사도행전에서는 "셀롯"이라고 언급된다. 유다 이스카리옷은 복음서에서 생명이 끝나므로 사도행전에서는 언급되지 않는다. 예수님께서 그가 마귀인 것을 아시면서도 선택하셨다는 것은(요 6:70,71) 아버지의 "미리 아심"과 같은 예수님의 신성을 나타낸다.

열두 제자들 중의 야고보와 관련하여 성경에서 "야고보"라는 인물을 찾아보면 총 세 명의 야고보가 있음을 알 수 있다. 두 야고보는 제자들 중에 있던 세베대의 아들과 알패오의 아들이고, 또 한 명의 야고보는 예수님의 "친동생" 야고보이다. 로마카톨릭은 마리아의 "영원한 처녀성"이라는 교리를 지지하기 위해서 예수님의 친동생 야고보를 예수님의 사촌인 알패오의 아들 야고보와 동일시한다. C.I. 스코필드까지도 이런 생각을 갖고 있었는데, 이는 분명히 틀린 것이다. 갈라디아서 1:19의 "주의 아우 야고보"는 사촌 동생이 아니라 친동생을 가리킨다. 성령님께서 굳이 "사촌"이라는 말을 쓰지 않으시고 "형제"라는 말을 쓰신 것은 그가 친형제라는 말이다. 고린도전서 15:5-7에서는 예수님의 부활을 언급하면서 6절에서는 열두 제자들을 언급한 후에 7절에서 다시 야고보를 따로 언급한다. 이것은 그 야고보가 열두 제자에 포함되지 않는 야고보라는 말이다. 그래서 성경에는 세 명의 다른 야고보가 있고, 그중 하나는 마리아가 요셉의 관계에서 낳은 예수님의 친동생 야고보이다. 따라서 마리아의 영원한 처녀성에 관한 카톨릭의 교리는 무너진다.

10:5 예수께서 이 열둘을 보내시면서 그들에게 명령하여 말씀하시기를 "이방인들의 길로도 가지 말고, 또 사마리아인의 성읍에도 들어가지 말고,
6 다만 이스라엘 집의 잃어버린 양에게로 가라.
7 가서 전할 때, '천국이 가까이 왔다.'고 말하고,
8 병든 자들을 고쳐 주고, 문둥병자들을 깨끗게 하며, 죽은 자들을 살리고, 마귀들을 내어쫓으라. 너희가 값없이 받았으니 값없이 주라.

4장에서 한 번 언급했지만 여기에서 천국 복음의 특징을 한 번 더 제시해 보자. 그것은 첫째, 유대인에게만 전파된다. 본문에서는 분명히 이방인의 길로 가는 것이 금지되어 있다. 많은 사람들은 성경에서 유대인에게 주어진 구절들을 교회에다 도둑질해 오면서 "이스라엘에게 주어진 구절은 영적 이스라엘인 그리스도인에게 주어진다. 그러므로 성경에서 유대인은 그리스도인을 말하며 이방인은 이교도, 또는 불신자들을 말한다."라고 설명하곤 한다. 그래서 마태복음 6:31,32의 『**그러므로 '무엇을 먹을까?' '무엇을 마실까?' '무엇을 입을까?'라고 말하며 염려하지 말라. (이런 것들은 모두 이방인들이 구하는 것이라.)**』라는 구절을 풀이할 때에도, "아, 먹고 입는 문제를 걱정하는 것은 불신자들이나 하는 일이지 그리스도인들은 이런 일에 걱정하면 안 된다. 하늘에 계신 우리 아버지께서 도와주신다."라고 그럴듯하게 해석하는 것이다. 물론 거듭난 그리스도인이고 그가 하나님의 뜻대로만 행한다면, 주님의 계획 안에서 우리의 주님께서는 우리의 모든 생활을 돌보실 것이다. 그러나 그리스도인에게 약속하신 것과 이스라엘에게 약속하신 것이 분명히 다른데, 우리에게 유익이 된다고 아무 말씀이나 갖다 붙여서는 안 된다. 그리스도인에게 주신 생활의 약속은 우리가 바울 서신에서 얼마든지 찾아볼 수 있다(딤전 6:8, 롬 8:29). 앞에 서술한 마태복음 6장의 내용은 대환란을 견뎌야 하는 유대인들에게 주신 약속이다. 이스라엘에게 주신 약속을 교회에다가 도둑질하지 말라.

마태복음에서 "이스라엘"은 "이방인"과 대조를 이루면서 등장한다. 특별히 마태복음 6장에서 '너희는,' '너희 아버지께서,' '너희 가운데' 등의 표현에서 쓰이는 "너희"라는 말은 "이방인이 아닌 너희 이스라엘"이라는 말이다. 여기서 "이방인"이 단지 "불신자"를 가리킨다면, 마태복음 10:5에서는 "이방인들의 길로도 가지 말고"라고 말했는데, 그렇다면 불신자들에게 전도를 하지 말라는 말인가? 결국 이스라엘은 어디까지나 이스라엘이고 이방인은 어디까지나 이방인이다. 더욱이 우리는 이방인이다. 만약 우리가 전도의 근거를 마태복음 10장에다 둔다면 우리는 이방인이므로 복음을 받아들일 자격이 없다. 그래서 "천국 복음"을 지금 이 시대에 전하면 안 된다는 것이다. 천국 복음은 이스라엘에게 한정된다.

둘째, 천국 복음의 내용은 그리스도의 죽음과 장사지냄과 부활이 포함되지 않는 오로지 "천국이 가까이 왔다."이다. 이 복음에는 거듭남에 대한 내용도 없다. 이 복음에는 그리스도의 피로 인한 구속도 없다. 이 복음에는 그리스도의 몸 된 교회도, 그리스도인도 포함되어 있지 않다. 오직 이 복음의 내용은 "천국이 가까이 왔다."이고, 이 천국은 강력한 유대인의 메시아 왕께서 다윗의 보좌에 앉아서 통치하시는 정치적이고도 물질적이며 가시적이고 이 땅에 세워질 왕국이며, 그래서 이 천국 복음의 메시지는 예수 그리스도를 "왕"으로 받아들이라는 내용뿐이다.

셋째, 이 복음에는 표적이 뒤따른다. 몇 차례에 걸쳐 언급했지만, 병 고침의 표적은 예수님이 예언된 천년왕국의 왕이라는 것을 증명해 주는 사건들이다. 이 복음에 표적이 뒤따른다는 것은 이 복음이 이스라엘에게 전파되는 복음이라는 것을 또한 증명해 주는데, 왜냐하면 이스라엘은 표적과 더불어 시작된 민족이고(출 4장, 특히 30,31절), 구약에서는 지속적으로 왕국의 표적으로 병 고침을 예언했으며(겔 34:16, 사 33:24; 35:6), 유대인은 표적을 구하는 민족이기 때문이다(고전 1:22). 그러므로 이스라엘을 향해서 이 복음을 전파하는 임무를 부여받은 사도들에게는 당연히 이 표적이 따라와야 한다. 그리고 이 표적은 앞으로 재림 직전에 다시 한 번 유대인들에게 천국 복음이 전파될 때 나타날 것이다.

"12"라는 숫자가 그들의 사역이 "이스라엘적"이라는 사실을 뒷받침해준다는 것은 그들에게 주어진 임무가 이스라엘을 "치유"하는 것이라는 사실로 더욱 분명해진다. 예수님께서 이들에게 행하라고 권세를 주신 표적과 이적들은 그 성격상 "이스라엘적"이다. 이 땅에서 사람에 의해 처음으로 행해진 표적은 모세에 의해서였다(출 4:1-6). 그리고 그것은 이스라엘 백성을 이집트 땅에서 불러내라는 명령 속에서 이루어진다. 이 민족은 "표적"과 "이적"으로 시작되는 민족이다(신 26:8). 그래서 유대인들은 표적을 구한다(고전 1:22).

최초의 "치유"는 이스라엘 백성을 이방 민족의 힘에서 구출하려는 상황에서 이루어졌는데(출 15:26), 여기서는 이스라엘이 로마라는 이방 민족에게 속박되어 있다. 이러한 상황 속에서 예수님께서는 모세와 비교되는 분으로서(히 3:1-6) "치유"라는 이적을 제시하면서 표적을 보이실 필요가 있으셨다. 그러므로 예수님께서 직접 이 일을 하시고, 또 제자들에게 이 일을 맡기신 것은 자신이 유대인의 메시아라는 사실을 분명히 하시는 것이다.

여기서 예수님을 모세에 비교되는 분으로 설명했는데, 성경에서 예수님과 비교되는 사람은 여러 명 있다. 그중 대표적으로 아담과 아론과 모세를 들 수 있다. 첫째 아담이 인류에게 죄를 가져왔다면, 둘째 아담이신 예수님께서는 인간을 구원하셨다. 첫째 아론이 해마다 동물의 피로 제사를 드렸다면, 둘째 아론이신 예수님께서는 자신의 피로 단번에 제사를 드리셨다(히 9:12-14). 또 첫째 모세가 이스라엘을 이집트에서 구원했다면, 둘째 모세이신 예수님께서는 이스라엘을 로마의 속박에서 구원하실 것이다(신 18:15-18, 행 3:22,23). 이 둘째 모세에 관한 개념이 바로 "민족적인 메시아"의 개념이다. 예수님의 초림 때 유대인들은 그분이 로마제국에서 이스라엘을 구원하실 것으로 기대했다. 그러나 그들의 거부로 당시에 이스라엘은 구원받지 못했고, 이 일은 앞으로 예수 그리스도의 재림 때 이루어질 것이다. 예수 그리스도는 재림하실 때에 이스라엘을 "마지막 로마제국"으로부터 구원하실 것이다(단 2,7장 참조).

그런데 은사주의자들은 이 표적을 마치 자기들에게 주어진 권한처럼 행사하려고 한다. 그들은 유대인에게 주어진 구절들을 교회에다 도둑질하듯이 천국 복음에 주어진 표적을 은혜의 복음에다 도둑질하려고 한다.

그래서 그들은 병든 자들에게 안수, 심지어는 안찰까지도 일삼으며 치유의 표적을 행하려 하고, 귀신들을 쫓아낸다고 거짓 표적을 행하기도 한다. 물론 이 시대에도 믿음의 기도로 병든 자가 치유되는 역사는 분명히 있다. 그러나 지금 우리 중 누구에게 있는 불치의 병을 믿음의 기도로 고친다고 해도, 그것은 예수님께서 천국 복음을 전파하시면서 행하셨던 표적과는 분명하게 그 의미가 다르다. 더욱이 치유의 기적은 무당도, 악령 숭배자들도, 도 닦는 사람도, 거짓 선지자도 종종 행할 수 있다(마 7:22, 계 13:13). 우리는 하나님께서 행하시는 이적과 마귀가 꾸미는 이적을 구별할 줄 알아야 한다.

그러나 어떠한 신유주의자들도 문둥병을 고치지는 못한다. 어떠한 신유주의자들도 죽은 자들을 살리지는 못한다. 또 죽은 불신자들의 영혼이 귀신이 된다고 말하며 '언제 죽은 누구 귀신'을 쫓는다고 하는 사람들도 있지만, 그들은 사실 마귀의 거짓말에 속는 것뿐이다. 더욱이 어떠한 신유주의자도 마태복음 10:8처럼 "값없이 주는" 사람은 없다. 그들은 돈을 받고 이 일들을 행한다. 그러므로 마태복음 10:8의 표적을 행한다고 하는 사람들은 거짓말쟁이들이다.

10:9 너희의 돈 주머니에 금이나 은이나 놋을 가지고 다니지 말라.
10 여행을 위하여 자루나 두 벌의 겉옷이나 신들이나 지팡이들도 지니지 말라. 일꾼이 자기 음식을 받는 것은 합당하니라.

천국 복음을 전파하는 사람들에게는 약속이 주어진다. 그것은 하나님께서 먹이고 입히신다는 것이다. 이 약속은 마태복음 6:25-31에 대한 반복이다. 이들을 보호하신다는 약속은 강력하게 제시된다. 하나님의 뜻을 따라 이들을 보호하는 사람들에게는 복을 주시고(40-42절), 이들을 대접하지 않고 이들의 메시지를 받아들이지 않는 자들에게는 벌을 주신다(15절).

이 구절은 이 시대의 그리스도인 사역자에게도 적용될 수 있다. 하나님의 일을 하는 사역자는 하나님께서 먹여 주시는 것이 성경적인 원리이다. 물론 때로는 바울처럼 천막을 만드는 일을 하면서 복음을 전할 수도 있다. 인도 성경을 번역한 윌리엄 캐리는 구두 수선을 하면서 복음을 전했다. 그러나 이러한 상황들은 특수한 상황이다. 바울도 평생 동안 천막 만드는 일을 한 것이 아니다. 복음을 증거하는 사역자들은 하나님께서 먹이신다. 주인이 종에게 일을 시킬 때는 최소한 먹을 것과 입을 것은 주고 일을 시킨다. 그렇지 않으면 종은 그 일을 완수할 수가 없기 때문이다.

이 말은 하나님의 사역자들이 풍족하게 되고 부유하게 되는 것을 말하는 것이 아니다. 오히려 하나님께 헌신한 사람들은 사탄의 방해가 더 심하고 고난이 더욱 따르게 된다. 그러나 하나님께서는 적어도 복음이 전파되기 위한 요건은 그에게 허락하신다. 만일 사역자가 먹고 살 궁리를 하는 데 대부분의 시간을 쓴다면 어떻게 복음을 효과적으로 전할 수 있는가? 그래서 구약에서도 성전 봉사를 맡은 레위인들의 생계를 위해서 십일조가 걷어졌으며, 신약에서도 『**곡식을 밟아 떠는 소의 입에 망을 씌우지 말지니라.**』(고전 9:9)라는 율법의 말씀을 인용하며 가르치고 있다. 그러므로 헌신한 사역자들은 먹을 것과 입을 것을 염려하지 말고 하나님께서 맡겨 주신 일을 신실하게 수행해야 한다.

물론 특별한 상황 속에서 자신이 직접 생계를 벌어야 하는 위치에 있다면 그는 설교를 하는 입장에 있어도 생계를 벌기 위해 일을 해야 할 것이다. 그는 생계를 위한 계획을 세워 일을 할 수 있다. 그러나 하나님의 소명을 받은 것이 분명하다면 적어도 "염려"를 해서는 안 된다. 하지만 냉철하게 판단해 보자. 내가 지금 설교자로서 기본적인 생계를 위해 어쩔 수 없이 다른 일을 하고 있는 것인지, 아니면 육신적으로 더 풍요한 삶을 위해서 다른 일을 하는 것인지. 하나님께서는 이렇게 말씀하고 있다. 『**우리에게 먹을 것과 입을 것이 있으면 이것들로 만족할 것이니라**』(딤전 6:8).

10:11 어느 성읍이나 고을에 들어가든지 거기에 합당한 사람이 있는가 알아보아, 너희가 거기를 떠날 때까지 그 집에 머무르라.

12 그 집에 들어갈 때에 문안하라.

13 만일 그 집이 합당하면 너희의 화평이 그 집 위에 내리게 하고, 만일 합당치 못하면 너희의 화평이 너희에게로 되돌아오게 하라.

여기서 "적절한(worthy) 사람"이란 전파되는 메시지를 듣기에 적절한 사람이다. 즉 이 메시지를 받기에 적절한 준비를 갖춘 사람을 말한다. 예를 들어 고린도전서 11:29에서 주의 몸을 "합당치 않게"(unworthily) 받지 말라고 하시는데, 이는 주의 잔을 받기에 합당한 "준비"를 갖추라는 말이다.

그래서 이 복음의 전파자들이 "평화"를 말할 때, 역시 평화를 말하며 이 왕국의 메시지를 거부감 없이 화평의 방법으로 받아들인다면 그 화평은 그 집에 머물 것이다.

여기서 "화평"이란 창세기 49:10에서 야곱이 예언한 "실로"로 언급될 수 있다. 또 이것은 누가복음 2:14에서 『**땅 위에는 화평이요, 사람들에게는 호의로다.**』라고 천사가 선포한 "화평의 사람"의 탄생과도 관련된다. 이 평화의 왕을 향하여 호의와 환대를 베푼 사람들, 또 왕국의 메시지를 받아들이는 사람들은 "적절한" 사람들이다. 히브리서 11:31에서 라합은 마태복음 10장에서 천국의 메시지를 받아들이는 똑같은 방법으로 정탐꾼들을 영접했다. 『**믿음으로 창녀 라합은 정탐꾼들을 평안히**[with peace] **영접함으로...**』(히 11:31)

10:14 아무도 너희를 영접하지 아니하거나, 너희 말을 듣지도 아니하면 그 집이나 성읍에서 떠날 때 너희 발의 먼지를 떨어버리라.

15 진실로 내가 너희에게 말하노니, 심판 날에 소돔과 고모라 땅이 그 성읍보다 더 견디기 쉬우리라.

발의 먼지를 떨어버리기까지 하여 그 성읍을 저주하는 이 일은 그 성읍이 얼마나 큰 죄를 저질렀는가를 알 수 있게 한다. 그 성읍은 소돔과 고모라보다 더 큰 죄를 저지른 것인데, 그 죄는 바로 예수 그리스도를 왕으로 받아들이지 않고 거부하는 죄이다. 이 죄는 소돔과 고모라 땅의 성적 문란, 성적 변태의 죄보다 더 크다. 이 저주는 마태복음 11:21-24에서 반복되는데, 코라신과 벳새다는 예수님의 왕의 표적을 보고서도 믿지 않왔던 죄로 인해 바알 숭배 지역인 투로와 시돈보다 더 큰 형벌을 받는다. 이것은 왕국 복음을 거부한 사람들이 얼마나 커다란 형벌을 받는가를 보여 준다. 이스라엘은 왕국 복음을 거부함으로 인해 2,000년 동안 국가 없이 방황했다. 그들은 2,000년 동안 온갖 박해와 고통을 받고도 부족해서 앞으로 교회의 휴거 이후에 "야곱의 고난"이라는 대환란을 겪어야만 한다. 그들이 그때 예수 그리스도를 왕으로 받아들였다면 누릴 수 있었던 커다란 축복과 영화와는 얼마나 대조되는 일인가?

"더 견디기 쉬우리라"는 말을 통해서 우리는 불못에서 영원히 살 사람들에게도 그 심판의 정도가 각각 다르다는 것을 알 수 있다. 지옥에도 차등이 있다는 것이다. 예수 그리스도를 거부한 모든 죄인들이 지옥에 떨어질 것이지만 그들의 죄의 정도에 따라서 어떤 이들은 더 뜨거운 지옥에, 어떤 이들은 덜 뜨거운 지옥에 떨어질 것이다. 물론 가장 덜 뜨거운 지옥일지라도 사람의 혼을 구더기로 만들기에는 충분하다(막 9:44,46,48).

10:16 보라, 내가 너희를 내보내는 것이 마치 양을 이리들 가운데로 보냄과 같도다. 그러므로 너희는 뱀처럼 지혜롭고 비둘기처럼 순수하라.

17 그러나 사람들을 조심하라. 이는 그들이 너희를 공회들에 넘겨주겠고 또 그들의 회당들에서 너희를 매질할 것임이라.

여기에 제시되는 네 동물들은 영적 전쟁에서 두드러지게 대조되는 두 부류의 사람들을 가리킨다. 물론 여기서의 영적 전쟁은 하나님께서 인도

하시는 "천국"과 사탄의 왕국과의 전쟁이다. 그러므로 여기의 양은 하나님의 백성인 이스라엘이다.

구약에서 양은 항상 이스라엘이다. 그들은 주의 초장에 있다(겔 34장, 사 63:11 등). 그러나 목자는 없고 양무리는 흩어진다(마 9:36). 여기서는 양이 "이리들" 가운데에 있다. 이 이리들은 마태복음 7:15에서 진짜 양들을 속이기 위해서 양처럼 가장한다. 그들은 우리 안으로 들어와서 양들을 훔쳐 간다(행 20:29). 이들은 사탄의 세력들로서 이스라엘에게 주어진 "천국"을 앞장서서 가로 막는다. 이때 진짜 양은 양처럼 행동하거나 양처럼 사고하지 말라고 경고받는다. 오히려 "뱀처럼 슬기롭고 비둘기처럼 순수하라"고 경고받는다.

이 시대에는 교회를 양으로 말할 수 있다. 한 무리의 이방인들이 예수님의 우리 안의 양으로 간주될 것이다(요 10:11-16). 그들은 예수 그리스도의 몸 된 교회로 들어온 이방인들이다. 예수님은 교회의 목자장이시다(벧전 5:4). 그러나 이 교회 안에 이리들이 들어와 있다(행 20:29). 오늘날 기독교계에는 너무나 많은 이리와 개, 돼지(벧후 2:22), 새(마 13:32), 뱀(마 23:33) 등이 들어와 있어 교회는 양 우리가 아니라 동물원이 되어 버렸다. 예수님께서 "비둘기처럼 순수하라"고 말씀하셨기 때문에 우리는 다른 사람들에게 해를 입혀서는 안 되지만, 그럼에도 불구하고 성도들은 "뱀처럼 지혜로워야" 하기 때문에 이리 가운데 있을 때는 전략과 재치와 수완 등을 재빠르게 사용해서 대처해야 할 것이다. 물론 자신이 그리스도인임을 숨겨서는 절대로 안 된다. 결코 타협하지 않는 믿음 가운데서 하나님께서는 그 상황을 대처할 지혜를 주실 것이다. 우리의 지혜의 근본은 하나님을 두려워하는 것이다(잠 1:7).

“공회”(council)라는 것은 하나님의 말씀을 짓밟고 성경대로 믿는 사람들을 박해하는 종교 지도자들의 모임을 가리킨다. 성경에서 공회가 긍정적으로 사용된 적은 한 번도 없다. 신약에서 이 말은 단 한 번의 예외도 없이 성경을 미워하는 종교 지도자들의 모임을 묘사하기 위해 사용되었다(행 4:15; 5:40,41; 24:20; 26:27, 마 12:14; 26:59). 역사적으로도 “공회”는 입으로만 믿는다고 고백하는 거짓 그리스도인들이 성경대로 믿는 사람들을 박해하는 도구로 쓰였다. 대표적인 예가 “니케아 공회”(A.D. 313)와 “바티칸 공회”이다. 친카톨릭 교회사를 다루는 사람들이 아무리 이들을 “정통”으로 다룰지라도, 이러한 무리들이 성경대로 믿는 사람들을 죽이고 박해했다는 것은 성경과 역사가 증명한다. 성경대로 믿는 사람들은 한 번도 공회를 소집하거나 공회의 결정으로 신앙 고백을 삼지 않았다.

10:18 또 너희들이 나로 인하여 총독들과 왕들 앞에 불려가서 그들과 이방인들에게 증거하리라.

19 그러나 그들이 너희를 넘겨줄 때에, 어떻게 또는 무엇을 말할까 염려하지 말라. 그 시각에 너희에게 말할 바를 주시리라.

20 말을 하는 이는 너희가 아니라 너희 안에서 말씀하시는 너희 아버지의 영이시니라.

21 또 형제가 형제를, 아비가 자식을 죽음에 내어주며, 자식들이 부모를 대적하고 일어나 부모를 죽게 하리라.

22 또 너희는 내 이름으로 인하여 모든 사람들로부터 미움을 받을 것이라. 그러나 끝까지 견디는 자는 구원을 받으리라.

23 사람들이 이 성읍에서 너희를 박해하면 다른 성읍으로 피하라. 진실로 내가 너희에게 말하노니, 인자가 올 때까지 너희가 이스라엘의 성읍들을 다 다녀 보지 못하리라.

예수 그리스도의 천국 복음을 거부한 죄로 고난을 당했던 이스라엘은 예수 그리스도의 재림 직전에 다시 한 번 대환란을 겪게 되는데, 이때 다시 한번 천국 복음이 전파되게 된다. 예수님께서 열두 제자들에게 위임하시는 천국 복음의 내용 중에는 이러한 환란 기간 동안에 어떤 일이 있을 것인지와 천국 복음을 전파하는 사람들이 어떻게 행해야 할 것인가가 제시되어 있다. 그래서 위의 구절들은 앞으로 미래에 있을 사건으로 설정된다.

물론 이 말씀을 예수님께서 제자들에게 말씀하셨기 때문에 일차적으로는 제자들에게 적용되어야 할 것이다. 하지만 열두 제자들은 모두가 이러한 경고대로 취급받은 것은 아니다. 그들은 모두가 공회에 넘겨진 것도 아니며, 모두가 총독들과 왕들 앞에 불려간 것도 아니었다. 더욱이 그들은 이방인을 위한 사도가 아니었기에 이방인들에게 천국 복음을 증거했다는 기록도 없다.

사실 이러한 문제 때문에 자유주의자들은 성경에 모순이 있다고 말하며, 성경은 (특히 예언적인 부분에서) 문자적으로 적용되지 않는다고 말하기도 한다. 또한 이러한 모순 아닌 모순을 '극복'하기 위하여 어떤 사람들은 이 구절이 열두 사도는 아니지만 같은 사도인 바울에게 적용된다고 말하기도 한다. 이 설명은 설득력이 있는데, 왜냐하면 바울 사도는 공회에 넘겨지기도 했고(행 22:30), 매질도 당했으며(행 16:23), 예수 그리스도의 이름으로 인해 총독들과 왕들 앞에 불려가서 그들과 이방인들에게 증거하기도 했고(행 24,26장), 한 성읍에서 박해당하여 다른 성읍으로 피하기도 했기 때문이다(행 14:5,6). 그러나 바울은 여기 마태복음 10장에 등장하는 "너희"에 포함되지 않는다. 이것은 단지 그가 예수님께서 말씀하시는 마태복음 10장에서 제자들과 함께 있지 않았기 때문만이 아니라, 열두 제자들과 바울과의 임무가 분명히 다르기 때문이다. 마태복음 10장은 말했듯이 "천국 복음"의 위임이다. 그런데 바울은 한 번도 "천국 복음"을 전하지 않았다. 그는 오로지 "은혜의 복음"만을 전했다. 그는 "회개하라. 천국이 가까이 왔느니라."라고 전파하지 않았으며, 오히려 천국 복음에는 없는 '예수 그리스도의 죽음과 묻히심과 부활'을 이방인들에게 증거했다(고전 15:3,4). 그러므로 이 구절은 바울 사도에게도 그대로 적용되지 않는다.

이 구절이 환란 기간에 있을 미래적인 사건이라는 이유는 단순히 이 구절이 이들에게 적용되지 않았다는 것 때문만은 아니다. 오히려 이 구절은 문자 그대로 열두 사도들에게 적용되어야 했다. 그러나 문제는 예수 그리스도의 초림 때에 왕이 "거부"되었고, 그로 말미암아 왕국의 도래가 "연기"되었다는 것이다. 우리는 이 사실을 크게 주목해야 한다. 예수님께서 그 당시에 왕으로 오셨으나 유대인들이 예수님을 거부하여, 천국이 연기되었다는 사실을 이해하지 못하면 우리는 마태복음 10장뿐 아니라, 11장, 13장 및 성경의 여러 부분을 이해할 수 없다(침례인 요한에 대해서는 다음 장에서 다루기로 한다).

구약 시대의 예언은 단지 왕국이 메시아 왕과 더불어 온다는 것이었다. 그 예언에는 초림과 재림을 구분할 수 없었다. 만약 신약성경이 없었다면 지금도 우리는 그분의 초림과 재림을 구분할 수 없을 것이다. 왜냐하면 구약성경의 예언에는 초림과 재림이 뒤섞여 있기 때문이다. 그래서 사람들은 예수 그리스도의 초림 때에 왕국(천국)이 임할 줄로 기대했었고, 실제로 그 당시의 유대인들이 예수님을 왕으로 받아들였다면 구약의 예언이 이천 년 전에 모두 이루어져 당시에 천국이 도래했을 것이다. 어떤 사람들은 예수님의 죽음이 구약에 예언되어 있는데, 어떻게 당시에 왕국이 도래할 수 있었느냐고 물을지도 모른다. 물론 구약의 왕국 예언 중에는 예수 그리스도의 죽음과 부활에 대한 예언이 있다(시 22편, 사 53장 등). 그러나 이 죽음과 부활은 예수 그리스도께서 왕으로 임하시는 또 하나의 조건이 되는 것이다. 또 구약의 예언에는 메시아가 거부당할 것과, 그로 인해 대환란이 닥칠 것이라는 것과, 그 이후에 "주의 날"이 도래하여 민족들을 심판하시고 왕으로 보좌를 차지하시는 예언이 모두 다 있다. 그래서 이 모든 예언을 충족시킬 수 있는 조건이 예수님의 초림 때에 모두 있었다. 그것은 예수님의 부활 이후의, 사도들이 아직 살아서 활동하고 있을 기간이었다. 예언에 따라서 유대인과 이방인들은 예수 그리스도를 십자가에 못 박아 죽였으나(시 22:16), 그분의 부활 이후에 사도행전 2장이나 7장에서 베드로와 스테판에 의해서 다시 한번 천국 복음이 전해질 때 그들이 민족적으로 회개하고 예수 그리스도를 그들의 "메시아 왕"으로 받아들였다면(2장에서 거의 될 뻔하였으나 7장에서 다시 거부되었다), 그때 소수의 인원으로 구성된 교회가 휴거되어 어린양의 혼인식을 치렀을 것이고(시 45편), 그때 땅에서는 "야곱의 고난의 때"라는 대환란이 시작되어 다니엘 9장과 요엘 2장의 예언을 이루었을 것이며, 그 기간 동안 세상의 민족들은 이스라엘을 대적하여 괴롭혔을 것이다. 그때 유대인 중에서는 거짓 선지자와 출애굽할 때의 이스라엘처럼 반역하는 무리가 있었을 것이나, 하나님을 따르는 유대인들은 "끝까지" 견디는 행위를 통하여 이스라엘의 남는 자들(remnants)이 되어 하나님의 특별한 보호를 받았을 것이고(사 11:16), 그 후에 메시아 왕께서는 재림하시어 민족들, 곧 이방 왕국들을 심판하시고(단 2:44) 친히 이사야 11장에 묘사된 "천국"을 세우셨을 것이다. 이때 주님의 초림과 재림은 지금처럼 긴 기간으로 나누어지지 않았을 것이므로 초림과 재림은 하나의 연속선상에서 함께 이루어지게 된다. 실로 당시에 유대인들이 예수님을 왕으로 받아들였다면 구약의 예언은 하나도 어긋남이 없이 당시에 이루어졌을 것이다.

문제는 유대인들이 예수님을 거부하고 받아들이지 않았다는 것이고, 그래서 마태복음 10장의 이 구절은 당시에 일어날 수 있었으나 일어나지 않고 그 상황 그대로 미래에 있게 될 바로 그 상황에 적용되는 것이다.

『**그러나 끝까지 견디는 자는 구원을 받으리라**』(22절).

많은 사람들은 이 구절을 이해하지 못하여, 성도는 죽을 때까지 자신의 신앙을 굳게 지켜야만 구원받고 그렇지 않으면 구원을 잃어버릴지도 모른다는 걱정을 하고 있다. 실제로 위대한 하나님의 종이었던 요한 웨슬리마저도 이 구절을 해석하지 못하여, 성도가 구원을 잃어버릴 수 있다고 믿었다.

이에 반대하여 칼빈주의자들은 사람이 한 번 구원받으면 결코 잃어버리지 않는다는 "성도의 견인"의 교리를 지키기 위하여 이 구절을 억지로 해석하는데, "주님을 믿고 신앙생활을 하다가 타락해 나간 사람은 원래부터 올바로 믿은 자가 아니다. 사실은 구원받지 않은 사람이었다. 원래 택한 자가 아니었다..."라고 말하곤 한다. 이와 같은 문맥의 구절들이 히브리서 3:6,14; 6:4-6에도 나오는데(『**이는 우리가 처음의 확신을 끝까지 견고하게 붙들면 그리스도께 참여한 자가 되기 때문이라**』, 히 3:14), 이러한 문제들은 이 구절들에서 "끝까지"라는 말을 잘못 해석할 뿐 아니라, 이 구절이 적용되는 시대적인 위치를 잘못 설정하기 때문에 생기는 문제들이다.

여기에서 "끝"이란 개인의 삶의 끝을 말하는 것이 아니다. 성경에서 "끝까지"라는 말을 한 기간의 끝, 좀 더 구체적으로 말하면 메시아 왕이 오시기 직전의 어떤 일정한 기간의 끝을 말한다(단 9:26,27; 8:17-19; 7:26; 11:35-40; 12:8-13, 마 24:13,14, 히 3:6,14). 그 기간은 대환란 기간으로서 교회는 이미 휴거되어 이 땅 위에 남아 있지 않는 기간이고, 교회 시대의 경륜이 이미 끝나 다시 유대인의 경륜이 시작되어 구약에서 예언하고 예수님께서 전파하신 천국 복음이 성취되는 기간이다. 이때는 마치 이스라엘이 출애굽할 때처럼 하나님의 특별한 보호를 받게 되는데, 출애굽 당시 이스라엘을 대적한 많은 민족이 있었고 하나님을 반역한 많은 무리가 있었지만 남은 자들이 있어 안식에 들어갔던 것처럼(히 3,4장) 이 때에도 많은 민족들이 이스라엘을 대적하고 이스라엘의 많은 무리가 죽고 또 떨어져 나갈 것이지만 그래도 "끝까지" 견디는, 즉 예수님께서 재림하실 때까지 하나님의 보호를 받으며 끝까지 믿음과 행위를 지키는(계 12:17) 유대인의 "남은 자들"은 구원을 받을 것이다(사 11:6).

로마카톨릭 신학자들은 이 구절을 같은 문맥인 마태복음 24장과 함께 A.D. 70년의 예루살렘 파괴에다 적용하고, 심지어는 A.D. 70년에 예수님이 영적으로 재림하셨다고 말하지만, 예수님의 재림은 결코 영적이지 않고(계 1:7), 이사야 11장에서 묘사된 문자적인 천국은 A.D. 70년 이후에 결코 이루어지지 않았으며, 더욱이 A.D. 70년이 "끝"이라 할 수 없는 것은 70년까지 견딘 사람 중에서도 구원받지 못한 사람이 있고, 70년 이전에 죽은 사람 중에서도 구원받은 사람이 있었다는 것이다. 만약 A.D. 70년에 예수님께서 "영적으로" 다시 오셨다면 그는 늦게 오신 것이다. 왜냐하면 주님은 "인자가 올 때까지 너희가 이스라엘의 성읍들을 다 다녀 보지 못하리라"(23절)고 하셨는데 그들은 사도행전 28장 이전에 이스라엘에 대한 증거를 마쳤기 때문이다. 그러므로 본문은 교회 시대를 뛰어넘어서 "야곱의 고난의 때"를 향한 예언적인 언급이다(렘 30:7, 단 12:1-3).

10:24 제자가 그 선생보다, 종이 그 주인보다 높지 못하니라.
25 제자가 자기의 선생같이 되고 종이 그 주인같이 되면 그것으로 충분하니라. 그들이 그 집 주인을 비엘세붑이라 불렀다면, 그 집 가족들에게는 얼마나 더 심하게 하겠느냐?

제자는 그 선생보다 위대하지 못하며, 종은 그 주인보다 높지 못하다(요 15:20; 13:15,16). 이 말은 일반적인 원리가 아니다. 실제로 제자가 선생보다 더 많이 알지 않으면 학문은 발전할 수 없다. (물론 해 아래 새것이 없다고 말한 이후로 인류에게 "발전"된 것은 없다.) 이 말은 예수님과 제자들의 관계, 특히 비방받는 일에 한정되는 말이다.

예수님의 제자들은 놀라운 일들을 행하지만 주님과 동등한 것 이상으로는 될 수 없다. 비방을 받는 것도 예수님 이상으로 받지 않는다. 25절에서 예수님은 주인인 자신이 비엘세붑이라고 비방받았으니 종들인 제자들은 더 이상 큰 비방을 받을 일이 없다고 말씀하신다.

"비엘세붑"(25절)은 마태복음 12:24에서는 "마귀들의 왕"으로 언급되고, 12:26에서는 사탄과 일치되어 언급된다. 이 비엘세붑은 열왕기하 1:1,2에 나오는 에크론의 신인 "바알세붑"으로, 그는 "파리들의 신"이라고 불린다.

10:26 그러므로 그들을 두려워 말라. 가려진 것이 드러나지 않을 것이 없고 숨겨진 것이 알려지지 않을 것이 없느니라.
27 내가 너희에게 어두움 속에서 말하는 것을 너희는 빛 가운데서 말하고 너희가 귓속으로 듣는 것을 지붕 위에서 전파하라.
28 또 너희는 몸은 죽여도 혼은 죽일 수 없는 자들을 두려워하지 말고, 차라리 혼과 몸을 모두 지옥에서 멸하실 수 있는 그분을 두려워하라.

본문은 제자들에게 "두려워하라"고 가르친다. 하나님을 두려워하는 것에 대해서는 구약에서 많은 예가 있다. "하나님을 두려워하라," "주를 두려워함이..."

보통 "fear"라는 말을 하나님과 관련해서 말할 때는 "경외"라는 말로 쓴다. 그러나 사람들이 "경외"라는 말을 사용할 때는 단순히 두려워하는 것 이외에 공경하는 의미에서의 두려움, 존경하는 의미에서의 두려움이라는 의미로 사용한다. 실제로 "경외"라는 말의 사전적 의미는 "공경하고 두려워함"이다. 이 말은 영어로 표현하면 "reverend," "reverential trust"로, "경건한"의 의미와 통한다.

그러나 성경에서 "fear"(두려움)라는 말은 결코 "경건함"의 뜻이 아니다. 그것은 신구약 어디에서나 우주의 거룩하신 절대자 앞에서의 두려움(awe), 무서움(dread), 떨림(trembling) 등을 말한다(빌 2:12, 출 20:20, 시 15:4, 잠 15:33; 23:17, 시 111:10, 욥 28:28, 잠 9:10; 8:13).

많은 사람들이 이 말을 "두려움"이라고 말하기를 꺼려하는 것은 사랑의 하나님이 어떻게 단지 무서움의 대상이 될 수 있겠느냐는 것이다. 현대의 자유주의자들이나 근본주의자들이 이 교리를 무너뜨리기 위해 사용하는 구절은 요한일서 4:18이다. 『**사랑 안에는 두려움이 없나니, 온전한 사랑은 두려움을 쫓아내느니라. 이는 두려움에는 고통이 있음이라. 두려워하는 자는 사랑 안에서 온전해지지 못하였느니라**』(요일 4:18). 그러나 17절에 보면 이 두려움은 심판 날의 두려움, 즉 백보좌 심판에서 지옥으로 떨어지는 것에 대한 두려움에 한정되는 말이다.

구원받은 사람들은 마지막 심판을 두려워하지 않는다. 그 심판은 그들에게 해당하지 않는 말이기 때문이다. 성경에서 "심판 날"이라고 할 때는 항상 구원받지 않은 죽은 자들의 마지막 심판을 말한다(벧후 2:9; 3:7). 그러므로 그리스도인들은 심판을 두려워할 필요가 없다. 그러나 이것은 하나님을 두려워하지 말라는 의미는 아니다. 사람들은 "두려워하지 말라," "두려움 그 자체 외에는 아무것도 두려워해서는 안 된다."라고 말하나 하나님께서는 계속해서 "두려워하라"고 말씀하고 계신다. 우리는 하나님의 권능과 위엄 앞에서 그분을 두려워해야 한다. 단지 그분 앞에서 "경건하게" 행하는 것뿐만 아니라 그분을 "두려워해야" 한다.

물론 우리는 하나님을 사랑해야 한다. 그분을 존경해야 한다. 사랑의 마음을 가지고 마음으로부터 진정으로 그분을 공경해야 한다. 그렇다고 그분을 두려워해선 안 된다고 말할 수는 없다. 성경에서 "두려워하라"(fear)고 말했기 때문에 우리는 무조건 그분을 두려워해야 한다. 사랑하라는 것과 두려워하라는 것이 서로 상충되기 때문에 둘 중에 하나를 택하는 것은 옳지 않다. 우리는 하나님 앞에서 이 두 가지 자세로 임해야 한다.

『**가려진 것이 드러나지 않을 것이 없고 숨겨진 것이 알려지지 않을 것이 없느니라**』(26절).

이 구절은 두 가지로 해석될 수 있다.

1. 하나님께서는 어두움 속에서 몰래 행하는 사람들을 심판하실 것이다. 이들은 어두움 속에서 아무리 악한 일을 하고, 또 좋게 보이도록 일을 꾸며 할지라도 그들의 종말은 지옥이다.

2. 주님의 메시지는 아무리 은밀히 가르치신 것이라 할지라도 모든 사람에게 퍼질 것이며, 그분의 예언들은 그것들이 주님의 입에서 나온 이상 문자적으로 반드시 이루어질 것이다. 예수님께서는 산에서도 설교하셨고 광야에서도 설교하셨지만 때로는 제자들에게만 말씀하셨고, 때로는 산에서, 때로는 집 안에서 말씀하셨다. 그러나 주님의 말씀은 사람들에게 알려지게 되었고, 또 모든 것이 이루어질 것이다.

이 구절은 교회 시대의 마지막 부분에 특별히 일치되기도 한다. 27절의 『**지붕 위에서 전파하라**』는 말씀은 1920년대 이후로 지붕 위의 안테나를 통해서 라디오나 TV로 복음이 전파되는 것으로 성취되기도 한다.

『**혼과 몸을 모두 지옥에서 멸하실 수 있는 그분을 두려워하라**』(28절).

혼과 몸을 구분해서 설명하고 있는 것과 혼과 몸이 둘 다 지옥에 들어간다는 말을 주목하라. 사람은 영과 혼과 몸의 세 구분으로 되어 있는 존재다. 영은 하나님과 교통하는 존재이며, 몸은 보이는 물리적인 육신이고, 혼은 "자아"라고도 하는 인격체이다. 구원받은 사람의 영은 살아서 하나님과 교통하게 되지만 구원받지 않은 사람의 영은 죽어 있다. 혼은 "지, 정, 의"를 가지고 있는 인격적인 존재로, 사람을 인격체라고 말할 때 우리는 "혼"을 두고 하는 말이다. 이 혼은 보고 듣고 느낄 수 있다. 그는 뜨거움도 목마름도 느낀다(눅 16:24). 그는 몸과 똑같이 생겨서 눈도 귀도 입도 손도 있다(계 6:9, 눅 16:19-24). 사람이 죽으면 몸은 무덤으로 들어가서 썩지만 혼은 하늘나라로, 또는 지옥으로 가게 된다. 그러므로 "사람이 구원받는다" 또는 "지옥에 간다"라고 말할 때 그것은 "혼"을 두고 말하는 것이다.

그런데 여기서는 혼뿐만 아니라 몸도 지옥에 간다고 설명하고 있다. 혼과 몸이 같이 취급받고 있는 것이다. 이것은 구약에서 종종 있는 일이다. 구약에서 몸과 혼은 종종 동일시되었다(겔 18:4, 레 7:18; 20:6). 왜냐하면 혼은 몸에 붙어 있었기 때문이다. 레위기에서는 음식을 먹은 것은 몸이고 죄를 지은 것도 몸인데 혼이 그러한 일을 한다고 말한다. 이것은 "혼"(soul)이라는 단어를 종종 "사람," "목숨"이라고 번역할 수 있는 이유이기도 하다. 여호수아 10:35에서는(『**그 안에 있는 모든 사람을 그 날로 완전히 멸하였으니**[all the souls that were therein he utterly destroyed that day]』) 혼이 멸해진 것을 사람이 죽었다고 표현한다. 여기서 "혼"은 "사람"과 동일시되기 때문이다. 그래서 혼과 몸이 함께 지옥에 간다는 말은 혼과 몸이 붙어 있는 아직 구약적인 마태복음의 상황에서 가능한 말이다.

그러나 신약에서 사람이 거듭나게 되면 혼은 몸에서 풀어진다. 사람이 거듭날 때 영은 살아나서 하나님과 교통하게 되고 혼은 구원받는데, 이 때 혼은 죄의 육신에서 분리되는 것이다. 골로새서 2장은 이 사실을 잘 설명하고 있다. 『**또한 너희가 그의 안에서 손으로 하지 아니한 할례를 받았으니 곧 그리스도의 할례로 육신의 죄들의 몸을 벗어 버린 것이라**』(골 2:11). 이 말씀은 우리가 구원받을 때 우리 안에서 일어나는 작용에 대해서 설명하고 있다. 성경은 "육신의 죄들의 몸을 벗어 버리게 되리라."고 말씀하지 않고, "벗어 버린 것이라"고 말하고 있다. 죄의 몸을 이미 벗어 버린 것이다. 그러나 우리는 여전히 육신을 입고 살고 있다. 아직 혼이 육신 안에 있기는 하지만 실제로 우리의 혼은 육신과 분리되어 있는 상태이다. 이것은 할례로 묘사되고 있는데, 이 할례가 육신적인 할례가 아님은 분명하다. 그래서 이러한 작용을 "영적 수술"이라고 말한다.

그러나 마태복음 10:28의 본문이 가르치고 있는 것은 좀 더 특별한 것이다. 우리는 이 상황이 단지 구약적인 상황일 뿐 아니라 왕국의 상황이라는 것을 인식해야 한다. 예수님은 계속해서 왕국 복음(천국 복음)을 전파하셨고 그 표적들을 행하셨다. 산상설교를 통해서 왕국의 법령을 선포하시고 10장에서는 제자들에게 천국 복음을 위임하신다. 이 상황은 지금 우리가 살고 있는 신약 시대와는 많은 부분이 다르다. 그중 하나가 지옥에 관한 문제이다.

앞서 언급했듯이 사람이 죽으면 몸은 흙으로 돌아가고 혼이 하늘로 가거나 또는 지옥에 간다. 그러나 천년왕국 때에는 몸도 함께 지옥에 들어간다. 그 지옥은 지금처럼 땅 아래에 있는 지옥은 아닐 것이다. 이 왕국 때에는 이스라엘 왕국 밖에 있는 한 장소가 실제적인 불이 타는 지옥이 될 것이다(사 34:7-15). 이때 구원받지 못한 사람은 혼과 함께 그 몸도 그 지옥에 던져진다. 아마도 그 몸은 즉시 타서 없어질 것이다. 그러나 그의 혼은 영원히 고통을 당할 것이다.

산 채로 지옥에 던져진다는 것은 마태복음 5장에서도 볼 수 있다. 마태복음 5:29,30은 한쪽 눈과 한쪽 손이 실족케 하면 그 지체를 잘라 버리라고 말한다. 그렇지 않으면 눈과 손을 가지고 "몸"이 지옥에 던져지게 된다(막 9:43,45,47). 요한계시록 19:20에서는 거짓 선지자와 짐승이 "산 채로" 불못에 던져진다. 몸이 지옥에 들어갔던 일은 구약에도 있었다. **『그가 이 모든 말을 마쳤을 때, 그들의 밑에 있는 땅이 갈라지고 땅이 그 입을 벌려, 그들과 그들의 집들과 코라에게 속한 모든 사람들과 그들의 모든 물건들을 삼키니라. 그들과 그들에게 속한 모든 것이 산 채로 구렁으로 내려가고 땅이 그 위에서 닫아 버리니, 그들이 회중 가운데서 멸망하니라』**(민 16:31-33). 이것은 단순한 지진이 아니다. 그들이 산 채로 떨어진 구렁은 지옥을 말한다.

여기서 "멸한다"(destroy)는 말은 "소멸시킨다"라는 뜻이 아니다. 여호와의 증인들은 이 구절을 "소멸"로 잘못 해석하여 혼은 영원히 살지 않고 소멸되기 때문에 지옥에서의 고통은 없다고 가르친다. 그러나 성경에서 "멸망"이라는 말은 "소멸," 즉 존재 자체가 없어진다는 뜻이 아니다. 심지어 영이 죽었다는 말도 영의 존재 자체가 없다는 뜻이 아니다. 성경에서 "멸망"은 저주의 상태를 나타낸다. 사람이 멸망한다는 말은 사람이 죽는다는 것이며, 성읍이 멸망한다는 말은 성읍이 파괴된다는 말이고, 혼이 멸망한다는 말은 혼이 지옥에서 고통당한다는 뜻이다(잠 5:11, 신 30:18, 암

3:15, 잠 29:18). 예레미야 17:18에서는 "두 배의 멸망"이라고 되어 있다. 그러나 어떠한 존재도 두 번 소멸될 수는 없다. 성경적 용어가 정립되지 않았을 때 발생되는 문제는 성경을 찾아서 공부하지 않았기 때문에 생기는 문제이다.

10:29 참새 두 마리가 한 앗사리온에 팔리지 아니하느냐? 그러나 너희 아버지 없이는 그 중 한 마리도 땅에 떨어지지 아니하리라.

30 그러나 너희의 머리카락까지도 다 세어 두셨나니

31 그러므로 너희는 두려워하지 말라. 너희는 많은 참새보다 더 귀하니라.

32 그러므로 누구든지 사람들 앞에서 나를 시인하면, 나도 하늘에 계신 나의 아버지 앞에서 그를 시인할 것이나,

33 누구든지 사람들 앞에서 나를 부인하면, 나도 하늘에 계신 나의 아버지 앞에서 그를 부인하리라.

28절에서는 두려워하라고 말씀하시면서 31절에서는 두려워하지 말라고 말씀하신다. 두려워하면서도 두려워하지 않는 모습은 출애굽기에서 정확히 나타난다.

출애굽기 20:20에서는 『**두려워 말라. 하나님께서 내려오심은 너희를 시험하시고 그를 두려워함이 너희 얼굴 앞에 있게 하여 너희로 죄를 짓지 않게 하려 하심이라.**』**라**고 하신다. 여기서 모세는 "두려워 말라"와 "두려워하라"를 둘 다 명령하고 있다. 우리는 하나님을 두려워함과 동시에 하나님께서 우리를 위해 행하시는 모든 일 앞에서 두려워하지 말아야 한다. 두려움과 사랑은 조화를 이루어야 하며 하나님을 사랑하는 것도 그분을 두려워하는 가운데 이루어져야 한다. 하나님께서도 우리를 사랑과 더불어 징계하신다(히 12:4-10).

10:34 내가 땅 위에 화평을 주러 온 줄 생각하지 말라. 나는 화평을 주러 온 것이 아니라 칼을 주러 왔노라.

35 내가 온 것은 사람이 그 아버지와, 딸이 그 어머니와, 며느리가 그 시어머니와 서로 대적하게 하려 함이니라.

36 사람의 원수들은 그의 가족 중에 있으리라.

37 아버지나 어머니를 나보다 더 사랑하는 사람은 나에게 합당치 아니하고, 아들이나 딸을 나보다 더 사랑하는 사람도 나에게 합당치 아니하며

38 또 자기 십자가를 지지 않고 나를 따르는 자도 나에게 합당치 아니하니라.

39 자기 생명을 찾는 사람은 잃을 것이요, 나로 인하여 자기 생명을 잃는 사람은 찾을 것이라.

누가복음 2장에서는 『**땅 위에는 화평이요, 사람들에게는 호의로다.**』(눅 2:14)라고 말했음에도 불구하고, 본문에서 예수님께서는 자신이 그러한 목적으로 세상에 온 것이 아니라고 말씀하신다. 예수님께서는 세상에 칼을 주러 오셨다. 누가복음 22:36에서는 오히려 칼을 사라고 말씀하시기까지 하신다. 이 칼은 단지 자기방어를 위한 문자적인 칼일 뿐 아니라, 교리적인 쟁점으로 가정들을 찢으시는 그리스도 자신을 언급한다. 자유주의자들은 평화와 사랑과 세계 평화를 외치고 있으나 예수님께서는 "칼"을 말씀하신다. "평화"라는 것은 예수 그리스도의 사역의 전부가 아니다. 오히려 "평화"는 적그리스도의 슬로건이다(단 9:25; 11:24). 주님께서는 재림 때에 분명히 "화평의 통치자"로 오실 것이지만(사 9:6) 그 전에 그 분은 자기를 반대하는 모든 것들을 멸하실 것이다(사 2:4). 초림 때 예수님은 처음부터 "화평케 하는 자"(peacemaker)가 아니라 "혼란(분쟁)케 하는 자"(troublemaker)이셨다.

누가복음 2:34,35에서 시므온은 이 "찌르는 칼"을 깨달았고 그 칼이 가족들을 찢을 것임을 알았으며, 히브리서의 저자는 4:12에서 그 칼을 하나님의 말씀으로 동일시했으며, 요한은 그 말씀을 성육신한 그리스도로 보았다(요 1:1,2). 그러므로 예수님은 칼을 주러 오셨고, 그는 칼이시며, 진리와 비진리를 찢어 나누시는 분이시다. 그는 실제적인 평화를 가져오실 분이지만 그 앞서 칼을 주시는 일을 선행하신다. 가정이 다른 종교를 믿고 있을 때, 또는 그 가정에 진리와 오류가 섞여 있을 때 예수님은 그 가정을 찢으신다. 다양성을 인정하자며 평화롭게 지내는 것은 하나님의 뜻이 아니다. (성경대로 믿는 기독교 외에 여러 종교가 어울려 있으면 오히려 평화롭게 지낼 수 있다).

『아버지나 어머니를 나보다 더 사랑하는 사람은 나에게 합당치 아니하고, 아들이나 딸을 나보다 더 사랑하는 사람도 나에게 합당치 아니하며』 (37절).

누가복음 14:26은 더 강력하게 "미워하라"고 말하고 있다. 일반적인 윤리나 철학을 초월하는 이 말은 예수 그리스도의 절대성을 말하는 것이다. 부모나 교회 교리에 충실하다고 구원받는 것이 아니라 예수 그리스도를 믿어야만 구원받는다. 예수님은 부모와 가족을 포함해서 어떠한 다른 것보다도 주님 자신을 더 강조하셨는데, 이 "자기 강조"는 예수 그리스도의 가르침 중 85%를 차지한다.

만일 예수님께서 많은 길 중 하나라면 그분은 분명 "자기중심주의자"(egotist)이다. 그러나 그분은 많은 길 중 하나가 아니라 "유일한 길"이시다. 그러므로 그는 이렇게 말씀하시기에 합당하신 분이며 경배받기에 합당하신 분이다(마 8:2; 14:33). 『**사람에게 옳게 보이는 길이 있으나, 그 끝은 죽음의 길들이니라**』(잠 14:12).

『**또 자기 십자가를 지지 않고 나를 따르는 자도 나에게 합당치 아니하니라**』(38절).

십자가를 진다는 것은 죽는다는 것이다. 그러므로 예수님을 따르는 자는 자아도 죽이고, 또 죽기까지 신실해야 한다. 그러나 이 말에는 죽기까지 신실하라는 말 이상의 의미가 있다.

십자가는 범죄자들이 받는 형벌이다. 특별히 당시에는 로마 시민권이 없는 사람들에게만 처해지는 극형이었다. 예수님께서는 친히 범죄자 아닌 범죄자가 되셔서 십자가를 지셨다. 이것은 우리도 또한 범죄자가 되어야 한다는 것을 의미한다. 동료들의 눈에 범죄자가 되지 않으면 주인의 제자가 될 가치가 없다. 자유주의자들은 인도주의자가 되기 원하고 박애주의자가 되기 원하나 예수님의 제자들과 그리스도인들은 "범죄자"가 되어야 한다. 세상은 그리스도를 미워하기 때문에 진리를 전파하면 세상에서는 범죄자가 된다. 때때로 그들은 분리주의자가 될 수 있고, 때때로 그들은 인종차별주의자가 될 수 있으며, 때때로 그들은 극단론자가 될 수 있다. 그들은 세상이 내놓은 평화 계획에 동조하지 않는다. UN이나 NCC(교회협의회)에도 동조하지 않는다. 그들은 세상이 멸망당할 것을 알기에 세상을 구하기 위한 어떠한 계획에도 동조하지 않는다. 그들은 세상을 구할 단 하나의 길은 예수 그리스도의 재림이라는 것을 알기에 때로는 현실도피자라는 말도 듣는다. 그러나 그들은 주님처럼 세상 사람을 사랑하기에 그들을 구원하기 위해 지속적으로 복음을 전파한다. 그러다가 그들은 예수님처럼 범죄자로 여겨진다. 예수님은 친히 범죄자로 여김을 받으셨다. 『**그리하여 '그가 범죄자들과 더불어 헤아림을 받았다.'고 말한 성경이 이루어졌더라**』(막 15:28). 우리는 그리스도를 위해 범죄자로 인정받아야 한다. 물론 이 말은 우리가 죄를 지으라는 말이 아니다. 『**너희의 잘못들로 인해, 매를 맞고 참으면 무슨 영광이 있겠느냐?**』(벧전 2:20)

10:40 너희를 영접하는 사람은 곧 나를 영접하는 것이며, 또 나를 영접하는 사람은 곧 나를 보내신 분을 영접하는 것이라.

41 선지자의 이름으로 선지자를 영접하는 사람은 선지자의 상을 받을 것이요, 의인의 이름으로 의인을 영접하는 사람은 의인의 상을 받을 것이라.

42 또 누구든지 제자의 이름으로 이 작은 자들 중 하나에게 마실 냉수 한 잔이라도 주면, 진실로 내가 너희에게 말하노니, 그는 결코

자기 상을 잃지 아니하리라." 하시더라.

대환란 기간 중에는 예수님께서 전파하셨던 것과 똑같은, 열두 사도들에게 위임되었던 것과 똑같은 천국 복음이 다시 전파될 것이다. 그리고 이때 이 복음을 전파하는 사람들에게는 사도들에게 주어졌던 것과 똑같은 권세와 "표적"이 나타날 것이다. 그들은 다시 병 고침의 이적을 행하고, 마귀들을 쫓아내며, 새 방언들을 말할 것이며, 뱀을 집을 것이고, 어떤 독을 마실지라도 해를 입지 않을 것이다(막 16:17,18). 그리고 이때 이들을 영접하고 이들이 전파하는 복음을 받아들이는 사람들에겐 화평이 임할 것이고(마 10:13), 그들은 선지자의 상과 의인의 상을 받을 것이다. 또 이 기간 중에는 많은 민족들이 이스라엘을 대적하여 전쟁을 하고 또 핍박할 것이나(지난 2,000년 동안 그랬던 것보다 더 심하게), 유대인들을 보호하고 도와주는 민족은 양과 염소로 가르실 때 양으로 분류될 것이다(마 25:31-46).

이스라엘 민족은 아브라함과 맺으신 언약 이후로(창 12,15,17장) 하나님의 택한 백성이다. 비록 지금 이 시대에는 이스라엘이 반역으로 떨어져 나갔을지라도, 성경 예언에 따라서 다시 위대한 민족으로 재건될 것이다. 그리고 이스라엘을 보호하고 그들과 화친했던 나라들이 축복을 받아 번영을 누리고 그들을 저주하고 핍박한 나라들이 패망하게 되었다는 사실을 우리는 2,000년 교회사에서 배울 수 있다. 앞으로 환란 기간에는 더 엄청나게 이 일이 일어나게 될 텐데, 만약 이 글을 읽는 독자가 구원받지 못해서 환란 기간 중에 이 땅에 남게 된다면(물론 필자는 독자가 구원받아 휴거되길 원한다.) 결코 유대인을 박대하지 말라. 유대인을 도와 주고 그들이 고통을 당할 때 보호해 주라. 그리하면 마태복음 25:31-46에 따라서 구원받게 될 것이다. 또 만약 독자가 구원받지 못해 환란 중에 남게 될 정치가라면 반드시 유대인 보호정책을 써라. 결코 적그리스도의 세력인 바티칸과 협약을 맺지 말 것이며, UN이 이스라엘과의 전쟁을 합의할 때 그들과 동조하지 않도록 하라. 이스라엘이 고립될 때 그들을 지원하라. 그러면 이 나라는 환란을 겪은 다음에도 마태복음 25:31-46에 따라서 "양"에 속한 민족으로 구원받아 천년왕국에 참여할 것이다. 만약 이 글을 읽은 독자가 구원받지 못해 대환란 중에 남게 되었을 때 이 경고를 기억하고 "나는 몰랐다."라고 변명하지 말라. 무지는 결코 변명이 될 수 없다.

마태복음 11장

마태복음 11장과 12장은 왕국이 거부되는 모습을 집중적으로 다루고 있다. 예수 그리스도께서는 계속적으로 말씀의 증거와 표적을 통해서 왕국 복음을 선포하셨지만, 7장에서 경고하신 말씀대로 말씀을 가로막는 거짓 선지자의 무리들로 인해 백성들은 왕을 거부한다. 물론 여기서 왕국이 거부당했다고 하여 예수 그리스도께서 이후로는 왕국 복음을 전파하시지 않는다는 것이 아니다. 예수 그리스도께서는 계속적으로 왕국 복음을 전파하시고 그 왕이 요한복음 19:15에서 완전히 거부당하실 때까지 예수 그리스도께서는 계속적으로 왕국 복음을 전파하셨다. 그러나 마태복음 11,12장은 왕국 복음이 진행되는 연속선상에서 왕국이 어떻게 거부당하는지를 보여 주며, 특별히 그것이 한 세대를 마무리하는 침례인 요한과 연결되어 있기 때문에 중요하다(11:13). 그러면 침례인 요한은 과연 누구인가?

11:1 예수께서 그의 열두 제자에게 지시하시기를 마치신 후에, 그들의 성읍들에서도 가르치며 전파하기 위하여 그곳을 떠나시더라.

2 그때 요한이 감옥에서 그리스도께서 하신 일들을 듣고 자기 제자 가운데 둘을 보내어

3 주께 말씀드리기를 "당신이 오실 그분이시니이까? 아니면 우리가 또 다른 분을 기다려야 하리이까?"라고 하니,

침례인 요한은 감옥에 있다. 그가 감옥에서 어떻게 죽었는지는 마태복음 14:1-11과 마가복음 6:21-28에 자세히 기록되어 있다. 이제 그의 때가 끝나며 동시에 한 세대가 마무리되는 것이다. 그리고 예수 그리스도께선 침례인 요한의 질문에 대답하여 자신이 메시아이신 것을 역시 표적으로써 증거하셨다(4,5절).

1절에서 『**그들의 성읍들**』(their cities)은 문맥적으로 제자들이 사는 지역을 말하며, 갈릴리 바다 근처의 지역이다. 이때는 보통 예수 그리스도의 3차 갈릴리 여행이라고 불리는데, 그분의 중기 사역에 해당된다.

11:4 예수께서 대답하여 그들에게 말씀하시기를 "가서, 너희가 듣고 보는 일들을 다시 요한에게 전하라.

5 소경이 보고, 절름발이들이 걸으며, 문둥병자들이 깨끗해지고, 귀머거리들이 들으며, 죽은 자들이 일으켜지고, 가난한 자들에게 복음이 전파된다 하라.

6 나로 인하여 실족하지 않는 자는 누구나 복이 있도다." 하시니라.

여러 차례 강조했지만, 예수님께서 주님 자신을 가리켜 오실 메시아(창 49:10)로서 강조하실 때에는 항상 모세의 사역에 나타나는 "표적들"과 병 고침의 "이적들"을 통해 설명하신다. 이러한 표적과 이적들은 메시아로서의 "신임장"과 같은 것이었고, 그때 사람들은 그를 "모세와 같은 선지자"(신 18:18)와 동일시했다. 4절의 『**너희가 듣고 보는 일들**』은 주님께서 그 근처에서 행하신 사역들과 놀라운 이적들을 언급하는 것인데, 그것으로서 주님은 하나님이자 인간이신 분, 즉 메시아로 증명되시는 것이다.

그러나 이러한 표적들은 단순히 그분이 왕이시라는 사실 외에도, 그분이 하나님이시라는 사실을 증명한다. 마태복음이 이러한 표적들로 예수님이 왕이시라는 것을 보여 준다면, 요한복음은 이러한 표적들을 통하여 그분이 하나님이심을 보여 주는 데 역점을 둔다. 그러나 마태복음에서도 예수님의 신성을 보여 주는 구절은 많이 있는데, 11:27 이하의 구절들은 예수님의 신성을 나타내는 명백한 구절이다.

거듭나지 않은 자유주의자들이 공관복음을 좋아하는 이유는 거기에서 주님의 "가르침들을 지킴으로" 행위로 구원을 얻는 내용들이 많이 발견되기 때문이다. 그들은 바울의 향상된 계시를 이해하지 못하기에 예수님께서 직접 말씀하신 공관복음에 더 권위를 두고, 예수님께서 유대인에게 오신 메시아로서 그들에게 가르치신 행위들을 지키려 한다. 그들에게 중요한 것은 "산상설교"이나 "황금률," "이웃을 사랑하라"는 계명 등이다. 그들은 예수님의 신성을 소홀히 하고, 예수 그리스도의 구원의 유일성을 강조하지 않는다.

그럼에도 불구하고 공관복음서들의 중간중간에는 요한복음처럼 그리스도의 신성에 대한 명확한 진술들이 있다.

11:7 그들이 떠나자 예수께서 무리에게 요한에 관하여 말씀하기 시작하시더라. "너희가 무엇을 보려고 광야에 나갔더냐? 바람에 흔들리는 갈대더냐?

8 아니면 너희가 무엇을 보려고 나갔더냐? 부드러운 옷을 입은 사람이더냐? 보라, 부드러운 옷을 입은 사람들은 왕궁에 있느니라.

9 그러면 너희가 무엇을 보려고 나갔더냐? 선지자더냐? 그렇다. 내가 너희에게 말하노니 선지자보다 더 훌륭한 사람이니라.

10 이는 이 사람에 관하여 기록되기를 '보라, 내가 나의 사자를 네 면전에 보내노니, 그가 네 앞서 너의 길을 예비하리라.'고 하였기 때문이라.

예수님께서 말씀하신 대로 침례인 요한은 선지자였다. 그리고 보통 선지자보다 더 훌륭한 사람이었다. 이 사실은 11절에서 『**여자에게서 태어난 사람 가운데 침례인 요한보다 더 큰 사람은 일어난 적이 없었느니라.**』라는 예수님의 진술에서도 명백해진다. 그는 바람에 흔들리는 갈대처럼 연약한 사람도 아니었고, 왕궁에 있는 사람처럼 부드러운 옷을 입은 사람도 아니었다. 요한은 왕에게 지시하여 그를 옳게 살도록 힘쓰게 할 정도로 강한 사람이었다(막 6:20). 그는 낙타털로 만든 옷을 입고 다녔다.

한 가지 재미있는 것은 여기서 "부드럽다"고 번역된 헬라어는 "말라코스"(μαλακός)라는 중성어로, 나약한, 여자 같은, 사내답지 못한 아첨꾼을 묘사하는 데에 쓰이는 말로서, 고린도전서 6:9에서는 『**여자처럼 행세하는 자들**』로 번역된 말인데, 이 말을 통해 왕궁에 있는 사람들의 도덕성을 엿볼 수 있을 것 같다.

침례인 요한은 선지자이다. 선지자 중에서도 아주 중요한 임무를 띤 선지자로, 그는 선지자 엘리야와 밀접한 관계를 갖고 있는 사람이다. 그의 임무는 왕이 오시기에 앞서 왕의 길을 예비하기 위해 왕국 복음을 전파하는 것이었다(마 3:2). 이에 대하여 예수님께선 말라키 3:1의 말씀을 인용하시는데, 말라키 3,4장은 "주의 날"에 대한 예언으로, 그 구절은 "크고 무서운" 주의 날이 오기 전에 선지자 엘리야를 보내겠다는 말라키 4:5의 말씀과 직접적으로 연결된다. 이것은 누가복음 1:17에서 침례인 요한에 대해서 주의 천사가 말할 때 말라키 4:5,6을 인용한 것으로 분명해진다. 그러므로 침례인 요한은 다시 올 엘리야 선지자였다. 이 사실은 또 마태복음 17:11-13에서 예수님께서 침례인 요한을 엘리야로 묘사한 것을 보아도 확실시된다. 침례인 요한은 엘리야이다.

그러나 이 문제는 여기서 끝나서는 안 된다. 그를 예수 그리스도의 초림의 길을 예비하는 선지자로 한정 짓기에는 그의 위치가 너무나 중요하기 때문이다. 여기서 또 하나의 문제가 있는데, 그것은 침례인 요한 자신의 진술이다. 그는 요한복음 1:21에서 "네가 엘리야냐?"라고 묻는 사람들에게 "나는 아니라."라고 분명히 대답했다. 예수 그리스도께서 그를 엘리야라 하셨는데, 그는 엘리야가 아니라고 하는 서로 모순되는 진술이 나타난다. 과연 누구의 말이 옳은 것인가? 예수님의 말씀이 더 옳으므로 침례인 요한이 틀린 것인가?

이 문제를 해결하기 위해서 우리는 그렇게도 강조해 왔던 "왕국"에 초점을 맞추어야 한다. 말라키 3:1에는 『**보라, 내가 내 사자를 보내리니, 그가 내 앞에서 길을 예비하리라.**』**라**고 되어 있다. 이 말씀은 예수님의 길을 예비한다는 것인데, 이것은 예수님의 초림의 길에 한정되지 않는다. 이것은 예수님께서 왕으로 임하시는 길을 말하는 것이다. 마가복음 1:2,3에는 말라키 3:1과 더불어 이사야 40:3의 예언을 함께 인용하고 있는데(변개된 성경에서는 마가복음 1:2에 "선지자 이사야의 글에"라고 변개시켜 놓았다. 그러나 그 구절은 말라키와 이사야, 둘 다를 인용한 것이기에 『**선지서들에**』(막 1:2)라고 기록되어 있는 〈킹제임스성경〉이 옳은 것이다), 이 이사야 40장의 내용은 이스라엘의 회복과 "주의 날"과 천년왕국에 대한 예언이다. 또 말라키 4장은 『**주의 크고 무서운 날**』(말 4:5)에 대한 예언으로, 왕국이 임하기 직전에 예수 그리스도께서 온 민족을 심판하시는 사건과 관계있는 장이다.

그러므로 선지자 엘리야는 예수 그리스도의 왕국, 즉 "천국"(the kingdom of heaven)이 임하기 직전에 와서 주님의 왕의 길을 예비할 사람이다. 그러면 예수 그리스도의 초림 때에 천국이 임했었는가? 침례인 요한과 예수 그리스도와 그분의 제자들이 "천국이 가까이 왔느니라."라고 전파했지만 결국 그때에 천국은 임하지 않았다. 그러나 천국이 임할 수 있는 상황이었다. 우리는 가끔 "천국"과 "왕국"을 혼용해서 말하곤 하는데, 이것은 구약적인 개념으로 보게 되면 같은 것이기 때문이다. 성경에서 하나님께서 주관하시는 왕국은 두 가지, 곧 "천국"과 "하나님의 나라"가 있는데, 이 두 왕국이 구분된 것은 신약에서였고, 구약에선 단지 "왕국"만 있었다. 마찬가지로 우리가 신구약 성경을 모두 가지고 보는 이 시점에서 예수 그리스도의 초림과 재림은 구분될 수 있는 것이지만, 구약의 선지자들에게는 초림과 재림이 구분되지 않았고, 단지 "그분의 오심" 하나로 끝나는 것이었다. 그들은 신약적인 구원의 개념을 몰랐으며, 단지 자기들의 왕, 메시아께서 오셔서 그분의 왕국을 세우시는 것만 알았던 것이다. 이 점에 대해서는 베드로전서 1:10,11에서도 강조되어 있다. 그래서 구약의 예언을 가만히 보게 되면 예수님의 초림과 재림이 섞여 있는 것을 보게 되며, 신약에서 예수님과 사도들이 구약을 인용할 때는 초림에 관한 부분만 인용하든가, 아니면 초림에 관계된 것으로 바꾸어서 구약을 인용하는 것을 발견할 수 있다.

침례인 요한의 문제로 돌아가 보자. 위에 설명한 관점으로 보게 되면 침례인 요한과 예수님의 각각 엇갈린 진술을 해결할 수 있다. 침례인 요한은 주의 길을 예비하는 선지자 엘리야였다. 그는 "천국"이 오기에 앞서 "천국"의 길을 예비하던 사람이었다. 그리고 그때 천국이 임할 수 있는 조건들이 형성되어 갔다. 왕이 나타났고, 왕께서는 친히 가르침과 표적으로 자신의 왕 되심을 전파하신 것이다. 그러나 그때 왕국은 임하지 않았다. 왕이 거부된 것이다. 그리고 왕국은 2,000년 뒤로 연기되었다. 엘리야는 주의 길을 예비하는 자로서 "주의 크고 무서운 날," 즉 심판의 날 이전에 나타나야 한다. 초림 때는 심판의 날이 아니었다. 이것은 재림 때 있을 일이다. 그러므로 구약의 예언을 이루기 위해서 엘리야는 재림 때 다시 나타나야 한다. 그 엘리야가 바로 요한계시록 11장의 "두 증인" 가운데 한 사람이다. 만약 당시의 사람들이 예수님을 그들의 왕으로 받아들였다면, 그때 "주의 날"과, "천국"이 임했을 것이고, 침례인 요한은 완전하게 엘리야가 되었을 것이다. 그러나 재림이 연기됨으로써 침례인 요한은 엘리야가 되지 못했다. 성령께서는 이 사실을 미리 아시기에 말라키 4:5,6의 예언을 조금 바꾸어서 누가복음 1:17에서 인용하시는데, 『**그는 엘리야의 영과 능력을 가지고...**』라고 말씀하시고 있는 것이며, 이에 예수님께서도 마태복음 11:14에서 증거하시기를 『**만일 너희가 그것을 받을 의향만 있다면**』이라고 조건을 붙여, 그가 조건적으로 엘리야임을 말씀하시고 있는 것이다. 그는 제한된 의미로 엘리야였다.

마태복음 11:10, 『**'보라, 내가 나의 사자를 네 면전에 보내노니, 그가 네 앞서 너의 길을 예비하리라.'**』

말라키 3:1, 『**보라, 내가 내 사자를 보내리니, 그가 내 앞에서 길을 예비하리라...**』

10절의 인용은 말라키 3:1의 인용이다. 그런데 마태는 말라키의 말씀을 인용하면서 인칭을 바꾸어서 인용하고 있다. 말라키에서 하나님께서는 그분의 사자를 "내"(여호와 하나님) 앞에 보낸다고 하셨다. 그런데 마태복음에서 하나님께서는 하나님의 사자를 "네"(예수 그리스도) 앞에 보내시겠다고 하신다. 예수님께서는 의도적으로 구약에서 여호와 하나님을 가리키는 "나"를 예수님을 가리키는 "너"로 바꾸어서 인용하신 것이다. 예수님께서 이렇게 하신 목적은 자신을 구약의 여호와 하나님과 동일시하시려는 것이었다. 아버지 여호와 하나님께서 육체로 나타나셔서 아들 예수 그리스도가 되신 것이다. 예수님께서는 자신이 하나님이시라는 것을 항상 증거하셨으며, 그의 제자들은 물론 의심 많은 도마까지도 그 사실을 고백했고(요 20:28), 예수께서 그렇게 주장한다는 사실을 그의 원수들도 이해했었다(요 10:33; 8:58). 그리고 그것은 예수님의 죄목이 되었다.

11:11 진실로 내가 너희에게 말하노니, 여자에게서 태어난 사람 가운데 침례인 요한보다 더 큰 사람은 일어난 적이 없었느니라. 그러나 천국에서는 가장 작은 사람이라도 그보다 더 크니라.

12 침례인 요한의 때로부터 지금까지 천국은 폭력을 겪고, 폭력을 쓰는 자들이 힘으로 그것을 차지하느니라.

13 모든 선지서와 율법은 요한까지 예언한 것이라.

다시 침례인 요한의 문제로 돌아가 보자. 침례인 요한은 상당히 중요한 사람이다. 왜냐하면 그는 모든 선지자 중에서 가장 큰 자로서, 메시아에 대해서 최종적으로 예언한 선지자이며, 그의 길을 예비하는 "왕의 선두 주자"이고, 더욱이 그에 의해서 한 세대가 종결되기 때문이다.

여자에게서 태어난 사람 가운데에는 침례인 요한이 가장 크다. 그러나 천국에서는 가장 작은 사람도 요한보다 더 크다(11절). 이 말은 천국에서는 가장 작은 자도 요한에게 알려져 있지 않은 기회를 갖는다는 말이다.

만약 여기서 "천국"이라는 말 대신에 "하나님의 나라"라고 되어 있으면 이 문제는 "거듭남"의 의미로 해석될 수 있을 것이다. 왜냐하면 거듭나는 것은 여자에게서 태어나는 것이 아니라 하나님으로부터 태어나는 것이기 때문이다(요 1:13, 벧전 1:23). 그런 의미에서 교회 시대의 거듭난 사람들은 모두 여인에게서 태어났던 구약의 "율법과 선지자들"과는 다른 한 그룹에 속하게 된다(요 3:29, 고후 11:1-3는 이것을 "신부"로 설명한다).

그러나 여기에 제시된 나라는 "천국"이다. 그러므로 이 구절은 "거듭남"의 개념으로 설명할 수 없다. 교회는 한 번도 천국과 동일시된 적이 없다. 이것은 선지자들에게서 언급되었던 시대로, 교회 시대를 뛰어넘은 다른 시대에 설정된다. 그러므로 이 구절은 "천국에서 가장 작은 사람도 요한보다 더 좋은 기회들을 갖는다."는 의미로 해석된다. 그들은 하나님의 뜻을 알기 위해 선지자나 예언이 필요 없을 것이다. 천년왕국 때는 예언이 금해진다(슥 13:3-6). 그들은 부활하시고 영화롭게 되신 그리스도를 그들의 면전에서 직접 뵙게 될 것이고, 새롭게 된 세상을 직접 눈으로 보게 될 것이다. 이 모든 것들은 요한이 경험해 보지 못한 것이다.

『**모든 선지서와 율법은 요한까지 예언한 것이라**』(13절).

여기서 예수님은 요한까지를 한 세대로 나누어 놓으셨는데, 이것은 세대주의의 기초가 되는 말씀이다.

구약이 몇 개의 세대로 나누어진다는 것은 잠시 접어두고, 그 앞에 어떤 세대가 있었든지 침례인 요한으로 끝난다는 것을 염두에 두자. 그리고 문맥상 주제가 "천국"이므로 세대의 구분도 천국에 맞추어 생각해 보자. 본문에는 천국과 관련하여 세 개의 시대가 등장하는데, 13절의 요한으로 마쳐지는 세대로서 천국이 예언되는 시대와, 11절의 천국이 드러나는 시대(우리는 이것을 천년왕국이라고 말할 수 있다), 그리고 그 사이의 과도기적인 시대로서 12절의 시대인 천국이 폭력으로 탈취되는 시대이다. 두 번째 시대인 과도기를 "요한의 때로부터 지금까지"라고 제한시킨 것을 보아 분명히 나누어지는 한 시대로 보아야 한다.

그러나 분명히 인식할 것은 이 과도기적인 시대는 교회 시대가 아니라는 것이다. 교회는 아직 계시되지도 않았고 교회는 분명히 천국이 아니므로, 이 시대는 교회 시대를 배제한 또 하나의 과도기적인 시기이다. 그리고 『**지금까지**』(12절)라는 말은 지금 우리가 성경을 읽고 있는 "지금"이 아니라 예수님께서 말씀하시던 당시를 말하며, 이것은 같은 관점으로 왕국이 전파되던 시기인 십자가 사건 때까지라고 볼 수 있다. 그러므로 이 과도기적 시대는 침례인 요한의 때로부터 예수 그리스도의 죽음까지의 시대이다. 이 시대의 특징은 천국이 폭력으로 탈취되며, 폭력을 쓰는 자들이 힘으로 천국을 차지하는 것인데, 이 "폭력"이라는 말은 전혀 긍정적인 의미의 힘이 아니다. 사람들은 이 구절을 잘못 해석해서, 열심 있는 사람들이 천국을 차지한다고 말하기도 하는데, 이것은 소위 "복음으로 인한 천국의 확장"이라는 잘못된 개념을 적용한 결과이며, 이러한 오류는 마치 요한계시록 6:2의 흰 말 탄 자의 승리를 복음의 확장이라고 해석하는 것과 같은 오류이다.

마태복음의 이 구절은 천국이 불법자들에 의해 탈취된다는 것을 말하고 있다. 이 기간은 지극히 짧은 과도기적인 기간으로서, "폭력을 쓰는 자들"이란 당시의 힘 있는 자들, 즉 바리새인과 서기관들, 율법사 등 당시의 종교 지도자들이었고, 예수님께서는 이들이 천국의 도래를 막고 있는 위선자들이며(마 23:13) 거짓 선지자(마 7:15), 개, 돼지(마 7:6)라고 누차 경고하셨다. 이스라엘이 왕을 거부하는 일차적인 책임은 이들에게 있다. 그들은 왕국을 거부하고 대신 그 천국을 자신들이 차지하고 싶었던 것이다. 말로는 메시아를 기다린다고 하면서도 그들의 진심은 거부하는 것이었다. 그들은 표적을 보기 원한다고 말하면서도 그들의 마음속으로는 어떤 표적이든지 거부할 준비가 되어 있었던 것이다(마 12:38,39). 왕이 왔으나 거부되어 있고 불법자들이 차지하고 있는 상태, 그것이 바로 마태복음 11:12의 상태이다. (누가복음 16:16은 좀 다르다. 거기에도 세대 구분이 되어 있기는 하나 그 시대는 교회와 관계된다. 왜냐하면 "하나님의 나라가 전파되어"라고 되어 있기 때문이다. 복음의 확장이라는 긍정적인 의미로 설교하기 원하는 자는 누가복음 16:16을 사용하기 바란다.)

11:14 만일 너희가 그것을 받을 의향만 있다면, 오기로 되어 있는 엘리야가 바로 그 사람이니라.

15 들을 귀 있는 자는 들을지어다.

침례인 요한이 제한적인 의미에서 엘리야라는 사실은 앞에서 다루었다. 우리는 위의 도표에서 "감추어진 교회 시대"를 잘 이해해야 한다. 만일 유대인들이 예수님을 그들의 민족의 메시아로 받아들였다면 "감추어진 교회 시대"는 극히 짧았을 것이다. 에베소서의 말씀대로 교회는 세상의 기초 이전에 계획된 것이므로 주님의 몸 된 교회는 존재해야 한다. 그러나 그것이 지금의 교회 시대처럼 있어야 할 필요는 없다. 교회가 구체적으로 드러난 것은 십자가의 거부 이후 사도 바울에게다.

만일 유대인들이 그들의 왕을 당시에 받아들였다면 예수님의 재림도 당시에 이루어졌을 것이다. 구약의 선지자들에게 있어서 메시아의 오심은 초림과 재림의 구분이 없이 단지 "오심"이었다. 그러므로 구약에 예언된 모든 것이 하나도 빗나감이 없이 당시에 모두 성취되었을 것이다. 그러나 시편 22편과 이사야 53장에 있는 메시아의 거부에 대한 예언이 성취되어야 하기에 예수님은 십자가에 달리셔야 했다. 대신 예수님을 못박은 사람들이 아직 살아 있는 그때에 예수님께서 재림하시기만 하면 구약의 모든 예언들이 빗나가지 않은 상태에서 침례인 요한은 엘리야가 되고 왕국은 그때 임했을 것이다.

그러면 당시에 예수님께서 재림하실 수 있는 가장 적절한 시기는 언제였을까? 예수님이 부활하시면서 제자들에게 확신을 주셨고 승천하시면서도 왕국에 대한 그들의 기대를 저버리지 않으셨다. 베드로는 사도행전 2장에서 유대인들에게 천국의 문을 활짝 열어 놓았고 분위기는 무르익어 갔다. 그러나 예수님께서 그렇게도 경고하시던 위선자의 무리가 제자들의 복음 전파를 막았다. 이때까지 제자들이 전한 복음은 천국 복음이었다. 이들은 다시 한번 왕국을 거부한다.

사건의 절정은 사도행전 7장에서 이루어진다. 스테판이 유대인들에게 마지막으로 복음을 전했던 것이다. 그는 유대인들에게 천국 복음을 전파하면서 예수 그리스도께서 바로 그 왕이라는 사실을 역설했다. 그러나 그들은 격분하여 이를 갈고(행 7:54) 큰 소리를 지르며 귀를 막고 그에게 달려들어 돌로 쳐 죽였다(행 7:57,58). 이때 예수님께서는 하늘에 "서 계셨다." 이때의 상황을 누가는 이렇게 기록한다. 『**보라, 하늘들이 열리고 인자가 하나님의 오른편에 서신 것을 보노라**』(행 7:56).

하늘이 열렸다. 하늘이 열린 것은 누군가가 내려오거나 올라가기 위한 것이다. 또 예수님께서 하나님의 오른편에 "서 계셨다." 우리가 알고 있기로 교회 시대에 예수님께서는 하나님의 보좌 우편에 "앉아" 계시며 우리를 위해 중보하신다. 그러나 예수님께서 서 계신다는 것은 사도행전 7장에 단 한 번 나온다. 이 사건은 매우 특수한 사건이다. 예수님께서 그때 내려오시려고 했던 것이다!

스테판의 설교에 유대인들이 귀를 기울여 자기들의 죄를 회개하고 주님을 영접했다면 그때 "휴거"가 이루어져 사도행전 2장에서 시작된 교회가 들림받았을 것이고, 그들의 죄의 대가로 구약에서 예언된 "야곱의 고난의 때," 즉 대환란이 시작되었을 것이며, 말라키에서 예언한 "주의 크고 무서운 날"이 이르러 예수님께서는 재림하셔서 온 민족을 심판하시고, 그렇게도 기대하던 "천국"이 곧바로 도래하였을 것이다. 그렇게 되면 구약에서 예언되었던 메시아의 탄생과 고난과 죽음과, 야곱의 고난의 때와, 엘리야의 재림과, 주의 날과, 천국에 관한 예언이 하나도 빠짐없이 당시에 성취될 수 있었다.

만일 그렇게 되었다면 이방인들의 회심은 하늘에 계신 그리스도와 함께하는 교회를 통해서가 아니라, 땅에 계신 메시아 왕과 함께하는 유대인들을 통해서 이루어졌을 것이다. 지금 우리가 교회 안으로 들어와 엄청난 축복을 누리는 것은 로마서 11장에 나와 있는 것처럼 유대인들이 자기들의 왕을 거부하였기 때문이다. 그러나 로마서 11장의 예언대로 다시 유대인들은 회복될 것이다. 그때까지 우리는 한 명이라도 더 구령하여 교회의 축복에 참여시켜야 할 것이다.

11:16 그러나 내가 이 세대를 무엇에 비유할까? 그것은 마치 어린아이들
이 장터에 앉아 자기 친구들을 부르며
17 말하기를 '우리가 너희를 향해 피리를 불어도 너희가 춤추지 아
니하며, 우리가 너희를 향해 애통하여도 너희가 통곡하지 아니하

였도다.' 함과 같으니라.
18 요한이 와서 먹지도 마시지도 아니하므로 사람들이 말하기를 '그
가 마귀들렸다.' 하고
19 인자가 와서 먹고 마시니 그들이 말하기를 '보라, 탐식하는 자요,
술을 즐기는 자며, 세리들과 죄인들의 친구로다.' 하는도다. 그러
나 지혜는 자기의 자녀들로 인하여 의롭다고 인정받느니라."고
하시더라.

어떤 사람들은 이 구절을 거꾸로 해석하여, 침례인 요한이나 예수님께서 복음을 전하는데 춤추지도 않고 통곡하지도 않으며 "반응하지 않는 이 세대"라고 한다. 하지만 틀렸다. 이어지는 18,19절의 문맥만 보아도 알 수 있다. 피리를 불고 애통하는 자들은 악한 "이 세대"이며, 춤추지 않았던 자는 먹지도 마시지도 않았던 침례인 요한이고, 통곡하지 않았던 자는 먹고 마시던 인자이시다.

요한은 금욕적인 거룩함을 엄격히 강조하던 설교자였다. 그래서 사람들은 그를 "마귀들렸다"고 비난했다. 그래서 하나님은 그들에게 대중적인 복음 설교자를 보내셨고, 그분은 세리들과 죄인들과 더불어 음식을 잡수셨다. 그래서 사람들은 이 일로 인해서는 그를 마귀들렸다고 비난하지 못했다. 대신 사람들은 그를 탐식하고(신 21:20) 술 취함으로 구약의 율법을 깨뜨린 자라고 비난했다.

물론 예수님은 탐식하지도 않으셨고, 술을 마시지도 않으셨다. 이것은 그들의 모함일 뿐이다. 그러나 예수님께서 세리들과 죄인들의 친구인 것은 사실이다. 침례인 요한은 이 악한 세대를 위하여 춤추지 않았다. 그리고 예수님께선 그들의 위선적인 금식과 규례에 동조하지 않으시고 세리들과 죄인들과 함께 앉으셨다(마 9:10). 그리고 말씀하셨다. 『**나는 자비를 원하고 희생제를 원치 아니하느니라**』(마태복음 9:13 주석 참조).

[어떤 사람들은 예수님을 요한과 같이 에세네파라고 말한다. 그러나 에세네파는 칼의 사용을 금한 반면, 예수님께서는 사용하라고 지시하셨다(눅 22:36), 에세네파는 안식일에 관련한 모든 규례를 엄격히 지킨 반면, 예수님은 그렇지 않으셨다(막 2:24; 3:2). 에세네파는 여자를 가까이하지 않았고, 자기들이 만든 것 외에는 어떠한 것도 먹지 않았으나, 예수님은 그렇게 하지 않으셨다(요 4장, 눅 7,8, 마 9:10). 예수님의 말씀 중 어떤 곳에서도 그와 같은 것들은 찾아볼 수 없고, 주님의 대적들까지도 주님을 그 집단과 동일시하지 않았다.]

11:20 그후 주께서는 자기가 능력 있는 일들을 가장 많이 행하신 성읍들이 회개하지 아니하므로 책망하기 시작하시더라.

21 "코라신아, 너에게 화 있으리라! 벳새다야, 너에게 화 있으리라! 만일 너희 가운데서 행한 능력 있는 일들을 투로와 시돈에서 행하였더라면 그들은 벌써 베옷을 입고 재에 *앉아* 회개하였으리라.

22 그러나 내가 너희에게 말하노니, 심판 날에 투로와 시돈이 너희보다 더 견디기 쉬우리라.

23 카퍼나움아, 하늘까지 높아진 너는 지옥까지 낮아지리라. 네 가운데서 행하였던 능력 있는 일들을 소돔에서 행하였더라면 그 성읍이 오늘까지 남아 있었으리라.

24 그러나 내가 너희에게 말하노니, 심판 날에 소돔 땅이 너보다 더 견디기 쉬우리라."고 하시더라.

코라신과 벳새다는 갈릴리 해변 북쪽에 위치한 작은 성읍이다. 이 두 성읍들은 팔레스타인 북부에 위치해 있는데, 이곳에서 100마일도 안 되는 곳에 바알 숭배 지역인 투로와 시돈이 있다(판 18:18,19; 18:28-31, 렘 10:1-5, 왕상 16:29-33).

코라신과 벳새다가 책망받은 이유는 그들에게 행했던 권능을 투로와 시돈에서 행했다면 그들은 회개했을 것인데 코라신과 벳새다는 그렇지 않았기 때문이다. 또 같은 이유로 카퍼나움은 소돔과 비교되어 책망받고 있으며, 같은 관점으로 12:39-41에서 "이 악한 세대"가 니느웨 사람들과 비교되어 책망받고 있다. 그들이 이러한 이방 성읍들보다 더 책망받는 이유는 기다리던 왕이 표적을 행하는 것을 눈앞에서 보고서도 왕을 거부하였기 때문이다. 메시아 왕을 거부한 그들의 죄는 투로와 시돈의 우상 숭배의 죄보다, 소돔의 성적 타락의 죄보다 더 크다.

22절의 『**심판 날에**』(at the day of judgment)라는 말은 항상 구원받지 못한 사람들을 위한 마지막 심판을 언급한다(계 20:13-15, 벧후 2:9; 3:7, 단 7:9-13). 이 심판은 천년왕국이 지난 후 행해지는 큰 백보좌 심판이다.

『**지옥까지 낮아지리라**』(23절).

자유주의자들은 이 구절을 "그리스도의 사역을 거부한 이 도시들은 단지 멸망하여 '땅'에까지 낮아진다."라는 정도로 해석한다. 그들은 "지옥"의 실체를 조금이라도 더 가리려고 한다. 그러나 여기서 "하늘까지"라는 말과 대비되는 말은 "땅"이 아니라 "지옥"이다. 이들의 심판이 소돔과 비교되어 있는 것을 보면 명백하다. 유다서 1:7은 소돔의 거민들이 영원한 불의 형벌을 받는다고 설명한다. 카퍼나움은 그러한 소돔의 형벌보다 더 심한 형벌을 받는다는 것이다.

11:25 그 때에 예수께서 **대답하여 말씀하시기를 "오 하늘과 땅의 주이신** 아버지시여, **이런 일들을 지혜롭고 슬기로운 자들에게는 숨기시고 어린 아기들에게 나타내심을 감사하나이다.**

26 그러하옵니다. 아버지시여, **이는 그렇게 하시는 것이 아버지 보시기에 선함이니이다.**

27 나의 아버지께서 **모든 것을 내게 주셨으니,** 아버지 **외에는** 아들을 **아는 사람이 아무도 없고, 또** 아들과, **누구라도** 아들이 **아버지를 계시하고자 하는 자 외에는** 아버지를 **아는 사람이 아무도 없나이다.**

메시아를 거부한 자들의 형벌을 말씀하신 다음에 예수님은 여기에서 자신의 신성에 대한 언급을 하신다(27절). 28절과 연결해서 예수님은 구원에 관한 관심을 이스라엘 민족 전체로부터 자기에게 나아오는 개개인에게로 돌리신다.

이 구절과 같은 맥락인 누가복음 10:21에서는 예수께서 성령으로 "기뻐하시며"라는 표현이 부가되어 있다. 예수께서 기뻐하셨다는 표현은 복음서에서 단 한 번만 나온다. 그분이 기뻐하신 것은 지혜롭고 슬기로운 사람들에게는 숨기시고 어부와 같은 사람들에게는 이해할 수 있게 하셨다는 사실에 있었다(눅 10:17, 마 21:16, 벧전 2:1-3).

여기서 예수님께서 말씀하시는 것은 하나님이 모든 사람의 아버지가 아니시라는 것이다. 하나님은 아들이 아버지를 계시하고자 하는 사람들 외에는 아무도 알지 못한다. 로마카톨릭 교황을 비롯하여 모든 "평화주의자들"은 하나님이 모든 사람의 아버지라고 하며, 온 인류의 형제애를 강조한다. 그러나 하나님은 모든 인류의 아버지가 아니시다. 하나님께서 아버지 되신 것은 이스라엘에게 민족적인 아버지가 되신 것과, 예수 그리스도를 통하여 하나님의 자녀가 된 사람들에게 개인적인 아버지가 되신 것이다. 이 두 경우 외에는 어느 누구도 하나님을 아버지라 부를 자격이 없다. 만일 그렇게 부르는 자가 있다면 그는 매우 불경스러운 짓을 하고 있는 것이다.

여기서 강조하신 것은 또한 예수 그리스도의 절대권이다. 모든 것이 예수 그리스도께 넘겨졌으므로 그분 외에는 아버지께로 갈 길이 전혀 없다(요 14:6). 이것은 예수 그리스도의 신성을 말하는 것이다.

11:28 수고하고 무거운 짐진 자들아, 다 내게로 오라. 그러면 내가 너희에게 쉼을 주리라.

29 나는 마음이 온유하고 겸손하니, 내 멍에를 메고 나에게서 배우라. 그리하면 너희가 너희 혼에 쉼을 얻으리라.

30 이는 내 멍에는 쉽고 내 짐은 가볍기 때문이라."고 하시더라.

이상에서 보는 바와 같이 왕은 지속적으로 거부되었다. 12절에서 폭력으로 탈취되는 천국, 14절의 이 사실을 받을 의향이 없는 모습, 19절에서의 예수 그리스도를 비방한 것, 20-24절의 표적을 보고도 회개하지 않는 모습, 이 모든 것들이 예수 그리스도의 왕 되심을 거부하는 모습이다. 이에 예수님께서는 "이 세대" 이스라엘이 완고한 민족이라는 것을 아시고 그들 중에서 개인적으로 예수님께 나아올 사람들에게로 관심을 돌리신다(물론 이 이후의 장들에서도 예수님께서 이스라엘에게 하신 메시지는 계속 나온다. 여기서는 왕국의 흐름 속에서 관점이 이동하는 것을 보여 준다). 이것은 이스라엘 민족의 왕인 "인자"(the Son of man)의 모습에서 모든 믿는 자들의 구주이신 "하나님의 아들"(the Son of God)의 모습으로 자신을 전환시켜 나타내시는 것이다.

마태복음은 이스라엘의 왕으로서의 예수 그리스도와 그의 왕국인 "천국"을 집중적으로 다루고 있지만, 모든 믿는 자들의 구세주로서의 모습도 종종 나타나는데, 그중의 하나가 이 부분이다. 이 구절들은 이스라엘 민족 중에서 예수님을 따르는 사람들에게 개인적으로 하시는 말씀이지만 교회에게도 얼마든지 적용시킬 수 있다.

예수님께서 하신 이러한 절대적인 초청은 그분만이 죽었다가, 장사되었다가, 부활하신 구세주이시며, 또 그분만이 전능하시고 무소부재하시기에 가능하다. 사람들의 무거운 짐과 죄와 고통과 범죄와 실망과 상처 난 심령에게 주님께서는 자신의 멍에가 사탄이나 세상이 주는 멍에보다 가볍다고 말씀하신다.

우리는 죄의 짐에 허덕이는 사람들을 향해 『**수고하고 무거운 짐진 자**

들아, 다 내게로 오라.』(28절)라고 하시는 예수님의 말씀을 전해야 한다. 또 주님을 믿는다고는 하면서 주님의 짐은 지지 않는 사람들을 향해서 『**내 멍에를 메고 나에게서 배우라.**』(29절)라고 하시는 예수님의 말씀을 전파해야 한다.

"멍에"는 십자가를 연상케 한다. 그러므로 이 말씀은 10:38과도 연결이 되는 말씀이다. 『**자기 십자가를 지지 않고 나를 따르는 자도 나에게 합당치 아니하니라.**』**라**고 엄청난 헌신을 요구하신 주님께서 이제는 『**이는 내 멍에는 쉽고 내 짐은 가볍기 때문이라.**』**라**고 말씀하시는 것이다. 그렇다. 우리는 주님과 더불어 우리의 십자가를 지고 가야 하지만, 주님과 함께 지는 그 짐은 결코 무거운 것이 아니다. 주님께서는 우리와 함께하신다고 약속하셨기 때문에 우리는 담대히 옛 성도들처럼 죽음을 무릅쓰고 담대하게 주님을 따라 나서는 군사로 서야 한다. 주님께서 주시는 면류관이 우리 앞에 보이지 않는가? 죄의 짐을 진 자는 누구나 주님께 나아가자. 그러면 주님께서 쉼을 주신다. 불교에서도 혼의 쉼을 말하고 있으나, 그들은 부처의 가르침을 "지킬 때" 쉼을 얻는다고 한다. 그러나 우리 주님께서는 "내게로 오라"고 말씀하셨다. 모든 종교는 구원에 이르기 위한 행위의 삶을 가르치나, 거듭난 그리스도인들은 주님께서 이미 끝내 놓으신 완성된 일 안에서 쉬고 있는 것이다. 우리는 그분께 가기만 하면 쉼을 얻을 수 있다. 그 이후는 주님과 함께하면서 배울 수 있는 것이다(29절).

그럼에도 불구하고 마태복음 12장에서도 이스라엘 민족은 계속해서 왕을 거부한다.

마태복음 12장

11장에서 우리는 왕국을 거부하는 한 세대를 보았다. 그들은 두로와 시돈이 보았으면 능히 회개했을 만한 왕의 표적을 보고서도 예수님을 그들의 메시아로 받아들이지 않았던 세대이다(11:20-24). 그들은 침례인 요한과 예수님을 비방하는 세대이며(11:16-19), 침례인 요한과 예수님의 왕국 사역을 받아들일 의향이 없는 세대이다(11:14). "이 악한 세대"는 12장에서도 여전히 왕을 거부하는데, 구체적인 사건들을 통하여 아주 극심한 모독으로써 왕을 거부한다. 그리고 12장 마지막에서는 11장에서와 똑같이(11:25-30) 예수님의 관심은 민족적 이스라엘에게서 자신을 따르는 개인에게로 옮겨지며, 그것은 그들이 왕을 거부한 결과이다.

마태복음 1장은 왕의 족보를 기록하고, 2장은 왕의 탄생을 기록하며, 3장은 왕의 선두 주자의 사역을 기록하고, 4장은 왕의 준비를 기록하며, 5-7장은 그의 왕국의 법령을 보여 주고, 8,9장은 그가 구약의 예언들을 성취하심으로 자신이 왕이심을 증명하시며, 10장은 천국 복음의 메시지가 제자들을 통해 전파되는 것을 보여 주고, 11장은 왕과 왕국이 거부되는 것을 보여 준다(12,19,21,23,25절). 특별히 11장의 마지막 세 절은 왕국이 전파되는 10장에서 발견되지 않는 영적인 문제로 벗어난다.

11:28은 생략된 숨겨진 뜻이 있는데, 그것은 민족적인 구원 이상의 것이 있다는 경고이다. 그 안에는 "구원이란 개인적인 문제이다."라는 진리가 감추어져 있으며, 예수님께서 "다윗의 아들"뿐 아니라 "하나님의 아들"이시라는 것도 보여 준다. 12장은 예수님께서 거부되시는 것이 구체적으로 묘사되어 있는데, 이러한 상황 속에서 우리는 12장에 있는 사건들을 이해해야 한다.

12:1 그때에 예수께서 안식일에 곡식밭을 지나가시는데, 제자들이 시장하여 이삭을 따서 먹기 시작하더라.

이 사건의 발단은 안식일 문제로 야기된다.

안식일의 문제를 다루기 전에 "곡식"에 관한 문제를 먼저 다루고 넘어가자. 여기서 "곡식"이라고 번역된 영어 단어는 "corn"이다. 그리고 "corn"에 대해서 사람들이 가장 많이 알고 있는 의미는 물론 "옥수수"일 것이다. 그러나 영어 성경에서 "corn"이라고 되어 있는 말은 항상 옥수수만을 의미하지는 않고, 보다 일반적인 의미로 "곡식," "낟알" 등을 의미한다.

〈킹제임스성경〉이 히브리어와 헬라어에서 이 단어를 가져올 때에도 "바르"(בַּר), "다간"(דָּגָן), "시토스"(*σῖτος*), "스타쿠스"(*στάχυς*) 등의 여러 말에서 번역되었는데, 이 말들도 역시 "곡식," "낱알," "옥수수," "밭" 등을 의미하는 말이므로, 옥수수 말고도 다른 단어로 번역되기도 한다. 이러한 여러 의미 가운데서 〈킹제임스성경〉이 "corn"이라는 단어를 찾아냈으며, 영어에서의 "corn" 역시 단지 "옥수수"라는 뜻 이외에 다른 의미를 가진다. 그러나 우리말로 번역할 때는 영어처럼 "corn"이라는 한 단어로만 번역하면 우리말의 특성상 다양한 뜻을 동시에 나타낼 수 없다. 그러므로 그 중에서 우리말로는 "곡식"이나 또는 다른 단어를 찾아내는 것이 중요하다.

예를 들어 요한복음 12:24에서 "a corn of wheat"은 "한 옥수수의 밀"이 아니라 "한 알의 밀"이다. 여기서 "corn"은 어떤 곡식이든지 그 낱알을 의미하는 말이다. 그래서 정확히 번역을 한답시고 무조건 "corn"을 옥수수라 획일적으로 번역할 수만은 없다. 여기 마태복음 12장 본문에서 "the ears of corn"은 그런 곡식 낱알들인 이삭이다.

그러나 "corn"이라는 이 단어가 본문에서 이삭, 낱알, 곡식 등으로 번역될 수는 있지만, 밀이나 보리로 변할 수는 없다. 그것은 옥수수가 밀이나 보리가 되지 못하는 것과 마찬가지이다. 그런데 마태복음 12:1에서 "the ears of corn"이 개역한글판성경에서는 "밀 이삭"이 되어 버렸다.

일반적으로 알려진 바로는 당시 유대 지역에는 옥수수가 없다가 후에 다른 지방에서 전래되었다고 한다. 그 때문인지 변개된 성경들에서는 이 단어를 "밀"(wheat)이라고 보통 번역을 한다.

그러나 권위 있는 고증에 따르면 이미 고대 이집트에서 옥수수를 재배하고 있었다는 사실이 밝혀졌다. 롤린슨(Rawlinson)의 〈고대 이집트의 역사, History of Ancient Egypt〉라는 책에는 고대 이집트에서 옥수수를 추수하는 모습이 묘사되어 있다. 그래서 창세기 41:5-7에서 요셉이 꿈에 본 이삭은 옥수수였을 가능성도 있다.

12:2 그러자 바리새인들이 그것을 보고 주께 말씀드리기를 "보소서, 당신의 제자들이 안식일에 해서는 아니되는 일을 하고 있나이다."라고 하니
3 주께서 그들에게 말씀하시기를 "너희는 다윗과 그의 일행이 시장해서 하였던 일을 읽어 보지 못하였느냐?
4 그가 하나님의 집에 들어가서 오직 제사장들 외에 자기와 일행이 먹어서는 아니되는 차려 놓은 빵을 먹지 아니하였느냐?
5 뿐만 아니라 제사장들이 안식일이면 성전 안에서 안식일을 범해도 죄가 되지 않는다는 것을 너희가 율법에서 읽어 보지 못하였느냐?
6 그러나 내가 너희에게 말하노니, 그 성전보다 더 위대한 이가 여기 있느니라.

여기서 제기된 문제는 예수님께서 안식일을 파괴하고 있다는 것이다. 예수님께서는 자신을 비난하는 종교 지도자들에게 종종 "읽어 보지 못하였느냐?"(3절)라는 질문을 하셨는데, 주님은 논쟁에 임하실 때마다 거의 항상 성경을 증거로 대는 방법을 사용하셨다.

예수님께서는 안식일을 범하는 문제에 있어서 자신이 정당하시다는 것을 다윗과 제사장들의 예를 통하여 증명하시는데, 다윗의 예는 사무엘상 21:1-6에 있고, 제사장들의 예는 민수기 29:32에 있다. 다윗은 그 당시에 사울에게 쫓겨 다니고 있었는데, 마가복음 2:26에 따라서 다윗은 아비아달이 대제사장이었을 때, 그와 그의 무리가 배고파서 제사장에게 부탁하여 율법을 어기면서까지 성전의 빵을 먹었다. 문제는 하나님께서 다윗의 그러한 행동을 책망하지 않으셨다는 것이다.

이것은 다윗이 예수 그리스도의 예표라는 것을 보여 주는 한 예이다. 이 사건에서 예수님과 다윗의 공통점은 둘 다 기름부음받은 상태로 "왕" 임에도 불구하고 아직 그 보좌를 차지하지 않은, 말하자면 망명 상태에 있는 왕이라는 것이다. 다윗은 기름부음을 받은 지 한참 후에야 그 보좌를 얻게 되고, 그동안 왕국을 통치하는 사람은 적그리스도의 예표인 사울이었으며, 다윗이 그 보좌를 얻은 후에는 하나님으로부터 그 왕국이 영원하리라는 약속을 받는다(삼하 7:12-16). 예수님께서도 왕국의 주인으로 나타나셨으나 2,000년이 지난 후에야 이 땅을 다스리는 천국의 보좌를 받으실 것이다. 예수님의 초림 때 왕국을 다스리던 사람은 역시 적그리스도의 유형인 헤롯이었고, 재림하시기 직전에도 왕국을 다스리는 사람은 적그리스도일 것이며(슥 11:16, 요 5:43), 예수님께서 왕국을 받으신 후에 그 보좌는 영원할 것이다.

안식일을 범했다는 비난에 대해서 주님께서는 두 가지 성경적 사실로 대답하신다.

첫째, 다윗도 안식일을 어겼다.

둘째, 제사장들 스스로도 안식일을 어겼다.

왕과 제사장은 둘 다 기름부음받은 자로서, 그리스도의 모형이다. 그러므로 다윗이 거룩한 차려 놓은 빵을 먹은 것은 잘못이 없다.

다윗의 경우에 있어서 사무엘상 21:1-6과 마가복음 2:26에는 기록의 차이가 있다. 마가복음 2:26에는 아비아달이 대제사장으로 있었을 때라고 말하지만, 사무엘상 21:1,2에서는 아히멜렉을 언급한다. 그러나 이것이 모순이 아닌 이유는 마가복음에서 예수님은 아비아달이 "대제사장"이라고 말씀하시나, 사무엘상에서는 "제사장"이라고 되어 있기 때문이다. 즉 아비아달이 "대제사장"이었을 때 다윗은 "제사장" 아히멜렉에게서 빵을 얻어먹은 것이다. 예레미야 52:24(왕하 25:18)에는 "선임 제사장"(chief priest, 스라야)과 "부제사장"(second priest, 스바냐)이 있다. 더욱이 누가복음 3:2에 보면 동시에 두 명(안나스, 카야파)의 "대제사장들"이 존재하기도 했다.

민수기 29:32에는 제사장들에 의해서 안식일이 깨지는데, 매일의 제사(the daily sacrifice)는 7일간 일주일 내내 계속되고, 제사장들은 일주일 내내 '차려 놓은 빵'을 먹는다. 그들은 성전 안에서 안식일을 범하는 것이다. 이것은 안식일보다 성전이 더 위대하다는 것인데, 예수님께서는 스스로를 성전보다 위대하다고 말씀하시면서(6절) 자기 자신을 안식일에 대한 "주인"으로 제시하시는 것이다. 『**인자는 곧 안식일의 주니라**』(8절).

12:7 '나는 자비를 원하고 희생제를 원치 아니하노라.'는 그 의미를 너희가 알았다면 무죄한 사람을 정죄하지 아니하였으리라.
8 인자는 곧 안식일의 주니라."고 하시더라.

이 구절은 호세아 6:6의 인용인데, 이 인용은 마태복음 9:13에도 나온다. 예수님께서는 마태복음 9장에서 죄인들과 식사하시면서 바리새인들을 같은 말씀으로 꾸짖으셨지만 그들은 이 말씀의 의미를 배우려 하지 않고, 여전히 자기 의(self-righteousness)의 희생적인 일들(제사, 안식일 준수 등 율법의 행함)로 구원받으려고 노력한다. 여기서 예수님께서 말씀하신 『**나는 자비를 원하고 희생제를 원치 아니하노라.**』의 참된 의미는 로마서 11:32에서 발견할 수 있다. 『**하나님께서 그들 모두를 믿지 않는 가운데 가두어 두심은 모든 사람에게 자비를 베풀려 하심이니라.**』 이것은 죄인이기 때문에 필요한 의를 설명한다. 이 의는 하나님의 의이고, 율법이 "제사"로써 할 수 없는 그 일을 하나님께서 "자비"로써 이루시는 것이다. 그들은 죄인이기 때문에 자비가 필요하다. 하나님께서는 자비를 베풀려 하시지, 행위를 원하시지 않는다는 사실을 그들은 모르기 때문에 그들은 계속해서 율법에만 얽매어 있고 예수님을 비방하는 것이다. 그러나 예수님은 그 자비를 행하시기 원하여 오신 분이시다.

예수님께서 9장에서 이 말씀을 하신 것이 죄인들을 위해 오신 예수님을 설명한다면, 12장에서의 이 말씀은 안식일보다 더 위대하신 예수님을 제시해 주고 있다. 종교적 위선자들인 바리새인들은 예수님께서 안식일을 어겼다고 비방했으나, 그 자리에 계신 분은 안식일에 관한 모든 문제를 해결하실 수 있는 분이셨다. 그들은 여전히 안식일 준수에 관해 문제 삼고 있으나 예수님께서는 안식일을 제정하시고 통제하실 수 있는, 참으로 "안식일의 주"이셨다. 그러므로 그분이 안식일에 하는 모든 것은 아무런 문제도 없었다.

7절의 『**무죄한 사람**』은 예수님 자신을 가리킨다. 유다 이스카리옷도 이것을 증거했고(마 27:4), 빌라도도 그분의 무죄를 증거했다(요 18:38; 19:4-6). 그러나 그는 비방을 받으셨다.

『**인자**』(8절).

예수님은 자신을 한 번도 일반적인 사람들인 "사람의 아들"('A' son of man)로 말씀하지 않으셨다. 그는 항상 자신을 "인자"('THE' Son of man)으로 말씀하시며, "THE" Son of God으로 말씀하신다. 그러나 RSV는 마태복음 27:54에서 주님을 "A" Son of God으로 표현한다.

"인자"(the Son of man)는 그의 특별한 동정녀 탄생을 강조하는 말이나, "사람의 아들"(a son of man)은 다른 사람들과 똑같은 출생을 한 사람, 즉 남자에게서 태어난 사람을 가리키는 말이다.

12:9 주께서 그곳을 떠나서 그들의 회당으로 들어가시니라.
10 보라, 거기 한쪽 손이 마른 사람이 있더라. 그들이 주께 물어 말씀드리기를 "안식일에 병을 고치는 것이 타당한 일이니이까?"라고 하니, 이는 그들이 주를 고소하려 함이라.

안식일에 관해서 유대인을 곤혹스럽게 하는 두 번째 문제가 발생했다. 이번에는 예수님께서 직접 안식일을 범하신 것이다.

그들은 예수님을 책잡기 위해서 "질문"을 하는데, 이것은 유대인들이 계속적으로 행한 방법이었다. 그들은 예수 그리스도의 지혜가 실수할 것을 기대하고 그 실수를 흠잡으려고 한다. 그러나 그들이 여기서 올무로 제시하는 또 하나는 예수님의 표적이었다. 예수님께서 행하시는 병고침의 이적은 분명히 "왕의 표적"이었다. 그러나 그들은 표적을 받아들이지 않기로 마음에 이미 작정을 하고 있었으므로 그 표적을 역으로 이용하려는 것이다.

여기서 예수님은 마태복음 4장에서 마귀의 시험을 받을 때와 같이 물리치지 않으시고 오히려 그들의 질문에 대답하시면서 병고침의 이적, 즉 표적을 행하신다. 표적은 항상 그분의 주장을 증명하는 도구가 되는데, 여기서 행하신 표적은 8절에서 『**인자는 곧 안식일의 주니라.**』**라**고 하신 말씀을 증명하는 강력한 증거가 된다. 예수님은 그들의 질문에 양을 예로 들어 설명하셨다. 예수님의 대답의 결론은 안식일에 선을 행하는 것은 타당하다는 것이었다. 그러나 유대인들의 반응은 예수님을 죽일 음모를 세우는 것이었다.

12:11 그러나 주께서 그들에게 말씀하시기를 "너희 가운데 어떤 사람이 양 한 마리가 있는데 그것이 안식일에 구덩이에 빠진다면, 붙잡아서 들어올리지 아니하겠느냐?

12 하물며 사람이 양보다 얼마나 더 귀하냐? 그러므로 안식일에 선을 행하는 일은 타당하니라."고 하시더라.

13 그리고 나서 주께서 그 사람에게 말씀하시기를 "네 손을 펴라." 하시자, 그가 손을 펴니 다른 쪽 손과 같이 온전하게 회복되더라.

안식일에 관한 논쟁은 주님께서 겪으신 논쟁 중에 핵심이 되는 주된 논쟁점이었다. 안식일은 십계명 가운데 들어 있는 "의식법"이며, 이스라엘에게 주신 유대인의 표적이다. 또한 이 안식일은 앞으로 올 일곱 번째 날, 즉 천년왕국을 예표한다. 그러므로 안식일은 과거에 주어진 것일 뿐 아니라 미래에도 여전히 적용되는 날이다(겔 20:20, 느 9:14).

그러나 하나님께서는 어떠한 이방인에게도 안식일을 준수하라고 명령하신 적이 없다. 또한 모세 때까지는 어느 누구도 안식일에 대해서 주의를 기울이지 않았고, 창세기에서는 더더욱 그러했다. 재창조 일곱째 날에 하나님께서 쉬신 것은 "안식일"(Sabbath)이 아니라 단지 "안식," "쉼"(rest)이었다. 신약 계시에 따라서(롬 13:8-11) 그리스도인은 안식일을 지키지 않는다.

누가복음 13:11-17은 허리 병에 걸린 여인을 안식일에 치유해 주신 사건이 기록되어 있는데, 거기에 사용된 예화는 구덩이에 빠진 양이 아니라, 물 먹이러 가는 소나 나귀이다. 둘의 경우 모두에 마찬가지로 사람들은 예외적인 필요로 인해 안식일을 깬다. 그리고 하나님은 그것을 허용하신다. 이 사실은, 하나님께서는 의식을 준수하는 데에 사람들이 하는 것처럼 그렇게 많이 구속받지 않으신다는 것이다.

마태복음 12:12은 안식일에 관한 모든 가르침의 결론이다. 『**하물며 사람이 양보다 얼마나 더 귀하냐? 그러므로 안식일에 선을 행하는 일은 타당하니라.**』 더 이상의 논쟁은 의미가 없다. 열왕기상 13:6의 여로보암처럼(우상 숭배로 인해 손이 말랐었다.) 13절에서 이 사람은 치유받았다.

12:14 그때 바리새인들이 나가서 그를 어떻게 죽일까 하고 그에 대하여

모의하더라.

15 그러나 예수께서 이를 아시고 그곳을 떠나시니, 큰 무리가 그를
따르더라. 주께서 그들을 다 고쳐 주시고,
16 자기를 알리지 말라고 당부하시더라.

그들은 예수님을 죽이려고 모의했다. 그들이 예수님을 죽이기로 직접적으로 자극받은 사건은 안식일에 관한 문제였다. 이러한 이상하고 비이성적인 행동은 유대인들이 자기들의 율법, 그중에서도 특히 의식법을 지키는 데에 전념하였다는 것을 보여 준다. 율법을 굳이 옳고 그름을 판단하는 도덕법과, 규례를 지키는 의식법으로 나눈다면 안식일 준수는 의식법에 속하는데, 유대인들은 예수님을 대적할 때 도덕법보다는, 손 씻고 먹어야 한다든지 안식일을 지켜야 한다든지 하는 의식법 문제를 더 부각시켰다. 심지어 그들은 하나님의 아들을 십자가에 못 박는 순간까지도 의식법에 "전념"하였는데, 그들은 부정하게 되지 않은 상태에서 유월절 양을 먹기 위해 이방인인 빌라도의 재판정에 들어가지 않았다(요 18:28). 그들은 유월절 양이신 예수 그리스도를 죽이면서까지 예수 그리스도의 모형인 유월절 양을 자기들의 "정결함" 속에서 먹으려고 의식법에 전념한 것이다. 그들은 구약 율법의 규례를 지켜 양심을 깨끗게 유지하려 하였다. 그러나 양심은 의식법 준수로 깨끗해지는 것이 아니었다. 그들은 깨끗하려고 이방인의 집에 들어가지 않았지만 그들의 "깨끗한" 양심은 "무죄한 사람"을 죽였던 것이다!(행 2:23; 3:15)

이와 같은 무리들은 20세기에도 있다. 하나님의 말씀과 그 진리를 배격한 채 교회 의식과 절기와 전통만을 강조하는 로마카톨릭과 제도 교회가 그것이며, 많은 근본주의자들도 예외일 수 없다. “자기 의”의 정결함 속에서 구원받으려 하는, 적어도 그 안에서 신앙생활을 안주하려고 하는 자들에게 예수님께서는 말씀하신다. 『**나는 자비를 원하고 희생제를 원치 아니하노라.**』

『**그러나 예수께서 이를 아시고 그곳을 떠나시니**』(15절).

주님께서 그곳을 떠나신 이유는 사람들이 주님의 의지를 꺾고 주님을 죽일 수 있었기 때문이 아니라(요 10:18), 주님께선 자신이 죽으실 조건들과 때를 처음부터 알고 계셨기 때문이다. 주님께서는 아직 죽으실 때가 되지 않은 것이었다. 예수님께서 자신의 죽음의 때가 아직 이르지 않았기에 그 상황을 피하신 예는 성경 다른 곳에서도 발견된다(눅 4:30, 요 8:59).

12:17 그것은 선지자 이사야를 통하여 말씀하신 바를 이루어지게 하려 함이니, 말씀하시기를

18 “내가 택한 나의 종을 보라. 그는 나의 사랑하는 자로, 그 안에서 내 혼이 매우 기뻐하노라. 내가 내 영을 그에게 두리니, 그가 이방인들에게 심판을 보이리라.

19 그는 다투지도 아니하고 외치지도 아니하며, 아무도 그의 음성을 길거리에서 들을 수 없으리라.

20 그는 상한 갈대를 꺾지 아니하고, 연기 나는 심지를 끄지 아니하리니, 그가 심판하여 승리할 때까지 하리라.

21 또 이방인들이 그의 이름을 신뢰하리라." 하신 것이라.

여기에는 이방인들이 구원받는다는 메시지가 담겨 있다(21절). 19절의 『**아무도 그의 음성을 길거리에서 들을 수 없으리라.**』**라**는 예언은 자신을 알리지 않겠다는 예수님의 모습을 보여 준다(16절). 그러므로 이 인용은 조용히 오시는 그의 초림에 적용시킬 수 있는데, 그는 고난받는 종으로 나타나며, 유대인들뿐만 아니라 이방인들도 구원할 것이다.

이것은 선지자들을 당황하게 한 신비이다(벧전 1:10). 20절은 영적인 해석이 가능한데, 이 구절은 연약한 성도들을 다루시는 하나님의 모습에 적용될 수 있다. "상한 갈대"(a bruised reed)는 보통 마음이 상한 성도들을 언급하며, 하나님께서는 그들을 꺾거나 내버리지 않고, 오히려 그들을 치유하신다고 말한다(히 12:13). "연기 나는 심지"(smoking flax)는 성도들 안에 계시는 성령의 유형(살전 5:19)이며, 하나님께서 구속의 날까지 그들을 인치신다는 약속과 관계된다.

그러나 유대인들이 초림을 놓쳤듯이, 현대의 이방인 성경 해석자들은 이러한 영적인 해석에만 매달려서 그리스도의 재림에 대한 교리를 놓쳐 버린다. 이 구절이 이방인의 구원에 관해 교회 시대에 영적으로 적용할 수는 있지만, 이사야서의 본문은 재림에 관한 구절이다. 성경은 『**그가 심판하여 승리할 때까지 하리라.**』**라**고 말하고 있기 때문이다.

마태복음 15:24-28(자신을 개로 표현한 이방 여인 사건)은 『**이방인들이 그의 이름에 소망을 두리라**』(21절)는 말씀의 좋은 실례이다. 교리적으로 이 말씀은 로마서, 특별히 9-11장에서 잘 설명되는데, 이스라엘의 일부가 반역함으로 이방인들이 구원을 받게 된다.

12:22 그후에 마귀에게 사로잡혀 눈멀고 벙어리 된 사람을 주께 데려오니, 주께서 그를 고쳐 주시니라. 그러므로 그 눈멀고 벙어리 된 사람이 말도 하고 보기도 하니,

23 무리가 다 놀라서 말하기를 "이분이 다윗의 아들이 아니냐?"고 하더라.

24 그러나 바리새인들은 이 말을 듣고 말하기를 "이 사람이 마귀들의 통치자인 비엘세붑을 힘입지 않고서는 마귀들을 쫓아낼 수 없느니라."고 하더라.

『**마귀에게 사로잡혀 눈멀고 벙어리 된 사람**』(22절).

이 사람은 예언적인 의미로 이스라엘을 말한다. 1-13절에서 예수님께서는 메시아의 표적으로서 왕국의 "이적과 표적"을 행하신다. 그는 자기 백성에게 오셨다(요 1:11). 그러나 이스라엘의 거부로 그는 이방인에게로 돌이키셨다(요 1:12). 그러므로 이방인들의 충만함이 찰 때까지 이스라엘은 귀는 둔하게 되었고, 눈은 멀게 되었다(행 28:25-28). 그래서 그는 눈멀고 벙어리 된 자를 회복하시는 분으로서 이스라엘을 회복시키신다.

마태복음 12장의 예시들은(비엘세붑, 요나, 시바 여왕) 그 상황을 대환란 때로 설정하는데, 그때는 마귀들의 왕이 다스리게 될 것이고, 이방인들이 유대인 선교사들에 의해 회심하게 될 것이다(계 7:4-10).

고침받은 사람은 단지 눈멀고 벙어리 된 사람이 아니라, 마귀 들린 사람이다. 모세 이후로 있었던 이스라엘의 표적들처럼, 예수 그리스도 이후로 있었던 사도들의 표적들도 육체적 질병을 치유하는 것과 함께 마귀들을 쫓아내는 일을 포함한다(마 16:17).

『**다윗의 아들**』(23절).

예수님께서 행하신 표적 앞에서 두 가지 상반된 반응이 나타난다. 무리들은 그가 다윗의 아들임을 인정하는 반면, 바리새인들은 예수님께 가장 심한 모독을 퍼붓는다.

"다윗의 아들"(the son of David)이라는 말의 중요성은 마태복음 1:1에서 잘 나타나 있다. "하나님의 아들"(the Son of God)이라는 호칭이 그분의 신성(神性)을 말해 주는 반면, "인자"(the Son of man)와 "다윗의 아들"(the Son of David)이라는 호칭은 그분의 인성과 심판주로서의 모습을 알려주는데, 그중에서도 "다윗의 아들"은 다윗의 보좌에 대한 정통성(삼하 7:12-16)을 가지고 팔레스타인을 치리하시는 유대인의 왕, 즉 메시아로서의 모습을 강조하는 말이다.

이러한 점에서 무리들이 예수님을 "다윗의 아들"이라고 불렀다는 것은 당시의 일반 백성들이 예수 그리스도를 민족의 메시아로(이방인들의 구세주가 아니라) 자각하기 시작했다는 것을 보여 준다. 마태복음 7:28,29에서 청중들이 그를 "권위 있는 이"로 인지한 후로 예수님께선 백성들과 이방인에게 "주"(Lord), "다윗의 아들"이라는 호칭을 계속 들어 오셨다(9:27; 15:22; 20:30,31; 21:9; 22:42). 그들은 바리새인들보다 나았다. 바리새인들의 반응은 『**"이 사람이 마귀들의 통치자인 비엘세붑을 힘입지 않고서는 마귀들을 쫓아낼 수 없느니라."**』(24절)였다. 그리고 이렇게 말하는 이들의 죄는 31,32절에서 "용서받을 수 없는 죄"라고 불린다.

예수님께서는 "다윗의 아들"이신 동시에 "하나님의 아들"이셨다. 주님은 이 두 조건을 모두 성취시키셨다. 주님은 마리아를 통한 육적 출생을 가진 다윗의 아들이시다(눅 3장). 그래서 다윗의 보좌에 대한 상속권을 가지신다(눅 1:30-34). 그러나 또한 하나님의 아들이시기에(요 9:35-37) 영적인 보좌에 대한 상속권을 가지신다. 따라서 주님은 천국과 하나님의 나라, 이 두 나라를 다스리는 이중적인 왕(double King)이시다. 마태복음 22:41-46에서는 예수님께서 이 두 가지 조건들을 모두 충족시키지 않는다면 아무도 대답할 수 없는 질문을 하신다.

『이 사람이 마귀들의 통치자인 비엘세붑을 힘입지 않고서는 마귀들을 쫓아낼 수 없느니라』(24절).

바리새인들은 마귀들린 자도 이적을 행할 수 있다는 것을 알았다. 그들은 예수 그리스도께서 안식일(의식법)을 지키지 않기 때문에 마귀들린 사람이라고 생각했다.

그들이 두려워한 것은 예수께서 자신들을 열등하게 취급한다거나, 자신들을 다치게 한다는 것이 아니었다. 그들이 두려워한 것은 백성들이 "의식"들을 중요하지 않게 취급하는 것이었다. 예수님께서 의식법들을 지키지 않고 백성들은 예수님을 따르므로, 그들도 의식법들을 지키지 않게 되면 바리새인들은 상당한 곤란을 겪게 되기 때문이다. 그러므로 바리새인들은 종교적인 문제에서 하루살이를 걸러내는 데에 있어 정확하게 행동했다(마 23:23,24; 15:9,2).

12:25 그러나 예수께서 그들의 생각을 아시고 그들에게 말씀하시기를 "어떤 왕국이든지 서로 갈라지면 패망하는 것이요, 어떤 성읍이나 가정도 서로 갈라지면 서지 못하느니라.

26 그러므로 사탄이 사탄을 쫓아내면 그 자체가 갈라지는 것이니, 그러면 어떻게 그의 왕국이 서겠느냐?

27 그러므로 내가 비엘세붑을 힘입어 마귀들을 쫓아낸다면, 너희 자식들은 누구를 힘입어 그들을 쫓아내느냐? 그러므로 그들이 너희의 재판관이 되리라.

28 그러나 내가 하나님의 영을 힘입어 마귀들을 쫓아내면, 그때는 하나님의 나라가 너희에게 임한 것이라.

『**예수께서 그들의 생각을 아시고**』(25절).

그분은 하나님으로서 모든 것을 알고 계신다. 그러나 혈과 육으로 된 몸에 묶여 있는 동안은 그분의 인성 때문에 힘과 생각에 있어서 어느 정도 제한받으셨다(요 4:6). 히브리서에서는 전능하신 그분이 제한적인 인간의 육신을 입고 오셔서 인간과 똑같은 시험과 고난을 당하셨다고 말하고 있다. 『**자녀들이 피와 살에 참여하는 자인 것같이 그 역시 같은 모양으로 동일한 것에 참여하신 것은 자신의 죽음을 통하여 죽음의 세력을 가진 자, 곧 마귀를 멸망시키시며 또 죽음을 두려워하므로 평생을 노예로 속박되어 있는 자들을 놓아 주시려 함이니라. 이는 주께서 진실로 천사들의 본성을 입지 않으시고 아브라함의 씨를 입으셨음이라... 그가 이 일에 친히 시험을 받아 고난을 당하셨으므로 시험받는 자들을 능히 도와주실 수 있느니라**』(히 2:14-18).

『사탄이 사탄을 쫓아내면』(26절).

교리적으로 이 일은 요한계시록 12:4-8에 발생하고, 그때에 사탄은 마지막 통치권을 갖게 된다.

『너희 자식들은 누구를 힘입어 그들을 쫓아내느냐? 그러므로 그들이 너희의 재판관이 되리라』(27절).

그들의 자손들이 하나님과 함께하여 능력들을 행한다고 말할 때, 그들이 하나님과 함께한다면, 그들은 예수님과 같은 일을 하는 것이다. 그때 그들은 바리새인들의 잘못을 판단할 것이다.

39-42절에서는 생각지도 않았던 어떤 부류의 사람들이 일어나서 그리스도의 메시아 되심(다윗의 아들로서)을 거부한 세대를 정죄한다.

『그러나 내가 하나님의 영을 힘입어 마귀들을 쫓아내면, 그때는 하나님의 나라가 너희에게 임한 것이라』(28절).

여기서 "하나님의 나라"라는 표현은 신약에서 두 번째로 나온다. 마태복음 6:33에서(산상설교)는 하나님의 나라가 천국과 분리된 개념인 것처럼 보이지만, 하나님의 나라는 천국과 동시에 선포되며(막 1:14), 그래서 예수님께서는 바리새인들을 꾸짖으시면서 자신이 "천국"(the kingdom of heaven)의 왕일 뿐 아니라 "하나님의 나라"(the kingdom of God)의 왕도 되심을 증거하신다.

그는 마리아에게서 육신을 따라 출생하신 인간으로서, 이 땅 위에 세워질 실제적 왕국의 수도에 자리 잡게 될 문자적인 "다윗의 보좌"의 상속자이시다. 그 왕국은 문자적이고 물질적이며 가시적인 우주로 뻗쳐 나갈 왕국이다(사 9장, 계 21-22장, 사 66장).

그는 또한 하나님의 형상을 회복시키시는, 하나님에게서 나오신 영적인 분으로서, 모든 창조된 영적 존재들과 천사들과 주권들, 권세들, 그리고 하나님 아래 있는 영적인 아들들을 다스리시는 왕이시다. 그래서 그는 두 왕국의 왕이시다(히 7:2).

그는 두 왕국의 왕(dual king)으로서 팔레스타인의 보좌에 앉아서 이 땅을 다스리실 것이고 또 영적인 세계의 모든 것들을 다스리실 것인데, 그 영적인 세계에서 다스림을 받기 위해서는 거듭나야 하며, 그 실제적인 나라에서 다스림을 받기 위해서는(유대인들의 경우) 그분을 자기들의 메시아로 받아들여야만 하는 것이다.

그러나 여기서 예수님께서는 "하나님의 나라"를 거듭남의 개념과 관련하여 설명하시지 않는다. 왜냐하면 거듭남은 예수 그리스도의 죽음과 부활 이후에 그분의 피를 통하여 구원받아 성령으로 "다시 태어나는" 영적 작용인데, 아직은 예수 그리스도의 왕국(천국)이 전파되는 상황이기 때문이다. 아직까지는 이들에게 예수 그리스도의 죽음과 부활이 계시되지 않았고, 예수 그리스도의 피로 말미암아 성령으로 거듭나는, 교회 시대의 성령의 역사로서의 거듭남은 계시되지 않았다. 여기서 예수님은 하나님의 나라를 단지 마귀들을 쫓아내는 것과 관련하여 설명하실 뿐이다.

예수님은 영적인 세력들인 마귀들을 굴복시키고 쫓아내시면서 하나님의 나라를 가져오신다. 그러나 이것은 그분이 영적인 나라의 왕이기 때문에 하실 수 있는 일이다. 왜냐하면 마귀들은 영적인 존재들이기 때문이다. 예수님은 그들을 쫓아내시면서 능력과 권능으로 하나님의 나라를 가져오시는데, 이러한 주님의 사역이 백성들에게는 천국의 "표적"으로 보이게 된다.

그래서 천국과 하나님의 나라는, 적어도 마태복음의 상황 속에서는, 완전히 분리시켜 설명할 수 없다. 예수님의 "표적"에는 마귀를 쫓아내는 것이 포함되는데, 마귀 들린 자가 이스라엘의 영적 상태를 반영한다는 것을 이해한다면 이스라엘이 그 악한 영적인 상태에서 올바른 영적인 상태로 회복되어야 천국이 임한다는 것을 이해할 수 있을 것이다. 그래서 예수님은 천국을 구하기 이전에 하나님의 나라를 먼저 구하라고 말씀하셨다(마 6:32).

하나님께서는 그의 나라로 들어가기 위해서 안식일을 지키는 의식법 이상의 것을 요구하신다. 그것은 하나님께서 보시는 "의"와 관계된 개인적인 마음의 문제이고, 어떠한 종류의 악으로부터도 돌이키는 것과 관계되어 있다(마 21:21-32). 유대인들은 도덕적으로 영적으로 완전한 의의 상태인 하나님의 나라를 구해야 했고, 그것은 "마귀들린 상태"의 이스라엘이 하나님께 돌아오는 길이다. 그래서 예수님께서는 하나님의 나라가 임하는 것을 마귀를 쫓아내는 것으로 설명하신다. 이러한 주님의 사역이 백성들에게는 "천국"의 "표적"으로 보이게 되고, 그래서 백성들은 표적을 행하시는 그분을 예언된 메시아로 받아들이게 되는 것이다. 단지 바리새인과 서기관들만이 "폭력을 행하는 자가 되어" 천국을 탈취하려고 하는 것이다(마 11:12).

12:29 사람이 먼저 강한 자를 결박하지 않고 어떻게 강한 자의 집에 들

어가 물건을 약탈할 수 있겠느냐? 묶은 후에야 그 집을 약탈할 수 있느니라.

30 나와 함께하지 않는 자는 나를 반대하는 자요, 또 나와 함께 모으지 않는 자는 흩뜨리는 자니라.

여기서 "약탈하는 사람"은 예수 그리스도를 가리키고, "강한 자"는 사탄을 말하며, "물건"은 사탄의 영역에 있는 것들을 말한다. "집"은 두 가지 의미로 해석할 수 있는데, 첫째는 "사람"을 뜻하고, 둘째는 이스라엘을 뜻한다. 여기서는 교리적으로 이스라엘 집을 가리키는데, 성경에서 "집"이란 바울 서신에서 성령의 전으로 사람을 가리킬 때 외에는 "이스라엘의 집"을 가리킨다. 구약에서 우리는 "이스라엘 집," "유다 집," "야곱의 집"이라는 용어들을 자주 보며, 히브리서 3장에서는 "하나님의 집"이라는 묘사를 본다. 그러므로 이 구절은 예수님께서 왕으로 오실 때 사탄을 완전히 결박하고 이스라엘 위에서 통치하신다고 해석할 수 있다(사탄을 결박하시고 승리하시는 모습은 요한계시록 20:2,3에 나타난다).

그러나 강한 자의 "물건"을 사탄의 영역에 속한 것들이라고 말한다면 그 "집"은 사탄의 통치를 받는 이 세상이라고 영적으로 적용할 수도 있을 것이다. 사실 이 문제는 지금 이 세상에서 일어나는 여러 운동들의 문제를 정확하게 지적해 주고 있는데, 그 운동들은 이 세상을 더 살기 좋은 곳으로, 더 아름다운 곳으로 만들려고 하는 노력들이다. 세상 사람들은 말할 것도 없고 "그리스도인"이라고 고백하는 사람들까지도 사탄의 지배하에 있는 이 세상을 치료하려고 갖가지 노력, 이를테면 인권운동이라든지 환경신학이라든지 하는 것들을 내세워 해결해 보고자 한다. 오히려 그들은 세상 사람들보다 더욱 이 일에 앞장선다. 그들은 "기독교적인 방법"으로 사랑과 평화를 외치며 이 세상의 회복을 구하지만, 그들은 예수 그리스도의 재림을 구하지는 않는다. 하지만 더 "강한 자"인 예수 그리스도께서 오셔서 사탄을 결박시키기 전까지는 이 세상에 참다운 회복이 없다. 이러한 운동들은 왕이 없는 상태에서 왕국을 이루어 보려고 하는 헛된 노력일 뿐이다. 이런 것을 우리는 "후천년주의적 운동"이라고 부른다. 만약 예수 그리스도의 재림이 천년왕국 이전에 있을 것이라고 말로만 외칠 뿐 세상을 이롭게 하는 이러한 운동을 하는 사람이 있다면 그는 후(무)천년주의자와 다를 것이 없다. 세상을 위한 참으로 올바른 "기독교적" 방법이 있다면 그것은 예수 그리스도께서 오시는 것을 간절히 기다리는 것이며, 이 세상의 멸망을 사람들에게 경고하고, 이 악한 세상에서 한 사람이라도 더 구령하여 하나님의 나라로 이끄는 것뿐이다.

그리스도의 마지막 "약탈"은 요한계시록 11:15에서 나타나는데, 그것은 인간의 노력으로 인한 "점진적인 승리"가 아니라 예수 그리스도의 재림으로 이루어지는 "급작스런 변동"이다. 우리의 "약탈자"가 안 계시는 동안 점진적으로 약탈하려고 노력하는 것은 잘못이다.

『**나와 함께하지 않는 자**』(30절).

이 구절은 직접적으로 바리새인들에게 적용된다. 그들은 주와 함께 모으지 않을뿐더러, 양들을 흩뜨린다. 마태복음 9:36은 바리새인들의 목양 능력의 결여에 대해서 역사적인 증명을 해 준다. 그 당시의 이스라엘의 상태는 이러한 종교 지도자들 때문에 영적으로 황폐한 상태였다.

12:31 그러므로 내가 너희에게 말하노니, 각종 죄와 모독은 사람들에게 용서가 되나, 성령을 거스르는 모독은 사람들에게 용서될 수 없느니라.

32 또 누구든지 인자를 거슬러 말하는 자는 용서받을 수 있어도 누구든지 성령을 거슬러 말하는 자는 용서받을 수 없느니라. 이는 이 세상에서나 오는 세상에서도 마찬가지니라.

주님은 바리새인들을 계속 꾸짖으시면서 "성령을 거스르는 죄"(THE SIN of Holy Ghost)와 "용서받을 수 없는 죄"(THE unpardonable sin)를 언급하신다. 그리고 이 두 가지는 동일시되는데, 많은 그리스도인들이 성령을 거스르는 죄를 지어 용서받지 못할까 봐 두려워하고 있다. 우리는 은사주의자들에게서 이러한 예를 종종 볼 수 있는데, 예를 들어 성경대로 믿는 사람이 방언하는 사람에게 "당신이 하는 방언은 성령의 역사가 아니라 악령의 역사요."라고 말할 때 그 은사주의자가 "당신은 성령의 역사를 모독하니 용서받을 수 없는 죄를 지은 것이요."라고 하는 것이다. 또 어떤 믿음이 연약한 그리스도인이 참으로 성령의 역사로 교회가 부흥되어지고 사역이 확산되어 가는 것을 보고 자기의 육신적인 판단으로 성령의 역사를 부정하고 비방할 때 그것을 성령을 거스르는 죄로 여기는 것 등이다. 그래서 많은 그리스도인들은 함부로 판단하여 성령께 대하여 죄를 짓지 않으려고 조심한다.

물론 우리는 많은 경우에 있어서 성령의 역사를 잘못 판단하여 비방할 때와 성령이 지시하시는 것을 가로막아 성령께 대하여 죄를 지을 수 있다. 많은 그리스도인들이 이러한 경험을 종종 했을 것이다. 그렇다고 그것이 "용서받을 수 없는 죄"가 된다면 우리는 용서받지 못하는 죄 때문에 구원을 잃어버리는가? 그렇지 않다. 한번 구원받은 성도는 그 신앙의 성숙여하에 관계없이 구원받는다. 우리는 여기서 말하는 "용서받을 수 없는 죄"가 특수한 경우라는 것을 이해해야 한다.

여기서 말하는 것은 "성령을 거스르는 모독"이고 성령을 거슬러 "말하는 것"이다. 좀 더 자세히 살펴보면 마가복음 3:29,30에서 『**성령을 거슬러 모독하는 자는 결코 용서받지 못하고, 영원한 정죄의 위험에 처하리라." 고 하시더라. 이는 그들이 말하기를 "그가 더러운 영을 지녔다."고 함이더라.**』라고 되어 있어, 그 모독의 내용이 "예수 그리스도께서 더러운 영을 소유했다"라는 것임을 알 수 있다. 예수님께서는 성령의 힘으로 이적들을 행하셨음에도 불구하고 바리새인들은 예수 그리스도의 영을 악령이라고 모독한 것이다. 더욱이 그 이적들은 왕의 표적으로서 행하신 것인데, 그들의 말대로 악령의 역사로 이적들이 행해졌다면 예수님은 그리스도가 아니라 적그리스도가 되는 것이다. 다시 말해서 예수 그리스도를 향해서 더러운 영을 가졌다고 말하는 것이 용서받을 수 없는 죄이다.

그러나 지금 이 세대에는 어느 누구도 이러한 죄를 지을 수 없다. 왜냐하면 지금은 예수 그리스도께서 육체로 우리 앞에 계시지 않기 때문이다. 이 죄는 육체를 입고 계신 예수 그리스도를 대적해서 하는 "말"이다. 예수님께서 이러한 모독을 받으신 것이 그분의 왕의 사역, 즉 왕의 표적을 행하는 사역 가운데 있었던 것임을 기억해야 한다. 그 왕의 사역으로서 이적을 행하시는 그분의 영을 악령이라고 말한 이 죄는 직접적으로 바리새인들에게 적용된다. 바리새인들은 자신들의 의식법에 고착되어 있었으므로 예수 그리스도의 표적을 아무리 보아도 믿지 않을 뿐 아니라 그를 모독하였고, 이 죄를 끝까지 회개하지 않았다. 예수님께서 하신 이 정죄가 바리새인들에게 하신 것인데도 이 시대 그리스도인에게 적용하는 것은 옳지 않다.

32절의 『**오는 세상**』이라는 말 때문에 이 시대에 적용하려고 하는 사람이 있을지도 모른다. 또 로마카톨릭의 경우는 이 말을 "내세"라고 해석하여 죽은 다음에도 회개하여 용서받을 수 있는 죄가 있다고 가르치며, 죽은 친척들을 위해 기도하게 만드는 것을 보기도 한다. 그러나 성경에서 "오는 세상"(the world to come)을 말할 때는 언제나 천국이 이루어지는 때, 즉 천년왕국을 가리킨다(마 13:39,49; 24:13, 막 10:30, 히 2:5; 6:5). 그것은 안식의 천년이고, 예표인 안식일의 실체이며, 믿음의 선진들을 통하여 유대인에게 약속된 세계였다(히 2,3장). 그때 예수 그리스도는 육체로 이 땅에서 실제적으로 다윗의 보좌에 앉아 통치하신다. 이때에도 예수 그리스도를 향해서 "더러운 영을 지녔다."라고 말하면 그는 성령을 모독하는 죄를 저지르게 되는 것이고, 아무리 구해도 용서받을 수 없는 죄가 되는 것이다.

12:33 나무도 좋고 열매도 좋다고 하든지, 나무도 나쁘고 열매도 나쁘다
고 하든지 하라. 이는 그 열매로 그 나무를 알기 때문이라.
34 오 독사들의 세대야, 악한 너희가 어떻게 선한 것을 말할 수 있
겠느냐? 이는 마음에 가득한 것을 입이 말하기 때문이라.
35 선한 사람은 마음에 쌓은 선한 보화에서 선한 것들을 내고, 악한
사람은 악한 보화에서 악한 것들을 내느니라.

"독사들의 세대"로 묘사되고(마 3:7; 23:33, 눅 3:7), "이 악한 세대"(마 12:45), "악하고 음란한 세대"(마 12:39)로 묘사되는 사람들은 예수님의 왕 되심을 거부하는 사람들로서, 구체적으로 말하면 바리새인들을 포함하여 백성들을 잘못 이끌고 가는 종교 지도자들을 가리키는 말이다. 여기서는 나쁜 열매를 맺는 나쁜 나무로 설명되고 있다(마 7:16,17). 천국을 가로막은 일차적인 책임은 이들에게 있다(마 23:13). 이들은 예수님의 사역 전반에 걸쳐서 그를 거부하는 반대의 세력으로 등장하며, 베드로후서 2장에는 마지막 때에도 이와 같은 무리들이 거짓 선지자와 거짓 교사로 등장할 것이라고 말한다.

12:36 그러나 내가 너희에게 말하노니 사람이 말하는 어떠한 빈말이라도 심판 날에는 그에 관하여 설명하게 되리라.
37 이는 네 말들로 인하여 네가 의롭게 되고, 또 네 말들로 인하여 네가 정죄함을 받게 될 것이기 때문이라."고 하시니라.

여기서 말하는 것에 대한 교리적인 설명은 우리에게 적용되지 않는다. 왜냐하면 성경에서 "심판 때," "심판 날"은 항상 큰 백보좌 심판을 가리키기 때문이다. 이것은 이 시대에 구원받지 못한 자들이 자기들의 행위로 심판을 받는 최후의 심판이다.

그러나 그리스도인은 항상 말을 조심하여 나쁜 말이 나오지 않도록 해야 한다. 말에 대한 경고는 야고보서 3:8,9에서 잘 나타나 있다. 사도 바울도 그리스도의 심판석에서 우리가 행한 대로 받는다고 말하고 있다.

우리가 말과 행실로 하나님을 증거할 책임이 있다는 것에 대해서는 두말할 나위가 없다.

12:38 그때 서기관들과 바리새인들 몇 사람이 대답하여 말씀드리기를 "선생님, 우리는 선생님에게서 표적을 보기 원하나이다."라고 하더라.

39 그러나 주께서 그들에게 대답하여 말씀하시기를 "악하고 음란한 세대가 표적을 구하나, 선지자 요나의 표적밖에는 줄 표적이 없도다.

40 요나가 사흘 낮과 사흘 밤을 고래 뱃속에 있었듯이, 인자도 그처럼 사흘 낮과 사흘 밤을 땅의 심장 속에 있을 것이라.

이스라엘 백성은 표적으로 시작한 민족이었고(출 4장), 표적을 구하는 민족이었기에(고전 1:22) 그들이 표적을 구하는 것 자체는 잘못된 일이 아니었으나, 예수님께서는 이 부분에서 특별히 그 죄를 꾸짖고 계신다. 왜냐하면 표적을 구한 사람들은 서기관들과 바리새인들, 즉 어떠한 표적을 행하더라도 동요되지 않겠다고 마음에 작정하고 예수님을 흠잡기 위해서 표적을 요구하는 천국의 폭력적 찬탈자들(마 11:12)이었기 때문이다. 이들은 34절에서 "독사들의 세대"라고 불리고 39절에서는 "악하고 음란한 세대"라고 불린다. 그들은 30절에서처럼 예수님과 함께 모으는 것은 고사하고 오히려 흩뜨리는 자들이다. 예수님께는 이들에게 더 이상 보여 줄 표적이 없다. 단지 자신의 죽음과 부활만을 증거로 보여 주실 뿐이다.

요나의 표적에 대해서는 몇 가지 짚고 넘어갈 것이 있다. 먼저 자유주의자들은 요나의 사건을 실화로 믿지 않는다. 요나서의 기록이 나름대로의 "영적 의미"만을 준다고 믿는 그들에게 요나의 사건은 우화이고 비유이고 전설이며 설화다. 그러나 성경은 분명히 요나를 사실로 기록하고 있으며, 예수님께서도 이 구절에서 사실로서 인정하셨다. 우리는 성경이 "고래가 요나를 삼켰다."라고 증거하므로 그대로 믿는 것뿐이다. 만약 성경이 "요나가 고래를 삼켰다"고 기록했으면 우리는 요나가 고래를 삼켰다고 믿어야 한다. 왜냐하면 성경은 절대무오한 진리이기 때문이다.

두 번째는 "고래"의 문제이다. 요나서에는 이 동물이 "큰 물고기"라고 기록되어 있고 킹제임스성경의 마태복음에는 "고래"라고 기록되어 있는데, 우리의 "과학적 상식"으로 볼 때 고래는 물고기가 아니라 포유류이므로 고래라고 되어 있는 〈킹제임스성경〉이 틀렸다고 하여, 변개된 성경들은 마태복음의 이 구절에도 "큰 물고기"로 바꾸었다. 이에 맞추어 헬라어 학자들은 그들의 헬라어 사전에다가 이 단어 "케토스"(κητος)의 뜻을 "큰 물고기"(huge fish)라고 해석해 놓아, 마치 〈킹제임스성경〉의 번역이 틀리고 다른 성경들이 맞다고 느끼도록 근거를 마련해 놓았다. 그러나 헬라어 "케토스"에는 분명히 "고래"라는 뜻이 있고 〈킹제임스성경〉은 그것을 찾아서 올바르게 기록한 것이다. 이것이 의심스러우면 창세기 1:21을 보라. 『**하나님께서 큰 고래들과 물들에서 풍성하게 나온 움직이는 모든 생물을 그 종류대로...**』 고래는 창조 제6일에 땅의 짐승들(포유류)과 함께 창조되지 않았다. 고래는 창조 제5일에 물고기들과 함께 창조되었다. 성경적으로 고래가 물고기와 함께 분류되지 않고 포유류와 함께 분류되어야 할 아무런 이유가 없다. 포유류와 어류의 구분은 용어를 어렵게 만들어 진리를 감추려고 하는 현대의 신학자와 철학자들의 분류와 같이, 단지 과학자들의 분류일 뿐이다. 그래서 성경에서는 과학을 가리켜 "거짓되이 일컬어지는 과학"(딤전 6:20)이라고 말한 것이다. 요나서에 나온 "큰 물고기"는 "고래"였다.

세 번째는 지하 세계와 부활에 관한 문제이다. 마태복음에서 요나는 고래 뱃속에 있었다고 묘사되는데, 이것을 예수님의 죽음과 연결시키는 것을 볼 수 있다. 그렇다면 요나는 고래 뱃속에서 죽었음이 틀림없다. 사실 요나가 고래 뱃속에서 삼 일 동안을 살아 있었다고 하니 못 믿는 것이지 그 속에서 죽었다고 하면 못 믿을 이유가 없을 것이다. 그래서 요나 2:2에서는 『**내가 지옥의 뱃속으로부터 부르짖었더니**』라고 말하고 있다. 한글개역성경에서는 지옥이라는 말도 없애고 "스올"이라고 음역해 놓음으로써 지옥의 실체를 가려 버렸는데, 요나는 분명히 죽었었고, 예수님도 그와 같이 땅의 심장 속에 들어가셨다. (히브리어에는 "스올"로 되어 있다. 그러나 이 단어의 뜻은 "지옥"인데 성경 변개자들은 지옥의 실체를 교묘히 가리고자 이 말을 번역하지 않고 이해할 수 없는 히브리어 그대로 음역해 놓은 것이다.) 그리고 요나의 죽음과 부활 사건은(이것은 실제적인 죽음과 부활 사건이다) 예수님의 죽음과 부활을 알리는 하나의 "표적"이 된 것이다.

12:41 심판 때에 니느웨 사람들이 이 세대와 함께 일어나서 이 세대를 정죄하리니, 이는 그들이 요나의 전파로 회개하였기 때문이라. 그러나, 보라, 요나보다 더 위대한 이가 여기 있느니라.

42 심판 때에 남방의 여왕이 이 세대와 함께 일어나서 이 세대를 정죄하리니, 이는 그 여인이 솔로몬의 지혜를 들으려고 땅의 맨 끝에서 왔음이라. 그러나, 보라, 솔로몬보다 더 위대한 이가 여기 있느니라.

앞서 말했던 것처럼 "심판 때," "심판 날"은 항상 이 시대에 구원받지 못한 자들이 자기들의 행위로 심판을 받는 최후의 백보좌 심판을 가리킨다. 그때에 "이 악한 세대"는 자기들 앞에 임하신 왕을 받아들이지 않았으므로 니느웨 사람들과 남방의 여왕보다 더 큰 심판을 받게 된다(마태복음 11:20-24 주석 참조).

12:43 더러운 영이 어떤 사람에게서 나와, 물 없는 곳으로 두루 다니면서 쉴 곳을 찾다가 찾지 못하자,
44 그가 말하기를 '내가 나왔던 내 집으로 돌아가리라.' 하고 돌아와 보니, 그 집이 비어 있고, 소제되고, 단장되었더라.
45 그러자 그가 가서 자기보다 더 악한 다른 일곱 영을 데리고 들어가 거기서 사니, 그 사람의 나중 상태가 처음보다 더 악화되었더라. 이 악한 세대도 그러하리라."고 하시더라.

더러운 영에 사로잡힌 이 사람은 이스라엘이다(39절). 이 사람은 "집"으로 표현된다. 이스라엘의 영적 상태가 악하다는 것은 마귀가 주관하기 때문이다. 예수님께서 왕으로 임하시기 직전의 이스라엘의 영적 상태가 이와 같다는 것은 앞서 설명했다. 그러나 이스라엘은 좀 깨끗해지는 것 같더니 다시 더 악해지고 만다. 그리고 이러한 상태를 예수님께서는 "이 악한 세대"에 적용시켜 말씀하신다. 왕께서 오셨고, 그 왕은 많은 표적들과 설교를 통해서 이스라엘의 상태를 돌려놓으려 하셨다. 그러나 이스라엘은 그 왕을 받아들이지 않았다. 예수님은 마귀들을 쫓으시면서 이스라엘을 자신에게로 돌이키려 하셨지만 이스라엘은 돌아오지 않았다.

44절은 『**그 집이 비어 있고, 소제되고, 단장되었더라**』고 말하고 있다. 이스라엘은 예수 그리스도를 받아들일 수 있는 준비가 되어 있었던 것이었다. 그러나 그 집은 비어만 있었지 결국 주인으로 채워지지 못했다. 예수님을 주인으로 모시지 않은 것이다. 그러므로 마귀가 더 많이 들어가 그들은 더 악한 상태가 되었다. 그 악한 세대는 더 심하고 악한 마귀들로 들끓어 결국 주님을 십자가에 못 박고 말았으며 그들의 상태는 2천 년 동안이나 하나님으로부터 떨어져 나가 있게 되었다. 그리고 예수님께서 재림하실 때, 극심한 마귀의 상태에 있는 이스라엘을 회복시키기 위해서 주님은 마귀를 내쫓아 결박하시고 그 나라의 왕으로 임하실 것이다.

본문은 영적으로 다른 적용이 가능하다. 바울이 말한 것처럼 "집"을 사람에 적용한다면, 그 집은 성령으로 채워지든지 악령으로 채워지든지 해야 한다. 그 집이 성령으로 채워지면 그는 "성령의 전"이요, 악령으로 채워지면 "악령의 전"인 것이다. 사람의 마음은 이처럼 둘 중의 하나로 채워져야 한다. 결코 중립 상태일 수는 없다. 누군가가 마음을 비워 소제하고 단장한다면 그는 즉시로 성령으로 채워져야 한다. 그렇지 않으면 다시 더 악한 마귀로 채워질 것이다. 사람들은 "마음을 비운다."라는 말을 종종 하는데, 마음을 비우는 상태는 마귀가 들어오는 상태라는 것을 알아야 한다. 그래서 악령 숭배자들이나 뉴에이지 운동을 하는 사람들, 또는 기(氣)를 통해 정신수양을 하는 사람들이 마음을 비울 때 악령이 들어가는 것은 자연스러운 일이다.

12:46 주께서 아직 무리에게 말씀하고 계시는데, 보라, 주의 모친과 형제들이 밖에 서서 주께 말씀드리고자 하더라.

47 그때에 한 사람이 주께 말씀드리기를 "보소서, 당신의 모친과 형제들이 당신과 이야기하려고 밖에 서 있나이다."라고 하니,

48 예수께서 그 말을 한 사람에게 대답하여 말씀하시기를 "누가 내 모친이며, 누가 내 형제들이냐?"라고 하시고,

49 그의 제자들을 향하여 자기의 손을 내밀며 말씀하시기를 "나의 모친과 나의 형제들을 보라!

50 누구든지 하늘에 계신 내 아버지의 뜻을 행하는 그 사람이 나의 형제요, 자매요, 모친이니라."고 하시니라.

예수님께서 주님의 뜻을 행하는 자들에게로 관심을 돌리시는 부분이다(11:28-30 주석 참조). 하나님의 뜻은 무엇인가? 예수님께선 요한복음 6:29에는 『**이것이 하나님의 일이니, 즉 그분이 보내신 이를 너희가 믿는 것이라.**』**라**고 하셨고, 6:40에는 『**또 이것이 나를 보내신 분의 뜻이니, 아들을 보고 그를 믿는 사람은 누구나 영생을 얻게 하는 것이라. 그리고 내가 그를 마지막 날에 다시 살리리라.**』**라**고 하셨다. 즉 예수님께서 베푸시는 구원과 은혜를 받아들이는 것이 하나님의 뜻이다. 예수님은 이로써 아버지의 뜻을 행하셨고, 우리는 믿음으로써 아버지의 뜻을 행한다.

예수님께서는 이스라엘 민족에게 천국을 가져오셨으나 "이 악한 세대"는 받아들이지 않았다. 그러므로 예수님께서는 이스라엘 중에서도 자신을 따르는 자들에게로 관심을 돌리셨다. 그리고 그 구원은 주인의 상에서 떨어진 부스러기를 먹는 개 같은 이방인인 우리에게 옮겨졌고, 이제 우리는 그 올리브 나무의 가지에 접붙임을 받게 되었다. 이것은 우리에게는 매우 감사할 일이지만 이제 이 구원의 때는 얼마 남지 않았고 이 구원은 다시 이스라엘 민족에게로 넘어가서 "천국"이 임하게 된다.

13장에서는 그 "천국"이 이스라엘에게서 어떻게 감추어지는지를 보게 된다. 예언되고 전파된 천국은 이스라엘의 거부로 말미암아 감추어진다. 이제 그 "천국의 신비"를 보도록 하자.

마태복음 13장

11장과 12장에서 예수 그리스도를 거부하는 "이 악한 세대"로 말미암아 예수 그리스도께서는 자신을 따르는 사람들에게로 그분의 관심을 옮기신다. 그것은 예언적으로 볼 때 이스라엘에게 주어지는 "천국"이 그들에게서 멀어져 가고 대신 다른 사람들에게 주어진다는 것을 의미한다. 그러나 다른 사람들에게 주어지는 왕국은 이스라엘에게 주어졌던 정상적인 천국이 아니었다. 그것을 마태복음 13장에서는 "천국의 신비"라고 말한다.

13:1 그 날 예수께서 그 집에서 나가시어 바닷가에 앉으시더라.

2 큰 무리가 그에게로 모여드니, 주께서 배에 올라 앉으시고, 온 무
리는 해변에 서 있더라.

3 주께서 많은 것을 그들에게 비유로 일러 말씀하시기를 "보라, 씨 뿌리는 자가 뿌리러 나가서,

마태복음 13장에 나오는 천국 비유들을 이해하기 위해서 우리는 먼저 12장의 사건들을 다시 살펴보아야 한다. 메시아가 오셔서(1절) 자신을 "다윗의 아들"로 동일시하신다(3절). 그리고 그는 표적들과 이적들로 그것을 증명하신다(13절). 그러나 그는 거절당하셨고 마귀라고 불린다(24절). 그리고 12장의 중간에서 하나님께서는 이방인들을 다루시겠다는 경고를 하신다(21절). 12장의 후반부에서는 용서받을 수 없는 죄가 언급되고(31절), 예수님께서는 이방인들이 이스라엘을 심판할 것을 말씀하신다(40-42절). 마귀에게 사로잡힌 한 사람의 모습은 이스라엘의 영적 상태와 같으며(45절), 자기들의 메시아를 거절한 그 이스라엘은 악한 일곱 영이 들어간 사람처럼 황폐하게 된다.

이처럼 12장의 일련의 사건들의 의미를 살펴본다면 13장의 비유들을 한결 쉽게 이해할 수 있을 것이다. 예수님께서 천국 비유를 설명하시는 것이 예수님께서 거부당하신 이후에 바로 연결된다는 사실을 주목하라. 이것은 마태복음 1장에서부터 시작되는 사건들이 예언된 왕국의 도래와 거부라는 천국의 역사를 설명해 준다는 것을 이해한다면 쉽게 받아들여질 것이다. 그렇다면 13장에 나오는 천국 비유는 거부된 왕국 이후에 펼쳐지는 새로운 경륜의 모습이라고 볼 수 있다.

이러한 해석은 단순히 왕국의 역사와 경륜이라는 틀 속으로 마태복음의 구절 하나하나를 끼워 맞추려는 것이 아니다. 오히려 이 책에 나와 있는 문맥과 단어 하나하나를 문자적으로 공부하니까 자연적으로 이 체계가 형성되는 것이다.

왕국의 거부 이후에 새로 시작되는 경륜은 교회의 경륜, 즉 교회 시대이다. 그러므로 이 비유들은 교회 시대에 적용된다. 하지만 "천국"은 "교회"가 아니다. 그러므로 이 비유들은 교회에 적용되지 않는다. 이 비유들은 시대적으로는 교회 시대이지만, 교회가 아닌 또 하나의 세계, 즉 "기독교계"(christendom)에 적용된다.

각각의 비유를 해석하기 이전에 먼저 "기독교계"란 어떤 곳이며, "천국"과 "기독교계"는 어떤 연관성이 있는지를 살펴보기로 하자. 먼저 "천국"은 이 땅에 세워질 실제적이고 가시적(可視的)이며 정치적인 나라라고 우리는 공부했다. 이 "천국"은 태초 이래로 하나님과 사탄과의 치열한 싸움의 주제가 되었다. 하나님께서 천국의 "왕"을 임명하시면 사탄은 그 왕을 쓰러뜨리고 그 왕국을 빼앗는 것이다. 그러나 이 "천국"은 하나님에 의해서 통치받는 "신정국가"이어야 한다. 사탄이 차지하고 있는 나라는 아무리 실제적인 나라라고 해도 "천국"이라고 불릴 수 없고 "인간의 왕국"(단 4:17,25), "이 세상의 나라들"(눅 4:6, 계 11:15) 등으로 불린다. 사탄은 아담에게서 "천국"을 빼앗았지만 그에게 속한 왕국은 누가복음 4:6에서도 "천국"이라고 불리지 않는다.

앞서 말했듯이 천국은 하나님께서 다스리는 신정통치의 왕국이다. 그러나 사탄은 언제나 그렇듯이 그의 천재적인 감각으로 "모조품"을 만들어 낸다. 그것이 바로 "기독교계"이다. 천국은 하나님께서 실제적으로(물리적으로) 다스리시는 왕국이고, 하나님의 나라는 하나님께서 영적으로 다스리시는 왕국이지만, "기독교계"는 하나님께서 다스리시는 왕국이 아니다. 그리스도의 몸 된 교회(하나님의 나라)는 거듭난 사람들로 구성되어 있으나, 기독교계는 거듭나지 않은 사람들도 포함되어 있다. 하나님께서 세우신 교회에는 알곡만 있지만 기독교계에는 독보리도 있다. 이 "기독교계"(christenDOM)는 마치 왕국(kingDOM)처럼 하나님의 통치를 받는 것처럼 행세한다. 그래서 "기독교계"는 이 세상의 나라와 대조되는 영적인 왕국으로 취급되고 있다. 이 기독교계는 천국과 하나님의 나라를 구분하지 못하는 신학자들에 의해서 종종 "하나님의 나라"라고 불리며 그 영적인 통치 영역을 넓혀 가려고 한다. 그러나 그 안에는 순수한 양만 있는 것이 아니라, 개와 돼지와 염소 등 온갖 동물들로 구성되어 있다. 이것은 하나님의 나라와 같게 보이게 하고 또 천국과도 같게 보이게 만들려는 사탄의 위조품이다.

그러므로 이 천국 비유는 이스라엘이 반역한 이후 하나님께서 교회의 경륜으로 돌이키시는 모습을 그리는 것이 아니라, 이스라엘에게서 천국이 거부된 이후 나타나는 천국 비슷한 모조품 세계의 모습을 그리는 것이다. 그래서 이 "천국 비유"는 "기독교계 비유"라고 불릴 수 있다. 이것은 11절에서 "천국의 신비"라고 말해지는 것으로 확인될 수 있다. 즉 이 천국은 "신비적인 형태로 감추어진 천국"이다.

이 기간 동안 천국은 신비 속에 감추어진다. 그리고 이상한 형태의 다른 세계가 "천국"인 양 드러나는 것이다. 그래서 이 비유들은 이 기간 동안 세상과 교계에서 일어나는 일들에 적용된다.

그러나 이 비유들이 "천국"의 비유라고 불리는 이상 단순히 "교계"에만 맞추어질 수는 없다. 이 비유들은 실제적인 왕국과 관련된 모습을 보여준다. 즉 어떤 비유는 왕국이 도래하기 전에 왕국과 관련되어 일어나는 일에 대해서 묘사하기도 하고 또 어떤 비유는 실제적인 천년왕국에서 있을 일에 대해서도 묘사하고 있다는 것이다.

이에 반해 마가복음과 누가복음에는 "하나님의 나라"에 관한 비유가 등장한다. 그리고 그 비유들 중에 몇 개는 마태복음의 천국 비유와 유사하다. 그래서 많은 신학자들은 천국과 하나님의 나라가 같다고 주장하기도 한다.

하지만 이 비유들을 자세히 살펴보면 천국 비유와 하나님의 나라의 비유가 모두 일치하는 것이 아니라 그중 일부만 일치하고 나머지는 서로 다른 모습을 그린다는 것을 알 수 있다. 우리는 그 일치하는 부분들에 대해서만 천국과 하나님의 나라의 "성격"이 같다는 것을 알 수 있다. 즉 천국과 하나님의 나라는 성격상 서로 같은 부분도 있고 서로 다른 부분도 있다는 것이다. 그러므로 이 두 나라는 분명히 다르다. 하나님의 나라의 비유는 그야말로 교회의 경륜 속에서 다루어지는 내용이다.

공관복음에 나타난 두 나라에 대한 비유를 비교해 보면, 마태복음에는 씨 뿌리는 자의 비유(13:1-8,18-23), 독보리의 비유(13:24-30,36-43), 겨자씨(13:31,32), 누룩(13:33), 밭에 숨겨진 보물(13:44), 진주를 찾는 상인(13:45), 그물의 비유(13:47-50) 등 일곱 가지 천국 비유가 등장하고, 마가복음에서는 씨 뿌리는 자(4:3-9,14-20), 겨자씨(4:30-32), 자라나는 씨(4:26-29) 등 세 가지 하나님의 나라의 비유가 등장하며, 누가복음에서도 역시 하나님의 나라의 비유가 등장하는데, 씨 뿌리는 자(8:4-8, 11-15), 겨자씨(13:18,19), 누룩(13:20,21) 등 세 가지 비유로 제시된다.

이 세 복음서를 비교해 보면, 씨 뿌리는 자의 비유, 겨자씨의 비유, 누룩의 비유, 이 세 가지는 천국과 하나님의 나라에서 공통적으로 드러나는 특성이나, 독보리의 비유, 보물, 진주, 그물에 대한 비유는 천국에서만 드러나는 특성이고, 자라나는 씨앗에 대한 비유는 하나님의 나라에서만 드러나는 특성이라는 것을 볼 수 있다. 또 여기에서 알 수 있는 것은 천국과 하나님의 나라의 관계가 동일하다든지, 천국과 하나님의 나라 자체가 어디에 포함되거나 겹쳐지거나 하는 문제가 아니라, 단지 이 두 개의 나라의 "성격"이 겹치는 부분이 있다는 것이다.

이제 이 비유를 하나하나 공부해 가면서 우리는 주님께서 오셔서 완전한 천국을 세우시기까지 천국이 어떻게 흘러가는가, 또 천국이 임했을 때 어떠한 모습이 나타나는가를 알게 될 것이며, 또 하나님의 경륜 속에서 우리는 어떤 일을 해야 할 것인지도 알게 될 것이다.

13:3 주께서 많은 것을 그들에게 비유로 일러 말씀하시기를 "보라, 씨 뿌리는 자가 뿌리러 나가서,
4 씨를 뿌렸는데, 어떤 씨는 길가에 떨어지니, 새들이 와서 먹어 버렸고,
5 어떤 씨는 흙이 많지 않은 돌밭에 떨어지니, 흙이 깊지 아니하므로 곧 싹이 나오나,
6 해가 솟아오르자 시들었으며, 뿌리가 없으므로 말라 버렸고,
7 또 어떤 씨는 가시떨기 사이에 떨어지니, 그 가시떨기가 자라나서 기운을 막아 버렸으나,

8 어떤 씨는 좋은 땅에 떨어지니, 어떤 것은 일백 배로, 어떤 것은
육십 배로, 또 어떤 것은 삼십 배로 열매를 맺었느니라.
9 들을 귀 있는 자는 들을지어다."라고 하시더라.

마태복음 13장의 7가지 천국 비유들은 기본적으로 교회 시대 기간 중 신비 속으로 감추어지는 천국의 모습을 보여 준다. 그래서 이 비유들은 시대적으로는 교회 시대에 적용되나, 그 적용의 대상은 "교회"가 아니라 이 기간 중 왕국과 같은 모습을 모방하는 세계인 "기독교계"에 적용된다.

첫 번째 비유는 우리에게 잘 알려져 있는 "씨 뿌리는 자"의 비유이며, 18-23절에서 주님께서 친히 해석해 주신다. 이 비유는 "천국"의 비유와 "하나님의 나라"의 비유에서 공통된다.

13:10 제자들이 나아와 주께 말씀드리기를 "어찌하여 그들에게 비유로
말씀하시나이까?"라고 하니,
11 주께서 그들에게 대답하여 말씀하시기를 "이는 천국의 신비들이
너희에게는 알도록 허락되었으나 그들에게는 허락되지 아니하였
기 때문이니라.
12 누구든지 가진 사람은 받게 되어 더 풍성히 가질 것이나, 누구든
지 갖지 못한 사람은 가진 것마저도 빼앗기리라.
13 그러므로 내가 그들에게 비유로 말하노니, 이는 그들이 보아도
보지 못하고 들어도 듣지 못하며 또 깨닫지도 못함이라.
14 또 이사야의 예언이 그들에게 이루어졌으니, 말하기를 '너희가

듣기는 들어도 깨닫지 못할 것이요, 또 보기는 보아도 알지 못하리라.

15 이 백성의 마음이 무디어지고, 그들의 귀는 듣는 데 둔하고, 그들은 자기들의 눈을 감았으니, 이는 그들이 어느 때라도 눈으로 보지 못하고 귀로 듣지도 못하며 마음으로 깨닫지도 못하고 회심하지도 못하게 되어 나로 그들을 치유하지 못하게 하려 함이라.'고 한 것이라.

16 그러나 너희 눈은 볼 수 있고 또 너희 귀는 들을 수 있으니 복이 있도다.

17 진실로 내가 너희에게 말하노니, 많은 선지자들과 의인들이 너희가 보는 것을 보기 원하였으나 보지 못하였고 너희가 듣는 것을 듣기 원하였으나 듣지 못하였느니라.

이것은 이사야 6:9,10의 말씀을 인용한 것이다. 신약성경에서 이사야를 인용한 부분은 많은데, 그중에서 이 부분을 인용한 것은 세 군데나 된다. 그곳은 요한복음 12:40과 사도행전 28:26,27과 마태복음 13:14,15인데, 인용된 곳 모두 예수 그리스도가 거부되는 모습과 더불어 사용된다. 원래 구절인 이사야 6:9,10은 이 사실을 더 명확하게 제시해 주는데, 이사야 6:11에서 선지자는 이 말씀에 대해서 주님께 "언제까지니이까?"라고 묻는다. 하나님께서는 그에게 『**성읍들은 거민이 없이 황폐하게 되고, 집들에는 사람이 없으며, 땅이 완전히 황폐하게 되기까지요 또 주가 사람들을 멀리 옮겨, 그 땅 가운데에 완전히 버려짐이 있을 때까지니라.**』(사 6:11,12)라고 말씀하시는데, 이때는 "야곱의 고난의 때"인 대환란 때를 말한다. 다시 말해서 이스라엘 민족은 대환란 때까지 마음이 무디어져서 주님을 거부할 것이라는 예언이다.

마태복음 13장의 비유들이 교회 시대에 적용되어야 한다는 것은 바로 이사야의 이러한 예언이 삽입되어 있기 때문이다. 이스라엘 민족은 예수 그리스도의 설교를 듣고 그를 거부했다. 요한복음 12장에서는 최후의 만찬을 행하시기 직전에 마지막으로 그 백성들에게 거부당하신 다음에(요 12:37) 이 말씀을 인용하셨으며, 사도행전 28장에서는 사도 바울이 마지막으로 유대인들에게 복음을 전하였으나 그들이 거부하면서 이 말씀이 사용되었다. 바울은 이 말씀을 인용한 후에 『**그러므로 하나님의 구원을 이방인들에게 보낸 것과 그들이 그것을 들을 것을 너희가 알라.**』**라**고 말한다(행 28:28). 유대인들의 거부하는 모습을 묘사한 이사야 6:9,10 이후에는 대환란이 묘사되는데(사 6:11-13), 사도행전 28장에서는 이 말씀의 인용 이후에 이방인들이 구원을 받는 교회 시대가 본격적으로 펼쳐진다.

교회 시대에 관해서는 구약의 선지자들에게는 감추어져 있었다. 베드로전서 1:10,11에서는 이 교회 시대의 구원에 대해서는 선지자들이 살펴보기를 원했으나 알지 못했다고 말씀하신다. 그런데 예수님께서는 제자들에게 이 비유들을 말씀하시면서, 백성들에게는 비유로 말씀하시지만 제자들에게는 "천국의 신비들"이 허락되었기에(마 13:11) 그들은 볼 수 있고 들을 수 있으며(마 13:16,17), 또 베드로전서 1:10에서 말한 것처럼 선지자들이 보기 원하던 것을 그들이 볼 수 있게 되었다고 말씀하신다(마 13:17). 그러므로 이스라엘의 거부가 있은 후 대환란이 오기 전에 교회 시대가 있게 되는데, 천국 비유는 이스라엘이 왕국을 거부함으로 신비 속에 천국이 감추어진 이 교회 시대 기간 중에 펼쳐질 일이라는 것을 우리는 알 수 있다.

그렇다면 이 기간 중에 "기독교계"에는 어떤 일이 일어나는가? 다음 비유를 보자.

13:18 그러므로 너희는 씨 뿌리는 자의 비유를 들으라.
19 누구든지 왕국의 말씀을 듣고도 깨닫지 못할 때에는 악한 자가 와서 그 사람의 마음에 뿌려 놓은 것을 빼앗아 가나니, 길가에 씨가 뿌려졌다는 것은 곧 이 사람을 두고 말하는 것이요
20 돌밭에 씨가 뿌려졌다는 것은 그 말씀을 듣고 즉시 기쁨으로 그 말씀을 받으나
21 그 사람 안에 뿌리가 없으므로 잠시 견디다가 말씀으로 인하여 환난이나 박해가 닥쳐오면 즉시 실족하는 사람이요
22 가시떨기 사이에 씨가 뿌려졌다는 것은 말씀을 듣기는 하나 이 세상 염려와 재물의 미혹이 말씀을 억눌러 열매를 맺지 못하게 된 사람이라.
23 그러나 좋은 땅에 씨가 뿌려졌다는 것은 그 말씀을 듣고 깨달아 또한 열매 맺는 사람이니, 어떤 사람은 일백 배로, 어떤 사람은 육십 배로, 또 어떤 사람은 삼십 배로 열매를 맺느니라."고 하시니라.

말씀을 뿌리는 자는 예수 그리스도시고, 씨는 하나님의 말씀이며, 4절에 있는 새들은 사탄의 종들인 마귀들이다. 또 길가에 뿌려진 것은 마음에 뿌려진 말씀을 악한 자가 가로채 간다는 것이고, 돌밭에 뿌려졌다는 것은 말씀을 받으나 곧 말씀으로 인하여 환난이나 박해가 오면 실족한다는 것이며, 가시떨기에 뿌려진 것은 세상의 염려와 재물의 미혹이 말씀을 억눌러 열매를 맺지 못하는 것이고, 좋은 땅에 뿌려졌다는 것은 말씀을 듣고 깨달아 많은 열매를 맺는다는 것이다.

이 비유는 교회 시대에 적용하기에 적절하다. 우리 가운데 있는 모든 사람들은 여기에 제시된 네 가지 유형의 사람들 중 하나이기 때문이다. 그래서 이 비유는 많은 설교자들에 의해서 구원과 헌신에 관한 설교로 사용되기도 한다. 이 비유가 마가복음과 누가복음에 있는 하나님의 나라의 비유에서도 제시되고 있다는 것으로 볼 때 이러한 적용은 가능할 것이다.

그러나 마태복음에서는 항상 "왕국"에 관점을 두고 묘사되어 있다는 사실을 알아야 한다. 즉 여기서 뿌려지는 말씀의 씨앗은 "왕국의 말씀"이라는 것이다(19절). 다시 말해서 여기서 제시되는 복음은 "왕국 복음"이다. 그러므로 씨 뿌리는 자의 비유 자체는 왕국 복음 아래서나 은혜의 복음 아래서나 동일하게 적용된다. 단지 성도의 헌신을 위해 설교하기 위해서는 마태복음보다 마가복음이나 누가복음에 있는 이 비유를 가지고 설교하는 것이 더 좋을 것이다.

씨 뿌리는 자는 예수 그리스도이시다. 예수 그리스도께서는 이스라엘 민족에게 왕국 복음을 전하셨다. 그중에 많은 사람들은 마귀의 미혹에 넘어갔고, 어떤 사람들은 주님을 따라다니다가도 시험으로 넘어졌고, 얼마는 주님의 말씀을 깨달아 열매를 맺는다. 예를 들어 열두 제자 같은 경우는(멸망의 아들인 유다 이스카리옷은 제외하고) "들을 귀 있는 자는 들을지어다"라는 주님의 말씀대로 듣고 깨달아 열매를 맺었다. 다른 제자들이 30배의 열매를 맺었다고 한다면, 베드로와 야고보 같은 경우는 60배를 맺었다고 할 수 있고, 요한은 100배의 열매를 맺었다고 할 수 있을 것이다.

그러나 예수님께서 복음을 전파하셨을 때 그 백성은 주님을 따르지 않았다. 예수님을 거부한 "이 악한 세대"(마 12:45)는 성령을 모독하여 용서받을 수 없는 죄까지 범한다(마 12:31,32). 그들은 투로와 시돈보다(마 11:21,22), 소돔보다(마 11:23,24), 니느웨보다(마 12:41) 더 심하게 심판받는다고 경고받고 있다. 이것은 선지자 이사야의 예언대로 그들의 마음이 무디어졌기 때문이다.

13:24 주께서 그들 앞에 또 다른 비유를 들어 말씀하시기를 "천국은 좋은 씨를 자기 밭에 뿌린 사람과 같으니,

25 사람들이 잠자는 동안 그의 원수가 와서 곡식 사이에 독보리들을 뿌리고 가 버리니

26 싹이 나고 이삭이 패일 때에 독보리들도 나오니라.

27 그 집주인의 종들이 와서 그에게 말하기를 '주인님, 당신의 밭에 다 좋은 씨를 뿌리지 아니하였나이까? 그런데 독보리들은 어떻게 생겼나이까?'라고 하니

28 그 주인이 그들에게 말하기를 '원수가 이렇게 하였구나.' 하자 그 종들이 그에게 말하기를 '그러면 우리가 가서 그것들을 한데 모으기를 원하시나이까?'라고 하니

29 주인이 말하기를 '아니라, 독보리를 한데 모으다가 곡식까지 함께

뽑으면 아니되느니라.

30 추수 때까지 둘 다 함께 자라도록 두었다가, 추수 때에 내가 추수
꾼들에게 말하여, 먼저 독보리들을 모아서 불사르기 위하여 단으
로 묶고, 곡식은 내 곳간으로 모아들이게 하리라.'고 하니라." 하
시더라.

이 비유도 역시 36-43절에서 주님께서 친해 해석을 해 주신다. 그러나 이 비유는 하나님의 나라의 비유에서는 발견되지 않고 오직 천국 비유에서만 발견된다.

13:31 주께서 그들 앞에 또 다른 비유를 들어 말씀하시기를 "천국은 어
떤 사람이 가져다가 자기 밭에 뿌린 겨자씨 한 알과 같으니,
32 그것은 참으로 모든 씨 중에서 가장 작지만 자라나면 푸성귀 중
에서 가장 커지고, 나무가 되면 공중의 새들이 와서 그 가지에 깃
들이느니라."고 하시더라.

세 번째 비유는 겨자씨의 비유인데, 이 비유는 대부분의 사람들에 의해서 오용되고 있다. 사람들은 이 구절을 "천국의 확장"이라고 해석한다. 즉 겨자씨만큼 작은 천국, 또는 하나님의 나라가 복음이 전파되면서 확장되어 전 세계에 이르게 되며, 주위의 사람들(새들)에게 영향을 끼치게 되어 사회의 모든 구석구석까지 하나님의 통치가 미치게 된다고 가르치며, 개인적으로는 겨자씨만 한 믿음이 자라서 장성한 그리스도인이 되며 그때 주위의 사람들에게도 복음의 영향력을 끼치게 된다고 가르친다. 특히 로마카톨릭 교회는 이 확장되는 "겨자나무"를 자기들의 교회라고 가르쳐, 로마카톨릭 교회의 세력이 전 세계에 미쳐야 한다고 주장한다.

그러나 이 비유는 전혀 그런 뜻이 아니다. 겨자씨가 자라면 원래 푸성귀 같은 나물이 되어야 정상이다. 그러나 이 비유에서 겨자씨는 나무가 되었다. 비정상적인 성장을 한 것이다. 그리고 공중의 새들은 4절과 19절에 따라서 마귀의 세력들이다. 다시 말해서 이 이상한 나무에 마귀들의 세력이 보금자리를 튼다는 말이다. 그러므로 이 신비적인 형태의 천국, 즉 천국이 숨겨져 버린 상태의 "기독교계"에는 순수한 그리스도의 사람들만 있는 게 아니라 사탄의 세력도 함께 존재하게 된다. 그래서 우리가 직접 보는 것처럼 이 교계에는 많은 거짓 교사들이 있고, 사탄의 세력들이 교권을 잡고 있으며, WCC라든가 교단들, 특히 로마카톨릭이 주도하는 교회일치운동 등에 마귀의 자녀들이 활동하고 있는 것이 이상한 일이 아니다.

13:33 주께서 그들에게 또 다른 비유를 말씀하시기를 "천국은 어떤 여인이 가져다가 가루 서 말에 숨겨 넣어, 전체를 부풀게 한 누룩 같으니라."고 하시더라.

네 번째 비유는 누룩의 비유이다. 이 비유 역시 많은 사람들에 의해 오용되고 있는 비유이다. 누룩이 부푸는 것처럼 하나님의 나라, 또는 천국이 부풀어서 복음이 전 세계에 퍼지게 된다는 사람들의 해석은 앞의 겨자씨 비유처럼 로마카톨릭의 세력 확장을 위해서 좋은 교리가 될 뿐이며,

후천년주의자들의 주장을 변호하게 될 뿐이다.

이 비유에서 올바로 알아야 할 부분은 "여인"과 "누룩"인데, 위와 같이 가르치는 교회들은 누룩은 "복음"이고 여인은 "교회"라고 가르친다. 그러나 여기에서의 여인은 결코 교회가 아니다. 성경에서 여성으로 묘사되는 것이 몇 개 있다. 구약에서는 이스라엘이 여성으로 묘사되는데, 신약에서 그들은 "처녀들"로 복수 형태로 나타나기도 한다. 두 번째로 예수 그리스도의 신부인 교회가 여성으로 나타난다. 그러나 교회는 "순결한 처녀"(단수형태, 고후 11:2), "그리스도의 신부"(계 21:2) 등으로 나타나지만 결코 "여인"이라고는 불리지 않는다. 세 번째로 요한계시록 17장의 "창녀"가 등장한다. "일곱 산" 위에 앉은 그 창녀는 로마카톨릭이다.

성경에서 "누룩"은 결코 긍정적인 의미로 쓰인 적이 없다. 구약에서 누룩은 기본적으로 하나님께 드리는 제사의 빵에 쓰여서는 안 될 불순물이다(출 34:25, 레 2:11; 10:12; 23:6). 신약에서 누룩은 거짓 교사에 의해서 가르쳐지는 "거짓 교리"를 말한다. 예수님께서는 바리새인들과 사두개인들의 누룩, 즉 그들의 교리를 조심하라고 하셨다(마 16:6,12). 그러므로 이 비유는 어떤 "여인"이 "기독교계"에 거짓 교리를 집어넣었다는 것을 보여 주는 것이며, 누룩이 전체를 부풀게 하듯이 이 세상은 주님께서 오실 때까지 더욱 악해질 뿐 선해지지 않는다는 것을 보여 주는 것이다.

"기독교계"란 입으로 예수 그리스도를 고백하는 사람들의 세계이다. 이 중에는 진정으로 거듭나서 예수님을 주님이라고 고백하는 사람도 있으나, 입으로만 고백하지 결코 예수 그리스도와 관계없는 사람도 있다. 그리고 그들이 거짓 교사가 되어 교회에 침투해 거짓 교리를 전파하는데, 대표적인 교회가 로마카톨릭 교회며, 로마 교회와 연합하는 모든 교회도

이에 해당한다. 만약 여기의 "여인"이 교회라면 "그리스도의 몸 된" 교회라 아니라 "창녀" 교회일 것이다.

한 가지 주목할 점은 "겨자씨" 비유와 "누룩" 비유는 마가복음과 누가복음에 있는 하나님의 나라 비유에서도 발견된다는 것이다. 그러므로 이 비유들은 하나님의 사람과 마귀의 사람들이 섞여 있는 기독교계에만 적용되는 것이 아니라 거듭난 성도들로 구성된 참된 그리스도의 교회에도 적용된다.

구약에서 누룩이 사용되는 예는 레위기 23:17에 단 한 번 나오는데, 이것은 오순절에 주께 드리는 첫 열매로 제시된다. 이 사건이 보여 주는 것은 오순절은 교회와 관련된 절기로서(행 2장), 교회 안에는 비록 거듭났을지라도 영적으로 어린아이도 있고, 타락하거나 잘못된 교리에 물들어 거짓 교리를 전파하는 사람들도 있다는 것이다. 이들은 구원은 받겠지만 그리스도의 심판석에서 책망받을 사람이다. 사도 바울은 로마서 7,8장에서 구원받은 사람도 죄에 사로잡혀 죄의 종이 될 수 있다고 말한다. 바로 마귀(공중의 새)의 통제를 받고 있는 것이다. 이와 같이 거듭난 그리스도인도 말씀을 올바로 나누어 공부하지 않으면 거짓 교리인 누룩에 부풀리게 된다.

13:34 예수께서 이 모든 것을 무리에게 비유로 말씀하셨으며, 비유를 들지 않고서는 그들에게 말씀하지 아니하시더라.

35 이는 선지자를 통하여 말씀하신 것을 이루어지게 함이니, 말씀하시기를 "내가 내 입을 열어 비유로 말하고 내가 세상의 기초가

놓인 이래로 감추어진 것들을 말하리라." 하신 것이라.

이 말씀은 시편 78:1-3에서 인용한 것이다. 주목할 것은 시편에서의 문맥은 조상들이 과거에 말했던 것을 비유로 사용하여 미래의 일들을 말한다는 것인데, 그러므로 우리는 구약의 역사적 사실들이 하나의 비유가 되어, 신약과 또 미래, 특별히 환란 기간에 있게 될 일들을 보여 준다는 것을 알 수 있다.

13:36 그후에 예수께서 무리를 보내시고 집으로 들어가시니, 주의 제자들이 와서 주께 말씀드리기를 "밭의 독보리들의 비유를 우리에게 설명하여 주소서."라고 하니,

37 주께서 그들에게 대답하여 말씀하시기를 "좋은 씨를 뿌리는 자는 인자요,

38 밭은 세상이며, 좋은 씨는 왕국의 자녀들이니라. 그러나 독보리는 악한 자의 자녀들이요,

39 독보리들을 뿌린 그 원수는 마귀이며, 추수는 세상의 끝이요, 추수꾼들은 천사들이니라.

40 그러므로 독보리들을 거두어서 불에 태웠듯이 이 세상의 끝에도 그렇게 되리라.

41 인자가 그의 천사들을 앞서 보내리니, 그러면 그들이 실족케 하는 모든 것들과 불법을 행하는 자들을 그의 왕국에서 *가려내어* 모으리라.

42 그리하여 그들을 불타는 용광로 속으로 던지리니, 거기서 울며 이를 갈고 있으리라.

43 그때에 의인들은 그들의 아버지의 왕국에서 해처럼 빛나리라. 들을 귀 있는 자는 들을지어다.

한글개역성경에는 "독보리"가 "가라지"라고 되어 있다. 이 비유는 독보리가 알곡과 아주 비슷하게 생겼기에 독보리를 뽑다가 곡식까지 뽑을 염려가 있기에 독보리를 놔두라고 되어 있다. 그런데 농촌에서 살아 본 사람은 누구나 알겠지만 가라지는 곡식과 너무나 다르게 생겨서 어린아이라도 곡식을 해치지 않고 가라지를 뽑을 수 있다. 한글개역성경은 가끔 이렇게 상식에서 벗어난 변개를 시도하고 있다.

더욱 우스운 것은 어떤 사람들은 이 말씀을 교회에다 적용한다는 것이다. 그들은 "교회에는 알곡과 가라지가 있기 마련이다. 그래서 교회에는 모두 거듭난 사람만 모여 있을 수는 없다."라고 말하며 자기들의 교회가 순수한 교회가 아니라는 것을 합리화시키곤 한다.

그러나 성경은 『**밭은 세상이며**』(38절)라고 분명히 말하고 있다. 밭은 교회가 아니라 세상이다. 이 세상에는 곡식과 독보리가 함께 존재한다. 이것은 주님께서 오셔서 심판하실 때까지 계속될 것이다. 이 비유는 독보리를 함께 모아서 불에 태울 때까지 이 세상은 악할 뿐이라는 것을 설명해 준다. 그러므로 주님의 재림을 기다리지 않고 이 세상을 아름답게 만드는 것이 얼마나 무용한 일인가를 알 수 있다.

그러나 교회는 순결해야 한다. 그것은 예수 그리스도의 몸이고, 신부이기 때문에 모두 거듭난 사람들로만 구성되어 있어야 한다. 만약 지역 교회에 거듭나지 못한 사람이 있으면 빨리 구령해서 그 지역 교회도 순수한 주님의 몸이 되어야 한다.

『**이 세상의 끝**』(40절).

성경에서 "끝"은 항상 "대환란의 끝"을 가리키며(마 23:3,13,14, 히 3:14; 6:11), 그것은 천년왕국의 시작이다. 대환란 끝에 천사들은 두 가지로 "추수"를 하게 되는데, 하나는 곡식을 하나님의 창고로 거두어들이는 것이고, 다른 하나는 독보리를 묶어 불에 태우는 것이다. 39,40절에서 독보리를 태우는 모습은 요한계시록 14:17-19에서 "땅의 포도"를 거두는 모습과 같으며, 마태복음 3:12에서 쭉정이를 불로 태우는 모습과 같다.

13:44 또 천국은 밭에 숨겨진 보물과 같으니, 어떤 사람이 그것을 찾은 후에 *다시* 숨기고 그 기쁨으로 가서 자기의 모든 소유를 팔아 그 밭을 사느니라.

다섯 번째 비유는 밭에 숨겨진 보물의 비유이다. 여기서 "어떤 사람"은 예수 그리스도이시고, "밭"은 세상이며(38절), "보물"은 이스라엘이다(출 19:5, 시 135:4). 『**이는 주께서 야곱을 자신의 것으로 택하셨고 이스라엘을 자신의 독특한 보물로 택하셨음이라**』(시 135:4). 예수 그리스도께서 교회뿐 아니라 모든 세상을 사셨기에 요한계시록 11:15 이후에는 세상의 모든 나라들이 예수 그리스도의 왕국들이 된다.

그때가 이르기까지 이스라엘은 자기들의 메시아를 거부한 결과로 세상에 버려지게 된다. 여기서 "숨기다"(hid)는 말은 하나님께서 자신을 숨기신다는 것과 이스라엘을 세상 속에 숨겨 버리시겠다는 것에 둘 다 해당된다. 하나님은 그들에게서 얼굴을 돌리시며(신 31:17, 사 54:8), 그들은 세상으로 흩어지고 박해를 당하게 된다(렘 31:10). 그러나 밭인 세상이 예수 그리스도의 왕국이 될 때 그 "보물"인 이스라엘은 구원받게 된다(롬 11:25-27). 이 비유는 그때까지 이스라엘이 어떻게 될 것인가를 보여 주는 비유이다.

13:45 또 천국은 좋은 진주를 찾는 상인과 같으니,
46 그가 매우 값진 진주 하나를 찾아, 가서 자기의 모든 소유를 팔
아 그것을 샀느니라.

여섯 번째 비유는 진주의 비유이다. 여기의 상인도 예수 그리스도이시고, 진주는 교회이다. 진주라는 보석은 다른 모든 보석과 다르게 유일하게 유기물이다. 그래서 다른 보석과는 달리 자르면 망가지게 된다. 성경에 묘사된 여러 집단 중 유일하게 유기체라고 불리는 것은 교회이다. 교회는 그리스도의 몸이기 때문에 결코 잘려 나갈 수 없다.

여기서 상인은 밭을 사는 것이 아니라 진주를 산다. 예수 그리스도는 세상 사람 모두를 사랑하셨으나 특별히 교회를 더 사랑하셨다. 예수 그리스도와 교회와의 관계는 신랑과 신부의 관계이다(엡 5:25). 그래서 예수 그리스도께서 지불하신 값은 하나님의 피이다(행 20:28, 벧전 1:18,19). 그러므로 이 시대에는 예수 그리스도의 피 외에는 어떤 것으로도 구원을 얻을 수 없다. (그럼에도 불구하고 한글개역성경 및 알렉산드리아 계열의 모든 성경들은 골로새서 1:14에서 예수 그리스도의 "피"를 삭제했다.)

13:47 또 천국은 갖가지 종류의 물고기를 모으기 위해 바다에 던져 놓은 그물과 같으니,

48 그물이 가득 차면 해변에 끌어올려 놓고 앉아서 좋은 것은 그릇에 담고 나쁜 것은 내어 버리느니라.

49 세상의 끝에도 그러하리라. 천사들이 나아와서 악인들을 의인으로부터 가려내어,

50 그들을 불타는 용광로 속으로 던지리니, 거기서 울며 이를 갈고 있으리라."고 하시더라.

마지막 천국 비유는 그물의 비유이다. 이 비유는 교회 시대의 마지막에 있을 사건을 다루고 있는데, 여기서 "좋은 것"과 "나쁜 것"은 각각 "의인"과 "악인"을 말한다. 그리고 의인과 악인을 가르는 것은 천사들이 한다.

"세상의 끝"은 지구가 불로 소멸되는 끝을 가리키는 것이 아니다(히 9:26 참조). 여기에서는 현 세상 제도가 끝나는 때, 즉 천년왕국이 시작되는 때, 다시 말하면 대환란의 끝을 가리킨다. 이 시대의 마지막에 예수께서는 천사들을 통하여 구원받을 성도들과 그렇지 않은 사람들을 가린다.

여기서 한 가지 주의할 것은 이 상황은 성도의 휴거가 아니라, 두 번째 비유에서 천사들이 추수하는 것과 같은 상황이라는 것이다(30절). 이것은 요한계시록 14:15-20에서 예수님께서 이 땅에 재림하시면서 이 땅에 남아 있는 사람들을 심판하시는 모습이다.

우리가 이 비유들을 대할 때 주의해야 할 또 하나는 이 비유들이 비록 교회 시대에 적용된다고 할지라도 "천국"의 상황과 연결시킬 수 있어야 한다는 것이다. 왜냐하면 여기에서 다루어지는 것은 분명히 "천국"이기 때문이다. 그래서 이 비유들은 비록 실제적인 천국의 모습이 아니라 신비적인 형태의 왕국을 말할지라도 실제적인 천국의 연속선상에 있다. 다시 말해서 이 비유들은 "왕국이 임하기까지의 과정"을 설명해 준다는 것이다. 그러므로 왕국이 임할 때 악인들이 어떻게 되며, 의인들이 어떻게 아버지의 왕국에 들어간다는 것을 이 비유는 설명해 주고 있다. 그리고 이 비유의 결론은 왕국(천국)의 회복이다. 그리고 주님께서는 이제 제자들에게 천국에 관한 교훈을 맡기시는 것이다(52절).

13:51 예수께서 그들에게 말씀하시기를 "너희는 이 모든 것을 깨달았느냐?"고 하시니 그들이 주께 대답하기를 "예, 주여."라고 하더라.
52 그때 주께서 그들에게 말씀하시기를 "그러므로 천국에 관한 교훈을 받은 모든 서기관들은 마치 자기 보물창고에서 새 것들과 옛 것들을 꺼내 오는 집주인과 같으니라."고 하시더라.

16절에서 『**너희 눈은 볼 수 있고 또 너희 귀는 들을 수 있으니 복이 있도다.**』라고 말씀하신 것처럼 제자들은 이 비유들을 다 이해했다. 그러나 비유에 대한 이들의 이해는 불완전하여서, 16장에서 주님께서 누룩에 대해 말씀하실 때 그들은 빵에 대한 것으로 반응하고 말았다(마 16:6-12).

13장의 전체 맥락이 그렇듯이 선과 악이 항상 대립되어 있다. 이 구절의 "서기관"들도 역시 좋은 서기관들이 있고 나쁜 서기관들이 있다. 성경에서 좋은 서기관의 한 예는 에스라이다(스 7:6). 나쁜 서기관들은 마태복음 23장에서 제시된다. 그들은 바리새인들과 함께 저주받는 대열에 서 있다.

여기서 제자들은 "천국에 관한 교훈을 받은 서기관들"이다(52절). 서기관들은 하나님의 말씀을 맡은 사람들이다. 이러한 점에서 그들이 천국에 관한 비유들을 이해했다는 것은 중요하다. 그들은 이러한 말씀들을 이해했고, 그 교훈들을 받아서 창고를 관리하는 자들이다. 창고를 관리한다는 점에서 그들은 "청지기"들이다. 그리고 그들이 받은 것은 "천국"에 관한 교훈이었다.

여기서 "새 것들"과 "옛 것들"은 신약과 구약을 의미한다고 볼 수 있다. 그들은 신약적 상황을 정확히 알지 못했지만, 16,17절에서 그들이 볼 수 있고 들을 수 있다고 말씀하신 것은 구약 선지자들에게 감추어졌던 것, 즉 베드로전서 1:10,11에서 베드로가 말했던 신구약의 구분된 진리였다. 베드로전서 1:10에 보면 선지자들이 열심히 조사하고 살펴보았던 것들이 있었는데, 마태복음 13:17에 보면 그 선지자들은 그것을 보고 싶었으나 보지도 못했고, 듣고 싶었으나 듣지도 못했다.

그것은 신구약의 구분된 진리들이었는데, 예수님께서는 일곱 가지의 비유를 말씀하시면서 교회 시대(교회에 적용되지는 않지만)에 일어날 일들을 제자들에게 알려 주셨고, 제자들은 이러한 진리들을 제한적으로나마 이해했으며, 그들은 이것에 관한 교훈을 맡게 되었다. 그래서 베드로는 유대인들을 위해 천국 복음을 전하는 사람이었지만 바울이 사역하기 전에 이방인에게 복음의 문을 열어 주는, 즉 신약의 진리를 제시해 주는 역할을 하게 되는 것이다.

13:53 예수께서 이러한 비유들을 다 마치시고 그곳을 떠나시니라.
54 주께서 자기 고향으로 오셔서 사람들을 회당에서 가르치시니, 그
들이 놀라며 말하기를 "이 사람의 이런 지혜와 이 같은 능력 있
는 일들이 어디서 났는가?
55 이 사람은 목수의 아들이 아니냐? 그의 모친은 마리아라 하지 않
느냐? 또 그의 형제들은 야고보와 요세와 시몬과 유다가 아니냐?
56 또 그의 누이들은 모두 우리들과 함께 있지 않느냐? 그렇다면 이
사람의 이 모든 것이 어디서 난 것이냐?"고 하면서
57 그들이 주로 인하여 실족하더라. 그러나 예수께서 그들에게 말씀
하시기를 "선지자가 자기 고향과 자기 집을 제외하고는 존경받지
못하는 일이 없느니라."고 하시더라.
58 그리고 그들이 믿지 않으므로 거기서는 많은 능력 있는 일들을
행치 아니하시니라.

유대인들의 거부로 말미암아 예수님께서 자기를 따르는 개개인들에게 그분의 관심을 돌리시는 일이 11장 마지막과 12장 마지막에서 나타나고, 여기 13장의 마지막에서도 믿지 않는 자들로부터 돌이키시는 모습이 나타난다. 13장에서는 왕에 대한 거부로 말미암아 예수님께서 재림하여 심판하실 그날까지 천국이 감추어져 버리는 모습이 전개되지만, 그래도 그들은 회개하지 않고 여전히 주님을 거부한다. 중요한 것은 지금까지는 바리새인들을 중심으로 종교 지도자들이 주님을 거부했지만, 여기서는 일반 백성들이 주님의 가르침을 받아들이지 못하고 주님을 거부한다는 것이다. 그것은 십자가 사건 이후 사도행전 28장까지 계속될 것이다. 이 악한 세대는 마음까지 무디어져 버린 것이다(마 13:15).

마태복음 14장

마태복음 14장은 예수 그리스도의 연민에 대해서 다루고 있다. 천국이 거부당해 연기되는 것을 말씀하신 예수님께서는 그 양떼들인 이스라엘을 불쌍히 여기신다. 아직까지 예수님께서는 계속적으로 천국 복음을 전파하시지만 최후의 선지자 침례인 요한마저 죽고 난 후 이스라엘 백성들은 목자 없는 양같이 방황한다. 왕국이 거부당한 이후 유대인들이 환란에 들어가도 그들은 여전히 방황하나, 하나님께서는 그들을 먹이실 것이다.

14:1 그 때에 영주 헤롯이 예수의 명성을 듣고

2 그의 신하들에게 말하기를 "이 사람은 침례인 요한이라. 그가 죽은

자들로부터 살아났으므로 그의 안에서 능력 있는 일들이 나타나는 것이라."고 하더라.

마태복음은 침례인 요한에 대해서 세 장을 할애한다. 3장에서 침례인 요한의 사역, 11장에서 모든 선지서와 율법의 마지막, 그리고 14장에서 침례인 요한의 죽음이 그것이다.

침례인 요한은 11장에서 감옥에 갇혀 있었다. 그는 14장 이전에 죽었으며, 여기서는 헤롯이 침례인 요한의 부활에 대해서 놀라고 있다. 그리고 과거의 일로서 침례인 요한의 죽음 사건을 설명하고 있다.

2절의 『**능력 있는 일들**』은 예수님뿐만 아니라 10장에서 천국 복음을 위임받은 제자들에 의해서도 일어났을 것이다. 여기서 중요한 것은 헤롯의 반응인데, 그의 반응은 그가 현대의 성경학자들보다도 성경을 더 많이 알고 있었음을 입증해 준다.

『**그가 죽은 자들로부터 살아났으므로**』(2절).

헤롯은 엘리야가 "주의 날" 이전에 부활하여 다시 나타날 것이라는 예언에 대해 알고 있었다. 이것은 성경을 알고 있는 다른 사람들에게서도 나타나는 반응인데, 요한복음 1:21에서는 제사장들이 침례인 요한에게 그가 엘리야냐고 물었고, 마태복음 16:14에서는 사람들이 예수 그리스도에 대해 엘리야라고 말했었다. 특히 마태복음 16장에서는 "예레미야"에 대해서도 언급하고 있는데, 사람들은 예레미야에 대해서도 관심을 가졌었다. 이들은 모두 "주의 날," "재림," "대환란"과 관계있는 사람들이다.

14:3 헤롯이 그의 아우 빌립의 아내인 헤로디아 때문에 요한을 붙잡아 결박하여 감옥에 가두었으니,

4 이는 요한이 그에게 말하기를 "당신이 그 여자를 취하는 것이 부당하다."고 하였음이라.

5 그리하여 그가 요한을 죽이려 했으나 무리를 두려워하였으니, 이는 그들이 요한을 선지자로 여겼음이라.

6 그러나 헤롯의 생일이 되었을 때에, 헤로디아의 딸이 그들 앞에서 춤을 추어 헤롯을 기쁘게 한지라.

7 이로 인하여 그가 맹세로 약속하기를 그녀가 원하는 것은 무엇이나 그녀에게 주겠다고 하니,

8 그녀가 자기 어미의 지시를 미리 받고 "침례인 요한의 머리를 쟁반에 담아 여기서 내게 주소서."라고 말하였더라.

9 왕은 근심하였으나, 자기가 맹세한 것과 자기와 함께 앉아 음식을 먹는 사람들 때문에 그녀에게 주라고 명령하였더라.

10 그가 사람을 보내어 감옥에 있는 요한을 목베어,

11 그의 머리를 쟁반에 담아 와서 그 소녀에게 주니, 그녀가 그것을 자기 어미에게 가져갔더라.

12 그후 요한의 제자들이 가서 그 시체를 가져다가 장사지내고 예수께 와서 말씀드리니라.

『**당신이 그 여자를 취하는 것이 부당하다.**』(4절)라는 말은 구약의 레위기 18:16에 근거한 말이다. 『**너는 네 형제의 아내의 벌거벗음을 드러내지 말라. 그것은 네 형제의 벌거벗음이니라.**』

헤롯의 두려움은 마태복음 21:26에 제시된 바리새인들의 두려움과 유사했다. 그들은 군중들을 두려워했다. 헤롯은 요한의 사역과 가르침에서 영향을 받았다. 그는 요한을 의롭고 거룩한 사람으로 알고 두려워하며 그를 보호하였고, 그의 말을 듣고 많은 일을 하였다. 누가복음 23:8에서는 요한에게 기대했던 것 같은 표적과 이적을 예수님에게서 기대했다. 그럼에도 불구하고 그는 요한을 죽였다. 이는 그의 두려움이 사람들에 대한 것임을 나타낸다.

그는 하나님을 제외한 모든 것과 모든 사람을 두려워했다(마 10:28). 그는 그의 양심을 두려워했으며(14:2), 그는 요한을 두려워했다(4절). 그는 군중을 두려워했으며(5절), 사람들이 비웃을 것을 두려워했고(9절), 자기가 한 약속을 깨는 것도 두려워했다(9절). 그는 두려워해서는 안 될 모든 것을 두려워하였고, 참으로 두려워해야 할 분은 두려워하지 않았다. 이것은 비단 헤롯뿐 아니라 예수 그리스도를 거절하는 모든 죄인들의 태도와 동기이며, 그들의 종교성이다.

요한이 목베임당한다는 것은 의미가 깊다. 요한은 엘리야의 유형인데(눅 1장, 마 17장, 요 1장), 엘리야의 유형으로서 목베임을 당해 죽어야 한다. 요한계시록에서 엘리야도 같은 방법으로 죽게 된다(계 11:3-10).

헤롯은(헤롯 안티파스) 빌립의 아내와 결혼하기 위해 자기 아내(아레타스의 딸)와 이혼했다. 헤로디아는 빌립의 질녀였다(요세푸스 Ant. XVIII, Vol. 2). "헤로디아의 딸"은 말 그대로 헤로디아의 딸이다. 웨스트코트와 홀트를 따른 굿스피드(Goodspeed) 역본에는 "헤롯의 딸"이라고 되어 있다. 아무리 로마의 왕이라고 할지라도 자기의 딸을 공개적인 자리에서 춤을 추게 할 것인가? 이 춤은 정확하게 제시되지는 않지만 아라비아의 춤처럼 현란한 춤이었을 것이다.

14:13 예수께서 그 말을 들으시고 배로 그곳을 떠나 따로 한적한 곳으로 가시니, 백성이 이 소식을 듣고 성읍들에서 나와 걸어서 그를 따라가더라.

14 예수께서 나오셔서 큰 무리를 보시고 가엾게 여기시어, 그들의 병을 고쳐 주시니라.

13절 이하의 부분은 마가복음 6장, 누가복음 9장, 요한복음 6장에서도 제시된다. 이 부분은 사복음서에서 눈에 띄는 장면으로서 군중들을 먹이시는 기적이 나타나는 부분이다. 장소는 갈릴리 북쪽 해안이다.

예수님께서는 군중들을 가엽게 여기셨다. 가엽게 여기신 것은 9:36에서도 마찬가지인데, 목자 없는 양무리 같은 이스라엘의 상태를 보셨기 때문이다. 그들의 종교 지도자들은 메시아를 거부하였고, 천국은 그들에게서 멀어져갔다. 얼마 후면 예수님은 고난을 당하여 죽으시게 된다. 왕과 왕국이 없는 상태, 거짓 선지자들과 거짓 교사들 외엔 지도자들이 없는 상태, 그 상태의 백성들을 바라보시며 주님은 가슴 깊이 연민을 느끼신다.

14:15 저녁이 되자, 주의 제자들이 주께 와서 말씀드리기를 "이곳은 외딴 곳이고, 이제 시간도 지났으니, 무리를 보내어 마을들로 들어

가 각자 음식을 사 먹게 하소서."라고 하니,

16 예수께서 그들에게 말씀하시기를 "그들이 갈 필요가 없느니라. 너희가 그들에게 먹을 것을 주라." 하시더라.

17 제자들이 주께 말씀드리기를 "여기 우리에게 있는 것은 빵 다섯 덩어리와 물고기 두 마리뿐이니이다."라고 하니,

18 주께서 말씀하시기를 "그것을 여기 내게로 가져오라."고 하시고,

19 무리를 풀밭에 앉으라 명하신 후에 빵 다섯 덩어리와 물고기 두 마리를 가지고 하늘을 바라보며 축복하시고, 빵을 떼어 제자들에게 주시니, 제자들이 무리에게 주니라.

20 그들이 모두 먹고 배불렀으며, 남은 조각들을 거두니, 열두 광주리에 가득 차더라.

21 음식을 먹은 사람들은 여자들과 아이들을 제외하고도 약 오천 명이더라.

오천 명을 먹이신 이 기적은 사복음서에서 모두 강조하는 사건이다. 이때의 상황을 사복음서를 맞춰 보면서 살펴보면 다음과 같은데, 먼저 그들은 외딴 곳(desert place)에 있었다. 그리고 "시간도 지났다"(15절). 마가복음 6:35에서는 『**이미 때도 저물었으니**』라고 기록되어 있는데, 이때는 저녁 먹을 때가 지났다는 의미로, 그들이 음식을 먹을 만큼의 빛이 있었다는 것으로 볼 때 아마 5시에서 7시 사이였을 것이다.

『**이곳은 외딴 곳이고, 이제 시간도 지났으니, 무리를 보내어 마을들로 들어가 각자 양식을 사 먹게 하소서**』(15절).

여기서 외딴 곳은 일종의 광야로서, 풀밭으로 구성된 곳이다. "desert"라 하면 일반적으로 "사막," 또는 "광야"로 번역되는데, "desert"가 항상 "모래로 된 사막"만을 의미하지는 않는다. 이 단어는 황량하고 텅 빈 장소, 불모지를 가리키는 데 쓰이는데, 예를 들어 고비 사막은 모래가 아니라 바위의 황무지이고, 사하라 사막은 모래로 되어 있으며, 멕시코-아리조나 사막은 선인장들이 있다. 여기서 "desert place"는 풀밭으로 되어 있는 외딴 곳이다.

제자들은 이 표적 앞에서 믿음 없는 대답을 하였다(막 6:37, 요 6:7-9). 예수님은 빌립에게 "우리가 어디서 이 사람들이 먹을 빵을 사겠느냐?"고 시험하시면서 자신이 하실 일을 암시하셨으나, 빌립과 안드레는 보리빵 다섯 덩어리와 작은 물고기 두 마리로는 이 사람들에게 도움이 안 된다고 대답했다(요 6:5-9). 이에 예수님께서는 무리들을 50명씩 혹은 100명씩 무리지어 앉히신 후(막 6:39,40), 음식을 축복하시고 빵을 떼어 주셨다(마 14:19).

이 사건은 요한복음에서 매우 커다란 영적 의미를 제시한다. 사복음서 중 세 개의 공관복음이 사건 자체를 기술한다면 요한복음은 그 사건의 영적 의미를 기록하는데, 이 사건이 바로 그렇다. 요한복음 6:31-35에서 예수님께서는 보리빵 다섯 덩어리와 작은 물고기 두 마리로 사람들을 먹이신 이적을 베푸신 후에 "생명의 빵"에 대한 위대한 가르침을 주신다. **『내가 생명의 빵이니라. 내게 오는 자는 결코 배고프지 아니하며, 또 나를 믿는 자는 결코 목마르지 아니하리라』**(요 6:35). 예수님께서는 생명의 빵이시다. 이것은 신약 교리로서, 우리가 구원받는 데 매우 중요한 가르침을 준다. 즉 예수님께 나아가는 자는 구원을 얻는다는 위대한 가르침이다. 예수 그리스도를 소유한 사람은 영원한 생명도 소유한다(요일 5:11,12).

그러나 로마카톨릭은 예수 그리스도께서 빵이시라는 이 구절을 '문자적으로' 잘못 이해한다. 그들은 유월절 만찬의 자리에서 예수님께서 "이것은 나의 몸이니라."라고 말씀하신 것과 더불어 이 빵이 예수님의 실제적인 몸이라고 해석하여, 미사 때마다 "실제적인 예수님의 살과 피"를 "성체"를 통하여 먹고 마실 수 있다고 한다. 로마카톨릭은 성경의 모든 구절들을 은유적으로 해석하면서도 이 부분에서만은 "문자적"으로 잘못 해석한다.

그러나 여기서 예수님께서 "생명의 빵"이라는 말씀과 『**내 살을 먹고 내 피를 마시는 자는 내 안에 거하며 나도 그 사람 안에 거하느니라.**』(요 6:56)라는 말씀은 실제적으로 예수님의 살과 피를 마시는 말씀이 아니다. 왜냐하면 요한복음 6:63에서 『**살리는 것은 영이니, 육은 전혀 무익하니라. 내가 너희에게 한 말들은 영이요, 생명이라**』고 제시되기 때문이다. 그러므로 예수님께서 생명의 빵이라는 이 말씀은 영적인 진리로 이해해야 한다. 즉 예수님께 나아가는 자는 생명을 얻고 그 생명의 말씀을 먹는다는 말씀이다.

그러나 우리는 지금 마태복음에 와 있다. 우리는 마태복음을 교리적으로 공부하는 데에 있어서 이 '오병이어'의 기적이 어떠한 교리적인 의미를 지니고 있는지 알아야 한다. 마태복음은 유대인의 왕으로 오신 예수님을 묘사하고 있는 책이며, 마태복음의 메시지들은 직접적으로 유대인과 관계된다.

이 사건은 예언적인 의미를 담고 있다. 그것은 이스라엘이 환란 기간 중에 광야에서 하나님의 특별한 방법으로 부양받는다는 것이다. 이스라엘이 환란 중에 광야로 들어간다는 것은 요한계시록 12장에 나타난다. 출애굽 사건이 환란을 통과하여 안식의 땅으로 들어가는 모형이라는 것을 우리는 마태복음 2장에서 배웠다(히 3,4장). 이스라엘이 출애굽 당시에 광야에서 "하늘의 양식"으로(느 9:15, 시 78:24; 105:40) 부양받았듯이 환란 중에도 하나님께서는 이들을 부양하실 것이다. 그들의 조상들 중 많은 사람들은 완악하여 떨어져 나갔다.

이스라엘도 환란 중에 많은 사람들이 믿음에서 떨어져 나갈 것이다. 그리고 하나님께서는 그들의 "남은 자"들로 안식의 땅(천년왕국)에 들어가게 하실 것이다. 11,12장에서 우리는 예수 그리스도께서 거부당하시는 것을 보았다. 13장에서 천국은 신비의 형태로 유대인들에게서 감추어진다는 것을 보았다. 이제 그들은 "외딴 곳"(광야)에 와 있다. 그래서 이것은 환란 중에 하늘의 양식을 받을 유대인들에 대한 묘사이다.

그래서 광야의 돌로 빵이 되게 하라고 한 사탄의 첫 시험은 의미가 깊다. 그는 예수께서 재림 때 하실 일을 초림 때에 성취하라고 예수님을 시험한 것이다(마태복음 4장 참조).

14:22 그리고 나서 곧 예수께서 제자들을 재촉하여 배를 타고 먼저 건너 편으로 가게 하시고, 그 동안 주께서는 무리를 보내시더라.

23 무리를 보내신 후 주께서는 기도하러 따로 떨어져 있는 산으로

올라가셨는데, 저물었을 때에 거기에 홀로 계시더라.
24 한편 그 배는 이제 바다 한가운데 있었는데, 바람이 거슬러 불므
로 파도에 시달리고 있더라.
25 밤 제사경에 예수께서 바다 위를 걸어서 그들에게 다가오시니,

예수님께서 5,000명을 먹이신 장소는 갈릴리의 북동쪽 지역이고, "건너편"은 카퍼나움이다(요 6:17). 예수님께서는 무리들을 일시적으로 흩으셨으나, 그들은 다음 날 더 많은 빵을 얻으려고 이곳까지 예수님을 따라왔다(마 14:35, 요 6:22).

이 구절은 교회를 위해 몇 가지 적용이 가능하다.

1. 예수 그리스도께서 지금 "높은 곳"에서 그의 성도들을 위해 기도하고 계신다.

2. 성도들이 있는 현 세대는 "밤중"이다(요 9:4,5, 사 21:11, 마 13:43, 막 13:34,35, 살전 5:1-10).

3. "바람"은 성도들을 대항하여 분다(전 11:4, 엡 4:14).

4. 예수 그리스도께서 오실 때 그분은 새벽녘인 밤 제사경에 오신다(말 4장, 출 32장, 마 13장, 벧후 3:8).

여기에 한 가지 더 알아야 할 것은 큰 "깊음"이라고 표현되는 "바다"에 관한 지식이다. 예수께서는 셋째 하늘 아래 있는 거대한 "유리 바다"를 통과하여 재림하실 것이다(창세기 1:1-4 주석 참조). 예수께서 기도하러 가셨다가 밤중에 바람이 부는 바다를 걸어오시는 이 사건은 예수 그리스도의 재림에 대한 하나의 모형이 된다.

14:26 제자들이 바다 위를 걸어오시는 그를 보고, 불안하여 말하기를 "유령이다."라고 하며, 무서워 소리지르더라.

27 예수께서 그들에게 곧 일러 말씀하시기를 "기운을 내라. 나니 두려워 말라."고 하시니라.

28 그러자 베드로가 주께 대답하여 말씀드리기를 "주여, 만일 주님이시거든 나에게 명하여 물 위로 주께 오라 하소서."라고 하니,

29 주께서 말씀하시기를 "오라." 하시니, 베드로가 배에서 내려 예수께 가려고 물 위로 걸어가더라.

배에 있던 제자들 중 가장 믿음이 좋은(적어도 이 사건에서는) 베드로도 "만일 주님이시거든"이라고 의심을 품었다. 이에 앞서 이들은 예수님이 물 위를 걸어오시는 것을 보고 "유령이다."라고 하며 무서워했다. 이들은 부활하신 예수 그리스도의 몸을 보았을 때도 무서워하여 어떤 영을 보고 있다고 생각했다(눅 24:37). 이들은 실제로 걸어오신 예수님, 실제로 부활하신 예수 그리스도의 몸을 보고 어떤 희미한 영으로 인식했던 것이다.

14:30 그러나 바람이 사나워지는 것을 보고 두려워하니, 가라앉기 시작하는지라, 그가 소리질러 말하기를 "주여, 나를 구해 주소서."라고 하더라.

31 예수께서 곧 손을 내밀어 그를 붙드시고, 그에게 말씀하시기를 "오 너 믿음이 적은 자야, 어찌하여 의심하였느냐?"고 하시니라.

32 둘이서 배에 오르니, 바람이 그치더라.

33 배에 있는 사람들이 와서 주께 경배하며 말씀드리기를 "참으로 주님은 하나님의 아들이시니이다."라고 하더라.

34 그들이 건너가서 게네사렛 땅에 이르니,

35 그곳 사람들이 주를 알아보고, 주변에 있는 온 지방에 소식을 보내어 모든 병자들을 그에게 데려와,

36 주의 겉옷단만이라도 만지게 해 주시기를 간청하였으며, 만지는 자는 모두 온전히 나으니라.

베드로의 의심은 바람이 사나워질 때 그의 믿음을 꺾었다. 그는 바다에 가라앉기 시작했다. 이때 베드로의 간구는 우리에게 귀한 교훈을 주는데, 그의 간구는 매우 짧은 것이었다. 『**주여, 나를 구해 주소서**』(30절). 예수님께서는 이 기도에 "즉시로" 응답해 주셨다. 우리는 살아가면서 하나님께 많은 기도를 드린다. 그 많은 기도 중에서 어떤 것은 거절되기도 하며, 어떤 것은 한참 후에 이루어지기도 한다. 그러나 "구원"에 관한 기도만은 예외 없이 "즉시로" 이루어진다. 『**주의 이름을 부르는 자는 누구나 구원을 받으리라**』(롬 10:13).

제단에서 몇 시간 동안 고민할 필요가 없다. 미사용 기도서에서 적절한 기도문을 찾을 필요도 없다. 주기도문이나 사도신경을 외우느라 시간 낭비할 필요도 없다. 베드로가 한 유일한 기도는 "주여, 나를 구해 주소서"였다. 만약 당신이 구원을 받기 원한다면 지금 주님께 간구하라. 『**주여, 나를 구해 주소서.**』 이 기도에 대해서 주님께서는 지체 없이 응답해 주실 것이다. 이 시대에는 주님께 가기만 하면 누구나 구원받는다.

『**둘이서 배에 오르니, 바람이 그치더라**』(32절).

예수님께서 배에 오르시니 바람이 그쳤다. 영적으로 이것은 주님을 맞아들일 때 평안함이 온다는 것에 적용할 수 있겠다(엡 2:13,14). 그런데 8장에는 예수님께서 배 안에서 주무시고 계셨을 때에도 주님께서 명령하실 때까지 파도가 일었던 사건이 있다(마 8:24-26). 이것은 예수 그리스도를 모시고 사는 그리스도인의 삶에 대한 유형으로 적용할 수 있다. 그리고 두 경우 모두 주님께서는 "믿음이 적은 자"라고 꾸짖으셨다.

『**참으로 주님은 하나님의 아들이시니이다**』(33절).

이 구절의 『**하나님의 아들**』이라는 용어는 마태복음에서 네 번째 등장하는 것이다. 그런데 첫 두 번은 사탄이 시험하는 과정에서 말한 것이었고(마 4:3,6), 세 번째는 마귀에게 사로잡힌 두 남자에 의해 불리었으며(마 8:29), 정상적으로 제자들의 입에서 불리기는 이곳이 처음이다.

예수님께서는 육체로 나타나신 하나님이시다(딤전 3:16). 마귀는 끊임없이 사람들에게 예수님께서 하나님의 아들이심을 의심하게 만들고, 성경 변개자들은 예수님께서 하나님의 아들이심을 믿지 못하도록 구절을 삭제하지만(행 8:37), 그분은 여전히 베드로의 고백처럼 살아 계신 하나님의 아들이시다(마 16:16).

마태복음 15장

15:1 그때에 예루살렘에서 서기관들과 바리새인들이 예수께 와서 말씀드리기를
2 "어찌하여 당신의 제자들은 장로들의 전통을 어기나이까? 그들은 음식을 먹을 때에 손을 씻지 아니하나이다."라고 하니,

이들은 성령의 사역이 있고 난 후에 예수님을 비방한다. 이러한 일들은 9:3,34과 12:14,24에서도 나타난다. [당시 NCCC는 치유의 기적이나 5,000명을 먹이신 기적을 결코 좋아하지 않았다.] 그들은 항상 예수님의 교리와 권위에 문제를 제기하는데, 창세기 3장에서 사탄이 이브에게 "의문"으로 유혹했다는 사실과 관련해서 보아도 그들의 마귀적인 특성은 드러난다(마 4:3,6).

"장로들의 전통"은 마가복음 7장에서 자세히 제시된다. 『**또 시장에서**

돌아온 후 씻지 않고는 먹지 아니하며 그 외에도 여러 가지 받아서 지켜 온 것이 있었으니, 잔과 단지와 놋기명을 씻고 식탁을 닦는 것이라』(막 7:4). 탈무드의 전통을 포함하여 "장로들의 전통"은 이러한 하찮은 것들을 세세하게 목록을 만들어 지키게 하였다.

바울도 이에 대해서 골로새서 2:8에서 경고하고 있다. 『**아무도 너희를 철학과 헛된 속임수로 노략질하지 못하도록 주의하라. 그것들은 사람의 전통과 세상의 유치한 원리를 따른 것이며 그리스도를 따른 것이 아니니라.**』 지금도 성경보다는 플라톤, 요세푸스, 오리겐, 유세비우스, 제롬, 클레멘트, 이레네우스, 웨스트코트, 홀트, 티센돌프, 아인슈타인, 홉스... 등의 "사람의 전통"을 지키려는 사람들이 많다.

베드로는 이러한 전통들이 구원을 이루려고 노력하는 행위가 되는 것에 대해 경고하고 있다. 『**이는 너희가 아는 바와 같이, 너희가 너희 조상들로부터 전통으로 이어받은 너희의 허망한 행실에서 은이나 금 같은 썩어질 것들로 구속된 것이 아니라**』(벧전 1:18). 그 외에도 부활절 달걀, 크리스마스트리, 촛불 예배, 기도문들, 성인들의 머리에 있는 후광, 유아 세례, 십자가 숭배 등의 쓰레기들이 "사람의 전통"이 되어 교계를 더럽히고 있다.

그러나 식사 전에 손을 씻는 것은 "하나님의 계명"이 전혀 아니다. 이것은 위생에는 도움이 될 수 있겠지만, 모세의 율법과는 전혀 관계가 없는 전통이다. 율법에서 "씻는 것"은 시체를 만진다든가 하는 특별한 때, 특별한 사건에만 주어진 명령이다.

15:3 주께서 그들에게 대답하여 말씀하시기를 "너희는 또한 어찌하여 너

희 전통으로 하나님의 계명을 어기느냐?
4 **하나님께서 명령하여 말씀하시기를 '네 아버지와 어머니를 공경하**
라. 또 아버지나 어머니를 저주하는 자는 죽이라.'고 하셨느니라.
5 **그러나 너희가 말하기를 '나로 인하여 당신이 유익을 받게 될 것은**
무엇이나 예물이라고 자기 아버지나 어머니에게 말하는 사람은 누
구라도
6 **자기 아버지나 어머니를 공경하지 않아도 무방하다.' 하니, 그렇게**
해서 너희는 너희 전통으로 하나님의 계명을 폐기시키고 있는 것이
라.

예수님께서는 때때로 질문을 무시하신다(마 21:23,24).

3절에서 "하나님의 계명"은 단지 규례만을 말하는 것이 아니라 하나님의 말씀 전체를 포함하는 말이다(막 7:13). 이렇게 전통을 말씀 위에 두는 행위는 공산주의자들이나 무신론자들에 의해 행해지는 것이 아니다. 이 일들은 경건한 기독교 학자들에 의해 행해지는데, 이들은 "건전한 전통"이라는 미명하에 하나님의 말씀의 많은 부분들을 무시하고 있다. 그들은 성경의 영감이나 보존, 그리고 성경의 교리 등은 뒷전에 놓고 성경에서 제시하는 것들의 일부, 즉 산상설교의 가르침 등 의로운 행실이나 주기도문, 사도신경, 교단 교리 등에만 머물러 있다.

전통을 성경과 동일하게 여기려는 사람들에 의해 오용되는 구절이 있다. 『**그러므로 형제들아, 굳게 서서 말로나 우리의 편지로나 너희가 배운 바 전통들을 지키라**』(살후 2:15). 이들은 이 구절을 들어 이레네우스나

키프리안, 파피아스, 어거스틴, 칼빈 등의 가르침에 적용하여 하나님의 말씀과 동일한 권위로 올려놓는데, 성경에서 분명히 잘못되었다고 지적하고 있음에도 불구하고 하나님의 말씀에 반대되는 전통들을 항상 말씀 위에 올려놓는다. 이것은 웨스트코트와 홀트가 RSV와 ASV의 본문을 위한 헬라어 원문을 구성하기 위해 사용했던 방법이기도 하다.

『나로 인하여 당신이 유익을 받게 될 것은 무엇이나 예물이라고 자기 아버지나 어머니에게 말하는 사람은 누구라도』(5절).

이 말은 마가복음 7:11에는 『**코르반**』이라고 제시된다. 이 구절에 대해서 정확하게 해석해 주는 성경 구절은 잠언 28:24이다. 『**자기 아버지와 자기 어머니의 것을 훔치고 말하기를 "이것은 죄과가 아니라." 하는 자는 파괴자와 한패니라.**』 또한 신명기 14:22-26에는 십일조와 첫 희생들을 드리는 것에 대해 말하면서 『**너와 네 가족과 더불어 즐거워할지니라**』(신 14:26)고 말하고 있다. 그러므로 그들이 『**코르반**』이라고 말하는 것은 명백히 『**파괴자**』의 행위이다.

15:7 너희 위선자들아, 이사야가 너희에 관하여 잘 예언하였도다. 말하기를

8 '이 백성이 입으로는 나에게 다가오고, 또 입술로는 나를 공경하여도 그들의 마음은 내게서 멀도다.

9 사람의 계명들을 교리들로 가르치니, 그들이 나를 헛되이 경배하는도다.'라고 하였느니라."고 하시더라.

이사야 19:13에 대한 인용이다. 이들 위선자들은 입으로는 하나님께 가까이 가는 것 같지만 사실 그들의 마음은 항상 자신들을 향해 있다. "마음의 문제"에 관해서는 잠언 23:7; 4:23, 로마서 10:9,10에서 다루어질 수 있는데, 특히 로마서 10장에서는 입으로 고백하기 이전에 마음으로 믿는 문제가 중요함을 설명해 준다.

『**위선자**』(7절)에 대해서는 마태복음 6장을 참조하라. "위선자"라는 말은 예수님께서 바리새인들에게 자주 사용하시던 비난인데, 그들은 예수 그리스도의 신성과 왕 되심의 표적을 보고서도 믿지 않는 "악한 세대"(마 12:45)이며 "독사들의 세대"(마 12:34)이다(마 23:13,14; 6:2,5,16, 눅 6:42; 11:14, 막 7:6, 마 7:5; 15:7; 16:3; 22:18).

15:10 주께서 무리를 부르시고 그들에게 말씀하시기를 "듣고 깨달으라.
11 입으로 들어가는 것이 사람을 더럽히는 것이 아니라 입에서 나오는 것이 사람을 더럽히느니라."고 하시니라.
12 그때에 제자들이 와서 주께 말씀드리기를 "바리새인들이 이 말을 듣고 실족한 것을 아시나이까?"라고 하니,
13 주께서 대답하여 말씀하시기를 "하늘에 계신 나의 아버지께서 심지 않으신 모든 초목은 뽑힐 것이라.
14 내버려 두라. 그들은 소경이 되어 소경을 인도하는 자들이라. 소경이 소경을 인도하면, 둘 다 구덩이에 빠지리라."고 하시더라.

바리새인들에 대해서는 여러 부분에서 다뤄지고 있는데, 그들은 언제나 예수님을 반대하는 세력으로 등장한다. 마태복음 6장에서는 "위선자"로(2,5,16절), 7장에서는 개(6절)와 거짓 선지자(15절)와 약탈하는 이리(15절)와 가시나무와 엉겅퀴(16절)와 찍혀서 불에 던져지는 나쁜 나무(19절)로, 12장에서는 성령을 거슬러 모독하는 용서받을 수 없는 죄를 짓는 "독사들의 세대"(34절)와 믿지 않기로 굳게 마음먹고서도 "표적"을 구하는 "악하고 음란한 세대"(39절)로, 23장에서는 다시 위선자(13,14,15, 23절)로 나타난다. 특히 이들은 임하는 왕국을 앞장서서 막았던 사람들이며 자기들뿐 아니라 백성들도 왕을 거부하도록 악한 길로 인도하는 자들이다(마 15:14, 막 15:11). 이들은 결코 회개하지 않았는데, 예수님의 지상 사역 동안에도, 예수님의 부활 이후에도 마찬가지였다(물론 니코데모 같은 개인적인 예외는 있다).

본문에서 예수님은 바리새인들을 언급하시면서 『**소경이 되어 소경을 인도하는 자들**』이라고 하셨다(14절). 이들이 소경을 인도하는 소경이라는 것은 마태복음 23장에서 분명해진다. 『**눈먼 안내자들아**』(마 23:16), 『**너희 어리석고 눈먼 자들아**』(마 23:17,19). 개심하지도 않고(요 12:40), 지옥에 묶여 있으며(마 23:15), 회칠한 무덤이고(마 23:27), 자기 의를 드러내며(눅 18:11), 겉은 깨끗하게 하려고 하나 속은 더럽고(마 23:26) 뱀(마 23:33)인 이들은 "아버지께서 심지 않으신 초목"이기에, 상한 갈대를 꺾지 않으신다는(마 12:20) 약속을 받지 못하고 결국 뽑혀질 것이며, 성령을 모독한 죄를 지었으므로 회개할 기회도 없이 그들의 아비인 마귀(요 8:44)를 따라서 불 가운데로 들어갈 것이다. 이들은 마지막 날들에 다시 나타나는 거짓 선지자들의 모형이다(벧후 2장).

"심는다"(13절)는 것은 예레미야 32:41과 사무엘하 7:10에 나타난 것과 같은데, 출애굽 때의 언약과 같이 하나님께서 이스라엘 백성을 그들의 땅에 확고하게 "심는다"는 말이다. 그들은 그들의 죄악으로 인해 멀리 흩어졌었다. 그들은 앗시리아로, 바빌론으로 흩어졌었고(신 29:28), 그들의 왕을 거부함으로 인해 다시 2,000년 동안 흩어졌었다. 그러나 그들은 다시 돌아와서 심겨질 것이다. 단지 "아버지께서 심지 않으신 초목"들은 잠언 2:22과 같이 뽑혀질 것이다.

15:15 베드로가 대답하여 주께 말씀드리기를 "이 비유를 설명하여 주소서."라고 하니,

16 예수께서 말씀하시기를 "너희도 아직 깨닫지 못하느냐?

17 입으로 들어가는 모든 것은 배를 통해 뒤로 나가는 줄 알지 못하느냐?

18 그러나 입에서 나오는 것은 마음으로부터 나오나니, 이것들이 사람을 더럽히느니라.

19 마음에서는 악한 생각과 살인과 간음과 음행과 도둑질과 거짓 증언과 모독이 나오느니라.

20 이런 것들이 사람을 더럽히는 것이며 씻지 않은 손으로 음식을 먹는 것은 사람을 더럽히지 아니하느니라."고 하시더라.

여기서 베드로는 실수했다. 예수님께서 13장에서 비유로 말씀하신 것을 염두에 두었던지 그는 "이 비유를 설명하여 주소서."라고 말한 것이다. 그러나 여기에는 비유가 없다. 예수님께서는 비유로 말씀하시지 않았다.

베드로가 여기서 염두에 둔 것은 11절의 『**입으로 들어가는 것이 사람을 더럽히는 것이 아니라 입에서 나오는 것이 사람을 더럽히느니라.**』라는 말씀이었는데, 이 말씀은 전혀 비유가 아니었다.

이에 예수님은 그들을 책망하시는 것이다. 『**너희가 아직도 깨닫지 못하느냐?**』(16절) 아마도 주님은 여기서 그들의 답답함에 큰 소리로 책망하셨을 것이다.

17-20절의 설명은 해석이 필요 없이 그대로 이해하면 되는 부분이다.

15:21 그때 예수께서 거기를 떠나 투로와 시돈 지방으로 가시니라.

22 그런데, 보라, 한 카나안 여인이 그 지경에서 나오며 주께 소리질러 말하기를 "오 다윗의 아들이신 주여, 나에게 자비를 베푸소서. 내 딸이 마귀에게 심히 고통받나이다."라고 하더라.

23 그러나 주께서는 그녀에게 한 말씀도 대답하지 아니하시니, 제자들이 와서 주께 간청하여 말하기를 "여인이 우리 뒤에서 소리지르니 보내소서."라고 하더라.

24 주께서 대답하여 말씀하시기를 "나는 이스라엘 집의 잃어버린 양 외에는 보냄을 받지 아니하였노라."고 하시니

『**그런데, 보라, 한 카나안 여인이 그 지경에서 나오며 그에게 소리질러 말하기를**』(22절).

『**한 카나안 여인**』은 마가복음 7:26에 따르면 헬라인이고, 또 수로페니키아 종족이다. 그녀는 시리아계 함족이었는데(창세기 10장 참조), 이 여인은 이방의 죄인(갈 2:15)일 뿐만 아니라 창세기 9:25에 따라서 "종들의 종"이었다.

그녀는 자기의 종 된 위치답게 예수님을 『**주**』(Lord)라고 불렀으며, 바리새인들보다 성경을 더 많이 알고 있었던지 예수님을 메시아의 호칭, 즉 "다윗의 아들"로 불렀다.

그녀에 대한 제자들의 반응은 누가복음 18장에 나타난 불의한 재판관과 같았다. 『**이 과부가 나를 귀찮게 하므로 내가 그녀의 원한을 갚아 주리라. 그렇지 않으면 그 여인이 계속 와서 나를 귀찮게 하리라.**』(눅 18:5). 제자들은 그녀가 소리 지르는 것을 보고 그녀를 고쳐 달라고 하지 않고 그녀를 보내 달라고 했다.

그러나 예수님께서는 이에 대해서 아주 단호히 말씀하신다. 『**나는 이스라엘 집의 잃어버린 양 외에는 보냄을 받지 아니하였노라**』(24절). 예수님은 10:5에서도 『**다만 이스라엘 집의 잃어버린 양에게로 가라**』고 하셨다. 이것은 예수님께서 자기 백성, 즉 유대인의 죄를 용서하기 위해 오셨다는 것을 증명하는 말이다(마 1:21).

15:25 그 여인이 와서 주께 경배하며, 말씀드리기를 "주여, 나를 도와 주옵소서."라고 하더라.

26 주께서 대답하여 말씀하시기를 "자녀들의 빵을 가져다가 개들에게 던져 주는 것이 옳지 않도다."라고 하시니

27 그 여인이 말하기를 "그러하옵니다, 주여, 그러나 개들도 그들 주인의 식탁에서 떨어지는 부스러기를 먹나이다."라고 하니

28 예수께서 대답하여 그 여인에게 말씀하시기를 "오 여인아, 네 믿음이 크도다. 네가 바라는 대로 될지어다."라고 하시자 그 여인의 딸이 그 시각부터 낫게 되니라.

이 여인은 이스라엘의 왕께 "경배"했다. 그리고 『**주여, 나를 도와 주옵소서.**』라고 구했다. 그녀의 기도는 14장에서 물에 빠질 때의 베드로의 기도와 똑같았다. 그러나 베드로에게는 즉각적으로 응답하신 반면, 이 여인에게는 바로 응답하지 않으셨다. 예수님께서는 오히려 거절하셨다. 『**자녀들의 빵을 가져다가 개들에게 던져 주는 것이 옳지 않도다**』(26절).

여기서 "개"는 이방인을 말하며(시 22:16), 예수님께서는 이 말을 이 여인에게 사용하셨다. "개"를 뜻하는 헬라어가 남성 명사라고 해서 이 "개"를 이 여인에게 적용시키지 말아야 할 이유가 없다. 그리고 "개"는 "검둥이"라고 하는 말처럼 심한 욕이다. 예수님은 이 흑인 여자에게 "인종차별"적인 말씀을 하신 것이다.

그러나 우리는 여기서 이 여인의 믿음을 본다. 그녀는 자기를 개라고 하신 예수님의 말씀에 대하여 솔로몬의 지혜로 말하고 있는 것이다. "그렇습니다, 주님. 우리가 저주를 받았다면 저주받은 대로 섬겨야 할 것입니다. 그러나 주여, 당신이 나를 개로 취급하신다면, 의로운 사람은 자기 짐승의 생명을 돌보지 않습니까?" 『**의로운 사람은 자기 짐승의 생명을 돌보아 주나, 악인의 온유한 자비들은 잔인하니라**』(잠 12:10).

이 여인은 자신이 개라는 사실을 인정하고 이스라엘의 왕에게 도움을 구하고 있는 것이다. 『**그러하옵니다, 주여, 그러나 개들도 그들 주인의 식탁에서 떨어지는 부스러기를 먹나이다**』(27절). 이 믿음의 간구는 바로 그 시간에 딸에게서 마귀를 떠나가게 했다.

우리는 이 사건을 통해 기도에 관한 영적 적용을 할 수 있을 것이다.

1. 우리는 기도할 때 자신의 위치를 정직하게 인정해야 한다.
2. 우리의 기도에서 이기적인 요소들을 버려야 한다.
3. 하나님께서 거절하시는 것은 영구적인 것이 아니니나.
4. 끊임없는 간구는 우리의 믿음을 굳건하게 한다.

15:29 그후 예수께서 그곳을 떠나 갈릴리 바다 가까이 오셨다가 산으로 올라가 거기에 앉으시니,

30 큰 무리가 절름발이와 소경과 벙어리와 불구자들과 또 다른 많은 사람들을 데리고 와서 예수의 발 앞에 두니 주께서 그들을 고쳐 주시더라.

31 벙어리가 말하고, 불구자가 온전해지며, 절름발이가 걷고, 소경이 보게 된 것을 보고 무리가 놀라며 이스라엘의 하나님께 영광을 돌리더라.

『**이스라엘의 하나님**』(31절).

이 부분을 8:16과 11:5과 비교하라. 예수님께서는 여전히 왕국의 표적을 행하고 계신다. 예수님께서 병자들을 고쳐 주셨을 때 그들은 "이스라엘의 하나님"께 영광을 돌렸다. "이스라엘의 하나님"은 치유의 하나님이시다(출 15:26). 그분은 이스라엘을 다루실 때 표적으로 다루셨다. 그 표적은 출애굽기에서 시작하는데, 주로 치유의 표적이며, 그것은 이스라엘의 구속과 관계된다. 그래서 이스라엘이 왕국으로 들어갈 때 이 표적은 메시아에 의해 다시 행해지게 된다(겔 34:16, 사 33:24; 35:6).

그러므로 "이스라엘의 하나님"은 이스라엘을 구속하시는 하나님이시며, 이방인과는 아무런 관련이 없다. 관련이 있다면 왕국 기간 중에 이방인들이 이스라엘을 통해서 비추시는 메시아 왕의 빛 아래에서 그분께 경배하는 일이다. 그 외에 이방인은 항상 하나님을 대적하는 위치에 있기 때문에(시 2:1,2) 이방인의 결말은, 마태복음 25장에서 "양"에 속한 민족을 제외하고는, 시편 2:9과 같이 철장으로 깨뜨려지는 것이다. 그러므로 우리가 지금 하나님을 "이스라엘의 하나님"으로 부르는 것은 의미가 없다. 우리는 지금 "자신의 피로 교회를 사신, 우리의 구원자 되시는 하나님"을 불러야 한다.

마태복음 15장은 "이스라엘의 하나님"을 묘사하고 있다. 예수님께서는 비록 종교 지도자들에게 거부를 당하셨지만 아직 완전히 거부당해 십자가에 못 박히시기까지는 표적과 더불어 계속 왕국 복음을 전파하신다. 아직은 백성들이 예수님을 보고 "이스라엘의 하나님"께 영광을 돌린다. 예수님은 아직 이스라엘의 잃어버린 양과만 관계하시고, 이방인에게는 "개"에게 부스러기를 주시듯이 은혜를 베풀고 계실 뿐이다.

그러나 예수님께서는 왕국의 연기를 이미 알려 주신 바 있다(마 13장). 침례인 요한이 목베임당해 죽으면서 "대환란"은 경고되었고, 목자 없는 양 같은 백성들에게 연민을 느끼시면서 '오천 명을 먹이신' 기적을 베푸실 때, 그것은 대환란 중에 이스라엘이 광야에서 부양받는 모습의 예표가 되었다. 예수님은 지속적으로 그들에게 표적을 행하시면서 백성들을 돌보신다. [시내 사본에는 31절에서 『**불구자가 온전해지며**』라는 부분이 삭제되어 있다. 아마도 시내 사본의 필사자는 불구자를 온전케 하셨다는 영광이 이스라엘의 하나님께 돌려지기에는 너무 과분하다고 생각했나 보다.]

15:32 그때 예수께서 제자들을 불러 말씀하시기를 "내가 이 무리를 가엾게 여기노니 그들이 나와 함께 이미 사흘을 머물렀으나 먹을 것이 없고, 혹 그들이 도중에 기진할까 하여 굶겨서 보내기를 원치 아니하노라."고 하시니라.

33 제자들이 주께 말씀드리기를 "이 광야 어디에서 우리가 이처럼 큰 무리를 배부르게 할 만한 충분한 빵을 구할 수 있겠나이까?"라고 하니,

34 예수께서 그들에게 말씀하시기를 "빵이 몇 덩어리나 있느냐?"고 하시니, 그들이 말씀드리기를 "일곱 덩어리와 작은 물고기 몇 마리가 있나이다."라고 하더라.

예수님은 여기서도 무리를 불쌍히 여기신다. 예수님의 연민과 무리에게 빵을 먹이시는 일에 대해서는 14장의 '오천 명을 먹이신'사건을 참조하라. 이 연민은 그를 따르는 무리들에게 관계되어서만 사용되는 말이다. 바리새인들이나 서기관들, 사두개인들, 헤롯당원들, 그 밖의 어느 누구에게도 사용되지 않는다. 예수님께서는 이들에게는 연민을 느끼지 않으셨고, 이들도 참 목자가 아니기에 백성들에게 연민을 느끼지 않았다. 오직 하나님 되신 예수 그리스도만이 그의 백성에게 연민을 느끼신다(막 1:41;

5:19, 눅 7:13, 사 49:15, 미 7:19). 『**여인이 자기의 젖먹는 아이를 잊을 수 있겠으며 자기 태에서 난 아들에게 동정하지 않겠느냐? 정녕, 그들은 잊을지라도 나는 너를 잊지 아니할 것이라**』(사 49:15). 그리고 이 연민은 이스라엘에 대한 하나님의 끊임없는 관심이시다. 비록 그들이 하나님을 거부했을지라도 그분은 이스라엘을 완전히 버리시지 않는다.

이번에는 제자들이 '오천 명을 먹이신'사건의 이적에서처럼 "그러나 이 것들이 이처럼 많은 사람들에게 얼마나 되겠나이까?"(요 6:9)라고 다시 묻지 않는다는 사실을 주목하라. 그들은 적어도 주님께는 이 일을 행하실 만한 능력이 있다는 한 가지는 배웠다. 그러나 그것도 일시적이었고, 16장에서 그들은 빵이 없음을 다시 의논하게 된다.

15:35 주께서 무리를 명하여 땅에 앉게 하시고
36 빵 일곱 덩어리와 물고기를 가지고 감사를 드린 후 떼어 제자들에게 주시니 제자들이 무리에게 주니라.
37 그들이 모두 다 먹고 배불렀으며, 남은 조각들을 거두니 일곱 광주리에 가득 차더라.
38 음식을 먹은 사람은 여자들과 아이들을 제외하고도 사천 명이더라.
39 주께서 무리를 보내신 후 배를 타고 막달라 지경으로 가시니라.

주님께서는 14장에서와 마찬가지로 빵과 물고기를 가지고 무리를 먹이셨다. 그리고 막달라 지방으로 가셨다. 막달라는 갈릴리 서쪽 해안에 위치한 마을로서, 카퍼나움보다 10마일 남쪽에 위치하고, 티베랴보다는 5마일 북쪽에 위치하는 곳인데, 본래 스불룬 지파가 받은 유업의 일부였다.

마태복음 16장

이제부터 예수님께서는 제자들을 준비시키는 사역을 하신다. 왕국의 거부당함과 주님 자신의 죽음 이후에 일어날 일에 대해서, 제자들이 주님의 일을 수행하기 위해서 주님께서는 자신이 누구신지, 제자들이 어떻게 해야 하는지를 그들에게 하나씩 가르쳐 주시는 것이다. 16장은 예수님께서 제자들에게 자신이 그리스도이신 것과 죽으셔야 될 것을 가르쳐 주시는 장이다.

16:1 바리새인들과 사두개인들이 주께 와서 주를 시험하여 하늘로부터 온 표적을 보여 달라고 요구하더라.

2 주께서 그들에게 대답하여, 말씀하시기를 "저녁이 되면 너희는 '하늘이 붉으니 날씨가 좋겠구나.'라고 말하고

3 또 아침에는 '하늘이 붉고 찌푸리니 오늘은 날씨가 궂겠구나.' 하나니, 오 너희 위선자들아, 너희가 하늘의 현상은 분별할 줄 알면서도 시대의 표적들은 분별할 줄 모르느냐?
4 악하고 음란한 세대가 표적을 구하나 선지자 요나의 표적밖에는 줄 표적이 없도다." 하시고 그들을 떠나가시니라.

마태복음 12:38에서는 서기관들과 바리새인들이 이와 똑같은 요구를 한다. 그들은 "하늘로부터 온 표적"을 구하는데, 이것은 초자연적인 기적을 말하는 것으로, 여기서는 특별히 하늘의 기상과 관련되어 설명된다. "표적"이란 모세가 이스라엘을 이집트에서 이끌어냈을 때 이후로(출 4-12장) 이스라엘이 구하기에 적합한 것이었다. 그들이 표적을 구하는 것은 고린도전서 1:22에서 정당화된다. 특별히 "하늘로부터" 온 표적은 엘리야가 칼멜산에서 불을 "하늘로부터" 내렸다는 것과 연관된다.

그러나 불행히도 표적과 기적은 모방이 가능한데, 요한계시록 13:13에서 거짓 선지자는 적그리스도를 메시아로 드러내기 위해 "불을 하늘에서 땅 위로 내려오게" 한다.

예수님께서 이들을 꾸짖으신 것은 오늘날 시대의 징조를 알지 못하는 무천년주의자들에게 하시는 것과 같다. 성경대로 믿는 그리스도인들은 데살로니가전서 5:1-6에 근거하여 시대의 징조들을 분명하게 알 수 있으며, 따라서 주의 날이 가까이 이르렀다는 것을 알 수 있다. 우리는 이스라엘에 대한 하나님의 시간표에 따라서 그 징조를 깨달을 수 있다.

예수님께서는 이들에게 날씨에 대해서 말씀하신다. 저녁에 하늘이 붉으면 날씨가 좋고, 아침에 하늘이 붉으면 날씨가 궂다. 이들은 이러한 하늘의 현상들을 분별할 줄 알지만 시대의 표적들을 분별할 줄 몰랐다. 우리는 성경을 통해서 주의 날이 임하는 징조를 안다. 요엘 2장에 따라서 그 날에는 하늘의 현상들이 변할 것이다. 『**흑암과 암영의 날, 구름과 짙은 어두움의 날이 산들 위에 펼쳐진 아침 같으니, 많고 강한 사람들이라. 이 같은 일은 전에도 없었고, 또 이후, 곧 많은 세대들의 연수에까지도 다시 없으리라. 불이 그들 앞에서 삼키며 그들 뒤에서는 화염이 불타는도다. 그 땅은 그들 앞에서는 에덴의 동산 같으나 그들 뒤에는 황량한 광야 같으니, 정녕, 어떤 것도 그들을 피하지 못하리라**』(욜 2:2,3). 이때 "하늘로부터" 위대한 한 표적이 나타나니, 곧 『**하늘에 있는 인자의 표적**』이다(마 24:30).

『**오 너희 위선자들아**』(3절).

이 "위선자"는 "극단적인 비평가"들이다(마태복음 6장 참조). 그들은 5,000명을 먹이시는 기적을 보고서도 믿지 않았고, 4,000명을 먹이시는 기적을 보고서도 주님을 시험했다(마 16:1). 이들은 표적을 요구하지만 이스라엘이 표적을 요구하는 것처럼 정당화되지는 않는다. 왜냐하면 그들은 예수님께서 어떠한 표적을 행하시더라도 거부할 마음의 준비가 되어 있었기 때문이다. 이에 예수님께서는 마태복음 12:39에서와 마찬가지로 "악하고 음란한 세대"라고 꾸짖으신다(4절). 그들은 이미 용서받을 수 없는 죄를 범했고, 결코 회개하지 않았다. 그들의 심판은 12:40-42에서 니느웨 사람들과 남방의 여왕보다 더 심하게 주어질 것이다.

이에 예수님께서는 "요나의 표적"을 제시하신다. 이 표적은 예수 그리스도의 죽음과 부활을 알려 주는 표적이다.

유대인들은 표적을 구하고 그 표적을 받아들인다. 그러나 표적과 기적들은 죄 문제를 해결하지 못할뿐더러(요 4:48), 종교 지도자들은 이 일들을 보고서도 진리를 깨닫지 못한다. 이때 요나의 표적이 제시되는데, 이 표적은 역사상 가장 위대한 기적으로서 죄 없으신 분의 육체적 부활과 다시 죽지 않음을 지적한다(롬 6:9). 로마서 6:3-12의 침례의 모형에 따라서 이 표적은 죄를 해결하는 유일한 표적으로 제시된다. 그는 이 모형에 따라서 죄가 되시어(고후 5:21) "비방받는 표적"을 위해 세워지셨다(눅 2:34). 그분은 "비방받는" 요나의 표적을 제시하시는, 이스라엘의 구원을 위한 메시아이시다. 그러므로 예수님께서는 이 표적을 제시하시면서, 표적을 구하는 유대인들에게 자신이 죽었다가 부활하는 메시아라는 사실을 말씀하시는 것이다.

요나의 표적은 신약 교리를 시사하기도 한다. 왜냐하면 이 표적은 죄 문제를 지적하는 유일한 표적이고, 예수 그리스도의 육체적 부활과 관계가 있으며, 이 표적 외에는 "줄 표적이 없다."라고 말씀하시기 때문이다. 신약 교리에는 표적이 등장하지 않는다. 이 무리들이 진정한 표적을 받아들이지 않으므로 예수님께서는 비록 모세와 아론의 표적들과 함께 시작된 민족인 이스라엘에게 표적을 주셔야 함에도 불구하고 "표적이 없다."라고 말씀하시는 것이다. 그렇지만 예수님께서는 "요나의 표적"을 말씀하시면서 구약의 예언들을 파기시키지 않고 성경을 이루시면서 신약의 구원 계획을 시사하신다.

16:5 제자들이 건너편으로 갈 때 빵을 가져가는 것을 잊었더라.

6 그때 예수께서 그들에게 말씀하시기를 "바리새인들과 사두개인들

의 누룩을 주의하고 조심하라."고 하시니,

"누룩"에 대해서는 13:33에 관한 설명을 참조하라. 누룩은 기독교계에 퍼진, 또는 교회 안에 퍼진 거짓 교리이다. 특별히 마지막 때인 라오디케아 교회 시대에는 거듭난 성도들로 구성된 교회들도 이 누룩으로 잔뜩 부풀어 있음을 우리는 주위에서 흔히 볼 수 있다.

여기에서는 바리새인들과 사두개인들의 거짓 교리에 대해서 경고하시고 있다. 우리가 아는 바와 같이 바리새인들과 사두개인들은 그들의 교리에 있어서 서로 다르다.

바리새인들은 자선을 행하며, 십일조도 하고, 의롭고, 금식도 하며, 기도도 하고 영과 천사와 부활을 모두 믿는 정통주의자에다가 긴 옷을 입은 "아버지"들이다(마 23장, 눅 18장, 행 23장). 이들은 보수주의자들과도 같고 로마카톨릭과도 같으며, 한 사람의 개종자를 얻으려고 바다와 육지를 두루 다니다가 얻고 나면 그를 자기들보다 두 배나 더 악한 지옥의 자식으로 만드는 자들이다(마 23:15).

사두개인들도 자선을 베풀며 십일조도 하고 의롭고 금식도 하며 기도도 하지만, 그들은 어떤 영적 존재나 육체적 부활도 믿지 않는 자유주의자이며, 긴 옷을 입은 "회의론자"이다(마 23장, 행 23장, 마 22장).

그들은 이러한 교리적인 차이 때문에 사도행전 23장에서 바울 앞에서 서로 다투기도 했다. 그러나 주목할 만한 점은 이들이 교리적인 문제에 있어서는 서로 갈리지만 한 가지 목표, 즉 예수 그리스도를 시험한다는 목표 아래서는 서로 합한다는 점이다. 다시 말해서 그들은 에큐메니컬 연합을 이룬 것이다.

이러한 현상은 오늘날에도 동일하다. 믿음의 "근본사항"들을 믿는 로마 카톨릭이나 보수주의자들이 자유주의자들과 함께 연합을 하는 일을 우리는 종종 볼 수 있다. 요즘은 복음주의자들과 카톨릭이 연합하는 것이 대유행이다(Evangelical Catholic Together). 그들은 때때로 교리가 비슷한 보수주의자들끼리 연합한다. 그러나 때때로 그들은 "커다란 목표," 이를테면 한국 교회가 하나가 되어 추진해야 할 문제, 세계 교회들이 연합하여 이루어야 할 주님의 "명령"(지상명령뿐만 아니라 창세기 1:28을 왜곡한 문화명령 등)들을 이루기 위해서는 "연합"을 한다. 물론 그들은 아무런 공통점도 없이 서로 다른 교회들을 연합하는 것이 아니다. 그들에게는 분명한 "근본적인" 공통점이 있다. 그것은 예수 그리스도의 재림을 믿지 않아도, 칼빈주의와 알미니안주의도 가릴 것 없이, 은사주의도 관계없이, 사회개혁을 외치든지 민중신학을 외치든지 아무런 관계없이 단 하나, 주기도문과 사도신경을 고백한다는 "근본적인 정통사항"으로 인해 서로 연합할 수 있는 것이다.

해 아래 새 것은 없다(전 1:9). 지금 행해지고 있는 에큐메니컬 운동은 이미 2천 년 전에 바리새인들과 서기관들과 사두개인들이 예수 그리스도를 대적하기 위해 연합한 것을 흉내 내고 있는 것뿐이다. 2천 년 교회사를 통해 보더라도 연합하고, "공회"를 소집하는 일들은 성경대로 믿지 않는 교회들이 좋아했던 일이라는 사실을 알 수 있다.

이러한 연합은 더 나아가서 타종교와도 함께 모이고, 여타의 사회단체와도 함께 모여, 주님께서 오셔서 심판하실 이 세상을 더 살기 좋은 곳으로 만들려고 하는 후천년주의, 무천년주의 운동으로 나아가며, 예수 그리스도를 배제한 평화를 목표로 하는 뉴에이지 운동으로 모아지는 것이다.

이러한 "연합" 운동의 결말은 "단으로 묶여 불살라지는" 것이다(마 13:30). 만약 이러한 운동을 하는 사람들 중에 거듭난 그리스도인이 있다면, 그가 일한 것은 그리스도의 심판석에서 "불타 버릴" 것이다(고전 3:15).

16:7 그들이 서로 의논하며 말하기를 "이는 우리가 빵을 가져오지 않았기 때문이라."고 하더라.

8 예수께서 이를 아시고 그들에게 말씀하시기를 "오 너희 믿음이 적은 자들아, 어찌하여 너희가 빵을 가져오지 않았다고 해서 서로 의논하느냐?

9 너희는 아직도 빵 다섯 덩어리로 오천 명을 먹이고 몇 광주리를 거두었으며,

10 또 빵 일곱 덩어리로 사천 명을 먹이고 몇 광주리를 거두었는지 깨닫지도 못하며 기억하지도 못하느냐?

11 너희는 내가 너희들에게 빵에 관하여 말한 것이 아니고 바리새인들과 사두개인들의 누룩을 조심하라는 것임을 어찌하여 깨닫지 못하느냐?"고 하시니,

12 그때서야 그들은 주께서 빵의 누룩을 조심하라고 말씀하신 것이 아니라 바리새인들과 사두개인들의 교리를 조심하라 하신 것임을 깨닫더라.

여기서 제자들의 문제는 먹는 문제로 귀착이 되었다. "먹는 문제"는 창세기 3장에서 인류가 최초로 직면한 문제였고(창세기 3장 주석 참조) 인류가 지속적으로 갖고 있는 문제로, 요한일서 2장에서도 "육신의 정욕"이 제일 먼저 대두된다(요일 2:16).

그러나 제자들이 갖고 있던 문제는 단순히 먹는 문제가 아니었다. 이들의 문제는 로마카톨릭이 성만찬에 대해 갖고 있는 문제와 같은 것이었는데, 성만찬이 다루어지는 마태복음 26:26은 요한복음 6:50,55과 더불어 카톨릭 교회가 유일하게 문자적으로 해석하는 구절이다. 그들은 문자적으로 해석해서는 안 될 곳에서 문자적으로 해석하며, 문자적으로 해석해야 할 곳에서 문자적으로 해석하지 않는다.

여기서 제자들이 그렇다. 그들은 예수님께서 "바리새인들과 사두개인들의 누룩"을 비유적으로 말씀하셨을 때 문자적인 빵으로 받아들였고, 15:15에서는 문자적으로 말씀하신 것을 비유적으로 받아들였다. 예수님께서 요한복음 6:63에서 분명히 『**내가 너희에게 한 말들은 영이요**』라고 말씀하셨음에도 불구하고 로마카톨릭이 예수님의 살과 피를 실제적으로 받아들이듯이, 제자들은 영적인 해석과 문자적인 해석을 혼동했던 것이다.

우리는 여기서 성경 해석의 원리를 배워야 하는데, 그것은 성경의 모든 구절들은 일차적으로 문자적으로 해석해야 한다는 것이다. 그러나 문자적으로 해석할 수 없을 때에는 상징적으로, 비유적으로 풀어야 하는데, 이러한 비유적 해석마저도 문자적인 해석 방법이 뒷받침해 줄 때에만 가능하다. 다시 말해서 그 비유를 성경이 직접 "문자적으로" 해석해 준다는 것이다.

우리는 마태복음 13:33에서 "누룩"의 비유를 배웠다. 이 누룩은 실제적인 누룩이 아니라 비유이다. 그런데 성경은 이 누룩이 무엇인지 "문자적으로" 해석해 준다. 마태복음 16:6에서 주님께서는 『**바리새인들과 사두개인들의 누룩을 주의하고 조심하라.**』라고 말씀하셨는데, 12절에서는 『**그때서야 그들은 주께서 빵의 누룩을 조심하라고 말씀하신 것이 아니라 바리새인들과 사두개인들의 교리를 조심하라 하신 것임을 깨닫더라.**』라고 기록한다. 다시 말해서 "누룩"이라는 비유는 "거짓 교리"라는 문자적인 해석으로 증명되었다. 13:32에서 "공중의 새"들도 4절과 19절에서 "마귀의 세력들"이라는 것이 증명되었다.

요한복음 6장에서 예수님께서 하신 "생명의 빵"이라는 말씀과 『**내 살을 먹고 내 피를 마시는 자는 내 안에 거하며 나도 그 사람 안에 거하느니라.**』(요 6:56)라는 말씀이 실제적으로 예수님의 살과 피를 먹고 마시는 것이 아니라는 이유는 63절에서 『**살리는 것은 영이니, 육은 전혀 무익하니라. 내가 너희에게 한 말들은 영이요, 생명이라.**』**라**고 제시되기 때문이다. 그러므로 예수님께서 생명의 빵이라는 이 말씀은 영적인 진리로 이해해야 한다. 즉 예수님께 나아가는 자는 생명을 얻고 그 생명의 말씀을 먹는다는 것이다.

누룩은 거짓 교리이다. 그러므로 마태복음 13장의 누룩도 거짓 교리이다. 여기서 예수님께서는 먹는 문제보다 교리적인 문제가 더 중요하다는 것을 말씀하신다. 거짓 교리에 빠지는 것은 먹는 것이 갖고 있는 문제보다 더 위험하다. 이 문제는 그리스도인에게 매우 중요한 교훈을 주고 있는데, 디모데전서 4:15,16과 에베소서 4:14, 로마서 16:17,18에서도 거짓 교리를 주의하며 건전한 교리를 따르라고 말씀하고 있다. 『**그리하여 우리가 이제부터는 더 이상 어린아이가 아니요, 사람들의 속임수와 교활한 술책으로 그들이 속이려고 숨어**

서 기다리는 온갖 교리의 풍조에 밀려 이리저리 다니지 아니하고』(엡 4:14). 『**네 자신과 교리에 주의하고 이 일들을 계속하라. 이것을 행함으로써 네 자신과 네 말을 듣는 사람들을 구원하리라**』(딤전 4:16). 그래서 디모데후서 2:15에서는 『**네가 진리의 말씀을 올바로 나누어 자신이 하나님 앞에 부끄럽지 않은 일꾼으로 인정받도록 공부하라.**』**라**고 말씀하시는 것이다.

특별히 마지막 때에 사는 그리스도인들은 하나님의 말씀을 거부하고 함부로 영적으로 해석해 버리는 설교자나 교사들을 주의해야 하며, 자기들의 교리에 맞추기 위해서 말씀에 첨가시키거나 말씀을 대체해 버리거나 문맥에서 한 구절을 빼버리는 해석을 특히 주의해야 한다.

16:13 예수께서 카이사랴 빌립보 지경에 오셨을 때, 제자들에게 물어 말씀하시기를 "사람들은 인자인 나를 누구라 말하느냐?"고 하시니
14 그들이 말씀드리기를 "어떤 사람들은 침례인 요한이라 하며, 어떤 사람들은 엘리야, 또 어떤 사람들은 예레미야 혹은 선지자들 가운데 한 사람이라 하나이다."라고 하니라.

"카이사랴 빌립보"는 팔레스타인의 최북단의 도시 중 하나로 구약에서 단 지파가 갔던 지역이다.

예수님께서 제자들에게 자신에 대한 사람들의 반응을 물었을 때 여러 반응들이 나왔다.

1. 침례인 요한 - 헤롯은 예수님을 부활한 침례인 요한으로 알았다(마

14:1,2). 그러므로 그와 함께 궁정에 있는 사람들과 신하들도 그렇게 알았을 것이다. 또한 요한복음 1장에서 바리새인들은 침례인 요한과 그리스도를 혼동했었다(요 1:19,20,25).

2. 엘리야 - 유대인들은 메시아가 오시기 전에 엘리야가 오리라고 기대했다. 그들은 침례인 요한을 그렇게 보았고, 침례인 요한이 죽은 후에도 여전히 침례인 요한이 다시 오리라는 것을 기대했고(마 27:47) 또 그럴 권리를 가지고 있었으며(말 4:5) 이 기대는 이루어질 것이다(계 11:3-8).

3. 예레미야 - 예레미야를 기대했다는 것은 좀 이상하다. 왜냐하면 예레미야가 죽음에서 부활하여 다시 오리라는 구약의 예언은 없기 때문이다. 다만 예레미야 1:5의 명령이 성취되지 않은 것으로 보인다. 『**내가 뱃속에서 너를 짓기 전에 너를 알았고 네가 태에서 나오기 전에 너를 거룩하게 하였고 너를 민족들의 선지자로 정하였노라**』(렘 1:5). "민족들"은 이방인들을 가리키는데, 그렇다면 예레미야는 이방인들에게로 보내져야 한다. 이것은 예레미야 25:15에서 발견되는데(『**이스라엘의 주 하나님이 내게 이같이 말씀하시니라. 너는 내 손에 있는 진노의 포도주 잔을 받아서 내가 너를 보내는 모든 민족들로 마시게 하라**』), 그렇다면 예레미야는 이방인들에게 진노를 선포하는 임무를 맡아야 한다.

예레미야는 여러 면에서 특별한 선지자이다. 그는 결혼하지도 말고 자식도 낳지 말라고 명령받은 유일한 사람이다(렘 16:2). 그는 또한 "애가"의 저자이며, 포로로 잡혀가는 마지막 왕국의 선지자이고, 자기 백성들에 의해서 잡히는 유일한 선지자이다(렘 38:4).

그는 예수 그리스도와 몇 가지 면에서 닮았다. 그와 함께 유다 왕국은 끝났다. 예수 그리스도가 거부됨으로 천국은 재림 때까지 연기되었다. 그리고 예수께서 재림하여 오실 때 이방 민족들을 심판하실 것이다. 또한 예수께서 육신을 입고 태어나셨을 때 현자들이 가져온 세 가지 예물 중에서 "몰약"은 예수 그리스도의 선지자 사역을 위한 예물이다. 몰약은 예수님께서 태어나실 때뿐 아니라 죽으실 때도 받으신 것이었는데, 몰약은 슬픔과 탄식과 관계된 예물이다. 우연찮게 예레미야는 "슬픔의 선지자"로 불린다.

어쨌든 당시의 유대인들은 메시아와 엘리야와 함께 예레미야에 대해서 생각했음이 틀림없다. 예레미야도 역시 그리스도의 재림과 관계되어 있는 인물이다.

16:15 주께서 그들에게 말씀하시기를 "그러면 너희는 나를 누구라 말하느냐?"고 하시니,

16 시몬 베드로가 대답하여 말씀드리기를 "주는 그리스도, 곧 살아 계신 하나님의 아들이시니이다."라고 하더라.

17 예수께서 대답하여 그에게 말씀하시기를 "바요나 시몬아, 네가 복이 있도다. 이를 너에게 나타낸 것은 혈과 육이 아니라 하늘에 계신 나의 아버지시니라.

18 나도 너에게 말하노니, 너는 베드로라. 그리고 이 반석 위에 내가 나의 교회를 세우리니, 지옥의 문들이 그것을 이기지 못하리라.

베드로의 고백으로 시작되는 이 본문은 로마카톨릭에 의해서 오용되는 부분이다. 그들은 『**주는 그리스도, 곧 살아 계신 하나님의 아들이시니이**

다.』(16절)라는 베드로의 고백으로 말미암아 베드로라는 "반석" 위에 교회가 세워졌다고 말하며, 그러므로 베드로를 계승한 로마 교회만이 지상에서 그리스도를 대리하는 유일한 교회가 되며, 더 나아가 베드로가 천국의 열쇠들을 가졌으니 로마카톨릭을 통해서만 천국이 확장된다고 가르친다.

그러나 이 "반석"은 베드로가 아니다. 만약 베드로 위에 세워진 교회가 있다면, 그 교회는 사탄의 교회가 된다. 왜냐하면 예수님께서는 23절에서 베드로에게 "사탄아, 내 뒤로 물러가라."라고 말씀하시기 때문이다. 이 교회는 베드로 위에 세워진 것도, 베드로의 믿음의 고백 위에 세워진 것도 아니다.

로마카톨릭이 이 "반석"을 베드로라고 하는 이유는 베드로를 통한 사도권의 계승이 로마카톨릭 교회에게 주어졌다고 주장하기 위해서이다. 그런데 이러한 주장은 그들이 좋아하는 교부들에게서도 뒷받침되지 못하고 있다. 오리겐도 "하나님께서 교회를 베드로 위에만 세우셨다면 요한이나 다른 사도들은 어떻게 된 것인가?"라고 질문만 했을 뿐이며, 어거스틴도 이 반석을 "베드로가 고백한 예수님 자신"이라고 말했으며, 크리소스톰은 베드로가 고백한 "신앙" 위에 교회를 세우는 것으로 이해했다. 제롬이나, 그레고리, 시릴, 암브로스 등도 모두 반석과 베드로가 동일하다는 것을 부인하나, 오직 로마카톨릭은 오리겐의 질문에 대하여 베드로는 "사도들의 왕"이라고 말하며 이 구절을 자기들의 교회에게로 적용시킨다.

헬라어에서 베드로는 "페트로스"(πέτρος), 즉 작은 돌인 반면, 반석은 "페트라"(πέτρα), 즉 거대한 바위를 의미한다. 예수님께서는 조약돌 위에 그분의 교회를 세우지 않으신다.

라틴어에서도 베드로는 "페트루스"이고, 반석은 "페트람"이다.

영어에서도 베드로는 "Peter"이고, 반석은 "rock"이다.

한국어에서도 베드로는 "베드로"이고, 반석은 "반석"이다.

이 두 단어를 동일하게 보아야 할 아무런 이유도 없다. 굳이 헬라어를 모르더라도 이 두 단어가 다르다는 것을 모를 사람은 없다. 그리고 반석이 예수 그리스도를 말한다는 것은 성경을 공부하면 쉽게 알 수 있다.

1. 베드로는 이 반석을 예수 그리스도라고 했다(벧후 2:8,4).

2. 바울도 반석을 그리스도라고 했다(고전 10:1-4).

3. 예수님께서도 자기 자신이 반석이라고 했다(마 21:42,44, 단 2장).

4. 시몬 베드로를 "반석"으로 삼는 자는 이스라엘의 적이다(신 32:31).

5. 예수 그리스도는 이스라엘의 구원을 위한 반석이다(신 32:31).

6. 예수 그리스도는 포도나무이고 그의 피는 순수한 포도즙인데, 이스라엘의 대적들의 반석은 소돔의 포도나무이고 그들의 포도주는 용과 독사들의 독이다(신 32:31-33). 로마카톨릭은 베드로를 반석으로 삼고 있으므로 자기들 스스로 용의 독을 마시는 셈이다. 그러므로 베드로 위에 세워진 교회는 사탄의 교회이다.

그 외에도 베드로는 결혼했으나 교황은 결혼하지 않고, 베드로는 자녀를 가져졌으나(벧전 5:13) 교황은 그렇지 않으며, 베드로는 믿는 성인들에게만 침례를 주었는데 교황은 믿지 않는 유아들에게 세례를 주고, 베드로는 경배받지 않았지만(행 10:26) 교황은 받으므로 그들은 베드로의 계승자가 될 자격이 없다. 그뿐 아니라 베드로는 잘못 가르친 적이 있기에(갈 2:11,14) 교리상 문제가 발견될 때도 있었으므로 "반석"으로 신뢰할 만하지 않다.

베드로와 반석이 분명히 다름에도 불구하고 같다고 주장하는 것이 바로 로마카톨릭의 소위 "믿음"이다.

또한 베드로의 "고백" 위에 교회가 세워졌다고 한다면(이렇게 알고 있는 개신 교회가 많다), 마귀들도 예수님을 "하나님의 아들"이라고 고백했다(마 8:29). 이 반석은 베드로도, 베드로의 믿음의 고백도 아니다. 이 반석은 예수 그리스도이시다.

『**바요나 시몬아, 네가 복이 있도다. 이를 너에게 나타낸 것은 혈과 육이 아니라 하늘에 계신 나의 아버지시니라**』(17절).

"바요나"(*βάρ 'Ιωνᾶ*)는 "요나의 아들"이라는 뜻이다. 이 점은 요한복음 21:15-17에서 예수님이 "요나의 아들 시몬아"라고 부른 데서 알 수 있다. [한글개역성경은 요한복음 21장에서 "요한의 아들"이라고 변개시킴으로, "바"(*βάρ*)라는 헬라어의 의미("...의 아들")도 혼동시키고 있다.]

여기서 베드로의 위대한 신앙고백에 주님께서는 축복하신다. 그러나 그의 고백은 "혈과 육"에서 나온 것이 아니었다. 베드로는 여기서 초자연적인 직관을 얻은 것이다. 아직 거듭나지 않은 상태에서 영적인 깨우침을 받았다는 것은 특별했다.

물론 그리스도인은 모두 이러한 직관을 가졌다. 그리스도인은 거듭난 사람을 말하고, 그는 성령으로 다시 태어난 사람이기에 영이 살아나서 "혈과 육"에서 난 지혜가 아니라 하나님께로부터 온 지혜로 예수님께 이러한 고백을 할 수 있다. 사도 요한은 이러한 새로운 출생에 대해서 『**그들은 혈로나 육신의 뜻으로나 또한 사람의 뜻으로 나지 아니하였고 하나님**

에게서 난 사람들이라.』(요 1:13)라고 기록한다.

이에 대해서는 바울이 받은 은혜의 복음에 대해서도 마찬가지이다. 바울은 갈라디아서 1:16에서 『**나로 하여금 이방 가운데 그를 전파하도록 내 안에 그의 아들을 계시하시기를 기뻐하셨을 때에 내가 즉시 혈과 육에 의논하지 아니하고**』라고 하여 그의 복음을 예수 그리스도께 받았다고 쓰고 있다.

그러므로 성경에서 그리스도인의 새로운 출생은 베드로와 바울에게 주신 계시와 동일하다. 모든 그리스도인들은 이 점에 있어서 베드로와 바울과 동일하다. 바울과 베드로는 이 계시를 하나님으로부터 "직접" 받았으며, 모든 그리스도인들은 이 새로운 출생을 하나님으로부터 직접 경험한다. 여기에는 거쳐야 할 어떠한 의식도 없다. 새로운 출생을 위하여 어떠한 선한 행위도 필요 없고, 물침례도 필요 없으며, "인간 중보자"에 의해 집례되는 카톨릭의 성사도 필요 없다. 육에서 난 것은 육이고, 물에서 난 것은 물이며, 오직 성령으로 난 것은 영이기 때문이다. 뿐만 아니라 모든 그리스도인들은 바울과 베드로가 받았던 계시들을 원하기만 하면 받을 수 있다(성경을 통해서).

『**그리고 이 반석 위에 내가 나의 교회를 세우리니, 지옥의 문들이 그것을 이기지 못하리라**』(18절).

주님께서는 여기서 "나의 교회를 세우리니"라고 미래 시제로 말씀하시어, 미래에 나타날 교회에 대해 예언하셨다. 성경에서 "교회"라는 말이 일차적으로 쓰이는 것은 "그리스도의 몸"이고, 또 지역 교회이다. 마태복음 18장에서는 "지역 교회"에 대해 언급하고 있는데, 그러기 위해서는 그리스도의 몸이 먼저 언급되어야 한다. 마태복음의 상황은 구약과 신약의 전환기인데, 미래적인 사건을 말씀하셨다면 일차적으로 신약 시대의 상황으로 보는 것이 합당할 것이다. 더욱이 16장의 상황은 제자들을 준비시켜, 주님께서 그들과 함께 계시지 않을 동안 사역할 것을 가르치시는 부분이다. 그리스도의 몸 된 교회는 여기 마태복음 16장에서 약속되었고, 갈보리에서 실현되었으며(행 20:28), 에베소서 1장에서 알려졌고, 에베소서 5장에서 설명되었다. 이 교회는 어린양의 혼인식에서 신부로서 등장할 것이다(엡 4장, 시 45편, 계 19장).

예수 그리스도께서 그분의 몸 된 교회의 반석이 되신다는 것은 베드로전서 2:4-7에 잘 나타나 있다. 『**사람들로부터는 정녕 버림받았으나 하나님께는 택하심을 받은 귀중한 산 돌이신 그분께 나아와서 너희도 산 돌들로서 영적인 집으로 지어지고... 건축자들이 버린 그 돌이 모퉁이의 머릿돌이 되고**』(벧전 2:4-7). 그리스도의 몸 된 교회는 지옥의 위협을 전혀 받지 않는다. 로마카톨릭은 이 교회가 카톨릭 교회라고 말하지만 베드로가 반석이 아닌 것처럼 카톨릭 교회는 예수님께서 말씀하신 교회가 아니다. 로마카톨릭은 항상 지옥의 위협을 받고 있다(계 17장).

16:19 그리고 내가 천국의 열쇠들을 너에게 주리니, 네가 무엇이든지 땅에서 묶으면 하늘에서도 묶일 것이요, 또 네가 무엇이든지 땅에서 풀면 하늘에서도 풀릴 것이니라." 하시니라.

20 그후에 제자들에게 당부하시기를, 자기가 그리스도이신 예수인 것을 아무에게도 말하지 말라 하시더라.

18절과 연결해서 이 구절도 로마카톨릭이 좋아하는 구절이다. 그들은 베드로가 천국의 열쇠를 가졌으니 베드로를 통해서만 하늘나라에 갈 수 있다고 주장한다. 이것은 카톨릭 교회가 베드로를 통해 계승되어졌으므로 카톨릭 교회를 통해서만 구원받을 수 있다는 주장과 연결되며, 더 나아가서 로마 교황이 전 세계의 영적, 정치적인 지도자라고 주장하기까지 한다. 모든 인간은 구원을 받기 위해서 로마 교황에게 나아가야 하고, 로마 교회의 교리를 받아들여야만 한다는 것이 그들의 에큐메니컬 전략에서 얻고자 하는 목표이다.

그러나 우리가 앞에서 보았듯이 교회는 결코 베드로 위에 세워지지 않으며, 베드로가 받은 열쇠는 구원의 열쇠가 아니다.

열쇠는 문을 열기 위한 것이며, 문은 복음이 전파되기 위한 "기회"로 제시된다(고후 2:12, 계 3:7,8). 물론 영적으로 적용한다면 이 복음의 문을 베드로가 열었고, 베드로는 이 권세를 단독으로 받아 사도행전 2장에서는 유대인에게, 사도행전 10장에서는 이방인에게 복음의 문을 여는 기회를 제공했다고 적용할 수 있다. 이방인의 사도로 부르심을 받은 사람은 베드로라기보다는 바울이었으나 이방인에게 복음의 문을 처음 연 사람은 베드로였다. 이러한 의미에서 베드로는 천국 복음뿐 아니라 은혜의 복음의 문도 열었다고 볼 수 있다.

그러나 교리적으로 이 열쇠는 "천국"에만 해당된다. 마태복음 16장에서 예수님께서 베드로에게 주신 열쇠는 "천국의 열쇠들"이었지 "복음의 열쇠들"(은혜의 복음을 포함하는)이 아니었다. 교리적으로 볼 때 이 구절은 베드로가 이스라엘에게 천국 복음을 선포하여 그들에게 천국의 문을 열어 준 것에 적용된다. 베드로는 사도행전 2,3,4,5장에 걸쳐서 이스라엘 백성들에게, 또 "악하고 음란한 세대"였던 바리새인과 제사장들에게 여러 번에 걸쳐 천국 복음을 전파하였다. 그가 한 번이 아니라 여러 번에 걸쳐서 이 일을 했으므로 "열쇠들"(복수)이라고 되어 있는 것이다.

『내가 천국의 열쇠들을 너에게 주리니 네가 무엇이든지 땅에서 묶으면 하늘에서도 묶일 것이요, 또 네가 무엇이든지 땅에서 풀면 하늘에서도 풀릴 것이니라』(19절).

베드로에게 주어진 이 권세는 마태복음 18:18에서 제자들 모두에게 주어진다. 16장의 묶고 푸는 일은 사도행전 2장과 10장 외에도 갈라디아서 2:1-8과 사도행전 1:15-26, 사도행전 15장에서 나타나는 경우이며, 18장의 묶고 푸는 일은 고린도후서 2:10과 에베소서 4:30-32에서 나타나는 경우이다.

특별히 죄를 용서하는 일은 제사장에게 주어진 것이었는데, 모든 그리스도인은 제사장으로서(벧전 2:9), 사도행전 13:38,39를 기초해서 죄인들에게 용서를 선포할 권세가 주어졌다. **『그러므로 형제들아, 너희가 알 것은 이분을 통하여 너희에게 죄들의 사함이 선포되었으며 너희가 모세의 율법으로는 의롭게 되지 못하였던 그 모든 일에 있어서도 믿는 자는 모두 그분을 통하여 의롭게 된다는 것이니라』**(행 13:38,39). 주목할 것은 이때 성도들이 죄를 용서한다는 것은 하나님만이 하시는 죄 용서의 권한을 행사한다는 것이 아니라, 복음을 전파함으로 죄사함을 "선포"한다는 것이다. 마찬가지로 그리스도인들은 요한복음 8:24을 기초해서, 예수 그리스도를 거부하는 죄인들을 용서하지 않을 권세도 있다. **『내가 너희에게 말**

하기를 '너희는 너희 죄들 가운데서 죽으리라.'고 하였으니, 이는 너희가 내가 그인 줄 믿지 아니하면, 너희는 너희 죄들 가운데서 죽을 것이기 때문이라."고 하시니라』(요 8:24). 우리는 복음을 거부하는 죄인들을 향해 "너희가 예수 그리스도를 믿지 아니하였으므로 너희 죄들 가운데서 죽을 것이다."라고 저주를 선포할 수 있다.

16:21 그 때로부터 예수께서 자기가 예루살렘에 가야 될 것과, 장로들과 선임 제사장들과 서기관들로부터 많은 고난을 받아야 될 것과 죽임을 당할 것과, 셋째 날에 다시 일으켜질 것을 제자들에게 알려 주기 시작하시더라.

22 그때에 베드로가 주를 붙들고 말리기 시작하면서 말하기를 "주여, 그럴 수 없나이다. 이런 일이 결코 주께 있어서는 아니되옵니다." 라고 하니

23 주께서 돌아서서 베드로에게 말씀하시기를 "사탄아, 내 뒤로 물러가라. 너는 나에게 걸림이 되는도다. 이는 네가 하나님의 일들을 생각하지 않고 사람의 일들을 생각함이라."고 하시더라

16절에서 위대한 신앙고백을 한 베드로는 순간 사탄의 도구가 되어 버린다. 만약 어떤 교회가 베드로의 고백 위에 세워졌다면, 그 교회는 사탄의 교회가 된다.

베드로가 한 말은 예수님을 사랑해서 한 말이었을 것이다. 그러나 그 "사랑의 일"은 "하나님의 일"이 아니었다. 하나님의 일은 하나님께서 보내신 예수 그리스도를 믿는 것이다(요 6:29). 오늘날에도 많은 사람들은 "하나님은 사랑이시라."는 말만 기억하고 하나님의 참된 뜻을 알지 못한다. 하나님의 뜻은 예수님께서 죽으셔서, 그를 믿는 사람들에게 영생을 주시는 것이고(요 6:40), 하나님의 일은 또한 하나님이 보내신 예수 그리스도를 믿는 것이다(요 6:29). 하나님의 뜻에 복종하지 않는 사람들은 "그들의 죄 가운데 죽게" 됨에도 불구하고(요 8:24) 사람들이 "하나님은 사랑이시다."만을 외치는 것은 하나님의 일을 모르고 사탄의 종이 되는 것이다.

이때부터 예수님은 제자들에게 자신의 죽음과 미래의 일들을 직접적으로 계시하신다. 27절에서 언급하는 "영광"이 있기 이전에 선행되어야 할 것이 그분의 죽음과 부활이다. 이것은 "십자가 없이는 면류관이 없다!"(No Cross, No Crown!)라는 명제를 잘 설명해 준다. 그리고 예수 그리스도의 죽음과 영광 사이에 제자들이 해야 할 일도 또한 예수 그리스도와 마찬가지로 십자가를 져야 할 일이라는 사실이 제시된다.

이것은 초림과 재림 사이에 사는 우리에게 중요한 교훈이 된다. 우리는 주님과 더불어 왕으로 통치하기 위해서 반드시 고난을 겪어야 한다(롬 8:17).

16:24 그때 예수께서 제자들에게 말씀하시기를 "누구든지 나를 따라오려
거든 자기를 부인하고 자기 십자가를 지고 나를 따르라.
25 누구든지 자기 생명을 구하고자 하면 잃을 것이요, 누구든지 나
를 위하여 자기 생명을 잃으면 얻으리라.

26 사람이 온 세상을 얻고도 자신의 혼을 잃는다면 무슨 유익이 있겠느냐? 또 사람이 자기 혼을 무엇과 바꾸겠느냐?

마태복음 10:38,39의 말씀이 반복된다.

이 말씀은 헌신을 위한 위대한 설교가 된다. 특별히 예수 그리스도께서 승천하신 이후에 주님의 재림을 기다려야 할 제자들에게 그분의 위임사항들을 말씀하시면서 십자가를 지라고 하시는 말씀은 예수님께서 영광스럽게 나타나실 때 함께 면류관을 얻게 하시기 위함이었다.

영적으로 볼 때, 이 명령에는 두 가지 약속이 따른다. 첫째는 마태복음 11:29,30에 나타난 것처럼 주님과 함께 지고 가는 십자가는 무겁지 않다는 것인데, 우리가 십자가를 지고 갈 때 주님은 우리에게 힘을 주신다는 것이다. 그분은 지상 생애 동안에 친히 시험을 받아 고난을 당하셨으므로 우리를 능히 도와주실 수 있으며(히 2:17,18), 우리의 연약함을 동정하신다(히 4:15).

둘째는 주님과 함께 고난을 받으면 주님과 함께 영광을 받는다는 것이다(롬 8:17).

16:27 이제 인자가 자기 아버지의 영광으로 자기 천사들과 함께 오리니, 그때에 그가 각자에게 그들의 행한 대로 상 주실 것이라.

28 진실로 내가 너희에게 말하노니, 여기 서 있는 사람들 몇은 인자가 그의 왕국으로 오는 것을 볼 때까지 죽음을 맛보지 아니하리라."고 하시더라.

『**영광으로**』(27절) 오시는 모습은 항상 휴거가 아니라 환란 이후에 오시는 지상 재림을 가리킨다(마 24:30, 눅 21:27, 롬 8:18).

『**천사들과 함께**』(27절) 오는 것은 그분의 성도들과 함께 오시는 것을 말한다(살전 3:13).

『**그들의 행한 대로**』(27절) 상 주시는 모습은 영적으로 그리스도의 심판석에서 보상받는 그리스도인에게 적용할 수 있으나, 교리적으로는 역시 마태복음 25:14-30의 환란성도들에게 해당되며, 요한계시록 22:12에 약속된 보상도 같은 문맥이다.

『**인자가 그의 왕국으로 오는 것**』(28절)은 마태복음의 주제로, 문자적이고 가시적이며(visible) 이 땅 위에 세워질 "천국"이다. 왕국이 올 때까지 제자들이 죽지 않는다는 약속 때문에 이 왕국이 오순절에 임한 영적인 왕국이 되지는 않는다. 이 왕국은 실제적인 왕국이다.

『**여기 서 있는 사람들 몇**』(28절)은 베드로와 야고보와 요한이다. 그들은 거기에 서 있었고, 인자께서 오실 때까지 죽지 않았다. 인자가 자기 왕국에 오시는 것은 모세와 엘리야와 함께 나타나시는 영광스러운 모습이다(말 4장, 마 17:1-5, 벧후 1:16-19). 이 모습은 마태복음 17장에서 나타나고, 이 일의 성취는 해가 뜨고 지는 것처럼 확실할 것이다.

마태복음 17장

16장부터 자신에 대해서 제자들에게 구체적으로 가르쳐 주시는 예수님은 17장에서 자신의 영광스런 재림 때의 모습을 보이신다. 그리고 왕으로서 여전히 표적을 행하신다.

마태복음 17장은 크게 세 부분으로 구분된다. 1-13절에서는 변형산 사건을 통해 자신의 재림을 나타내 보이시고, 14-21절에서는 마귀 들린 아이를 고치시고, 22절부터는 세금을 내는 문제에 대해서 말씀하신다. 첫 부분은 다시 두 부분으로 나누어지는데, 재림의 모형인 변형산 사건과 재림하시는 왕의 선두 주자인 엘리야에 대한 언급이다.

17:1 엿새 후에 예수께서 베드로와 야고보와 야고보의 형제 요한을 데리고 따로 떨어져 있는 높은 산으로 올라가시어,

2 그들 앞에서 변형되시니 그의 얼굴은 해처럼 빛나고 그의 옷은 빛
처럼 희어지더라.
3 그런데, 보라, 모세와 엘리야가 그들에게 나타나서 주와 함께 이야
기하더라.
4 그러자 베드로가 예수께 대답하여 말씀드리기를 "주여, 우리가 여기 있는 것이 좋사오니 주께서 원하시면 여기에 장막 셋을 짓되, 하나는 주를 위하여, 하나는 모세를 위하여, 하나는 엘리야를 위하여 짓겠나이다."라고 하더라.
5 그가 아직 말하는 중인데, 보라, 빛나는 구름이 그들 위를 덮더라. 보라, 구름 속에서 음성이 있어 말하기를 "이는 내 사랑하는 아들이요, 그 안에서 내가 기뻐하노니 너희는 그의 말을 들으라." 하는 지라
6 제자들이 듣고 얼굴을 땅에 대고 심히 두려워하니
7 예수께서 오셔서 그들을 만지시며 말씀하시기를 "일어나라. 그리고
두려워 말라."고 하시더라.
8 그들이 눈을 들어 보니 예수 외에는 아무도 보이지 아니하더라.

변형산 사건이 예수 그리스도의 재림을 나타내는 사건이라는 것은 16장의 마지막 부분을 살펴봄으로써 알 수 있다. 16장의 마지막 부분인 21절부터는 예수님의 죽음과 부활, 그리고 그분의 영광스런 재림에 대해 설명하고 있다. 21절에서는 주님 자신의 죽음과 부활을, 24-26절에서는 예수님께서 지상에 계시지 않는 동안 제자들이 취해야 할 태도를, 그리고 27,28절에서는 자신의 영광스런 재림을 말씀하시는데, 특별히 28절에서는 『**진실로 내가 너희에게 말하노니, 여기 서 있는 사람들 몇은 인자가 그의 왕국으로 오는 것을 볼 때까지 죽음을 맛보지 아니하리라.**』라고 말씀하신다. 그리고 예수님께서는 자신의 약속을 지키시기 위해 17장에서 그러한 영광의 재림의 모습을 보여 주신다.

17장의 변형산 사건이 예수님의 재림의 모습이라는 것은 17장의 묘사를 살펴봄으로써 더욱 분명해진다.

『**엿새 후에**』(1절).

베드로전서 3:8의 체계에 따라서 창조의 한 주간은 아담부터 7천 년 간의 모습을 보여 준다. "엿새 후"는 "제칠일"이라는 말이다. 예수님께서는 재창조 이후 6천 년이 지난 후에 재림하실 것이다. 이것은 전천년주의 해석 체계를 증명해 준다. 재창조 주간의 제5일에는 처음으로 생명체가 등장하는데(창 1:21), 이것은 구약 4천 년이 지난 후에 참 생명이신 예수 그리스도께서 이 땅에 육신을 입고 오신 것을 설명하며, "엿새 후에" 예수님께서 영광스런 모습으로 변모되셨다는 것은 아담 이후로 육천 년을 지낸 뒤에 예수님께서 영광스럽게 재림하신다는 것을 설명한다.

이러한 "일곱 체계"(seven system)에 대해서는 레위기 23,25장, 그리고 출애굽기 22장에서 잘 나타난다. 하나님께서는 6일 동안 일한 후 일곱째 날에는 쉬라고 명하셨다. 또 6주가 지난 후 제7주도 쉬어야 한다. 일곱째 달에는 장막절이 있고(레 23:24), 일곱째 해에는 땅의 안식이 주어진다(레 25:4). 또 일곱 안식년이 지난(49년) 다음 해에는 그 땅의 모든 거민들에게 자유가 선포되는 "환희의 해"가 된다(레 25:8-55). 그리고 6천 년이 지나면 안식의 일곱 번째 천 년이 온다(계 20:1-6). 재창조의 일곱 번째 안식의 날은 바로 일곱 번째 안식의 천 년에 대한 모형이다.

이러한 전천년 체계는 예수 그리스도의 재림의 시점을 알 수 있게 해 준다. 물론 휴거는 비밀스럽게 이루어지겠지만 영광스러운 재림은 여러 부분에 걸쳐 예언되어 있으므로, 만약 우리의 달력이 정확하다면 우리는 그 시점을 알 수 있을 것이다. 초림에 있어서도 서기관들이 성경을 정확히 연구했다면 그 시점을 알 수 있을 만큼 성경에는 주님의 오심에 대한 정보가 주어져 있다(단 9장, 민 4:43).

누가는 누가복음 9:28에서 『**약 팔일째 되는 날**』(about an eight days)이라고 기록한다. 이 말은 "제팔일이 될 즈음에"라는 말인데, 곧 일곱째 날을 의미한다. 마태복음의 기록("엿새 후에")과 누가복음의 기록("약 팔일째 되는 날")이 다른 것을 보고 성경에 모순이 있다든지, 예수님께서 두 번 변형하셨다고 생각하면 안 되는 이유는 이 둘이 모두 "제칠일"을 말하고 있기 때문이다.

누가가 여덟 번째 날을 강조해서 말한 것은 영적인 의미가 있다. 제칠일은 제팔일과 연속된다. 재창조 주간에는 일곱째 날에 대한 묘사에서 "저녁과 아침이 되니"라는 묘사가 빠져 있는데(창 2:2,3), 이는 안식의 일곱 번째 천 년인 천년왕국은 영원으로 이어지기 때문이다. 천년왕국이 끝나고 영원 세계가 이르기 전에 한 번의 반란이 있고 하늘과 땅이 불로 소멸되는 사건이 있음에도 불구하고 성경은 천년왕국을 의로운 세계로 묘사하고 있다(사 11장). 이것은 다윗의 보좌의 완성인 천년왕국이 영원 세계와 연결된다는 것을 보여 준다.

"엿새 후에"라는 말이 재림의 시점을 말하는 이상, 그 뒤에 묘사되는 사건들은 모형적으로 환란 끝에 이스라엘에게 나타나시는 예수 그리스도의 재림에 대한 상세한 묘사가 된다.

『**따로 떨어져 있는 높은 산**』(1절).

이 산은 출애굽기 19장에 제시된 산으로, 시내산을 지칭한다. 주님께서는 스카랴 14:4에 제시된 것처럼 올리브산 위에 서실 것이지만 그에 앞서 시내산으로 오실 것이다. 이것은 스코필드나 라킨, 다른 전천년주의자들에게도 알려지지 않은 부분이다. 재림의 행로는 이스라엘이 출애굽한 경로와 같은데, 예수님께서는 시내산에서 출발하여 파란(Paran)산과 에돔, 셀라, 시혼을 지나, 헤스본과 길갈, 여리코를 거쳐 예루살렘 동문으로 입성하실 것이다. 이 길은 "왕의 대로"로 알려져 있다(민 20:17; 21:22, 마 4:1 주석 참조).

『**그들 앞에서 변형되시니**』(2절).

베드로는 베드로후서 1:16,17에서 이 모습에 대해 다시 한번 증거하는데, 그 모습은 요한계시록 1:14-16에 제시된 모습과 같다. 예수님께서는 더 이상 이사야 53장의 연약한 모습이 아니시다. 출애굽기 19장에서는 하나님께서 이 산에서 위엄 있게 말씀하셨다.

『**그의 얼굴은 해처럼 빛나고**』(2절).

예수님께서는 마가복음 13:35의 4경점에서 천년왕국(일곱째 날)이 시작되는 때인 아침 해가 돋을 때 재림하실 것이다. 말라키 4:2에서는 예수님의 재림을 묘사하면서 그분을 "의의 태양"이라고 기록한다. 뿐만 아니라 마태복음 13:43에서는 의인들이 아버지의 왕국에서 해처럼 빛난다고 말하고 있다. 이것은 휴거를 말하는 것이 아니라 재림을 말하는 것이다.

『**모세와 엘리야**』(3절).

모세와 엘리야는 예수님의 재림과 관계되는 사람들이다. 모세와 엘리야와 예수님의 연관성은 성경에서 여러 가지로 나타난다.

1. 이 셋은 모두 "따로 떨어져 있는 높은 산"(시내산)에 있었다(출 24:18, 왕상 19:8-15, 마 4:1-13).

2. 이 셋은 모두 40일 동안 금식했다(출 24:18, 눅 4장, 왕상 19:8).

3. 이 셋은 모두 "주(LORD) 앞에" 있다(출 33:21, 왕상 17:1, 행 2장, 히 8:1; 12:1-3).

4. 이 셋은 모두 이스라엘에 보냄을 받았다(출 2-4장, 왕상 17,18장, 눅 4장, 마 10:1-8).

5. 이 셋은 모두 기적적인 방법으로 물을 건넜다(출 14,15장, 왕하 2장, 마 14장).

6. 엘리야와 모세는 예수님께서 침례받으셨던 곳에서 생애를 마쳤다(신 34장, 왕하 2장, 요 1:28).

7. 엘리야는 살아서 올라갔으나 다시 죽는다(왕하 2장, 계 11장).

8. 모세는 죽은 후에 올라갔으나 다시 죽는다(신 34장, 계 11장).

9. 모세와 엘리야와 예수님, 이 셋은 모두 그들의 사역을 이어 나갈 후계자가 있었다(신 3:24-28, 왕하 2장, 롬 15:8,9, 행 9:15,16).

10. 이 셋은 모두 초자연적인 일을 행했다(출 5-10장, 왕상 17:1, 약 5:17, 계 11:3-6, 마 14:31-33).

이들의 연관성은 이들 모두가 예수님의 재림과 연관되는 인물임을 증명하는데, 특히 모세와 엘리야는 재림의 앞선 상황인 대환란 때 "두 증인"으로 등장하여 적그리스도 앞에서 증거하다 목베임 당해 죽는다(계 11장). 많은 전천년주의자들도 요한계시록 11장의 두 증인에 대해서 "에녹과 엘리야"로 이해하는데, 그것은 히브리서 9:27의 『**한 번 죽는 것은 사람들에게 정해진 것이고**』라는 말을 교리로 받아들이기 때문에, 모세는 죽었으나 에녹은 죽지 않았기에 한 번은 죽어야 한다는 생각에서 나온 발상이다. 그러나 이 구절은 일반적인 현상에 대해서 말하고 있는 구절이며, 분명히 예외도 발견된다.

교회 시대의 성도들 중 예수님께서 오실 때까지 살아 있는 사람들은 살아서 휴거되므로 한 번도 죽지 않을 것이다. 이들은 히브리서 9:27 말씀의 예외이다. 또 예수님과 몇몇 선지자들에 의해 죽었다가 깨어난 사람들은 두 번 죽었다. 이들도 예외로 분류되는 사람들이다. 만약 에녹이 환란 기간 중에 다시 내려와 죽어야 한다면 환란 전에 휴거되는 성도들에 대한 구약성경의 모형은 없는 것이 된다.

모세와 엘리야는 모두 환란 기간에 있을 유대인 성도들의 모형이다. 그리고 이들은 재림 직전에 직접적으로 예수 그리스도를 증거한다. 그들이 여기 마태복음 17장에서 변형된 예수님과 함께 시내산에 나타난 것이다.

『**빛나는 구름**』(5절).

빛나는 "구름"과 구름 속에서 나는 "음성"도 역시 이 상황이 재림이라는 것을 증명한다(출애굽기 19:16,19을 재림에 관한 구절인 마태복음 24:30과 요한계시록 14:14과 비교해 보라). 이 구름은 데살로니가전서 4

장의 『**주와 만나기 위하여 그들과 함께 구름 속으로 끌려 올라가**』는 휴거의 구름이 아니라, 에스겔 1:4의 재림의 "큰 구름"이다. 그 구름은 진노와 권능으로 이 땅을 통치하기 위해 오시는 예수 그리스도의 재림을 알리는 구름이다.

『**주여, 우리가 여기 있는 것이 좋사오니 주께서 원하시면 여기에 장막 셋을 짓되**』(4절).

"실수투성이"인 베드로가 여기서는 매우 조심스럽게 말을 한다. 사도행전 10장에서 하나님께서 불결한 음식을 먹으라고 하실 때, 베드로는 『**주여, 그럴 수 없나이다.**』(행 10:14)라고 말했고, 마태복음 16:22에서도 역시 『**주여, 그럴 수 없나이다.**』라고 무분별하게 말했으나, 여기서 베드로는 『**주께서 원하시면**』(if thou wilt, 약 4:15 참조)이라고 조심스럽게 말한다.

그럼에도 불구하고 여기서도 베드로는 틀렸다. 그는 예수님을 모세와 엘리야와 같은 선상에서 취급하였는데, 5절에서 하나님께서는 『**이는 내 사랑하는 아들이요**』라는 말씀으로 예수님을 율법(모세)과 선지자(엘리야)에게서 분리해 놓으셨기 때문이다. 이들이 여러 가지 면에서 예수님과 유사한 배경을 갖고 있는 것은 사실이지만, 예수님은 "하나님의 한 아들"(a son of God)이 아니라, 『**하나님의 아들**』(The Son of God)이시다. 그분은 하나님의 사랑하는 아들이시며, 하나님께서는 그분 안에서 기뻐하신다. 모세와 엘리야는 인간 아버지가 있었고, 죄가 있었다.

『**장막**』에 대해서 말한다면, 예수님께서 거하실 참된 장막은 사람의 몸이며(고전 3:16, 행 7:48-50, 요 2:21), 예수님께서는 그 몸의 창조주이시다(엡 2:20-22). 하나님께서는 사람이 만든 성전에는 계시지 않는다.

『제자들이 듣고 얼굴을 땅에 대고 심히 두려워하니 예수께서 오셔서 그들을 만지시며 말씀하시기를 "일어나라. 그리고 두려워 말라."고 하시더라』(6,7절).

여기에 나타나는 "두려움"은 환란 때의 유대인들의 반응과 같다. 그들은 바울이 다마스커스로 가는 길에서 그랬던 것처럼 부활하신 예수님의 모습을 보고 회심한다. 예수님께서 부활하여 제자들에게 개인적으로 나타나셨을 때 그들은 무서워했다(눅 24:5). 특히 "일어나라"는 말은 사도행전 9장에서 바울에게 쓰인다.

17:9 그후 그들이 산에서 내려갈 때에 예수께서 그들에게 당부하여, 말씀하시기를 "인자가 죽은 자들로부터 다시 살아날 때까지는 아무에게도 그 광경을 말하지 말라."고 하시니라.

10 주의 제자들이 주께 물어 말씀드리기를 "어찌하여 서기관들은 엘리야가 먼저 와야 한다고 말하나이까?"라고 하니

11 예수께서 그들에게 대답하여 말씀하시기를 "과연 엘리야가 먼저 와서 모든 것을 회복할 것이라.

12 그러나 내가 너희에게 말하노니, 엘리야가 이미 왔으나 사람들이 그를 알아보지 못하고 그들 마음대로 대하였도다. 이와 같이 인자도 그들에게 고난을 받으리라."고 하시더라.

13 그때서야 제자들은 주께서 자기들에게 침례인 요한에 관하여 말씀

하신 것임을 깨닫더라.

제자들이 침례인 요한에 대해 물은 것을 보아도 변형산 사건은 재림과 연관된다는 것을 알 수 있다. 제자들은 이 광경 속에서 재림의 영광을 본 것이다. 그들은 예수님께서 이스라엘을 통치하시기 위해 영광 중에 오시는 모습과, 그 영광의 모습에 모세와 엘리야가 있는 것을 보고, 그 광경에 대한 엘리야의 연관성에 관해서 질문하는 것이다. "그 영광의 모습 앞에 와야 한다는 엘리야는 어떻게 된 것입니까?" 이에 예수님께서는 그들에게 엘리야가 이미 왔다고 말씀하신다. 그는 예수님의 재림 앞에 와서 모든 것을 회복해야 할 것이다. 그가 회복해야 할 일은 말라키 4:6의 예언이다. 『**그가 아비들의 마음을 자식들에게로, 자식들의 마음을 그들의 아비들에게로 돌이켜, 내가 와서 땅을 저주로 치지 않게 하리라.**』 이 예언은 누가복음 1:17에서 침례인 요한에게 성취된다. (침례인 요한과 엘리야에 대해서는 마태복음 3,11,14장 주석을 참조하라.)

여기서 예수님께서 하나 더 강조하신 것은 침례인 요한처럼 예수님도 고난을 당한다는 것이다. 사람들이 침례인 요한이라는 선지자를 알아보지 못하고 죽였듯이 그들은 자기들의 메시아인 인자도 알아보지 못하고 죽일 것이다. 여기서 "인자"는 "다윗의 아들"과 마찬가지로 다윗의 보좌와 연관되어 언급되는 이름이며, 육체를 입고 오신 예수님을 말한다.

17:14 그들이 무리에게 오자 한 사람이 주께 와서 무릎을 꿇고 말씀드

리기를

15 **"주여, 내 아들에게 자비를 베푸소서. 그 아이가 미쳐서 몹시 고**
통을 겪고 있나이다. 그가 종종 불 속에도 넘어지고 여러 번 물
속에도 빠졌나이다.

16 **그래서 그를 주의 제자들에게 데려왔으나 그들이 고치지 못하였**
나이다."라고 하니,

17 예수께서 **대답하여 말씀하시기를 "오 믿음이 없고 비뚤어진 세대**
여, 언제까지 내가 너희와 함께 있어야 하겠느냐? 언제까지 내가
너희를 참아야 하겠느냐? 그를 여기 내게로 데려오라."고 하시니
라.

18 예수께서 **그 마귀를 꾸짖으시니 마귀가 나가고 그 아이가 그 시**
각부터 낫게 되니라.

19 **그때에 제자들이** 예수께 **따로 나아와서 말씀드리기를 "어찌하여**
우리는 그를 쫓아내지 못하였나이까?"라고 하니

20 예수께서 **그들에게 말씀하시기를 "너희가 믿지 않기 때문이라. 진**
실로 내가 너희에게 말하노니 너희에게 겨자씨 한 알만한 믿음이
있다면, 너희가 이 산에게 말하여 '여기서 저리로 옮겨져라.' 하면
옮겨질 것이요, 또 너희에게 불가능한 일이 전혀 없을 것이니라.

21 **그러나 이런 종류는 기도와 금식에 의하지 않고는 나가지 아니하**
느니라."고 하시더라.

『**그 아이가 미쳐서 몹시 고통을 겪고 있나이다**』(15절).

"미쳤다"는 말은 〈킹제임스성경〉에서 "lunatick"이라고 표현된다. 이 말은 문자적으로 달에 의해 괴롭힘당하는 것을 뜻한다. (“luna”라는 말은 라틴어와 스페인어에서 “달”을 뜻한다.) 이에 대해서는 많은 대중음악들에서 부도덕한 행위를 부추기기 위해 “밤”에 관한 노래를 부르는 것을 보아도 관련성을 찾을 수 있는데, 이런 것들은 마귀에게 사로잡힌, 또는 억압받는 사람들에게서 나오는 특성이다. 많은 세속문화에서 우리는 정신병원에 가지 않는 “미친 사람들”을 본다. 그래서 “lunatick”은 마귀에게 사로잡혀 미친 것을 말한다.

우리는 질병이 단순한 육체적인 질병과 마귀의 영향으로 생긴 질병으로 구분된다는 것을 배웠다(마 4:24; 8:16,28; 9:32). 이 아이가 겪는 질병은 단순한 육체적인 질병이 아니라 마귀가 주는 질병이다. RSV는 이 부분을 “간질병”(epileptic)으로 바꾸었다. 로마카톨릭은 간질병이 마귀들린 병이라고 가르치는데, RSV는 이렇게 바꿈으로써 단순한 육체적인 질병과 마귀에게 사로잡힌 것을 혼합시키고 카톨릭의 교리를 지지하고 있다. 실제로 A.D. 500-1500년에 이르는 중세 기간 동안 간질병에 걸린 사람을 마귀들렸다고 간주하여 지하 감옥에 가두거나 사슬에 채워 놓는 일이 빈번했다. RSV는 믿음에 관한 문제뿐 아니라 의학적인 문제에 있어서도 권위가 될 수 없다.

마귀 들린 자의 특징 중에 하나는 뜨거운 곳과 젖은 곳을 좋아한다는 것이다. 마귀 들린 자들의 특징에 대해서는 마태복음 8:28-32를 설명할 때 마가복음 5:1-25과 비교하여 자세히 다루었다.

『오 믿음이 없고 비뚤어진 세대여』(17절).

믿음이 부족함을 꾸짖으시는 것은 보통 예수님께서 제자들을 꾸짖으시는 말이다(마 8:26; 14:31). 그러나 여기서 예수님께서 강력히 꾸짖고 계시는 것은 단순히 제자들만이 아니라 믿지 못했던 군중들도 포함된다(마 6:30). "세대"라는 말을 통해 볼 때 마귀를 쫓지 못한 것이 전적으로 제자들만의 잘못만은 아니었다는 것을 알 수 있다. 마가복음은 항상 더 자세한 사건의 상황을 진술하는데, 마가복음 9:22-24에서 믿음이 없었던 사람은 서기관들과(막 9:14) 그 아이의 아버지였다.

『**언제까지 내가 너희를 참아야 하겠느냐?**』(17절)

참는다는 것은 단순히 허락한다는 것 이상의 것이다. 그것은 고통을 느끼는 것인데, 예수님께서는 믿음이 없는 세대를 참고 견디시면서 그들을 고쳐 주시며, 그들의 요구 사항을 들어주셨다. 이것은 우리에게 커다란 영적인 교훈을 준다. 우리는 하나님으로부터 얼마나 많은 은혜와 복을 받았는가? 그럼에도 불구하고 우리는 믿음이 없음으로 담대하게 주님께 구하지 못하거나, 담대하게 주님의 일을 하지 못할 때가 많다. 위대한 창조주이시며 승리자(요 16:33)이신 주님을 소유하고 있는 우리는 주님께서 맡기신 일들을 담대히 수행해야 한다. 일을 맡기신 주인은 종에게 필요한 물질과, 또 그 일을 해낼 만한 능력을 주신다. 그럼에도 불구하고 믿음이 없는 우리들은 주님의 뜻을 저버릴 때가 종종 있다. 그때도 주님께서는 우리를 받아 주시는데, 그때 주님은 우리를 "참아" 주시는 것이다.

참는다는 것은 고통을 수반하는 허용이다. 주님은 친히 시험과 고난을 모두 당하셔서 우리를 능히 도우실 수 있다(히 2:18; 4:15). 그러나 우리는 믿음이 없으므로 다시 한번 주님으로 하여금 고통을 받아 "참으시게" 하는 것이다. 주님은 베드로에게 "믿음이 작은 자여"라고 말씀하시면서도 도와주셨듯이(마 14:31), 우리에게도 "믿음이 작은 자여"라고 꾸짖으시면서도 우리를 참아 주시며 항상 우리를 선하게 인도하신다. 이것은 우리가 감사해야 할 일이지만 또한 우리의 헌신의 결단을 촉구하는 일이기도 하다.

『너희에게 겨자씨 한 알만한 믿음이 있다면, 너희가 이 산에게 말하여 '여기서 저리로 옮겨져라.' 하면 옮겨질 것이요, 또 너희에게 불가능한 일이 전혀 없을 것이니라』(20절).

이 구절에 대해서도 실제적인 믿음의 적용을 할 수 있다. 때때로 기도와 금식은 기도의 응답을 위해서 필요하다. 또 작은 믿음이 큰 일을 이루기도 한다. 불신은 기도를 방해하는 주된 요인이다(히 11:6). 많은 것이 불가능한 것처럼 보이지만 불가능한 것은 전혀 없다(창 18:14를 보라). 때때로 산은 지진으로 옮겨질 수도 있고, 폭탄이나 공사로 없어질 수도 있다. 그것이 누군가의 기도의 응답이 아니라고 말할 수 있는가?

『그러나 이런 종류는 기도와 금식에 의하지 않고는 나가지 아니하느니라』(21절).

이 부분은 한글개역성경에서 빠져 있으며, 모든 변개된 성서들도 네슬 원문에 따라 삭제되어 있다. 마가복음 9:29도 똑같은 문맥인데, 거기서는 "금식"을 빼버리고 "기도 외에는"이라고 바꾸었다. 그것으로 환란 시대의 금식의 교리에 대해서 감추어 버리는 것이다.

그럼에도 불구하고 변개된 성경을 쓰는 많은 은사주의자들은 이 구절을 붙잡고, 마귀를 쫓아내기 위해 "기도와 금식"을 강조한다. 그러나 이 시대에도 마귀에게 사로잡힌 자를 고치기 위해 기도와 금식이 필수적이라고 말하기는 어렵다.

표적은 이스라엘을 위한 왕국 복음의 특징 중의 하나이다. 그 표적 중에 중요한 것은 병고침과 마귀를 쫓아내는 것이다(마 4:23,24; 8:16). 특별히 마귀를 쫓아내는 것은 천국이 임하기 전에 유대인들이 구해야 할 하나님의 나라의 도래와 관계된다(마 6:33; 12:28). 그리므로 예수님께서는 마귀를 쫓으시면서 이스라엘을 회심시키시는 것이다.

여기뿐만 아니라 마태복음에서 예수님께서 마귀 들린 자를 고치신 것은 마귀 들린 상태에 있는 이스라엘을 회복시키는 일의 모형이 된다. 특히 14장부터 시작되는 전체적인 문맥으로 볼 때, 이 상황은 대환란 기간을 보여 준다.

왕국 복음은 제자들에게 위임되었다. 왕국 복음의 표적인 병 고침과 마귀를 쫓는 능력도 제자들에게 위임되었다(마 10:8). 그러나 그들은 17:6에서 그 능력을 행사하지 못했다. 그들이 모든 능력을 상실했는지는 알 수 없다. 다만 이 문제에 대해 우리가 알 수 있는 것은 이 아이가 갖고 있던 질병이 특별한 경우였다는 것이다. 이 사건에서는 단순히 마귀를 쫓으라는 위임 이상의 것, 즉 "기도와 금식"이 조건으로 주어진다. 이것은 환란 시대에 특별하게 적용되는 교리로 보인다. (십자가 이전 상황은 "마지막 날들"이라는 관점에서 환란 시대와 같은 상황이다. 히 1:2)

그리스도인들에게 있어서도 이러한 능력은 마귀 들린 자의 치유를 위해 필요한 경우에 금식도 하면서 기도하여 하나님의 도움을 구할 때 일어날 수 있을 것이다. 단지 마태복음 17:21을 교리화하지 않는 범위 내에서 해야 하며, 마귀 들린 자와 일반적인 정신병을 구별하여 함부로 처방하지 말아야 한다.

17:22 그들이 갈릴리에 머무는 동안 예수께서 그들에게 말씀하시기를
"인자가 사람들의 손에 넘겨지리니
23 그들이 그를 죽일 것이나 그가 셋째 날에 다시 일으켜지리라."고
하시니 그들이 매우 슬퍼하더라.

예수님께서는 16:21에서 하신 말씀을 여기서 다시 말씀하신다. 이 말씀은 20:17,18에서 반복된다. 이렇게 주님께서 말씀하시는 것은 자신의 죽음이 임박했음을 알리시는 것이며, 주님께서 유월절 어린양으로서 처형되실 그때는 그분께서 공생애 중에 네 번째로 맞으시는 유월절이다.

17:24 그들이 카퍼나움에 왔을 때에 세금을 거두는 자들이 베드로에게
와서 말하기를 "너희 선생은 세금을 내지 아니하느냐?"고 하니
25 그가 말하기를 "내신다."고 하더라. 그리고 나서 그가 집에 들어
오니 예수께서 그보다 앞서 말씀하시기를 "시몬아, 너는 어떻게
생각하느냐? 세상의 왕들이 누구에게서 관세와 정세를 걷느냐?
그들의 자손들에게서냐, 아니면 타인들에게서냐?"고 하시니,
26 베드로가 주께 말씀드리기를 "타인들에게서니이다."라고 하니, 예
수께서 그에게 말씀하시기를 "그러면 그 자손들은 면세니라.
27 그러나 우리가 그들을 실족케 해서는 아니되니 바다에 가서 낚시

를 던져 올라오는 첫 번째 물고기를 잡으라. 그 입을 열면 동전 한 개를 찾으리니 그것을 가져다가 나와 너를 위하여 그들에게 주라."고 하시더라.

실수가 많던 베드로도 이때만큼은 확실하게 그려진다. 그는 양자택일의 질문에서 정확히 대답한 것이다.

예수님께서는 베드로의 생각을 미리 아시고 베드로에게 질문을 하셨다. 예수님께서 질문하시는 것은 항상 그렇듯이 애매하지 않고 확실하다. 단지 주님의 대적들에게만 대답하기 곤란한 질문일 뿐이다.

예수님께서는 종종 다음과 같은 양자택일의 질문을 하셨다. 『**요한의 침례가 어디에서 왔느냐? 하늘로부터 온 것이냐, 아니면 사람에게서 난 것이냐?**』(마 21:25) 『**그 말이 네 스스로 하는 말이냐, 아니면 다른 사람들이 나에 관하여 너에게 해준 말이냐?**』(요 18:34) 『**그러므로 그들 중 누가 그를 더 사랑하겠는가**』(눅 7:42).

예수님의 이러한 질문에 그들이 말을 흐렸듯이 많은 사람들은 이러한 양자택일의 문제에 있어서 여러 가지 복잡한 말과 철학적인 사고를 동원하여 문제를 복잡하게 만들어, 주님께서 원하시는 분명한 선택을 하지 못하는 경우가 많다. 그러나 예수 그리스도께서는 항상 분명한 구분을 지으신다. 『**너희가 하나님과 재물을 동시에 섬길 수 없느니라**』(마 6:24). 『**또 너희 지체를 불의의 병기로 죄에게 내어 주지 말고 다만 너희 자신을 죽은 자들로부터 살아난 자들처럼 하나님께 드리며 너희 지체를 의의 병기로 하나님께 드리라**』(롬 6:13). 『**술 취하지 말라. 그것은 방탕한 것이니 오직 성령으로 충만하라**』(엡 5:18).

예수님께서는 베드로에게 물으셨다. 『**시몬아, 너는 어떻게 생각하느냐? 세상의 왕들이 누구에게서 관세와 정세를 걷느냐? 그들의 자손들에게서냐, 아니면 타인들에게서냐?**』(25절) 이에 베드로는 정확히 대답했다. 『**타인들에게서니이다**』(26절).

베드로는 바리새인들처럼 "자손들에게서라 하면 구약성경을 인용하시면서 내가 그의 자손이 아님을 입증할 것이요, 타인들에게서라 하면 나에게 지불하라고 하실 것이다."라고 걱정하지 않았다. 그는 분명히 대답했다. 『**타인들에게서니이다.**』

『**그러면 그 자손들은 면세니라**』(26절).

예수님은 그 왕국의 왕이시다. 그리고 제자들은 그분의 자손들이다(마 9:15; 18:3,5,6). 그러므로 그들은 카이사가 다스리는 왕국에 세금을 내야 할 법적인 근거가 없다. 내야 한다면 회심하지 않아 왕의 가족에 들어오지 않은 사람들이 내야 할 것이다. 이 부분은, 비록 "지금은" 주님의 왕국이 이 세상에 속한 것이 아니지만(요 18:36), 주님의 왕국이 될 이 나라에서 그 왕국의 자녀들이 갖는 특권을 설명하시는 부분이다. 그러나 예수님은 사람들을 실족시키지 않기 위해 내셨다.

『**그러나 우리가 그들을 실족케 해서는 아니되니**』(27절).

여기에 바울 서신에 나타난 신약적인 진리가 발견된다. 그리스도인은 율법이나 저주 아래 있지 않기에(갈 3:13, 롬 6:14,15) 모든 일에 자유롭지만(고전 6:12; 10:23), 사랑의 계명을 실천하기 위해서 사람들을 실족시켜서는 안 된다(롬 13:8-10). 예수님께서 베드로에게 하신 이 말씀은 오순절 이전에 제시된, 신약 교리의 중요한 부분이 되는 말씀이다.

『**바다에 가서 낚시를 던져 올라오는 첫 번째 물고기를 잡으라. 그 입을 열면 동전 한 개를 찾으리니**』(27절).

자연에 대한 절대적 권위는 우리 주님의 신성을 더욱 느끼게 한다. 갈릴리 바다에 있는 수천 마리의 물고기 중에 누군가가 빠뜨린 동전을 삼킨 물고기를 첫 번째 잡히게 하셨다. 불신자들에게는 전혀 가능하지 않은 일로 보인다. 이러한 그분의 절대적인 능력은 그분이 육신으로 나타나신 아버지 하나님이라는 사실 외에 설명할 수 없다(요 14:3-8).

마태복음 18장

14장부터 17장까지의 전반적인 내용은 환란 시대에 초점을 맞춘다. 이 부분들을 모두 환란 시대라고 볼 수만은 없지만, 많은 부분에서 환란 시대에 관한 내용들이 나타난다. 14장에서 침례인 요한의 죽음, 오천 명을 먹이신 기적, 바다를 건너오시는 사건들을 통해 환란의 모습을 알 수 있고(14장 설명 참조), 16장에서는 시대의 표적들, 자신의 죽음과 부활 이후에 제자들의 일들, 그리고 17장에서는 환란 중간에 나타나심과 왕국이 임하는 모습을 나타내신다. 이제 18장에서는 "왕국"에 관해서 언급하시는데, 이것은 천국에 관한 직접적인 가르침이다.

이것은 마태복음 4장에서 팔레스타인 전 지역에 있는 사람들이 주님께 나타난 후 5-7장에서 산상설교를 통해 왕국의 법령을 전파하시는 것과 같은 맥락이다. 4장에서는 왕국이 임할 수 있는 조건이 형성됐고, 5-7장에서는 환란 시대와 왕국 시대의 모습이 나타난다. 그래서 18장은 산상설교와 같은 위치에서 볼 수 있다.

18:1 그때에 제자들이 예수께 와서 말씀드리기를 "천국에서는 누가 가장 크니이까?"라고 하니

2 예수께서 한 어린아이를 불러서 그들 가운데 세우시고

3 말씀하시기를 "진실로 내가 너희에게 말하노니, 너희가 회심하지 아니하고, 또 어린아이들과 같이 되지 아니하면 결코 천국에 들어가지 못하리라.

4 그러므로 누구든지 이 어린아이와 같이 자기를 낮추면 그가 천국에서 가장 큰 자니라.

5 또 누구든지 내 이름으로 이런 어린아이 하나를 영접하면 나를 영접하는 것이니라.

제자들은 천국에서 누가 가장 큰가를 물었다. 이것은 제자들이 생각하던 천국이 실제적이라는 것을 설명한다. 세베대의 아들들의 어머니는 20장에서 자기 아들들을 천국에서 오른편과 왼편에 앉혀 달라고 요구했다. 물론 이들이 요구한 것은 "욕심"일 수 있으나, 적어도 그들은 이 "천국"을 실제적인 정치적 왕국으로 보았고, 예수님께서는 거기에 대해서는 한마디도 책망하시지 않았다. 그들은 현대의 신학자들보다 예수님의 재림하시는 왕의 모습을 훨씬 더 잘 알고 있었고, 그 왕이 통치하는 왕국에 대한 관심을 갖고 있었다. 이에 예수님께서는 그 천국에서 누가 가장 큰지를 한 어린아이를 통하여 답하고 계신다.

중요한 것은 이 부분이 교회 시대에 교리적으로 적용되지 않는다는 점이다. 이 부분을 교회 시대에 영적으로 적용하려면 단지 "겸손"이라는 관점과, 하나님께 오기 위해서는 "회심"해야 한다는 관점으로 적용시킬 수 있다. 그러나 이 부분들을 교리적으로 적용시켜서, 누군가를 실족시키면 연자 맷돌을 목에 걸고 바다에 빠져야 한다든지 하는 실제적인 적용을 할 수는 없다. 이것은 이 시대에는 죄를 졌다고 마태복음 5장에서처럼 손을 잘라야 하는 것은 아닌 것과 같다.

그러나 이 구절을 교회 시대에 적용할 수 있는 부분이 하나 있다. 어린아이의 구원에 관한 문제이다. 성경은 이 부분에서 어린아이는 천국에 합당한 자라고 설명하고 있다. 로마서 2장에 따르면 유대인은 율법으로 판단받고 이방인은 양심으로 판단을 받는데, 그것은 선과 악을 구별할 줄 아는 양심에 근거한다(롬 2:12-15). 그러나 선과 악을 구별할 수 없는 어린아이들은 판단받을 근거가 없다. 물론 그 어린아이가 죄인이 아니라는 말은 아니다. 그러나 그는 죄에 대한 책임을 면했기 때문에 죄에 대한 형벌인 지옥도 면하게 되는 것이다. 로마서 5:13은 『**율법이 있기 전에도 죄가 세상에 있었으나 율법이 없을 때에는 죄를 죄로 여기지 아니하였느니라.**』라고 말하고 있으며, 로마서 4:15은 『**율법은 진노를 일으키나니 율법이 없는 곳에는 범법도 없느니라.**』라고 말하고 있다. 율법은 죄를 알게 하는 것이다. 그러므로 선악을 분별할 줄 모르는 어린 아기는 죄에 대해 책임이 없고, 따라서 그 아기는 구원받는다.

이러한 예는 구약에서도 찾아볼 수 있다. 신명기 1:39은 『**또한 너희가 먹이가 되겠다고 말했던 너희의 어린 것들과 그 날에 선악 간에 지식이 없었던 너희 자녀들은 그리로 들어갈 것이니 내가 그 땅을 그들에게 주어 그들로 그것을 소유하게 하리라.**』라고 말하면서, 그들이 카데스 바네

아에서 범한 죄 때문에 카나안, 곧 안식의 땅에 들어가지 못할 때, 아직 선악을 알지 못하여 그들의 범죄에 참여하지 않은 어린아이들은 안식의 땅으로 들어간다고 했다. 즉 선악에 대한 지식이 없는 상태에서는 죄의 형벌이 면제된다는 것이다.

더욱이 사무엘하 12:23에서 다윗은 밧세바와의 사이에서 태어난 자기의 아기가 죽었을 때, 『**내가 그에게로 갈 수는 있어도 그는 내게로 돌아오지 못하리라.**』**라**고 말하면서 죽은 아이가 낙원으로 가 있다는 것을 말했다. 다윗은 구원받았고, 그는 거기서 그의 아이를 만나게 되었다.

확실한 것은 예수 그리스도께서 십자가에서 죽으셨을 때 그분은 모든 인류를 위해 속죄의 피를 흘리셨다는 것이다. 어린아이들은 일차적으로 예수님의 피가 뿌려진 상태이고, 또 그들은 죄의식이 없으므로 판단받지 않고 구원받는다. 그러나 성인들의 경우는 다르다. 그들도 비록 예수님의 피가 뿌려진 상태이나 그들이 선과 악의 분명한 의식 속에서 죄를 인정하지 않고, 예수님의 피의 속죄 사역을 믿지 않고, 예수님을 영접하지 않으면 자기들을 사신 피를 모독하고, 하나님의 진리를 썩어질 세상 것들과 바꾸면서 지속적으로 하나님을 거부하는 것이므로(롬 1:21-25, 벧후 2:1), 예수님의 피가 그들에게 뿌려졌을지라도 그들은 그 피를 인정하지 않고 거부하는 것이기에 구원을 받지 못한다. 그러나 선과 악을 분별하지 못할 만큼 어린 상태에서 죽은 아기들은 예수님의 피를 거부하지도 않았고 죄의식도 없기에 비록 죄인일지라도 그 책임을 면제받아 구원을 받는다. 그러나 그도 그 책임을 면제받을 수 없는 상태, 즉 선과 악을 구별할 수 있는 상태에 이르면 자기의 죄를 인정하고 예수님을 영접해야 한다.

어떤 사람들은 어린아이는 무조건 지옥에 간다거나, 부모의 신앙 상태에 따라서 구원이 결정된다거나, 혹은 선택된 어린아이들만 구원받는다고 말하며, 로마카톨릭은 어린아이들이 "림보"라는 장소에 가 있다고 말하지만, 이런 이론들은 성경에 근거하지 않는 비성경적인 이론들이다.

4절에서 예수님께서는 어린아이를 천국에서 가장 큰 자라고 설명하시며, 5절에서는 이 어린아이를 영접하는 것을 예수님을 영접하는 것으로 동일시하신다.

물론 이 문맥에서 중요한 것은 "겸손"이다. 그리고 이 겸손은 "회심"과 연관된다. 교회 시대에도 예수님을 영접하기 위해서는 겸손한 마음이 있어야 하고, 또 마음을 예수님께 돌이켜야(회심) 한다. 그러나 죄인이 예수님을 영접하기 위해서 겸손해야 한다는 것은 어떤 "행위"의 차원이 아니라 단순히 그의 마음의 상태를 말하는 것이다. 그는 복음 앞에서 겸손하게 자신의 죄를 인정하고 예수 그리스도를 받아들여야 한다. 그러나 그리스도인들은 때때로 겸손하지 않으며, 교만한 자들도 많다. 그렇다고 그가 구원을 잃어버리는 것은 아니다.

여기서 더 강조하고 있는 것은 "천국"이고, "겸손"이란 권장의 차원이 아니라 반드시 갖춰져야 할 필수적인 하나의 "행위"로 작용한다. 그리고 천국에 들어가기 위해서는 이 어린아이를 예수님처럼 영접해야 한다. 이것 또한 행위이다. 행위로 구원받는 것은 교회 시대일 수 없다. 그것은 환란 시대와 왕국 시대를 말한다.

이 부분에 대해서는 마태복음 10장에서 예수님께서 제자들에게 천국 복음을 위임하실 때 그들에 대해서 말씀하신 것과 유사한 문맥을 볼 수 있다.

『**너희를 영접하는 사람은 곧 나를 영접하는 것이며, 또 나를 영접하는 사람은 곧 나를 보내신 분을 영접하는 것이라. 선지자의 이름으로 선지자를 영접하는 사람은 선지자의 상을 받을 것이요, 의인의 이름으로 의인을 영접하는 사람은 의인의 상을 받을 것이라. 또 누구든지 제자의 이름으로 이 작은 자들 중 하나에게 마실 냉수 한 잔이라도 주면, 진실로 내가 너희에게 말하노니, 그는 결코 자기 상을 잃지 아니하리라**』(마 10:40-42).

또 마태복음 25장에서는 이렇게 말한다.

『**그때에 의인들이 주께 대답하여 말씀드리기를 '주여, 언제 우리가 주께서 굶주리신 것을 보고 잡수실 것을 드렸으며 목마르실 때에 마실 것을 드렸나이까? 언제 우리가 주께서 나그네 되신 것을 보고 대접해 드렸으며, 헐벗으셨을 때 입을 것을 드렸나이까? 언제 우리가 주께서 병드신 것을 보았으며, 또 감옥에 갇히셨을 때 찾아뵈었나이까?'라고 하리라. 그러나 왕이 대답하여 그들에게 말하기를 '진실로 내가 너희에게 말하노니, 여기 내 형제 가운데 가장 작은 자 하나에게 한 것이 곧 나에게 한 것이니라**』(마 25:37-40).

그러므로 이 문맥은 마태복음 10장과 25장처럼 환란 기간 중에 왕국에 들어가는 자격을 얻기 위해 "행위"를 하여 구원받는 사람들에게 직접적으로 적용되는 부분이다. 교회 시대에 적용하려면 영적으로 "겸손," 영접을 위한 "회심," 그리고 어린아이의 구원에 대해서만 적용할 수 있다.

우리가 "회심"이라고 말할 때 그것은 "개인적"으로 예수님께 오는 행위를 말한다. 물론 이스라엘을 민족적으로 회심시키기 위해 침례인 요한은 회개의 침례를 전파했고, 베드로와, 스테판도 이스라엘 민족에게 전파했지만, 실제적으로 예수님께 나아오는 사람들은 "개인"들이었다. 마지막에 이스라엘은 민족적으로 부활할 것이지만, 그때에도 믿음과 행위를 지켜 예수님께 나아오는 자들만 구원을 받는다. 하나님께서 이스라엘을 항상 "민족"으로 다루시지만, 그것은 하나님께 나아오는 이스라엘 백성들을 일으켜서 큰 민족이 되게 하시고 그 민족을 통해 하나님의 신정통치의 왕국을 이루신다는 것이지, 결코 하나님께 나아오지 않는 사람들을 유대인이라는 이름만으로 구원하신다는 말은 아니다. 예수님께선 마태복음 12:50에서 『**누구든지 하늘에 계신 내 아버지의 뜻을 행하는 그 사람이 나의 형제요, 자매요, 모친이니라.**』**라**고 말씀하시면서 하나님께 나아오는 "개인들"을 말씀하셨다. 이것은 교회 시대에는 더욱더 분명해진다.

회심한 사람의 마음 상태가 겸손하다는 것은 구약성경과 전환기 상태와 신약에서 모두 나타난다. 구약에서는 시편 131, 24편, 십자가 이전 상황(전환기)에서는 누가복음 10:21, 그리고 신약에서는 로마서 12:16에서 다루고 있다. 특히 어린아이와 같은 겸손한 마음으로 성경을 공부하는 것은 성경을 공부하는 그리스도인에게 필수적이다. 『**갓난 아기들로서 순수한 말씀의 젖을 사모하라. 이는 너희가 그것으로 인하여 자라게 하려 함이니라**』(벧전 2:2).

18:6 그러나 나를 믿는 이런 어린아이들 가운데 하나를 실족케 하는 자는 연자 맷돌을 그의 목에 걸고 깊은 바다에 빠지는 것이 더 나으니라.

7 실족케 하는 일로 인하여 세상에는 화가 있도다! 실족케 하는 일이 일어나는 것은 어쩔 수 없는 일이라 하여도 실족케 하는 그 사람에게는 화가 있도다!

8 그러므로 네 손이나 발이 너를 실족케 하거든 잘라서 던져 버리라. 두 손이나 두 발을 가지고 영원한 불에 던져지는 것보다 절름발이나 불구자로 생명에 들어가는 것이 너에게 더 나으니라.

9 또 네 눈이 너를 실족케 하거든 뽑아 던져 버리라. 두 눈을 가지고 지옥불에 던져지는 것보다 한 눈을 가지고 생명으로 들어가는 것이 더 나으니라.

이 경고는 마태복음 5,6장에 자세하게 나와 있다. 『**또 만일 너의 오른쪽 눈이 너를 실족케 하거든 뽑아 던져 버리라. 네 지체 가운데 하나가 없어지는 것이 네 온몸이 지옥에 던져지는 것보다 나으니라. 또 만일 네 오른손이 너를 실족케 하거든 잘라 던져 버리라. 네 지체 가운데 하나가 없어지는 것이 네 온몸이 지옥에 던져지는 것보다 나으니라**』(마 5:29,30).

예수님께서는 왕국에 대해 설명하시면서 항상 대조적으로 지옥에 대해서 말씀하셨다. 마태복음 5장에서도 그렇고, 10장에서도 왕국으로 들어오지 못하는 자들에 대해 지옥을 강조하셨다. [영어 성경 RSV는 이 구절에서 "실족하다"(offend)를 "죄짓도록 유혹받는 것"(temptation to sin)으로 변개시켰다. 그러나 "손과 발"이 실족한다는 것은 완전히 "범죄한 것"

을 의미한다. 유혹을 받는 것은 마음의 문제이지, 손과 발이 행한 결과와는 구분된다. 유혹을 받아도 죄를 짓지 않을 수 있다. 아무리 엄격한 왕국 시대라 해도 유혹만 받았다고 손과 발을 자를 수는 없다.]

18:10 너희는 이런 어린아이들 중에 하나라도 업신여기지 않도록 주의하라. 내가 너희에게 말하노니, 하늘에 있는 그들의 천사들이 항상 하늘에 계신 나의 아버지의 얼굴을 뵙고 있느니라.

"천사"가 "현현"(appearance)이라는 것에 대해서는 마태복음 2장에서 이미 공부했다. 성경에서 천사는 항상 남성으로 나타나며, 때때로 천사는 "교회"를 대표한다(계 1장). 다니엘에서는 한 민족을 대표하기도 했다.

여기서 강조되는 것은 이 천사들이 "하늘"에 있고, 하나님의 면전에서 항상 하나님을 뵙고 있다는 것이다. 물론 고대에 많은 천사들이 이 땅에 내려왔고, 앞으로 더 많은 천사들이 다른 천체에서 올 것이다. 그러나 이 구절에서 말하는 것은 "어린아이의 현현들"이 하늘에서 하나님을 뵙고 있다는 것이다.

현현이라는 것은 단지 "하나님의 현현," "주의 천사"만이 아니다. 천사는 나타나고자 하는 자의 현현이다. 그러므로 "주의 천사"라고 하면 "주의 현현"이고, "어린아이의 천사"는 "어린아이의 현현"이다.

이 구절을 잘못 이해해서 "수호천사"의 개념이 생겼다. 수호천사의 존재를 믿는 사람들은 성도들에게 적어도 한 명 이상의 천사들이 따라다닌다고 한다. 물론 이와 같은 간증은 많이 있다. 때때로 하나님께서는 천사를 보내어 성도를 돕기도 하신다. 예수님께서 겟세마네에서 기도하실 때도 천사가 와서 도왔고, 바울도 감옥에서, 폭풍우 속에서 천사의 도움을 받았다.

그러나 이것은 특별한 경우이지 일반적인 경우가 아니다. 수호천사를 말하는 근거 중 하나는 히브리서 1:14이다. 『**천사들은 모두 구원의 상속자가 될 자들을 위하여 섬기도록 보내심을 받은 섬기는 영들이 아니냐?**』 이 구절에는 천사들이 "섬기는 영"이라고 되어 있다. 그러나 더 자세히 보면 천사가 섬기는 것은 우리가 아니라 "구원의 상속자가 될 자들"이다.

성경에서의 상속은 단지 자식이기 때문에 아무런 조건 없이 부모에게서 받는 그런 개념이 아니다. 성경에서 상속, 또는 유업(inheritance)이라는 말은 항상 행위와 관계된다. 우리는 은혜로 구원을 받지만 행위를 통해서 상과 유업을 받는다. 그리고 그 구원은 잃어버릴 수 없지만, 상과 유업은 잃어버릴 수 있다.

수호천사의 개념을 지나치게 확장시켜 왜곡시킨 그룹은 로마카톨릭이다. 그들은 수많은 천사의 이름들을 갖고 있다. 누가 그 이름들을 가르쳐 주었는지 모르지만(마귀들이 타락한 자기들의 이름을 가르쳐 주었는지), 성경에는 오직 미카엘과 가브리엘이라는 두 천사의 이름만이 언급될 뿐이다.

마태복음 18장의 맥락은 전체적으로 산상설교와 비슷하다. 이 두 부분은 환란 기간과 천년왕국의 모습을 잘 보여 준다. 예수님은 이 사실을 확증하시기 위해 17장에서 재림의 모습을 보여 주신 이후로 18장부터 "천국"이라는 용어와 더불어 천국에 관한 가르침을 더 구체적으로 보여 주고 계신다. 그래서 우리는 18장 이후의 장들에서 천국이 임하기 전의 모습과 천국으로 들어가기 위한 조건과 천국이 임하는 상황과 천국 내에서 어떤 일이 펼쳐질지를 보게 된다. 우리는 이미 18:1-10에서 천국에 들어가기 위해서는 어린아이와 같아야 한다는 것을 보았다.

18:11 인자가 온 것은 잃어버린 자를 구원하려는 것이라.

12 너희는 어떻게 생각하느냐? 어떤 사람에게 양 일백 마리가 있는데, 그 중 한 마리가 길을 잃었다면, 아흔아홉 마리를 두고 산으로 가서 그 길 잃은 양을 찾지 아니하겠느냐?

13 진실로 내가 너희에게 말하노니, 그가 그 양을 찾으면, 길을 잃지 않은 아흔아홉 마리보다 그 양을 더 기뻐하리라.

예수님께서 오신 목적은 잃어버린 양, 즉 세상의 방황하는 모든 죄인을 구원하기 위함이었다는 것은 신약 시대를 향한 분명한 진리이다. 이것은 요한복음 6장에 나온 그분의 중요한 사역임에 틀림없다. 『**이것이 나를 보내신** 아버지의 **뜻이니, 즉 그분께서 내게 주신 모든 사람을 하나도 잃지 않고 마지막 날에 다시 살리는 것이라. 또 이것이 나를 보내신 분의 뜻이니,** 아들을 **보고 그를 믿는 사람은 누구나 영생을 얻게 하는 것이라. 그리고 내가 그를 마지막 날에 살리리라**』(요 6:39,40). 우리는 모두 방황하는 양들이었으며, 목자 되신 주님께서는 우리를 위해서 친히 목숨을 버리시고 양의 문으로 인도하셨다. 그리스도인은 그분의 양이며(행

20:28, 벧전 5:2), 주 예수 그리스도께서는 그 양의 목자이시다(벧전 2:25; 5:4). 이것은 틀림없는 진리이다.

그러나 여기 또 하나의 양무리가 있다. 그것은 이스라엘이다. 예수님은 마태복음 9:36에서 불쌍한 이스라엘 백성들을 목자 없는 양으로 보셨다. 이 사실, 즉 이스라엘이 양이라는 사실은 구약에서 너 명확하게 제시된다(렘 13:17,20; 23:1-3; 50:6,17, 슥 9:16; 10:2; 11:17; 13:7). 이스라엘은 항상 하나님의 양이다. 그들이 하나님 안에 있을 때는 우리 가운데 평안히 있는 양이며, 그들이 하나님 밖에 있을 때는 잃어버린 양이다. 마찬가지로 백성을 인도하는 지도자들은 항상 목자로 묘사된다(렘 23:2). 그리고 그 목자가 옳게 인도하면 좋은 목자요, 그릇 인도하면 나쁜 목자가 되는 것이다. 예수님께서는 초림 당시에 이스라엘이라는 양무리를 인도하는 목자들, 즉 바리새인, 서기관 등의 종교 지도자들이 백성을 그릇되게 인도하기에 그들을 가리켜 "삯꾼"(요 10:12) 또는 "이리"(마 7:15)라고 말씀하셨으며, 그러한 상황을 "목자가 없어 흩어진 상태"(마 9:36, 렘 50:17)로 보셨다.

특별히 이스라엘은 "잃어버린 양"이라고 불린다(렘 50:6). 그리스도인이 양이라고 불리는 것은 분명히 구원받은 사람들에게만 한정되는 것이다. 이방인에 대해 "잃어버렸다"라는 말을 사용하는 것은 구원받지 못했다는 것인데, 그렇다면 그는 아직 양이 아니다. 양무리에 들어온 사람들은 구원받은 사람들이다. 그래서 사람들은 구원받지 않은 사람들을 향해서는 "잃어버린 양"이라고 표현하지 않고 "잃어버린 영혼"이라고 표현하곤 한다.

그러나 이스라엘에 대해서는 다르다. 이스라엘은 잃어버린 상태에서도 역시 "양"이다. 그리고 하나님께서는 흩어진 그들을 모으시겠다고 구약에서 여러 번 말씀하셨다(렘 23:3, 슥 9:16).

"잃어버린 양"이라는 표현은 마태복음 10장에서도 발견되는데, 거기서도 그 말은 이스라엘을 가리켜 사용되고 있다. 『**이방인들의 길로도 가지 말고, 또 사마리아인의 성읍에도 들어가지 말고, 다만 이스라엘 집의 잃어버린 양에게로 가라**』(마 10:5,6).

그러므로 마태복음 18:12의 "길 잃은 양"은 일차적으로 이스라엘을 가리킨다. 11절에서 『**인자가 온 것은 잃어버린 자를 구원하려는 것이라.**』라는 명제 자체는 세상을 구원하려 오신 예수 그리스도를 묘사하는 말로, 교회 시대에 복음을 전하는 데 사용될 수 있는 말로 부족함이 없으나, 마태복음의 전체적인 맥락으로 볼 때, 12절의 "길 잃은 양"은 일차적으로, 또 교리적으로 이스라엘이라고 해석해야 한다.

예수님께서 오신 첫째의 목적은 이스라엘을 구원하시기 위함이었다. 왜냐하면 이스라엘이 그분의 백성이었기 때문이다(마 1:21). 교회가 구원받은 것은 두 번째이다. 만약 이스라엘이 예수님의 초림 때에 그분을 거부하지 않고 받아들였다면 이방인들은 그리스도의 몸이 되는 엄청난 축복을 누릴 수 없었을 것이다. 이방인들은 단지 창세기 12장에서 아브라함에게 주어진 언약에 따라 이스라엘을 통해 얻는 축복만을 누려야 했을 뿐이다.

"자기 백성"(마 1:21)을 구원하시는 것이 예수님의 일차적인 목적이었고, 이스라엘 집의 잃어버린 양에게로 가는 것이 예수님의 일차적인 사역이었다(마 10:6). 심지어 예수님께서는 이방의 개들에게는 보내심을 받지 않았다고까지 말씀하신다(마 15:24). 마태복음 15장의 카나안 여인의 딸이 치유된 사건은 교회가 계시되기 이전에 이방인들이 받을 은혜에 대해서 보여 준다. 『**주께서 대답하여 말씀하시기를 "자녀들의 빵을 가져다가 개들에게 던져 주는 것이 옳지 않도다."라고 하시니 그 여인이 말하기를 "그러하옵니다, 주여, 그러나 개들도 그들 주인의 식탁에서 떨어지는 부스러기를 먹나이다."라고 하니**』(마 15:26,27). 즉 이방인에게 주어진 은혜는 "부스러기 은혜"였다.

"잃어버린 자"가 일차적으로 유대인을 말한다는 사실은 누가복음 19장에서도 제시된다. 『**예수께서 그에게 말씀하시기를 "오늘 구원이 이 집에 이르렀으니, 그도 아브라함의 아들이기 때문이라. 인자가 온 것은 잃어버린 자를 찾고 또 구원하려는 것이라."고 하시더라**』(눅 19:9,10). 여기서 잃어버린 자를 구원한다는 말은 그가 아브라함의 아들이라는 말과 연관되어 언급된다. 그러므로 잃어버린 자가 구원받는다는 것은 일차적으로 유대인들을 말한다. 누가복음 19장의 문맥에서 아브라함의 아들이라는 말은 믿음으로 그의 자손이 된 이방인을 의미하지 않는다. 이것은 육적인 아브라함의 자손이다.

사도행전 3:25,26에서 베드로도 이 사실을 강조했다. 『**너희는 그 선지자들의 자손이며, 또 하나님께서 우리 조상들과 세우신 언약의 자손이라. 아브라함에게 말씀하시기를 '네 씨 안에서 땅의 모든 족속이 복을 받으리라.'고 하셨느니라. 하나님께서 그의 아들 예수를 일으키사 너희를 복 주시려고 먼저 너희에게 보내어 너희 각자가 자기의 악한 행실로부터 돌아서게 하셨느니라.**』 베드로는 여기서 "먼저 너희에게" 예수님을 보내셨다고 말한다. 여기서 "너희"는 두말할 나위 없이 유대인이다.

말했듯이 이 비유를 영적으로 해석해서 그리스도인에게 교훈적인 설교를 할 수 있고, 복음을 전할 때에 사용할 수도 있다. 그러나 이 구절이 직접적으로 유대인에게 적용된다는 것과 교회 시대에 완전히 적용되지 않는다는 것을 볼 때, 이 구절 역시 환란 때에 행위로 구원받는다는 것과 연관시킬 수 있다. 이들은 믿음과 동시에 행위가 있어야 하는데, 이들은 구원을 잃어버릴 수 있는 상태이다. 이때 예수님은 이들을 찾아다니며 도와주신다. 예수님은 죄인들을 부르러 오셨다. 이것은 환란 시대라고 예외일 수 없다. 그래서 본문은 잃어버린 그분의 백성을 구원하여 천국, 즉 천년왕국으로 들이시는 예수님의 모습을 그리고 있는 것이다.

[이방인들이 양이라고 불리는 것은 다음의 두 가지 경우에서만 가능하다. 첫째, 요한복음 10장에서 구원받은 그리스도인을 가리켜 사용될 때(요 10:16). 둘째, 마태복음 25장에서 행위로 구원받은, 양에 속한 민족(마 25:31-46). 그러나 두 경우에 있어서 이방인들은 "구원받은" 사람들만 양들로 취급당한다. 잃어버린 자들은 결코 양이 아니다. 잃어버린 자들에게 양이라는 말이 사용된 것은 오직 유대인뿐이다.]

18:14 이와 같이 이런 어린아이들 가운데 하나라도 망하는 것은 하늘에 계신 너희 아버지의 뜻이 아니니라.

이것은 마태복음 18:1-10의 설명에 대한 연장인데, 잃어버린 자를 찾는 것이 어린아이 하나를 대접하는 것과 같은 관점에서 설명되고 있다. 본문과 연결되어 마태복음 25:45은 『**왕이 그들에게 대답하여 말하기를 '진실로 내가 너희에게 말하노니, 너희가 이들 중에 가장 작은 자 하나에게 하지 아니한 것이 곧 나에게 하지 아니한 것이니라.' 하리라.**』**라**고 말씀하신다. 이것은 또한 마태복음 10:40-42과도 같은 맥락인데, 그 상황은 천국에 들어가기 위해 행위가 필요한 상황이다(교리적으로 교회 시대가 아님).

18:15 또 네 형제가 네게 죄를 짓거든 가서 너와 그 사람만 있을 때 그에게 그의 잘못을 일러주라. 만일 그가 네 말을 들으면 너는 네 형제를 얻은 것이라.

16 그러나 만일 그가 네 말을 듣지 아니하면 너 외에 한두 사람을 더 데리고 가서 두세 증인의 입으로 모든 말을 입증하게 하라.

17 그래도 그가 말을 듣지 아니하거든 교회에다 말하고, 교회의 말도 듣지 아니하거든 그 사람을 이교도나 세리와 같이 여기라.

18 진실로 내가 너희에게 말하노니, 무엇이든지 너희가 땅에서 묶으면 하늘에서도 묶일 것이요, 또 무엇이든지 너희가 땅에서 풀면 하늘에서도 풀어지리라.

19 다시 내가 너희에게 말하노니, 만일 너희 중의 두 사람이 무엇이든지 구할 것을 두고 땅에서 합심하면, 하늘에 계신 내 아버지께서 그들에게 이루어 주실 것이라.

20 두세 사람이 내 이름으로 함께 모이는 곳에는 나도 그들 가운데 있느니라." 하시더라.

여기서는 형제들 사이에서 발생하는 실제적인 문제를 다루고 있다. 이것은 "용서"라는 측면에서 다루어지고 있는데, 개인적인 책망 이후에 교회적인 책망이 있게 된다. 우리는 바울 사도가 이단들을 다루는 곳인 디도서 3:10,11에서 이와 비슷한 말씀을 볼 수 있는데, 그래서 이 구절은 교회 시대에 적용이 가능하고, 여기에서의 교회는 지역 교회로 볼 수 있다. 『**이단 종파에 속한 사람은 한두 번 훈계한 후에 거절하라. 네가 알거니와 그러한 자는 타락하고 죄를 지어 스스로 정죄받는 자니라**』(딛 3:10,11). 그래서 이 원리는 신약 지역 교회의 징계의 원칙이기도 하다. 이와 비슷하게 교회의 징계를 다루는 부분으로서는 고린도전서 5장과 고린도후서 11장을 들 수 있다. 특별히 고린도 교회를 향한 바울의 서신들에서는 잘못된 자들을 쫓아내라고 말하고 있다. 『**밖에 있는 자들은 하나님께서 판단하시나니 그러한 악한 사람은 너희 가운데서 쫓아내라**』(고전 5:13).

그런데 성경에서 용서는 두 가지 측면에서 고려되고 있다. 먼저 개인적인 잘못에 대한 용서는 무조건적이어야 한다고 가르치고 있는데, 심지어 세리들도 자기들이 좋아하는 사람들에게는 그렇게 행한다(마 5:46, 눅 6:32-36). 바울도 이것에 대해서 로마서 12:17-20에서 강조하여 『**그러므로 네 원수가 주리거든 먹이고 만일 그가 목마르거든 마실 것을 주라. 이렇게 함으로써 네가 그의 머리에 숯불을 쌓을 것이라. 악에게 지지 말고 선으로 악을 이기라.**』**라**고 말하고 있다(롬 12:20,21).

그러나 교회적인 문제에 있어서는 좀 다르다. 이때에는 무조건적으로 용서하는 것이 아니라 그가 잘못을 시인하고 돌이키는 것에 기초해서 용서해야 한다. 본문이 말하는 것은 바로 교회적인 문제이다. 한 사람이 잘못했을 때 먼저 두세 명이 가서 그의 잘못을 지적하여 돌이키게 한다. 그러나 그가 그들의 책망에도 돌이키지 않고 교회의 책망에도 돌이키지 않으면 그는 교회에서 추방당하기까지 한다(고전 5장, 고후 11장).

여기에서 교회의 위치는 매우 중요하다. 17절이 18절과 연결되는 문맥임을 주목하자. 『**진실로 내가 너희에게 말하노니, 무엇이든지 너희가 땅에서 묶으면 하늘에서도 묶일 것이요, 또 무엇이든지 너희가 땅에서 풀면 하늘에서도 풀어지리라**』(18절). 이 말씀은 16:19에서 베드로에게 하신 말씀과 유사한데, 16장에서는 베드로가 이러한 권세를 가졌지만 여기서는 사도들이 이러한 권세를 받는다. 그리고 17절과의 연결된 문맥으로 볼 때, 17절의 "교회"는 18절의 "너희," 즉 사도들임을 알 수 있다. 성경에서 "교회"라는 말은 반드시 신약 지역 교회만을 가리키지는 않는다. 교회란 불러냄을 받은 "모임"인데, 그런 의미에서 구약의 이스라엘 민족도 하나의 "교회"(행 7:38)라고 불렸다. 바울 서신에서 "교회"는 대부분 "지역 교회"를 의미하지만 그중에는 "그리스도의 몸 된 교회," 즉 보이지 않는 특별한 집단의 의미로 사용되기도 한다. 심지어 사도행전 19:37에서는 이교도의 신전도 "교회"라는 명칭으로 불리고 있다. 그러므로 "교회"라는 말 자체가 모두 신약 교회는 아니라는 것이다.

여기서의 교회는 "집단"이라는 의미의 사도들을 가리킨다. 그러므로 이러한 권세는 사도들에게 위임되었다. 즉 어떤 문제에 있어서 한 형제의 잘못을 징계할 때, 개인적으로 그를 꾸짖어도 그가 말을 듣지 않으면 "너희"(사도들)가 꾸짖게 되는데, 그때 그가 말을 들으면 사도들이 그를 용서하고, 그가 말을 듣지 않으면 그들은 그의 잘못을 용서하지 않을 수 있다. 그리고 그들의 결정에 따라서 하늘에서도 결정이 내려진다. [마태복음 16:19만 인용하여 사도 베드로에게 이 권세가 주어졌고, 그 권세가 카톨릭 교회에게 계승되었으므로, 교황은 사람들의 죄를 사할 수 있다고 말하는 로마의 해석은 전적으로 틀리다.] 예수님께서는 왕국 복음이라는 특수한 상황 속에서 제자들에게 이러한 권세를 주셨다고 이해되는데, 주님은 마태복음 19:28에서 『**진실로 내가 너희에게 말하노니, 나를 따르는 너희들은 인자가 자기 영광의 보좌에 앉을 새 세대에, 너희도 열두 보좌에 앉아 이스라엘 열두 지파를 심판하리라.**』**라**는 말씀을 하시어 제자들에게 대단한 권세를 부여하신다. 그들이 묶고 푸는 권세는 그들이 심판의 자리에 앉을 권세만큼 큰 것이다.

그러나 "교회"라는 말이 여기에 사용되었다는 것은 매우 중요한데, 마태복음이 비록 왕국 복음을 다루고 있을지라도, 신약에서 "교회"라는 단어가 처음 등장하는 책은 마태복음이다. 그것은 그들이 교회의 기초가 되었기 때문인데(엡 2:20), 바로 그 이유 때문에 이 본문이 지역 교회의 징계에 관한 교리로 적용될 수 있는 것이다. 그리고 맨 처음 교회는 유대인들로만 구성되어 있었다(행 2장). 바울이 에베소서 3:6에서 교회를 유대인과 이방인의 연합체라고 말한 것은 그 다음이다.

『**두세 사람이 내 이름으로 함께 모이는 곳에는 나도 그들 가운데 있느니라**』(20절).

본문은 명백히 신약 시대에 적용된다. 여기서 "내 이름으로"라는 말을 주목하라. 요한복음 16:23,24에서 예수님은 『**...너희가 아버지께 내 이름으로 구하는 것은 무엇이나 너희에게 주시리라. 지금까지는 너희가 내 이름으로 아무것도 구하지 아니하였으나 구하라.**』**라**고 말씀하신다. 여기 마태복음 18장에서 예수님께서 제자들에게 주님의 이름으로 구하라고 말씀하셨으나 아직 제자들은 주님의 이름으로 구하지 않았다. 그들이 주님의 이름으로 구한 것은 예수님의 지상 사역 마지막에 있었던 최후의 만찬 이후의 일이다. 즉 예수님의 죽음과 부활 이후에 시작된 교회 시대에 그 이름으로 기도하기 시작한 것이다(행 3:6; 16:18).

그러므로 신약 성도들은 "예수 그리스도의 이름"으로 기도한다. 그것이 우리가 매 기도 때마다 예수 그리스도의 이름으로 아멘을 하는 이유이다. 따라서 이 이름으로 기도하라는 계시가 주어지기 이전, 아직 구약적인 상황 속에서 제시되었던 "주기도문"은 신약 성도들의 기도가 아니다(6장 주석 참조). 물론 하나님의 뜻과는 전혀 관계없는 기도를 하고는 형식적으로만 기도 끝에다가 "예수님의 이름으로 기도합니다."라는 말을 했다고 응답되는 것은 아니다. 주님은 "'예수님의 이름으로 기도합니다.' 라는 말을 하라."고 말씀하신 것이 아니라, "내 이름으로 구하라."고 말씀하셨다.

18:21 그때 베드로가 주께 와서 말씀드리기를 "주여, 내 형제가 내게 죄를 지으면 몇 번이나 그를 용서해 주어야 하리이까? 일곱 번까지 하리이까?"라고 하니
22 예수께서 그에게 말씀하시기를 "나는 너에게 일곱 번까지라고 말하지 않고, 일흔 번씩 일곱 번까지라고 하노라.

얼마나 많이 용서해야 하는가를 다루는 본문은 거의 무조건적인 용서를 가르치는데, 이 본문은 누가복음 17:3과 함께 다루어져야 한다. 『**너희**

는 스스로 주의하라. 네 형제가 너에 대하여 죄를 지으면 그를 꾸짖고, 그가 회개하면 용서하라』(눅 17:3). 누가복음은 교회에 관한 규례와 마찬가지로 "회개"의 기초 위에서 용서하는 것을 말하고 있다. 그러므로 형제가 죄를 짓고 용서를 구하면 몇 번이라도 용서하라는 것이다. 『**그가 하루에 일곱 번이나 너에게 죄를 짓고, 또 하루에 일곱 번이나 너에게 돌아와서 '내가 회개한다.'고 말하면 그를 용서하라**』(눅 17:4).

그런데 여기서 베드로는 마태복음 6:14,15의 관점으로 질문을 하고 있다. 그는 이미 마태복음 6장에서 주님께서 용서에 관한 규례를 말씀하실 때, "너희가 용서하지 않으면 하나님께서도 너희를 용서하지 않을 것이다."라고 말씀하신 것을 들었다. 그래서 용서에 관한 규례를 재차 말씀하실 때 그는 자기가 갖고 있는 용서에 관한 기준을 묻고 싶었던 것이고, 이에 주님께선 "일흔 번씩 일곱 번까지"라는 아주 높은 기준을 설정해 주셨다.

그런데 문제는 "일흔 번씩 일곱 번까지"라는 말이다. 이 말은 많은 사람들, 특히 무천년주의자에 의해서 "완전하게," "전적으로," "끝없이" 등으로 해석된다. 그래서 본문은 "완전한 용서"라는 일반적인 진리를 언급하는 말로 가르쳐진다. 그들은 "일곱"이라는 숫자가 하나님의 완전한 숫자라는 것만을 인식하여 의미만으로 이 구절을 해석하려고 하는데, 물론 성경에 나오는 숫자들이 어떤 의미를 갖고 있는 것은 사실이지만 그 숫자가 제시될 때 그 숫자 하나하나는 문자적으로 이해되어야 한다. 즉 예수님께서 말씀하신 490번이라는 것은 분명한 의미가 있다는 것이다.

숫자와 관련해 무천년주의자들이 퍼뜨리는 누룩이 요한계시록 20장에 있다. 전천년주의자들이 요한계시록 20:1-6에 나오는 "천 년"을 문자적인 천년왕국으로 이해하는 동안 무천년주의자들은 그 "천 년"을 하나의 상징적인 기간으로만 인식한다. 즉 천 년이란 완전한 어떤 기간이라는 것이다. 그러므로 예수님께서 다윗의 보좌 위에 앉아 1천 년 동안 이 땅을 정치적으로 다스리시는 문자적인 천년왕국은 존재하지 않으며, 다만 예수님께서 복음 전파를 통해 점진적으로 확장되어 가는 영적인 나라를 영적으로 다스리시는 완전한 기간이 있다는 거짓 교리가 퍼지게 된 것이다. 그러므로 우리는 성경이 말하는 숫자는 그 숫자에 대해 분명한 문자적인 의미가 있다는 것을 알아야 한다.

여기서 주님께서 말씀하시는 "490"번이라는 숫자는 물론 영적으로 "완전한 용서"라고 적용할 수는 있다. 그러나 예수님께서 이 숫자에 대해 말씀하신 뜻은 더 크다. 그것은 자기 백성을 다루시는 하나님의 역사를 말해 주는 기간이다.

예를 들어 이집트에서 유월절을 보낸 후부터 성전을 짓기까지는 699년이다. 그 중 재판관 시대에 이방인들에게 종살이했던 기간 165년과 광야에서 방황했던 40년을 제하면 494년이다. 그러므로 유월절부터 다윗의 아들 예수 그리스도 메시아를 예표하는 다윗의 아들 솔로몬이 다윗의 보좌에 앉기까지 약 490년이었다. 또한 성전이 봉헌된 때부터 이스라엘의 바빌론 포로 귀환 때까지도 490년이었고, 여호수아로부터 사울까지 490년, 사울부터 느부캇넷살까지 490년, 솔로몬의 성전 봉헌부터 스룹바벨의 성전 봉헌까지도 490년이다. 또 하나님께서 아브라함과 언약을 맺으신 창세기 12장부터 여호수아가 약속의 땅으로 들어감으로 아브라함의 언약을 일차로 성취시키는 때까지 490년이다. 가장 중요한 기간은 다니엘의 70주이다. 70주는 칠 일이 일흔 번으로 구성된("일흔 번씩 일곱 번") 490일인데, 칠칠체계에 따라(마 17장 주석 참조) 하루를 일 년으로 계산하면 490년이 된다. 예루살렘의 복원 명령이 내려진 때부터(느 2장) 메시아 왕의 예루살렘 입성까지가 483년으로(단 9장, 마 21장), 7년의 기간을 남겨 놓는데, 이 기간은 교회 시대가 종료됨과 동시에 펼쳐지는 7년, 즉 대환란 기간에 성취되어 490년이 차게 된다.

그러므로 "490"을 이해하는 것은 매우 중요하다. 490이라는 숫자는 하나님께서 그분의 백성을 다루시는 경륜의 기간이기 때문이다. 특별히 다니엘의 70주에 대한 계시는 너무나 중요해서, 이 기간에 대한 이해가 없이는 각 세대를 다루시는 하나님의 경륜을 이해할 수 없게 되어 성경의 모든 중요한 교리들을 올바로 알 수 없게 된다. 지금 실행되고 있는 대부분의 거짓 교리들은 바로 하나님의 세대적인 경륜을 이해하지 못하는 데서 발생한 것인데, 그중에는 침례로 구원받는다는 교리, 유아 세례, 황금률을 지키는 것, 로마카톨릭의 제도들, 미사, 끝까지 견뎌야 구원받는다고 하는 교리, "주기도문"을 암송하고 산상설교를 지키는 것, 모든 인류의 형제애 등이 포함된다. 그러므로 성경을 공부하는 학생들은 "490"에 대해 민감해야 한다. 490, 즉 다니엘의 70주를 포함한 "일흔 번씩 일곱 번"의 체계를 올바로 이해하면 다른 많은 감추어진 교리들을 발견할 수 있기 때문이다. 그것은 또한 마태복음과 사도행전과 히브리서를 올바로 해석하는 열쇠이기도 하다.

18:23 그러므로 천국은 마치 자기 종들과 계산을 하고자 하는 어떤 왕

과 같으니라.

24 그 왕이 계산을 시작하니 일만 달란트 빚진 한 사람을 자기 앞에 데려왔더라.

25 그러나 그에게는 갚을 것이 없으므로, 그의 주인이 그에게 명령하기를, 그 자신과 그의 아내와 자식들과 그의 소유를 다 팔아서 빚을 갚으라고 하니,

26 그 종이 왕 앞에 엎드려 경배하며, 말하기를 '주여, 참아 주소서. 그러면 제가 다 갚겠나이다.'라고 하더라.

27 그러자 그 종의 주인이 그를 가엾게 여겨 풀어 주고 그 빚을 탕감해 주었더라.

28 그러나 그 종이 나가서 자기에게 일백 데나리온 빚진 동료 종 한 사람을 만났는데, 그를 붙들어 멱살을 잡고 말하기를 '네 빚을 갚으라.'고 하더라.

29 그러자 그의 동료 종이 그의 발 앞에 엎드려 그에게 간청하며 말하기를 '참아 주게. 그러면 내가 다 갚겠네.'라고 하나,

30 그가 들어 주지 않고, 오히려 가서 빚진 것을 갚을 때까지 감옥에 집어넣더라.

31 그러므로 그의 동료 종들이 그 일어난 일을 보고 매우 딱하게 여겨 그들의 주인에게 가서 일어났던 일을 모두 말하였더라.

본문은 마태복음 13장에 이어 나타나는 여덟 번째 "천국 비유"이다. 다만 마태복음 13장의 일곱 가지 비유들은 "천국의 신비적인 형태"로서, 교회 시대 기간에 주어지는 비유지만(마 13장 참조), 18장의 천국 비유는 실제의 천국을 말하는 비유로서, 이와 같은 내용은 산상설교인 마태복음 6장에서 제시되는 내용과 똑같다. 『**만일 너희가 사람들의 허물을 용서하면 하늘에 계신 너희 아버지께서도 너희를 용서하실 것이니라. 그러나 만일 너희가 사람들의 허물을 용서하지 아니하면 너희 아버지께서도 너희의 허물을 용서하지 아니하실 것이니라**』(마 6:14,15). 그러므로 본문은 대환란과 천년왕국에서 있을 용서에 관한 규례이다.

이 비유에서 왕은 하나님이시다. 그리고 종들은 마태복음 25:14-16의 달란트 비유에서 나오는 종들과 같다. 많은 사람들이 마태복음 18,25장의 천국 비유들을 교회 시대에 적용하지만, 이 본문들은 교리적으로 교회 시대에 설정되지 않는다. 왜냐하면 교회 시대에 구원받은 하나님의 종은 적어도 구원을 잃어버리지 않는 반면 마태복음 25장의 종들 중에는 구원을 잃어버리는 종이 있기 때문이다. 마태복음 25:30의 『**너희는 그 쓸모없는 종을 바깥 흑암에 내어 던지라. 거기서 울며 이를 갈고 있으리라.**』라는 저주는 구원받은 사람들이 상급을 잃는 모습이 아니다. 그것은 지옥에서의 형벌을 의미한다. 또한 교회 시대에는 구원받지 않은 사람이 결코 하나님의 종이 될 수 없다.

18장의 비유는 지옥을 다루고 있지는 않으나, 본문이 용서를 다룰 때, 예수 그리스도의 피나 예수 그리스도의 구속 같은 것은 등장하지 않는다. 교회 시대의 성도들은 예수 그리스도의 피로 인해 어떠한 "행위"도 없이 용서를 받는다. 죄인이 용서받기 위해서는 로마카톨릭처럼 어떠한 선행이나 고행도 필요하지 않다. 이것이 신약 시대의 교리이다. 그러나 마태복음 18장이나 마태복음 6장에서는 특별한 행위에 기초해서 용서를 받는다. 그것은 다른 사람을 용서해 주어야 한다는 것이다. 물론 교회 시대의 성도들도 다른 사람을 용서해 주어야 한다. 그러나 교회 시대의 성도들은 하나님께서 용서해 주신 사실에 감사해서 형제를 용서해야 하나(엡 4:32) 이들은 하나님께 용서를 받기 위해서 형제를 용서해 주어야 한다는 것이다.

항상 그렇듯이 바울의 편지보다 산상설교나 그 안에 있는 "황금률"을 기독교 최고의 윤리로 삼아, 기독교의 핵심이라고 가르치고 행하는 사람들은 여기 18장에서도 같은 교훈을 얻는다. 그들은 하나님께 용서를 받기 위해 다른 사람을 용서하는, 즉 행위로 얻는 구원을 붙들고 있는 것이다. 다른 사람을 용서하는 "행위"에 근거해서 용서받는 것이 환란 시대에 적용되는 교리라는 것을 모르는 사람은 "주기도문"을 기도할 때 "우리가 우리에게 빚진 자들을 용서하는 것같이 우리의 빚진 것들도 용서해 주시오며"라는 부분에 이르러서는 늘 개운치 못하거나 아니면 영적으로 적용해 버리곤 한다.

이러한 거짓 교리는 우리가 잘 아는 "성" 프란시스의 기도에도 잘 나타나 있다. "주여, 나를 평화의 도구로 써 주소서. 미움이 있는 곳에 사랑을, 다툼이 있는 곳엔 용서를... 자기를 온전히 줌으로써 영생을 얻기 때문이니." 이 유명한 기도가 얼마나 많은 사람을 카톨릭의 거짓 교리로 물들게 했는가? 성경은 자기를 줌으로써가 아니라 예수 그리스도의 피를 신뢰함으로써 영생을 얻는다고 가르치고 있다. 사랑을 베풀고, 다른 사람을 용서하고, 화해하고, 선행을 아무리 많이 행해도 그는 결코 용서를 받을 수 없다. 왜냐하면 그는 용서를 위해서 예수 그리스도의 피를 의지하지 않았기 때문이다. 신약 시대에는 예수 그리스도의 피를 신뢰하는 것 이외에는 용서의 방법이 없다. 그러나 교회의 휴거 이후에 있을 환란 시대의 성도나 천년왕국의 백성들에게는 용서받는 기초로서 다른 사람을 용서하는 행위가 필요하다(마태복음 6장 주석 참조).

18:32 그때 그의 주인이 그를 불러서 말하기를 '오 악한 종아, 네가 나에게 애걸하기에 나는 네가 진 모든 빚을 탕감해 주었노라.
33 내가 너를 가엾게 여김같이 너도 네 동료 종을 불쌍히 여기는 것이 당연하지 아니하냐?' 하며,
34 그의 주인이 화가 나서 그 사람이 자기에게 진 빚을 다 갚을 때까지 형리들에게 넘겨주더라.
35 그러므로 이와 같이 너희들이 진심에서 우러나와 형제 각 사람을 그들의 잘못과 더불어 용서하지 않으면, 하늘에 계신 나의 아버지께서도 너희들에게 그렇게 하시리라." 하시더라.

그래서 『**그러므로 이와 같이 너희들이 진심에서 우러나와 형제 각 사람을 그들의 잘못과 더불어 용서하지 않으면, 하늘에 계신 나의 아버지께서도 너희들에게 그렇게 하시리라.**』(35절)로 끝나는 18장은 산상설교에서와 같이 대환란과 왕국의 "행위의 규례"를 가르치는 내용이다.

본문을 교회 시대에 적용시킴으로 야기된 문제들 중에는 행위로 구원받는다는 교리, 구원을 받았어도 행위로 끝까지 견디지 못하면 구원을 잃어버린다는 교리, 그리고 로마카톨릭의 주요 교리인 "연옥" 교리이다. 이 세 가지 모두 로마카톨릭이 주장하는 교리인데, 그중 "연옥" 교리는 이러한 누룩들 중에서 더욱 심각하다. 성경에 "연옥"이라는 말과 비슷한 말조차 없음에도 그들이 연옥 교리를 주장하고, 또 뒷받침하는 성경 구절이 있다면 여기 마태복음 18:34이다. 『**그의 주인이 화가 나서 그 사람이 자기에게 진 빚을 다 갚을 때까지 형리들에게 넘겨주더라**』(34절). 그들이 주목하는 부분은 "진 빚을 다 갚을 때까지"이다. 즉 죄의 대가를 다 치를 때까지 형벌을 받고, 그 후에는 하늘로 간다는 것이다. 행위로 구원받는다는 로마카톨릭의 교리에 따르면 죽고 나서 바로 하늘나라로 간다는 것은 매우 어렵다. 그래서 많은 사람들은 하늘나라에 곧바로 가지 못하고 중간 장소인 연옥에 있게 되는데, 그들의 죗값을 조금이라도 빨리 치르게 하기 위해서 살아 있는 그들의 가족이나 친척들이 교회에 헌금을 하게 된다. 마태복음 23:14에서 "과부들의 집을 삼키는" 위선자들은 바로 연옥 교리를 퍼뜨려서 과부들로 하여금 죽은 남편을 위해 재산을 다 팔아 교회에 헌금하게 하는 로마카톨릭 사제들에게 적용된다.

"진 빚을 다 갚을 때까지"만 고통받는 장소가 있다는 그들의 교리는 성경적인 것처럼 보인다. 그러나 그들이 간과한 것이 있는데, 본문은 죽음 이후에 받는 형벌을 가리키는 게 아니라는 사실이다. 본문 어디에도 죽음 이후의 심판이나 최후의 심판 같은 것은 제시되지 않는다. 34절은 단지 형제를 용서하지 않은 그 종을 "형리"들에게 넘겨준다고 말할 뿐이다. "형리"는 단지 "형리"일 뿐 결코 연옥도 지옥도 아니다. 이것이 지옥이 아닌 것은, 지옥은 죗값을 다 치렀다고 풀려나는 곳이 아니기 때문이다. 이것은 단지 천년왕국 때에 형제를 용서하지 않은 사람이 받아야 할 형벌을 말할 뿐이다. 주님께선 왕국에 대한 많은 규례를 알려 주셨는데, 어떤 죄는 지옥에 던져져야 할 벌이 있고(마태복음 5:22; 10:28의 경우), 어떤 죄는 지옥까지는 가지 않지만 죗값을 다 치르기까지는 형벌을 받아야 할 벌이 있다(본문의 경우). 두 번째의 경우는 현재에도 세상 법정에서 적용되는데, 차이점이 있다면 천년왕국의 법은 더 엄격하다는 것과 그때 형벌받는 기준은 형제를 용서하지 않는 것이라는 사실이다. 중요한 것은 그때에 용서받는 조건은 예수 그리스도의 피로 인한 무조건적인 용서가 아니라 형제를 용서하는 것이다.

카톨릭에서 말하는 "연옥"(purgatory)은 "정결케 하다"(purge)라는 동사에서 나온 말인데, 성경에서 정결케 하는 것은 예수 그리스도의 피밖에 없다. 카톨릭에서 주장하는 연옥에는 타는 불이 있어 그 불로 사람을 정화시킨다고 하는데, 성경 어디에도 그런 말은 없다. 불은 시험하는 것이고(고전 3장), 심판하는 것이다(마 3:11,12). 구약에서는 사물이 불에 의해 정화되는 경우가 제시되며(사 6:1-6), 그리스도의 심판석에서는 행위들이 불로 시험을 받는다. 그러나 어떠한 죄도 불로는 정결케 되지 않는다. 죄는 피로만 정결케 된다. 히브리서 9:22은 이 사실에 대해서 정확히 말하고 있다. 『**율법에 따르면 거의 모든 것이 피로써 정결케 되나니, 피 흘림이 없이는 죄사함이 없느니라**』(히 9:22). 그래서 정결케 하기 위한 피를 흘리기 위해 예수 그리스도께서 죽으신 것이다. 이 피의 속죄는 영원하다. 그래서 어떤 것을 정결케 하기 위해 예수 그리스도께서 다시 죽으실 필요는 없다. 신약 성도들이 죄를 짓는 경우 자백하여 용서를 받을지라도 그것은 이미 뿌려진 피에 근거하기 때문에 가능한 것이다. 예수님의 피를 믿지 않는 사람은 아무리 자백을 해도 용서를 받을 수 없다. 이 피의 속죄에 대해서는 대환란 때에도 유효하다. 그러나 그때에는 예수님의 피에 대한 믿음에 더하여 행위가 필요한데, 이것이 교회 시대와 환란 시대 및 왕국 시대의 경륜의 차이이다.

34절의 『**진 빚을 다 갚을 때까지**』를 영적으로 교회 시대에 적용한다면 예수 그리스도께서 십자가에서 피를 다 흘리신 것으로 적용할 수 있겠다(행 13:38-40, 갈 3:13, 골 2:14, 히 1:3). 율법이 다 갚을 수 없는 빚을 예수 그리스도의 피가 모두 갚은 것이다. 그 피는 양심까지도 정결케 한다(히 9:14). 예수 그리스도의 피가 모든 빚을 갚아 놓았기 때문에 우리는 용서받아 죄에서 풀려나게 되었다.

마태복음 19장

19:1 예수께서 이 말씀을 마치시고, 갈릴리에서 떠나시어 요단 강 건너
유대 지경에 가시니,
2 큰 무리가 그를 따랐으며, 주께서 거기서 그들을 고쳐 주시더라.

마태복음 18장에서 예수 그리스도께서 천국 비유를 "용서"와 관련해서 말씀하신 다음에, 이곳 마태복음 19장에서도 치유의 표적은 지속적으로 행해진다.

사실 16장과 또 다른 곳에서 예수 그리스도의 죽음이 암시되어 있지만, 주님께서는 십자가에서 죽으시기 전까지 계속 왕의 표적을 행하셨다. 주님께서 21장에서 승리의 예루살렘 입성을 하시는 그분의 사역의 절정까지는 계속 왕국 복음의 상황임을 기억하라.

19:3 바리새인들도 주께 와서 주를 시험하여 말하기를 "사람이 무슨 사
유로든지 자기 아내를 버리는 것이 타당하니이까?"라고 하니,
4 주께서 그들에게 대답하여 말씀하시기를 "처음에 사람을 지으신
분이 남자와 여자를 지으시고,
5 말씀하시기를 '이런 까닭에 남자가 아버지와 어머니를 떠나서 그
의 아내와 합하여 그 둘이 한 몸이 될지니라.'고 하신 것을 읽어
보지 못하였느냐?
6 그러므로 이제 그들은 둘이 아니요 한 몸이니라. 그러므로 하나님
께서 결합시켜 주신 것을 사람이 나누지 못하느니라."고 하시더라.
7 그들이 주께 말하기를 "그러면 어찌하여 모세는 이혼증서를 주어
서 내어 버리라 명령하였나이까?"라고 하니,
8 주께서 그들에게 말씀하시기를 "모세는 너희 마음의 완고함 때문
에 아내를 버리는 것을 허락하였지만 처음부터 그렇지는 아니하였
느니라.
9 내가 너희에게 말하노니, 누구든지 음행한 연고 외에 자기 아내를
버리고 다른 여자와 혼인하는 자는 간음하는 것이요, 또 버려진 여
자와 혼인하는 자도 간음하는 것이라."고 하시더라.

본문에서 우리는 예수 그리스도의 기적에 대한 바리새인들의 태도를 다시 대하게 된다. 그들은, 항상 그래 온 것처럼, 주님께서 하나님이심을 증명하는 기적을 행하신 이후에도 주님을 비판한다. 이러한 그들의 모습을 성경은 "위선자"라고 부른다(마 6장 참조). 특별히 본문에서의 바리새인들의 비판은 교리적인 논쟁으로 나타났다(마 15:37-16:1; 14:36-15:1).

『사람이 무슨 사유로든지 자기 아내를 버리는 것이 타당하니이까?』(3절)

바리새인들이 걸고넘어진 문제는 "이혼"이었다. 마태복음 23장에 이르기까지 바리새인, 사두개인, 서기관 등 여러 부류의 사람들이 "난해한" 문제들을 가지고 예수님을 시험하였다. 물론 그때마다 주님은 마태복음 4장에서 마귀를 물리치셨듯이 하나님의 지혜로 그들을 이기셨다.

바리새인들의 질문의 초점은 "무슨 사유로든지"(for every cause)였다. 즉 아무 이유로나 아내를 버릴 수 있느냐는 것이다. 이것 역시 구약성경을 인용해 예수님을 시험한 것인데, 사탄이 말씀을 이용해 예수님을 시험한 것과 같다(마 4장, 눅 4장). 그들은 신명기 24:1에서 인용했다.

이에 예수님은 창세기 2:24를 인용하시면서, 하나님께서 합해 주신 것을 사람이 나누지 못한다고 말씀하셨다. 모세가 허락한 이혼증서는 사람들의 완고함 때문에 "허용"하신 것뿐이지, 결코 하나님의 뜻은 아니었다. 그러므로 이혼이란 기본적으로 하나님의 뜻에 어긋난다.

어떤 근본주의자들은 이 문제를 더 확대시켜 "어떤 이유로든지 결코 이혼해서는 안 된다"라고 규정해 놓으며, 심지어 이 문제를 "약혼" 관계에 있는 남녀에게도 적용시키려 한다. 그들은 로마서 7:3에 따라서 배우자가 죽었을 경우에만 재혼을 허락한다.

그러나 여기에는 몇 가지 문제가 있는데, 성경에서 "혼인"이란 "육체적 결합"만을 의미한다. 그러므로 "육체적으로 결합"하지 않은 커플은 갈라져도 이혼한 것이 아니다. 심지어 "혼인식"을 올렸어도 육체적으로 결합하지 않았으면 그들은 아직 결혼한 것이 아니다. 성경적 의미의 혼인은 "혼인식"도 "혼인 신고"도 "혼인 서약"도 아니고 "육체적 결합"이다.

"음행"이라는 분명한 사유가 있음에도 이혼할 수 없다고 하는 것은 비성경적이다. 8절을 들어 이혼의 사유가 인정되는 것은 모세의 법일 뿐이라고 말하기도 하지만, 음행의 이유로 이혼하는 것은 예수 그리스도의 법이기도 하다(9절). 심지어 바울은 고린도전서 7:15에서 믿지 않는 자가 이혼하기 원하면 이혼하라고 말한다. 이 경우 이혼은 기본적으로 옳지 않지만(고전 7:10,11) 그리스도의 지체는 불신자에 매여 있을 필요가 없다는 것이다. 단지 그의 구원을 위하여 적절히 행하는 것이 중요할 뿐이다(고전 7:16).

불신자와의 결혼은 기본적으로 하나님께서 원하시는 결합이 아니다. 성경은 불신자와의 결혼을 금하고 있다(고후 6:14). 그리스도인이 불신자와 결혼해도 그들은 육체적 결합을 했으므로 분명히 "한 몸"이다. 성경은 창녀와 합하는 자는 창녀와 "한 몸"이라고 말씀하셨다(고전 6:16). 그러나 그들은 하나님께서 원하시는 결합을 하지 않았다. 하나님께서 그들을 하나로 묶어 주신 것이 아니라 그들이 스스로 묶은 것이다. 하나님께서는 때때로 하나님께서 원하시는 결합이 아닐 경우에는 떼어내 버리신다(스 10장, 창 21:10-12). 그러나 반대로 하나님의 특별한 계획 속에서는 음행한 여자라도 다시 취하게 하기도 하신다(호세아).

성경은 이혼의 사유에 대해 세 가지로 말씀하고 있다.

1. 죽음 - 배우자가 죽으면 그(녀)는 다른 사람과 재혼해도 아무런 문제가 되지 않는다(롬 7:1-4, 고전 7:39).

2. 간음 - 마태복음 19:9와 고린도전서 6:16을 통해서 이 경우도 가능하다.

3. 유기 - 고린도전서 7:15에 따라서 이 경우도 가능하다. 믿지 않는 자가 도망가거나 이혼을 원하면 할 수 있다.

중요한 것은 『**이런 까닭에 남자가 아버지와 어머니를 떠나서 그의 아내와 합하여 그 둘이 한 몸이 될지니라.**』(5절)라는 말씀은 기본적으로 예수 그리스도와 교회의 관계를 설명하는 말씀이라는 것이다. 예수 그리스도와 교회는 결코 갈라지지 못한다.

"이혼증서"(writing of divorcement)의 헬라어는 "비블리온 아포스타시우"(*βιβλίον ἀποστασίου*)인데, 이것은 "배교한 성경"(apostate bible)이라는 뜻이다. 즉 이 말씀은 음행한 아내에게 이혼증서를 준다는 것인데, 배교한 교회에게 배교한 성경을 주어서 세상과 마음대로 결합하는 것을 허락해 버리신다는 것도 의미한다. 라오디케아 교회 시대의 배교한 교회는 이 "이혼증서"를 가지고 세상과 결합해 버렸다. 하나님께서는 때로는 악을 행하는 자는 계속 악을 행하도록 내버려 두신다(계 22:11).

19:10 제자들이 주께 말씀드리기를 "만일 그 남자와 그의 아내와의 경우가 그런 것이라면 혼인하지 않는 것이 좋겠나이다."라고 하니

11 주께서 그들에게 말씀하시기를 "모든 사람이 다 이 말을 받는 것이 아니고, 이 말이 주어진 자들만이 받느니라.

12 모태로부터 고자로 태어난 자들도 있고, 사람에 의해서 고자 된 자들도 있으며, 또 천국을 위하여 스스로 고자 된 자들도 있느니라. 이 말을 받아들일 수 있는 사람은 받아들이라." 하시더라.

이 문맥은 결혼이 "육체적 결합"이라는 성경적 정의를 뒷받침해 준다. 세 가지 경우의 고자가 있는데, 태어날 때부터 고자인 사람과, 사람에 의해 고자가 된 사람(이 경우는 옛날 궁중에서 흔한 일이었다), 천국을 위해서 스스로 고자가 된 사람들이다. 이들의 특징은 자식을 낳을 수 없다는 데 있다. 때때로 결혼식을 올리기도 하고 여자와 함께 살기도 하지만 그들은 육체적 결합을 할 수 없기에 성경적 의미의 결혼은 할 수 없다.

예수님께서는 제자들이 『**혼인하지 않는 것이 좋겠나이다.**』(10절)라고 한 말에 대해서 『**이 말이 주어진 자들만이 받느니라.**』(11절)라고 말씀하셨다. 분명 이 말은 아무나 받을 수 없다. 하나님의 뜻은 기본적으로 사람이 결혼하는 것이기 때문이다(창 2:24). 그러나 바울처럼 "이 말을 받아들일 수 있는 사람"은 받아들였다. 그는 결혼할 권리가 있었으나 하지 않았다.

재미있는 것은 오리겐이 이 말씀을 문자적으로 받아들여 스스로 거세했다는 것이다(단지 결혼하지 않은 정도가 아니다). 그는 다른 면에서도 "경건하고" "금욕적으로" 살았으며 친카톨릭 역사가들에 의해 순결한 삶을 살았다고 평가받는 사람이다. 그러나 그는 성경을 변개시켰을 뿐만 아니라 성경을 잘못 이해하여 천국에 들어가기 위한 행위로 스스로를 고자로 만들었다. 그를 따라서 카톨릭의 신부들도 결혼을 하지 않는다. 그러나 바울은 결코 천국에 들어가기 위한 행위로 결혼하지 않은 것이 아니었다.

19:13 그때 사람들이 어린아이들을 주께 데려오니, 이는 주께서 그들에게 안수해 주시고 기도해 주시기를 바람이라. 그러나 제자들은

그들을 꾸짖더라.

14 예수께서 말씀하시기를 "어린아이들이 내게 오는 것을 허락하고, 금하지 말라. 천국은 이런 자들의 것이니라."고 하시며,

15 주께서 그들에게 안수하시고 그곳을 떠나시더라.

어린아이에 관한 문제는 18:1-10에서 자세히 다루었다. 천국을 위해서는 개심하고 겸손한 마음을 가져야 한다(마 18:3). 20장에 나오는 네 가지 사건 모두에서 "천국"이 제시되는 것을 주목하라. 마태복음 20장은 천국에 대한 실제적인 가르침이다. 이 천국은 마태복음의 주제로서, 이 땅 위에 눈에 보이게 세워질 실제적이며 정치적인 왕국, 유대인에게 제시된 왕국, 다윗의 보좌에 앉으신 왕이 다스리는 실제적인 왕국이다.

19:16 그런데, 보라, 어떤 사람이 와서 주께 말씀드리기를 "선한 선생님, 내가 영생을 얻으려면 어떤 선한 일을 해야 하리이까?"라고 하니,

17 주께서 그에게 말씀하시기를 "어찌하여 네가 나를 선하다고 하느냐? 하나님 한 분 외에는 선한 이가 없느니라. 그러나 네가 생명으로 들어가기를 원한다면 계명들을 지키라."고 하시더라.

18 그가 주께 말씀드리기를 "어떤 계명이니이까?"라고 하니, 예수께서 말씀하시기를 "살인하지 말라. 간음하지 말라. 도둑질하지 말라. 거짓 증거하지 말라.

19 네 아버지와 어머니를 공경하고, 네 이웃을 네 자신과 같이 사랑하라."고 하시니,

여기서 이 시대의 구원과는 다른 실제적인 천국 문제가 제시된다. 한 관원이(눅 18:18) 예수님께 와서 영생에 관한 질문을 한다. 그는 『**선한 선생님, 내가 영생을 얻으려면 어떤 선한 일을 해야 하리이까?**』(16절)라고 묻는다.

그의 질문은 철학적이거나 관념적인 질문이 아니라 실제적인 질문이었다. 이에 예수님께서는 그가 천국에 들어가기 위해 해야 할 실제적인 행위를 말씀해 주셨다. 『**네가 생명으로 들어가기를 원한다면 계명들을 지키라**』(17절).

변개된 성경에는 17절이 "어찌하여 선한 일을 내게 묻느냐"(한글개역성경, RSV 등)고 되어 있다. 그러나 그 관원은 결코 예수님과 "선한 일"에 대해 토론하거나 "선한 일"에 대해서 바리새인들과 같이 예수님을 시험하지 않았다. 그는 단지 예수님을 "선한 선생님"이라고 불렀을 뿐이다. 그러나 변개된 성경들은 17절의 변개를 정당화하기 위해 16절도 "선생님이여 내가 무슨 선한 일을 하여야..."(한글개역성경, RSV 등)라고 변개시켰다.

그가 예수님을 "선한 선생님"이라고 불렀다는 것은 매우 중요하다. 왜냐하면 예수님께서는 그 질문에 하나님 한 분 외에는 선한 이가 없다고 대답하시면서 자신이 하나님이심을 나타내셨기 때문이다.

로마서 3:4에는 『**실로, 하나님은 참되시나 사람은 모두 거짓말쟁이라.**』**라**고 되어 있다. 사람의 죄악성은 너무나 심각해서 시편 39:5에서는 『**진실로 가장 좋은 상태에 있는 모든 사람도 다 헛될 뿐이니이다.**』라고 말씀하시고 있다. 그러므로 사람이 "선"에 대해 토론하는 것은 무의미하며, 죄인인 인간은 "선하신 분"인 하나님께 나아가야 할 뿐이다.

예수님께서는 자신이 곧 선하신 분, 즉 하나님이심을 나타내시면서 계명을 지키라고 말씀하신 후 『**와서 나를 따르라.**』(21절)라고 하셨다. 여기에는 구약적인 구원 방법과 더불어 신약적인 구원 방법이 제시된다.

『**어떤 계명이니이까?**』(18절)

예수님께서는 "계명들"을 언급하셨는데 그는 "어떤 계명"에 대해서 물었다. 이것은 계명을 지키는 것이 자신 있다는 것을 암시한다. 예수님께서는 그가 지켰던 계명들을 아시고 십계명의 앞과 뒤의 계명들을 언급하지 않으신 채 『**살인하지 말라. 간음하지 말라. 도둑질하지 말라. 거짓 증거하지 말라.**』(18절)라는 도덕률을 제시하셨다. 그리고 그에게 부족한 것을 말씀하셨는데, 그것은 "재물"과 관련된 일이었다.

십계명의 첫 두 계명은 "하나님을 사랑하는 것"과 "우상을 섬기지 말라"는 것이고, 마지막 계명은 "이웃의 집을 탐내지 말라"는 것인데, 이것들을 모두 탐심과 관련된다. 마태복음 6:24은 『**너희가 하나님과 재물을 동시에 섬길 수 없느니라.**』**라**고 말하고 있으며, 골로새서 3:5은 『**탐심은 우상 숭배니라.**』**라**고 말하고 있다. 그러므로 십계명의 첫 두 계명도 탐심과 관련되어 있으며, 이 부자 관원이 지키지 못한 계명은 바로 "탐심"에 관한 계명이었다.

19:20 그 청년이 주께 말씀드리기를 "이 모든 것은 내가 어려서부터 지켜 왔나이다. 아직도 내게 부족한 것이 무엇이니이까?" 하니,
21 예수께서 그에게 말씀하시기를 "네가 온전해지기를 원하면, 가서 네가 가진 것을 팔아 가난한 사람들에게 나누어 주라. 그리하면

하늘에 있는 보물을 가지게 되리니, 그런 후에 와서 나를 따르라."고 하시더라.

22 그러나 그 청년이 그 말씀을 듣고 슬퍼하며 가더라. 이는 그가 많은 재산을 가졌기 때문이라.

이 젊은 관원은 예수님의 요구를 마치 자신을 파산시키는 것으로 들었다. 그러나 예수님의 요구는 결코 그를 파산시키는 것이 아니었다. 예수님의 요구(21절)는 몇 가지 동사로 요약될 수 있는데, 이는 『**가서 네가 가진 것을 팔아 가난한 사람들에게 나누어 주라. 그리하면 하늘에 있는 보물을 가지게 되리니, 그런 후에 와서 나를 따르라.**』이다.

이것은 분명히 십자가 이전에 있었던 사건으로서 구약적인 구원 방법이 제시된 것이었다. 그는 영생을 위해서 "계명들"을 지켜야 했다. 환란 시대에 천국에 들어가기 위해서는 계명을 지켜야 한다는 것과, 왕국 시대 또한 계명을 지켜야 함을 이해한다면 이 문제는 쉽게 다루어질 수 있을 것이다. 특별히 왕국 시대의 법은 구약의 율법보다 더욱 엄격하여 자신에게는 엄하면서도 타인에게는 자비로워야 한다.

그러나 예수님께서는 자기를 따르는 사람들에게 그들의 모든 필요를 채워 주실 것을 약속하셨다. 예수님은 결코 그를 파산시키지 않으신다. 또한 그는 "가서" "팔아" "나누어 주지" 못했다 하더라도 그 다음 명령에는 순종했어야 한다. 즉 예수님께 "와서" 그분을 "따라야" 했던 것이다. 그러면 예수님은 그가 예수님께 온 것을 신약적 구원의 모형으로 제시하셨을 것이다.

율법은 예수님께로 인도하는 "선생"이다(갈 3:24). 마태복음 11:28에서 예수님께서는 『**수고하고 무거운 짐진 자들아, 다 내게로 오라. 그러면 내가 너희에게 쉼을 주리라.**』라고 말씀하셨다. 만약 그가 예수님께서 요구하신 계명들을 다 지킬 수 없었다면, 그는 자신이 죄인임을 깨닫고 예수님께 나아가야 했다. 그는 예수님께 와야 했고(계 22:17), 그분께 고백해야 했고(롬 10:9,10), 그분을 믿어야 했고(행 16:31), 그분을 영접해야 했다(요 1:12). 이것은 "율법의 의"에서 "그리스도의 의"로 오는 것을 설명한다(롬 9:10). 그러나 그는 둘 다 하지 않고 "슬퍼하면서 가 버렸다"(22절).

19:23 그후 예수께서 자기 제자들에게 말씀하시기를 "진실로 내가 너희에게 말하노니, 부자가 천국에 들어가는 것은 어려운 일이라.
24 또다시 내가 너희에게 말하노니, 낙타가 바늘귀로 들어가는 것이 부자가 하나님의 나라에 들어가는 것보다 더 쉬우니라."고 하시더라.
25 제자들이 이 말씀을 듣고 심히 놀라며 말하기를 "그러면 누가 구원을 받을 수 있는가?"라고 하니,
26 예수께서 그들을 보시고 그들에게 말씀하시기를 "이 일이 사람에게는 불가능하나 하나님께는 모든 것이 가능하니라."고 하시더라.

참으로 하나님께서는 사람이 할 수 없는 것을 하신다(창 18:14, 렘 32:27, 막 10:27, 눅 18:27). 부자의 경우에서도 마찬가지이다. 하나님은 삭개오를 구원하셨고, 니고데모도 구원하셨고, 코넬료도 구원하셨다. 그들은 부자였지만 하나님께서는 하실 수 있다. 특별히 삭개오는 예수님께서 이 부자 관원에게 요구하신 것들을 지켰다. 예수님은 이 부자 청년에게 결코 할 수 없는 것을 요구하신 것이 아니었다.

성경은 "돈이 모든 악의 뿌리"라고 말씀하시지 않고, 『**돈을 사랑하는 것이 모든 악의 뿌리**』라고 하셨다(딤전 6:10).

19:27 그때에 베드로가 대답하여 말씀드리기를 "보소서, 우리는 모든 것을 버려 두고 주님을 따랐나이다. 그러므로 우리가 무엇을 갖게 되겠나이까?"라고 하니,

28 예수께서 그들에게 말씀하시기를, "진실로 내가 너희에게 말하노니, 나를 따르는 너희들은 인자가 자기 영광의 보좌에 앉을 새 세대에, 너희도 열두 보좌에 앉아 이스라엘 열두 지파를 심판하리라.

29 누구든지 내 이름을 위하여 집이나, 형제나, 자매나, 아버지나, 어머니나, 아내나, 자식이나, 토지를 버린 사람은 일백 배로 받을 것이요 또 영생을 상속받으리라.

30 그러나 먼저 된 자들로 나중 되고 나중 된 자들로 먼저 될 자들이 많으리라."

베드로의 요구는 정당했다. 그가 쓸데없는 것을 바란다고 예수님은 꾸짖지 않으셨다. 예수님께서는 천국에 관한 그들의 요구를 꾸짖지 않으셨다. 예수님의 제자들은 "새 세대"에 이스라엘의 열두 보좌에 앉아서 이스라엘의 열두 지파를 심판할 것이다.

28절의 『**새 세대**』(in the regeneration)는 『**자기 영광의 보좌**』(the throne of his glory)라는 말이 언급되는 것으로 보아 재림 때를 말하는 것이 확실하다. "영광의 보좌"는 "다윗의 보좌"이다(마 25:31, 렘 14:21, 눅 1:30-35, 행 2:30, 삼상 2:8).

"regeneration"은 성경에서 두 번 쓰인다. 디도서 3:5에서는 개인의 새로운 출생, 즉 거듭남을 말하는데, 그것은 예수님께서 죽으러 오신 초림과 관련되며, 여기 마태복음 19:28에는 땅의 새로운 출생을 말하여 예수님께서 통치하시러 오시는 재림과 관계된다.

마태복음 20장

예수님께서 고난받고 죽임당하시는 마지막 주간이 되기 전까지 예수님께서는 제자들에게 사역을 준비시키시고, 그들에게 천국에 관해 가르치는 일을 계속하신다. 19장 마지막에서 예수님을 따르는 열두 제자들에게 심판에 대한 권세를 주시면서, 주님께서 지상에 계시지 않는 동안 그들이 해야 할 사역들에 대해 신실함을 요구하신다. 이어서 20장에서는 주님을 위해 일하는 사역자들에 대해, 그들이 어떤 보상을 받는가를 설명해 주고 있다.

특별히 20장에서는 아홉 번째 천국 비유와 더불어 예수님의 죽으심이 제시된다. 20장에서의 예수님의 가르침은 크게 두 가지로 나뉘는데, 첫째는 20:1-16에서 포도원에서 일하는 일꾼들에 대한 천국 비유이고, 둘째는 20:20-28에서 섬기는 통치자에 대한 말씀이다. 이 두 가지 가르치심에서 예수님께서는 제자들을 염두에 두고 말씀하시면서, 그들이 신실한 사역을 해야 할 것과, 다스리게 될 때 겸손함으로 다스려야 할 것을 말씀하신다.

20:1 "천국은 마치 자기 포도원을 위하여 일꾼을 구하러 아침 일찍 나간 집주인과 같으니

2 그 주인이 일꾼들과 하루 품삯을 한 데나리온으로 정하고 그들을 자기 포도원으로 들여보냈더라.

3 그가 제삼시경에 나가서, 일하지 않고 장터에서 서성대는 다른 사람들을 보고

4 그들에게 말하기를 '너희도 포도원으로 가라. 그러면 내가 적절한 대가를 주리라.'고 하니, 그들이 가더라.

5 주인이 다시 제육시와 제구시에도 나가서 그와 같이 하였고

6 또 제십일시경에도 나가서, 일하지 않고 서성대는 다른 사람들을 만나서 그들에게도 말하기를 '어찌하여 너희는 여기서 온종일 서성대고 있느냐?'고 하니

7 그들이 말하기를 '아무도 우리를 고용해 주지 않기 때문이니이다.' 라고 하더라. 주인이 그들에게 말하기를 '너희도 포도원으로 가라. 그러면 적절한 대가를 받으리라.'고 하더라.

본문은 아홉 번째 등장하는 "천국 비유"이다. 13장에서 일곱 개, 18장에서 여덟 번째 비유, 그리고 20장에서 아홉 번째 비유이다. 13장에서 본 것처럼 20장의 비유도 "신비로운 형태의 천국"에 관한 비유로서, 교회 시대에 적용할 수 있다.

이 비유가 현 교회 시대에 적용될 때, 이른 아침(오전 6시)과 제삼시(오전 9시)와 제육시(정오)와 제구시(오후 3시), 제십이시(오후 6시)는 각각 2,000년 교회 시대를 4등분하는 역사적인 기점으로 적용될 수 있다.

아침 일찍 포도원에 들어온 일꾼들의 시기는 사도들의 사역이 시작되었던 A.D. 30년경부터 A.D. 500년경으로 볼 수 있다. 19:27에서 열두 제자들은 모든 것을 버려두고 주님을 따랐다고 고백했는데, 이 기간은 이들의 사역부터 시작된다.

제삼시에 포도원에 들어온 일꾼들의 시기는 A.D. 500-1000년의 기간이고, 제육시에 들어온 일꾼들의 시기는 A.D. 1000-1500년에 적용된다. 특별히 12절에서 온종일 볕에서 수고한 사람들은 이 시기(암흑시대, 막 13:35)를 살아온 사역자들로 비유된다. 그들은 교황과 로마카톨릭 교회에게서 많은 박해를 받아 왔으며, 그들 중에는 왈덴시안, 폴리시안, 불가리안 등이 있다.

제구시에 들어온 일꾼들의 시기는 A.D. 약 1500년부터 1900년경까지, 즉 마지막 시대 직전까지 사역하는 기간이다. 필라델피아 교회 기간이라 불리는 이 기간에 사역한 일꾼들 중엔 후스, 루터 등의 개혁자들과 웨슬리, 휫필드, 에드워즈 등의 사역자들이 있다. 마가복음 13:35에 따라서 이 기간은 "닭 울 때"이다.

제십일시로 시작되는 시기는 재림이 임하기 전 사역할 수 있는 마지막 시기이다(A.D. 1900-현재). 포도원의 전체 노동은 제열두시로 끝나기 때문에 제십일시에 들어온 일꾼들에게는 노동 시간이 한 시간밖에 주어지지 않으며, 그들에게도 주인이 와서 계산을 하게 된다. 이 기간(라오디케아 교회 시대)은 상당한 혼란이 있고 배교와 오류가 난무하지만, 이때에도 신실한 주의 사역자들은 있다. 주님께서는 이들을 "아침 일찍" 들어온 일꾼들과 동일하게 대우하셨다. 『**처음에 온 자들은 더 받을 줄로 생각했다가 그들도 각자 한 데나리온만 받으니**』(10절).

20:8 저녁이 되자, 포도원 주인이 자기 관리인에게 말하기를 '일꾼들을 불러서 나중에 온 사람부터 시작하여 처음에 온 사람까지 품삯을 주라.'고 하더라.

9 제십일시 경에 고용된 자들이 와서 각자 한 데나리온을 받은지라.

10 처음에 온 자들은 더 받을 줄로 생각했다가 그들도 각자 한 데나리온만 받으니

11 품삯을 받고 나서 그들이 그 집주인에게 불평하여

12 말하기를 '마지막에 온 이 사람들은 한 시간만 일하였는데 당신은 종일 볕에서 짐을 진 우리와 그들을 동등하게 대우하였나이다.'라고 하니,

13 주인이 그 중 하나에게 대답하여 말하기를 '친구여, 내가 너에게 부당하게 한 것이 없노라. 네가 나와 한 데나리온으로 정하지 아니하였느냐?

14 네 몫을 받아서 가라. 나는 마지막에 온 이 자들에게도 너에게 주었던 대로 주리라.

15 내 것을 가지고 내 뜻대로 하는 것이 부당하냐? 나의 선함이 네 눈

에는 악하게 보이느냐?'고 하였느니라.
16 그러므로 나중 된 자들이 먼저 되고 먼저 된 자들이 나중 되리라.
이는 부름을 받은 사람들은 많으나, 택함을 받은 사람들은 적기 때
문이라."고 하시더라.

주인이 일꾼에게 행한 일은 결코 부당하지 않았다. 주인은 자기 것을 가지고 마음대로 할 권리가 있다(행 5:4). 이것은 현대의 많은 "인권주의자들"이 싫어할 만한 구절이다. 그들은 고용주가 마음대로 운영하는 것을 반대하고 노동자들의 "권리"를 주장한다. 그러나 사실 노동자는 고용주에게 일정 금액을 약속받고 일하는 사람들이다. 그들이 받는 금액은 자신들의 것이 아니라 주인의 것이다. 그들은 주인의 것을 일한 대가로 받는 것뿐이다. 물론 하나님은 고용주가 악하게 행할 때 벌하시고, 고아와 과부를 돕는 분이시지만, 하나님께서는 또한 주인에게 복종하라고 말씀하신다(엡 6:5-9, 딤전 6:1-5). 악한 고용주에 대해서는 하나님께서 판단하실 것이다.

사람들은 대화와 타협과, 함께 어우러져 사는 복지국가를 향해 나아가며 종의 "권리"를 찾고, 그리스도인이라고 고백하는 사람들 사이에서도 이러한 일들은 만연되어 있지만, 하나님께서 종에게 바라시는 것은 "신실함"일 뿐이다. 일꾼들이 주인의 뜻을 모두 행하고 난 후 해야 할 말은 "무익한 종"이라는 고백일 뿐이다.

사실 마지막에 온 일꾼들이 먼저 온 일꾼들보다 더 받은 것이 아니다. 사도들과 초대 교회의 성도들은 열 차례 이상의 박해를 받았으나, 그와 마찬가지로 20세기의 신실한 그리스도인들도 배교와 이단의 물결

속에서 많은 박해를 받는다. 그들의 박해는 외적인 박해는 아니지만 내적으로, 더욱 교활하고, 더욱 음흉하고, 더 지속적인 박해이다. 세 시와 여섯 시에 온 일꾼들이 뜨거운 햇볕 아래서 땀을 흘렸다면, 열한 시에 온 일꾼들은 영적 기근에 허덕이면서 일을 했다. 그러므로 그들은 사도들에게 주어진 마태복음 19:29,30에 있는 약속을 주장할 수 있다(『**누구든지 내 이름을 위하여 집이나, 형제나, 자매나, 아버지나, 어머니나, 아내나, 자식이나, 토지를 버린 사람은 일백 배로 받을 것이요 또 영생을 상속받으리라. 그러나 먼저 된 자들로 나중 되고 나중 된 자들로 먼저 될 자들이 많으리라.**』, 마 19:29,30). 그래서 그들은 모두 같은 보상을 받는 것이다.

이 비유는 누가복음 19장의 비유와는 다르다. 누가복음 19장에는 "어떤 귀인"이 왕국을 받아서 돌아오려고 먼 나라에 갈 때, 종들에게 각각 다른 "므나"를 맡기고, 돌아와서 그들이 행한 대로 각각 다른 보상을 준다. 누가복음 19장의 비유와 마태복음 20장의 비유가 둘 다 예수 그리스도께서 지상에 계시지 않은 교회 시대에 종들이 행해야 할 일에 대해서 말하고 있는 것이지만, 이들 비유가 서로 다른 것은 누가복음 19장의 비유는 하나님께서 각각 다르게 맡겨 주신 "개개인"을 각각 다르게 계산하신다는 것인 반면, 마태복음 20장의 비유는 각각 다른 시대 속에서 일한 일꾼들에게 동일하게 계산하신다는 것이다.

『**집주인**』(1절).

다른 천국 비유에서와 마찬가지로 비유의 주인공인 이 사람은 하나님이시다. 특별히 여기서는 아버지 하나님이시다.

『자기 포도원』(1절).

"자기 포도원"은 구약에서 이스라엘을 가리킨다. **『이제 내가 나의 지극히 사랑하는 자에게 노래하리니, 그의 포도원에 관하여 나의 사랑하는 자의 노래를 부르리라. 나의 지극히 사랑하는 자는 심히 기름진 산에 포도원을 가졌도다』**(사 5:1). **『그 날에 너희는 그녀에게 노래하기를 "붉은 포도주의 포도원"이라 하라. 나 주가 그것을 지키리라. 내가 매순간마다 물을 주며 밤낮으로 그것을 지켜 아무도 상하지 않게 하리라』**(사 27:2,3). 그러므로 이 비유는 일차적으로 이스라엘에게 적용되어야 한다. 마태복음 21장에서 하나님께서는 이스라엘이라는 포도원을 경영하기 위해 일꾼들을 두셨다. 그런데 어떻게 해서 이 비유가 교회 시대에 적용되어야 하는가? 그것은 13장의 천국 비유와 마찬가지로 이스라엘의 거부와 관계가 있다.

이 포도원은 그의 **『유산』**(유업, 마 21:38)이라고 불린다. 예수 그리스도께서 유업으로 받으실 이스라엘은 하나님의 경영하심으로 좋은 열매를 맺는 포도원이 되어야 했다. 그러나 마태복음 21:33-46의 비유에서 하나님의 포도원을 맡은 농부들은 그 소출을 받아 오려는 하나님의 일꾼들, 즉 선지자들을 때리고 돌로 쳤다. 이번에는 아들이 직접 포도원으로 갔는데, 이것은 예수 그리스도의 초림이다. 그러나 그때의 이스라엘이라는 포도원을 맡은 바리새인들과 서기관들, 즉 종교 지도자들은 예수 그리스도를 거부하고 결국 백성들로 하여금 예수 그리스도를 죽이게 했다.

이때 예수님께서는 포도원 주인이 올 때, 그 농부들을 비참하게 죽이고, 그 포도원의 소출을 제때에 바칠 "다른 농부들"에게 세로 준다고 말씀하셨다. 그리고는 이어서 "하나님의 나라"를 그들에게서 빼앗아 그 소출을 가져올 "민족"에게 주신다고 말씀하셨다. 여기서 제시되는 것이 "하나님의 나라"이며, 이스라엘에서 빼앗아 다른 "민족"에게 주신다는 말씀을 주목하라. 이 "민족"은 베드로전서 2:9에 제시되는 "민족"이다. 『**그러나 너희는 선택받은 세대요 왕 같은 제사장이며, 거룩한 민족이요, 독특한 백성이니, 이는 너희를 어두움에서 불러내어 그의 놀라운 빛으로 들어가게 하신 분의 덕을 너희로 선포하게 하려는 것이니라**』(벧전 2:9). 성경에서 "거룩한 민족"이라고 불리는 것은 이스라엘(출 19:6)과 교회뿐이다. 그런데 여기서는 이스라엘이라는 "민족"에게서 빼앗아 교회라는 "민족"에게 준다는 것이다. 그리고 그 주시는 것은 천국이 아니라 "하나님의 나라"이다. 만약 천국을 주신다고 했으면 구약에서 이스라엘에게 주신 약속들을 교회에게로 도둑질을 해 와도 상관없다. 그러나 하나님께서는 땅에 속한 왕국인 "천국"은 이스라엘에게 여전히 남겨 주시는 것이다. 하나님께서 교회를 다루실 때는 언제나 "하나님의 나라"라는 것을 주목하라. 비록 천년왕국을 설명할 때에도 교회와 관련해서 설명할 때는 항상 "하나님의 나라"라고 표현된다(고전 6:9,10, 갈 5:21). 왜냐하면 교회는 그리스도의 몸이 되어 성령 안에서 의와 화평과 기쁨을 누리는 하늘에 속한 영적인 "민족"이기 때문이다.

마태복음 20장의 비유에서 포도원의 주인은 "장터에서 서성대는"(20:3) 사람들을 일꾼으로 불렀다. 이들은 원래 포도원 안에 있던 사람들이 아니었다. 그들은 하나님과 관계없이 밖에 있는 사람들이었으나(이방인) 하나님의 일꾼이 되었다. 『**전에는 너희가 그것들 가운데서 이 세상의 풍조를 따르고 공중 권세의 통치자, 곧 지금 불순종의 자녀들 안에서 역사하는 영을 따라 행하였으니 그들 가운데서 우리 모두가 이전에는 우리 육신의 정욕들 가운데서 행하였으며 육신과 마음의 욕망들을 이루어 다른 자들**

과 마찬가지로 본래 진노의 자녀였느니라. 그러나 자비가 풍성하신 하나님께서 우리를 사랑하신 그의 큰 사랑으로 인하여 죄들 가운데서 죽었던 우리를 그리스도와 함께 살리셨으니 (너희가 은혜로 구원을 받은 것이니라.)』(엡 2:2-5).

20:17 예수께서 예루살렘에 올라가실 때 길에서 열두 제자를 따로 데리고 그들에게 말씀하시기를
18 "보라, 우리가 예루살렘에 올라가면 인자가 선임 제사장들과 서기관들에게 넘겨질 것이며, 그러면 그들이 그에게 사형을 선고하리라.
19 또 그들이 그를 이방인들에게 넘겨주어 조롱하고 채찍질하며 십자가에 못박으리라. 그러나 셋째 날에 그가 다시 살아나리라."고 하시더라.

이 말씀은 16:21의 반복이다. 예수님께서는 16장에서부터 자신의 죽음에 대해 말씀하시고, 주님께서 이 땅에 안 계시는 동안 제자들에게 그들이 해야 할 일에 대해서 하나씩 가르치신다. 이제 20장에서는 예수님께서 죽음을 4일 앞두고 매우 실제적으로 말씀하시는 것이다. 이 말씀을 하신 다음 날 예수님께서는 재림 때 다시 들어가기 이전에 마지막으로 예루살렘에 들어가셨다.

20:20 그때에 세베대의 자녀들의 어머니가 자기 아들들과 함께 주께 와

서 경배하며 무엇인가를 그에게 구하더라.
21 그러나 주께서 그녀에게 말씀하시기를 "네가 무엇을 원하느냐?"
고 하시니, 그녀가 주께 말씀드리기를 "나의 이 두 아들을 주의
왕국에서 하나는 주의 오른편에, 하나는 주의 왼편에 앉게 해주
소서."라고 하니,
22 예수께서 대답하여 말씀하시기를 "너희는 너희가 구하는 것을 알
지 못하는도다. 내가 마시려고 하는 그 잔을 너희가 마실 수 있으
며, 또 내가 받는 그 침례를 너희가 받을 수 있느냐?"고 하시니, 그
들이 주께 말씀드리기를 "우리가 받을 수 있나이다."라고 하더라.
23 주께서 그들에게 말씀하시기를 "참으로 너희가 내 잔을 마시고,
또 내가 받는 침례로 침례를 받으려니와 나의 오른편과 왼편에
앉는 것은 내가 주는 것이 아니요, 나의 아버지께서 예비하신 자
들에게 주실 것이니라."고 하시더라.
24 열 명의 제자가 이 말을 듣고 그 두 형제에 대하여 분개하더라.

예수님과 제자들의 관심이 이렇게 다르다. 예수님께서는 죽음을 말씀하시는데, 그들은 통치를 말한다. 이들의 어머니가 요구한 것에 대하여 예수님께서는 의도적으로 그녀에겐 대답하지 않으시고 야고보와 요한에게 직접 "너희는 너희가 구하는 것을..."이라고 말씀하셨다. 마가복음 10:35에서는 야고보와 요한이 직접 예수님께 보좌를 요구하는 것으로 기록한다.

여기서 우리는 "어머니의 큰 사랑"을 보게 된다. 그 사랑은 자식들을 위해서라면 무슨 일이든지 할 수 있는 고마운 사랑이다. 그러나 인간의 사랑은 아무리 고귀해도 이기적일 수밖에 없다는 것이 증명된다. 이 두 아들의 어머니는 다른 제자들보다 자기 아들들을 더 높여 달라고 요구했다. 결국 우리가 말하는 "어머니의 큰 사랑"은 이타적인 사랑이 아니라 이기적인 사랑이다.

예수님께서는 이 요구에 대해서 자신의 죽음으로 설명하셨다. 예수님께서는 하나의 "침례"를 들어서 설명하시는데, 이 침례는 "죽음의 침례"이다. [일곱 가지 침례들에 대해서는 마태복음 3장과 저자의 〈일곱으로 일하시는 하나님〉(말씀보존학회)을 참조하라.] 여러 가지 침례를 구분함에 있어서 예수님께서 요한에게 침례받으신 것과 마태복음 20장에서 말씀하신 예수님의 침례를 같게 보는 사람이 있는데, 이 둘은 의미가 다르다. 예수님께서 요한에게 침례받으신 그 침례는 요한의 사역, 곧 이스라엘에게 예수 그리스도를 나타내려는 사역으로서의 침례에 순종하신 것뿐이다. 요한은 이스라엘에게 죄사함의 침례를 베풀면서 이스라엘에게 예수 그리스도를 제시하는데, 예수님은 죄는 없으셨지만 요한의 침례에 순종하심으로 이스라엘에게 자신을 나타내셨다. 결국 그 침례는 "요한의 침례"에 속한다. 여기서 침례는 미래형으로 표현된다. 『**내가 마시려고 하는 그 잔**』(22절). 그러므로 이 침례는 마태복음 3장에서 받으신 침례가 아니라 미래의 침례이다.

마태복음 20장에서 예수님께서 말씀하시는 침례는 자신의 죽음을 가리킨다. 여기서 "내 잔"(My Cup, 23절)이라고 말씀하셨는데, "나의"(my)라는 대명사를 주목하라. "내 잔"이라고 표현되는 그리스도의 잔은 하나님 아버지의 잔과는 다르다. 하나님의 잔은 세상에게 내리는 진노의 잔인 반면(렘 25:15, 사 51:17, 시 75:8; 60:3), 여기서 말하는 "내 잔"은 단지 예수님의 육체적인 죽음만을 의미한다. 예수님께서는 십자가에서 세상에 내려야 할 하나님의 진노의 잔을 마시셨으나 그것은 단지 죽음 이상의 것이다.

여기서 야고보와 요한은 이 잔을 마실 수 있다고 했다. 그리고 그들은 순교함으로써 이 잔을 마셨다. 그들은 예수님처럼 "진노"를 받은 것이 아니라, 단지 예수님을 위해서 "죽었을" 뿐이다. 그러므로 여기서 말하는 "침례"는 "죽음의 침례"가 분명하다. 히브리서 2:9에서는 예수님께서 모든 사람의 죽음의 고난을 풀어 주시기 위해 죽음을 맛보셨다고 말하고 있다.

『나의 오른편과 왼편에 앉는 것은 내가 주는 것이 아니요, 나의 아버지께서 예비하신 자들에게 주실 것이니라』(23절).

예수님께서 이들의 요구에 대해서 자신의 죽음을 강조하는 대답을 하시지만, 이들의 관심사, 즉 왕국의 보좌에 대해서 무시하시지는 않으신다. 왜냐하면 그것은 그들에게 약속된 것이었고, 그들이 바라던 영광스러운 왕국에 대한 관심은 정당한 것이었기 때문이다. 그래서 예수님은 그들에게 보좌에 대한 대답을 해 주신다. 그러나 예수님의 초림 때에 취해야 할 것에 대해서는(죽음) 그들에게 허락하시지만, 재림 때에 취해야 할 특권(주님의 오른편과 왼편에 앉는 일)에 대해서는 그들에게 허락하시지 않는다. 예수님의 대답은 그들에게 분명히 부정적인 것이었다. **『나의 오른편과 왼편에 앉는 것은 내가 주는 것이 아니요, 나의 아버지께서 예비하신 자들에게 주실 것이니라.』**

요한과 야고보는 이 자리를 차지할 수 없다. 이 자리를 차지할 자들은 요한계시록 11장에서 발견되는 두 증인, 즉 모세와 엘리야이다. 그들은 각각 율법과 선지자를 대표한다. 그들은 항상 예수님의 재림과 연관된 사람들이다(마 17:1-3, 계 11:3-10, 출 33:21, 왕상 17:1, 말 4:4-6, 슥

4:11-14). 그러므로 재림을 말씀하시는 자리에서의 특별한 두 자리는 모세와 엘리야에게 돌아가는 것이 합당하다. 요한과 야고보는 예수님의 재림 때에 이스라엘의 열두 보좌 중에 하나에 앉을 것이지만, 특별한 자리인 예수님의 오른편과 왼편에는 앉지 못한다. 왜냐하면 아버지께서 이미 그 자리를 모세와 엘리야에게 예비하여 주셨기 때문이다.

20:25 그러나 예수께서 그들을 자기에게로 부르신 후, 말씀하시기를 "이방인들의 통치자들이 백성 위에 군림하고 또 고관들도 백성 위에서 권세를 행사하는 줄을 너희가 아느니라.

26 그렇지만 너희는 그렇게 되어서는 아니되느니라. 너희 가운데 누구든지 크게 되고자 하는 자는 너희를 섬기는 자가 되어야 하고

27 너희 중에 누구든지 으뜸이 되고자 하는 자는 너희의 종이 되어야 하느니라.

28 인자도 섬김을 받으려고 온 것이 아니라 섬기러 왔고, 또 많은 사람을 위하여 자기 생명을 몸값으로 주려고 온 것이라."고 하시더라.

29 그들이 여리코에서 나가니 큰 무리가 주를 따르더라.

"백성 위에 군림하고 백성 위에서 권세를 행사한다."는 말은 즉각적으로 로마카톨릭의 통치자를 생각나게 한다. 그들은 종교의 이름으로 백성 위에 군림한다. 바티칸은 분명한 정치 집단이다.

물론 예수님께서는 로마카톨릭을 말씀하시는 것이 아니라 "이방인들의 통치자들"을 말씀하시는 것이다. 많은 이방 왕국들은 백성 위에 군림한다. 물론 예수님도 재림하셔서 백성들 위에 군림하실 것이다. 그러나 여기서 예수님께서는 재림을 말씀하시는 것이 아니라 초림을 말씀하시는 것이다. 예수님께서는 초림 때에 결코 군림하시지 않았다. 예수님께서는 자신의 핏값으로 사람들을 구원하시고자 오셨다. 초림 때의 예수님께서는 섬기는 종으로 제시되셨다(28절).

여기서 예수님께서 제자들에게 가르치시는 것은 자신의 죽음 이후 제자들의 사역 또한 그러해야 한다는 것이다. 이방의 왕들처럼 하지도 말 것이요, "예수 그리스도의 이름으로 군림하려는" 종교 창녀(로마카톨릭)와 같이도 행하지 말 것을 말씀하신다. 로마카톨릭은 예수님의 죽음 이후 "천국"이 자기들의 교회에 임했다고 믿기 때문에 마치 천국이 자기들에게 주어진 것처럼 군림하는 것이다. 그러나 천국이 연기되었다는 것을 안다면 결코 군림할 수 없고, 섬길 수밖에 없다. 예수님께서 초림 때에 완수하신 일도 그것이다. 『**인자도 섬김을 받으려고 온 것이 아니라 섬기러 왔고**』(28절).

『**자기 생명을 몸값으로 주려고**』(28절).

예수님은 자기 생명을 몸값(ransom)으로 주셨다. 여기에 사람들이 잘못 알고 있는 교리가 있다. 예수님께서 핏값을 치르고 우리를 사셨다고 했는데(고전 6:20; 7:23, 벧전 1:18), 과연 예수님은 누구에게서 우리를 산 것인가? 오리겐은 사탄이 타락한 인간을 주관하지 못하도록 하기 위해 예수님께서 사탄에게 핏값을 지불하고 우리를 사셨다고 가르쳤다. 중세의 안셀름(Anselm, 1033-1109)도 이 말에 동의했다. 그들은 사탄이 예수님의 핏값을 받았다고 말했다.

그러나 그들이 간과한 것은 예수님께서 자신의 필요를 충족시키기 위해 사탄과 거래할 필요가 없다는 것이다. 예수님께서는 하나님이시므로 자신이 필요한 것을 스스로 취하실 수 있다. 사탄이 예수님을 시험하여 세상의 모든 왕국들과 그 영광을 보여 주면서 자기에게 경배하라고 했을 때, 예수님께서는 왕국을 차지하시기 위해서 사탄과 일종의 거래를 하실 필요가 없었다. 때가 되면 예수님께서는 사탄을 무찌르시고 그 왕국들을 차지하실 것이다. 예수님은 십자가 위에서 사탄과 일종의 거래를 하시지 않았다. 예수님은 하나님의 진노의 잔을 마신 것이지 사탄의 진노의 잔을 마신 것이 아니다.

예수님께서 핏값을 지불하신 것은 아버지께였다. 예수님은 하나님의 아버지의 거룩하신 요구, 즉 율법이 이루어져야 한다는 요구를 충족시키기 위해서 아버지께 핏값을 지불하신 것이다.

물론 이 사이에 사탄이 끼어 있는 것은 사실이다. 우리는 죄에게 팔렸다. 그러므로 구원받기 이전에는 이 세상 신인 사탄이 우리를 관장했다. 그러나 사탄은 하나님의 진노와 형벌을 실행하기 위한 하나님의 "종"이다. 그래서 악이나 재앙에 대해서 말할 때 종종 하나님이 하신 일과 사탄이 한 일을 동일하게 말하기도 한다(고후 12:4-8, 욥 1,2장, 대상 21:1, 삼하 24:1, 삼상 16:14). 하나님은 이런 일들을 만들어 내신 분이고, 사탄은 그 일을 실행한다. 그러므로 사탄은 악에 관한 한 하나님께서 고안하신 것을 실행하시는 데 있어서 사용되는 도구이다. 그래서 사람들이 사탄이 하는 일과 하나님께서 하시는 일을 혼동한다.

사탄은 종으로서 사람들을 죄 안에 가두어 악을 가져온다. 그때 예수님께서 사탄에게 갇혀 있는 인간을 구원하시기 위해서 누군가에게 값을 지불하셔야 했는데, 그것은 "종"인 사탄에게가 아니라 "주인"이신 하나님께 하신 것이다. 예수님은 아버지의 뜻을 행하기 위해서 침례를 받으셨고(마 3:15), 아버지의 뜻을 행하시면서 사셨으며(요 6장), 아버지의 뜻에 따라 아버지의 진노의 잔을 마시셨다(마 26:39). 예수님께서는 아버지 하나님께 값을 지불하시고 사탄에게 매여 있던 백성들을 풀어 주신 것이다(딤후 2:26).

『**그들이 여리코에서 나가니 큰 무리가 주를 따르더라**』(29절).

이제 예수님께서는 죽으시기 이전 마지막으로 예루살렘으로 가시는 길이다.

20:30 보라, 눈먼 사람 둘이 길가에 앉아 있다가 예수께서 지나가신다는 말을 듣고, 소리질러 말하기를 "오 다윗의 아들이신 주여, 우리에게 자비를 베푸소서."라고 하니,

31 무리가 그들을 꾸짖어 잠잠하게 하더라. 그러나 그들이 더욱 소리질러 말하기를 "오 다윗의 아들이신 주여, 우리에게 자비를 베푸소서."라고 하더라.

32 예수께서 멈추시고, 그들을 불러 말씀하시기를 "내가 너희에게 무엇을 하여 주기를 원하느냐?"고 하시니,

33 그들이 주께 말씀드리기를 "주여, 우리의 눈을 뜨기 원하나이다."라고 하더라.

34 그러므로 예수께서 가엾게 여겨 그들의 눈을 만지시니, 즉시 그

들의 눈이 보게 되어 그들이 주를 따르더라.

마가복음의 묘사에 따르면(막 10:46) 여기에는 한 소경만 등장하는데, 그의 이름은 바디매오이다. 그러나 마태복음의 묘사에서는 두 소경이 등장한다. 이것은 마태복음과 마가복음이 모순이 아니라 상호보완적이라는 것을 보여 주는 것이다. 기록의 특성상 마가는 많은 부분에서 사건의 상세한 설명을 하는 반면, 숫자에 대해서는 별로 신경 쓰지 않는다. 그러나 마태는 숫자에 정확하다(마태가 세리였다는 사실을 기억하라). 이와 같은 예는 마태복음 8:28과 마가복음 5:2의 차이에서도 나타난다. 마태복음에서는 두 남자가 무덤에서 나왔는데, 마가복음에서는 한 사람에 대해서만 자세히 기록해 놓고 있다. 그러므로 본문에서도 마태는 두 명의 소경을 기록한 반면, 마가는 그 둘 중 한 명에 대해서만 기록하고 있는 것이다.

이들의 부르짖음은 다른 사건에서와 같이 "다윗의 아들이여."이다. 다윗의 아들이라는 명칭은 이스라엘을 위해 사역하는 유대인의 메시아, 다윗의 보좌에 앉아서 다스리시는 천국의 왕으로서의 이름이다. 그들은 유대인 메시아의 이름을 부름으로써 구원을 얻는다. 여기서 그들이 유대인 메시아의 이름을 부른다는 것은 의미가 있다. 이들이 다윗의 아들을 부른 직후에 예수님께서는 다윗의 아들로서 예루살렘에 들어가신 것이다. 마태복음에서 예수님은 지속적으로 다윗의 아들, 즉 이스라엘의 왕으로서의 위치를 차지하신다.

이들 소경들은 이스라엘의 영적 상태를 나타낸다. 그들은 이사야의 예언대로(사 9장) 볼 수 없는 소경이 된다. 환란 중에 예수님께서 "둘째 모세"로서 그들에게 나타나셔서 그들을 치유하심으로 그들을 인도하실 때까지 그들은 이 상태가 계속된다. 그들은 소경이 되어서 거짓 선지자들인 소경의 인도함을 받는다(마 23장). 초림 때에 그렇듯이 재림 직전에도 이스라엘은 소경의 상태로 있다. 본문은 예수님께서 영적 소경인 이스라엘을 치유하시는 모형이다. 그들은 "다윗의 아들"인 주의 이름을 부름으로써 구원을 받게 될 것이다.

그러나 본문은 영적으로 매우 중요한 신약 교리를 제시해 준다.

1. 그는 눈이 멀었다(30절). - 모든 사람은 눈이 멀었다. 예수 그리스도의 피로 구원받기까지 모든 사람은 빛을 보지 못한다(고후 4:1-4, 엡 4:18,19).

2. 그는 거지이다(막 10:46). - 사람들은 모두 거지와 같다. 그들의 의는 거지들이 걸친 누더기와 같고 걸레와 같다. 『**그러나 우리는 다 불결한 것 같고, 우리의 모든 의는 더러운 걸레 같으며**』(사 64:6).

3. 그들은 『**주**』를 불렀다(30,31절). - 로마서 10:13은 『**주의 이름을 부르는 자는 누구나 구원을 받으리라.**』라고 말한다. 그들은 예수님을 『**주**』로 인식했다(고전 12:3). 성경은 『**주의 이름을 부르는 자는 구원을 얻으리라.**』(행 2:21)라고 말씀한다.

4. 예수님께서 부르시자 그들은 주님께로 나아갔다(막 10:50). - 마가복음에는 『**예수께서 멈추어 서서 "그를 부르라."고 명하시니, 제자들이 그 소경을 불러 말하기를 "안심하고 일어나라. 주께서 너를 부르신다."고 하니 그가 겉옷을 던져 버리고 일어나 예수께로 오더라**』(막 10:49,50)는 구절이 부가되어 있다. 그들은 겉옷을 던져 버리고 예수님께 왔다. 우리는 우리의

걸레 같은 의를 벗어 던지고 예수님의 의를 받는다.

5. 그들은 주님께 나아갔다(막 10:50). - 그들은 단지 주님께 나아갔다. 그들은 제사장에게로 나아간 것도 아니고, 어떤 의식을 치르지도 않았다. 우리는 구원받기 위해 미사를 드리지 않고, 신부에게 나아가지도 않고, 선행을 하지도 않고, 의식을 치르지도 않고, 그의 가르침을 행하지도 않고, 지식을 따라가지도 않는다. 우리는 단지 그분께 나아가야 한다(마 11:28).

6. 그들은 즉시 보게 되었다(34절). - 구원은 즉각적으로 받는다. 구원은 "자라가서 이루어지는 것"이 아니다(한글개역성경의 벧전 2:2).

7. 그들은 주님을 따랐다(34절). - 구원받은 후에 사람들은 예수님을 따라야 한다. 우리는 모두 예수님을 따르는 자가 되어야 한다. 그러나 예수님을 따름으로 구원받는 것은 결코 아니다. 아무리 예수님의 가르침을 지켜 행하고, 예수님의 "제자"처럼 행해도 예수님의 피로 씻기지 않으면 구원받지 못한다. 구원받은 사람이 예수님을 따르는 것이지, 예수님을 따르는 사람이 구원받는 것은 아니다.

마태복음 21장

마태복음 21장은 예수 그리스도의 예루살렘 입성, 즉 그분의 지상 생애의 마지막 부분이 시작되는 장이다. 예수님의 예루살렘 입성은 그분께서 3년 반 동안 사역하신 일에 대한 절정이다. 이 사건에 대해서는 사복음서 모두에서 다루고 있으며, 사복음서는 바로 이 사건을 향하여 전개되고 있다. 예수님은 자신이 왕이시라는 것을 말로나 행동으로나 지속적으로 전파하셨으며, 그분의 왕국에 대해서도 여러 가지 표적으로 전파하셨다. 실로 많은 사건이 그분의 생애 동안 펼쳐진 후, 예수 그리스도께서는 드디어 "왕으로서" 예루살렘에 입성하시는 것이다. 그러나 그것은 동시에 십자가의 죽음이라는 최후를 향해 달려가는 것이다. 그럼에도 불구하고 예수 그리스도의 입성 후 사역은 그분의 왕으로서의 위치를 깎아 내리지 못한다.

21장에서 그리스도께서 입성하시는 것은 "왕으로서"의 입성이다. 그러므로 이 사건은 재림에 대한 강력한 모형이 된다. 왕국이 임할 수 있는 모든 조건이 초림 때에 준비되었다는 것과, 유대인들이 주님을 왕으로 받아들였다면 왕국이 당시에 임할 수 있었다는 사실은 앞에서 반복하여 설명하였다. 우리가 마태복음 1장부터 20장까지 차근히 그분의 왕 되심의 관점으로 공부하였다면, 21장의 이 사건을 대할 때 마치 왕이 대관식에서 왕관을 받기 위해 도성으로 행진해 들어가는 것과 같은 모습을 느낄 수 있을 것이다.

21:1 그들이 예루살렘에 가까이 와서 올리브 산 근처 벳파게에 이르렀을 때, 예수께서 두 제자를 보내시며,

2 그들에게 말씀하시기를 "너희 맞은편 마을로 가라. 그러면 곧 나귀 한 마리가 그 새끼와 함께 매여 있는 것을 보리니, 풀어서 내게로 끌고 오라.

3 만일 누가 너희에게 무슨 말을 하거든 '주께서 그것들을 쓰신다.'고 말하라. 그러면 그 사람이 즉시 보내리라." 하시더라.

4 이 모든 일이 일어난 것은 선지자를 통하여 말씀하신 것이 이루어지게 하려 함이라. 말하기를

5 "너희는 시온의 딸에게 말하라. 보라, 너의 왕이 네게 오시나니, 그는 온유하여 나귀, 곧 나귀 새끼인 어린 수나귀 위에 타셨도다." 하였더라.

여기서 예수 그리스도께서 "두" 제자를 보내셨다는 것은 중요하다.

"둘"은 예수 그리스도의 재림과 관계가 있다. 구약에서도 모세가 팔레스타인 땅에 보낸 정탐꾼들 중에 믿음이 있었던 정탐꾼은 "둘"이었다. (그 둘만이 천년왕국을 상징하는 팔레스타인 땅으로 들어간다.) 여호수아도 여리코를 무너뜨릴 때 두 명의 정탐꾼을 보냈다. (여호수아는 재림하시는 예수님의 유형이다. 히 4:8) 기드온과 함께 미디안 군의 진영으로 들어간 정탐꾼들도 두 명이었으며, 사울에게서 도망 다닐 때, 다윗에게도 두 명의 정탐꾼이 있었다. 더욱이 두 명의 증인이 요한계시록 11장에서 재림을 선포한다.

그러나 예수님은 이때에 왕이 되지 못하셨다. 왕으로 입성하신 주님은 앞으로 삼 일 동안 지금까지 당하셨던 것보다 더 심한 거부를 당하셨다. 결국 왕의 대관식은 2,000년 뒤로 연기된 것이다.

후천년주의자들과 무천년주의자들이 이 사실을 모르는 이유는 예수님의 초림 때에 왕이 거부되심으로 말미암아 왕국이 연기되었다는 사실을 모르기 때문이다. 그들은 예수님께서 예루살렘에 입성하실 때 실제로 왕으로 입성하셔서 "영적인" 통치를 시작하셨다고 생각한다. 그들은 유대인들이 문자적인 왕국을 "그릇되게" 기다렸고, 그들의 기대가 무너지자 예수님을 죽였다고 믿는다. 그래서 그들은 예수님이 세우실 문자적인 왕국은 없고 다만 그분의 영적인 왕국만이 "확장"된다고 가르친다. 그들의 근거 구절 중의 하나는 요한복음 18:36인데, 거기서 예수님은 자신의 왕국이 이 세상에 속한 것이 아니라고 말씀하신다. 그러나 같은 절 뒷부분에서 예수님께서 왕국이 "지금은" 이 세상에 속한 것이 아니라고 하신 말씀은 간과해 버린다. 심지어 성경에서 "지금은"이라는 말을 삭제시키면서까지 예수님의 문자적인 왕국을 거부한다. 요한복음 18장에서 예수님께서 말씀하신 것은 "나의 문자적인 왕국은 지금이 아니라 나중에 세워질 것이다."라는 것이었다.

이들의 믿음과 가르침은 구약에서 그렇게도 강조하던 문자적인 왕국을 지워 버리는 것이다. 문자적인 왕국은 더 이상 없고, 하나님께서는 육신을 따른 이스라엘과는 더 이상 관계하지 않으며, 구약에서 제시되었던 하나님의 계획은 대폭 수정되었다는 것이 그들의 믿음이다.

마태복음 21:5에서 인용한 말씀은 스카랴 9:9의 예언이다. 다른 선지자들의 글에서와 마찬가지로 스카랴도 초림과 재림을 한꺼번에 예언했다. 마태복음에 예언된 것은 스카랴 9:9의 초림에 관한 말씀인데, 스카랴 9:10은 재림에 관한 말씀이다. 『**또 내가 에프라임으로부터는 병거를, 예루살렘으로부터는 말을 끊어 버릴 것이며, 전쟁의 활도 끊어지리라. 그리고 그가 이방에게 평화를 말하리니 그의 다스리심이 바다로부터 바다까지이며 강으로부터 땅 끝까지 되리라**』(슥 9:10). "교회의 골짜기"를 본 구약의 선지자는 없었다. 이에 대해서는 베드로전서 1:10-12에서 잘 설명한다. 초림과 재림이 함께 제시되었다고 해서 두 개의 오심이 동일한 것은 아니며, 예수님께서 거부당하셨음에도 불구하고 초림 때에 왕국이 세워진 것도 아니다.

두 번의 오심을 구분하지 못하여 오류를 범한 두 종류의 사람들이 있다. 첫째는 예수님의 초림 때의 유대인들이다. 그들은 문자적 왕국만을 알고 영적인 왕국은 몰랐다. 둘째는 이 시대에 있는 카톨릭과 개신교인들이다. 그들은 영적인 왕국만 알고 문자적인 왕국은 알지 못한다. 그래서 유대인들은 초림 메시아를 거부했고, 카톨릭과 개신교회는 재림 메시아를 거부하는 것이다.

여기서 예수님은 나귀를 타셨다. 이 점은 우리의 구원을 위해 영적으로 적용할 만한 모습이다. 여기서 나귀는 영적으로 죄인의 모습이다(욥 11:12).

나귀는 묶여 있다(롬 6:16-20).

그는 묶임에서 풀려야 하나 그를 풀려고 할 때 방해하는 자가 있다(막 11:5, 딤후 2:25,26).

그러나 주님께서 그를 필요로 하신다(막 11:3, 행 9:15).

나귀는 문 옆에 있다(막 11:4, 요 10:7).

그리고 그곳은 길이 갈라지는 곳이다(신 30:19, 막 11:4).

그러나 그는 예수님께 이끌려 왔고(막 11:6, 요 1:42), 옷으로 입혀졌다(막 11:7, 사 61:10).

그리고 주님은 그를 통제하신다(롬 12:1-3).

마태복음에서 나귀는 두 마리가 끌려온다. 그러나 마가복음에서는 한 마리의 나귀 새끼만 끌려온다. 이것 또한 모순이 아닌 것은 마가가 사건의 자세한 묘사를 기록한다면 마태는 숫자의 정확성을 기한다는 사실을 기억하면 무리가 없다(마 8:28; 20:30과 막 5:2; 10:46을 비교할 것).

마태복음 21:5, 『**너희는 시온의 딸에게 말하라. 보라, 너의 왕이 네게 오시나니, 그는 온유하여 나귀, 곧 나귀 새끼인 어린 수나귀 위에 타셨도다.**』

스가랴 9:9, 『**오 시온의 딸아, 크게 기뻐하라. 오 예루살렘의 딸아, 소리 지르라. 보라, 네 왕이 네게 오시나니 그는 공의로우시며 구원을 지니셨고,**

겸손하시며 나귀를 타시리니 나귀의 새끼인 어린 나귀니라.』

마태복음 21:5은 스가랴 9:9인데, 성령께서는 의도적으로 마태로 하여금 『**공의로우시며 구원을 지니셨고**』라는 부분을 제하게 하셨다. 그 이유는 여기에서의 구원은 신약적 의미의 "혼의 구원"이 아니라 예수님께서 재림하실 때 이스라엘에게 가져올 민족적인 구원이기 때문이다. 스가랴 9:10,11에는 재림 때의 상황이 나와 있다. 이 사건은 분명히 초림 때에 일어날 사건이 아니므로 성령께서는 의도적으로 초림의 상황 속에서 그 부분을 빼놓고 인용하신 것이다. (RSV의 경우는 "구원"을 "승리"로 바꾸었다.)

21:6 그 제자들이 가서 예수께서 그들에게 명령하신 대로 행하여
7 그 나귀와 나귀 새끼를 끌고 와서, 그 나귀들 위에 자기들의 옷을 얹고 그 위에 주를 태우더라.
8 아주 큰 무리가 자기들의 옷을 길에 펴고, 또 다른 사람들은 나뭇가지를 꺾어다가 길에 깔더라.
9 그 무리가 앞서가고 뒤따르며 소리질러 말하기를 "다윗의 아들에게 호산나! 주의 이름으로 오시는 분은 복이 있도다. 지극히 높은 곳에서 호산나!"라고 하더라.
10 주께서 예루살렘에 들어가시자 온 도성이 소란해지며 말하기를 "이분이 누구신가?"라고 하니,
11 그 무리가 말하기를 "이분은 갈릴리 나사렛의 선지자 예수시라."고 하더라.

여기서 나뭇가지는 종려나무이다. 요한복음 12:13에서 그 점을 정확하게 말해 주고 있다. 그러나 또한 이 나뭇가지는 올리브 나무도 포함되었을 것이다. 예수님께서는 올리브산 근처 벳바게와 베다니에서 예루살렘으로 들어오셨다. 올리브 나무는 예수 그리스도를 묘사하는 나무이다. 특별히 정복자이며 이스라엘의 통치자로서의 예수 그리스도를 묘사한다(롬 11:1-27). 종려나무는 여리코를 묘사하는데(여리코는 "종려나무 성읍"이라고 불린다. 대하 28:15), 여리코는 저주받은 성읍이다(수 6장). 그러므로 종려나무 가지는 로마의 통제를 받는 이방 왕국들의 통치를 쳐부수고 다스리시는 예수 그리스도를 상징한다. 왜냐하면 저주받은 도시는 로마이기 때문이다(계 17,18장). 이방 왕국들은 예수 그리스도의 발 아래 굴복할 것이다(시 2장, 단 2,7장). 예수님께서 "가지"이시라는 것을 다시 한번 기억하라(사 11:1, 렘 23:5; 33:15, 마 2:23).

『**다윗의 아들에게 호산나! 주의 이름으로 오시는 분은 복이 있도다**』(9절).

이 외침은 당시의 성경대로 믿는 사람들의 외침이었다. 그것은 다윗에게 약속하신 팔레스타인에 속한 유대인의 문자적이고 눈에 보이는 메시아가 다윗의 보좌에 앉아 다스리시는 그 왕국을 기다리는 외침이었다(눅 1:30-34, 암 9:15). 그런데 이들은 예수님께 그 외침을 한 것이다. 이것은 예수님께서 그 약속된 왕국의 왕이라는 것을 말한다.

이들이 외쳤을 때 바리새인들은 예수님께 그들의 외침을 금지시키라고 했으나 예수님께서는 그 외침이 정당한 것이라고 하셨다(눅 19:39,40). 물론 바리새인들도 왕국을 기다렸으나 그들은 그들 자신의 힘으로 이루려고 하였다. 그들에게는 예수 그리스도라는 메시아가 필요 없었던 것이다.

보수주의자들과 근본주의자들은 요한복음 6:15을 들어 예수님께서는 왕으로 임하실 의도가 없었다고 말한다. 그러나 예수님께서는 문자적인 왕국을 기다리는 군중들의 외침을 전혀 꾸짖지 않으셨다. (롬 11:24-28, 요 1:1-14, 마 21:38, 눅 19:14, 행 15:14-18)

『주의 이름으로 오시는 분은 복이 있도다』(9절).

마태복음 21:9은 또한 주님의 재림에 관한 강력한 구절이다. 예수님께서는 23:39에서 성전에서 말씀하신 마지막 말은 **『내가 너희에게 말하노니, 이제부터 너희가 '주의 이름으로 오시는 이는 복이 있도다.'라고 말할 때까지 나를 보지 못하리라.』**이다. 스카랴 9장이 한 번 성취되었기에 다시 성취되면 안 된다고 생각하면 안 된다. 왜냐하면 마태복음 23:39은 여전히 미래에 속해 있는 구절이기 때문이다. 마태복음 21:9는 스카랴 9:9에 대한 "부분적인" 성취이다. 재림 때에 이 말이 다시 말해질 것이다.

그래서 이 부분은 성경의 다른 부분과 같이 세 가지로 적용될 수 있다.

1. 역사적으로, 예수님께서는 예루살렘에 들어가서 죽으셨다.

2. 영적으로, 이 사건의 나귀를 통해서 우리는 죄인의 구원에 대한 모형을 발견할 수 있다.

3. 교리적으로, 이 사건은 재림 때 정확히 성취될 문자적인 예언에 대한 부분적인 성취이다.

『주께서 예루살렘에 들어가시자 온 도성이 소란해지며 말하기를 "이분이 누구신가?"라고 하니, 그 무리가 말하기를 "이분은 갈릴리 나사렛의 선지자 예수시라."고 하더라』(10,11절).

“이분이 누구신가?” 이 질문은 적절한 질문이다. 그는 누구인가?

이 질문은 많은 논쟁을 낳았던 질문이다. 예수님께서 나타나신 이래로 이 질문은 계속 대두되었다. 마태복음 22:42에서는 예수님께서 바리새인들에게 질문하신다. 『**너희는 그리스도에 관하여 어떻게 생각하느냐, 그가 누구의 아들이냐?**』 그는 누구의 아들인가?

여기에는 여러 종류의 사람들이 여러 가지 대답을 한다.

1. “그는 마리아의 아들이며, 목수이다”(막 6:3). - 예수님을 믿지 않는 유대인들과 마리아의 친척들이 이렇게 말했다. 마찬가지로 RV와 ASV와 RSV 및 많은 영어성경들이 예수님의 위치를 그렇게 깎아 내린다.

2. “그는 요셉의 아들이다”(요 1:45). - 빌립은 이렇게 말했다.

3. “a son of God” - RV, ASV, RSV, 그 외 많은 카톨릭 성경들

4. “그는 위대한 스승이다.” - 이 말은 많은 철학자들의 말이다. 피일, 카알라일, 에머슨, 간디, 포스딕 등 많은 도덕가들은 예수 그리스도를 인류의 위대한 스승 중의 하나라고 말했다.

마태복음 21:11에서 무리들은 “갈릴리 나사렛의 선지자 예수시라.”라고 말했다. 이 말은 앞의 다른 사람들의 말들과는 다르게 옳은 말이다. 그분은 초림 때에 선지자로 오셨다. 또한 그분은 나사렛 사람, 즉 구약에서 예언된 “가지”였다. 그러나 “예수”라는 이 말은 80% 정도만 맞는 말이다.

1. “예수” - 하나님께서는 이 이름을 높이시어 모든 것들을 이 이름에 무릎 꿇게 하셨으나, 이 이름은 일반적인 명칭이고, 그분의 완전한 이름이 아니다.

2. “예수 그리스도” - 이 이름은 그분을 90% 정도 지칭하는 말이다.

3. "주 예수 그리스도" - 이 이름이야말로 그분의 완전한 이름이다(빌 3:11).

물론 "주"와 "예수"와 "그리스도"는 각각 그분의 이름으로서 성경 여러 곳에서 적절한 장소에서 독립적으로 쓰이며, 이 각각의 이름이 모두 고귀한 것은 사실이다. 그러나 "주"(Lord)라는 이름은 삼위일체 하나님의 이름임에도 불구하고 불경한 사람들은 다른 신에게 이 이름을 붙여 경배한다. 때로는 사람에게도 이 명칭이 붙는다(주인, lord). 때때로 이 말은 "경"(Sir)의 의미로도 쓰인다.

"예수"는 그분의 가장 고귀한 이름임에도 불구하고 한 유대인의 이름으로 사용된다. 예수라는 이름을 가진 유대인들도 있다. "예수"는 그분의 인간 이름이다. 그분이 어렸을 때 마리아는 종종 이렇게 불렀을 것이다. "예수야, 이리 오렴, 예수야, 밥 먹어야지..."

"그리스도"는 그분이 기름부음 받은 분이라는 그의 사역을 나타내 주는 이름이며, 그분의 왕 되심을 나타내 주고, 그분이 메시아임을 나타내는 말이지만, 다섯 번째 그룹도 "그리스도"였다. 그는 적그리스도로 불린다. 사탄이 주님의 이름을 도용하는 것이다.

그러나 "주 예수 그리스도"는 세상의 어느 누구도 흉내 낼 수 없는 그분의 완전한 이름이다. 이 이름 앞에 마귀는 떨며, 이 이름의 권위는 이루 말할 수 없이 크다. 우리가 이 이름을 부를 수 있다는 것은 위대한 축복이 아닐 수 없다.

『**선지자**』(11절).

신명기 18:15-18에서 그분은 "모세와 같은 선지자"로 예언되었다. 승천하신 후 그분은 제사장으로 계시고(히 3:1; 4:15,16), 재림 때에는 왕으로 오실 것이지만(계 19:16, 눅 1:30,31) 초림 때에 그분은 선지자로 오셨다. 이 "선지자-제사장-왕"의 위치가 일치되는 유일한 구약의 인물은 다윗이었다. 모세는 선지자였고 왕이기는 했으나(신 33:5) 제사장은 되지 못했다. 사무엘은 선지자와 제사장이기는 했으나 왕은 되지 못했다. 그는 다른 왕을 선출해야 했다(삼상 11,12장). 그러나 다윗은 이 세 가지 직분을 모두 취했다. 그는 선지자였고(행 2:30), 왕이었으며(삼하 1-12장), 제사장으로서 희생제물을 드렸다(삼하 24:25). 그래서 마태복음 21장의 "그는 누구인가?"라는 질문에 가장 적절한 답은 "선지자 예수시라."가 아니라 "다윗의 아들! 지극히 높은 곳에서 호산나!"이다.

21:12 예수께서 하나님의 성전으로 들어가셔서 성전 안에서 팔고 사는 모든 사람을 내어쫓으시고, 또 환전상들의 상과 비둘기를 파는 자들의 자리를 뒤엎으시며,

13 그들에게 말씀하시기를 "기록되었으되 '내 집은 기도하는 집이라 불리리라' 하였거늘, 너희가 강도들의 소굴로 만들었도다."라고 하시더라.

14 또 눈먼 자들과 절름발이들이 성전에서 주께 나아오니, 주께서 그들을 고쳐 주시더라.

15 그러나 선임 제사장들과 서기관들이 주께서 행하신 경이로운 일들을 보고, 또 아이들이 성전 안에서 소리질러 말하기를 "다윗의 아들에게 호산나!"라고 하니, 그들이 몹시 불쾌하여,

16 주께 말하기를 "당신은 이들이 하는 말을 듣느뇨?"라고 하니, 예수께서 그들에게 말씀하시기를 "그렇다. '어린 아기들과 젖먹이들의 입에서 나오는 찬양을 온전케 하셨나이다.'라는 말씀을 너희는 읽어 보지 못하였느냐?"고 하시니라.

『**성전 안에서 팔고 사는 모든 사람을 내어 쫓으시고**』(12절).

여기서 팔고 사는 행위는 레위의 제사법 아래서 요구되어지는 희생제물을 위한 동물들을 매매하는 것이었다. 또 환전상들이란 예물로 드리기 위해서 이방인들이 가져온 이방의 화폐를 유대의 화폐로 바꿔 주는 사람들이었다. 그들은 그 일로 이문을 남긴다. 또한 거기는 많은 유대인 개종자들이 예물을 드리려고 있었을 것이다(행 8:27; 10:4,22, 눅 7:5). 그러나 예수 그리스도께서는 이 일들을 강도짓이라고 말씀하셨다. 『**너희가 강도들의 소굴로 만들었도다**』(13절).

『**내 집**』(13절).

예수님의 사역 초기에도 똑같은 일이 있었다(요 2:13-22). 그런데 요한복음 2장에서 주님께서는 "내 아버지의 집"이라고 말씀하셨는데, 여기서는 "내 집"이라고 말씀하셨다. "아버지"를 가리키는 말이 "예수님"을 가리키도록 바뀌어 인용이 되는 것을 우리는 말라기 3:1에서 보았는데, 이것은 하나님과 예수 그리스도의 동등하심을 나타내는 말임과 동시에 예수님께서 왕으로 오시는 재림에 관한 구절이라는 것을 증명하는 것이다. 히브리서 3장에서 예수님께서는 모세가 맡은 하나님의 집을 자기 자신의 집으로 동일시하고 있다(히 3:1-6). 그리고 히브리서에서 그 "집"은 "이스라엘의 집," 즉 이스라엘 민족이다. 신약에 와서 이 "집"은 거듭난 그리스도인의 몸으로도 쓰인다(고전 3:16,17; 6:19).

『**기도하는 집**』(13절).

이 구절은 이사야 56:7의 인용인데, 이사야의 그 문맥은 미래에 있을 천년왕국 때의 통치에 교리적으로 적용된다. 그러므로 이 구절은 재림에 관한 구절이다. 예수님께서 재림에 관한 구절을 초림 때에 부분 인용을 하시는 것은 초림에만 적용되는 부분을 가져와서 인용을 하신 것이지만, 그 문맥이 원래 재림에 관한 구절이라는 점은 항상 명심해야 한다. 다시 말해서 예수님께서는 앞으로 천년왕국 때에 이 땅에서 다윗의 보좌에 앉아 실제적으로 팔레스타인과 온 땅을 다스리는 유대인 왕이시라는 것을 절대로 간과해서는 안 된다.

이사야 56장은 천년왕국 때 실제적으로 제단이 세워지고 그 위에서 실제적으로 제사가 드려진다고 말하고 있으며, 이에 대해서는 에스겔 44-48장에서도 확증해 준다. 마찬가지로 안식일도 다시 회복된다(겔 44-48장, 사 56:4). 더욱이 이사야 56:8은『**이스라엘의 쫓겨난 자들을 모으시는 주 하나님**』이라고 말하고 있다. 하나님께서는 초림의 상황을 재림 때의 상황과 거의 유사하게 만들어 놓으셨다. 초림 때에 유대인들은 팔레스타인 땅에 있었다. 마찬가지로 재림 때에도 유대인들은 그 땅에 있을 것이다. 초림 때에 그들은 로마의 지배 아래 있었고, 재림 때에도 그들은 로마의 지배 아래 있을 것이다. 또 초림 때에는 요한이 엘리야의 위치로 왔었으며, 재림 때에는 엘리야가 두 증인 중의 한 명으로 등장할 것이다. 그러므로 예수님께서 초림 때에 재림에 관한 구절들을 인용하신 것은 의미가 있다.

이사야 56:7은 말라키 1:11과도 연결되는데, 말라키에서는 다시 향을 피우고 제물을 드리는 일이 일어난다. 『**각처에서 내 이름에 향을 피우며 순결한 제물이 드려질 것이니, 이는 내 이름이 이방 가운데서 위대하게 될 것임이라. 만군의 주가 말하노라**』(말 1:11). 로마카톨릭은 이 구절을 들어서 매주 드리는 희생제사(미사)를 합리화시킨다. 말라키의 이 구절을 올바로 인식하지 못한다면 이 구절은 히브리서 10:8-12과 정면으로 대치되는 구절이다. 그러므로 우리가 환란과 천년왕국의 상황이 교회 시대와 다르다는 것을 이해하지 못한다면 마태복음 21:13과 이사야 56:7, 말라키 1:11과 같은 구절들을 결코 제대로 이해할 수 없을 것이다.

『**그들이 몹시 불쾌하여**』(15절).

이것은 예수님의 대적들이 그분의 사역을 보고 항상 드러내던 태도이다. 23절에선 그들이 위선자적인 기질을 되살려(마 6장) 예수님의 이적 이후에도 "무슨 권세로 당신은 이런 일을 행하느뇨?"라고 묻는다.

그들도 메시아를 기다렸다. 그들은 다니엘 2장과 7장에 제시된 대로 이방 왕국들을 무너뜨리고 팔레스타인을 통치할 메시아가 하늘로부터 임할 것을 기대했다. 그러나 그들은 그분이 인간으로 성육신할 것이라고는 차마 생각지 못했던 것이다.

『**그렇다. '어린 아기들과 젖먹이들의 입에서 나오는 찬양을 온전케 하셨나이다.'라는 말씀을 너희는 읽어 보지 못하였느냐?**』(16절)

아기들과 젖먹이들의 축복된 모습에 대해서는 시편 8:2, 이사야 28:9,

시편 131편 등에서 볼 수 있는데, 예수님께서는 어린아이들과 젖먹이들에게 이 진리가 받아들여지는 모습을 말씀하신다. 그들은 평범한 사람들이며, 순수한 사람들이다. 어린아이들과 젖먹이들은 "다윗의 아들"의 이름을 부르면서 왕국의 축복에 참여한다. 그러나 "교육받은" 종교 지도자들은 예수님을 십자가에 못 박는다. 그들은 소경이 되어 있으며, 마음이 완악해져 있다(사 6:9,10). 그들의 교만은 예수님을 그들의 왕으로 받아들이지 않는다.

그래서 예수님은 누가복음 10:21에서 『**오 하늘과 땅의 주이신 아버지시여, 이런 일을 지혜롭고 슬기로운 사람들에게는 숨기시고 어린 아기들에게는 나타내신 것을 감사하나이다. 그러하옵니다. 아버지시여, 이는 그렇게 하시는 것이 아버지 보시기에 선함이니이다.**』라고 말씀하셨으며, 마태복음 18:3,4에서는 『**진실로 내가 너희에게 말하노니, 너희가 회심하지 아니하고, 또 어린아이들과 같이 되지 아니하면 결코 천국에 들어가지 못하리라. 그러므로 누구든지 이 어린아이와 같이 자기를 낮추면 그가 천국에서 가장 큰 자니라.**』라고 말씀하셨다. 마찬가지로 베드로는 그리스도 안에 있는 갓난 아기들이 순수한 말씀의 젖을 먹어야 한다고 말하고 있다(벧전 2:1-3). 그리스도 안에서 순수한 말씀의 젖을 먹는 갓난 아기들은 현대의 "교육받은" 신학자들보다 더 진리의 말씀을 깊이 있게 알 수 있다.

21:17 그들을 떠나시어 그 도성에서 나가 베다니로 가셔서 거기서 묵으시더라.

18 주께서 아침에 그 도성으로 돌아오실 때에 시장하셔서,

19 길가에 있는 한 그루의 무화과나무를 보시고 그 나무에 가셨으나 잎사귀 외에는 아무것도 찾지 못하시자, 그 나무를 향하여 말씀하시기를 "이제부터 네게서 영원히 열매가 맺히지 못할 것이라." 고 하시니, 그 무화과나무가 곧 말라 버리더라.

20 제자들이 그것을 보고 놀라며, 말씀드리기를 "무화과나무가 어떻게 곧 말라 버렸나이까?"라고 하니

21 예수께서 대답하여 그들에게 말씀하시기를 "진실로 내가 너희에게 말하노니, 너희에게 믿음이 있고 의심하지 않으면, 이 무화과나무에 일어났던 일을 할 뿐만 아니라 이 산더러 '옮겨져 바다에 빠지라.'고 말하여도 그렇게 되리라.

22 또 기도할 때에 무엇이든지 너희가 믿고 구하는 것은 다 받으리라."고 하시더라.

『**그들을 떠나시어 그 도성에서 나가 베다니로 가셔서 거기서 묵으시더라**』(17절).

이 일은 마지막 주간 중 일요일 저녁에 해당된다. 예수님은 "종려주일"이라고 불리는 일요일에 입성하시고(1절), 이제 그 저녁에 성 밖으로 나가 베다니에서 묵으신다(17절). 이제 우리는 앞으로의 사건들을 공부하면서 예수님께서 죽으시고 부활하신 시간들을 자세히 공부하여, 로마카톨릭의 전설인 금요일 저녁에 죽으시고 일요일 아침에 부활하셨다는 이야기가 틀렸다는 것을 알게 될 것이다.

『**주께서 아침에 그 도성으로 돌아오실 때에 시장하셔서**』(18절).

이 일은 월요일 아침에 있었던 사건들이다. (언급되는 요일은 편의상 이방인의 요일의 개념으로 사용하겠다.)

『**잎사귀 외에는 아무것도 찾지 못하시자**』(19절).

팔레스타인의 무화과나무는 두 번 열리는데, 이른 무화과는 7월에 가서야 열매를 맺으나, 겨울 무화과는 3월에 열린다. 무화과나무의 잎이 3,4월에 무성하다면 그것은 가을에 익지 않은 열매가 겨울을 지내고 7월 수확 이전인 4월쯤에 수확하게 되는 것이다. (오늘날 팔레스타인에는 일 년에 총 네 번의 수확이 있는데, 천년왕국 때에는 열두 번의 수확이 있게 된다. - 겔 47:12)

이 나무가 겨울 무화과나무라면 이때쯤에 열매가 익어야 한다. 가을에 익지 않은 무화과 열매는 겨울을 나고 이때에 있어야 한다. 잎이 무성하다는 것은 열매가 있어야 한다는 뜻이다. 그러나 거기에는 열매가 없었다. 이것은 합당한 열매 없이 입으로만 고백하는 사람들을 상징한다. 그래서 무화과나무 잎은 "자기 의"(self righteousness)를 가리키는데, 아담과 이브가 자기들의 수치를 가린 것도 무화과나무의 잎이었다. 성경에서 유일하게 예수님이 저주하신 나무는 무화과나무뿐이다. 자기 의를 상징하는 무화과나무는 창세기 3장부터 등장한다. 또한 이 나무는 예레미야 24:2,5,8과 마태복음 24:32,33, 아모스 8:2, 그리고 호세아 9:10에서는 이스라엘을 가리킨다.

이 사건이 말해 주는 영적 의미는 명백하다. 그것은 하나님께서는 열매는 맺지 못하면서 입으로만 고백하는 것을 싫어하신다는 점이다. 이것은 야고보서 2장에서 두드러지는데, 거기에는 "행함이 없는 믿음은 죽은 믿음이다."라고 되어 있다. 물론 이 말 때문에 교회 시대의 그리스도인들이 구원을 위해 어떠한 선행을 해야 한다고 할 수는 없다. 우리는 오직 믿음으로만 구원받는다. 그러나 어떤 사람의 믿음이 예수 그리스도가 아니라 교회나 신조나 성사들을 신뢰하는 것이라면 그의 믿음도 또한 죽은 것이다(롬 10:1-4, 갈 3:1-13, 딛 3:5,6). 만약 성령께서 거듭난 그리스도인 안에서 "일하시지" 않는다면 그는 아무런 "열매"를 맺지 못한다(갈 5:22). 구원받기 위해 행하는 어떠한 행위들도 신약성경은 "죽은 행위"라고 말하고 있다(히 9:14). 그리고 그것은 그를 지옥으로 밀어 넣을 것이다(마 7:21-23). 그것은 인간들의 의(righteousness)일 뿐인데, 이사야 64:6장에서 그것은 "더러운 걸레"라고 불리며, 빌립보서 3:8에서는 "배설물"이라고 불린다. 하나님께서 받으실 만한 유일한 행위는 구원받은 이후에 그리스도인 안에서 내주하시는 성령께서 하시는 일이다. 무화과나무 잎은 "행위"이다. 그리고 그 무화과나무에는 열매가 없었다. 행위 없는 믿음이 죽은 것처럼, 열매 없는 행위도 죽은 것이다. "행위"는 "열매"가 아니다(마 23:3).

『**이제부터 네게서 영원히 열매가 맺히지 못할 것이라**』(19절).

이 사건은 누가복음 13:6-9에 있는 비유와 비교해 볼 만하다. 『**주께서는 또 이런 비유를 말씀하시더라. "어떤 사람이 자기 포도원에 무화과나무 한 그루를 심은 후에 와서 그 나무에서 열매를 찾았으나 아무것도 얻지 못한지라. 그가 포도원지기에게 말하기를 '보라, 이 삼 년 동안 내가 와서 이 무화과나무에서 열매를 찾으나 얻지 못하니 잘라 버리라. 어찌하여 쓸데없이 땅만 버리느냐?'고 하니 그 포도원지기가 주인에게 대답하**

여 말하기를 '주여, 금년만 그대로 두소서. 그러면 내가 그 주위를 파고 거름을 주리이다. 만일 열매를 맺으면 좋거니와 맺지 아니하면 그때는 잘라 버리소서.'라고 하였노라."고 하시더라』(눅 13:6-9).

누가복음에서도 한 무화과나무가 저주를 받는다. (저주받는 나무는 무화과나무 밖에 없다.) 그 무화과나무는 포도원에 심겨져 있는데, 성경에서 포도원은 이스라엘, 또는 예수 그리스도의 유업이다. 누가복음의 비유에서 "어떤 사람"은 다른 비유에서와 마찬가지로 아버지 하나님이시다. 하나님은 이 무화과나무에서 "삼 년 동안" 열매를 찾았다. 그리고 이 무화과나무는 일 년 더 연장된 후에, 그래도 열매가 없으면 다음 해에는 잘라 버리도록 정해졌다.

『**삼 년 동안**』이라는 말은 중요하다. 우리는 마태복음 17장에서 "일곱의 법칙"을 보았는데, 하나님께서는 "일곱"이라는 숫자로 일하시는 것이다. 한 주간은 칠 일로 구성되어 있고, 일곱 번째 날은 안식일이다. 안식일도 역시 일곱 번의 안식일을 한 주기로 삼으셨고, 마찬가지로 일곱 달, 일곱 해, 일곱 해의 일곱 번, 그리고 일곱 번의 천 년이라는 체계를 삼아 놓으셨다. 그리고 각 일곱 들은 일곱 번째 천 년인 "천년왕국"과 연관된다. 그래서 때때로 성경에서는 일곱 주기로 이루어지는 날과 해는 같은 의미로 쓰일 수 있다.

마태복음 17장에서 예수님께서 변형산에서 변형하실 때, 그분은 『**엿새 후에**』 변형하셨다(마 17:1). 이것은 여섯 번의 천 년이 지난 후 일곱 번째 천 년이 임할 때 예수 그리스도의 영광스런 재림이 있게 된다는 전천년주의 체계의 진리를 설명해 준다. 마태복음에서는 각 하루가 천 년을 나타낸다.

마찬가지로 누가복음 13장에서는 각 일 년이 천 년을 나타내는데, 그렇다면 하나님께서 3,000년 동안 열매를 기대하셨다가 발견하지 못하시자, 1천 년간의 기간을 더 참으셨다가 그래도 열매가 없으면 4,000년이 찬 후에는 잘라 버리신다는 해석이 가능하다.

B.C. 1000년은 솔로몬의 시대이다. 그리고 이때는 재창조 이후 3,000년이 흐른 시점이다. 하나님께서는 3,000년 동안 인간에게서 열매를 기대하셨다. 이것은 하나님께서 계획하신 "천국"의 역사를 통해서 나타난다. 하나님께서는 아담에게서도 기대하시고 노아에게서도 기대하시고 아브라함에게서도 기대하셨다. 그러나 항상 그렇듯이 인간이 통치자가 되는 "천국의 역사"는 실패로 끝나게 된다. 이에 하나님께서는 천국의 무대를 이스라엘로 옮기시어 이스라엘을 통하여(무화과나무가 "포도원"에 심겨져 있다.) 천국을 실현하시려 했는데("천국"이 "하늘나라"가 아님을 기억하라), 역시 이스라엘도 열매를 맺지 못하고 실패를 한다. 솔로몬이 우상 숭배를 하기까지 이스라엘은 하나님께 합당한 열매를 맺지 못한다.

이에 하나님께서는 무화과나무(이스라엘)를 찍으시려고 하셨으나 포도원지기가 주인에게 간구한다. 『**주여, 금년만 그대로 두소서. 그러면 내가 그 주위를 파고 거름을 주리이다**』(눅 13:8). 그래서 B.C. 1000년부터 일천 년 동안 "주위를 파고 거름을 주는 일"이 있게 된다. 이스라엘은 나뉘었고, 여러 번의 징계가 있었으나 그들의 악행은 계속되었다. 마침내 하나님께서는 산헤립과 느부캇넷살을 통해 "땅을 파고 거름을 주는" 일을 하셨다. 이스라엘은 이를 통해 회개에 합당한 열매를 맺을 수 있었으나, 결국 그들은 그들의 메시아마저 거부하게 되었다. 이러한 일들이 1,000년 동안 있었고(『**금년만 그대로 두소서.**』), 하나님께서는 열매 맺지 못하는 무화과나무를 A.D. 70년에 잘라 버리셨다.

이 비유는 마태복음 21장에서는 예수님께서 무화과나무를 저주하신 사건과 일치한다. 이스라엘은 열매를 맺지 못하고 잎만 무성한 무화과나무였던 것이다. 바리새인들과 서기관들 및 여러 종교지도자들은 길 잃은 양 무리를 방치해 놓아 버리고(마 9:36, 겔 34:5, 슥 13:7) 자기 의로 무성하게 가리기만 했다. 그래서 주님께서는 그 무화과나무를 저주하신다. 『**이제부터 네게서 영원히 열매가 맺히지 못할 것이라**』(19절). 그리고 그 무화과나무는 예수님께서 마태복음 24:32에서 잎이 나온다고 하신 예언이 이루어질 때까지 말라 있게 된다.

본문에서 말하는 영적 의미는 분명하다. 무성한 잎은 "행위," 특히 "종교 행위"로서 "자기 의"를 가리키는데, 하나님께서는 예수 그리스도를 올바로 신뢰하지 않고 "종교적인 고백"만 하는 것을 싫어하신다. 이것은 카인의 행동이었다. 그는 자기의 방법으로 하나님을 섬기려고 했다. 그는 분명히 하나님을 믿었다. 마찬가지로 오늘날의 자유주의자들이나 카톨릭도 하나님을 믿는다. 그러나 그들은 하나님께서 말씀하신 것 위에 있는 자기들의 믿음을 더 신뢰한다. 그래서 우리는 진정한 믿음이 무엇인지 다시 한번 기억해 봐야 한다. - 진정한 믿음이란 하나님의 계시의 조건 하에서(correct Bible) 그가 계시해 주시는 방법대로(Bible believing) 그가 계시하시는 것(the Bible)을 믿는 것이다(마 8:8, 9 주석 참조).

『제자들이 그것을 보고 놀라며, 말씀드리기를 "무화과나무가 어떻게 곧 말라 버렸나이까?"라고 하니 예수께서 대답하여 그들에게 말씀하시기를

"진실로 내가 너희에게 말하노니, 너희에게 믿음이 있고 의심하지 않으면, 이 무화과나무에 일어났던 일을 할 뿐만 아니라 이 산더러 '옮겨져 바다에 빠지라.'고 말하여도 그렇게 되리라. 또 기도할 때에 무엇이든지 너희가 믿고 구하는 것은 다 받으리라."고 하시더라』(20-22절).

이 일은 무화과나무를 저주하신 다음 날의 사건이다. 더 상세한 묘사를 하고 있는 마가복음에 따르면 예수께서 성 밖으로 나가셨다가 다음 날 제자들과 함께 들어오실 때 베드로가 한 말로 기록되어 있다. 『**저녁이 되자 주께서 성읍 밖으로 나가시더라. 아침에 그들이 지나갈 때에 그 무화과나무가 뿌리로부터 말라 버린 것을 보고**』(막 11:19,20). "아침에," 이것은 예수님의 지상사역 마지막 주간의 화요일 아침이다.

『**이 산더러 '옮겨져 바다에 빠지라.'고 말하여도 그렇게 되리라**』(21절).

21,22절은 성도의 기도와 믿음에 관해 커다란 교훈을 준다. 우리는 이 구절들을 믿음으로 기도하는 일에 영적으로 적용할 수 있다. 그럼에도 불구하고 여기서 옮겨진다고 제시되는 산은 올리브 산이다. 올리브 산은 예수 그리스도의 재림 때에 동과 서로 갈라져 큰 골짜기가 생긴다(슥 14:4-9). 그러므로 이 구절은 교리적으로 재림에 적용되어야 한다.

21:23 그후 주께서 성전으로 들어오셔서 가르치시니, 선임 제사장들과 백성의 장로들이 주께 와서 말하기를 "무슨 권세로 당신은 이런 일을 행하느뇨? 누가 당신에게 이 권세를 주었느뇨?"라고 하니,
24 예수께서 대답하여 그들에게 말씀하시기를 "나도 너희에게 한 가

지 묻겠노라. 만일 너희가 말하면 나도 내가 무슨 권세로 이런 일
을 행하는지 말하리라.
25 요한의 침례가 어디에서 왔느냐? 하늘로부터 온 것이냐, 아니면
사람에게서 난 것이냐?"고 하시니, 그들이 서로 의논하여 말하기를
"만일 우리가 하늘로부터라고 말하면 그가 우리에게 말하기를 '그
렇다면 어찌하여 너희는 그를 믿지 아니하였느냐?'고 할 것이요,
26 우리가 사람에게서라 말하면 모든 백성이 요한을 선지자로 여기
므로 백성이 두렵도다."라고 하더니,
27 그들이 예수께 대답하여 말하기를 "우리는 말하지 아니하겠노라."
고 하더라. 그러자 주께서 그들에게 말씀하시기를 "나도 무슨 권
세로 이런 일을 행하는지 말하지 아니하겠노라.

여기서 우리는 위선자들의 모습을 다시 한번 본다. 그들은 예수님께 "권위"에 대한 질문을 하였는데, 그들의 질문의 진정한 의도는 그의 권위의 출처의 문제가 아니었다. 그들은 예수님께서 "하늘로부터다."라고 말씀하셨을지라도 믿지 않았을 사람이다. 그들은 백성들을 의식하여 요한의 침례를 묵인하고 있었을 뿐, 그를 선지자로 인정하지도 않았다. 그러므로 예수님께서 자신의 권세가 하늘로부터 왔다고 말씀하셨을지라도 그들은 믿지 않았을 것이다. 그들의 의도는 예수님께서 가르치고 행하시는 이적들을 저지하는 것이었다.

이들의 항의성 질문이 있기 전에 예수님께서는 무화과나무를 저주하셨다. 그러나 그들은 예수님의 초자연적인 이적이 있은 후에도 끝까지 주님을 거부한다. 바리새인들과 사두개인들이 하늘로부터 온 표적을 구했을 때, 어떠한 표적을 주더라도 그를 믿지 않겠다는 마음의 결심을 하고 구했던 것처럼, 그들은 예수님께서 행하시는 이적들을 보고서도 주님을 거부하고 있는 것이다("위선자"라는 말의 정의를 기억하라).

무화과나무는 예수님께서 말씀하시자 "즉시로" 말라 버렸다. 무화과나무뿐만 아니라 우주의 모든 것이 하나님의 말씀에 의해 운행된다. 히브리서 1:3에서는 『**그의 능력의 말씀으로 만물을 붙들고 계시며**』라고 말씀하셨다. 그분의 말씀에는 온 우주라도 복종할 만한 권세가 있다. 그러나 유독 인간만이 그분의 말씀을 거부한다. 사람들이 예수님의 말씀의 권위를 받아들이지 않는 것은 옛날이나 지금이나 마찬가지이다. 2,000년 전에 대제사장들은 예수님의 권세를 인정하지 않았고, 1900-1800년 전의 사람들은 하나님의 말씀의 정경성을 의심하였고, 1500-500년 전의 사람들은 예수 그리스도의 권위를 교회의 권위로 대체해 버렸고, 지금의 사람들은 하나님께서 보존하신 그 말씀(표준원문, 킹제임스성경)의 권위를 무시한다.

이러한 경우에 예수님께서는 요한복음 5:27절에서처럼 『**또 아버지께서는 아들에게 심판하는 권세를 주셨으니 이는 그가 인자이심이라.**』**라**고 분명하게 대답하실 수도 있었으나, 여기서 주님은 유머스럽게도 그들에게 다른 질문을 던지셔서 그들을 곤경에 빠뜨리신다. 『**요한의 침례가 어디에서 왔느냐? 하늘로부터 온 것이냐, 아니면 사람에게서 난 것이냐?**』(25절)

대제사장들은 이 질문에 대답하지 못했을 뿐 아니라 예수님께 경고를 받았다. 예수님께서는 이 말씀 이후에 두 개의 비유를 더 말씀하신 후 그들 위에 떨어지는 돌에 대해 말씀하셨다. 그리고 그들은 예수님께서 의미하시는 이 돌을 맞는 자가 자기들이라는 것을 알았다. 그들은 이 돌을 맞고 부서질 뿐 아니라 가루가 될 것이다(44절).

21:28 그러나 너희는 어떻게 생각하느냐? 어떤 사람에게 두 아들이 있었
는데, 첫째에게 가서 말하기를 '아들아, 오늘 내 포도원에 가서 일
하라.'고 하니,
29 그가 대답하여 말하기를 '아니하겠나이다.'라고 하더니 나중에 뉘
우치고 갔으며,
30 둘째에게도 가서 그와 같이 말하니, 그가 대답하여 말하기를 '예,
아버지. 가겠나이다.'라고 하고는 가지 아니하였느니라.
31 그 둘 중에 누가 그 아버지의 뜻을 행하였느냐?"라고 하시니, 그
들이 주께 말씀드리기를 "첫째이니이다."라고 하니, 예수께서 그
들에게 말씀하시기를 "진실로 내가 너희에게 말하노니, 세리들과
창녀들이 너희보다 먼저 하나님의 나라에 들어갈 것이니라.
32 이는 요한이 의의 길로 너희에게 왔으나 너희가 그를 믿지 아니
하였기 때문이라. 그러나 세리들과 창녀들은 그를 믿었느니라. 너
희는 보고 나서도 뉘우치지 아니하였으며, 또 그를 믿지도 아니
하였느니라.

본 장이 예수 그리스도께서 왕으로 입성하시는 장임을 기억하라. 예수님께서는 약속된 다윗의 보좌를 차지하실 약속된 왕이시다. 우리는 9절에서 예수님께서 왕으로서 입성하시는 것과, 19절에서 저주받는 무화과나무와, 28절에서의 포도원과 33절에서의 포도원에 관한 말씀을 잘 연결시켜 보아야 한다.

포도원은 팔레스타인 땅이다. 이 땅은 약속된 다윗의 보좌가 있는 왕국이 세워질 자리이다. 그리고 예수님께서는 이 땅에 대한 법적인 상속자이시다(38절). 그런데 당시의 종교 지도자들은 잎사귀만 무성했지 열매 없는 무화과나무가 되어 예수님을 거부했다.

이에 25절에서 예수님께서 요한의 침례를 언급하시는 것은 매우 중요하다. 왜냐하면 요한의 침례는 예수님을 이스라엘에게 나타내기 위한 침례이기 때문이다(요 1:31). 요한은 재림 때의 엘리야의 모습으로 등장해서 유대인들에게 그들의 왕으로 소개하면서, 회개의 침례를 준다. "권위"에 관한 문제가 논쟁이 될 때 예수님께서 요한에 관해 질문하신 것은(25절) 그 요한이 전파한 메시아가 바로 자기라는 것을 알리시는 것이다.

요한이 전파한 것은 "영적 왕국"이 아니었다. 그가 전파한 것은 유대인에게 약속된 메시아가 팔레스타인 땅에서 다윗의 보좌에 앉아 다스릴 문자적인 "천국"이었다. 예수님께서는 바로 그 메시아로 예루살렘에 입성하셨으며, 자신의 왕으로서의 권위를 요한의 예로서 설명하시는 것이었다.

요한이 회개의 침례를 전파할 때 사람들의 반응은 두 가지로 나타났다. 예수님께서는 그 두 가지의 반응을 쉬운 질문으로 사람들에게 알려주셨다. 28-31절에서 질문하신 두 아들에 관한 질문은 누구도 올바로 대답할 수 있는 쉬운 질문이었다. 그 답은 아버지의 뜻을 행하는 자는 "가지 않겠다"고 대답한 후에 뉘우치고 갔던 아들이라는 것이다.

요한복음 6:29에는 아들을 믿는 것이 하나님의 일이라고 말하고 있다. 마태복음의 문맥에서, 특히 28-32절의 문맥에서 아버지의 뜻은 "뉘우치고 포도원으로 가는 것"이다. 그리고 이것은 회개하고 요한이 베푸는 침례를 받은 "세리들과 창녀들"에 적용된다. 문맥을 통해서 간다고 말하고 가지 않은 아들은 요한을 보고 나서도 뉘우치지 않고 믿지 않은 종교 지도자들이라는 것과, 가지 않겠다고 말한 후 뉘우치고 간 아들은 요한을 통해 회개했던 사람들임을 쉽게 알 수 있다.

종교 지도자들, 즉 바리새인들과 서기관들과 대제사장들은 "보고 나서도" 믿지 않았다. 그들은 B.C. 606년 바빌론 포로 이래로 유대인들에게 율법을 가르치고 올바른 길을 제시하고 그들을 "물가로" 인도했던 사람들이다. 그러나 정작 선지자(요한)와 메시아가 나타났을 때 그들은 자기들의 위치를 빼앗기기 싫었으며, 요한과 예수 그리스도가 하늘로부터 권위를 받은 자들임을 여러 가지 표적들을 통해 알았음에도 불구하고 왕을 거부했던 것이다. 결국 세리들과 창녀들과 죄인들은 "물가에" 와서 요한에게 침례를 받았으나 그들은 물로 들어가지 않았다.

요한은 "의의 길"을 제시했다(32절). 여기에서 우리는 다시 한번 "하나님의 나라"와 "의"(義)와의 관계를 깨닫게 된다. 사실 요한은 한 번도 영적인 "하나님의 나라"를 전파한 적이 없다. 마가복음을 통해서 예수님께서 하나님의 나라를 전파하신 것을 우리는 알 수 있지만 마태복음에서 요한이 "천국"을 전파한 이상으로 마가복음과 누가복음에서 요한이 "하나님의 나라"를 전파하는 것은 결코 볼 수 없다. 요한이 전파한 것은 오직 "유대인에게 약속된 메시아가 팔레스타인 땅에서 다윗의 보좌에 앉아 다스릴 문자적인 천국"이었다. 유대인에게 약속된 이 왕국은 한 번도 그 속성이 변하지 않았다. 유일하게 한 번 바뀌기는 하지만 그것은 어디까지나 일시적인 바뀜일 뿐이고(롬 11:1-29), 그때 그것은 신비적인 형태로 들어갈 뿐이다. 이것이 바울에게는 하나의 "신비"로 계시되었다. 하지만 이 신비는 그리스도께서 지상 사역을 하시던 그 시대에는 어떤 유대인에게도 계시되지 않았다.

그러나 우리는 마태복음 6:33에서 "하나님의 나라"와 "천국"의 연관성에 관해 공부했다. 아직 영적인 거듭남이라는 신약적인 복음이 제시되기 이전에 하나님의 나라를 구하라는 것은 도덕적으로, 또 영적으로 완벽한 상태에 이르라는 것이며, 그것은 마태복음 5:20에서 제시된 것과 같이 "율법의 의"와 관계된 것이었다. 그리고 마태복음 6:33에서는 천국이 임하기 이전에 유대인들은 하나님의 나라를 구해야 한다는 것을 말하고 있다. (마태복음 6장 주석 참조)

요한은 바로 그러한 의의 길로 왔다. 당연히 죄인들은 서기관들과 바리새인들의 의보다 뛰어나지 못했다. 그들은 그야말로 죄인들이기 때문이다. 그러나 그들은 서기관들과 바리새인들이 행하지 않았던 한 가지를 행했던 것이다. 그것은 바로 "회개하는 것"이었다. 예수님께서는 일찍이 『**나는 자비를 원하고 희생제를 원치 아니하느니라**』(마 9:13)라고 말씀하셨다. 세리들과 창녀들은 자기들에게 의가 없다는 것을 깨닫고 하나님의 "자비," 즉 "하나님의 의"를 받아들인 것이다. 그러므로 그들은 천국이 임하기 이전에 유대인들이 구해야 할 하나님의 나라를 구한 것이다. 이에 예수님께서는 『**진실로 내가 너희에게 말하노니, 세리들과 창녀들이 너희보다 먼저 하나님의 나라에 들어갈 것이니라.**』(31절)라고 말씀하셨다.

그러나 종교 지도자들은 달랐다. 그들은 잎만 무성한 무화과나무같이 "자기 의"만을 간직하고 있었으며, 자신들은 죄인들이 아니기에 하나님의 의를 필요로 하지 않았다. 그들은 마치 카인이 아벨의 제사를 보고 어떻게 제사를 드려야 하는지 깨달았음에도 불구하고 "뉘우치지 않고" 아벨을 죽인 것처럼 아벨로 예표가 되었던 예수님을 죽이게 된다. 이들에 대한 경고는 다음의 비유에서도 이어진다.

21:33 또 다른 비유를 들으라. 어떤 집주인이 있었는데, 그가 포도원을 만들어서 그 주위에 울타리를 두르고, 거기에 즙 짜는 틀을 파고 망대를 세워, 그것을 농부들에게 세로 주고 먼 나라로 떠났느니라.

34 그후 결실의 때가 가까워지자 그가 소출을 받아 오라고 자기 종들을 그 농부들에게 보냈더니,

35 농부들이 그 종들을 붙잡아 한 명은 때리고, 또 한 명은 죽이고, 다른 한 명은 돌로 쳤느니라.

36 다시 그가 다른 종들을 처음보다 더 많이 보냈더니, 그들이 그 종들에게도 그와 같이 행하였느니라.

37 그래서 마침내 그가 자기 아들을 그들에게 보내며 말하기를 '그들이 내 아들은 존중하리라.'고 하였느니라.

38 그러나 그 농부들이 그 아들을 보고 상의하기를 '이 사람은 상속자니, 자, 그를 죽이자. 그리고 그의 유산을 차지하자.'고 하며

39 그들이 그를 붙잡아 포도원 밖에 내어 던져 죽였느니라.

40 그러므로 포도원 주인이 오면 그 농부들에게 어떻게 하겠느냐?" 라고 하시니

41 그들이 주께 말씀드리기를 "그가 그 악한 자들을 비참하게 죽일 것이며, 또 그 포도원을 제 때에 소출을 바칠 다른 농부들에게 세로 주리이다."라고 하더라.

이 비유는 20:1-15에서 설명했다. "집주인"은 하나님이시고, "상속자"는 예수 그리스도이시고, 포도원은 이스라엘로, 아들이 받을 유업이다. 이 비유는 앞의 "두 아들"에 관한 질문과도 연결되는데, 이 비유에서 악한 종들은 천국을 폭력으로 찬탈하고 있던 종교 지도자들이다(마 11:12). 이들은 아들의 유산을 자기들이 차지하기 위해 아들을 죽인다. 이들은 다윗에게 약속된 왕국이 문자적인 팔레스타인 땅에 속한 실제적인 왕국이라는 것은 알았다. 그들은 단지 그 왕국을 자기들의 손에서 빼앗기기 싫어서 왕을 죽이는 것이다.

그때 포도원 주인이 나타나서 그들을 비참하게 죽이고 그 포도원을 제 때에 소출을 바칠 다른 농부들에게 주게 된다. 이때 이 유업은 영적인 유업으로 전환되며, 세리들과 창녀들이 먼저 이 나라에 들어가게 되고, 이 유업은 또 하나의 "거룩한 민족"인 교회에게 주어진다. 이 유업이 영적인 유업으로 전환된다는 것은 43절에서 "하나님의 나라"를 다른 민족에게 준다고 조건 지워져 있기 때문이다. 다른 민족, 즉 교회는 유대인에게 주어진 팔레스타인 땅과는 관계가 없기에 예수님께서는 "천국"이라고 말씀하시지 않고 의도적으로 "하나님의 나라"라고 말씀하신 것이다. 팔레스타인에 세워질 "천국"은 여전히 유대인에게 속해 있다. 그러므로 이 유업이 영적인 유업으로 전환되었다는 것은 천국의 속성이 영적인 것으로 바뀌었다는 것이 아니라, 예수님께서 이스라엘에게 주시려고 했던 것 중에 영적인 부분만 교회에게 넘겨졌다는 것으로 이해해야 한다.

『**그들이 그를 붙잡아 포도원 밖에 내어 던져 죽였느니라**』(39절).

이것은 히브리서 13:12,13에서 확인된다. 예수님은 성 밖에서 처형되셨다. 『**그런즉 예수께서도 자신의 피로써 사람들을 거룩하게 하시려고 성문 밖에서 고난을 받으셨느니라. 그러므로 우리도 그의 수치를 짊어지고 진영 밖에 있는 그에게로 나아가자**』(히 13:12,13).

『**포도원 주인이 오면**』(40절).

이것은 즉시로 성취되면서, 또한 미래에 성취될 것이다. 미래에 성취된다는 것은 예수 그리스도의 재림을 말하는데, 요한계시록 11:1-5에서 예수 그리스도께서 왕국을 차지하시는 사건에 적용된다. 그러나 즉시로 성취된다는 것은 A.D. 70년에 있었던 예루살렘의 파괴에 적용된다. (이 두 가지가 한꺼번에 성취될 가능성은 사도행전 7장이었다. 사도행전 7장까지 초림과 재림의 상황이 함께 진행된다는 점을 기억하라.) 그래서 이 구절에 대한 역사적인 적용은 A.D. 70년에 예루살렘이 파괴되고 교회 시대가 뒤따른다는 것이며(43절), 교리적인 적용은 예수 그리스도께서 재림하셔서 그분의 유업을 차지하신다는 것이다. 영적인 적용을 한다면, 각 사람은 예수 그리스도를 하나님의 아들로 받아들여야 한다는 것으로 적용할 수 있겠다.

『**그가 그 악한 자들을 비참하게 죽일 것이며**』(41절).

A.D. 70년에 로마 장군 티투스는 예루살렘을 약탈했고 500명의 유대인들을 성 밖에서 "비참하게" 나무에 달아 죽였다.

『**또 그 포도원을 제 때에 소출을 바칠 다른 농부들에게 세로 주리이다**』(41절).

"다른 농부들"은 43절에서 "민족"으로 설명된다. 이 "민족"은 교회이다. 교회는 베드로전서 2:9에서 "거룩한 민족"(holy nation)이라고 불린다. 그러나 성경에서 "거룩한 민족"이라고 불리는 것은 또한 이스라엘이다. 『**그러므로 이제 만일 너희가 참으로 내 음성에 복종하고 나의 언약을 지키면 너희는 모든 백성보다 나에게 독특한 보물이 되리니, 이는 온 땅이 내 것임이라. 너희는 나에게 제사장들의 왕국이 되며 거룩한 민족이 되리라**』(출 19:5,6). 그러므로 이것은 베드로전서 2:9의 "거룩한 민족"이 환란 중에 있을 이스라엘의 남는 자들을 언급할 수도 있다는 가능성을 제시해 준다. 이것이 가능한 것은 44절에서의 "돌"은 다니엘서 2장과 연관시켜 볼 때 재림을 말하는 것이 분명하기 때문이다.

21:42 예수께서 그들에게 말씀하시기를 "너희는 성경에서 '건축자들이 버린 돌이 모퉁이의 머릿돌이 되었도다. 이는 주께서 하신 일이라. 우리 눈에 기이하도다.' 하신 말씀을 읽어 보지 못하였느냐?

43 그러므로 내가 너희에게 말하노니, 하나님의 나라를 너희에게서 빼앗아 그 소출을 가져올 민족에게 주리라.

44 또 누구든지 이 돌 위에 떨어지는 사람은 부서질 것이요, 이 돌이 누구에게든지 떨어지면 그 사람을 가루로 만들 것이라."고 하시니

45 선임 제사장들과 바리새인들이 그의 비유들을 듣고 자기들에 대하여 말한 것인 줄 알더라.

46 한편 그들은 주를 붙잡으려고 기회를 엿보나 무리가 그를 선지자

로 여기므로 무리를 두려워하더라.

이 인용은 이사야 28:13-16과 시편 118:22의 인용인데, 베드로전서 2:1-11에서 반복된다.

『**건축자들이 버린 돌**』(42절).

이 돌은 다니엘 2장에서 "사람의 손으로 다듬지 않은" 돌이며, 고린도전서 10:1-4의 "산 돌"이고, 스카랴 3:9의 돌이다. 신명기 32:31에서처럼 "다른 반석"을 가진 로마카톨릭은 이 돌을 싫어하며, 이 돌은 건축자들(builders - kingdom builders, 예수 그리스도 없이 천국을 건설하려는 사람들)이 버린 돌이다.

『**모퉁이의 머릿돌이 되었도다**』(42절).

이것은 뭔가 특별한 건축물이다. 이 건물은 모퉁잇돌과 머릿돌이 똑같다. 이것은 "피라미드"인데, 피라미드는 유일하게 모퉁잇돌과 머릿돌이 똑같은 구조로 이루어진 건축물이다. 피라미드의 머릿돌은 다섯 번째의 모퉁잇돌이다. 이 구조물은 우주의 구조이기도 하며, 예수님의 우주적인 몸으로 묘사되기도 한다.

『**우리 눈에 기이하도다**』(42절).

"기이하다"(marvellous)는 말은 "신비"(mystery)와 연관된다.

『**또 누구든지 이 돌 위에 떨어지는 사람은 부서질 것이요, 이 돌이 누**

구에게든지 떨어지면 그 사람을 가루로 만들 것이라』(44절).

이 구절은 이사야 8:14과 연관된 구절인데, 이사야에서는 "넘어지는 돌"과 "거침이 되는 반석"을 언급하고 있다(벧전 2:8). 그래서 본문은 악한 자들을 벌하는 의미에서의 반석인데, 본문은 또한 두 부분으로 나뉘어 적용이 된다.

이 구절의 앞부분, 즉 『**누구든지 이 돌 위에 떨어지는 사람은 부서질 것이요**』는 예수 그리스도의 초림에 적용이 되고, 뒷부분 『**이 돌이 누구에게든지 떨어지면 그 사람을 가루로 만들 것이라**』는 재림에 적용이 된다.

초림에 적용되는 것은 예수 그리스도를 믿지 않는 사람들이 그에 걸려 넘어진다는 말인데, 자기 의를 자랑하는 종교적 위선자들에게 해당되는 말이다. 이것은 로마서 9:32,33과 베드로전서 2:8에서 정확하게 설명한다. 이 구절들은 예수 그리스도의 복음을 믿지 않는 사람들이 당할 수치를 말하고 있다(벧전 2:6).

재림에 관한 부분은 두말할 나위 없이 다니엘 2장이다. 『**왕께서 보셨는데, 손으로 다듬지 아니한 돌이 철과 진흙으로 된 그 형상의 발을 쳐서 산산이 부수니, 그 철과 진흙과 놋과 은과 금이 함께 산산이 부서져서 여름 타작마당의 쭉정이같이 되어 바람에 날려 사라져 간 곳이 없어졌으며, 그 형상을 친 돌은 태산을 이루어서 온 세상을 가득 채웠나이다**』(단 2:34,35). 『**이들 왕들의 때에 하늘의 하나님께서 결코 멸망하지 않는 한 왕국을 세우시리니, 그 왕국은 다른 백성에게 넘겨지지 않을 것이요, 도리어 그 왕국이 이 모든 왕국들을 쳐부수고 멸하여 영원히 설 것이니이다**』(단 2:44). 재림 때의 예수 그리스도는 이방 왕국들을 부셔 산산조각 낸다.

예수 그리스도께서도 구약의 선지자들처럼 초림과 재림의 사건들을 같이 말씀하신 것은 초림과 재림의 상황의 유사성과 연속성을 말해 준다. 예수님께서는 비록 13장에서 천국의 신비를 말씀하시면서 교회 시대를 언급하시고, 여기서도 교회를 가리켜 "한 민족"을 언급하고 계시지만, 이 당시 유대인들이 바라보고 있던 것은 오직 다윗에게 약속하신 문자적인 왕국, 즉 "천국"이었다. 예수님께서 교회 시대를 언급하시는 것과 하나님의 나라를 언급하시는 것은 그분의 거부가 확실시되고 그분의 죽음이 임박해질수록 더욱 구체화된다.

『**선임 제사장들과 바리새인들이 그의 비유들을 듣고 자기들에 대하여 말한 것인 줄 알더라**』(45절).

예수 그리스도의 죽음이 임박할수록 그분의 대적들의 분노도 커진다. 그들은 예수님이 자기들에 대해 그러한 비유를 말씀하심을 알았고, 그 돌에 맞아 부서지는 사람도 자기들을 언급하는 것임을 알았다. 그럼에도 불구하고 그들은 죄인들과 창녀들처럼 "회개"하지 않고 주님을 붙잡으려 한다. 그들은 계속해서 왕국에 대한 그들의 기득권을 놓지 않으려는 것이다. 그러나 그들은 26절과 똑같은 자세로 나오는데, 무리가 요한을 선지자로 여기므로 그를 비방하지 못했던 것처럼, 무리가 예수님을 선지자로 여기므로(11절) 주님을 잡지 못했다. 그들은 무리가 없을 때 주님을 붙잡는다(마 26:47-50). 위선자들의 또 하나의 특징은 사람을 두려워한다는 것이다.

마태복음 22장

22장에서 우리는 13개의 천국 비유 중 10번째의 천국 비유를 대하게 된다. 마태복음에 나오는 13개의 천국 비유 중 어떤 것들은 교회 시대에 천국이 신비적으로 감추어진 모습을 보여 주기도 하고, 어떤 것들은 실제적인 천국의 모습을 보여 주기도 한다. 그러나 신비적으로 감추어진 모습일지라도 천국에 유입되는 과정을 그리고 있다는 점에서 이 모든 천국 비유들은 실제적인 천국과 연관된 모습으로 일관되어 있다. 여기서 보게 될 10번째의 천국 비유도 역시 천국으로 들어갈 때의 모습에 해당되는 비유이다.

22:1 또 예수께서 대답하여 그들에게 다시 비유로 일러, 말씀하시기를
2 "천국은 마치 자기 아들을 혼인시킨 어떤 왕과 같으니

3 왕이 혼인 잔치에 초대받은 사람들을 불러오라고 자기 종들을 보냈으나 그 사람들은 오려고 하지 아니하였느니라.

4 다시 그가 다른 종들을 보내면서 말하기를 '초대받은 자들에게 말하라. 보라, 내가 만찬을 준비하였고, 내 소와 살진 짐승을 잡았으며, 또 모든 것이 준비되었으니 혼인식에 오라 하라.'고 일렀느니라.

5 그러나 그들은 개의치 아니하고 어떤 사람은 자기 밭으로, 또 어떤 사람은 장사하러 갔으며

6 남은 자들은 그 종들을 붙잡아 모욕을 주고 죽였느니라.

7 왕이 이 말을 듣고 분노하여 자기 군대를 보내어 그 살인자들을 죽이고 그들의 성읍을 불살라 버렸느니라.

8 그리고 나서 자기 종들에게 말하기를 '혼인 잔치는 마련되었으나 초대받은 사람들은 합당치 않도다.

9 그러므로 너희는 대로로 나가서 사람들을 만나는 대로 전부 혼인식에 청해 오라.'고 하였더니

10 종들이 대로에 나가서, 악하거나 선하거나 만나는 대로 다 불러오니, 그 혼인 잔치가 손님들로 가득 찼느니라.

이 비유는 마태복음 25장에 있는 "열 처녀"의 비유처럼 많은 주석가들에 의해서 교회에다가 잘못 적용되고 있는 비유이다.

이 비유는 역사적으로는 예수님의 초림 때에 예수님을 거부한 사람들에게 적용시킬 수 있다. 6,7절에는 예수님을 거부한 당시의 유대인들의 모습이 나오며, 특히 7절에서 살인자들을 죽인다는 것은 A.D. 70년의 예루살렘 파괴에 직접적으로 적용시킬 수 있다(마 21:41).

또 영적으로 이 비유를 설명하면, 하나님께서 복음으로 사람들을 어린 양의 혼인식(시 45편, 계 19:4-10)에 오라고 초청하실 때 나타나는 여러 가지의 반응으로 적용할 수 있다. 우리는 이 비유를 사용하여 복음을 전할 수 있고, 예수님의 의라는 세마포를 입으라고 설교할 수도 있다. 그러나 이 비유를 교회 시대에 복음을 전하는 것으로 교리적으로 해석한다면 다음 구절에서 여러 가지의 문제가 발생한다.

22:11 왕이 손님들을 보러 들어가서, 거기에 예복을 입지 않은 한 사람을 보고

12 그에게 말하기를 '친구여, 그대는 어찌하여 예복도 입지 않고 여기에 들어왔는가?'라고 하니, 그가 아무 말도 없었느니라.

13 그러자 왕이 종들에게 말하기를 '그 사람의 손과 발을 묶어서 데리고 나가 바깥 흑암에 내어 던지라. 거기서 울며 이를 갈고 있으리라.'고 하였느니라.

14 부름을 받은 사람들은 많아도 택함을 받은 사람들은 적으니라." 고 하시니라.

여기에는 옷을 입지 않았기 때문에 구원받지 못한 한 사람이 등장한다. 그는 저주받아 바깥 흑암에 던져진다. 이 문제에 대해 알미니안주의자들은 구원받은 이후에 구원을 잃어버릴 수 있다고 주장한다. 이 사람은 예수님을 영접했으나 마지막 심판 때에 옷이 없으므로 내버려진다는 것이다. 이러한 주장은 요한계시록 16:15로 뒷받침되는 것처럼 보인다. 『**보라, 내**

가 도둑같이 오리니 깨어 있어 자기 옷을 지켜서 벗은 채로 다니지 아니하고, 사람들에게 자기 수치를 보이지 않는 자는 복이 있도다』(계 16:15). 구원받은 사람들도 구원을 잃어버리지 않기 위해 옷을 지켜야 한다는 것이다.

또 다른 사람들은(후천년주의자들이나 무천년주의자들) 복음을 받아들이는 사람들로 해석을 한다. 그들은 요한계시록 3:20이나 누가복음 14:15을 들면서 이것은 복음을 받아들인 자들의 잔치로 보아, 이 비유 전체를 교회 시대에 적용한다. 이때 복음을 거부한 손님들은 이스라엘이며 그들은 영원히 거부당했고, 복음을 받아들인 손님들은 이방인들이며 이들은 영원히 받아들여진다는 것이다.

후천년주의자들이나 무천년주의자들에 따라서 이 비유를 해석한다면, 2절의 아들을 혼인시키는 왕은 하나님이고, 3-6절은 예수님을 거부한 유대인들이고, 7절에서 그들은 A.D. 70년에 파멸된다. 8-10절은 하나님께서 자신의 이름을 위해(행 15:14) 부르신 이방인들로 적용할 수 있으며, 그래서 손님들은 교회 시대에 예수 그리스도를 믿어 구원받은 사람들이 된다. 이 해석은 10절까지는 문제없이 진행된다.

그러나 문제는 11절부터 발생한다. 구원받아 혼인식에 참석한 그리스도의 몸의 지체의 일부가 옷이 없다는 이유로 손과 발이 묶여 바깥 흑암에 던져지는 것이다(13절). 그래서 그들은 이렇게 애매한 문제에 닥쳤을 때, 이 비유를 "일반적인 진리," 즉 복음을 전할 때 나타나는 것에 대한 반응 정도로만 제한한다.

이 비유에서 그들이 간과하는 것은 "초대받은 손님"에 관한 문제이다. 손님은 단순히 초대받은 손님일 뿐 절대로 신부가 될 수 없다. 이들은 신부가 아닐뿐더러 "친구"도 아니다(요 3:29). 그리스도의 몸은 한 순결한 처녀로서 한 남편과 정혼했으나(엡 5:25-32, 고후 11:1-4), "손님"들은 아무와도 정혼하지 않았다. 그들은 단수가 아니라 복수이다(손님"들"). 우리는 마태복음 25장에서도 "한 처녀"가 아니라 "열 처녀"(복수)를 본다.

그리스도의 신부는 이브가 아담의 몸이었던 것처럼 지금 그리스도의 몸이다(고후 12:1-20). 그러나 혼인잔치에 온 손님들은 단순히 손님일 뿐, 더 이상 아무것도 아니다. 그들은 결코 그리스도의 몸 안에 들어오지 않았고, 앞으로도 들어오지 않을 것이다.

왕은 하나님이다(2절).

아들은 예수 그리스도이시다(2절).

신부는 교회이다.

잔치는 마태복음 26:29과 누가복음 22:30에서 보는 것과 같이 혼인식 이후에 있게 될 잔치인데, 누가복음 12:35-38에서는 종들이 혼인식에서 돌아오는 주인을 기다린다. 여기서 결혼하러 올라가는 사람은 없다.

3-6절은 예수님의 초림 때 예수님을 거부하고 예수님과 그 제자들을 죽이고 박해한 유대인들로, 하나님께서는 그들을 A.D. 70년에 멸망시킨다.

문제는 여기부터인데, 사람들이 이 비유에서 간과하는 또 하나는 여기에 교회가 언급되지 않는다는 것이다. 교회는 아직 계시되지 않았다. 그리고 8-14절은 곧바로 대환란으로 넘어간다. 이때는 "야곱의 고난의 때"로, 교회는 이미 휴거된 상태이며 하나님께서는 이스라엘 중에서 혼인잔치에 참여시킬 "손님들"을 모으신다. 그래서 손님들은 한 명이 아니라 여러 명이며, 그들은 마태복음 25장에서 "처녀들"로 나타난다.

요한계시록 7장에서 이들은 144,000명으로 나타나는데, 이들은 대환란을 통과하는, 하나님의 인을 받은 유대인 "남은 자"들이다. 이들은 교회 시대와는 관계없고, 환란 끝에 휴거된다(마 24:30,31). 그래서 그들은 신부가 아니며, 다니엘의 70번째 주를 믿음과 인내로 견디는 환란성도들이다. 환란성도들은 구원을 잃어버릴 수 있다. 그들은 그리스도의 몸인 교회 시대의 성도들과는 달리 끝까지 견디지 않으면 구원을 잃어버린다.

문제는 11절에 등장하는 예복을 입지 않은 사람이 누구냐는 것이다. 이 사람은 "손님"이 아니다. 그는 "예복을 입지 않은 한 사람"이라고 불린다. 예복은 혼인잔치에 들어오기 위한 "통행증"과 같다. 예복을 입지 않고는 여기에 들어올 수 없다. 그는 불청객이다.

환란성도들에게는 예복이 주어지는데(계 6:11; 7:9), 이 사람은 예복이 없거나 아니면 잃어버렸다(계 16:15). 그러므로 그는 "성도"가 아니다. 그는 왕의 아들의 혼인 잔치 자리에 참여할 만한 자격 있는 "손님"이 아니다. 그리고 그는 마태복음 25:30에 나와 있는 "쓸모없는 종"과 같은 운명에 처한다. 그러므로 그가 만약 환란성도였다면 끝까지 견디지 않아서 구원을 잃어버린 사람이 된다. 그러나 만약 그가 아예 환란성도가 아니었다면 누구인가?

12절에서는 『**친구여, 그대는 어찌하여 예복도 입지 않고 여기에 들어왔는가?**』라고 말한다. 여기서 "친구여"라는 말은 예수님께서 수요일 새벽 겟세마네에서 유다 이스카리옷에게 했던 말과 같다. 『**친구여, 네가 무슨 일로 여기 왔느냐?**』(마 26:50) 또한 시편 55:13에서는 이 배반자를 "벗"이라고 말한다.

그는 원래 사람이 아니라 마귀였다(요 6:70,71). 그는 죽었을 때 지옥이 아니라 "자기 거처"로 갔다(행 1:25). 그는 자신의 거처에서 왕이고(계 9장), 그의 명칭은 "멸망의 아들"(요 17:12)이다. 이것은 또한 적그리스도의 명칭이기도 한데(살후 2:1-6). 적그리스도는 짐승이다(계 13:18). 지금 이 짐승은 "끝없는 구렁"에 있는데(계 17:5-9), 그는 멸망의 아들이므로 다시 이 "멸망"으로 들어갈 것이다(계 17:8). 그는 사탄이 육신을 입은 존재인데(창 3:15), 이 사탄은 교회의 휴거 이후 혼인식 동안 하늘에 나타난다. 마태복음 22장에서 그 불청객은 "손과 발이 묶여"지는데, 요한계시록 20:1-3에서 사탄도 "묶여"진다. 그리고 이 일은 환란 끝에 있게 될 것이다. (자세한 것은 피터 럭크만의 〈짐승의 표〉를 볼 것.)

그러므로 예복을 입지 않은 사람은 대환란 중 구원을 잃어버린 사람이거나, 아니면 유다 이스카리옷이다.

그러나 이러한 교리적 해석에도 불구하고 이 비유를 통해 영적 진리를 증거하는 것은 가능하다. 요한계시록 3:20에는 예수님께서 우리를 초청하시면서 우리와 함께 먹고 마시자고 말씀하셨다. 또 이사야 55:1,2와 잠언 9:1,2에서도 주님께서는 우리에게 잔치를 베풀고 계신다. 누구든지 원하는 자는 와서 이 잔치에 참여할 수 있다. 주님은 주님의 의의 옷을 사람들에게 주셨고, 그 옷을 받는 자마다 이 잔치에 참여할 수 있다. 그러나 그 옷을 거부하면 결코 이 잔치에 참여하지 못한다. (피터 럭크만의 〈일곱으로 일하시는 하나님〉 중 "4. 일곱 부활"에서 '일곱째 부활 - 죽은 자들의 부활' 참조.)

『부름을 받은 사람들은 많아도 택함을 받은 사람들은 적으니라."고 하시니라』(14절).

많은 사람이 초대를 받았으나 초대에 응한 사람은 적었다. 이 말씀은 마태복음 20:16에서도 나오는데, 거기에는 일꾼들이 사역하는 것과 연관되어 설명하고 있다. 이 비유가 사도들의 때부터 대환란 때까지에 적용된다는 점에서 20장과 연관성이 있다. (1-6절은 사도들의 때에 적용되고, 9-10절은 대환란 때에 적용된다.) 그러므로 초대에 응한, "택함을 받은 사람들"은 올바르게 사역한 사람들을 가리킨다. 그리스도를 거부하고 거짓 선지자나 거짓 교사가 되어 백성들을 미혹한 거짓 종들은 모두 바깥 흑암에서 울며 이를 갈고 있게 된다(마 8:12; 13:42; 22:13; 24:51; 25:30). 24:51에서는 이 형벌이 위선자들의 몫이라고 말하며, 25:30에서는 쓸모없는 종이 받는 형벌이라고 말한다. 그리고 그들을 따라 미혹된 자들도 그들과 같은 형벌을 받게 된다(벧후 2:19).

여기서 택함받았다는 것은 그의 행위에 대한 결과로 택함받은 것임을 주목하라. 왕의 초대를 받은 많은 사람 중에서 그 초대에 응한 사람들만이 택함을 받은 것이라고 말하고 있다. 그러므로 초대에 응하지 않은 사람은 택함받지 않은 것이다. 이것은 교회 시대에도 동일하다. 하나님께서 예수 그리스도를 통하여 죄인에게 구원의 길을 제시했을 때 복음을 받아들인 사람은 에베소서 1:4에 따라 그리스도의 몸 안에 들어오게 되어 택함을 받는 것이나, 복음을 받아들이지 않는 사람은 그리스도 안에 들어오지 못하게 되어 택함을 받지 못한다. 결코 택함을 받아야 복음을 받아들이게 된다는 극단적 칼빈주의의 교리에 속지 말라.

22:15 그때에 바리새인들이 가서 어떻게 하면 그가 말하는 것으로 올가

미를 씌울까 하고 의논하더라.
16 또 그들은 자기들의 제자들을 헤롯 당원들과 함께 그에게 보내어
말씀드리기를 "선생님, 우리들은 당신이 진실하시며 또 진리로 하
나님의 길을 가르치시며 아무도 개의치 않으시는 것을 아오니, 이
는 사람들을 외모로 보지 않으시기 때문이니이다.
17 그러므로 선생님의 의견을 우리에게 말씀해 주소서. 카이사에게
세금을 내는 것이 옳으니이까, 옳지 아니하나이까?" 하니,
18 예수께서 그들의 사악함을 아시고 말씀하시기를 "너희 위선자들
아, 어찌하여 너희가 나를 시험하느냐?
19 세금 내는 동전을 내게 보이라."고 하시니, 그들이 데나리온 한
닢을 주께 가져오더라.
20 주께서 그들에게 말씀하시기를 "이 형상과 새겨진 글이 누구의
것이냐?"고 하시니
21 그들이 "카이사의 것이니이다."라고 주께 말씀드리자 주께서 그들
에게 말씀하시기를 "그러면 카이사의 것은 카이사에게, 하나님의
것은 하나님께 바치라."고 하시더라.
22 그들이 이런 말씀을 듣고 놀라서 주를 떠나가더라.

이 때는 아직 화요일 오전이다. 로마카톨릭은 이 사건과 최후의 만찬 사이에 이틀을 더 삽입하지만, 이 사건과 최후의 만찬 사이에는 몇 시간이 남지 않았다. 예수님은 이날 저녁에 최후의 만찬을 하신 것이다.

『그때에 바리새인들이 가서 어떻게 하면 그가 말하는 것으로 올가미를

씌울까 하고 의논하더라』(15절).

마지막까지 예수님의 대적의 자리에 서게 되는 바리새인들은 예수님에게서 흠을 잡기 위해 항상 노력한다. 그들은 지속적으로 예수님과 논쟁하다가 논쟁으로서는 한 번도 이기지 못하자 마지막에는 군중들과 무력을 동원해서 예수님을 십자가에 못박는다.

바리새인들은 당시에 경건한 근본주의자이며 분리주의자였다. 그러나 그들은 필요에 따라서는 자기들과 다른 교리를 가진 사람들과도 연합을 한다. 16장에서 그들은 사두개인들과 연합하여 예수님을 공격했다. 이번에는 헤롯당원들과 연합한다.

누가복음 20:20에서는 이들의 음모가 더욱 구체적으로 드러난다. 그들은 예수님께서 그들의 질문에 답하기를 기다렸다가 책잡아서 총독의 권력과 권세에 예수님을 넘겨주려 한 것이다. 이들은 예수님께 올가미를 씌우려고 질문을 했지만 결국 그들이 올가미에 걸리고 말았다.

헤롯당원들은 마가복음 3:6과 8:15에서도 나타나는데, 그들은 예수님의 사역 초기부터 바리새인들과 연합하여 예수님을 죽이려고 모의하였다. 마가복음 8:15에서는 헤롯당원들에게서도 바리새인들에게서처럼 누룩이 발견된다.

『선생님, 우리들은 당신이 진실하시며 또 진리로 하나님의 길을 가르치시며 아무도 개의치 않으시는 것을 아오니, 이는 사람들을 외모로 보지 않으시기 때문이니이다』(16절).

요한복음 3:1-3에서 니코데모도 이와 비슷한 말을 했다. **『랍비여, 우리는 당신이 하나님께로부터 오신 선생이신 줄을 아나이다. 이는 하나님**

께서 함께하지 아니하시면 아무도 당신이 행하시는 이런 기적들을 행할 수 없기 때문이니이다』(요 3:2). 바리새인들은 예수님을 시험하기 전에 이런 아부성 발언을 했는데, 사실 그들의 말대로 예수님은 진실하신 분이며, 진리로 가르치시는 분이다. 주님은 사람을 개의치 않으셨는데, 심지어 유다 이스카리옷마저도 베드로나 요한처럼 친절하게 대하셨다(요 13:1-26).

『**그러므로 선생님의 의견을 우리에게 말씀해 주소서. 카이사에게 세금을 내는 것이 옳으니이까, 옳지 아니하나이까?**』(17절)

이들은 21:24,25에서 예수님께서 침례인 요한의 권세에 대해 질문하신 것을 흉내 내어, 예수님께도 그러한 양자택일의 질문을 한다. 그들은 "만일 그가 '세금을 내는 것이 옳다.'라고 말한다면 그는 신명기에서 이방인을 왕으로 삼지 말라는 모세의 율법을 어기는 것이요(신 17:14-20), 만일 그가 '세금을 내는 것이 옳지 않다.'라고 말하면 정치적으로 죄인이 되는 것이다."라고 생각했다. 그러나 양자택일에서 두 가지 경우를 걱정하여 대답하지 못하는 것은 바리새인들이나 20세기의 인본주의자들의 특성일 뿐, 다른 사람들은 그런 것을 개의치 않았다. 베드로도 17:26에서 분명하게 한 가지를 대답했다.

예수님은 분명히 그들보다 한 수 위에 계신다. 주님은 그들을 올무에 빠뜨릴 대답을 하신 것이다. 『**그러면 카이사의 것은 카이사에게, 하나님의 것은 하나님께 바치라**』(21절).

세금에 관한 문제는 17장에서도 한 번 대두되었다. 예수님은 천국의 아들들의 면세 특권에 대해 말씀하셨으나 사람들을 실족시키지 않게 하기 위해 세금을 내셨다. 그럼에도 불구하고 그들이 다시 한번 세금 문제를 통해 예수님을 시험하는 것은 그들의 종교적 힘만으로는 예수님을 대적할 수 없기에 정치적인 힘을 빌어 예수님을 붙잡으려고 하는 것이다. 이들의 위선은 자기들의 주장을 관철시키기 위해서 거짓말을 하기에까지 이른다. 그들은 누가복음 23:2에서 예수님께서 카이사에게 세금 내는 것을 금했다고 거짓증거를 한다(출 20:16). 이것은 마태복음 11:19에서 예수님에게 술을 즐기는 자라고 거짓 비방을 한 것과 같다. 이것은 18절에서 나타난 것과 같이 그들의 "사악함"과 "위선"이며, 누가복음 20:23에서 나타난 것처럼 그들의 "간계"이다.

『세금 내는 동전을 내게 보이라... 이 형상과 새겨진 글이 누구의 것이냐?... 그러면 카이사의 것은 카이사에게, 하나님의 것은 하나님께 바치라』 (19,20,21절).

이것은 또한 2,000년 교회사 동안 끊임없이 대두되어 왔던 교회-국가(church-state)의 문제를 명확하게 해결해 주는 구절이다. 예수님께서는 하나님께 낼 것은 하나님께 내고, 국가에 낼 것은 국가에 내라고 말씀하셨다. 만일 하나님께 내야 할 것을 국가에 내거나 국가에 내야 할 것을 하나님께 낸다면 그것은 잘못이다. 그러나 로마카톨릭이라는 거대한 정치-종교 집단은 이 둘을 합쳐서 국가에 들어온 세금도 교회로 가져오고, 교회로 들어온 세금도 바티칸 국가로 가져간다. 이 일로 인해 많은 전쟁들이 있었으나 아직까지 명확히 해결하지 못한 것은 그들이 본문을 무시하고 있기 때문이다. 지금도 전 세계에 있는 카톨릭 교회에서 걷은 헌금은 바티칸 국가에서 통제하고 있다.

마태복음 17:26에서 예수님께서 베드로에게 "그러면 그 자손들은 면세니라."고 하신 것은 왕국, 즉 주님께서 다스릴 천국에서 그 자손들이 면세라는 말이지, 아직 천국이 임하지 않은 상태에서 그리스도인이 국가에 대해 면세 특권을 누린다는 말이 아니다. 그리스도인이 국가에 세금을 내는 것이 올바른 것은 로마서 13:1-7에서 명확히 제시하고 있다. 『**이러한 연유로 너희가 세금도 내는 것이니 이는 그들이 하나님의 일꾼들로서 바로 이 일에 전념하게 하려 함이니라. 그러므로 모든 사람에게 의무를 다하되 국세를 낼 자에게 국세를 내고 관세를 낼 자에게 관세를 내며 두려워할 자를 두려워하고 존경할 자를 존경하라**』(롬 13:6,7).

『**세금 내는 동전을 내게 보이라... 이 형상과 새겨진 글이 누구의 것이냐?**』(19,20절)

사실 카이사에게 세금을 내는 행위는 없어야 한다. 그들은 하나님의 통치를 받아야 했고, 다윗에게 약속한 메시아께서 임하시기만 한다면 오히려 카이사가 이스라엘에게 세금을 내야 했을 것이다(왕상 4:21-25). 그러나 사무엘상 8:7의 반역 이후로 그들의 지속적인 반역은 하나님으로 하여금 그들의 왕이 되시지 못하게 했다. 그들은 지금 원하든지 원하지 않든지 로마의 지배를 받고 있는 것이다. 이 상태에서 그들이 카이사의 것으로 카이사에게 세금을 내는 것은 신명기의 율법을 어기는 것이 아니었다. 신명기의 율법은 하나님의 뜻 안에 있는 민족에게 적용되는 것이다. 그들은 지금 하나님의 뜻 안에 있지 않고, 로마의 지배하에 있다. 그들은 이방인에게 세금을 내지 않기 위해 노력하기보다는 그들의 메시아를 받아들여 하루 빨리 이방인의 지배에서 벗어나도록 힘써야 했다.

22:23 그 날 부활이 없다고 말하는 사두개인들이 주께 와서 물어
24 말씀드리기를 "선생님, 모세가 말하기를 '어떤 사람이 자손이 없
이 죽으면 그의 아우가 형의 아내와 혼인하여 자기 형을 위하여
씨를 세우라.'고 하였나이다.
25 우리 가운데 일곱 형제가 있었는데, 첫째가 혼인하여 살다가 죽
었으나 후손이 없으므로 자기 아내를 다음 아우에게 물려주었고
26 그 둘째도 셋째도 일곱째까지도 그렇게 하였는데
27 마침내 그 여인도 죽었나이다.
28 그러므로 그들 모두가 그 여인을 취하였으니 부활 때에 그 여인
은 일곱 가운데 누구의 아내가 되겠나이까?"라고 하니,
29 예수께서 대답하여 그들에게 말씀하시기를 "너희가 성경도, 하나
님의 능력도 모르므로 오해하고 있도다.
30 부활 때에는 그들은 장가도 시집도 가지 아니하고 하늘에 있는
하나님의 천사들과 같으니라.

사두개인들은 부활도, 영도, 천사들도 믿지 않는 자유주의자들이다. 그들은 마태복음 16장에서는 자신들과 교리를 달리하는 바리새인들과 연합하여 예수님을 공격했는데, 여기서는 독자적으로 예수님을 공격한다. 그들이 16장에서 바리새인들과 연합한 것은 일시적인 연합이다. 그들은 그 후에 바로 자신들의 길을 걸었다. 누가복음 20장에서는 사두개인들이 예수님께 당한 것을 서기관들(이들은 항상 바리새인들과 한 무리들이다.)이 좋아하며(눅 20:39), 사도행전 23장에서는 사두개인들과 바리새인들의 분란 끝에 바리새인들이 바울의 편을 들기까지 한다(행 23:6-9).

거짓 교리를 주장하는 많은 사람들처럼 사두개인들도 자기들의 교리를 나름대로 성경에 근거하고 있었다. 그들은 부활이 없다고 주장하는 근거로 신명기 25:5을 인용한다. 만약 부활 때에 모든 사람들이 살아난다면 모세의 율법에 따라 여러 명의 형제들과 차례대로 결혼한 여자는 누구의 아내가 되겠느냐는 것이다. 그러나 말씀을 올바로 나누지 못하여 잘못 생겨난 교리는 적절하게 나누어진 말씀에 의하여(딤후 2:15) 단번에 무너지고 만다. 예수님께서는 그들에게 『**너희가 성경도, 하나님의 능력도 모르므로 오해하고 있도다.**』(29절)라고 말씀하신다. 자유주의자들이나 보수주의자들이나, 심지어 근본주의자들까지도 거짓 교리를 가르치고 있을 때 그들은 "성경도 하나님의 능력도" 모르기 때문에 잘못된 가르침을 유포하고 있는 것이다.

『**부활 때에는 그들은 장가도 시집도 가지 아니하고 하늘에 있는 하나님의 천사들과 같으니라**』(30절).

사두개인들의 잘못된 질문에 대한 예수님의 대답은 부활 때에는 결혼할 수 없기 때문에 지상에 있을 때의 혼인관계는 무시된다는 것이다. 이 문제에 대한 사두개인들의 잘못은 부활 때에도 지상에서의 혼인관계가 혼란스럽게 유지되면 안 된다는 것이었다.

이 문제에 있어서 많은 사람들은 예수님의 말씀을 보고 부활 때에는 "무성"(sexless)이 된다고 "추측"한다. 심지어 C.I. 스코필드까지도 이러한 오해를 했는데, 성경은 이러한 오해에 대해서 "성경을 모르기 때문에" 오해한 것이라고 말한다. 우리는 부활의 몸에 대해 오해하지 않기 위해 "성경을 알아야" 한다.

본문 30절에서는 부활한 몸을 "하늘에 있는 하나님의 천사들과 같다."고 말한다. 사람들이 부활한 몸을 "무성" 또는 "중성"이라고 생각하는 이유는 천사들이 중성이라고 생각하기 때문이다. 그러나 성경 66권 어디에서도 천사가 중성이라는 근거는 발견되지 않는다. 헬라어 "αγγελος"(앙겔로스)라는 말 자체도 남성명사거니와, 성경에서 천사가 등장할 때는 항상 "남성"으로 등장한다(창 18:1,5,10,15,16, 판 13:3,6,8,9,10,11,13,19, 히 13:2, 갈 4:14, 계 21:17, 눅 24:4,23). 이것은 문자 그대로 천사가 "남자"라는 것이다. 천사가 여자 같은 얼굴을 하고, 중성인 모습으로 날개를 달고, 더욱이 어린아이의 모습이라는 것은 로마카톨릭 전설에나 따른 생각이다. 에스겔 1장에서 그룹은 날개가 있고, 이사야 6장에서 스랍도 날개가 있으나, 천사는 어디에서도 날개가 없으며, 천사는 날개 없이도 날아다닌다(단 9:21, 계 14:6).

또한 천사는 생식능력도 있다. 이것은 창세기 6장에서 증명되는데, 창세기 6장에 등장하는 "하나님의 아들들"(sons of God)은 천사들로서, 그들은 "거인들"을 낳았기 때문이다. 구약에서 천사들은 종종 "하나님의 아들들"로 불린다. 대표적인 예가 욥기 1:6이다. 『**하루는 하나님의 아들들이 와서 주 앞에 섰고 사탄도 그들 가운데 왔더라**』(욥 1:6). 많은 사람들이 욥기의 "하나님의 아들들"을 천사들로 해석하면서(욥 2:1; 38:3-7) 창세기 6장의 "하나님의 아들들"을 "셋의 후손들"이라고 해석하는, 일관되지 못한 해석을 펴고 있다. 요한복음 1:12에서 다시 "하나님의 아들들" (sons of God)이 등장할 때까지 구약에 나오는 "하나님의 아들들"은 모두 천사들이다(창세기 6장 주석 참조). 그러므로 천사들은 생식할 수 있는 남성들이다.

요한일서 3:2은 『**사랑하는 자들아, 이제는 우리가 하나님의 아들들이라. 우리가 어떻게 될 것인지는 아직 나타나지 아니하였으나 그가 나타나시면 우리가 그와 같이 되리라는 것을 아노니, 이는 우리가 그분 그대로 그분을 볼 것이기 때문이라.**』**라**고 말한다. 이 말씀대로 우리는 주님과 같은 모양으로 변한다. 그러므로 우리의 부활한 몸은 주님의 부활하신 몸과 같다. 이것은 또한 마태복음 22:30에 따라서 천사들의 몸이 예수님의 부활하신 몸과 같다는 것을 의미한다. 그러므로 우리가 우리의 부활한 몸이 어떠한가를 알려면 예수 그리스도의 부활하신 몸이 어떠한가를 보면 된다.

예수 그리스도의 부활하신 몸은 피가 없이 "살과 뼈"로 구성되어 있다(눅 24:39). 이 몸은 영광스러운 몸으로서 썩지 않을 뿐 아니라, 보이려고 하면 보일 수도 있고, 감추려고 하면 감출 수도 있으며, 때로는 벽도 뚫고 지나갈 수 있다(요 20:26). 예수님은 죽으실 때 서른세 살 반이셨으며, 그분은 남성이셨다. 그러므로 우리도 부활할 때 그러한 영광스러운 몸으로 변할 것이며, 서른세 살 반의 남성이 될 것이다. 비록 여자들일지라도 부활 때에는 완전한 남자의 몸을 입게 된다. 그래서 요한복음 1:12에서는 영접하는 자, 곧 그분의 이름을 믿는 자들에게 "하나님의 자녀들"(children of God)이 아니라 "하나님의 아들들"(sons of God)이 되는 권세를 주셨다고 말하고 있는 것이다.

따라서 천사들도 역시 남성들이다. 하늘에 있는 천사들이 결혼하지 못한다는 것은 온통 남자들뿐이기 때문이다. 부활 때에도 마찬가지이다. 남자끼리 결혼할 수 없는 이상 성도들이 부활하면 결혼할 수 없다.

1. 부활 때에 성도들은 하늘에 있는 천사들과 같이 된다.
2. 구약에 있는 "주의 천사"와 같이 이 천사들은 남성이다.
3. 주의 천사는 33세 반으로 나타났고, 이것은 또한 우리의 변화될 몸이기도 하다(갈 4:14, 롬 8:11, 빌 3:20,21).
4. 그는 살과 뼈는 있지만 피는 없다(눅 24:37, 고전 15:50).
5. 이 몸은 우리가 휴거될 때 받을 몸이다(요일 3:1-3, 살전 4:11-18).

22:31 그러나 죽은 자들의 부활에 관하여 하나님께서 너희에게 말씀하신 것을 읽어 보지 못하였느냐? 말씀하시기를
32 '나는 아브라함의 하나님, 이삭의 하나님, 야곱의 하나님이라.' 하셨으니, 하나님은 죽은 자들의 하나님이 아니요, 산 자들의 하나님이시니라."고 하시더라.
33 무리가 이 말씀을 듣고 주의 교리에 놀라더라.

예수님께서는 사두개인들의 무지를 깨우치기 위해 출애굽기 3:6을 인용하신다. (사두개인들이 모세의 글을 인용할 때 예수님도 같은 모세의 글을 인용하신다. 사탄이 구약으로 시험할 때도 예수님은 구약성경으로 대응하셨다. - 마 4장)

예수님께서 사두개인들에게 말씀하신 것은 부활의 몸뿐 아니라, 부활의 단계도 포함된다. 30절에서 제시된 "부활 때에는"이라는 말은 천년왕국 이전에 있을 첫째 부활, 즉 성도들의 부활을 말한다. 누가복음에서는 이것을 구체적으로 설명해 준다. 『**저 세상과 죽은 자들로부터의 부활을 얻기에 합당하다고 여겨질 자들은 장가가거나 시집가지 않으며**』(눅 20:35).

누가복음에서 “죽은 자들”(the dead)은 육체적으로는 물론, 영적으로도 죽은, 곧 구원받지 못한 사람들을 말한다. 따라서 “죽은 자들로부터의(from the dead) 부활”은 산 자들의 부활로, 천년왕국 이전에 있을 부활이다. 이 부활에 참여할 자들은 “의인”(the just), “산 자”(the quick), “의로운 자”(the righteous), “부활의 자녀들”(the resurrection)로 불린다.

반면에 “죽은 자들의(of the dead) 부활”은 구원받지 못한 자들의 부활이다. 본문에서 예수님은 죽은 자들은(31절) 아브라함과 이삭과 야곱 같은 산 자들의 부활에 함께 참여하지 못한다고 말씀하신다.

아브라함과 이삭과 야곱은 모두 팔레스타인 땅을 약속받은 자들이다(창 13:15; 26:3; 28:13, 히 11:13; 6:15). 그러나 그들은 그 약속받은 것을 아직 받지 못했다(히 11:39). 하나님께서는 거짓말하실 수 없다는 약속과 맹세에 근거해서(히 6:18) 그들은 분명히 그 땅을 받아야 한다. 이것은 천년왕국 때에 이루어질 것인데, 이들은 더 좋은 부활을 얻게 된다고 말하고 있다(히 11:35). 그러므로 이들은 천년왕국 이전에 있을 산 자들의 부활에 참여하고, 나머지 구원받지 못한 자들은 죽은 자들의 부활, 즉 천년왕국 이후에 있을 저주의 부활에 참여한다(단 12:2, 눅 14:14, 벧전 4:5, 계 20:5). 요한복음 11장에서 마르다는 이 두 가지의 부활을 구별하지 못했다(요 11:24).

22:34 한편 바리새인들은 주께서 사두개인들을 조용하게 만드셨다는 말

을 듣고 함께 모였더라.
35 그들 가운데 한 율법사가 주를 시험하고자 주께 질문하여 말씀드리기를
36 "선생님, 율법 중에서 어느 계명이 크니이까?"라고 하니,
37 예수께서 그에게 말씀하시기를 "너는 네 마음을 다하고, 혼을 다 하고, 생각을 다하여 주 너의 하나님을 사랑하라.
38 이것이 첫째며, 큰 계명이니라.
39 둘째는 이와 같으니, 네 이웃을 네 자신과 같이 사랑하라.
40 모든 율법과 선지서들이 이 두 계명에 달려 있느니라."고 하시더라.

예루살렘에 입성하신 마지막 주간에 예수님께서 대적을 당하신 것은 삼 년 반 동안 당하신 것을 모아 놓은 것과 같다. 예수님의 지상 생애 동안 예수님을 대적한 세력은 크게 네 부류인데, 바리새인들과 서기관들과 사두개인들과 헤롯당원들이다. 이 중에서도 가장 보수주의자라고 할 수 있는 바리새인들이 예수님의 가장 큰 대적으로서, 이들 집단들이 예수님을 대적하기 위해 연합할 때도 바리새인과 서기관, 바리새인과 사두개인, 또는 바리새인과 헤롯당원이 연합을 하여, 바리새인들이 중심이 되는 것을 발견할 수 있다. 이 중 바리새인과 서기관들은 가장 잘 연합한 자들로, 거의 같은 부류처럼 취급된다. 마태복음 23장에서는 바리새인과 서기관들에 대한 격렬한 경고가 제시되어 있다.

마지막 한 주간 동안, 논쟁과 더불어 예수님을 대적한 무리들은 앞선 21장에서 권위에 관해 문제를 제기한 바리새인들(대제사장들과 함께)과

(21:23-46), 22장에서 세금 문제에 관해 헤롯 당원들(22:16-22), 22장에서 부활에 관한 문제로 사두개인들(22:23-32), 그리고 22장 마지막에서 계명들과 관련하여 율법사인 서기관이 있다. 12장에서 바리새인들이 안식일에 관한 문제로 대적한 이래로 이 사건에 이르기까지 초림 때의 예수님의 지상 사역은 논쟁으로 일관된다. 그리고 이 사건 이후에는 아무도 주님과 논쟁을 하지 않았다. 논쟁은 끝났고, 그 후에 그들은 비열한 방법으로 예수님을 처형한다.

여기에 등장하는 율법사(서기관, 막 12:28)는 또 다른 일로 예수님을 시험한다. 그러나 마가복음 12:28의 『**주께서 그들에게 대답을 잘하신 것을 알고 주께 묻기를**』이라는 구절을 통해서 알 수 있는 것은 이 율법사가 예수님의 말씀을 진정으로 듣기 원했다는 것이다. 그는 주님이 올바른 말을 하신 것을 알았다. 이 율법사의 질문에 대해 예수님께서는 아주 성실하게 대답해 주셨다는 것을 보아도 알 수 있다. (물론 그럼에도 불구하고 그 율법사는 예수님을 시험한 것이라고 말한다 -- 35절. 그에게는 이중적인 동기가 있었던 것이다. 우리가 여기에서 또 하나 배울 수 있는 진리는 하나님께서는 비록 시험하는 사람일지라도 열린 귀를 갖고 있는 사람에게는 진리를 알려 주신다는 것이다.)

『**예수께서 그에게 말씀하시기를 "너는 네 마음을 다하고, 혼을 다하고, 생각을 다하여 주 너의 하나님을 사랑하라**』(37절).

예수님의 대답은 간단하다. 첫째 계명은 하나님을 사랑하라는 것이고, 둘째 계명은 이웃을 사랑하라는 것이다. 여기서 예수님은 출애굽기 20장의 십계명을 인용하는 대신 신명기 6:5을 인용하시고, 둘째 계명에 대해서는 레위기 19:18을 들어 말씀하신다. 그런데 마가복음 12:29에서는 첫째 계명을 언급하시기에 앞서 신명기 6:4의 『**오 이스라엘아, 들으라.**』라는 말씀이 인용되어 있다. (언제나 마가복음이 더 자세한 설명을 한다.) 이것은 이 두 계명이 일차적으로 이스라엘에게 준 요구임을 알 수 있다.

첫째 계명은 이스라엘에게 다른 이방 신들과 구별해서 유일하신 하나님을 섬기라는 명령이 나타나 있다. 마찬가지로 둘째 계명에 대해서도 이스라엘과 연관하여 설명할 수 있는데, 이스라엘은 언제나 이방인과 대조되어 설명된다는 사실을 기억하라(마태복음 6장 참조). 우리는 출애굽기 23:26-33이나 34:10-17, 또 민수기 21:34,35 등에서 출애굽하는 이스라엘에게 카나안 땅에 들어가면 이방인들을 모두 멸하라고 명령하시는 것을 볼 수 있다. 이것은 이웃을 사랑하라는 둘째 계명에 어긋나는 것처럼 보인다. 사무엘상 15장에서처럼 아말렉 족속을 완전히 멸하지 않는 것이 하나님께는 오히려 악한 일이었다. 그러므로 구약적인 개념으로 이웃이란 야곱에게서 난 한 피 받은 형제를 의미한다. 그들에게는 이웃이 곧 형제이다. 이러한 개념을 가지고 있는 유대인들에게 누가복음 10:30-37의 선한 사마리아인에 관해 말씀하신 것은 놀라운 일이 아닐 수 없다.

『**모든 율법과 선지서들이 이 두 계명에 달려 있느니라**』(40절).

특히 율법에 나온 모든 도덕법은 이 두 계명에 달려 있다. 바울은 서로 사랑하라는 이 계명을 로마서 13:10-13에서 강조한다. 그래서 우리는 이 두 계명을 이스라엘뿐 아니라 교회에게도 받아들여야 한다는 것을 알 수 있다. 단지 이스라엘에게 있어서는 이웃이란 민족적인 개념이 들어 있는 말이지만, 이방인인 우리에게 있어서 이웃이란 어떠한 민족적인 개념도, 인종적인 개념도 내포되어 있지 않다. 그렇다고 하나님께서 나누신 민족을 섞으라는 말이 아니다. 단지 하나님을 사랑하는 것과 이웃을 사랑하는, 두 가지 계명은 우리의 마음판에 항상 새겨 넣어 그리스도인의 올바른 신앙관을 세워야 한다는 것이다.

사람들은 이웃 사랑에 대한 개념을 확대하여 하나님을 사랑하는 것보다 앞에 놓곤 하는데, 이 첫째와 둘째의 순서는 매우 중요하다. 죄인들은 항상 진리보다 사랑, 의보다 평화를 내세우는데 성경은 사랑 이전에 진리를, 평화 이전에 의를 내세운다. 히브리서 7:2은 이 진리를 잘 제시해 준다. 『**아브라함도 전체의 십분의 일을 그에게 드렸으니, 그의 이름을 해석하면, 첫째로 의의 왕이요, 그 다음은 살렘 왕, 곧 화평의 왕이라**』(히 7:2). 이것은 의로 충만한 하나님의 나라를 화평의 나라인 천국보다 먼저 구해야 한다는 것과도 일치한다(마 6:33).

같은 문맥인 마가복음 12장에는 예수님의 대답에 그 서기관이 지혜롭게 답변하는 모습이 그려져 있다. 34절에는 『**네가 하나님의 나라에서 멀리 있지 아니하도다.**』(막 12:34)라는 진술이 덧붙여져 있다. 하나님의 나라는 도덕적으로 완벽한 의의 상태이다. 그러므로 이것은 이 서기관이 의로운 대답을 했다는 것을 보여 준다.

22:41 바리새인들이 함께 모여 있을 때에 예수께서 그들에게 물어

42 말씀하시기를 "너희는 그리스도에 관하여 어떻게 생각하느냐, 그

가 누구의 아들이냐?"고 하시니, 그들이 주께 말씀드리기를 "다윗
의 아들이니이다."라고 하더라.
43 주께서 그들에게 말씀하시기를 "그러면 어찌하여 다윗이 영 안에
서 그를 주라 부르며 말하기를
44 '주께서 내 주께 말씀하시기를, 내가 네 원수들을 네 발판으로 삼
을 때까지 너는 나의 오른편에 앉아 있으라.' 하였겠느냐?
45 그러므로 만일 다윗이 그를 주라 부른다면 어떻게 그가 다윗의
아들이 되겠느냐?"고 하시니,
46 주께 단 한마디도 대답할 수 있는 자가 없고, 그 날부터 더 이상
주께 감히 묻는 자도 없더라.

『**바리새인들이 함께 모여 있을 때에**』(41절).

논쟁은 끝났다. 이제 예수님께서는 34절에서부터 바리새인들이 모여 있는 곳으로 가셨다. 그 서기관이 질문한 것과 본문의 사건은 연속되는 사건이다. 논쟁을 끝낸 예수님께서는 바리새인들을 저주하시기에(23장) 앞서 자신을 다시 한번 드러내신다. 이것은 예수님 자신이 하나님의 아들이라는 것을 보여 주는 부분이다.

『**그가 누구의 아들이냐?**』(42절)

그분은 요셉의 아들도 아니며, 하나님의 한 아들(a son of God)도 아니다. 만약 주님이 요셉의 아들이라면 부활도 승천도 못하셨을 것이며, 우리를 구원하시지도 못하셨을 것이다. 요한복음 1:45에는 빌립이 예수님을 "요셉의 아들"로 소개하고 있는데, 이는 『**모세가 율법에 기록했고,**

또 선지자들이 기록한』이라는 45절의 문맥으로 볼 때, 목수 요셉이 아니라 창세기 49:22-24에 예언되어 있는 요셉이다. 『**요셉의 활이 더욱 강하고 그의 손의 팔이 야곱의 능하신 하나님의 손을 통해 강해졌으니, (거기에서 목자, 곧 이스라엘의 돌이 나오도다.)**』(창 49:24).

『**그러면 어찌하여 다윗이 영 안에서 그를 주라 부르며 말하기를 '주께서 내 주께 말씀하시기를, 내가 네 원수들을 네 발판으로 삼을 때까지 너는 나의 오른편에 앉아 있으라.' 하였겠느냐?**』(43,44절)

그들이 『**다윗의 아들이니이다.**』(42절)라고 대답한 것은 적절한 대답이었다. 하지만 여기서 예수님께서 말씀하시는 것은 그들의 대답을 부정하는 것이 아니라, 다윗의 아들일 뿐 아니라 하나님의 아들도 되심을 말하고 계신 것이다.

이 말씀은 시편 110편의 말씀이다. 예수님은 다윗의 계열을 통해 오신 다윗의 아들이었지만 다윗의 육신적인 씨는 아니었다. 만약 그렇다면 주님은 요셉의 육신적인 아들이 되어 한 인간이므로 부활하지도 못하셨을 것이고, 동정녀에게서 나신 분도 아니므로 우리를 죄 없게 하지도 못하셨을 것이며, 예레미야 22장의 예언에 따라 다윗의 보좌에 앉지 못하실 것이다.

그러나 다윗은 시편 110편에서 자기의 아들이 될 사람을 성령에 의해(막 12:36) "주"라고 불렀다. 어떻게 다윗의 아들이 다윗의 주가 될 수 있는가? 이 질문에 대해 그들은 아무도 대답하지 못했다(46절). 그러나 분명한 것은 다윗이 자기의 자손 중의 하나를 "주"라고 불렀다는 것을 하나님께서 허락하셨다는 것이다.

만약 그가 다윗의 "주"(Lord)라면 그는 또한 다윗의 "하나님"이시다. 그러므로 주님의 이 질문은 유대인의 메시아가 다윗의 아들이 되어 이 땅에 육신을 입고 "태어나실" 것이라는 사실을 설명하시는 것이다. 그러나 이 사실은 항상 바리새인들에게 거부되어져 왔다. 그러므로 그들은 아무도 대답하지 못하는 것이다.

본문에서 인용된 시편 110편은 주님의 재림에 관련된 구절이다. 2절은 주님의 천년왕국 통치를 말해 주고, 3절은 재림의 모습을 "아침"이라고 말하고 있으며(마 13:43; 17:16), 4절은 환란 중에 히브리인들에게 제시되는 대제사장의 모습을 보여 주고, 5절은 요한계시록 17장이나 18장의 열 왕들의 멸망을 보여 주며, 6절은 하박국 3:13과 창세기 3:15, 그리고 로마서 16:20에서 말하고 있는 것같이 사탄의 씨의 머리를 부수시는 것을 말한다.

마태복음 23장

22장에서의 논쟁이 끝난 후 예수님께서는 바리새인과 서기관들에게 마지막으로 경고를 하신다. 이들은 예수님의 지상 생애 동안 가장 신랄하게 주님을 비판한 자들이며, 그들에 대해서는 마태복음 6장에서 "위선자"라고 말해진 뒤부터 계속적인 경고가 따르고 있다. 마태복음 7장에서는 거짓 선지자로 불리며, 12장에서는 용서받을 수 없는 죄를 짓게 되고, 위선적인 마음으로 표적을 구하는 악하고 음란한 세대로 등장한다. 이들은 예수님께서 그분의 능력으로 하나님이심을 나타내 보이시고 이스라엘의 왕이심을 나타내 보이셔도, 그 능력을 보고서도 끝까지 주님을 거부할 뿐 아니라, 백성들 앞에서 예수님을 비평하는 자들이다.

이들의 모습은 베드로후서 2장에 나오는, 마지막 때에 다시 등장할 거짓 선지자들과 거짓 교사들의 모습과 똑같다. 주님은 요한복음 8:44에서 그들을 가리켜 "너희의 아비는 마귀"라고 말씀하셨는데, 스카랴 11:17에서 예언한 것처럼 그들의 아비인 마귀는 대환란 기간에 "우상 목자"로 등장할 것이며, 그들은 그들의 아비를 따라서 "삯꾼 목자들"이 되어 이스라엘 백성들을 멸망으로 인도할 것이다. 이러한 모습은 예수님의 초림 때나 재림 때에도 똑같이 나타난다. 초림 때에 예수님께서는 이스라엘 백성들을 보고 "목자 없는 양"과 같이 불쌍히 여기셨는데, 당시의 유대인 지도자들은 실질적으로 "목자" 행세를 하고 있었으나 사실은 천국을 가로막고 서 있는 이리들이었던 것처럼, 베드로후서 2:1에 따라 그러한 자들은 대환란 기간에도 그대로 나타날 것이다. 『**그러나 백성 가운데도 거짓 선지자들이 있었던 것처럼 너희 가운데도 거짓 교사들이 있으리라. 그들은 저주받을 이단들을 비밀리에 불러들여서 자기들을 사신 주를 부인하기까지 하며, 급격한 파멸을 스스로 불러들이느니라**』(벧후 2:1).

23:1 그때에 예수께서 무리와 제자들에게 일러

2 말씀하시기를 "서기관들과 바리새인들이 모세의 자리에 앉아 있으니,

3 그들이 너희에게 지키라고 한 모든 것을 지키고 행하라. 그러나 그들의 행위는 본받지 말라. 이는 그들이 말만 하고 행하지 않음이라.

예수님의 지상 생애 동안 주님을 대적했던 많은 세력들 가운데 가장 극심했던 세력은 바리새인들이었는데, 23장에서는 바리새인들과 더불어 서기관들도 거의 같은 무리로 경고를 받고 있다.

여기서 주님께서는 그들이 "모세의 자리"에 앉아 있다고 말씀하신다. 이 자리는 모세가 재판하는 자리를 가리킨다(출 18:13,14). 모세는 하나님께로부터 받은 권위를 가지고 백성에게 지시하며, 그들을 재판하고 다스렸다. 그러나 여기서 모세의 자리에 앉아 있는 것은 거짓 선지자들인 서기관들과 바리새인들이다. 모세가 그 자리에 앉아 있지 않은 동안 거짓 선지자들이 앉아 있는 것이다.

그들이 앉아 있는 자리는 "권위의 자리"이다. 이 말은 로마카톨릭의 그 거짓 권위를 기억나게 한다. 그들은 교황의 권위로 나오는 말에 대해서 "Ex-cathedra"(권좌로부터)라는 말을 사용하는데, 이들도 바리새인들과 마찬가지로 모세의 자리를 찬탈하여, 하나님께서 인정하시지 않는 권위를 행세하는 것이다.

그럼에도 불구하고 우리 주님께서는 제자들에게 그들이 모세의 자리에 앉아 있는 동안은 그들의 말을 들으라고 말씀하신다. 물론 이 말은 그들이 잘못된 것을 지시해도 따르라는 말은 아니다. 그래서 어떤 사람들은 이 말을 "그들이 지시한 것을 너희가 지키고 행하는도다. 그러나 그들의 행위는 본받지 말라"고 이해한다. 그러나 그렇게 해석할 필요는 없다. 주님께서는 분명히 그들의 말을 행하라고 말씀하셨다. 마태복음 5:20에서 주님께서는 『**너희의 의가 서기관들과 바리새인들의 의보다 뛰어나지 못하면 결코 천국에 들어가지 못하리라.**』**라**고 말씀하시면서, 그들이 가르치는 의에 대해서 인정하셨다. 바리새인들이 가르치는 의는 마치 오늘날의 근본주의자들의 가르침과 같아서 많은 부분에서 옳다. 그러나 주님께서는 그들의 의보다 뛰어나지 않으면 결코 천국에 들어가지 못한다고 말씀하시어, 상당히 높은 수준의 의를 제시하셨다. 물론 그들은 말만 하고 행위는 하지 않는 자들이었다. 이것은 거짓 선지자들도 사람들에게 보이기 위해서 옳은 말을 한다는 사실을 보여 준다. 우리가 그들에 대해서 주의할 것은 그들의 행위이다. 그들이 비록 옳은 말을 할지라도 그들은 그 말처럼 옳게 행하지 않는다는 것이다. 교황은 항상 세계 평화를 외쳐 왔다. 그러나 교황이 있는 곳에서는 항상 전쟁이 있어왔다. UN은 세계 평화를 위해 설립되었다. 그러나 UN이 설립된 이래 이 지구상에 전쟁이 쉰 날은 거의 없었다. 적그리스도는 "평화"라는 것을 명목으로 많은 사람을 죽일 것이다(단 8:25). 사실 우리는 올바른 것을 행하기 위해서 그들의 말을 들을 필요가 없다. 비록 그들이 올바른 말을 어느 정도 할지라도 우리는 성경 말씀을 따를 때 올바른 행실을 할 수 있으며, 결과적으로 그들이 말하는 올바른 말도 행하게 되는 것이다. 이 문맥의 핵심은 그들이 얼마나 옳은 말을 하는가가 아니라 그들의 행위가 어떠냐 하는 것이다.

23:4 이는 그들이 지기 힘든 무거운 짐을 묶어서 사람들의 어깨에 지워 놓고, 자기들은 그것을 옮기는 데 손가락 하나도 대려고 하지 아니함이라.

거짓 선지자의 특징 중 하나는 사람들에게 짐을 지운다는 것이다. 바리새인들은 율법의 항목들을 세분화시켜 백성에게 큰 짐을 지웠다. 짐을 많이 질수록 천국에 이르는 길은 더욱 험하다. 그들이 백성에게 짐을 지우는 목적은 백성들로 하여금 천국에 이르지 못하게 하려는 것이다. 이러한 바리새인의 특성은 몇몇 회심한 바리새인들에게서도 나타났다. 사도행전 15:5에서는 바리새파에 속한 몇 사람이 구원받은 이방인들에게 할례를 주어야 한다고 말했다. 바울은 이것이 짐이라는 것을 알고 있었다. 베드로도 이 상황에서 『**그런데 이제 너희가 어찌하여 하나님을 시험하여 우리의 조상이나 우리도 감당할 수 없었던 멍에를 제자들의 목에 걸려고 하느냐?**』(행 15:10)라고 말했다.

지금도 행위로 구원받으려고 하는 사람들은 여전히 많은 짐을 가지고 있으며, 근본주의자들도 행위에 대한 몇몇 규정을 만들어 놓아 구원받은 사람들에게도 짐을 지우려는 모습이 나타난다. 그러나 거짓 선지자들은 백성들에게 짐을 지우는 반면, 우리 주님께서는 짐을 풀어 주신다. 예수님께서는 마태복음 11:28에서 『**수고하고 무거운 짐진 자들아, 다 내게로 오라. 그러면 내가 너희에게 쉼을 주리라.**』라고 말씀하셨다. 거짓 교사들과 참된 교사들의 차이 중 하나는 짐을 지우느냐 쉼을 주느냐 하는 것이다.

23:5 그들이 행하는 모든 일은 사람들에게 보이려는 것으로, 가죽 성구함을 크게 만들어 지니고 옷단을 넓혀 입느니라.

그들의 행위가 사람들에게 보이려는 행위라는 것은 마태복음 6장에서 자세히 설명된다. 『**너희는 사람들에게 보이려고 그들 앞에서 자선을 베풀지 않도록 조심하라. 그렇지 아니하면 하늘에 계신 너희 아버지께 상을 받지 못하느니라. 그러므로 너는 자선을 베풀 때에 위선자들이 사람들에게 영광을 얻으려고 회당과 거리에서 하는 것처럼 네 앞에서 나팔을 불지 말라. 진실로 내가 너희에게 말하노니, 그들은 그들의 상을 받**

은 것이니라』(마 6:1,2). 『**또 네가 기도할 때에 위선자들같이 되지 말라. 그들은 사람들에게 보이려고 회당과 길모퉁이에 서서 기도하기를 좋아하느니라. 진실로 내가 너희에게 말하노니, 그들은 그들의 상을 받은 것이니라**』(마 6:5).

가죽 성구함을 만드는 행위는 말씀을 닫아 버리는 행위이다. "함"이라는 것은 물건을 보관하는 것이다. 함을 고급으로 만들수록 그 속에 들어가는 내용물을 소중히 여기는 것 같지만 사실은 그것을 간수하기에만 소중히 하는 것을 의미한다. 하나님의 말씀은 함에 넣어서 보관하는 것이 아니라, 꺼내서 닳고 닳도록 읽는 것이다. 성경대로 믿는 사람들이 사용했던 필사본들은 닳고 닳아서 계속 새로운 필사본들을 베껴야 했다. 그러나 성경을 거부한 사람들의 "바티칸 사본"은 좋은 재질에 기록되어 바티칸 도서관에 몇 백 년 동안 "보관"되어 있었기에 필사된 그대로 간직될 수가 있었다.

이것은 일종의 문서 숭배이다. 성경대로 믿는 사람들을 대적하는 말 중의 하나는 "성경 숭배자"라는 말이다. 그들은 한 자도 틀리지 않은 정확한 성경을 사용하며 문자 그대로 믿는 사람을 가리켜 "성경 숭배자"라고 한다. 하나님께서 기록하신 최초의 원문의 종이는 없어졌지만 하나님의 약속 그대로 한 자도 빠뜨리지 않고 그대로 보존되어 있다고 믿으면 "사본 숭배자"라고 비난한다. 그러나 성경대로 믿는 사람들은 한 번도 그 원본이나 사본의 "종이"를 숭배한 적이 없다. 그 종이에 기록한 잉크를 숭배한 적도 없다. 단지 그 안에 담겨진 하나님의 말씀을 한 자 한 자 소중히 하며, 그 말씀을 거룩히 여겼을 뿐이다. 그들이 말하는 성경 숭배자는 바로 본문에 있는 것처럼 성경"책"을 "간직"하는 사람을 말한다. 가죽 성경을 선호하는 사람, 금박 성경을 선호하는 사람, 심지어 성경 케이스를 좋은 것으로 만들어 다니며 성경은 보지 않고 겉만 소중히 여기는 사람, 이런 사람들이 비난받아야 할 사람들이다. 세계의 유명한 박물관에는 성경 필사본들이 소중히 간직되어 있다. 그 사본들의 값어치는 엄청나다. 그러나 성경대로 믿는 사람들은 그 사본들에 대해 특별히 점수를 주지 않는다. 왜냐하면 우리가 지금 갖고 있는 성경이 하나님께서 영감으로 기록하시고 섭리로 보존하신, 최초의 원본과 같은 권위를 지닌 성경이라는 것을 알기 때문이다. 사탄이 변개시킨 성경은 아무리 좋은 재질로 되어 있을지라도 전혀 값어치가 없는 것이다.

『**옷단을 넓혀 입느니라**』(5절).

옷단을 넓히는 것은 일종의 권위를 나타낸다. 율법에 규정된 옷단에 대해서는 민수기 15:37-41과 신명기 22:12에 제시되어 있다. 『**너는 네가 입은 너의 겉옷의 네 귀에 술을 만들지니라**』(신 22:12). 그러나 바빌론 포로 이후로 옷단이나 술은 넓어졌을 뿐 아니라, 전통적인 것이 되었다. 그래서 매듭 등 옷단의 장식에 따라 그것은 상징적 의미를 나타내게 되었다. (오늘날 학위의 종류에 따라 옷단의 장식이 다른 것을 비교해 보라.)

이 부분에 대해서 마가복음 12:38에서는 『**그들은 긴 옷을 입고 다니기를 좋아하며**』라는 말이 덧붙여져 있다. "긴 옷" 또한 권위를 나타내는 것인데, 이것은 보통 어느 시대에나 "성직자 계급"을 상징한다. 특별히 로마카톨릭의 긴 옷은 종교적 지배 계급의 상징이다. 대부분의 교파의 지배계급은 그들의 권위와 거룩성을 내세우기 위해 긴 옷을 즐겨 입는다. 로마카톨릭을 따라서 개신교에서도 목사들은 길고 검은 가운을 입고 설교하곤 한다. 뭔가 구별된 듯한 모습, 그러나 그것은 세상 사람과 구별되는 그리스도인의 성별이 아니라 평신도와 구별되는 성직 계급의 "거룩한" 모습을 나타낼 뿐이다. 보통 교회들에서 사용되는 성가대 가운도 예외는 아니다.

23:6 또 잔치에서는 최상의 자리를, 회당에서는 가장 좋은 좌석을 좋아하며,
7 또 시장에서 인사받는 것과 사람들에게 '랍비여, 랍비여.'라고 불리는 것을 좋아하느니라.

최상의 자리와 가장 좋은 좌석, 그리고 시장에서 인사받는 것 등은 탐심과 명예욕과 관계된다. 이것은 종교적 위선자들의 특징인데, 그들은 항상 대접받기를 좋아하고, 지도자층에 있기를 좋아한다. 로마카톨릭은 이러한 모습이 자기들에게 적용되는 것을 피하기 위해 마태복음 23장의 적용을 A.D. 1세기 당시의 바리새인들에게만 한정적으로 적용하지만, 이러한 모습은 오늘날에도 여전히 일어나는 현상이다. 참 목자로 오신 예수님은 섬기기 위해 오셨으나(마 20:28) 백성 위에 군림하려고 하는 거짓 목자들은 항상 섬김을 받으려고 한다. 오늘날 로마카톨릭의 권위의 자리가 얼마나 높은지 보라. 그리고 로마카톨릭을 따르는 많은 개신교 지도자들의 높은 자리들을 보라. 어떤 사람은 방송에 나오는 것을 좋아하고, 어떤 사람은 신문에 자기 이름이 많이 등장하는 것을 보고 좋아한다. 여기에 대해서 예수님께서는 일찍이 이렇게 말씀하셨다. 『**이방인들의 통치**

자들이 백성 위에 군림하고 또 고관들도 백성 위에서 권세를 행사하는 줄을 너희가 아느니라. 그렇지만 너희는 그렇게 되어서는 아니되느니라. 너희 가운데 누구든지 크게 되고자 하는 자는 너희를 섬기는 자가 되어야 하고 너희 중에 누구든지 으뜸이 되고자 하는 자는 너희의 종이 되어야 하느니라』(마 20:25-27).

23:8 그러나 너희는 랍비라 불림을 받지 말라. 이는 너희 선생은 한 분, 곧 그리스도시요, 너희는 모두 형제이기 때문이라.

9 또 땅에 있는 사람을 너희 아버지라 부르지 말라. 이는 너희 아버지는 한 분, 곧 하늘에 계신 분이시기 때문이라.

10 또 너희는 선생들이라고도 불리지 말라. 이는 너희 선생은 한 분, 곧 그리스도기 때문이라.

11 너희 가운데서 가장 큰 자는 너희의 종이 되어야 하리라.

12 누구든지 자신을 높이는 자는 낮아질 것이요, 자신을 낮추는 자는 높아지리라.

마태복음 20장의 말씀은 여기서도 반복된다. 특별히 여기서 예수님은 세 가지 명칭에 대해서 금지하시는데, 그것은 "랍비"와 "선생"과 "아버지"이다. 물론 우리가 육신적인 아버지에게 아버지라고 부르는 것은 아무런 잘못이 아니다. 이러한 이유로 많은 사람들은 본문을 문자적으로 적용하지 않고, 여전히 이 세 명칭을 공공연히 사용한다.

그러나 여기서 예수님께서 말씀하시는 것은 종교 지도자들에 대한 것이다. 문제는 이 세 호칭이 종교 지도자들에게 사용된다는 것이다. 그러므로 예수님께서 금지하신 이 호칭들은 성경을 거부하는 거짓 종교 지도자들에게 적용되는 말이다. 오늘날 종교 지도자들에게 이러한 호칭들이 얼마나 많이 사용되고 있는지 보라.

"랍비"는 유대교에서 그들의 종교 지도자들을 부르는 말이다. 그러나 예수님께서는 당시의 가장 유력한 두 지도자 집단, 즉 바리새인과 서기관들을 위선자라고 부르셨다.

"아버지"는 로마카톨릭에서 사제를 부를 때 사용하는 말이다. 그들은 로마의 통제를 받고 있는 총각들에게 "아버지"라고 부른다. 우리나라에서는 특히 "하나님 아버지"(God-Father)라는 뜻으로 "신부"(神父)라는 용어를 사용한다. 사제를 아버지라고 부르는 관습은 바빌론 신비 종교에서 유래한 것인데, 성경에서는 재판관기 17:10에서 등장한다. 『**미카가 그에게 말하기를 "나와 함께 있어 내게 아버지와 제사장이 되라. 그리하면 내가 해마다 은 열 세켈과 옷 한 벌과 네 양식을 주리라." 하니 그 레위인이 들어가더라**』(판 17:10). 왕이 없기에 백성들이 제멋대로 행하던 당시에(판 17:6) 미카는 이교도들의 풍습을 따라서 종교 지도자를 "아버지"라고 부른 것이고, 이어서 재판관기 18:19에서는 단 지파가 종교 지도자를 "아버지"라고 부른다. 그리고 바빌론 신비 종교의 전통을 따른 로마카톨릭이 그들의 종교 지도자를 "아버지"라고 부르고 있다. 이것은 우리 주님께서 금지하신 것이다.

교황을 가리키는 "Pope"라는 말은 헬라어로 "파타"라고 하는 "아버지"라는 뜻의 말에서 나왔다. 이 말은 "파파"(papa) 또는 "팝"(pap)과 같은 말인데, 영어의 "팝"(pap)은 "양육하는 젖"을 말한다. 그러므로 이 말은

"양육하는 아버지"(nursing father)라는 의미가 되는데, 모세는 민수기 11:12에서 이 말을 자신에게 사용하고 있다. 『**내가 이 모든 백성을 잉태하였나이까? 내가 그들을 낳았기에 주께서 내게 말씀하시기를 '양육하는 아비가 젖먹이를 품듯이 네 품에 그들을 안고 가라.' 하시며, 주께서 그들의 조상들에게 맹세하신 그 땅으로 데리고 가게 하시나이까?**』(민 11:12) 즉 오늘날 로마의 최고 권력자는 바리새인들과 같이 모세의 자리를 찬탈하여 앉아 있는 것이다(마 23:2).

개신교에서는 "랍비"나 "아버지"라는 말은 사용하지 않지만 그들은 "선생"이라는 말을 좋아한다. 특히 이 말은 존경받기 좋아하는 학자 집단에서 선호하는 말인데, 주님께서는 그리스도만이 선생이라고 가르치며, 오히려 선생의 입장에 서게 되는 자는 겸손해야 한다고 누차 강조하셨다(마 20:27; 23:12, 약 3:1, 벧전 5:2-4).

23:13 그러나 위선자인 서기관들과 바리새인들아, 너희에게 화가 있으리라! 이는 너희가 사람들에게 천국을 닫아 버려서 너희 자신도 들어가지 않고 들어가려고 하는 사람들도 들어가지 못하게 하기 때문이라.

14 위선자인 서기관들과 바리새인들아, 너희에게 화 있으리라! 이는 너희들이 과부들의 집을 삼키며 남들에게 보이고자 길게 기도하기 때문이라. 그러므로 너희는 더 큰 심판을 받으리라.

15 위선자인 서기관들과 바리새인들아, 너희에게 화 있으리라! 이는 너희가 한 사람의 개종자를 얻으려고 바다와 육지를 두루 다니다

가 얻고 나면 그를 너희보다 두 배나 더 악한 지옥의 자식으로 만들기 때문이라.

23장 전체가 바리새인과 서기관들에 관해 하시는 말씀이지만 12절까지는 직접적으로는 제자들에게 주의를 주시는 부분이다. 그러나 13절부터 주님께서는 방향을 바꾸어서 바리새인들과 서기관들에게 직접적으로 경고를 하신다. 이 경고는 거의 욕설에 가깝다. 우리는 여기에서 "온유한 나사렛 사람"의 모습을 찾아볼 수 없다. 주님은 거짓 교사들을 향해서 강력하게 책망하셨다. 이것은 20세기의 설교자들이 본받아야 할 중요한 예수님의 성품이다. 주님은 온 세상을 구원하시기 위해 목숨을 버리실 정도로 사랑이 많으신 분이시지만 반면에 죄에 대해서는 철저하게 증오하시고 또 경고하셨다. 오늘날 강단에서는 죄에 대한 심판의 강력한 메시지가 사라져 간다. 설교자들은 인본주의 교육에 너무 깊이 심취해서 "상처받는 영혼들"을 걱정하느라 하나님께서 원하시는 죄와 심판에 대한 메시지를 버린 것이다. 그에 따라 그들의 온유한 사랑으로 인한 수많은 지옥의 자녀들이 생겨나게 되는 것이다. 진리와 오류는 반대되고 죄와 의는 반대되기에 진리를 사랑할수록 오류와 불의를 더 미워해야 하고, 의와 선을 사랑할수록 죄를 더욱 증오해야 한다. 사랑을 강조하는 사람일수록 진리에 대해 더 심도 있게 외쳐야 하는 것이 하나님의 뜻이다. 예수님은 죄를 지적하실 때 과격하실 정도로 말씀하셨다. 그리고 이것은 성경대로 믿는 사람들의 특성이기도 하다.

어떤 사람들은 이단에 관해 몇 가지 기준을 정해 놓고 "이단들의 특징은 삼위일체를 부인하고, 교주를 우상화하며, 과격하고…"라고 말하곤 하는데, 다른 것은 몰라도 과격한 것은 결코 이단들의 특징이 아니다. 오히려 이단들은 양의 옷을 입고 온유하고 사랑스러운 모습으로 접근해온다. 그들에게 있어서 진리와 오류는 별 차이가 없기에 그들은 "사랑"과 "화합"과 "하나 됨"을 강조한다. 그러나 2,000년 교회사 이래로 성경대로 믿는 사람들은 진리와 오류, 참과 거짓, 하나님의 교회와 사탄의 교회, 하나님께서 보존하신 성경과 사탄이 변개시킨 성경 등을 분명하게 구분하고, 또 경고했으므로 항상 "과격하다"고 불렸다. 이들은 예수 그리스도의 성품을 따라서 의와 절제와 다가올 심판을 담대히 외친 것이지(행 24:25) 결코 이단이라서 과격한 것이 아니었다.

진리와 오류에 대한 철저한 규명이 없이 주의 일을 한다는 사람들은 항상 갈라디아서 5장을 말한다. 『**그러나 성령의 열매는 사랑과 기쁨과 화평과 오래 참음과 친절과 선함과 믿음과 온유와 절제니 그러한 것을 반대할 법이 없느니라**』(갈 5:22,23). 그리고 외적으로 드러나는 사랑과 온유한 성품으로 그들을 하나님의 일꾼으로 단정하려고 한다. 그러나 고린도전서 13장은 참다운 사랑에 대해서 잘 규명하고 있다. 『**사랑은 오래 참고 친절하며 사랑은 시기하지 아니하고 사랑은 자랑하지 아니하며 교만하지 아니하고 무례하게 행하지 아니하며 자신의 유익을 추구하지 아니하고 급히 성내지 아니하며 악을 생각하지 아니하고 불의를 기뻐하지 아니하며 진리를 기뻐하고 모든 것을 참으며 모든 것을 믿고 모든 것을 바라며 모든 것을 견뎌 내느니라**』(고전 13:4-7). 여기서 6절을 주목하라. 『**불의를 기뻐하지 아니하며 진리를 기뻐하고**』. 참다운 사랑은 진리를 기뻐함과 동시에 불의를 미워하는 것이다. 사랑을 한다 하면서도 불의를 기뻐하고 용납하는 사람은 사랑을 하지 않는 사람이다. 또한 사랑은 성령의 열매 중 첫 번째의 열매인데, 사랑의 열매부터 실패한 사람은 진정으로 성령의 열매를 맺었다고 말할 수 없다.

『그러나 위선자인 서기관들과 바리새인들아, 너희에게 화가 있으리라!』(13절)

주님께서는 여기서 바리새인들과 서기관들에게 경고하고 계신다. 그들은 "랍비"와 "아버지"와 "선생"으로 불리고 있었다. 그래서 주님은 제자들에게 그러한 명칭으로 불리지 말라고 말씀하시는 것이다. 야고보서 3:1에 따라서 선생들은 그들의 잘못에 따라서 다른 사람들보다 더 큰 심판을 받게 되는데, 이들 바리새인들이 거짓 교사들임을 주목할 때, 선생 된 그들이 얼마나 큰 심판에 처하게 될 지 알 수 있다. 그들은 위선자들이며(마 15:7; 16:3; 23:13,14,15,23), 표적을 보고서도 믿지 않았고(마 12:38), 악하고 음란한 세대이며(마 12:39), 나쁜 열매를 맺는 나쁜 나무이며(마 7:18), 양의 옷을 입고 나아오는 이리들이며(마 7:15), 용서받을 수 없는 죄를 지은(마 12:31,32) 독사들의 세대이다(마 12:34).

23장 전체에서 "위선자"라는 표현은 일곱 번(13,14,15,23,25,27,29절), "화 있으리라"라는 표현은 여덟 번 나온다(13,14,15,16,23,25,27,29절). 그리고 이 표현들은 모두 바리새인들과 서기관들을 향한 경고이다. 용서받을 수 없는 죄를 지은 이들이 당할 심판은 여러 차례 강조가 되어 있다.

『그러나 위선자인 서기관들과 바리새인들아, 너희에게 화가 있으리라! 이는 너희가 사람들에게 천국을 닫아 버려서 너희 자신도 들어가지 않고 들어가려고 하는 사람들도 들어가지 못하게 하기 때문이라』(13절).

예수님께서 유대인들의 왕으로 오셨을 때 백성들은 그분을 "다윗의 아들"이라고 불렀다(마 9:27; 12:23; 15:22; 20:30; 21:9,15). 그들은 예수 그리스도의 가르침을 듣고 서기관들의 가르침과 다른 어떠한 권위를 느꼈다(마 7:29, 전 8:4). 그들은 예수님을 왕으로 받아들일 수도 있었다. 그러나 그들에게서 예수 그리스도의 왕 되심을 가로막은 무리가 있었으니, 당대의 종교 지도자들이다. 다시 말해서 거짓 교사들인 위선자들의 무리가 "천국"을 가로막고 서서 천국으로 들어가려고 하는 백성들을 들어가지 못하도록 막은 것이다. 이렇게 닫힌 천국 문의 열쇠를 예수님께서는 베드로에게 주신다(마 16:19). 그리고 베드로는 사도행전 2장에서 닫힌 천국 문을 열어 유대인들에게 다시 한번 천국 복음을 전한다. 하지만 사도행전 4장에서 대제사장들의 무리는 다시 베드로와 제자들을 협박하여 그 문을 닫으려고 한다.

이러한 모습은 은혜의 복음이 전파되는 현재에도 동일하게 나타난다. 복음을 전할 때 마음이 완악해서 받아들이지 않아 지옥에 가는 사람들도 많지만, 마음은 순수한데 지도자들로부터 잘못 배워서 복음을 거절하는 사람들도 상당히 많다. 어떤 설교자들은 소위 말하는 "구원파"를 너무 경계한 나머지 구원받지 않은 청중들에게 "구원받았느냐?"라고 묻는 사람에게는 "구원받았다."라고 말하라고 가르치기도 한다. 그래서 복음을 전하는 사람이 그에게 다가가면 그는 구원받지 않은 상태에서 복음을 거부해 버리고 만다. 또 극단적 칼빈주의로 교육받은 사람들은 택함을 받았기에 구원받았다고 인식하여 예수 그리스도를 영접하는 기회를 맞을 때 구원에 대한 거짓 확신 속에서 복음을 영접하지 않는 경우도 있다. 그 외에 행위로 구원받는다고 가르치는 교회, 구원의 복음보다 사회복음이 더 중요하다고 가르치는 교회, 종교 다원주의를 가르치는 교회, 그리고 로마카톨릭 등에서 배운 사람들 중에서는 비록 마음은 순수할지라도 그들의 거짓 목자들 때문에 지옥으로 향하고 있는 사람들이 무수히 많다. 그래서 성경적 교리를 정확히 공부하는 것은 매우 중요하다. 무지는 결코 변명이 될 수 없다.

천국을 닫아 버리는 바리새인들의 태도는 다음 구절들에서 잘 볼 수 있다. 『**관원들이나 바리새인들 가운데 어느 누가 그를 믿은 적이 있느냐?**』(요 7:48). 『**그의 부모가 이렇게 말한 것은 그들이 유대인들을 두려워하기 때문이더라. 이는 유대인들이 만일 누구라도 그를 그리스도라고 시인하면 그 사람을 회당에서 출회시키기로 이미 결의해 놓았기 때문이라**』(요 9:22). 『**그러나 선임 제사장들과 장로들이 무리를 설득하여 바라바를 원하고 예수를 죽이게 하라고 하니**』(마 27:20).

『**위선자인 서기관들과 바리새인들아, 너희에게 화 있으리라! 이는 너희들이 과부들의 집을 삼키며 남들에게 보이고자 길게 기도하기 때문이라. 그러므로 너희는 더 큰 심판을 받으리라**』(14절).

과부들의 집을 삼키는 것은 로마카톨릭에서 볼 수 있는 전형적인 예이다. 그들은 죽은 남편을 연옥에서 천당으로 가게 하기 위해 과부들로 하여금 가난한 재산을 팔아서 교회에 헌금하게 한다. 과부들은 긴 옷을 입은 종교 지도자에게 "아버지"라고 부르며 돈을 바치고 이 "아버지"들은 그녀에게 보이기 위해 길게 기도한다. 그리고 자기들의 행위를 정당화시키기 위해 변개된 성서들에서 14절을 삭제시켰다.

이러한 일은 개신교에서도 예외는 아니다. 성도들의 순수한 마음을 자극시켜 헌금을 강요한 나머지 교회 내의 가난한 과부들의 돈을 축복기도

한마디로 앗아가 버리는 경우를 우리는 종종 볼 수 있다. 특히 교회 내의 가난한 사람들의 헌금을 모아 교회 밖의 사람들, 예를 들어 해외의 난민들을 돕기 위해 사용하는 것은 마땅히 책망받아야 한다. 그리스도의 이름으로 선행을 베푸는 것은 옳은 일이나, 성경은 교회 내의 가난한 사람을 먼저 도우라고 말하고 있다(딤전 5장). 과부의 두 렙타를 교회 밖으로 방출하지 말라.

길게 기도하는 것도 예수님께서 경고하시는 것이다. 물론 영적으로 더 깊이 있게 하나님과 교제를 나누기 위해 오랫동안 기도할 필요는 있지만 많은 사람들은 단지 종교적인 열심으로 길게 기도하는 것을 볼 수 있다. 이에 대해서는 마태복음 6장에서도 경고하고 있는 바인데, 이것은 바리새인들의 특성이자 이교도들의 특성이다. 『**너희는 기도할 때에 이교도들이 하는 것처럼 헛된 반복을 하지 말라. 이는 그들이 말을 많이 하여야 들으리라 생각함이라**』(마 6:7). 그리고 이렇게 행하는 바리새인들의 동기는 남에게 보이기 위해서이다. 『**또 네가 기도할 때에 위선자들같이 되지 말라. 그들은 사람들에게 보이려고 회당과 길모퉁이에 서서 기도하기를 좋아하느니라. 진실로 내가 너희에게 말하노니, 그들은 그들의 상을 받은 것이니라**』(마 6:5). 그래서 그들은 위선자라고 불린다.

『**위선자인 서기관들과 바리새인들아, 너희에게 화 있으리라! 이는 너희가 한 사람의 개종자를 얻으려고 바다와 육지를 두루 다니다가 얻고 나면 그를 너희보다 두 배나 더 악한 지옥의 자식으로 만들기 때문이라**』(15절).

이 말씀 또한 로마카톨릭에게 정확히 적용할 수 있는 말씀이다. 성경대로 믿는 사람들이 전 세계를 누비며 복음을 전하고 있을 때, 로마카톨릭도 그들 교회의 개종자를 만들기 위해 바다와 육지를 두루 다녔다. 그들은 그것을 "선교"라고 부르지만 그것은 지옥의 자식들을 만들기 위해 찾아다닌 것일 뿐이다. 캔터베리의 어거스틴(A.D. 534-604)도 선교사였다. 그도 역시 개종자를 얻으려고 육지와 바다를 두루 다니며 브리튼 섬(영국)에 이르렀다. 그리고는 거기에 있던 성경대로 믿는 사람들을 죽이고 로마카톨릭으로 개종시켰다. 이 사실에 대해서 대부분의 사람들은 이 교도들을 복음화했다고 말한다(피터 럭크만의 〈신약교회사〉 참조). 그리고 그는 자기보다 더 악한 지옥의 자식들을 그 땅에서 키웠다. 루터의 종교개혁의 물결이 온 유럽을 휩쓸었을 때 이그나티우스 로욜라는 반동종교개혁(Coun- ter-Reformation)을 일으키고 그가 키운 지옥의 자식들인 예수회(Jesuits)는 육지와 바다를 두루 다니며 라틴 아메리카에 이르렀다. 그리고 그들은 자기들보다 더 악한 지옥의 자식들을 배출해 내었다. 로마 교회는 많은 부분에서 바리새인들을 닮았다. 바리새인들은 그들보다 더 악한 지옥의 자식들로 로마카톨릭을 키운 것이다. 그리고 로마 교회가 키운 예수회, 콜럼버스 기사단 등은 더 악한 지옥의 자식들이다.

23:16 너희 눈먼 안내자들아, 너희에게 화 있으리라! 너희는 말하기를 '누구든지 성전으로 맹세하면 아무것도 아니나 성전의 금으로 맹세하면 빚진 자라.'고 하니

17 너희 어리석고 눈먼 자들아, 어느 것이 더 크냐? 금이냐, 금을 거룩하게 하는 성전이냐?

18 또 '누구든지 제단으로 맹세하면 아무것도 아니나 그 위에 있는

제물로 맹세하면 죄가 있느니라.'고 하니

19 너희 어리석고 눈먼 자들아, 어느 것이 더 크냐? 제물이냐? 제물을 거룩하게 하는 제단이냐?

20 그러므로 제단으로 맹세하는 자는 제단과 그 위에 있는 모든 것으로 맹세하는 것이요

21 성전으로 맹세하는 자는 성전과 그 안에 거하시는 분으로 맹세하는 것이요

22 또 하늘로 맹세하는 자는 하나님의 보좌와 또 그 위에 앉아 계신 분으로 맹세하는 것이니라.

소경을 가리키는 말로 "눈먼 안내자들"(16,24절), "눈먼 자들"(17,19절)이라는 말이 사용되었는데, 이 역시 바리새인들을 가리키는 말이다. 26절에서는 "너 눈먼 바리새인아."라고 직접적으로 말씀하시고 있다. 마태복음 15:14에서는 그들을 가리켜 이렇게 말씀하셨다. 『**그들은 소경이 되어 소경을 인도하는 자들이라. 소경이 소경을 인도하면, 둘 다 구덩이에 빠지리라.**』

예수님은 바리새인들을 소경이라고 말씀하셨는데, 그들은 자기들이 소경임을 부인했다. 『**주와 함께 있던 바리새인들 몇 사람이 이 말씀을 듣고 주께 말하기를 "우리도 소경이란 말인가?"라고 하니** 예수께서 **그들에게 말씀하시기를 "만일 너희가 소경이라면 죄가 없을 것이나 이제 너희가 말하기를 '우리는 본다.'고 하므로 너희 죄가 남아 있느니라."고 하시더라**』(요 9:40,41). 실로 그들은 아무것도 볼 수 없었다. 그들은 진리를 보지 못했으며, 빛이 비추었을지라도 빛을 보지 못했다. 『**그 빛이 어두움**

속에 비치어도 어두움은 그것을 깨닫지 못하더라』(요 1:5) 왜냐하면 그들은 어두움의 자식들이기 때문이다. 차라리 그들이 지도자의 위치에 있지 않았다면 자신들만 지옥에 가면 될 것이나, 그들이 지도자의 위치에 있으므로 많은 사람들을 지옥에 보내고 있는 것이다. 이것은 오늘날도 마찬가지이다. 지도자의 자리에 설 자격이 없는 사람이 지도자의 자리에 섰을 때 얼마나 악한 일이 벌어지는지는 세상에서도 얼마든지 볼 수 있는 일이다. 문제는 거듭나지 않은 사람들과 진리로 무장하지 않은 사람들이 신학자와 목사로 서 있다는 것이다. 그들은 "우리는 볼 수 있다."라고 말하지만 그들의 어두움은 빛을 깨닫지 못한다.

『**너희는 말하기를 '누구든지 성전으로 맹세하면 아무것도 아니나 성전의 금으로 맹세하면 빚진 자라.'고 하니**』(16절).

이들의 오류는 성전보다 금을 더 크다고 하고, 제단보다 제물을 더 크다고 하는 데 있었다. 성전이나 제단이 금이나 제물보다 더 크다는 것은 상식으로도 알 수 있는 것인데, 그들은 그러한 상식적인 것도 분별할 수 없기에 주님은 그들을 눈멀었다고 책망하시는 것이다. 그들이 이러한 상식적인 것마저도 분별할 수 없었던 것은 그들 마음에 탐심이 가득했기 때문이다. 모세의 율법에 따라 성전의 기구들은 금으로 입혀 있었는데(출 37:2,11,22,23). 그들은 성전 자체보다도 그 금에 더 관심을 갖고 있었던 것이다. 마찬가지로 제물을 제단보다 더 크게 여기는 것은 제단은 먹을 수 없으나 제물은 먹을 수 있기 때문이다. 제사장들 및 성전에서 봉사하는 사람들은 성전에서 나오는 것들로 먹고 살기 마련이다. 주님께서 재물이 있는 곳에 마음이 있다고 말씀하신 것과 같이(마 6:21) 그들의 마음은 항상 성전의 금과 제물에만 향해 있었던 것이다. 다시 말해서 그들은 배를 섬기는 자들이며(롬 16:18), 그들의 하나님은 그들의 배였다(빌 3:19). 그래서 주님께서는 재물과 하나님을 동시에 섬길 수 없다고 말씀하신 것이다. 『**아무도 두 주인을 섬길 수 없나니, 이는 그가 한 쪽을 미워하고 다른 쪽을 사랑하거나, 한 쪽을 존중하고 다른 쪽을 경시하게 됨이라. 너희가 하나님과 재물을 동시에 섬길 수 없느니라**』(마 6:24).

주님은 여기에서 단지 금보다 성전이 더 크다고 말씀하시는 것뿐만 아니라 맹세에 대해서도 경고하고 계신다. 바리새인들은 더 작은 것을 향하여 맹세하라고 하나 예수님께서는 제단과 성전과 하늘로 맹세하는 것이 얼마나 큰 일인지를 말씀하신다. 그것은 곧 하나님으로 맹세하는 것이다. 이 문제에 대해 우리 주님은 일찍이 산상설교에서 경고하셨다. 『**나는 너희에게 말하노니, 아예 맹세하지 말라. 하늘로도 말지니 이는 그곳이 하나님의 보좌임이요, 땅으로도 말지니, 이는 그곳이 그분의 발판임이요, 예루살렘으로도 말지니, 이는 그곳이 위대한 왕의 도성임이라. 네 머리로도 맹세하지 말지니 이는 네가 머리카락 하나라도 희거나 검게 할 수 없음이라. 오직 너희 말은 '예'는 '예'로, '아니오'는 '아니오'로 하라. 그 이상의 것은 무엇이든지 악에서 나오는 것이라**』(마 5:34-37).

23:23 위선자인 서기관들과 바리새인들아, 너희에게 화 있으리라! 이는 너희가 박하와 아니스와 커민의 십일조는 바치면서 율법과 공의와 자비와 믿음의 더 중요한 것을 빠뜨렸기 때문이라. 너희는 이것들도 마땅히 행하고 또 저것들도 저버리지 말아야 하리라.

24 너희 눈먼 안내자들아, 너희가 하루살이는 걸러내고 낙타는 삼키는구나.

십일조에 대해서는 구약의 여러 부분에서 율법으로 규정되어 있다(레 27:30-32, 말 3:10, 느 10:38, 신 14:28; 26:12). 그리고 예수님께서도 여기에서 십일조에 대해서는 강조하셨다. 그것은 하나님의 것이다. 그런데 문제는 바리새인들이 박하와 아니스와 커민의 십일조만 강조했다는 것이다. 아니스와 커민은 조미료 같은 향료의 일종이다. 즉 그들은 여기서도 먹는 것에 대해서만 강조한 것이다. 그들의 관심은 음식과 재물에 있었고, 그들은 역시 배를 섬기는 자들이라는 것이 다시 한번 증명되었다.

그들이 간과한 것은 율법과 공의와 자비와 믿음의 더 중요한 것들이다. 즉 그들은 낙타같이 중요한 문제들에 대해서는 간과하여 넘어가 버리고, 하루살이같이 작은 문제들에 대해서는 긴장하고 집착한다. 우리는 보통 바리새인들이 율법에만 치중하고 복음과 자비는 무시하는 사람들이라고 생각하기 쉬우나, 오히려 바리새인들은 율법마저도 저버리는 사람들이었다. 그들은 하나님께서 주신 모세의 율법보다 장로들의 전통을 더 소중히 여기던 사람들이었다(마 15:1-6). 그들은 모세의 율법과, 하나님의 공의와, 가난하고 상처 입은 사람들을 향한 자비와, 하나님과 성경과 약속에 대한 믿음을 모두 던져 버렸다. 모든 것을 던져 버린 그들에게 남은 것은 오직 먹는 것뿐이다(롬 16:18, 빌 3:19).

23:25 위선자인 서기관들과 바리새인들아, 너희에게 화 있으리라! 이는

너희가 잔과 접시의 겉은 깨끗하게 하나 속은 약탈과 방탕으로 가득 차 있기 때문이라.

26 너 눈먼 바리새인아, 잔과 접시의 안을 먼저 깨끗이 하라. 그러면 그 겉도 깨끗하게 되리라.

27 위선자인 서기관들과 바리새인들아, 너희에게 화 있으리라! 이는 너희가 회칠한 무덤들과 같음이라. 그것들은 실로 겉으로는 아름답게 보이나 안에는 죽은 사람의 뼈와 모든 더러운 것으로 가득 차 있도다.

28 이와 같이 너희도 겉으로는 사람들에게 의롭게 보이나 속에는 위선과 불법으로 가득 차 있도다.

겉은 깨끗하게 보이나 속은 더럽다는 것은 바리새인들과 서기관들이 위선자라는 사실을 특징지어 주는 말이다. 마태복음 15장에서는 이러한 행동이 구체적으로 나타난 사건이 등장하는데, 그들은 주님의 제자들이 손을 씻지 않고 음식을 먹은 것을 책망한다. 그러나 그들이 하나님의 전통을 어겼다는 것은 그들이 속을 깨끗하게 하지 못했다는 것을 증명한다. 예수님께서는 3년 반 동안 바리새인들과 많은 논쟁을 하셨으며, 여기 23장에서는 주님의 공생애 동안 다루셨던 바리새인들의 모든 행동을 낱낱이 지적하고 계신다.

이 위선자들의 속은 더러운 것으로 가득 차 있다. 그런데 그들 속에 있는 더러운 것이 어떤 것인지 주목하라. 27절에서 그들은 "회칠한 무덤"이라고 묘사되며, 그들 안에 있는 것은 "죽은 사람의 뼈와 모든 더러운 것"이라고 되어 있다. 그리고 이러한 행동들은 불법으로 자행된 일이고 그들은 그것을 위선으로 감추고 있다(28절). 즉 그들의 위선으로 감추고 있는 행동은 "살인"이다.

23:29 위선자인 서기관들과 바리새인들아, 너희에게 화 있으리라! 이는 너희가 선지자들의 묘를 세우고 의인들의 무덤을 꾸미며
30 말하기를 '만일 우리가 우리 조상의 때에 살았더라면 선지자들의 피를 흘리게 하는 그 사람들에게 가담하지 아니하였으리라.'고 함이니
31 그리하여 너희가 그 선지자들을 죽인 자들의 자손임을 스스로 증거하는 것이라.
32 그러므로 너희가 너희 조상들의 분량을 채우라.
33 너희 뱀들아, 독사들의 세대야, 어떻게 너희가 지옥의 저주에서 피할 수 있겠느냐?

이 위선자들은 선지자들과 의인들의 무덤을 꾸미며 그들의 조상들의 잘못을 책망하고 있다. 그들의 조상들은 선지자들과 의인들을 박해하며 죽였고, 이 위선자들은 그들의 무덤을 꾸미며 자신들은 그렇지 않은 것처럼 위선을 부리고 있다. 그러나 주님은 이들에 대해서도 그들 조상들과 마찬가지로 취급하신다. 더 나아가 주님은 바리새인들과 서기관들을 옛 의인들을 박해했던 자들의 자손으로 취급하시어 그들의 손에서 그 조상들의 핏값을 묻고 계신다. 그래서 주님은 그들의 속에 그들이 죽인 의인들의 뼈가 가득 찼다고 말하고 있는 것이다. 사실 그들은 예수님을 어떻게 하면 죽일까 하고 기회를 엿보고 있었다. 결국 그들의 마음속에는 의로우신 분, 예수 그리스도의 뼈를 품고 있는 것이었다. 그래서 주님은 그들에게 조상들의 행한 죄악의 분량을 채우라고 말씀하신다.

『**분량을 채우라**』(32절)는 말은 분량이 차는 즉시 진노하시겠다는 말이다. 유대인들은 구약 시대에 흘린 모든 의인들의 피로 말미암아 포화상태가 되었다. 마지막 한 방울의 피만 흘려지게 되면 그들은 그 가득 찬 분량으로 심판을 받는다. 그리고 그 마지막 선지자의 피는 예수 그리스도의 피였다. 하나님은 그들의 죄악이 가득 차기를 기다리셨다. 물론 하나님께서는 그 백성을 사랑하시기에 마지막까지 그들이 돌아오기를 바라셨지만, 결국 회개하지 않는 그들을 보시고 마지막 분량을 채우라고 말씀하시는 것이다.

성경에서 분량을 채운다는 말은 죄가 거의 가득 차서 심판이 임박했다는 것을 보여 주는 말이다. 이스라엘이 출애굽하여 카나안 땅을 정복한 것은 팔레스타인 땅에 살던 백성들의 죄악이 가득 찼을 때이다. 『**그러나 사 대 만에 그들이 이곳으로 다시 돌아오리니, 이는 아모리인들의 죄악이 아직 다 차지 않았음이라**』(창 15:16). 바울은 유대인들이 예수님과 복음을 대적함으로써 그들의 죄를 채운다고 말하고 있다. 『**그들은 주 예수와 자기들의 선지자들을 죽였고 우리를 박해하였으며 하나님을 기쁘시게 하지 아니하고 모든 사람들을 대적하여 우리가 이방인들의 구원을 위하여 말하는 것을 금지시킴으로써 항상 자신들의 죄들을 채우니, 이는 그들에게 임한 진노가 극에 달하였음이니라**』(살전 2:15,16). 하나님께서는 이방인들의 죄가 가득 찼을 때 이스라엘을 통하여 그들을 진멸시키셨고, 이스라엘의 죄가 가득 찼을 때 그들을 이방 가운데로 흩으셨다. 앞으로 이방인들의 죄가 다시 가득 차게 되면 하나님께서는 돌올리브나무 가지인 이방인들을 그 줄기에서 자르시고 다시 참올리브나무 가지인 유대인들을 그 줄기에 붙이실 것이다. **『형제들아, 너희가 스스로 지혜 있는 체하지 않게 하기 위하여 이 신비를 너희가 모르기를 내가 원치 아니하노니 이는 이방인들의 충만함이 차기까지는 이스라엘의 일부가 완고하게 된 것이라』**(롬 11:25). 여기서 이방인의 충만함이 찬다는 것은 이방인들의 죄가 가득 찬다는 것을 말한다.

본문에서 예수님께서는 바리새인들에게 그 조상들의 죄의 분량을 채우라고 말씀하신다. 그리고 그 분량이 차는 때에 그들에게 임할 것은 "지옥의 저주"라고 말씀하신다(33절).

23:34 보라, 이 때문에 내가 선지자들과 지혜 있는 자들과 서기관들을 너희에게 보내노라. 그러면 너희가 그 중에서 더러는 죽이고, 십자가에 못박을 것이며, 더러는 너희의 회당에서 채찍질하고, 이 성읍에서 저 성읍으로 쫓아다니며 박해하리라.

35 그리하여 땅에 쏟아진 의로운 모든 피가 너희 위로 돌아오리니, 의인 아벨의 피로부터 너희들이 성전과 제단 사이에서 죽인 바라키아의 아들 사카랴의 피까지니라.

36 진실로 내가 너희에게 말하노니, 이 모든 것이 이 세대에 임하리라.

이 위선자들의 조상들이 행한 죄악들이 언급되어 있다. 하나님께서는 선지자들과 지혜 있는 자들과 서기관들을 보내셨다. 예수님께서는 지금 서기관들을 책망하시는 자리에서 그들이 서기관들을 죽였다고 말씀하시고 있다. 그러므로 서기관은 모두 나쁜 서기관만 있는 것이 아니라 좋은 서기관들도 있다는 것을 알 수 있다. 예를 들어 에스라는 좋은 서기관이다. 그는 하나님의 말씀을 소중히 하였으며, 백성들을 올바로 가르쳤다. 하나님께서는 그 당시의 서기관들이 에스라 같은 서기관이 되어 백성들을 잘 이끄는 목자가 되기를 바라셨다. 그러나 그들은 거짓 목자가 되어 백성들을 흩어지게 하였다(마 9:36).

서기관들은 하나님의 말씀을 맡은 자들이다. 그들은 성경을 필사하기도 하고 성경을 가르치기도 했다. 이것을 교회 시대에 적용해 볼 때, 우리는 역시 좋은 서기관과 나쁜 서기관을 발견하게 된다. 신약성경이 완성된 이래로 그 순수한 하나님의 말씀을 온전히 보존하고자 애쓴 서기관(성경대로 믿는 그리스도인)들이 있는 반면, 하나님의 말씀을 삭제시키고 첨가시키며 변개시킨 서기관들이 있었다. 그리고 말씀을 보존한 좋은 서기관들은 종교개혁 시대를 제외한 중세시대와 현대에서 많은 박해를 받고 있다. 특별히 중세 암흑시대에 그들은 성경 보존으로 인해 죽기까지 했다(피터 럭크만의 〈신약교회사〉 참조). 악한 서기관들은 예수님의 초림 당시와 마찬가지로 항상 학자 됨을 내세워 지도자의 위치를 차지하여, 많은 백성들을 악한 길로 이끌었다.

『**그리하여 땅에 쏟아진 의로운 모든 피가 너희 위로 돌아오리니, 의인 아벨의 피로부터 너희들이 성전과 제단 사이에서 죽인 바라키아의 아들 사카랴의 피까지니라**』(35절).

이 구절은 예수 그리스도께서 친히 구약의 정경성을 확정지으시는 구절이다. 유대인들이 갖고 있는 히브리어 구약성경은 〈킹제임스성경〉과 배열 순서가 다르다. 유대인들의 성경은 창세기를 시작으로 해서 역대기로 끝을 맺고 있는데, 그 안에는 우리가 지금 갖고 있는 구약의 39권이 모두 포함되어 있다. 그 중 아벨의 피는 창세기 4장에 기록되어 있고, 사카랴의 피는 역대기하 24:20-22에 기록되어 있다. 예수님께서 창세기부터 역대기하까지 흘린 피만을 인정하시고 있는 것으로 보아 창세기부터 역대기하까지만(유대인들의 히브리 성경으로) 정경으로 취급하셨음을 알 수 있다. 외경은 모두 그 이후의 문서들이다. 그러므로 예수님은 로마카톨릭의 외경을 성경으로 인정하지 않으셨다. 한 걸음 더 나아가 누가복음 24:44에서 주님께서는 구약성경을 모세의 율법과 선지서들과 시편, 셋으로 구분하셨다. 이 세 구분에는 우리가 갖고 있는 39권의 구약성경이 모두 포함되어 있다. 그러나 외경은 이 세 구분에 포함되지 않는다. 그럼에도 불구하고 로마카톨릭은 트렌트 공회(1546)에서 외경을 받아들이지 않는 자는 저주받는다고 공포하여 예수 그리스도마저도 저주를 한 것이다.

23:37 오 예루살렘아, 예루살렘아, 선지자들을 죽이며 너에게 보낸 사람들을 돌로 치는 자야, 마치 암탉이 자기 병아리들을 날개 아래 함께 모으듯이 내가 얼마나 자주 네 자녀들을 모으려고 하였더냐? 그러나 너희가 원치 아니하였도다!

38 보라, 너희 집이 황폐하여 버린 바 되리라.

39 내가 너희에게 말하노니, 이제부터 너희가 '주의 이름으로 오시는 이는 복이 있도다.'라고 말할 때까지 나를 보지 못하리라."고 하시더라.

예수님께서 비록 "너희 조상들의 분량을 채우라"고 말씀하셨지만 주님의 원래의 의도는 그들을 모으는 것이었다. 선지자들과 의인들은 피의 분량을 채우기 위해 보냄을 받은 자들이 아니라 그들을 모으기 위해서 보냄을 받은 자들이었다. 하나님께서는 유대인들을 구원하기 원하셨다. 『**그러나 시온이 말하기를 "주께서 나를 버리셨고 내 주께서 나를 잊으셨다." 하였느니라. 여인이 자기의 젖먹는 아이를 잊을 수 있겠으며 자기 태에서 난 아들에게 동정하지 않겠느냐? 정녕, 그들은 잊을지라도 나는 너를 잊지 아니할 것이라. 보라, 내가 너를 내 손바닥에 새겼으니 너의 성벽이 계속해서 내 앞에 있느니라. 네 자녀들은 서둘러 오고, 너의 파괴자들과 너를 황폐케 하였던 자들은 네게서 떠나가리라**』(사 49:14-17). 그러나 그들은 듣기를 원치 않았다. 『**너희는 생명을 얻으려고 내게 오기를 원치 아니하는도다**』(요 5:40).

이스라엘을 위한 교리적인 적용이 아닐지라도 하나님께서 그분의 성도들을 모으신다는 것은 네 가지 경우로 적용시킬 수 있다.

1. 환난풍파가 올 때(마 24:2)
2. 백성들을 먹이실 때(요 6장)
3. 독수리의 위험으로부터 보호하실 때(눅 17:37)
4. 성도가 죽을 때(행 7:59,60)

하나님의 뜻을 거슬러 이스라엘이 하나님께 돌아오지 않자 주님은 피의 분량을 채우라고 명령하시고는 그들을 저주하신다. 『**보라, 너희 집이 황폐하여 버린 바 되리라**』(38절). 이 집은 "이스라엘 집," 즉 이스라엘 민족을 말한다. 그리고 이 저주는 주님께서 성전에서 나가시는 것으로 표현되는데, 그러므로 이 집은 성전이라고 말할 수도 있다. 성전은 "하나님의 집" 또는 "아버지의 집"(요 2:16)이라고 불리는데, 마태복음 21장에서 예수님께서는 성전을 "내 집"(마 21:13)이라고 말씀하셨다. 그러나 여기 38절에서는 "너희 집"이라고 말씀하신다. 즉 하나님이 거하지 않으시는 집은 더 이상 하나님의 집이 아닌 것이다. 그리고 그 집은 황폐하게 된다.

이 집이 황폐하게 되는 것은 그들의 죄악으로 말미암은 직접적인 저주인데, 그것은 역사적으로는 A.D. 70년에 성취된다. A.D. 70년에 예루살렘과 성전은 완전히 황폐하게 되었다. 물론 이 사건은 대환란 때에 반복될 것이고, 그것이 본문의 교리적인 적용이다. 이 구절은 24장의 종말에 관한 설교와 연결되는데, 예루살렘 황폐에 대한 저주는 A.D. 70년에 적용되지만 교리적으로는 여전히 미래의 대환란에 적용된다.

이 황폐의 기간은 39절에 명시되어 있다. 『**내가 너희에게 말하노니, 이제부터 너희가 '주의 이름으로 오시는 이는 복이 있도다.'라고 말할 때까지 나를 보지 못하리라."고 하시더라**』(마 23:39). "주의 이름으로 오시는 분은 복이 있도다."라는 말은 예수님께서 입성하시는 21:9에서 한 번 언급되었다. 이 언급으로 유대인들은 왕을 보게 되었는데, 다시 예수님은 그들의 거부로 말미암아 그들을 저주하시고, 이 말이 다시 그들의 입에서 언급될 때까지 예루살렘은 황폐하게 된다고 말씀하고 계신다. 다시 말해서 대환란 끝에 이스라엘이 회심하여 예수님을 그들의 메시아 왕으로 받아들일 때까지 이 집은 황폐하게 된다는 것이다. 예수 그리스도께서 성전에 계시지 않을 때, 그 성전은 이미 황폐한 것이나 다름없다. 주님께서 떠난 그 집은 바리새인들에 의해 찬탈되는데, 이것은 마태복음 11:12에서 이미 예수님께서 말씀하신 것이다. 그들은 항상 "찬탈자"였다(마태복음 11장 주석 참조). 또한 왕이 계시지 않는 그 집의 왕은 카이사이다.

예수님께서는 23장에서 성전을 떠나가신 후 다시는 성전으로 들어가지 않으셨다. 주님은 재림 때에야 다시 그 성전으로 들어가실 것이다. 예수님을 거부한 유대인들은 주님을 십자가에 못박은 이후로 다시는 주님을 보지 못한다. 주님의 부활 후에도 결코 볼 수 없다. 그들이 돌이키고, 회심하고, 치료되고(롬 11:26,27, 히 8:8-12), 메시아로 그분을 받아들일 그 날까지(호 6:1-3, 사 26:12-21, 행 2:36) 그들은 결코 그들의 왕을 다시 볼 수 없을 것이다. 그리고 주님은 이 황폐함에 대한 예언을 입증하기 위해서 표적을 보여 주시듯이 그 성전을 나가시는 것이다(마 24:1).

마태복음 24장

이제 우리는 신약성경에서 가장 어려운 부분 중의 하나에 와 있다. 마태복음 24장은 사도행전 2장과 히브리서 6장과 마태복음 25장과 더불어 많은 신학자들이 해석에 있어서 오류를 범하고 있는 부분이다. 사도행전 2장에서는 믿는 것과 성령을 받는 것에 관해, 특히 방언과 침례에 관해서 오순절주의자들과 캠벨주의자들에 의해 오해를 받고 있으며, 히브리서 6장은 구원의 영원한 보장을 믿고 있는 칼빈주의자들 및 근본주의자들과 구원의 영원한 보장을 믿지 않는 알미니안주의자들 사이에 끊임없는 논쟁을 불러일으키고 있으며, 마태복음 25장은 신약성도와 환란성도를 구분하지 못하는 근본주의자들을 함정에 빠뜨려 넣고 있다.

그래서 이러한 본문들에 대해서는 항상 여러 가지의 해석이 나오게 되는데, 그러한 해석들의 문제는 진리의 말씀을 올바로 나누지 않기에 생기는 해석들이다. 마태복음 24장도 마찬가지인데, 여기서는 종말에 관한 문제가 등장한다. 마태복음 24장은 항상 요한계시록 20장과 더불어 후천년주의자 및 무천년주의자와 전천년주의자의 싸움터가 된다. 무(후)천년주의자들은 본문을 A.D. 70년의 예루살렘 파괴에다 적용시키고 전천년주의자들은 본문을 대환란 때에 적용시킨다. 그러나 이것은 전천년주의자들과 무(후)천년주의자들 간의 싸움이 아니다. 이것은 성경을 문자적으로 믿는 사람들과 성경을 문자적으로 믿지 않는 사람들 간의 싸움이며, 진리를 계시하시는 하나님 편에 선 사람들과 진리를 가려 버리려는 사탄 편에 선 사람들의 싸움이다.

우리는 성경을 문자적으로 믿기에 본문 앞에서 겸손한 자세와 열린 마음으로 대하기만 한다면 이 어려운 본문을 쉽게 풀어 나갈 수 있을 것이다.

24:1 예수께서 나가서 성전에서 떠나시자 제자들이 성전의 건물들을 주께 보여드리려고 나아오니,

2 예수께서 그들에게 말씀하시기를 "너희가 이 모든 것을 보지 못하느냐? 진실로 내가 너희에게 말하노니, 여기 돌 하나도 돌 위에 남지 않고 다 무너지리라."고 하시더라.

3 주께서 올리브 산 위에 앉으셨을 때, 제자들이 조용히 나아와서 말씀드리기를 "언제 이런 일이 있겠으며, 주께서 오실 표적과, 세상 끝의 표적이 어떤 것인지 우리에게 말씀하여 주소서."라고 하니

4 예수께서 그들에게 대답하여, 말씀하시기를 "아무도 너희를 미혹하지 못하도록 주의하라.

5 많은 사람이 내 이름으로 와서 '내가 그리스도라.'고 말하며 많은 사람을 미혹하리라.

22장에서 마지막으로 대적들과 논쟁을 끝내신 다음, 23장에서는 위선자들에게 저주의 경고를 하신 주님께서는 23:38,39에서 『**보라, 너희 집이 황폐하여 버린 바 되리라. 내가 너희에게 말하노니, 이제부터 너희가 '주의 이름으로 오시는 이는 복이 있도다.'라고 말할 때까지 나를 보지 못하리라.**』**라**고 말씀하시며 하나님의 영광이 이스라엘과 성전에서 떠났다는 것을 보여 주시고, 친히 성전을 떠나시어(마 24:1) 그 사실을 확증하신다.

예수님은 23장에서 이미 이 사건이 종말의 때를 말하는 사건임을 암시하셨다. 23:38에서 성전이 황폐케 되는 사건을 39절에서 그들이 "주의 이름으로 오시는 이는 복이 있도다."라고 말하는 때, 즉 재림 때와 연결시켜서 설명하신 것이다.

『**예수께서 나가서 성전에서 떠나시자**』(1절).

집을 만드신 주인(히 3:1-6)이 떠나시는 것 자체가 이미 성전의 황폐를 말하는 것이다. 이스라엘이 그 집의 주인, 즉 예수님을 다시 받아들일 때까지 그 성전은 황폐하게 버려질 것이다. 그러나 이 성전은 문자적으로 분명히 황폐하게 된다. 그것은 A.D. 70년의 파괴와 대환란 때의 파괴, 둘 다에 적용된다. 사실 예수님께서 성전에서 나가실 때 이미 종말은 시작된 것이나 다름없다. 그래서 주님은 종말과 성전 파괴를 연결해서 설명하신 것이다. 단지 사도행전에서의 그들의 마지막 거부로 말미암아 재림이 연기되어 성전파괴와 종말 사이에 커다란 간격이 생긴 것일 뿐이다.

재림이 연기되었다는 것에 대해서는 앞에서 누누이 강조하였다. 단지 우리가 이해해야 하는 것은 초림 때와 재림 때의 상황이 매우 유사하다는 것이다.

『**제자들이 성전의 건물들을 주께 보여 드리려고 나아오니**』(1절).

성전에서 나온 제자들은 성전의 건물을 보고 그 돌들의 우아함과 예물로 단장된 것에 대해 말하기 시작했으며(눅 21:5), 성전을 주님께 보여 드리려고 나아왔다. 그리고 그중 한 명이 예수님께 말한다. 이 상황을 마가복음 13장에서는 더 자세히 묘사한다. 『**주께서 성전에서 나가실 때, 제자들 가운데 한 사람이 주께 말씀드리기를 "선생님, 이 얼마나 거대한 돌들이며 건물들인지 보소서."라고 하니**』(막 13:1). 이 질문은 제자들 중의 한 사람이 한 질문이다. 그리고 우리는 그 제자가 유다 이스카리옷이라는 사실을 알 수 있다. 유다는 예수님을 습관적으로 "선생님"이라고 불렀다(마 26:25, 막 14:45). 유다는 항상 건물이나 돈에 관심이 있었는데, 그의 사역은 돈과 연루되어 있었다. 그는 돈주머니를 맡은 사람이었다(요 12:6). 그가 건물을 보고 말한 것은 그 건물이 우아하고 예물로 단장되어 있었기 때문이다. 결국 그의 동기도 바리새인들과 마찬가지로 탐심이었던 것이다.

앞서 23장에서 주님이 성전보다 금으로 맹세하는 바리새인들의 탐심을 꾸짖으셨기에(마 23:16) 유다는 성전 자체를 보고 말했는지도 모른다. 그는 아마도 주님께서 "그래 맞다. 멍청한 바리새인들은 이 성전에는 관심을 두지 않고 그 안에 있는 금에만 관심을 두는구나. 너희들은 이 위대한 성전에 관심을 두어야 한다."라고 말씀하실 줄을 기대했는지도 모른다. 그러나 주님께서는 결코 그렇게 말씀하시지 않고, "너희가 보는 이 성전도 다 무너져 내릴 것이다."라고 말씀하셨다. 결국 성전의 아름다운 외관을 탐냈던 유다의 탐심도 그 성전과 함께 무너져 내렸다.

유다는 이하에 기술된 예수님의 예언이 말씀되는 동안 그 자리에 없게 된다. 이 종말의 예언은 네 제자들, 즉 베드로, 야고보, 요한, 안드레에게만 주어진다. 『**그후 주께서 성전 건너편 올리브 산 위에 앉아 계실 때에 베드로와 야고보와 요한과 안드레가 따로 주께 묻기를 "우리에게 말씀하여 주소서. 언제 이런 일들이 있겠으며, 이 모든 일이 이루어질 때 어떤 표적이 있겠나이까?"라고 하니**』(막 13:3,4). 돈에 관심을 갖고 있던 유다는 이 질문에 대한 예언의 대답을 듣지 못하고 떨어져 나가게 된다.

『**여기 돌 하나도 돌 위에 남지 않고 다 무너지리라**』(2절).

이 구절은 일차적으로 A.D. 70년에 로마 장군 티투스에 의해 성전이 파괴되는 사건에 적용할 수 있다. 성전이 파괴된다는 사건은 믿기지 않는 일이었다. 왜냐하면 그 돌들 중에 어떤 것은 크기가 65피트 × 8피트 × 10피트나 되는 것도 있을 뿐 아니라, 이 성전이 로마에 의해 지어졌는데 로마가 파괴한다는 것도 믿기지 않고, 더욱이 로마 장군 티투스는 매우 온건한 사람으로서 그러한 명령을 내릴 만한 사람이 아니기 때문이다. 그러나 그 일은 분명히 이루어졌다. 왜냐하면 예수님께서 이 일을 분명히 말씀하셨기 때문이다. 로마의 병사들은 성전의 돌을 무너뜨렸을 뿐 아니라, 성전 아래 금이 묻혀 있다는 소문에 따라 그 금을 캐내기 위해 성전의 터까지 모두 파헤쳐 놓았다. [본문은 문자적인 예루살렘 성전 뿐 아니라 교회와(고전 3:10-16) 우주와(히 1:10-12) 그리스도인의 몸(고전 6:13)으로

서의 성전에 관한 진리에 대해서도 영적으로 좋은 설교가 될 수 있다.]

『주께서 올리브 산 위에 앉으셨을 때, 제자들이 조용히 나아와서 말씀드리기를 "언제 이런 일이 있겠으며...』(3절)

그래서 이 설교를 "올리브산의 설교"라고 한다. 예수님께서 산에서 하신 또 하나의 유명한 설교는 마태복음 5-7장에 나오는 "산상설교"인데, 거기에서 왕국의 법령에 대해 말씀하셨다면, "올리브산의 설교"에서는 종말에 대해 설교하신다. 물론 이 설교는 미래에 대한 "예언"이다.

『"언제 이런 일이 있겠으며, 주께서 오실 표적과, 세상 끝의 표적이 어떤 것인지 우리에게 말씀하여 주소서."』(3절).

제자들이 묻는 질문의 "언제"라는 말은 물론 2절에서 주님께서 말씀하신 "돌 위에 돌 하나도 남기지 않고 다 무너질" 때이다. 예수 그리스도께서 제자들의 이 질문에 대답하신 것 때문에 무(후)천년주의자들은 그 사건을 A.D. 70년에 적용시킨다. 하지만 역사는 반복된다. 예루살렘에 대한 파괴는 A.D. 70년에만 일어나지 않았다. 예수님께서 예루살렘 파괴에 대해 말씀하셨을 때, 주님은 이미 예레미야 52장에서 예언되어 역대기하 36장에서 성취된 사건을 반복해서 말씀하신 것이다. 그러므로 예루살렘 파괴는 반복될 수 있었고, 앞으로 또 한 번 반복될 수 있는 것이다. 제자들은 400년 전에 예루살렘이 황폐케 되었던 그 사건이 앞으로 또 일어난다는 사실을 듣고 놀랐을 것이다. 하지만 그 사건은 분명히 반복되었다. 마찬가지로 무(후)천년주의자들도 A.D. 70년에 파괴된 예루살렘이 다시 파괴된다는 것을 들을 때 놀란다. 하지만 그 사건은 분명히 반복될 것이다. 특별히 초림과 재림의 상황이 비슷하다는 것을 이해하는 사람에게 이 진리는 더욱 분명해진다.

반복이라는 개념을 이해하지 못하는 전천년주의자들에 의해서 제자들의 이 질문은 세 가지로 구분된다. 이러한 구분은 A.D. 70년의 예루살렘 파괴와 환란 때의 모습을 각각 적용하려는 의도에서 나온 것이다. 그들이 구분한 이 질문의 세 구분은 이렇다. 첫째, 언제 이런 일이 있을 것인가? 둘째, 주께서 오실 표적이 무엇인가? 셋째, 세상 끝의 표적이 무엇인가? 그리고 그들에 의해서 첫째 질문에 대한 대답은 4-14절에서, 둘째 질문에 대한 대답은 15-22절에서, 셋째 질문에 대한 대답은 23-25절에서 주어진다.

그러나 이러한 구분은 큰 의미가 없다. 왜냐하면 주께서 오실 표적과 세상 끝의 표적은 분리될 수 없는 사건이기에 이 두 개의 질문은 한 질문으로 간주되고, 또 4-14절의 말씀에도 A.D. 70년이라고 볼 수 없는 종말의 사건이 등장하기 때문이다. 결국 제자들은 혹시 세 가지 의미로 분리해서 질문했는지 모르지만 예수님께서는 이 질문들을 하나로 간주하시고, A.D. 70년의 예루살렘 파괴와 반복되는 사건으로서 종말의 사건을 예언하신 것이다. 그러므로 『**여기 돌 하나도 돌 위에 남지 않고 다 무너지리라**』(2절)는 말씀은 A.D. 70년에 분명하게 적용할 수 있으나, 4절 이후의 사건은 재림의 상황에서 적용해야 한다.

『**예수께서 그들에게 대답하여, 말씀하시기를 "아무도 너희를 미혹하지 못하도록 주의하라**』(4절).

이 질문에 대한 예수님의 첫째 대답은 "미혹"이다. 즉 마지막 때에 관한 첫 번째의 표적은 많은 사람들이 미혹한다는 것이다. 그러나 이 경고는 많은 그리스도인들에게 받아들여지지 않고 있다. 사실 이 경고는 거의 90%에 가까운 그리스도인들에게 무시당하고 있는 실정이다. 다른 명령들, 예를 들어 "이웃을 사랑하라"는 명령은 사회복음을 전하는 사람들에게 잘 지켜지고 있고, "성령으로 충만하라"는 명령은 은사주의자들에게 잘 활용되고 있고, "구령하는 자는 현명하다"는 명령은 근본주의자들에게 잘 지켜지고 있으나, "아무도 너희를 미혹하지 못하도록 주의하라"는 명령은 대부분의 그리스도인에게 무시되고 있다.

지난 1,500년 동안 로마카톨릭은 많은 사람들을 미혹했다. 개혁 시대에는 개혁 신앙 사이에 파고들어간 누룩들로 많은 사람들이 미혹당했다. 현대에는 학자들과, 주석가들과 많은 설교자들의 거짓 교리로 사람들이 미혹당한다. 이들은 "아무도," 즉 교황도, 추기경도, 신부도, 주석가도, 신학교 교수도, 목사도 너희를 미혹하지 못하도록 주의하라는 명령을 무시하고 있는 것이다. 이 명령은 영적인 분별력에 관한 명령이다. 이 명령을 수행하기 위해서는 진리의 지식에 이르고(딤전 2:4), 진리의 말씀을 올바로 나눌 때에만(딤후 2:15) 가능하다.

이러한 일은 디모데후서 3:1-7에서 교회 시대의 마지막에 구체화되며, 베드로후서 2:1-4에서 대환란 시대에 확실시될 것이다. 『**그러나 백성 가운데도 거짓 선지자들이 있었던 것처럼 너희 가운데도 거짓 교사들이 있으리라. 그들은 저주받을 이단들을 비밀리에 불러들여서 자기들을 사신 주를 부인하기까지 하며, 급격한 파멸을 스스로 불러들이느니라. 또한 많은 사람들이 그들의 파멸의 길을 따르리니 그들로 인하여 진리의 길이**

비방을 받을 것이라. 그들은 탐욕을 품고 지어 낸 말로 너희에게서 이득을 취하리니, 이제 그들의 심판은 예로부터 지체하지 않으며 그들의 멸망은 졸지 아니하느니라』(벧후 2:1-3). 베드로후서 2장은 초림 때의 사건과 재림 때의 사건이 반복된다는 것에 대한 좋은 설명이다. 베드로는 여기서 과거에 있었던 것처럼 미래에도 있을 것이라는 말을 하는데, 우리는 이것을 통해 초림과 재림이 얼마나 비슷한 상황으로 연결되는지를 알 수 있다(히 1:2의 "마지막 때"). 예수님은 초림 때의 거짓 선지자들, 즉 바리새인들과 사두개인 등의 종교 지도자들에 대해 항상 강력히 책망하셨다. 그들이 당시에 거짓 목자들로서 백성들을 목자 없는 양들로 방치해 두었을 뿐 아니라 양의 가죽을 쓴 이리들로서 하나님의 양들을 파멸로 인도했듯이, 마지막 때인 대환란 때에 다시 한번 이러한 무리들이 나와서 적그리스도의 휘하에서 백성들을 파멸로 인도할 것이다. 이에 예수 그리스도께서는 『**아무도 너희를 미혹하지 못하도록 주의하라.**』**라**고 경고하시는 것이다.

『**많은 사람이 내 이름으로 와서 '내가 그리스도라.'고 말하며 많은 사람을 미혹하리라**』(5절).

그들은 "그리스도"의 이름으로 온다. 히틀러도 마르크스도 이처럼 사람들을 미혹시키지는 못했다. 그러나 이처럼 미혹시키는 사람들이 있는데, 그들은 바로 로마카톨릭이다. 교황은 공공연히 자신을 "그리스도의 대리자"라고 말한다. 이들은 자신이 그리스도라고 말할 뿐 아니라 심지어 하나님이라고까지 한다. 그들이 사용하는 "신부"(God the Father)라는 말은 "하나님 아버지"라는 뜻이다.

이 예언은 적그리스도에게서 구체화될 것이다. 예수님께서 "그리스도"(the Christ)이신 것처럼 사탄도 "그리스도"(a christ)이다. 그래서 그는 "적"그리스도로 나타날 것이다. 그에 따라 그를 추종하는 많은 그의 종들, 즉 거짓 선지자들과 거짓 교사들은 자기를 "그리스도," 또는 "그리스도의 대리자"로 나타낼 것이다. 지금, 교회 시대의 마지막에 많은 사이비, 이단 종파의 교주들이 자신을 하나님이라고, 예수라고 말하는 것들을 볼 수 있으나, 이러한 현상은 대환란 시대에 비교해 볼 때 아무것도 아니다. 왜냐하면 지금 있는 거짓 그리스도들은 정상적인 사람이라면 빠져 들어가지 않을 만한 변태적인 교리를 가지고 나와서 사회의 혼란을 조장시키면서 활동하지만, 앞으로 있을 거짓 그리스도들은 정상적인 사람도 넘어갈 만한 그럴듯한 교리를 가지고 나와서 사회의 인정을 받으면서 활동할 것이기 때문이다. 지금의 거짓 그리스도들은 "소수의" 사람들을 미혹시킬 것이지만 미래의 거짓 그리스도들은 "많은" 사람들을 미혹시킬 것이다.

성경이 경고하는 것은 "소수"가 아니라 "많은"이다. 이 사실은 이 시대에도 적용이 가능하다. 특별히 라오디케아 시대의 후반부에 사는 우리들은 진리를 따라가는 사람보다 오류를 따라가는 사람이 많다는 것을 분명하게 볼 수 있다. 디모데후서 4장에서도 "많은" 사람에 대해 경고하고 있으며, 마태복음 7장에서도 "많은" 사람에 대해 경고하고 있다. 『**너희는 좁은 문으로 들어가라. 이는 멸망으로 인도하는 문은 넓고 그 길이 광대하여 그리로 들어가는 사람이 많으나**』(마 7:13). 『**그 날에 많은 사람들이 나에게 '주여, 주여, 우리가 주의 이름으로 예언하지 아니하였으며, 주의 이름으로 마귀들을 쫓아내지 아니하였으며, 또 주의 이름으로 많은 경이로**

운 일들을 행하지 아니하였나이까?'라고 말하리니』(마 7:22). 베드로후서 2:2도 마찬가지이다. 『**또한 많은 사람들이 그들의 파멸의 길을 따르리니 그들로 인하여 진리의 길이 비방을 받을 것이라.**』

그러므로 진리의 길은 항상 소수에게만 열려 있다. 이 시대에는 100명의 설교자 중에 10명 정도가 구원의 복음을 전한다면, 그중 한 명 정도 내지 두 명 정도가 하나님의 바른 말씀을 사랑하고, 성경의 올바른 체계 속에서 예수 그리스도에 관한 계시로 성도를 양육하고, 세상을 사랑하지 말라는 성경적 가르침으로 성도를 책망한다. 진리를 따라가는 사람들은 결코 다수가 아니다.

24:6 또 너희는 전쟁과, 전쟁의 소문을 들을 것이라. 그러나 삼가 걱정하
지 말라. 이는 이 모든 일들이 반드시 일어나겠지만 아직 끝은 아
니기 때문이라.
7 민족이 민족을 대적하고, 나라가 나라를 대적하여 일어나겠으며,
기근과 역병과 지진이 여러 곳에서 있을 것이니
8 이 모든 것들이 고통의 시작이니라.
9 그때에 사람들이 너희를 고난받도록 넘겨주며 죽이리라. 또 너희
는 내 이름으로 인하여 모든 민족에게 미움을 받으리라.
10 그때에는 많은 사람이 실족하게 될 것이며, 서로 잡아서 넘겨주고
서로 미워하겠으며,
11 또 많은 거짓 선지자가 일어나서 많은 사람을 미혹하리라.
12 불법이 성행하므로 많은 사람의 사랑이 식어지리라.

여기서부터 본문은 A.D. 70년에 적용될 수 없을뿐더러, 이 말을 들은 제자들에게도 직접적으로 적용될 수 없는 사건들을 나열한다.

『또 너희는 전쟁과, 전쟁의 소문을 들을 것이라. 그러나 삼가 걱정하지 말라. 이는 이 모든 일들이 반드시 일어나겠지만 아직 끝은 아니기 때문이라』(6절).

제자들이 이 경고를 받을 때 그들은 어떠한 전쟁에 대해서도 염려하지 않았다. 그들은 적어도 사도행전이 끝나는 A.D. 62년까지도 전쟁에 대한 어떠한 암시도 받지 못했다. 우리는 사도행전에서 전쟁과 전쟁의 소문을 결코 발견할 수 없다. A.D. 70년까지는 어떠한 전쟁도 없었고, A.D. 70년의 예루살렘 파괴도 나라가 나라를 대적하여 일어난 것이 아니라 로마국가 안에서 일어난 폭동 진압이었다. 그러므로 이 말씀은 티투스 장군에 의한 예루살렘 파괴에 관한 말씀이 아니다. 특별히 6절에 "끝"이라는 말을 주목하라. 여기서 "끝"은 성경의 다른 어느 곳에서와 마찬가지로 "대환란의 끝"(마 24:21-29)이다. 결코 사도들의 시대의 끝을 가리키지 않는다.

『민족이 민족을 대적하고, 나라가 나라를 대적하여 일어나겠으며, 기근과 역병과 지진이 여러 곳에서 있을 것이니』(7절).

민족이 민족을 대적하여 일어나는 일은 4세기 중엽까지는 일어나지 않는다. 예수님께서 말씀하신 후 이 일은 4세기 중엽 서로마제국이 고트족, 반달족, 훈족, 게르만족 등의 침입에 의해서 멸망하는 것으로부터 시작된다. 그러므로 이 예언은 의심할 여지없이 "끝" 날에 관한 사건이지 A.D. 70년의 사건이 아니다.

그러므로 이 말씀을 문자적으로 읽는 독자가 겨자씨만한 믿음만 있다면 A.D. 70년에 적용시킬 위험에 빠지지 않을 것이다. 단지 예수님의 예언을 은유적으로, 상징적으로 보려는 "교육받은 학자"들만이 오류에 빠진다.

다시 말하지만 A.D. 70년에는 민족이 민족을 대적하여 일어나지 않았고, 나라가 나라를 대적하여 일어나지 않았다. 또 기근과 역병과 지진도 그 때에는 없었으며, 더욱이 이 말씀을 듣고 있던 사도들 중 어느 누구도 A.D. 70년 이후에 주님의 이름을 위해 모든 민족에게 미움을 받지도 않았다(9절). 왜냐하면 요한을 제외하고 그때까지 살아 있는 자가 아무도 없었기 때문이다. 단지 몇 가지 사건만이 사도행전에 등장하는데, 사도행전 12장에서 야고보가 순교하고, 같은 12장에서 베드로가 박해를 당하고, 28장에서 바울이 박해를 받을 뿐이다. 그러나 이 예언에 대한 완전한 성취는 당대에 이루어지지 않는다. 우리는 마태복음 10장에서 제자들에게 경고한 말씀이 당대에 성취되지 않고 미래에 성취되어야 하는 이유를 알았다. 그것은 마지막 때의 상황이 사도들의 시대와 같기 때문이다. 그 때에는 초림 때와 마찬가지로 왕국 복음이 전파될 때며, 왕국이 임하기 직전의 상황이다.

『그때에는 많은 사람이 실족하게 될 것이며, 서로 잡아서 넘겨주고 서로 미워하겠으며, 또 많은 거짓 선지자가 일어나서 많은 사람을 미혹하리라. 불법이 성행하므로 많은 사람의 사랑이 식어지리라』(10-12절).

본문에는 "많은"과 관련하여 이 기간("끝")에 등장하는 몇 가지 사건이 등장한다.

1. 많은 사람이 실족할 것이다(10절).
2. 많은 사람이 서로 배반할 것이다(10절).
3. 많은 사람이 서로 미워할 것이다(10절).
4. 많은 거짓 선지자가 일어날 것이다(11절).
5. 많은 사람들이 그들에게 미혹당할 것이다(11절).
6. 많은 사람들의 사랑이 식어질 것이다(12절).

하나님의 말씀에 대한 올바른 이해가 없으면 거짓 선지자들을 구별하기가 어렵다. 왜냐하면 그들은 선지자들과 비슷하게 나타나기 때문이다. 그러나 성경에 제시된 선지자들의 모습을 보면 거짓 선지자들을 구별해 낼 수 있다.

성경에 나오는 선지자들, 특별히 구약의 신정정치에 있어서 그들은 특수부대 요원 같은 사람들이었다. 이들에게는 특수부대 요원임을 알리는 마크와 표식이 붙어 있었다. 즉 이들은 특별한 임무를 맡았던 사람들이었던 것이다. 선지자들은 고난을 겪었고(약 5장), 때로는 담(참호)을 파기도 했으며(겔 8:8; 12:5), 벌거벗고 다니기도 했고(사 20:2), 창녀와 결혼도 했고(호 1,3장), 잿더미에 앉아 있기도 했다(욥 2:8). 또 아내를 잃기도 했으며(겔 24:18), 따귀를 얻어맞기도 했고(왕상 22:24), 감옥에 들어가기도 했으며(렘 38장), 목숨을 구하기 위해 도망도 쳤고(왕상 19장), 고래 뱃속에 들어가기도 했고(욘 2:10), 돌로 얻어맞기도 했다(마 23:37). 그리고 십자가에서 못 박히기도 했고(마 27장, 막 15장, 눅 23장), 어린아이에게 조롱도 당했으며(왕하 2:23), 목베임을 당하기도 했다(침례인 요한).

선지자들은 죄의 마음이 세상의 모든 화의 원천이라고 간주했다. 이들은 결코 이상주의자가 아니었으며, 오직 "남은 자"들에게만 희망을 갖고 있었다. 이들은 하나님께서 민족들을 심판하실 것임을 강조했고, 이들의 메시지는 항상 무오한 하나님의 말씀에만 근거했다. 이들은 유일한 희망으로서 모세오경의 예언들을 성취하실 메시아만을 제시했으며, 또한 이들은 모든 종류의 통합과 인종 혼혈을 절대적으로 반대했다.

그러나 새로운 도덕과, 교회일치, 특별히 "하나 됨"을 주장하는 현대의 "선지자"는 전혀 다르다. 그들은 과학에 신뢰를 두고 있으며, "평화"를 인류가 추구해야 할 최상의 이상으로 여기며, 세상에 순응하도록 가르치며, 성경은 비판하면서도 다른 사람의 "신앙"을 비판하는 것은 죄라고 여긴다. 이들은 고난을 당하지 않으며, 마태복음 10:8,9 말씀을 지키지 않는다. 『**병든 자들을 고쳐 주고, 문둥병자들을 깨끗게 하며, 죽은 자들을 살리고, 마귀들을 내어 쫓으라. 너희가 값없이 받았으니 값없이 주라. 너희의 돈주머니에 금이나 은이나 놋을 가지고 다니지 말라**』(마 10:8,9).

선지자들의 기본 임무는 예언이다. 그리고 그 예언에 대해 성경은 『**예언은 예전에 사람의 뜻에서 나온 것이 아니요 오직 하나님의 거룩한 사람들이 성령으로 감동을 받아 말한 것이니라.**』(벧후 1:21)라고 말한다. 그러므로 선지자들의 말은 철저히 성경적이어야 한다. 하지만 지금이나 미래에 있게 되는 거짓 선지자들의 말은 전혀 성경적이지 않다. 그들은 거짓 표적을 행하고 양의 가죽만 썼을 뿐(마 7:15-23) 성경적인 근거로 말하지 않는다. 그들은 은혜의 복음을 전해야 할 자리에서 천국 복음을 전하며, 사람들의 가려운 귀를 즐겁게 해 주고, 그들의 배를 섬기기만 한다. 그들의 가장 큰 목적은 예수 그리스도를 대적하는 것이다. 이 시대에도 예수 그리스도를 대적하는 많은 사람들이 "적그리스도들"로 나타나며, 그들을 위해서 거짓 예언을 하는 거짓 선지자들이 있는 것처럼, 마지막 때 대환란 시대에도 적그리스도가 나타나고 그를 위해 예언하는 거짓 선지자가 나타난다. 특별히 대환란 때에는 지금과는 비교할 수 없을 만큼의 거짓 선지자들이 등장할 것이다(벧후 2:1,2, 마 24:11; 7:22).

24:13 그러나 끝까지 견디는 자는 구원을 받으리라.

14 이 왕국 복음이 모든 민족에게 증거되기 위하여 온 세상에 전파되리니, 그런 후에야 끝이 오리라.

15 그러므로 너희가 선지자 다니엘을 통하여 말씀하신 멸망의 가증한 것이 거룩한 곳에 선 것을 보리니, (읽는 자는 깨달으라.)

16 그때에 유대에 있는 자들은 산들로 도망하라.

17 지붕 위에 있는 사람은 집 안에 있는 물건을 가지러 내려가지 말고,

18 들에 있는 사람은 자기 옷을 가지러 돌아가지 말라.

19 그 날들에는 아이를 밴 자들과 젖 먹이는 자들에게 화 있으리라!

20 너희는 피난하는 일이 겨울에나 안식일에 일어나지 않도록 기도하라.

이 짧은 본문에서 많은 오류가 발생하는데, 한결같이 하나님의 시대적인 경륜을 이해하지 못하기 때문에 발생한 것들이다.

『**그러나 끝까지 견디는 자는 구원을 받으리라**』(13절).

가장 대표적인 것이 13절인데, 이 구절은 많은 사람들을 구원받지 못하도록 했으며, 많은 이들의 믿음을 성장하지 못하도록 방해하였고, 많은 하나님의 사람들을 혼란에 빠뜨리게 했다. 이 구절은 주로 알미니안주의 자들과 로마카톨릭에 의해 지지를 받는데, 구원받은 사람일지라도 죽을 때까지 믿음을 지키지 못하면 구원을 잃어버릴 수 있다고 생각하게 만들었다. 특별히 로마카톨릭은 이 구절을 사용하여, 미사를 계속 참여하지 않으면, 또는 카톨릭 교회에 계속해서 밀착해 있지 않으면 구원을 잃어버린다고 협박한다. 그러나 만약 향상된 계시를 받지 못하던 사람들이 하나님의 세대적인 경륜을 이해하지 못했다 할지라도 본문의 문맥만 올바로 이해했으면 그들의 오류는 적어도 반으로 줄어들었을 것이다.

본문에서 "끝"은 결코 개인의 삶의 끝이 아니다. 본문에는 개인의 삶에 대해서는 언급조차 되어 있지 않다. 여기에는 구원받은 어떤 신약 그리스도인도 등장하지 않는다(3절). 이들은 "영적인 유대인"이 아니다. 이 설교의 청중들은 실제적인 유대인이고(1-3절), 언급되고 있는 장소는 팔레스타인이다(16절). 이들은 안식일 같은 구약의 율법을 준수하고 있으며(15-20절), 예루살렘 성전에서 경배하고 있는 사람들이다(15절, 살후 2장). 이 "끝" 이후에는 예수 그리스도의 재림이 뒤따른다(14,21,29절). 따라서 이 끝은 개인의 삶의 끝이 아니라 어느 일정한 기간의 끝이다(14절). 더욱이 그리스도인에게는 끝까지 견디라는 명령이 주어진 적이 없다. 오히려 성경은 주님께서 우리를 끝까지 붙들어 주실 것이라고 약속하고 있다. 『**너희가 아무 은사에도 부족함이 없이 우리 주 예수 그리스도의 오심을 기다림이라. 또한 그분께서 너희를 끝까지 확고하게 지키시어 우리 주 예수 그리스도의 날에 책망할 것이 없게 하시리라**』(고전 1:7,8).

그러므로 마태복음 24장에서 “끝”은 이 은혜 시대(교회 시대)에서는 어떤 조건 아래 있는 어떤 사람에게도, 직접적으로든 간접적으로든 어떤 목적으로도 사용할 수 없다.

이 “끝”에 대해서는 히브리서 3:6,14 또는 히브리서 6:6,11에서 말하고 있는 “끝”과 같은데, 히브리서 6장에서는 이 “끝”에 대하여 좀 더 덧붙여 설명하고 있다. 『**한 번 깨우침을 받고 하늘의 선물을 맛보며, 성령의 동참자가 되고 하나님의 선한 말씀과 오는 세상의 능력을 맛본 자들이 만약 떨어져 나간다면 다시 새롭게 하여 회개시킬 수 없나니, 이는 그들이 스스로 하나님의 아들을 다시 십자가에 못박아 공개적으로 조롱함이라**』(히 6:4-6). 히브리서 6장에서는 구원받은 누군가가 구원을 잃어버리는 모습을 말해 주고 있다. 이 구절에 대해서 많은 논란이 있는 것은 사실이다. 알미니안주의자들은 그리스도인이 구원받은 후에도 심각한 죄를 지으면 구원을 잃어버릴 수 있다고 하고, 칼빈주의자들은 그 사람들을 “원래 구원받지 않았던 사람들”이라고 하며(아더 핑크), 근본주의자들은 구원과는 관계없이 그리스도의 심판석을 말하는 구절이라고 하거나(M.R. 디한), 아니면 “결코 일어날 수 없는 가정”이라고 한다(올리버 그린). 그러나 히브리서 6:4-6의 본문은 구원받은 누군가가 구원을 잃어버리는 모습이다. 히브리서 3,4장은 지속적으로 과거의 광야에서 끝까지 지키지 못하여 안식에 들어오지 못하는 완악한 이스라엘 사람들을 다루면서 미래에 안식에 들어갈 히브리인들에게 경고를 주고 있다. 그러므로 히브리서 6장의 본문은 분명히 구원을 잃어버리는 누군가를 다루는 본문이다. 그러나 중요한 것은 그들이 그리스도인, 즉 믿음과 은혜로 구원받은 교회 시대의 성도들이 아니라는 것이다. 그리스도인은 결코 끝까지 견뎌야 구원받는다는 경고를 받은 적이 없다. 그래서 이 시대의 그리스도인들은 매우 안전하다. 로마서에서는 이 사실을 분명하게 하고 있다. 『**내가 확신하노니 사망이나 생명이나, 천사들이나 정사들이나 권세들이나 현재의 일들이나 다가올 일들이나, 높음이나 깊음이나, 어떤 다른 피조물이라도 우리를 그리스도 예수 우리 주 안에 있는 하나님의 사랑에서 떼어 놓을 수 없으리라**』(롬 8:38,39).

『**이 왕국 복음이 모든 민족에게 증거되기 위하여 온 세상에 전파되리니, 그런 후에야 끝이 오리라**』(14절).

더욱이 이 "끝"과 관련되어 언급되는 복음은 "왕국 복음"이다(24:14). 어떤 상태가 조건으로 주어진 다음에 끝이 온다고 되어 있는 것을 보아 이 "끝"이 특정한 기간의 끝이라는 것을 알 수 있다. 그리고 그 조건은 왕국 복음(천국 복음)이 모든 민족에게 증거되는 것이다.

우리는 10장에서 이미 왕국 복음(천국 복음)이 은혜의 복음과 다르다는 것과 그 특징이 무엇인지 알았다. 그것은 이방인의 사도 바울이 전한 예수 그리스도의 죽음과 묻히심과 부활에 관한 메시지와는 달리, 예수 그리스도께서 왕으로 임하시어 다윗의 보좌에 앉으시는 왕국이 가까웠으니 회개하라는 메시지이며, 이 복음은 표적을 동반한다(마 10:5-8 주석 참조, 마 3:2; 4:17,23; 8:12; 9:35; 10:7). 이 복음은 2,000년 전에 거부된 이후에 중단되었고, 대환란 중에 유대인들을 통해 다시 전파될 것이다.

이 왕국은 다윗의 보좌로 대표되는, 유대인들에게 약속한 메시아의 왕국이다. 그러므로 이 왕국은 이스라엘의 것이며(행 3:19-26), 이 왕국 복음도 이스라엘을 대상으로 한다(마 10:5,6). 그러나 본문에서는 이 왕국 복음이 마태복음 28:19,20에서처럼 이방인들("모든 민족," all nations, 성경에서 "민족들"은 이방인들을 가리킨다.)에게 전파되는데, 환란기간에는 이 복음이 이방인들에게 "증거"(witness)로서 제시된다. 즉 이방인들에게 이 메시지는 왕국이 가까이 왔으니 회개하라는 내용으로 제시되는 것이 아니라, 유대인들이 하나님의 백성이며, 왕국은 그들에게 주어졌고, 하나님께서는 그들을 위해서 일하신다는 것들이 이방인들에게 메시지와 표적으로 증거된다는 것이다. 그리고 이때 왕국 복음을 전파하는 유대인들을 대우하는 정도에 따라 이방인들의 보상과 심판이 결정된다(마 10:40-42; 25:31-46).

그러므로 선교사들이 주님의 재림을 앞당기려면 복음을 빨리 전해야 한다고 말하며 이 구절을 사용하는 것은 잘못된 것이다. 이 구절은 지금 전파되는 은혜의 복음과는 아무런 관련이 없다. 만약 주님의 재림을 앞당기기 위해서 이 시대에 천국 복음을 전하면 그것은 갈라디아서 1:8에 따라 "다른 복음"이므로 저주를 받게 된다.

이 구절을 붙들고 선교를 하는 사람들이 비슷한 관점으로 사용하기 좋아하는 구절은 로마서 11:25이다. 『**형제들아, 너희가 스스로 지혜 있는 체하지 않게 하기 위하여 이 신비를 너희가 모르기를 내가 원치 아니하노니 이는 이방인들의 충만함이 차기까지는 이스라엘의 일부가 완고하게 된 것이라**』(롬 11:25). 그들은 "이방인들의 충만함이 차기까지"를 "이방인들의 충만한 수가 차기까지"로 바꾸면서, 이방인들의 예정된 수가 차기까지 복음을 전해야 한다고 말한다. 그리고 그 수가 차기까지 복음을 전하면 그때 주님이 오신다고 한다.

그러나 이것은 극단적 칼빈주의에 의해 오염된 교리이다. 물론 하나님께서는 모든 사람이 구원을 받기 원하시기 때문에(딤전 2:4) 모든 민족에게 복음이 전파되도록 주님의 일꾼들을 파송하시지만, 어떤 특정한 숫자가 예정되었다는 것은 성경적인 교리가 아니다.

이 구절에서 이방인들의 충만함이란 구원을 받기로 예정된 일정한 수가 아니다. 23장에서 이미 다루었던 것과 같이 그것은 이방인들의 죄가 "충만하도록" 가득 찼다는 뜻이다(마태복음 23:32 주석 참조). 로마서 9-11장은 이스라엘의 선택과 거부, 그리고 회복이라는 세대적인 진리를 다루고 있는 장이다. 이스라엘은 메시아를 거부한 그들의 죄 때문에 하나님께로부터 버림받았고, 그 사이에 이방인들이 하나님의 구원에 참여하게 되었다. 이것이 교회 시대이다. 그러나 약속에 따라서 이스라엘은 반드시 회복되는데, 그것은 이방인들의 죄가 가득 차서 그들을 심판하실 때이다. 이러한 예는 출애굽 당시에도 있었다. 그들의 조상들은 모세의 인도로 이집트를 탈출하여 카나안 땅에 들어가는데, 하나님께서 그들을 그 땅에 들어가도록 하신 때는 그 땅의 거민들의 죄악이 가득 찼을 때였다. 『**그러나 사 대 만에 그들이 이곳으로 다시 돌아오리니, 이는 아모리인들의 죄악이 아직 다 차지 않았음이라**』(창 15:16). 하나님께서는 아브라함에게 하신 그 땅에 대한 약속을 이루시지만 그것은 그 땅의 거민들의 죄의 정도와 관련이 있다. 로마서 11:25의 "이방인들의 충만함"도 같은 관점으로 설명된다. 아직은 이방인들의 죄악이 충만하지 못하였기 때문에 이스라엘은 회복되지 않는 것이다. 이방인들의 구원의 수와는 전혀 관련이 없다. 그러므로 마태복음 24:14과 로마서 11:25의 말씀을 이 시대의 선교를 위한 말씀으로 사용하는 것은 부적절하다. 마태복음 24장은 이스라엘의 대환란과 재림에 관한 장임을 기억하라.

『그러므로 너희가 선지자 다니엘을 통하여 말씀하신 멸망의 가증한 것이 거룩한 곳에 선 것을 보리니, (읽는 자는 깨달으라)』(15절).

다니엘이 말한 "멸망의 가증한 것"은 다니엘 8:13과 11:31, 그리고 12:11에 기초한 것이다. **『군대가 그의 편에 서서 견고한 성소를 더럽히고 날마다 드리는 제사를 폐지하며 멸망케 하는 가증한 것을 세우리라』**(단 11:31). 로마카톨릭에서는 이 구절이 미래에 적용되지 않도록 하기 위해 이 사건을 과거의 사건으로 돌려 버린다. 구약 외경 중 마카베오서에 보면 시리아의 안티오쿠스 에피파네스가 B.C. 168년 키슬루월(12월) 15일에 이스라엘의 성전을 더럽히고 그 제단에 돼지의 피를 뿌린 사건이 나온다(마카베오전서 2:42; 7:13; 1:54,59, 마카베오후서 4:11). 그들은 다니엘 11:31의 예언을 안티오쿠스 에피파네스가 성전에 이렇게 가증한 짓을 한 것으로 성취되었다고 말한다.

이러한 견해는 많은 신학자들에 의해 지지받았으며, 심지어 잘 알려진 전천년주의자 C.I. 스코필드까지도 이 견해를 따르게 되었다. 그는 다니엘 9:27에 대한 주석에서 이 "가증한 것"을 마태복음 24:15과 동일시하면서 "죄의 사람의 모형인 안티오쿠스 에피파네스가 제단에 돼지로 제사를 드리고 지극히 거룩한 곳에 들어간 행동에 대한 언급이다."라고 말하고 있다. 그는 다니엘 11:31에서도 "이것은 역사적으로 안티오쿠스 에피파네스가 행한 것에 적용되며, 마태복음 24:15은 다니엘 12:11에 대한 언급이다."라고 말한다.

스코필드까지도 미혹한 이 누룩은 성경대로 믿지 않는 많은 신학자들에 의해 지지받았는데, 그들은 한결같이 이 사건을 "과거"의 예루살렘 파괴에다 적용시킨다. 그러나 스코필드의 말처럼 마태복음의 이 사건이 B.C.

168년의 사건에 적용된다면 왜 예수님께서는 이 사건을 미래의 일처럼 말씀하셨는가? 주님께서는 분명히 『**멸망의 가증한 것이 거룩한 곳에 선 것을 보리니...**』라고 미래의 일로서 말씀하셨다. 학자들의 이론은 자기 자신이 요한계시록 17장의 창녀라는 것을 감추기 위해 로마카톨릭이 퍼뜨린 속임수일 뿐이며, 성경 외의 증거, 즉 외경인 바티칸 사본의 마카베오서의 기술에 근거를 둔 것이지 결코 성경에 근거를 둔 이론이 아니다. 예수 그리스도께서는 다니엘의 이 사건을 분명히 미래의 사건으로 말씀하셨다.

예수님께서 이 말씀을 미래에 적용시키셨다는 것을 염두에 둔 사람들 중에는 이 사건을 A.D. 70년에 티투스가 예루살렘을 파괴시킨 것에 적용시키는 사람들이 있다. 왜냐하면 A.D. 70년은 예수님께서 말씀하신 그 시점에서는 미래이기 때문이다. 즉 예수님께서는 다니엘의 예언을 들어 A.D. 70년에 예루살렘이 파괴될 것이라고 예언하셨다는 것이다.

그러나 이들은 사건이 반복된다는 것을 알지 못한다. 성전에서 나온 제자들이 예수님께 헤롯 성전의 위대함을 보여드리자 주님께서 그 성전이 무너진다고 말씀하셨을 때(마 24:1,2, 이 구절은 A.D. 70년에 적용된다.), 그들은 바빌론의 느부캇넷살에 의해 솔로몬 성전이 무너진 그 일이 다시 반복된다는 것에 놀랐다. 그러나 그 일은 분명히 반복되어 돌 위에 돌 하나도 남지 않고 모두 무너졌다. 마찬가지로 오늘날의 무천년주의자들은 A.D. 70년에 성전이 파괴된 그 일이 다시 반복된다는 사실에 놀란다. 그러나 그 일은 분명히 반복될 것이다.

이것은 초림 때의 상황과 재림 때의 상황이 거의 비슷한 모양으로 반복된다는 것을 이해할 때만 가능하다. 초림과 재림의 상황을 이해하지 못하는 사람들은 구약 시대의 선지자들보다 더 나은 계시를 알지 못하는 사람들이다. 초림과 재림을 구분하는 일은 신약 시대의 그리스도인들에게 주어졌다. 주님께서는 선지자들과 의인들에게 감추어진 신비에 대해 사도들에게 암시를 주시고(마 13:11), 바울에게 분명히 계시하셨으며(엡 5:32), 베드로에게 다시 한번 확증해 주셨다(벧전 1:10-12). 그러므로 초림과 재림을 나누는 것은 겨자씨만한 믿음만 있어도 할 수 있는 것이다.

구약 시대 선지자들이 초림과 재림을 나누지 못했던 것은 그 상황이 너무도 유사했기 때문이다. "주의 날"에 대한 예언과 엘리야가 다시 온다는 예언, 그리고 야곱의 고난의 때와 왕국의 도래에 관한 예언은 예수님의 초림 당시에 많은 사람들이 당대에 성취되리라고 믿고 있었다. 침례인 요한도 그렇게 증거했으며(마 3:2), 예수님께서도 친히 그렇게 증거하셨고(마 11:3-5; 10:16-23), 사도들도 그렇게 알았다(행 1:6,7; 2:16-21). 그러나 이스라엘의 거부로 말미암아 그 일은 2,000년 뒤로 연기되었으며, 재림 때 다시 분명하게 이루어질 것이다. 이 두 시대의 상황은 비슷하다. 왜냐하면 초림 때에 이 모든 사건이 이루어질 수 있으려면 갖추어져야 할 상황들이 재림 때와 똑같이 존재해야 하기 때문이다. 즉 이스라엘이 그들의 땅 팔레스타인에 모여 있었고, 그들은 로마의 통치를 받으며, 왕의 선두주자 엘리야가 그리스도 이전에 나타난다(마 11:14, 계 11:3).

이러한 모든 상황이 반복된다면 재림 직전, 대환란 때 성전의 파괴가 다시 등장한다는 것은 전혀 놀랄 일이 아니다. 그러나 다니엘이 말한 멸망의 가증한 것은 초림 때 세워지지 않았다. 그것에 대한 "모형"적인 사건은 안티오쿠스 에피파네스에 의해 성취되었을지라도 그 사건 자체는 아직 성취되지 않았다. 그 사건은 다니엘의 70째 주에 분명히 성취될 것이다. 구약의 예언 중 초림 때 성취되지 못한 예언은 다니엘의 70째 주, 즉 대환란과 예수 그리스도의 재림으로 시작하는 천년왕국이다. 그러므로 아직 다니엘의 70째 주가 남아 있다. 성경은 다니엘이 말한 멸망의 가증한 것이 거룩한 곳에 서게 된다고 했는데, 거룩한 곳은 성전을 말한다. 이는 문자적으로 팔레스타인에 있는 성소를 말하는데, 가증한 것이 성소에 서고, 희생제가 금해지고, 성전이 더럽혀진 후에는 하나님의 회복을 통하여 성소가 깨끗해진다고 말하고 있다(단 8:14; 9:24). 그리고 그것은 완전한 회복이며, 다니엘 9장을 통해 그 일은 다니엘의 70째 주 동안에 이루어질 일이라는 것을 알 수 있다. 그러나 안티오쿠스 에피파네스가 성소를 더럽힌 그 때는 다니엘의 70째 주가 아니었으며, 그 이후에도 성소가 깨끗해진다거나 죄악이 종결된다거나 영원한 의가 이루어지지는 않았다(단 9:24).

다니엘이 말한 멸망의 가증한 것이 성전에 서게 되는 대환란 때에는 문자적인 제단에 문자적인 제물이 드려진다. 그때 죄의 사람, 즉 멸망의 아들(살후 2:3)이 등장하여 성전을 더럽힐 텐데, 요한계시록 11:1-4은 다니엘 8,11장에 대한 성취이다. 그는 자신을 육체로 나타난 하나님이라고 말할 것이며(살후 2장), 사람들로 하여금 자신을 경배하도록 할 것이다(계 13장). 경배받는 자로서 그는 유대인들의 희생제사를 대체할 만한 희생제사를 요구할 것인데(단 8,11장, 레 1-7장), 그 제물들은 사람이 될 것이다. 그 적그리스도는 성전 뜰에 있는 제단에서 인간 제물들을 목베어 죽일 것이다. 지금 로마카톨릭에서 매주 행하고 있는 "미사"는 희생제를 바치고 그 살과 피를 먹는 의식인데, 그들은 예수 그리스도를 희생제물로 삼아 그분을 매주 죽이고 그 살과 피를 매주 먹는다. 피를 먹는 것은 성경 어디에서도 금해진 것인데, 로마카톨릭의 이러한 가증한 일과 마찬가지로 대환란 때에 유대의 성전에서 적그리스도의 사제들은 "미사"라는 이름으로 인간 희생제물들의 피를 마실 것이다(요 6:40-71, 계 20:4, 레 1장, 계 6:9-11, 사 6:13, 시 16:4; 14:4).

이 죄의 사람, 즉 적그리스도는 타락하기 전 셋째 하늘에 있을 때에는 원래 기름부음 받은 다섯 번째 그룹으로서, 보좌를 덮는 위치에 있었다(겔 28:13-16, 계 4:7, 겔 1,10장). 그래서 그는 자기의 이전 위치를 찾고 싶어 하는데, 바로 모세의 성막에 있던 지성소, 곧 그룹들이 덮고 있던 그 자비석이다. 그래서 대환란 때에 적그리스도는 이스라엘 땅에 있는 성전의 자비석 위에 앉아, 이사야 14:13,14에 나타난 그의 의도를 이루기 위해 하나님의 위치가 되어 경배를 받고, 또 희생제사를 받을 것이다.

『**그때에 유대에 있는 자들은 산들로 도망하라**』(16절).

16절은 마태복음 24장의 본문이 이방인들을 위한 것이 아니라 유대인들을 위한 것이라는 사실이 분명하게 드러나는 구절이다. 이들은 은혜 아래 있는 것이 아니라 율법과 약속 아래 있는 유대인들이고, 기간은 과거가 아니라 미래이며, 구체적으로 말하면 재림 직전이다. 29절 이하에는 이러한 사건 이후에 예수 그리스도의 재림이 있을 것이라고 설명해 주는데, 만약 이 사건이 A.D. 70년의 예루살렘 파괴에 적용된다면 A.D. 70년 이후에 예수 그리스도께서 재림하시지 않았다는 사실에 대해 설명할 수가 없다.

『**그때에 유대에 있는 자들은 산들로 도망하라. 지붕 위에 있는 사람은**

집 안에 있는 물건을 가지러 내려가지 말고, 들에 있는 사람은 자기 옷을 가지러 돌아가지 말라』(16-18절).

대환란 때에 유대에 있는 자들은 산으로 도망하는데, 여기에 대해서는 요한계시록 12:1-15, 미카 7:14-16, 예레미야 50:19,20, 호세아 2장 등에서 자세히 말하고 있다. 『**주의 백성을 주의 지팡이로 먹이소서. 칼멜의 한 가운데 삼림 속에서 외로이 거하는 주의 유업의 양떼를 먹이소서. 옛날처럼 바산과 길르앗에서 그들을 먹이소서**』(미 7:14). 『**또 내가 이스라엘을 그의 처소로 다시 데려오리니 그가 칼멜과 바산에서 먹을 것이며 그의 혼이 에프라임과 길르앗 산에서 만족하게 되리라**』(렘 50:19). 특별히 하나님께서는 유대인들을 시내 광야의 에돔 지역에 있는 페트라에 유대인들을 데려다가 부양하실 것이다. 『**그러므로 보라, 내가 그녀를 꾀어 광야로 데려가서 그녀에게 위로하여 말하리라. 또 내가 거기에서 그녀에게 그녀의 포도원을 주고 아콜 골짜기로 소망의 문을 삼으리니, 그녀가 거기에서 그녀의 젊은 시절처럼, 또한 그녀가 이집트 땅에서 올라오던 날처럼 노래하리라**』(호 2:14,15).

교회는 대환란을 통과하지 않으므로 이러한 명령들은 전혀 교회와는 관계없는 명령들이다. 교회에게는 산으로 피하라는 명령을 주신 적이 없으며, 아이를 낳지 말라는 명령도 주신 적이 없다.

『**그 날들에는 아이를 밴 자들과 젖 먹이는 자들에게 화 있으리라!**』(19절)

신구약 성경을 다 합쳐서 아이를 낳지 말라는 명령을 받은 사람은 예레미야 한 사람이었다. 『**너는 이곳에서 네게 아내를 취하지도 말며 아들들이나 딸들도 두지 말지니라**』(렘 16:2). 그는 아이를 낳지 말라는 명령을 받았을 뿐 아니라 결혼을 하지 말라고 명령받았다. [하나님께서는 그리스도인에게 결혼을 금하는 명령을 주신 적이 없다. 오히려 그리스도와 교회의 모습을 통해 결혼을 명하셨다(엡 5장). 물론 로마카톨릭 사제들이 결혼을 하지 않는 것은 불법이다.]

예레미야가 활동하던 시대는 바빌론의 느부캇넷살이 예루살렘을 파괴하던 시대였다. 그 시대는 앞으로 다시 이루어질 대환란의 시기에 대한 모형이다. 바빌론의 느부캇넷살 왕은 구약에 나타난 적그리스도에 대한 많은 모형 중에 하나이다. 또한 그가 바빌론의 왕임을 기억해 볼 때 대환란 기간에 세계를 지배하는 로마가 바빌론으로 불린다는 점을 주목하라(계 17장). 예레미야는 적그리스도가 통치하는 시대인 대환란 때에 있게 될 유대인 "남은 자"를 정확하게 예표한다. 이 "남은 자"들은 집단적으로 "이스라엘의 처녀," "예루살렘의 처녀 딸" 등으로 불린다. 예수님께서도 이 환란 기간에 남을 이스라엘을 염려하시면서 그와 같이 말씀하셨다. 『**예루살렘의 딸들아, 나를 위하여 울지 말고 너희와 너희 자녀를 위하여 울라. 보라, 그 날이 오면 그들이 말하기를 '잉태할 수 없는 자와 아이를 낳아 본 적이 없는 태와 빨려 본 적이 없는 젖이 복이 있도다.' 하리라**』(눅 23:28,29).

누가복음 23:29은 정확하게 마태복음 24:19의 사건을 지적한다. 누가복음 23장 또한 마태복음 24장과 같이 대환란을 말하는 장인데, 연속되는 구절인 누가복음 23:30,31에는 사람들이 산과 언덕에게 자기들 위에 무너져 내리라고 자신을 저주하는 모습은 요한계시록 6:16에서 정확히 반복되고 있다. 그러므로 마태복음 24장은 분명한 미래의 대환란의 장이며, 이것은 예레미야로 예표된다. 마태복음 2:16,17에서도 예레미야의 예언, 즉 라헬이 통곡하는 모습을 말하면서 대환란을 암시하고 있다. 누가복음 23:31에서 "푸른 나무"는 팔레스타인 땅에서 평화를 누리는 이스라엘을 말하며, "마른 나무"는 종교 창녀 로마의 압제를 받으며 적그리스도의 지배를 받는 이스라엘을 말한다(겔 17:22-24).

그러므로 자녀를 낳는 일이 금지되는 시기는 대환란 기간이다. 이 경고는 교회 시대에는 아무런 관계가 없으며, 대환란을 당하는 유대인, 특히 팔레스타인 땅에 거하는 유대인에게 직접적으로 해당되는 경고이다.

『너희는 피난하는 일이 겨울에나 안식일에 일어나지 않도록 기도하라』(20절).

안식일을 언급한 것으로 보아 이 구절도 그리스도인과 관계가 없다는 것이 명확하다. 왜냐하면 그리스도인은 안식일과 전혀 관계가 없기 때문이다. 예수 그리스도의 부활을 기념하는 주일은 유대인의 안식일과는 다르다. 특별히 유대인에게 있어서도 안식일은 팔레스타인 땅에 머물고 있는 유대인들이 지켜야 하는 규례이다. **『이스라엘 자손에게 고하여 그들에게 말하라. 너희는 내가 너희에게 주는 땅으로 들어가면 그 땅으로 주께 안식을 지키게 할지니라』**(레 25:2). 이스라엘이 광야에서 안식일을 지킨 것도 이집트를 탈출하여 안식의 땅으로 들어가는 과정에서 지킨 것이다. 유대인들의 대부분의 율법은 팔레스타인 땅과 관련해서 주어졌다. 왜냐하면 예루살렘은 "위대한 왕의 도성," 즉 하나님께서 계시는 곳으로 여겨졌고(마 5:35), 하나님께서 계셔야만 그들의 율법은 의미가 있기 때문이다. 성전에서 드리는 경배도 예루살렘 성전 외에서는 행해져서는 안 된다. 그래서 다니엘도 포로로 잡혀가 있을 때 예루살렘을 향해서 창을 열어 두고 기도했던 것이다(단 6:10). 그러므로 팔레스타인 땅과도 관련이 없는 이방인들은 안식일을 지키지 않는다. 그러나 재림 직전의 유대인들은 팔레스타인 땅에 모인다. (이미 모였다.) 그들은 안식일을 준수하고 있는데, 대환란이 안식일에 닥치면 그들은 꼼짝 않고 당하게 된다.

특별히 여기서 "피난하는 일"이 영어로 "flight"(비행하다)라는 것을 주목하라. 요한계시록 12:14은 이 사실을 『**그때 그 여인이 큰 독수리의 두 날개를 받았는데, 이는 그녀가 광야에 있는 자기 처소로 날아가서 그곳에서 그 뱀의 낯을 피하여 한 때와 두 때와 반 때를 부양받으려 함이더라.**』라고 묘사한다. 즉 하나님께서는 대환란 때 유대인들을 광야로 피난시키시는데, 주님은 그들을 비행기에 태워 피난시킬 것이다. 20절에서 특별히 안식일을 언급한 것은 이스라엘에서 안식일에는 비행기가 뜨지 않기 때문이다. 이 환란이 안식일에 일어난다면 그들은 피할 수 없다.

24:21 이는 그때에 대환란이 있으리니, 그와 같은 것은 세상이 시작된 이후로 지금까지 없었으며, 또 결코 없을 것이기 때문이라.

22 만일 그 날들이 단축되지 아니하면 어떤 육체도 구원받지 못하리라. 그러나 택함받은 사람들을 위하여 그 날들이 단축될 것이라.

23 그때에 만일 누가 너희에게 말하기를, '보라, 그리스도가 여기 있다. 혹은 저기 있다.' 하여도 믿지 말라.

24 거짓 그리스도들과 거짓 선지자들이 일어나서 큰 표적들과 이적들을 보여 주어, 할 수만 있다면 그 택함받은 자들도 미혹하리라.

25 보라, 내가 미리 너희에게 말하였노라.

"대환란"이라는 말이 언급됨으로써 이 기간에 대한 논란은 무의미해진다. 그것은 요한계시록 7:14에서 "환란"이라고 불리며, "야곱의 고난의 때"(렘 30:7), "고난의 때"(단 12:1), "고난"(막 13:9) 등으로 불린다. 이 기간은 산고를 겪는 여인의 고통으로 비유되기도 하는데(사 66:7,8, 미 5:3, 렘 30:6; 49:24, 호 13:13, 살전 5:3), 그 고통은 두 차례의 세계대전을 합한 것보다 더 심한 고통이 될 것이다. A.D. 70년에도 이스라엘에는 매우 큰 고통이 있었지만, 그 이후에도 더 큰 고통이 많았다. 2,000년 동안 유대인들은 말로 할 수 없는 고통들을 겪었다. 그러나 대환란 때에는 지금까지의 것들보다 더한, 가장 큰 고통을 겪을 것이다.

『**그러나 택함받은 사람들을 위하여...**』(22절).

문맥상 "택함받은 사람들"은 유대인이다(31절). 유대인들이 "택함받은 사람들"이라는 것은 구약성경의 여러 곳에서 증거하고 있다(사 45:4,14; 65:9-12; 28:4). 『**내 종 야곱, 곧 나의 택한 이스라엘을 위하여 내가 너를 지명하여 불렀나니 네가 나를 알지 못하였을지라도 내가 네게 성을 붙였느니라**』(사 45:4). 『**내가 야곱에게서 씨를 내고, 유다에게서 내 산들의 상속자를 내리니 나의 택한 자가 그것을 유업으로 받고 내 종들이 거기에 거하리라**』(사 65:9).

그러나 "택함받은 사람들"은 많은 사람들, 특히 칼빈주의자들에 의해서 교회 시대의 성도들로 오인되고 있다. 특별히 31절에서 나팔 소리와 함께 천사들이 "택하신 사람들"을 모은다는 말씀은 휴거 옹호론자들에 의해서 교회 시대의 성도들이 휴거되는 모습으로 잘못 가르쳐진다. 이들은 데살로니가전서 4장에서 하나님의 나팔 소리가 울릴 때 천사들이 성도들을 모은다는 말씀을 마태복음 24장과 연결시킴으로써 오류를 범하고 있는 것이다. 그러나 데살로니가전서 4장은 신약성도들의 휴거를 말하지만, 마태복음 24장은 환란성도들의 휴거를 말하고 있다. 성경은 마태복음 24:29에서 대환란을 언급하고, 30절에서는 "그 후에"라고 하면서 분명히 대환란 후에 있을 일에 대해 묘사한다. 그러므로 31절에서 천사들이 모으는 "택하신 사람들"은 데살로니가전서 4장에서 휴거되는 교회 시대의 성도들이 아니라 대환란을 통과하면서 하나님의 보호를 받은 환란 시대의 성도들이라는 것을 알 수 있다. 환란성도들의 휴거라는 교리는 자칫 잘못하면 놓치기 쉬운 교리로서, 많은 전천년주의자들도 깊이 인식하지 못하는 교리이다. [〈피터 럭크만의 주석서 요한계시록〉 4장 참조]

『**그 날들이 단축될 것이라**』(22절).

보통 대환란의 기간은 전 삼 년 반과 후 삼 년 반으로 이루어진 칠 년의 기간이라고 알려져 있다(단 9:25). 그러나 이 기간은 유동성 있는 기간이다. 다시 말해서 본문에 기록된 대로 짧아질 수 있다는 것이다. 하나님께서는 그분의 섭리적인 전체적 계획은 어떠한 상황하에서도 이루어 나가시지만, 때때로 인간들의 의지와 행동에 따라서 부분적인 계획은 수정하셨다. 그러한 예는 성경에서 몇 군데 발견되는데, 예를 들어 사도행전 7장에서 재림을 연기하신 것을 들 수 있다. 원래 교회 시대는 구약의 선지자들에게 감추어져 있었다. 사도행전 7장에서 스테판이 설교할 때 유대인들이 민족적으로 회개하고 받아들였다면 구약의 모든 예언이 하나도 어긋나지 않고 당시에 재림이 이루어졌을 것이다. 그러나 유대인들이 몇 차례에 걸쳐 그들의 왕을 거부하자 주님의 재림은 2,000년 뒤로 연기되었다. 또한 베드로후서 3:9에서는 『**주의 약속은 어떤 사람들이 더디다 고 생각하는 것같이 더딘 것이 아니라 오직 우리에 대하여 오래 참으시어 아무도 멸망하지 않고 다 회개에 이르게 하려 하심이라.**』고 말하면서, 주님은 아무쪼록 많은 사람들이 회개하고 구원받게 하기 위해, 한 사람이라도 더 구원의 복음을 듣게 하기 위해 더디게 오신다고 말하고 있다. 그리고 마태복음 24장의 본문에서는 그 고통의 날이 매우 심하기에 그 기간을 단축시키신다고 말한다. 물론 그 기간이 유동적인 것 자체도 하나님의 계획이다.

다니엘서와 요한계시록에서는 같은 "끝"에 관해 말하면서 네 가지의 다른 기간을 언급하고 있다.

1. 1,260일(단 7:25, 계 13:5)
2. 1,290일(단 12:11)
3. 1,335일(단 12:2)
4. 2,300일(단 8:14)

그러므로 이 네 기간들이 서로 다르게 언급되어 있는 것은 결코 모순이 아니다.

24:26 그러므로 그들이 너희에게 말하기를 '보라, 그가 광야에 있다.' 하여도 나가지 말고, '보라, 골방에 있다.' 하여도 믿지 말라.
27 마치 번개가 동편에서 치면 서편에까지 비치는 것같이, 인자의 오는 것도 그러하리라.
28 어디든지 시체가 있는 곳에는 독수리들이 함께 모이리라.

번개가 치는 것이 인자의 재림과 연관되어 설명되는 것을 주목하라. 구약에서도 주님의 재림과 관련하여 번개가 치는 것을 묘사하는 구절이 여럿 있다(삼하 22:15, 시 144:6, 슥 9:14). 『**주께서 그들 위에서 보이시리니, 그의 화살이 번개같이 나갈 것이요, 주 하나님께서 나팔을 부시리니, 남풍의 회오리바람과 함께 나갈 것이라**』(슥 9:14). 마태복음 16:2,3에서는 주님께서 시대의 표적들과 하늘의 현상들을 연관시켜 언급하신다.

28절의 시체는 적그리스도의 지배 하에서 UN의 깃발 아래 이스라엘을 대적하여 오는 동방의 왕들의 군사와 말들의 시체이다(계 16:12-16). 대환란의 마지막에 이방인들의 큰 연합이 있을 것이며, 아마겟돈에 모여 이스라엘을 대적할 것이다. 이것은 마지막 전쟁으로서, 예수 그리스도께서 재림하시면서 끝나게 된다. 예수 그리스도는 포도즙틀을 밟는 것같이 이방인들을 밟아 그들의 피가 말고삐까지 차도록 할 것이며(사 63:3, 계 14:19,20), 그들의 시체는 공중의 새들이 먹을 것이다. 이것을 요한계시록 19장에서는 "위대하신 하나님의 만찬"이라고 묘사한다(계 19:17,18).

24:29 그 날들의 환란 후에 즉시 해가 어두워지며, 달이 그 빛을 내지 아니하며, 별들이 하늘에서 떨어지고, 또 하늘들의 권능들이 흔들릴 것이라.

30 그후에 하늘에 있는 인자의 표적이 나타나리니, 땅의 모든 지파들이 통곡할 것이며, 또 그들은 인자가 권세와 큰 영광으로 하늘의 구름을 타고 오는 것을 보리라.

31 또 주께서 큰 나팔 소리와 함께 천사들을 보내시리니, 그들이 하

늘 이편 끝에서 저편 끝까지 사방에서 그의 택하신 사람들을 함께 모을 것이라.

본문에서 우리는 하늘의 현상들과, 마귀의 권세들이 땅으로 떨어지는 것과, 하늘의 표적과, 남아 있는 유대인들의 회심과, 하늘의 천사들과 함께 임하는 재림 등의 모든 것을 본다.

1. 해와 달이 어두워지고 별들이 하늘에서 떨어질 것이다(계 6:12,13; 8:12, 욜 2:10; 3:15, 계 16:8, 암 8:9, 합 3:11, 사 13:10, 렘 15:9, 행 2:20).

2. 하늘의 권능들이 흔들릴 것이다(엡 6:10-13, 사 24:21, 계 12:1-4; 12:7-9). 성경에서 "별"은 천사를 가리킨다는 것을 기억하라(계 1:20; 9:1). 그래서 과학자들은 요한계시록을 "비과학적"이라고 하여 거부한다.

3. 이스라엘의 "지파들"(tribes, 본문이 "지파들"이라고 되어 있는 것으로 보아 이들은 이스라엘의 열두 지파임을 알 수 있다.)이 통곡할 것이다(슥 12:9,10, 암 8:10, 렘 6:26, 계 7:1-11, 시 105:37, 슥 9:1, 겔 37-48장). 이스라엘은 자기들이 메시아를 죽인 것을 깨닫고서 통곡하며 회개할 것이다.

4. 주 예수 그리스도께서 권세와 큰 영광으로 하늘의 구름을 타고 오실 것이다(창 49:9-11,18,23,24, 민 23:23,24; 24:9,17,20-24, 신 32:33, 판 5장, 시 110,128,129편, 유 1:14, 사 26,27장, 단 7:13,14,15, 합 3장, 말 4장, 계 14:14, 슥 1,14장 등 수많은 구절들).

『**하늘에 있는 인자의 표적**』(30절).

로마 황제 콘스탄틴은 하늘에 있는 십자가의 표적을 보고 전쟁에서 승리한 후 로마를 기독교 국가로 만들었다고 한다. 그것으로 인해 전 유럽은 로마카톨릭의 수중에 들어가게 되었다. 콘스탄틴이 본 "십자가의 표적"은 마귀가 준 거짓 표적이었다.

성경에는 여러 종류의 표적이 제시된다. 표적은 결코 어떤 "기적"만을 뜻하지 않는다. 말하고자 하는 것에 대한 징표, 또는 언약으로 주어진다.

1. 해와 달과 별들은 그 자체가 표적이었다(창 1:14). 특별히 태양에 대한 현상은 하나의 표적이 되는데, 말라키 4:2에서 태양은 예수 그리스도의 모형이다.

2. 무지개도 하나의 표적이었으며(창 9:12,13), 할례도 표적이었다(창 17:13). 이것들은 하나님의 언약을 상기시키기 위해 주어진 표적들이다.

3. 안식일이라는 표적도 역시 하나님의 언약을 나타내기 위해 주어졌는데, 이 표적은 할례와 더불어 이스라엘에게만 주어진 표적이다. 특별히 안식일은 일곱 번째 천 년, 즉 천년왕국을 예표한다.

4. 예수 그리스도의 동정녀 탄생도 표적으로 주어졌다(사 7:14).

5. 예수님께서 자신을 가리켜 제시하신 표적은 "요나의 표적"인데(마 12:39,40), 이것은 예수 그리스도의 죽음과 부활을 보여 주는 표적이다. 그런데 요나는 이방인에게 보내진 선지자로서, 환란 기간에 남아서 이방인에게 천국 복음을 증거하는 유대인 "남은 자"의 모형이다. 누가복음 2장에서 시므온은 이 표적에 대해서 "비방받을 표적"이라고 말하고 있으며(눅 2:34), 사람의 혼을 찌르는 칼로 묘사하고 있다(눅 2:35).

"찌르는 칼"에 대해서는 히브리서 4:12에서 잘 말해 주고 있는데, 그 칼은 하나님의 말씀이며, 그것은 또한 아마겟돈에서 재림하시는 예수님의 이름이기도 하다(계 19:13). 마태복음 24장의 "하늘에 있는 인자의 표적"

은 환란 끝에 나타나 아마겟돈에서 이방인들을 "찌르는 칼"(눅 2:35, 계 19:15)로 무찌르고 이스라엘을 회심시키신다(마 24:30). 콘스탄틴의 표적은 로마(카톨릭)의 영광을 위해 대적들을 정복하는 "땅의" 표적이었지만, 하늘에 있는 인자의 표적은 하나님의 영광을 위해 예수 그리스도에 의해 주어지는 "하늘의" 표적이다.

24:32 무화과나무의 한 비유를 배우라. 그 가지가 유연해지고 잎이 나오면, 여름이 가까운 줄 너희가 아나니,
33 이와 같이 너희도 이 모든 것을 보면 그 일이 가까이, 곧 문들 앞에 이른 줄 알라.
34 진실로 내가 너희에게 말하노니, 이 세대가 지나가기 전에 이 모든 일들이 이루어지리라.
35 하늘과 땅은 없어져도 내 말들은 결코 없어지지 아니하리라.

종말에 관한 중요한 비유 중의 하나가 무화과나무의 비유이다. 무화과나무에 대해서는 마태복음 21장에서 강조한 바 있는 것처럼, 그 나무는 이스라엘이다. 특별히 아담과 이브가 에덴의 동산에서 무화과나무로 치마를 만들어 가린 이후로, 열매 없고 잎만 무성한 무화과나무는 열매 없이 입으로만 고백하는 종교적인 위선자들을 상징한다. 예수님께서 저주하신 유일한 나무는 무화과나무이다. 누가복음 13:6-9에서도 열매가 없어 잘라 버리는 무화과나무에 대해 비유로 말씀하시고 있다. (마태복음 21장 주석 참조)

마태복음 21:19에서 예수님께서는 잎만 무성한 무화과나무를 저주하시어 뿌리째 말라 버리게 하셨다. 이것이 바로 종교적 위선으로 가득 차서 왕을 거부한 이스라엘의 모습인데, 이스라엘은 마태복음 24:32에서 잎이 날 때까지는, 말라 버려 누가복음 13:9처럼 잘려진 상태이다. 누가복음 13장에서 삼 년 동안 가꾼 무화과나무가 일 년 동안 더 가꾼 다음에 잘리는 것은 A.D. 70년에 예루살렘이 완전히 파괴되는 것을 말한다(창조된 뒤 4,000년 이후). 그리고 무화과나무가 유연해지고 잎이 나오는 것은 이스라엘이 국가적으로 재건되는 것을 말한다.

이스라엘이 민족적으로 태동된다는 것은 과거 모세와 함께 출애굽하면서 민족적으로 탄생한 사건을 말하는 것이 아니다. 이 사건은 다윗과 솔로몬에 의해서 융성해진 것을 말하는 것도 아니며, 느헤미야에 의해 재건된 것을 말하는 것도 아니다. 이 사건은 예수님께서 저주하신 이후로 이스라엘이 다시 탄생되는 것을 말하는데, 예수님께서 이 비유를 말씀하실 때는 유대인들이 그들의 땅에 있었으므로 이 사건은 분명히 앞으로 이스라엘이 파괴되고 다시 재건되는 때를 가리킨다. 이스라엘의 파괴는 이미 있었다. 그것은 A.D. 70년의 파괴이다. 그 후로 이스라엘은 열매를 맺기는커녕, 전 세계로 흩어져 방황했다. 그 뒤 그들은 1948년에 그들의 땅에서 독립했는데, 이것이 무화과나무의 가지가 유연해지고 잎이 나온 사건이다. 그러므로 우리는 그 일, 즉 재림이 가까운 줄 알아야 한다.

예수님께서는 이 비유를 말씀하시면서 이 모든 일들이 "이 세대"가 지나가기 전에 이루어진다고 하셨다. 여기서 중요한 것은 "이 세대"(this generation)이다. 한때 1992년 10월에 휴거가 이뤄진다고 주장하던 자들이 이 구절을 사용하여, "1948년에 이스라엘이 독립했으니, 그때부터 한 세대후에 재림이 일어나는데, 마태복음 1장에 따르면 한 세대는 51년이므로 1999년에 재림이 일어난다. 그렇다면 환란의 7년을 빼면 1992년이다."라고 하며 나름대로의 성경적 근거를 주장한 일이 있다.

그러나 본문이 말하는 "이 세대"에 관한 관련 구절을 보면 "이 세대"가 무엇을 뜻하는지 알 수 있다. 마태복음에서 "이 세대"는 특별한 용어로 등장하는데, 우리는 마태복음 12장에서 예수님께서 저주하신 "이 악한 세대"(12:45)를 보았다. 이들은 "독사들의 세대"라고 불리며(12:34), 또 "악하고 음란한 세대"라고도 불리는(12:39) "이 세대"이다(12:41,42). 즉 이들은 바리새인들과 서기관들로 대표되는, 왕을 거부하고 용서받을 수 없는 죄를 범한 마귀들린 상태의 이스라엘이다. 그 "세대"는 단지 기간만을 뜻하지 않는다. 오히려 그 말은 특정한 대상의 사람들을 가리킨다. 그리고 그 말이 기간의 의미로 확대될 때는 그 사람들이 사는 기간을 의미한다고 봐야 한다.

분명히 "세대"에는 "기간"의 의미가 포함되어 있다. 그래서 마태복음 1장의 42대로 구성되어 있는 예수 그리스도의 족보를 통해서도 한 세대가 얼마의 기간인지 계산할 수는 있다. 그 기간은 42년이다. (1992년 휴거론자들의 "성경적" 계산이 그럴듯해 보일지는 모르지만 그들은 한 세대의 기간부터 잘못 계산했다.) 그러나 한 세대의 기간은 일정하지 않는데, 창세기 15:13에 따르면 한 세대는 100년이고, 모세의 시편인 시편 90편에 따르면 70년이다. 그러므로 마태복음 24장의 "세대"를 특별히 몇 년이라고 규정짓는 것은 무리이다. 오히려 마태복음 12장처럼 예수 그리스도에 대해 반역한 그 무리들의 세대라고 보는 것이 합당하다. 이들, 예수 그리스도를 대적하는 무리들이 과거의 세대일지라도 예수님께서 제자들의 세대에 대환란을 언급하셨고, 그것이 그대로 똑같은 상황 속에서 미래로 연기되었다고 하는 것을 이해한다면(마 10:16-23 참조), 본문의 "이 세대"가 예수 그리스도를 대적한 "이 악한 세대"라는 것을 이해하는 것은 어렵지 않다.

그러나 문맥적으로 볼 때, 무화과나무에 잎이 나오는 때(이스라엘의 독립)와 예수 그리스도의 재림이 한 세대에 속한 것은 분명하다. 예수님께서는 무화과나무가 잎을 내는 것과 "그 일," 즉 예수 그리스도의 재림이 모두 "이 세대"가 지나가기 전에 이루어진다고 말씀하셨다. 이스라엘의 독립부터 재림까지 그 한 세대의 기간이 몇 년인지는 정확하게 말할 수 없지만, 우리가 본문에서 알 수 있는 것은 이 두 사건이 한 세대에 속해 있기 때문에, 1948년에 이스라엘이 독립할 때 태어난 사람은 예수 그리스도의 재림을 분명히 목도할 것이라는 사실이다. 이러한 점에서 우리는 예수 그리스도의 재림이 몇 날 몇 시에 있다고는 정확히 말하지 못해도 분명히 수년 내에 있을 것이라고 확신할 수 있다. 예수 그리스도께서는 분명히 곧 오신다. 기다리는 햇수를 열 손가락에 꼽아도 좋다. 요한계시록 22:20에서 주님은 "반드시 내가 속히 오리라"고 말씀하셨지만 그 "속히"는 2,000년 동안 성경대로 믿는 성도들에게 믿음으로 주어졌다. 그러나 이 마지막 때를 사는 우리, 이스라엘이 독립한 이후에 사는 우리들에게 그 "속히"는 문자적으로 "속히"가 될 것이다.

이것은 성도의 생활 자세와도 깊은 관련이 있다. 예수 그리스도를 주라고 고백하는 대부분의 사람들은 예수 그리스도께서 재림하실 것을 믿는다고 말한다. 제도적인 교회에서도 매 주일마다 "사도신경"을 통해서 예수 그리스도의 재림을 신앙고백하고 있다. 그러나 예수님께서 수년 내에 재림하신다고 믿는 사람과, 50년, 100년 뒤에 또는 막연한 어느 시대에 오신다고 믿는 사람과의 생활 자세는 당연히 달라질 수밖에 없다. 예수님께서 곧 오신다고 믿는 사람들은 지상 생활을 타국인이요 순례자처럼 살고(벧전 2:11), 세상에 소망을 두고 살지 않으며, 그리스도의 심판석에서의 상벌을 생각하며(고후 5:10) 구령하며 성경대로 살 것이요, 신랑의 오심을 날마다 기다리며 살 것이다. 그러나 "2,000년 동안 예수님의 재림은 '속히'였어."라고 말하며 주님의 재림을 막연히 생각하는 사람은 세상에 소망을 두고 세상을 위해 살며, 자기 인생이 한없는 것처럼 인간적으로 계획하고, 세상의 염려와 고민과 세상 쾌락에 빠져 살 것이다. 다시 말해서 그는 진정으로 예수 그리스도의 재림을 기다리는 것이 아니다. 말로만 재림을 기다린다고 말할 뿐이다.

본문에서 우리가 또 하나 알아야 할 것은 하나님께서는 그분의 백성 이스라엘을 반드시 회복시키신다는 것이다. 예수님께서는 마태복음 21장에서 무화과나무를 저주하셨지만 24장에서 그 회복을 말씀하셨다. 이것은 아브라함과 이삭과 야곱과, 또 다윗과 솔로몬과 그 외에 많은 그들의 조상들에게 하신 약속 때문이다. 이 사실을 로마서 9:4에서는 『**그들은 이스라엘인들이라. 그들에게는 양자 됨과 영광과 언약들과 율법을 주심과 하나님을 섬김과 약속들이 있고**』라고 말하고 있으며, 로마서 11:28에서는 『**복음에 관하여는 그들이 너희로 인하여 원수가 되었으나 선택에 있어서는 그들의 조상으로 인하여 사랑을 받는 자들이라.**』**라**고 말하고 있다. 그들은 약속에 따른 상속자들이다(히 6:13,17; 11:9). 그들의 반역은 하나님으로 하여금 그들을 버리시게 했지만 하나님께서 그들의 조상들에게 하신 약속은 그들을 용서하시게 했다. 로마서 11:25처럼 이방인들의 충만함이 차기까지 이스라엘의 일부가 완고하게 되었으나, 그들은 대환란을 통하여 회개하고 주님께 돌아올 것이다. 하나님께서는 약속에 따라서 그 나라를 다시 약속의 땅으로 회복시키셨고, 천년왕국 때에는 그들을 매우 번성케 하실 것이다. 유대인들은 하나님의 백성이다. 예수님께서 오신 첫째 목적은 자기 백성, 유대인들을 그들의 죄에서 구원하시기 위함이었다(마 1:21). 예수님께서 왕이심도 그들의 왕이요, 왕국도 그들에게 속한 것이다.

24:36 그러나 그 날과 시간에 관해서는 아무도 모르나니, 심지어는 하늘의 천사들도 모르고, 오직 나의 아버지만 아시느니라.

이것과 똑같은 구절이 마가복음 13:32에 있다. 그러나 마가복음에는 이 구절에 "아들도 모르며"가 추가되어 있다. 『**그 날과 시간에 관해서는 아무도 모르나니, 정녕 하늘에 있는 천사들도 모르고** 아들도 **모르며 오직** 아버지만 **아시느니라**』(막 13:32). 똑같은 상황에서 나온 똑같은 말씀인데도 다르게 기록되어 있는 것은 각 복음서의 특징 때문이다. 마가복음은 예수 그리스도의 종 되심을 주로 다루는 책으로서, 예수 그리스도의 사역이 중점으로 다루어지고 있다. 마가복음에서는 예수 그리스도의 족보가 없으며 탄생에 대한 묘사도 없다. 왜냐하면 종은 족보가 필요 없고 사역만이 의미가 있기 때문이다. 물론 마가복음에서 나오는 예수 그리스도는 단순한 종이 아니라, 위대한 사역자(great worker)이시다. 그래서 마가복음은 말보다는 행동의 복음서이다. 이렇게 "종"으로서의 위치를 다루고 있는 책이기에 아들 하나님인 예수 그리스도까지도 그 날을 모른다고 기록되어 있다.

그러나 마태복음에서의 예수 그리스도는 다르다. 이 책에서 그분은 왕이시다. 왕께서 자신의 날을 모르실 이유가 없다. 종으로서 그분은 그 날과 시간을 모르시지만, 왕으로서는 그 날을 아신다. 마태복음은 이 같은 이유로 "아들도 모르며"라는 말이 빠져 있다. 그러나 한글개역성경을 비롯하여 변개된 성경들에는 마태복음 24:36에 마가복음과 마찬가지로 "아들도 모르고"라는 말이 첨가되어 있다. 이것은 마가복음에 있으니 마태복음에도 당연히 있어야 할 것을 빠뜨린 것이라는 추정하에 첨가시킨 것이다. 보통 성경 변개자들은 두 구절 이상에 같은 부분이 있으면 하나만 남겨 두고 나머지는 삭제시키는 것이 보통인데(막 9:44,46의 경우), 이 구절에서는 두 군데가 서로 다른데도 불구하고 억지로 첨가시켜서 똑같이 만들어 버렸다. 이렇게 한 데에는 사탄의 숨은 의도가 있다. 그것은 예수 그리스도께서 갖고 계신 왕으로서의 권세를 깎아내리려는 것이다.

24:37 그러나 노아의 날들과 같이 인자의 오는 것도 그러하리라.
38 홍수 전의 날들에 그들이 먹고 마시며, 장가가고 시집가고 하기를, 노아가 방주로 들어가던 날까지 하다가
39 홍수가 나서 그들을 모두 다 쓸어 버릴 때까지 그들이 알지 못하였던 것같이, 인자의 오는 것도 그러하리라.
40 그 때에 두 사람이 밭에 있는데, 한 사람은 데려가게 되고 한 사람은 남게 되리라.

41 두 여인이 맷돌을 갈고 있다가, 한 사람은 데려가게 되고 한 사람은 남게 되리라.

주님께선 그 날과 시간에 대해서는 자세하게 말씀하지 않으셨지만 그 때가 무엇과 같은지, 그 때에는 어떤 일이 있는지를 본문에서 말씀하고 계신다. 그 날은 노아의 때와 같으며, 그 날은 갑작스럽게 임한다.

본문에 묘사된 "노아의 날들"(37절)은 교회 시대의 마지막의 현상과 같으며, 특별히 40,41절은 교회의 휴거에도 그대로 적용될 수 있는 구절이다. 대환란을 홍수로 본다면 노아는 홍수 이전에 구원받고, 그것은 환란 이전에 교회가 휴거되는 모형이기도 하다. 그래서 본문은 교회 시대 말기에 일어나는 현상들에 대해서도 다루고 있다.

그러나 24장의 전체적인 문맥은 교회가 휴거되는 모습이 아니라 대환란과 환란 후 휴거에 대해서 보여 주고 있다. 뿐만 아니라 여기 오시는 분이 "인자"라는 것을 주목해 볼 때, 본문은 교회 시대에 교리적으로 적용되는 것이 아님을 알 수 있다. "인자"는 하늘에 계신 예수 그리스도가 아니라 땅에 계신 예수 그리스도이시며, 초림과 재림에 있어서 나타나는 이름이고, 이스라엘의 왕과 관련이 되거나 온 땅의 심판주와 관련된 이름이다. 그러므로 본문은 교회의 휴거가 아니라 환란성도들의 환란 후 휴거이며, 대환란 때에는 노아의 때와 같은 일이 벌어진다고 말하고 있다. 누가복음 17장에는 노아의 날과 더불어 롯의 날도 함께 언급하고 있는데(눅 17:28,29), 그 날도 역시 먹고 마시고 사고팔고 하는 일들 속에서 갑자기 심판이 닥쳤다.

예수 그리스도의 오심(휴거와 재림 모두)은 갑작스럽게 임할 것이며,

그때 세상에 주어지는 것은 심판이다. 특별히 예수 그리스도께서 오시는 날을 "인자의 날"이라고 말하는데(눅 17:26), 이날은 마태복음 25:31,32에 묘사된 날이다. 그날에 인자이신 예수 그리스도께서는 온 세상의 심판주가 되신다.

교회 시대의 마지막은 대환란 시대와 겹쳐져서 언급되기도 한다. 히브리서 1:2에는 대환란 시대를 겨냥해서 "마지막 날들"이라고 말하고 있는데, 디모데후서 3:2에서는 교회 시대의 끝을 "마지막 날들"이라고 부르고 있다. 이것은 환란 시대에 이루어질 일들이 교회 시대에 준비되기 때문이며, 교회 시대는 환란 시대를 향해 달려가고, 그 끝이 지난 후에는 새로운 세상(마 12:32, 히 2:5; 6:5), 즉 천년왕국이 펼쳐지기 때문이다. 재림과 관련되어 교회 시대에 준비될 일들은 세상이 점점 악하게 되는 것과 민족들이 연합하는 것과 이스라엘이 독립해서 팔레스타인 땅에 머물게 되는 것과 성전이 예비되는 일 등이다. 그러므로 교회 시대의 끝과 환란 시대는 불가분의 관계에 있으며, 휴거의 상황과 재림의 상황은 비슷하게 묘사되기도 한다.

24:42 그러므로 깨어 있으라. 어떤 시간에 너희 주께서 오실는지 너희가 알지 못하기 때문이라.

43 그러나 이것을 알라. 만일 그 집주인이 도둑이 어느 시간에 올 것인지 알았더라면 그가 깨어 있어 자기 집을 뚫는 것을 허락하지 아니하였으리라.

44 그러므로 너희도 준비하고 있으라. 너희가 생각하지 않은 시간에

인자가 올 것이기 때문이라.

계속해서 갑작스럽게 오시는 인자에 대해서 말하고 있다. 성도들은 주인이 언제 오실지 모르기 때문에 깨어 있어야 한다. 뿐만 아니라 그들은 마태복음 25:4처럼 기름을 준비하고 있어야 한다. 주님은 마치 도둑이 오는 것처럼 갑작스럽게 오신다고 말씀하신다. 그러나 주님은 그 시기에 대해서 많은 암시를 주셨다. 그 암시들은 전쟁과, 하늘의 이변들과, 이스라엘이 독립하는 것과, 성전이 더럽혀지는 것 등이다. 전쟁과 기상의 이변들은 지금도 일어나고 있지만 환란 시대에는 더 극심하게 일어날 것이다.

그러나 데살로니가전서 5:4에서는 성도들에게 있어서 그날은 도둑같이 덮치지 않는다고 말한다. 이것은 마태복음의 말씀과 모순되는 것이 아니다. 마태복음에서는 "도둑같이"라는 말이 갑작스럽게 임하는 일을 표현하는 것인 데 반해, 데살로니가전서에서는 성도들이 깨어 있고 그 날을 사모하면, 비록 그날이 갑자기 다가올지라도 그들에게는 그날이 도둑 같지 않고 오히려 기다리는 신랑과 같다는 것을 말하는 것이다. 사랑하는 사람이 갑자기 올 때 그에게는 그것이 도둑 같은 것이 아니라 간절히 기다리던 사람을 기쁘게 만나는 재회이다. 그러나 주님은 분명히 많은 사람들이 "평안하다, 안전하다."고 말할 때 갑자기 오셔서 그들을 심판하실 것이다. 그때 주님을 기다리지 않던 사람들은 갑작스런 멸망으로 멸망할 것이다(살전 5:3).

24:45 그러면 그의 주인이 자기 집을 다스릴 자로 세워, 정한 시기에 그

들에게 양식을 나눠 주게 할 신실하고 현명한 종이 누구겠느냐?
46 그의 주인이 와서 종이 그렇게 하고 있는 것을 보리니, 그 종은 복이 있도다.
47 진실로 내가 너희에게 말하노니, 주인이 그를 그의 모든 재산을 다스리는 자로 세울 것이라.
48 그러나 만일 악한 종이 속으로 말하기를 '내 주인이 오시는 것이 늦어지리라.' 하고,
49 자기 동료 종들을 때리기 시작하고, 주정뱅이들과 함께 먹고 마신다면,
50 종이 예기치 아니한 날 그가 알지 못하는 시간에 그 종의 주인이 오리니,
51 그러면 주인이 그를 갈라내어서 위선자들과 함께 그의 몫을 지우리니, 거기서 울며 이를 갈고 있으리라."

여기서는 대환란을 당한 이스라엘의 무리들을 맡아 인도할 하나님의 종들에 대해서 말하고 있다. 이스라엘은 하나님의 양무리이고, 하나님께서는 그들에게 목자들을 보내셨다. 그러나 예수 그리스도의 초림 때에 주께서 보시니 목자들은 없었고 양들은 흩어져 있었다(마 9:36). 거짓 목자로 무리들을 잘못 인도한 자들, 즉 바리새인과 서기관들로 대표되는 종교 지도자들이 당시에 거짓 선지자로 있었고, 그와 같은 무리들은 앞으로 대환란 때에도 다시 등장할 것이다. (초림 때와 재림 때는 같은 상황이 반복된다.) 그래서 본문은 환란 때에 이스라엘을 인도할 종들에 대한 경고이다. 모세처럼 하나님의 집에 신실한 종은 복을 받고(히 3:5), 바리새인들처럼 악한 종들은 벌을 받을 것이다. 이때 신실한 종들이 받을 복은 주인의 모든 재산을 다스리는 것인데(47절), 이것은 곧바로 25장에서 다섯 달란트 받은 자와 두 달란트 받은 자에 대한 보상으로 주어진다(마 25:21,23). 반면 악한 종은 "위선자"들과 같은 처벌을 받아 슬피 울며 이를 갈게 된다(51절, 25:14-30 주석 참조).

예수님께서는 마태복음 13:52에서 제자들에게 그러한 임무를 맡기셨고, 20:25-27에서는 섬기는 도를 가르치셨으며, 여기 본문에서는 직접적으로 재림 직전에 일하는 종들에 대해서 말씀하셨다. 이러한 구절들은 청지기들, 특히 이스라엘의 영적 지도자들에 주어진 지침들이다. 이 "종들"에 대해서는 이어 나오는 25장의 달란트의 비유에서 자세히 설명된다.

마태복음 25장

마태복음 25장은 24장과 더불어 신약성경에서 가장 어려운 부분 중의 하나로서, 마태복음 24장이 종말론에 관하여 후천년주의 또는 무천년주의자들의 걸림돌이 되는 장이라면 25장은 환란성도들을 구분할 줄 모르는 사람들에게 걸림돌이 되는 부분이다.

대다수의 전천년주의자들을 포함해서 지금까지의 대부분의 신학자들은 마태복음 25장을 교회 시대에 적용해 왔다. 열 처녀의 비유와, 달란트의 비유와, 양과 염소에 관한 내용은 현재 교회 시대의 성도들이 어떻게 예수님을 맞이할 것인가 하는 문제로 설명되어 왔다. 그러나 본문은 교회 시대와는 약간의 영적인 적용이 있을 뿐 전혀 관계없는 부분이다.

우리는 이 문제를 해결하기에 앞서 마태복음 전체의 흐름을 왕국과 관련해서 살펴보아야 한다. 구약에서 지속적으로 예언된 왕국과 그 메시아왕을 위하여 마태복음 1장에서 왕의 족보가 제시된다. 2장에서는 드디어 그 예언된 왕이 탄생하시고, 3장에서는 왕의 길을 예비하는 "왕의 선두주자" 침례인 요한이 등장한다. 4장에서 그 왕은 사역을 시작하시기 위한 마지막 관문인 시험을 통과하신 후 직접 천국 복음을 전파하신다. 4장 마지막 부분에서 왕국이 설정되는 분위기가 형성되고, 이어서 5-7장에서는 왕국 복음의 진수인 왕국의 법령, 즉 산상설교가 선포되며, 8,9장에서는 자신이 왕이시라는 사실을 표적으로 증명하신다. 10장에서 왕께서는 그 왕국 복음을 제자들에게 위임하셔서 온 이스라엘에 전파하게 하셨는데, 11,12장에서 그 왕은 자기 백성들에게 거부당한다(요 1:11). 그들의 거부로 말미암아 13장에서는 천국이 숨어 들어가는 신비적인 상태, 즉 교회 시대가 제시되며, 14장부터는 대환란 시대를 예표하는 사건들이 등장한다. 16장부터 예수님은 자신의 죽음에 대해서 제자들에게 말씀하시고 사역을 준비시키시며 교회에 관한 위대한 말씀을 주시지만, 곧바로 16장의 마지막에서는 "인자가 그의 왕국으로 오는 것," 즉 왕의 재림을 언급하신다. 17장에서는 왕께서 영광스럽게 재림하시는 모습이 변형산 사건으로 제시되고, 18장부터는 왕국의 법령인 산상설교와 같은 내용이 제시되면서 재림 이후에 있을 천년왕국의 내용이 가르쳐지며, 19장에서는 교회 시대와는 다르게 구원을 위해서 행위가 필요하다는 사실이 제시된다. 21장에서는 드디어 바라던 왕이 예루살렘에 입성을 하신다. 입성하신 후 예수님의 지상 생애 마지막 주간에 주님은 종교 지도자들의 가장 치열한 공격을 받으셨는데, 그것은 3년 반 동안 그분을 거부한 유대인들의 모습이 반복되는 것이다. 21장과 22장에서 거부하는 모습이 제시된 이후, 23장에서는 그 종교 지도자들이 강력하게 경고를 받고, 곧바로 24장에서 그들의 거부로 인한 대환란이 임하게 된다.

그러면 25장은 자연스럽게 환란 시대를 거친 이후의 예수님의 재림이 묘사되는 것이 당연하다. 마태복음 25장은 왕께서 재림하신 후에 있게 되는 심판을 묘사하는데, 이는 24장과 연속되는 환란을 거쳐 나온 사람들에 대한 심판을 언급한다. 이러한 해석 방법은 이미 13장에서 천국의 비유를 설명하면서 한 번 제시하였는데, 이것은 마태복음의 문맥에 따른 자연스러운 해석이다. 물론 이 해석은 성경 구절과 어휘로 뒷받침되어야 한다. 본문을 보자.

25:1 "그때에 천국은 등불을 들고 신랑을 맞으러 나간 열 명의 처녀들과 같으니라.
2 그들 가운데 다섯은 현명하고 다섯은 어리석더라.
3 어리석은 처녀들은 등을 가졌으나, 등과 함께 기름을 가지지 아니하였고,
4 현명한 처녀들은 등과 함께 기름통에 기름을 가지고 있더라.
5 신랑이 늦어지므로 모두 졸려서 잠이 들었는데,
6 한밤중에 소리가 나기를 '보라, 신랑이 오니 나가서 맞으라.' 하더라.

『**천국은... 같으니라**』(1절).

이것은 마태복음에서 제시되는 열두 개의 천국 비유 중 열한 번째이다 (13장에서 일곱 개, 18,20,22장에서 각각 한 개씩, 그리고 25장에서 두 개). 마태복음 25장은 24장과 연결되는 "올리브산의 설교"이다. 앞서 말했듯이 대부분의 신학자들이 본문을 교회 시대에 적용하는데, 그것으로 야기되는 두 가지의 이론이 대립되어 왔다. 첫째는 알미니안주의로, 다섯 처녀가 저주받는 모습을 보고 구원받은 성도들도 구원을 잃어버릴 수 있다고 생각하는 이론이며, 둘째는 칼빈주의로, 어리석은 다섯 처녀를 구원받지 않은 형식적인 그리스도인으로 보거나, 아니면 이 비유는 단지 일반적인 진리만을 제시할 뿐 특별한 적용을 할 필요는 없다고 하는 이론이다. 그러나 이 두 이론은 성경이 말하는 그대로를 이해하지 못해서 발생한 거짓 교리들이다. 칼빈주의자들은 "구원의 영원한 보장"이라는 그들의 교리에 맞추기 위해 누군가가 구원을 잃어버리는 구절에 와서는 그 구절을 애매하게 돌려서 영적으로 해석하고, 알미니안주의자들은 구원을 잃어버리는 그 누군가를 교회 시대의 성도들에게 적용해 버린다. 이 둘은 모두 각 시대에 따른 하나님의 섭리적인 경영 방침을 이해하지 못하므로 이러한 오류를 범한 것이다.

25:7 그때 그 처녀들이 모두 일어나서 각기 자기 등을 조절하는데,
8 어리석은 처녀들이 현명한 처녀들에게 말하기를 '우리의 등불이 꺼졌으니, 너희 기름을 좀 달라.'고 하더라.
9 그러나 현명한 처녀들이 대답하여 말하기를 '아니라. 우리와 너희에게 충분하지 못하니, 차라리 장사꾼들에게 가서 너희 쓸 것을 사라.'고 하더라.
10 그들이 기름을 사러 간 사이에 신랑이 왔으니, 준비하였던 처녀들만 그와 함께 혼인식에 들어가고 문은 닫혔더라.

11 그후에 나머지 처녀들도 와서 말하기를 '주여, 주여, 우리에게 열어 주소서.'라고 하더라.

12 그러나 그가 대답하여 말하기를 '진실로 내가 너희에게 말하노니, 나는 너희를 알지 못하노라.' 하더라.

이 비유에서 가장 유심히 보아야 할 낱말은 "처녀들"(virgins)이다. 제시된 것처럼 이들은 처녀"들"이라는 복수형으로 쓰였는데, 그것으로 우리는 이들이 "한" 처녀로 제시되는 교회와는 다른 부류의 사람들임을 알 수 있다.

두 번째 우리가 관심을 가져야 할 부분은 이 처녀들은 신랑과 결혼하러 가는 신부가 아니라는 것이다. 이들은 신랑을 맞으러 가는 처녀들일 뿐이다. 누가복음 12:36에 보면 밤중에 돌아오는 한 주인이 등장하는데, 그는 신부와 결혼을 하고 돌아오는 신랑이다. 이와 같이 그들은 이미 결혼하고 돌아오는 신랑을 기다리고 있는 것이다.

만약 이 열 또는 다섯 처녀가 신부라면 신랑, 즉 예수 그리스도는 여러 명의 신부를 취하게 되는 것이다. 아무리 구약에서 여러 명의 신부를 거느린 남자가 많이 등장한다고 하지만 이것은 좀 심하다. 이 신랑은 다섯 명의 신부를 한꺼번에 취하는 것이다. 창세기 2:24에서 하나님께서는 남자와 여자, 둘이 한 몸이 되라고 하셨고, 예수님도 친히 이 말씀을 인용하셨으며(마 19:5), 이것은 에베소서에서 그리스도와 교회라는 위대한 신비가 된다(엡 5:25-32). 그러므로 예수 그리스도께서는 한 처녀만 신부로 취하셔야 한다. 이것은 고린도후서 11:2에서 그리스도인들을 "한 순결한 처녀"로 언급하고 있는 것으로 분명해진다. 두말할 나위 없이 여기의 처녀들은 그리스도인이 아니다.

이들이 그리스도인이 아니라는 것은 이들이 가지고 있는 기름을 보아서도 알 수 있다. 이 비유에서 열 명의 처녀 모두는 불을 붙일 만한 기름을 가지고 있다. 그러나 그중 다섯 명의 처녀들에겐 기름이 고갈된다. (현명한 처녀들은 여분의 기름을 기름통에 가지고 있었으나 어리석은 처녀들도 현재 불이 탈 만한 기름은 갖고 있었다.) 만약 기름이 성령의 모형이라면 더 분명해지는데, 신약 시대의 그리스도인들은 성령을 잃어버릴 수 없다. 더욱이 이 비유대로라면 성령은 행위로 얻어지게 된다(8,9절).

또 현명한 처녀들이 혼인식에 들어가는 것에 대해서 "눈깜짝하는 순간"이라든지(고전 15:52) 어떤 다른 어휘로도 휴거에 대해 묘사되는 말은 사용되지 않는다.

이 비유의 주인공이 "인자"(the Son of man)라는 것도 중요하다. 인자라는 말은 초림이든지 재림이든지 주님의 지상 사역과 연관되어 사용된다. 교회의 휴거를 비롯하여 교회와 관련해서는 인자라는 말이 사용되지 않는다. 그 예로 바울 서신에서는 인자라는 말이 사용되지 않았다. 교회와 연관해서는 오히려 "하나님의 아들"(the Son of God)이라는 말이 적절하다.

그러므로 이 처녀들은 그리스도인이 아니고, 이 비유도 교회 시대에 설정되지 않는다. 교회 시대를 위해서는 "고백하는 사람들이 모두 믿는 것은 아니다."라는 일반적인 진리를 가르치기 위한 약간의 영적 적용만을 할 뿐, 교리적으로는 교회와 멀다. 그러면 이 비유는 누구에게 적용되는가? 복수형으로 되어 있는 "처녀들"은 누구이며, 행위로 성령을 사는 사람들은 누구인가? 그들은 믿음과 행위로 구원받는 유대인 환란성도들이다.

"처녀들"이라는 말은 교회 시대가 아니라 환란 시대에 등장한다. 요한계시록 14:1-6에 이 "처녀들"이 등장하는데, 거기에는 "동정들"이라고 되어 있다. (영어에서 "처녀들"이나 "동정들"이나 모두 "virgins"이다.) 이들 처녀들은 어린양 혼인식을 묘사하는 시편 45편에서 신부를 따르는 자들로 등장한다(시 45:13,14). 그리고 이 일은 환란 끝에 있게 된다(마 24:29, 30, 시 50:3-5).

나타나는 행위 요소들은 구원과 관계된다(마 24:13,15,20, 계 14:12). 그래서 이 "처녀들"은 구원을 잃어버릴 수 있고, 실제로 그들 중 얼마는 구원을 잃어버린다. 히브리서 9:28은 그분을 성실히 기다리는 사람만을 구원하시는 모습이 묘사되어 있다. 『**그리스도께서도 많은 사람의 죄들을 담당하시려고 한 번 드려지셨고, 두 번째는 자기를 바라는 자들을 구원에 이르게 하시려고 죄 없이 나타나시리라**』(히 9:28). 이 구절은 분명히 신약 그리스도인의 휴거를 말하는 것이 아니다. 왜냐하면 이 시대의 거듭난 그리스도인들 중에서는 육신적이어서 그리스도의 재림을 사모하여 기다리지 않는 사람도 있게 마련인데, 비록 그들이 타락했을지라도 거듭나기만 했다면 분명히 휴거되기 때문이다. 그러나 환란성도는 다르다. 그들은 그리스도를 성실히 기다려야 한다. 그렇지 않으면 구원을 잃어버릴 수가 있다. 이것은 구약 시대와 비슷한데, 구약 시대에는 성령이 오셨다가 떠나가기도 하셨다. 그래서 시편에서 다윗은 『**주의 면전에서 나를 내어 쫓지 마시고 주의 거룩한 영을 내게서 거두어 가지 마소서.**』라고 고백한다(시 51:11).

여기서 어리석은 처녀들이 주님께 애원하는 말은 "주여, 주여"이고, 주님이 대답하시는 말은 "나는 너희를 알지 못하노라."이다(11,12절). 이것은 마태복음 7:21-23에서 제시된 것과 같은데, 마태복음 7장에서 이와 같이 저주받는 무리들은 왕국을 가로막는 거짓 선지자와 거짓 교사들이다. 이 어리석은 처녀들은 거짓 선지자들과 같이 취급받는다.

25:13 그러므로 깨어 있으라. 너희는 인자가 오실 그 날과 그 시간을 모르기 때문이라.

이 말씀은 인자의 재림을 분명히 해 주는 말씀이다. 이들에게 이 말씀을 주실 때 그 재림은 멀지 않았다. 역사적으로 이 말씀은 사도행전의 초기에 일어날 수 있었다. 예수 그리스도께서는 마태복음 10장에서 왕국 복음을 위임해 줄 때부터 제자들이 당할 환란을 경고해 주고 있었다. 대환란에 관한 위대한 장인 마태복음 24장에서도 주님은 제자들이 그 일들을 직접 당할 것처럼 말씀하셨다. 제자들에게 본문은 심각하게 제시되었다. 사도행전 7장에서 스테판이 죽기까지 이 일은 진행되었다. 사도행전 1장에서 40일 동안 부활의 주님께로부터 많은 것을 배웠던 제자들은 왕국의 회복을 자신들의 때에 이루어질 것처럼 물었고, 주님도 그것을 완전히 거부하지는 않으셨다. 2장에서 베드로가 왕국 복음을 전할 때도 그는 주님이 당대에 오실 것이라고 확신하고 요엘서를 인용했다. 그때 이스라엘은 받아들일 뻔하였으나 결국 "위선자" 그룹들에 의해 그 길은 막히게 되고, 7장에서 스테판의 설교에 이르러 이스라엘이 완전히 거부함에 따라 마태복음 25장의 이 구절은 미래로 넘어가게 된다. 이것이 이 구절에 대한 교리적인 적용이다. 인자가 오실 그 날과 그 시간을 모르기 때문에 깨어 있어야 한다는 것은 미래에 있을 대환란 기간에 정확히 지켜질 것이다. 그 때에 현명한 다섯 처녀와 같은 유대인 환란성도들은 일어나서 재림하시는 주님을 맞을 것이다.

대환란에 대해서는 욥기 3:6에 나와 있는 밤의 모습과도 같은데, 그 어두움은 고통의 기간이다. (욥기는 특히 대환란을 잘 말해 주고 있는데, 욥의 고통은 대환란의 고통과 비길 수 있기 때문이다. 더욱이 욥기는 42장으로 구성되어 있는데, 이것은 대환란의 후 삼 년 반의 42개월과 일치한다.) 이 어두움에 사는 자들은 빛을 기다릴 수밖에 없는데, 이 빛은 의의 태양이신 예수 그리스도이시다(말 4:2, 마 17:1,2). 예수 그리스도의 재림은 비 온 후에 맑게 개인 아침 빛같이 오시는 것이다(삼하 23:4).

25:14 천국은 마치 어떤 사람이 먼 나라로 여행하면서 자기의 종들을 불러 그들에게 자기 재산을 맡기는 것과 같으니라.

15 그가 각자의 능력에 따라 한 사람에게는 다섯 달란트를, 또 한 사람에게는 두 달란트를, 또 다른 사람에게는 한 달란트를 주고 곧 여행을 떠났더라.

16 그후 다섯 달란트 받은 사람은 가서 그것으로 장사하여 다섯 달란트를 더 벌었고,

17 마찬가지로 두 달란트 받은 사람도 두 달란트를 더 벌었더라.

18 그러나 한 달란트 받은 사람은 가서 땅을 파고 자기 주인의 돈을 숨겨 놓았더라.

19 한참 후에 그 종들의 주인이 와서 그들과 계산을 하였는데,

20 다섯 달란트 받은 사람은 다섯 달란트를 더 가지고 나와 말하기
를 '주여, 주께서 나에게 다섯 달란트를 주셨나이다. 보소서, 그것
들 외에도 내가 다섯 달란트를 더 벌었나이다.'라고 하더라.
21 그의 주인이 그에게 말하기를 '잘하였도다. 착하고 신실한 종아.
네가 적은 일에 신실하였으니 내가 너로 많은 것들을 다스리도록
하리라. 네 주인의 기쁨에 동참하라.'고 하더라.
22 두 달란트 받은 사람도 나와서 말하기를 '주여, 주께서 나에게 두
달란트를 주셨나이다. 보소서, 그것들 외에도 내가 두 달란트를
더 벌었나이다.'라고 하니,
23 그의 주인이 그에게 말하기를 "잘하였도다. 착하고 신실한 종아,
네가 적은 일에 신실하였으니 내가 너로 많은 것들을 다스리도록
하리라. 네 주인의 기쁨에 동참하라.'고 하더라.
24 그 다음에 한 달란트 받은 사람이 나와서 말하기를 '주여, 주께서
는 엄격한 분이시라 심지 않은 데서 거두고 뿌리지 않은 데서 모
으시는 것을 내가 알았나이다.
25 그러므로 두려워서 가서 땅 속에 당신의 달란트를 숨겨 놓았나이
다. 보소서, 주인님의 돈을 가지소서.'라고 하니
26 그의 주인이 대답하여 그에게 말하기를 '악하고 게으른 종아, 너
는 내가 심지 않은 곳에서 거두고 뿌리지 않은 곳에서 모으는 줄
로 알았으니
27 그렇다면 네가 마땅히 내 돈을 환전상에게 맡겨서 내가 돌아왔을
때 내가 원금을 이자와 함께 받게 해야 했으리라.
28 그러므로 그에게서 그 한 달란트를 빼앗아 열 달란트를 가진 사

람에게 주라.
29 누구든지 가진 사람은 더 받게 되어 풍성하게 가지게 될 것이요,
가진 것이 없는 사람은 그 가진 것마저도 빼앗기게 되리라.
30 너희는 그 쓸모없는 종을 바깥 흑암에 내어던지라. 거기서 울며
이를 갈고 있으리라.'고 하더라.

"달란트의 비유"라고 알려져 있는 이 비유는 마태복음에 나와 있는 12개의 천국 비유 중 마지막 비유이다. 이 비유 역시 오랫동안 교회 시대의 청지기들에게 적용되어 왔다. "달란트"라는 것은 이미 그리스도인의 용어가 되었으며, 그 말은 재능, 은사 등의 의미로 사용되어 왔다. 우리는 이 비유를 영적으로 적용하여, 하나님께서 각자에게 주시는 은사대로 맡은 바 청지기의 임무를 신실하게 수행하여 주님께 더 많은 열매를 맺어 드려야 한다고 적용할 수 있다. 이 은사대로 행하여 더 많은 열매를 맺는 방법은 다양할 것이다. 하나님께서는 각자에게 다른 은사들을 주시는데(고전 12:4-11), 어떤 사람은 가르치는 은사로, 어떤 사람은 봉사하는 은사로 교회에 덕을 끼치기도 하며, 어떤 사람은 남보다 구령을 더 잘 할 줄 알고, 어떤 사람은 찬양에 대한 달란트가 있고, 어떤 사람은 섬기고 위로하는 은사가 있어 형제자매들에게 덕을 끼치기도 한다. 어떤 사람들은 자기에게 주어진 재능들을 활용하여 구령하기도 하고, 어떤 사람들은 자기에게 주어진 은사대로 진리를 전파하기도 하고, 어떤 사람들은 자기의 달란트대로 교회의 덕을 세운다. 심지어 어떤 이들은 자기에게 주어진 달란트로 인해 박해를 받기도 한다. 이러한 영적인 적용들은 이 시대를 사는 그리스도인들에게 적절할 것이다.

그러나 이 비유가 "천국은..."으로 시작되는 천국 비유임을 기억하라. 천국 비유가 교회 시대에 적용되는 것도 있으나 직접적으로 교회에 적용되는 것은 아니며, 항상 왕국과 관련하여, 이스라엘에게 주어진 왕국과 연계선상에서 제시된다. 그리고 천국 비유가 교회 "시대"에 적용될 때는, 그것이 교회 시대에 적용되어야 하는 이유가 본문 안에서 성경 구절로 제시된다. 예를 들어 마태복음 13장의 천국 비유가 교회 시대에 등장하는 기독교계에 적용되는 이유는 거기에 "천국의 신비"라는 용어가 사용되고 있고(마 13:11), 더욱이 이사야 6장의 예언이 인용되면서(마 13:14,15) 옛 선지자들이 보기 원했던 것을 너희는 볼 수 있다는 언급이 (마 13:16,17) 베드로전서 1:10-12과 같은 관점으로 제시되기 때문이다. 성경은 성경이 해석한다. 어떤 본문이 어떻게 해석되는가는 그 본문의 문맥과 그 본문에 관한 연관 구절들로 뒷받침된다. 이것은 성경을 해석하는 열쇠이다.

그러나 마태복음 25:14-30의 본문은 전혀 "천국의 신비"를 말하고 있지 않다. 천국의 신비가 제시되지 않는 모든 천국 비유는 왕국과 직접적인 관련이 있다. 본문은 주인이 떠나가면서 종들에게 임무를 맡기고, 돌아와서 그 종들과 계산하는 장면이다. 주인이 떠나가시는 것이 예수 그리스도의 승천이고 돌아오시는 것이 재림이라는 것은 두말할 나위도 없다. 문제는 주님께서 재림하셔서 어떻게 하시느냐는 것이다.

이 비유의 핵심은 "종"들을 다루고 있다는 것이다. 이 종들은 청지기로 주인의 재산을 관리하는 임무를 맡는다. 주인의 집을 잘 관리하는 청지기에 관해서는 누가복음 12:42-48에서도 제시된다(마 24:45-51). 『**주인이 자기 집을 다스리게 하여 제때에 그들에게 양식을 나눠 줄 신실하고 현**

명한 청지기가 누구겠느냐?』(눅 12:42) 누가복음에서는 그 종이 주인의 "집안"을 어떻게 관리하는가에 초점이 맞추어져 있다. 만약 그가 신실하게 행하지 않고 오히려 악을 행하면 주인은 그를 믿지 않는 자들과 동일하게 취급하신다(눅 12:46). 이것은 마태복음 25장에서 『**너희는 그 쓸모없는 종을 바깥 흑암에 내어던지라. 거기서 울며 이를 갈고 있으리라.**』(마 25:30)라는 구절과 같다. 여기서는 분명히 종이 저주받고 있는데, 그는 지옥에 간다. 신약 시대의 그리스도의 종은 반드시 그리스도인이다. 거듭나지 않은 사람은 종인 체해도 사실은 종이 아니다. 그러므로 신약 시대에는 하나님의 종이 지옥에 가는 일은 결코 일어나지 않는다. 그러나 본문에서는 종이 저주를 받는다. 그러므로 이 비유는 교회 시대와는 다른 경륜 아래에 있다.

누가복음에서 말한 신실한 청지기, 마태복음에서 말한 다섯 달란트 받은 종과 두 달란트 받은 종, 이러한 종들에 대한 구약의 예로는 모세를 들 수 있다. 『**그는 자기를 세우신 분께 신실하기를, 마치 모세가 그분의 온 집에서 한 것과 같이 하셨으니**』(히 3:2). 모세는 하나님의 집에서 신실했던 청지기였다. 그는 주인의 집에 때에 따라 양식과 물을 제공해 준 사람이다. 그의 실수에도 불구하고 하나님께서는 그를 신실하다고 평가했다.

여러 면에서 종은 "하나님의 집"을 맡은 청지기이다. 그리고 이 집은 "이스라엘 집과 유다 집"이다(히 8:8). 그러므로 이 종들은 이스라엘을 인도하는 목자들이다. 우리는 마태복음의 전체를 통하여 참 목자이신 예수 그리스도와 거짓 목자들인 종교 지도자들을 비교할 수 있었다. 또 예수 그리스도께서는 참 목자이신 자신의 뒤를 따라 이스라엘이라는 양무리를 인도할 목자들로(마태복음 18:12,13 주석 참조) 제자들을 부르셨다. 이 목자들은 신실해야 하며 그들에게 제때에 양식을 나눠 주어야 한다. 누가복음에서 『**이는 많이 받은 자에게서는 많이 찾게 될 것이요, 또 사람들이 많이 맡긴 자에게는 더 많이 달라고 할 것이기 때문이라.**』(눅 12:48)라는 말씀은 마태복음에서 종들이 받은 달란트의 많고 적음과 관련된다.

더욱이 마태복음 25:30에서 한 달란트 받은 자가 받을 형벌을 주목하라. 그는 "쓸모없는 종"이라고 불림과 동시에 "바깥 흑암"에 내던져진다. 이곳에 던져지는 자들은 이들만이 아니다. 마태복음 8:12에서는 "왕국의 자녀들" 중 많은 사람들이 저주받아 이곳으로 들어간다. 『**누구든지 정복을 당하면 그는 정복한 자의 종이 되는 것이라**』(벧후 2:19). 즉 이들 거짓 목자들에게 인도함을 받는 사람들도 그들과 마찬가지로 "바깥 흑암"에 던져지는 것이다. 그들은 이곳에서 "울며 이를 갈고 있게" 된다(마 8:12; 24:51; 25:30). 마태복음 24:51에서 "울며 이를 가는" 이들은 "위선자"들이 받을 몫을 받는다. 우리는 마태복음에서 위선자가 누구인지 이미 보았다. 그들은 23장에서 예수님께서 그렇게도 책망하시던 바리새인들과 서기관들, 즉 종교 지도자들이다. 이들은 거짓 목자들이며 삯꾼 목자들이다(마 9:36, 슥 11:17, 요 10:12, 마 7:15-23).

마태복음 25:14에서 주인은 종들에게 "자기 재산"을 맡긴다. 그리고 재산 관리를 신실하게 한 종들은 마태복음 24:47에서 "모든 재산을 다스리는 자"로 세워지며, 25:21에서는 많은 것들을 다스리게 된다.

그러므로 이 비유는 왕국이 임하기 직전, 즉 믿음과 행위로 구원받는 대환란 때 행한 종들을 주인이 재림하셔서 심판하시는 내용이다. 예수님의 재림 때의 상황이 초림 때의 상황과 얼마나 비슷한가? 초림 때에도 거짓 선지자, 거짓 목자, 위선자 등으로 불리는 종교 지도자들이 왕의 길을 막았고, 재림 때(대환란 때)에도 똑같은 무리들이 왕의 길을 막을 것이다. 『**그러나 백성 가운데도 거짓 선지자들이 있었던 것처럼 너희 가운데도 거짓 교사들이 있으리라. 그들은 저주받을 이단들을 비밀리에 불러들여서 자기들을 사신 주를 부인하기까지 하며, 급격한 파멸을 스스로 불러들이느니라. 또한 많은 사람들이 그들의 파멸의 길을 따르리니 그들로 인하여 진리의 길이 비방을 받을 것이라**』(벧후 2:1,2).

25:31 **인자가 그의 영광 중에 오고, 또 모든 거룩한 천사들이 그와 함께 오면 그때에 그가 그의 영광의 보좌에 앉으리니**

32 **그 앞에 모든 민족들을 모아 놓고 마치 목자가 양들을 염소들에서 갈라놓듯이 그들을 따로 갈라놓으리라.**

33 **그리하여 양들은 그의 오른편에, 염소들은 그의 왼편에 세워 두고**

34 **왕이 그의 오른편에 있는 사람들에게 말하기를 '오라, 내 아버지의 복을 받은 자들아, 세상의 기초가 놓인 이래로 너희를 위하여 준비한 그 왕국을 이어받으라.**

35 **이는 내가 굶주렸을 때에 너희가 먹을 것을 주었으며, 내가 목마를 때에 마실 것을 주었고, 내가 나그네였을 때에 대접하였고,**

36 **또 내가 헐벗었을 때에 입혀 주었으며, 내가 병들었을 때에 문안해 주었고, 내가 감옥에 갇혔을 때에 찾아와 주었음이라.' 하리라.**

37 **그때에 의인들이 주께 대답하여 말씀드리기를 '주여, 언제 우리가**

주께서 굶주리신 것을 보고 잡수실 것을 드렸으며 목마르실 때에
마실 것을 드렸나이까?
38 언제 우리가 주께서 나그네 되신 것을 보고 대접해 드렸으며, 헐벗
으셨을 때 입을 것을 드렸나이까?
39 언제 우리가 주께서 병드신 것을 보았으며, 또 감옥에 갇히셨을 때
찾아 뵈었나이까?'라고 하리라.
40 그러나 왕이 대답하여 그들에게 말하기를 '진실로 내가 너희에게
말하노니, 여기 내 형제들 가운데 가장 작은 자 하나에게 한 것이
곧 나에게 한 것이니라.' 하리라.
41 그때에 왕이 왼편에 있는 자들에게도 말하기를 '너희 저주받은 자
들아, 내게서 떠나 마귀와 그의 천사들을 위하여 준비한 영원한
불 속으로 들어가라.
42 너희는 내가 굶주렸을 때에 먹을 것을 주지 아니하였고, 내가 목
말랐을 때에 마실 것을 주지 아니하였으며,
43 내가 나그네 되었을 때에 대접하지 아니하였고, 내가 헐벗었을 때
에 입을 것을 주지 아니하였으며, 병들고 감옥에 갇혔을 때에 문
안 오지도 아니하였느니라.' 하리라.
44 그때에 그들도 대답하여 말하기를 '주여, 언제 우리가 주께서 굶주
리신 것과, 목마르신 것과, 나그네 되신 것과, 헐벗으신 것과, 병드
신 것과, 감옥에 갇히신 것을 보고 돌보아 드리지 아니하였나이
까?'라고 하리니,
45 왕이 그들에게 대답하여 말하기를 '진실로 내가 너희에게 말하노
니, 너희가 이들 중에 가장 작은 자 하나에게 하지 아니한 것이

곧 나에게 하지 아니한 것이니라.' 하리라.

46 그러므로 이들은 영원한 형벌에 들어갈 것이라. 그러나 의인들은
영원한 생명으로 들어가리라."고 하시더라.

본문을 해석하기에 앞서 "인자"(the Son of man)라는 말을 관찰해 보자. 사람들이 보통 생각하는 "인자"에 대한 개념은 "인간으로 오신 그리스도," 즉 겸손하신 예수 또는 인간을 구원하시는 예수 등이다(마 11:19; 17:9; 18:11). 그도 그럴 것이 인자로서의 모습이 주로 그려져 있는 누가복음에는 유대인뿐만 아니라 이방인도 대상으로 하여 구원의 길을 제시하는 내용이 담겨 있기 때문이다. 누가복음의 수신자 데오빌로(눅 1:3)는 이방인이었고, 누가복음의 기록 목적은 데오빌로에게 예수 그리스도께서 구원자가 되신다는 것을 알려 주는 것이었다.

그러나 성경에서 "인자"라는 말은 단지 구원자라는 뜻만을 내포하지는 않는다. 특별히 마태복음에서 그 의미는 좀 달라지는데, 마태는 그 이름을 "다윗의 아들"이라는 이름과 거의 동일시한다. [신약에서 예수님과 관련된 세 가지 주요한 이름은 "하나님의 아들"(the Son of God), "다윗의 아들"(the Son of David), 그리고 "인자"(the Son of man)이다. "하나님의 아들"은 예수 그리스도의 신성을 말할 때 사용되고, "다윗의 아들"은 예수 그리스도의 왕 되심을 나타낼 때 사용되고, "인자"는 예수 그리스도의 인성을 말할 때 사용된다.] 본문에서는 "인자"라는 말이 심판주의 모습을 설명하고 있는데, 그 "인자"는 또한 다윗의 보좌인 "영광의 보좌"에 앉으신다. 그러므로 "다윗의 아들"과 "인자"라는 말은 각각 따로 생각할 수 없는 말이다.

“인자”라는 말이 예수 그리스도의 인성을 나타낸다고 할 때 우리가 분명하게 기억해야 할 것은, 인자라는 말이 예수 그리스도께서 육신을 입으시고 땅에 계시는 동안 쓰이는 말이라는 것이다. 지금 교회 시대에 하늘에 계시는 예수님을 가리켜 인자라고 부르지 않는다. 우리는 그분이 인자가 되셨다고 말하지, 그분이 지금 인자라고는 말하지 않는다. 사도 바울도 그의 서신들에서 예수 그리스도를 가리켜 이 용어를 사용하지 않았다.

그분이 육신을 입으시고 땅에 계시는 것은 초림 때와 재림 때, 두 경우가 모두 포함된다(마 12:8,32; 16:13). 결코 초림만 해당되지는 않는다. 오히려 마태복음에서 더 강조되고 있는 것은 왕으로 오시는 재림이다. 특히 마태복음에서는 재림하시는 예수 그리스도를 가리켜 인자라고 묘사할 때가 많다(마 10:23; 13:41; 16:27; 19:28; 24:27,30,37,39,44; 25:13,31). 초림 때에도 예수 그리스도께서는 왕 되심의 표적을 행사하셨다. 그래서 “인자”라는 말은 땅에 속한 예수 그리스도의 사역을 묘사한다는 점에서 “다윗의 아들”과 공통점이 있다.

그러나 인자라는 말이 다윗의 아들이라는 말과 구별되는 것은, 인자는 온 인류를 다루면서 사용된다는 것이다. 구원과 관련하여 사용할 때에도 온 인류의 구원자로서 사용되고, 심판과 관련하여 사용할 때에도 온 인류의 심판자로서 사용된다. 그에 대해 다윗의 아들은 이스라엘과 좀 더 직접적으로 연관된다. 다윗의 아들은 이스라엘의 약속된 메시아로서, 사무엘하 7:12-16에 제시된 다윗의 언약을 이루시는 이스라엘의 왕이시다. 그러나 이 두 용어의 미묘한 구분에도 불구하고, 두 용어는 재림하시어 “왕”이 되시는 메시아라는 같은 의미로 쓰일 때가 많다. 그러므로 우리가 예수 그리스도를 가리켜 인자라는 표현을 사용해 말하거나 노래를 부른다면 항상 그분의 재림을 기억해야 한다!

『인자가 그의 영광 중에 오고, 또 모든 거룩한 천사들이 그와 함께 오면 그때에 그가 그의 영광의 보좌에 앉으리니 그 앞에 모든 민족들을 모아 놓고 마치 목자가 양들을 염소들에서 갈라놓듯이 그들을 따로 갈라놓으리라』(31,32절).

본문은 앞의 두 비유와 같은 천국 비유가 아니다. 이것은 실제로 벌어질 사건이다. 여기에는 "천국은 이와 같으니..."라는 표현은 찾아볼 수 없으며, 어떤 진리를 말하기 위해서 그와 관련된 이야기를 하는 내용은 발견할 수 없다. 이 사건은 미래에, 주님께서 재림하시는 그날에 분명히 있게 될 바로 그 사건이다. 이날은 심판의 날이며, 특별히 민족들의 심판이 행해지는 날이다. 이날에 지상의 모든 민족은 양과 염소로 나누어진다. 그리고 그 나뉘는 기준은 주님의 형제를 어떻게 대우했는가 하는 것이다.

본문에 대해서도 기존의 많은 주석가들은 오류를 범한다. 특히 로마카톨릭의 해석 방법은 본문에 대한 전형적인 해석으로 간주되는데, 그들이 본문을 잘못 해석하는 이유는 성경에 나오는 여러 가지 심판을 잘못 이해하기 때문이다.

그들의 해석에 따르면 이 심판은 "큰 백보좌 심판," 즉 최후의 심판이다(계 20:11). 그들에게 있어서 성경에 나오는 심판은 모두 하나로 간주된다. 그들에게는 그리스도의 심판석도 최후의 심판이며, 민족들의 심판도 최후의 심판이며, 백보좌 심판도 최후의 심판이다. 그리고 그들에게 있어서 이 심판은 예수 그리스도의 재림 직후에 있게 된다.

그러나 성경은 여러 가지의 심판을 말하고 있으며, 그 심판의 대상과 시기는 각각 다르다. 성경은 『**한 번 죽는 것은 사람들에게 정해진 것이고 그 뒤에 심판이 정해진 것같이**』(히 9:27)라고 말한다. 그러므로 모든 사람은 심판을 받는다. 그러나 그 심판의 종류는 다르다.

그리스도인은 휴거된 이후에, 지상에서는 무서운 대환란이 진행되고 있는 사이에, 하늘에서 "그리스도의 심판석"이라는 자리에 서게 된다. 이 심판에 대해서는 고린도전서 3:11-15와 고린도후서 5:10, 그리고 로마서 14:10에 잘 나타나 있다. 이 심판은 구원받은 것을 전제로 하는데, 구원받은 사람이 구원받은 이후에 행한 일에 대해서 불로써 시험하는 심판이다. 구원받은 사람들이 행한 일들은 금이나 은이나 보석, 아니면 나무나 짚이나 그루터기로 분류되는데, 그 일들을 불에 집어넣을 때 나무나 짚처럼 타버리면 그는 손해를 당하고, 그 일들이 금이나 은이나 보석처럼 불 가운데에 남아 있으면 그는 면류관들을 받는다. 이 심판은 구원과는 무관하며 주님을 위해 일한 행위들을 심판하여 상 주시는 자리이다. 실로 많은 사람들이 주님을 위해 일한다고 하지만 많은 일들이 나무나 짚과 같이 불에 타버릴 일일 것이다. 일평생 다 바쳐서 "예수 그리스도의 이름으로" 세상의 평화를 위해 일한 것, 열심은 있지만 지식을 따라 된 것이 아니어서(롬 10:2) 거짓 교리를 실행하던 것, 하나님께서 명령하시지도 않은 것, 예컨대 새벽 예배, 철야기도 등을 자기의 열심과 종교 행위로 헌신하여 행한 것, 그리스도의 사랑을 실천한다고 하면서도 그 사랑을 세상을 위해 쏟아 부었던 것, 혼적인 열심으로 섬겼던 일, 교회의 이름으로 행한 사회봉사, UN이나 기아 단체 등 국제기구에 협력한 것 등등 이루 말할 수 없는 일들이 비록 "예수 그리스도의 이름으로" 행해졌을지라도 그것들은 모두 나무나 짚으로 지어진 것 같아서 그날에 모두 허무하게 불탈 것이다.

구원받지 못한 사람들은 그리스도의 심판석에 설 수 없다. 그들은 마지막 날에 "큰 백보좌 심판"에 서게 될 것이다. 이 심판이 바로 마지막 심판이다. 이 백보좌 심판은 천년왕국의 끝에 사탄의 마지막 반역이 있은 후 땅과 하늘이 불로 소멸되어 버린 다음 공중에서 있게 된다. 요한계시록 20:11-15의 심판이 바로 "큰 백보좌 심판"이다. 구원받지 않은 모든 사람들이 이 심판에 서게 될 것이고, 불못으로 들어가게 될 것이다. 그들은 자기들의 "행위"에 따라 심판을 받는데, 그들의 행위에 따라서 어떤 사람들은 더 큰 심판에 처해지게 되고 어떤 사람들은 덜 심한 심판에 처해지게 된다. 다시 말해 지옥에도 정도가 있는 것이다. 그들은 자기들의 죄에 따라 심판을 받게 되는데, 그 죄들 중 가장 큰 죄는 왕국 복음을 듣고 그 표적들을 보고도 왕을 거부한 죄, 그중에서도 마태복음 12:31,32에 나오는 성령을 모독한 죄, 즉 왕국 복음을 전하시고 왕의 표적을 행하시는 예수 그리스도 안에서 역사하시는 성령님을 악령이라고 모독한 죄이다. 이 사실은 마태복음 11:20-24과 12:41,42에 잘 나타나 있는데, 왕국 복음의 표적들이 가장 많이 행해진 코라신과 벳새다와 카퍼나움은 극심한 우상 숭배 지역이었던 투로와 시돈보다, 또 음란의 대명사였던 소돔 땅보다 더 큰 심판을 받는다. 즉 왕을 거부한 유대인들의 죄는 우상 숭배와 성적 타락보다 더 큰 죄이며, 더 뜨거운 지옥에 던져질 죄라는 것이다. 그러나 지옥에도 더 편안한 지옥이 있다고 안심하지 말라. 아무리 덜 뜨거운 지옥일지라도 당신의 혼을 구더기 같은 벌레로 만들어 버리기에는 충분하다. **『그곳에는 그들의 벌레도 죽지 않고, 불도 꺼지지 아니하느니라. 모든 사람이 불로 소금치듯함을 받을 것이며, 모든 제물이 소금으**

로 소금치듯함을 받으리라』(막 9:48,49). 이것이 가장 덜 뜨거운 지옥의 상태이다.

유대인들에게 주어지는 심판은 "야곱의 고난의 때"라고 불리는 대환란이다. 그들은 하나님의 택하심을 받은 민족이지만 그들은 목이 굳은 백성들로서 지속적으로 하나님을 거부해 왔다. 그들은 사무엘상 8:7에서 성부 하나님을 거절했으며(『**백성이 네게 말하는 모든 일에 있어서 그들의 음성에 경청하라. 그들이 너를 거역함이 아니요, 나를 거역하여 나로 그들을 다스리지 못하게 하려는 것이라.**』), 요한복음 19:15에서 성자 하나님을 거절하였고(『"**카이사 외에는 우리에게 왕이 없나이다.**"』), 마태복음 12장과 사도행전 4,7장에서 성령 하나님의 사역을 거절했다. 그들의 거부로 인해 왕국이 연기되었으며, 그들의 왕을 죽인 대가로 그들은 2,000년 동안 박해를 당해야 했다. 그리고 "대환란" 때 그들은 마지막으로 큰 박해를 당한다. 이것이 왕을 거절한 유대인들이 당할 심판이다. 이 심판은 이 땅에 분명히 임할 심판이며, 팔레스타인 땅을 중심으로 온 땅에 걸쳐 일어날 것이다. 이때 유대인들은 믿음과 행위, 두 요소를 모두 갖추어야만 구원을 받을 수 있다. 『**하나님의 계명들을 지키며 예수 그리스도의 증거를 가진 자들**』(계 12:17). 히브리서 10:38은 의인과 믿음에 대해 말하면서 로마서 1:17과는 다른 분위기로 말하고 있다. 『**이제 의인은 믿음으로 말미암아 살리라. 그러나 누구라도 뒤로 물러나면 내 혼이 그를 기뻐하지 아니하리라**』(히 10:38). 이 구절에서 "그러나 누구라도 뒤로 물러나면"이라는 말을 주목하라. 즉 믿음으로 얻은 구원을 뒤로 떨어져 나가지 않고 행위로 끝까지 지켜야 함을 말씀하고 있는 것이다.

이 "대환란"이라는 유대인의 심판과 연관해서, "달란트 비유"에서 말하고 있는 것처럼 악한 종은 심판받아 바깥 흑암에 던져지게 된다. 예수님의 초림 때에 바리새인들과 같은 악한 종교 지도자들이 양의 가죽을 쓴 이리들로서 백성들에게 천국을 막고 있었던 것처럼 재림 직전, 즉 환란 때에도 그러한 무리들이 나타날 것이다(벧후 2:1,2). 이들은 "우상 목자"라는 적그리스도를 따라서(슥 11:17) 목자 행세를 하는 자들로서, 예수님께서는 이들을 "위선자"라고 부르셨다(마 6:25; 23:13,14). 이들은 예수 그리스도의 재림 때에 심판받는다.

마태복음 25:31-46의 본문에는 또 하나의 심판이 제시된다. 이 심판에서는 무리들은 양과 염소로 구분되는데, 이 심판은 "민족들의 심판"이라고 불린다. 이 심판은 예수 그리스도께서 영광 중에 오시는 재림 때에 행해질 것이다. 『**인자가 그의 영광 중에 오고, 또 모든 거룩한 천사들이 그와 함께 오면 그때에 그가 그의 영광의 보좌에 앉으리니 그 앞에 모든 민족들을 모아 놓고…**』(마 25:31,32). 인자가 되신 예수님께서는 "모든 민족"들을 모아 놓고 심판을 하신다. 그래서 이 심판은 개인이라기보다는 민족 단위로 행해질 것이다. 여기의 양과 염소는 각각 구원받은 사람들과 구원받지 못한 사람들인데, 이들은 교회 시대에 구원받은 성도들과 구원받지 못한 죄인들과는 차이가 있다. 왜냐하면 교회 시대에 구원받는 것은 개인적인 믿음의 결과이지 민족과는 아무런 상관이 없기 때문이다. 교회 시대에는 심지어 유대인과 이방인들의 벽도 깨진다(엡 2:14). 본문에 제시되는 심판은 "민족들의 심판"이다.

이 심판의 판결 기준은 "내 형제 가운데 가장 작은 자 하나"(40절)에게 행한 일이다. 이 부분은 로마카톨릭이 기쁘게 받아들이는 부분인데, 왜냐하면 여기에서 바로 행위로 구원을 얻는 요소가 발견되기 때문이다. 형제를 대접한 것에 따라서 구원을 받는다는 본문은 예수님께서 말씀하신 두 번째 계명을 매우 강화시켰다. 본문으로 인해 “이웃 사랑”의 교리는 더 강조되었고, 따라서 크고 첫째 되는 계명인 “하나님 사랑”은 무시되게 되었다. 이웃 사랑이 구원의 조건이 되었고, 로마카톨릭을 비롯한 많은 자유주의 교회들은 이웃과 사회에 봉사하는 것을 하나님 섬기는 것보다 더 강조하게 되었다. 그래서 많은 사람들이 “양”이 되려고 노력한다.

그러나 앞서 말했듯이 “양”은 현재의 교회 시대 동안 구원받은 사람들이 아니다. 왜냐하면 이 심판은 “그리스도의 심판석”이 아니기 때문이다. 또 이 “양”이 교회 시대의 성도들이 아닌 또 하나의 이유는 교회 시대의 성도들은 행위로 구원받지 않기 때문이다. 그들은 은혜로 구원받는다(엡 2:8-10, 요 3:36; 5:24).

또한 이 시대의 성도들은 “양”일 뿐 아니라 영적으로 그리스도의 “형제”이기도 하다(히 2:11, 벧전 3:8, 롬 8:6-18, 요 1:1-13, 벧전 2:1-4, 골 1:2). 그러나 본문에서는 “양”과 “형제”가 분리되어 제시된다. 더욱이 로마카톨릭의 해석에 따르면 이 “형제”는 그리스도인이 아니라 세상의 헐벗고 굶주린 작은 자들이다. 전혀 성경적인 해석과는 관계가 없다.

이들이 교회 시대의 성도들과 다른 또 하나 중요한 사실은 교회 시대의 성도들은 이 심판의 자리가 있기 전에 이미 첫째 부활에 참여하고 천사들과 같은 죄 없는 몸으로 변화되었다는 것이다(마 22:30). 성도들은 이 심판의 자리에 그리스도와 함께 영광 중에 나타난다(31절).

또 37절에서 양들은 “의인들”(the righteous)이라고 불리는데, 이는 교회 시대의 성도들을 가리켜 사용되는 용어가 아니다. 사도 바울은 한 번도 성도들을 "the righteous" 또는 "a righteous one"이라고 부르지 않았다. 사도 바울이 "의인"이라는 용어를 사용할 때는 항상 "the just"라는 말을 사용했다. 이 시대의 그리스도인들의 의는 오직 "예수 그리스도의 의"일 뿐이다(롬 10:1-4). 이 의는 예수 그리스도의 피의 속죄를 입은 성도들에게 전가된 의이다(고전 1:30, 빌 3:9, 고후 5:17).

"염소"에 대해서도 마찬가지이다. 이들은 예수 그리스도를 거부하거나 복음을 거부해서 저주받지 않는다. 이들의 죄목은 누군가를 소홀히 한 것이다. 최후의 백보좌 심판 때 서게 될 죄인들은 정죄의 부활을 하는데(계 20:13), 이들 중 아무도 죽고 부활한 사람이 없다. 이들은 살아서 심판을 받는 자들로서 "영광의 보좌" 앞에 서 있다(요한계시록 20장의 백보좌가 아니다).

이 사건의 핵심은 "형제들"이다(40절). 이 "형제들"이 누구냐 하는 것에 따라서 양과 염소는 결정되기 때문이다. 그러나 분명한 것은 이 "형제들"은 이 시대의 그리스도인이 아니라는 것이다. 비록 예수 그리스도께서 성령으로 잉태되셨고 그리스도인들도 성령으로 거듭났기에 영적으로는 그리스도인이 예수 그리스도의 형제로 제시될지라도 본문에서 말하는 실제적인 형제는 교리적으로 그리스도인이 아니다. 본문의 상황은 대환란이 지나 예수님께서 재림하셨을 때이고, 그때 그리스도인은 이미 그리스도와 함께 영광 중에 나타나 있다.

본문에 제시된 주님의 "형제들"은 주님과 살과 피를 나눈 유대인들이다. 예수 그리스도께서도 육신으로는 유대인에게서 나셨다(롬 9:5). 마태복음 28:10; 23:8; 20:24; 12:46-48을 자세히 연구해 보면 이 "형제들"이 모두 믿는 유대인임을 알 수 있다. 히브리서 2:12-17이 이 점을 잘 뒷받침해 주고 있다.

마태복음 25장은 전체적으로 대환란이 지나 예수 그리스도께서 재림하시는 때를 다루고 있다. 이 "형제들"은 영광의 보좌 앞에 서 있는데, 그들은 이미 환란을 통과한 사람들이다. 그러므로 이 형제들을 먹이고 입히고 찾아보는 일들은 대환란 기간 중에 행해진다. 앞에서 언급했듯이 유대인들은 대환란 중에 극심한 고난에 처한다. 히틀러가 제2차 세계대전 중에 행한 일은 적그리스도가 대환란 중에 유대인에게 행할 일에 비하면 아무것도 아니다. 그때 유대인들은 마태복음 6:9-13에 나와 있는 것처럼 기도하며(소위 "주기도문") 하나님의 도움으로 하루하루를 지낼 것이다. 이들 중에는 천국 복음을 전하는 자들도 있을 것이며, 그들에게는 마가복음 16:17-18에 제시된 것과 같은 표적들, 즉 새 방언도 할 것이고, 뱀도 집고, 독을 마셔도 해를 입지 않는 일들이 일어날 것이다.

유대인들은 매우 위험한 처지에 놓이게 되는데, 이때 유대인들에게 선대하는 민족과 유대인들을 대적하는 민족들로 나누어질 것이다. 우리는 이미 제1차 세계대전 이후 밸푸어 선언이 취소되었을 때 유대인들을 받아준 나라가 거의 없었다는 사실을 기억하고 있다. 유대인들은 2,000년 동안 나라를 잃고 떠돌아다녔다. 그와 같은 일들이 대환란 때 다시 일어나게 되는데, 그때에는 대부분의 민족들이 UN의 깃발 아래 모여 이스라엘을 대적할 것이다. 이방인의 연합은 결국 하나님을 대적하게 되어 있다. 이것이 이방인의 운명이다. 『**어찌하여 이방이 분노하며, 백성들이 헛된 일을 꾀하는가? 땅의 왕들이 나서고 치리자들이 서로 의논하여 주와 그의 기름부음 받은 이를 대적하여 말하기를**』(시 2:1,2). 『**먼저 독보리들을 모아서 불사르기 위하여 단으로 묶고...**』(마 13:30) 이방인들은 이스라엘과 전쟁하기 위해 아마겟돈으로 모일 것이다(계 16:14-16). 이때 국제연합의 깃발 아래 이스라엘과 싸우기 위해 모인 나라들은 염소의 위치를 면치 못할 것이다. 반면에 이스라엘이 고난을 당하는 대환란 때에 그들을 도와주고 찾아 주는 나라들은 양으로 분류될 것이다.

대환란이 끝나고 마침내 예수 그리스도께서 흰 말을 타고 그의 성도들과 함께 내려오신다(계 19:11-16). 그리고 그분은 포도즙틀을 밟듯이 전쟁에 모인 이방인들을 죽일 것이다(사 63:3). 이어서 그분은 "영광의 보좌"(마 25:31; 19:28, 렘 14:21, 시 102:16)에 앉으실 것인데, 이 보좌는 "다윗의 보좌"라고도 불릴 것이며(눅 1:30-33) 팔레스타인 땅에 있게 될 것이다. 이때 다윗에게 약속하신 영원한 자비의 언약이 이루어질 것이다(삼하 7:12-16).

이 심판의 자리는 "여호사밧 골짜기"라 불리는 곳에서 행해질 것이다(욜 3:2,12,14). 예수 그리스도께서 재림하시어 예루살렘 동편 올리브산 위에 서실 때 그 산은 동서로 갈라져 큰 골짜기가 생길 텐데(슥 14:4), 이방인들은 이곳에 모여 심판을 받을 것이다. 마태복음 25장의 본문은 바로 이러한 모습을 묘사한 것이다.

『**그러나 왕이 대답하여 그들에게 말하기를 '진실로 내가 너희에게 말하노니, 여기 내 형제들 가운데 가장 작은 자 하나에게 한 것이 곧 나에게 한 것이니라.' 하리라**』(40절).

이 말씀은 마태복음 10:40-42의 말씀과 정확히 일치한다. 『**너희를 영접하는 사람은 곧 나를 영접하는 것이며, 또 나를 영접하는 사람은 곧 나를 보내신 분을 영접하는 것이라. 선지자의 이름으로 선지자를 영접하는**

사람은 선지자의 상을 받을 것이요, 의인의 이름으로 의인을 영접하는 사람은 의인의 상을 받을 것이라. 또 누구든지 제자의 이름으로 이 작은 자들 중 하나에게 마실 냉수 한 잔이라도 주면, 진실로 내가 너희에게 말하노니, 그는 결코 자기 상을 잃지 아니하리라』(마 10:40-42). 이 말씀은 예수님께서 제자들에게 왕국 복음을 위임하시면서 주신 말씀이다. 이 말씀은 왕국 복음이 다시 전파되는 대환란 때 다시 이루어질 것이다. 이 글을 읽는 독자가 만약 구원받지 않아서 대환란 때에 남게 된다면(그렇게 되기 전에 지금 예수 그리스도를 영접하라.) 천국 복음을 전하는 유대인들을 결코 박대하지 말고 그들을 보살펴 주라. 그리고 가능하면 그들을 선대하는 방향으로 국가의 정책을 쓰라. 그러면 양에 속한 민족이 되어 천년왕국의 백성이 될 것이다. 양들에게 하나님께서 예비하신 것은 하늘나라가 아니라 "왕국"이다(마 25:34; 8:11). 그들은 왕국을 유업으로 받아 천년왕국의 백성이 된다.

『**그때에 왕이 왼편에 있는 자들에게도 말하기를 '너희 저주받은 자들아, 내게서 떠나 마귀와 그의 천사들을 위하여 준비한 영원한 불 속으로 들어가라**』(41절).

염소들을 위해 준비된 것은 "영원한 불"이다(마 25:41). 본문에서 말하는 것처럼 사실 지옥은 사람을 위해 준비된 곳이 아니다. 그곳은 "마귀와 그의 천사들을 위해" 준비된 곳이었다. 그러므로 그곳은 매우 끔찍한 곳이다. 가장 덜 뜨거운 지옥도 죄인을 구더기로 만들기에는 충분하다. 이렇게 끔찍한 지옥이기에 하나님께서는 일찍이 구원의 길을 만들어 인간들에게 열어 놓으셨다. 지금 이 시대에는 예수 그리스도의 피를 신뢰하기만 하면 된다. 하나님께서는 아무도 지옥에 가기를 원치 않으신다. 그러나 죄인이 하나님의 구원 계획을 거부할 때 그는 마귀와 그의 천사들을 위해 준비한 지옥으로 가게 된다. 그들의 아비는 마귀이기에 자기들의 아비의 길을 따라가는 것이다(요 8:44, 벧후 2:19).

우리는 지금까지 두 장에 걸쳐서 사도행전 2장과 히브리서 6,10장과 더불어 신약성경에서 가장 질긴 고기를 씹었다(히 5:14). 마태복음 24장과 25장은 대환란과 행위로 구원받는 교리를 다루고 있는 장으로서 칼빈주의자들이 덮어 버리던 곳이며, 카톨릭이나 알미니안주의자들이 무분별하게 사용하던 곳이다. 이 본문들은 무천년주의자들이나 후천년주의자들에게는 감추어진 말씀이다. 그들이 자기들의 체계를 붙들고 있는 이상 영원히 이 두 장을 해석할 수 없다.

23장에서 이스라엘과 결별하신 예수님께서는 24장에서 대환란을 말씀하시고 25장에서 환란 끝에 있게 될 재림을 말씀하셨다. 25장에 있는 세 가지의 내용은 환란을 거쳐 나와 재림하시는 왕을 맞이하는 내용이다. 이 두 장은 다니엘의 70째 주를 다루고 있는 본문이다. 이 경륜은 지금 교회 시대와는 전혀 다르다. 하나님의 말씀을 올바로 나누지 못하면 서로 다른 이 경륜들을 이해할 수 없고, 구약의 전체와 신약의 절반을 알 수 없다. 그래서 여기서 경륜의 차이를 알기 위한 성경의 기본적인 나눔을 제시하고자 한다.

1. 창세기 1장 - 출애굽기 20장 : 양심을 통해 작용하는 은혜
2. 출애굽기 20장 - 마태복음 26장 : 율법을 통해 작용하는 믿음과 행위
3. 마태복음 26장 - 사도행전 8장 : 경륜이 변화되는 과도기

4. 사도행전 8장 - 히브리서 : 복음을 믿는 것을 통해 작용하는 은혜

5. 히브리서 - 요한계시록 20장 : 복음과 율법을 통해 작용하는 믿음과 행위

6. 요한계시록 20-22장 : 오직 행위로만

마태복음 26장

26장과 27장은 예수님의 지상 사역이 마무리되는 장이다. 26장에서 예수님께서는 "최후의 만찬"을 행하신 후 잡히시고, 27장에서 주님은 십자가에 못 박히신다. 특별히 26장의 "최후의 만찬"에서는 "새 언약"(New Tes- tament)의 피가 언급되는데(28절), 신약성경은 마태복음 1장부터 시작되지만 진정한 신약은 마태복음 26장부터이다. 왜냐하면 히브리서 9:16,17에서 유언(testament)은 유언한 사람이 죽어야 효력이 있다고 말씀하고 있기 때문이다. 그러므로 새로운 유언인 "신약"은 예수 그리스도의 죽음을 증거하는 마태복음 26장의 "새 언약의 피"로부터 시작된다. 이에 따라 예수 그리스도의 사역은 왕국 복음에서 은혜의 복음으로 전환된다. 25장까지는 왕국 복음이 중심 내용이었으나, 예수 그리스도의 죽음이 나타나는 26장부터는 은혜의 복음이 중요하게 부각된다. 고린도전서 15:1-4에 따르면 은혜의 복음에 포함되는 요소는 예수 그리스도의 죽음과 묻히심과 부활이다. 마태복음 26장에는 이 세 요소들이 모두 발견되는데, 예수 그리스도의 죽음이 구체적으로 제시되었고, 한 여인이 예수님께 향유를 부음으로써 예수님의 장사가 언급되었으며(12절), 32절에는 부활이 언급되었다. 특별히 "새 언약의 피"는 많은 사람을 위하여 흘리는 죄사함의 피라고 말해진다(28절). 이 피는 한 상인이 매우 값진 진주 하나를 사기 위해 팔아 버린 그의 모든 소유와 같다(마 13:45,46). 세상의 모든 사람은 이 피를 통해 죄의 용서함을 받고 구원을 받는다. 왜냐하면 이 피는 많은 사람을 위해 흘리는 주님의 새 언약의 피이기 때문이다.

26:1 예수께서 이 말씀들을 모두 마치시고 제자들에게 말씀하시기를
2 "너희가 이틀 후면 유월절인 것을 아나니, 그러면 인자가 넘겨져 십자가에 못박히리라."고 하시더라.
3 그때에 선임 제사장들과 서기관들과 백성의 장로들이 카야파라고 하는 대제사장의 관저에 모두 모여,
4 교묘한 방책을 써서 예수를 붙잡아 죽이려고 의논하더라.
5 그러나 그들이 말하기를 "백성 가운데 소요가 일어나지 않도록 명절날에는 하지 말자."고 하더라.

이 사건은 예수님의 지상 사역 마지막 주간의 화요일 오후 6시 이전에 있었던 사건이다. 유월절 양을 먹는 것이 수요일 오후 6시 이후이기 때문에, 유대인의 시간 개념으로 화요일 오후 6시 이후가 이미 하루가 지나간 것으로 계산하면 분문으로부터 유월절까지는 "이틀 후"가 된다. 본문의 사건이 화요일의 사건이고 예수님께서 수요일 오후에 돌아가셨다고 하는 것은 로마카톨릭과 대부분의 개신교의 체계를 무너뜨리는 것이다. 그들은 금요일 오후에 예수님이 돌아가셨다고 생각하기 때문이다.

제사장들은 명절, 즉 유월절을 피하여 예수님을 죽이려는 계획을 세웠는데, 마태복음의 마지막 부분에서 예수님을 대적하는 중심 세력은 바로 제사장들이다(26:3,14,47,51,57,59,62,63,65; 27:1,3,6,12,20,62; 28:11). 그들은 나사로를 살리신 사건 직후인 요한복음 11:47-50에서부터 이 음모를 꾀했는데, 그들이 예수 그리스도를 반대한 것은 사도행전에서도 계속된다. 사도행전 4장에서 그들은 베드로와 요한이 예수님을 증거하는 것을 박해했으며, 7장에서는 스테판까지도 박해한다.

제사장들이 예수 그리스도를 죽일 음모를 꾀한다는 사실은 유다 이스카리옷도 알고 있었다. 그래서 그는 마가복음 14:10과 마태복음 26:14에서 주님을 배반하려 할 때 제사장들에게 간 것이다. 그러므로 예수님을 체포하고 죽인 일에 대해 주된 역할을 담당한 사람들은 제사장들이었다(행 7:52). 물론 그들의 동기는 "종교적인 의를 위하여"였다. 이것은 그들이 하나님의 의보다 자기들의 의를 더 중요하게 여겼다는 것을 증명한다(롬 10:1-4, 눅 18:10-15).

26:6 예수께서 베다니에 있는 문둥병자 시몬의 집에 계실 때에,
7 한 여인이 매우 값진 향유가 든 옥합을 가지고 와서 앉아 식사하시는 주의 머리 위에 붓더라.
8 주의 제자들이 그것을 보고 화를 내며 말하기를 "이 무슨 낭비냐?

9 이 향유를 많은 돈을 받고 팔아서 가난한 사람들에게 줄 수 있었겠노라."고 하니,

10 예수께서 이를 아시고 그들에게 말씀하시기를 "어찌하여 너희들이 이 여인을 괴롭히느냐? 이 여인은 나를 위하여 좋은 일을 하였노라.

11 가난한 사람들은 항상 너희와 함께 있으나, 나는 너희와 항상 함께 있지는 아니하느니라.

12 이 여인이 이 향유를 내 몸에 부은 것은 내 장사를 위하여 한 것이라.

13 진실로 내가 너희에게 말하노니, 온 세상에 이 복음이 전파되는 곳마다 이 여인이 행한 이 일도 말하여 그녀를 기념하리라."고 하시더라.

이 사건은 화요일 저녁(오후 여섯 시가 지났으므로 유대인의 시간으로는 수요일이다.)에 일어난 사건이 아니다. 마가복음 14:3-9에서와 마찬가지로 본문은 이날의 사건들 사이에 삽입되어 묘사된 부분인데, 화요일 저녁보다 앞선 시기에 일어난 사건이다. 요한복음 12:1-8에 따르면 이 일은 영광의 예루살렘 입성이 있기 전에 행해졌다. 본문은 『**예수께서 베다니에 있는 문둥병자 시몬의 집에 계실 때에**』(6절)라고 기록하고 있는데, 예수님께서 최후의 만찬을 행하신 화요일 밤에 주님은 베다니에 계시지 않았다. 그러므로 본문은 분명히 삽입 부분이다.

『**문둥병자 시몬**』(6절).

이 사람이 누구인지는 분명하지 않지만 주님께서 누가복음 17:12-15에서 고쳐주신 열 명의 문둥병자 중의 하나라고 추측이 된다. 그는 고침받은 열 명 중에서 주님께 돌아와 감사를 드린 유일한 사람이다. 마리아와 마르다와 나사로가 그 지방에 있었을지라도 주님께서 그날 저녁을 드신 것은 그들의 집에서가 아니었다(요 12:3).

우리는 이 사건에 관한 자세한 정보를 얻기 위하여 필히 마가복음과 요한복음을 함께 관찰해야 한다.

『**한 여인이 매우 값진 향유가 든 옥합을 가지고 와서**』(7절).

마태복음에서 "매우 값진 향유"라고 묘사되는 이 향유는 마가복음 14:3과 요한복음 12:3에서 "매우 값진 감송 향유"라고 묘사된다. 또 마태복음과 마가복음에서 그 여인은 이 향유를 예수님의 머리에 붓는데 요한복음에서는 예수님의 발에 붓는다. 『**마리아가 매우 값진 감송 향유 한 리트라를 가지고 와서 예수의 발에 붓고 자기의 머리카락으로 그의 발을 닦으니, 그 집이 향유 냄새로 가득 차더라**』(요 12:3).

누가복음 7:39-50에도 한 여인이 예수님의 발을 머리칼로 닦아 내고 발에 향유를 붓는 사건이 나오는데, 이것은 요한복음 12장의 사건과 유사해 보인다. 누가복음 7장에서 주님을 초대한 집주인의 이름도 "시몬"이었다. 그러나 마태복음의 시몬은 문둥병자인 데 반해 누가복음의 시몬은 문둥병자가 아니라 바리새인이었다(눅 7:39). 더욱이 누가복음 7장의 사건은 예수님의 십자가 처형이 있기 적어도 2년 전의 사건이다. 그러므로 누가복음의 사건은 마태복음이나 마가복음 또는 요한복음에 있는 이 일과는 다른 사건이다. 이 당시에 손님의 발이나 머리에 향유를 붓는 일은 종종 행해진 일이었고, 예수님은 두 번씩이나 여인에게서 머리와 발에 기름부음을 받으셨다.

요한복음의 사건이 마태복음과 마가복음과 다르게 묘사되어 있는 것으로 보아 요한복음의 사건이 마태복음과 마가복음의 사건과는 다른, 더 앞선 사건이라고 생각할 수도 있다. 그러나 두 경우에 있어서 같은 말이 언급되어지고, 유다의 반응이 똑같이 묘사되고 있는 것을 보아 누가복음을 제외한 세 복음서의 사건들은 같은 사건으로 보인다. 그렇게 볼 때, 이 여인은 값진 감송향유 한 리트라를 가지고 와서 그 병을 깨뜨리고 예수님의 머리와 발에 그 향유를 부었다. 그 향은 온 방에 가득 찼으며, 유다는 잘못된 말을 했다. 마태복음과 마가복음에서는 몇몇 제자들이 그녀를 꾸짖는데, 요한복음에서는 그 중 한 명, 유다의 꾸짖음만 초점이 맞추어져 있다(요 12:4,5).

『주의 제자들이 그것을 보고 화를 내며 말하기를 "이 무슨 낭비냐? 이 향유를 많은 돈을 받고 팔아서 가난한 사람들에게 줄 수 있었겠노라."고 하니』(8,9절).

불평하는 자는 유다였다(요 12:4,5). 그러나 그러한 불평은 다른 제자들에게 쉽게 감염되었다. 물질에 대한 그의 욕심은 여기서 확실하게 반영된다. 요한복음에서는 그의 동기를 **『그가 이렇게 말한 것은 가난한 사람들을 염려해서가 아니라 그가 도둑이며 돈주머니를 맡아 그 안에 넣은 것을 지니고 다니기 때문이라.』**(요 12:6)라고 설명한다. 그는 예수님과 항상 동행했던 제자이며, 마태복음 10장에서 왕국 복음을 위임받아 천국의 표적을 함께 행했던 자다. 그러나 성경은 그를 도둑이라고 말하고 있으며, 심지어 마귀라고 말하고 있다(요 6:70).

여기서 "이 무슨 낭비냐?"(8절)라고 물은 것은 유다 이스카리옷이 마귀라는 것을 잘 보여 주고 있는 말이다. 이 구절의 "낭비"(waste)라는 말은 요한복음 17:12의 "멸망"과 마태복음 7:13의 "멸망"과 같은 단어로, 요한계시록 9:11에 나와 있는 "아폴루온"이다. 특별히 요한복음 17:12에서는 유다 이스카리옷을 "멸망의 아들"(the son of perdition)이라고 부르고 있으니, 본문에서 유다가 "이 무슨 낭비냐?"라고 물은 것은 자기 자신을 나타내기에 매우 적절한 말이다. (다른 제자들은 유다의 말에 이끌려서 그렇게 말했을 뿐이다.)

유다의 탐심은 마가복음 13:1에서 성전의 금을 바라보는 장면에서도 발견할 수 있다. 그의 태도는 성전보다 성전의 금을 더 사랑한 바리새인들과 같았다.

제자들의 말은 이웃을 사랑하는 도덕가의 말처럼 들린다. 그러나 주님을 사랑하는 것보다 더 중요하게 여겨지는 이웃 사랑은 하나님을 대적하는 인본주의자들의 행위일 뿐이다. 주님은 분명히 "하나님을 사랑하라"는 것을 첫째 계명으로 주셨고, "이웃을 사랑하라"는 것을 둘째 계명으로 주셨다(마 22:37-39). 거짓 선지자들의 특징은 사람들에게 좋게 보이려는 것인데, 현대에도 카톨릭의 교황이나 기독교계의 많은 지도자들은 사람들에게 좋게 보이기 위해 경건을 흉내 내며, "이웃 사랑을 실천"한다. 하나님을 사랑한다고 고백은 하면서도 하나님의 말씀대로 살지 않는 그들을 가리켜 주님께서는 위선자라고 하셨는데, 그들은 지금도 유다 이스카리옷을 본받아 "사람을 사랑하는" 인본주의자로서의 모습을 갖추고 있는 것이다.

『이 여인이 이 향유를 내 몸에 부은 것은 내 장사를 위하여 한 것이라』(12절).

이 여인이 향유를 부은 것을 제자들이 책망하자 주님은 그 여인의 일이 주님에게 좋은 일이라고 말씀하셨다(10절). 11절에서는 가난한 사람들, 즉 이웃보다 주님을 더 사랑하는 것을 중요하게 여기시는 주님의 모습을 발견할 수 있다. 그러나 여기서 주님을 위한 "좋은 일"(10절)은 단지 주님을 더 사랑하는 일 이상의 것인데, 그것은 주님의 장사를 예비한 일이라는 것이다(12절).

이 사건은 예수님께서 예루살렘으로 들어가시기 전에 베다니에서 일어난 일이다. 주님께서는 그 성에 들어가시면 죽으신다는 것을 아셨다. 그리고 그것이 모든 사람을 위해 피를 흘림으로 많은 사람을 구원하시는 일이라는 것을 아셨다. 이 일은 단지 왕국 복음만을 전파하시던 과거 3년 반 동안의 일보다 더 큰 일이었다. 주님은 죽으러 들어가셨으며(요 11:16), 예수 그리스도의 죽음이 있어야만 "새 언약"의 효력이 발생하게 되고, 은혜의 복음이 전파될 수 있다. 예수님께서는 이 여인이 향유를 붓는 행위를 자신의 죽음을 예비하는 것이라고 인정하신 것이다. 이 일이 화요일 저녁보다 일찍 일어난 일이지만 이날의 사건들 사이에 삽입되어 묘사된 이유는 26장이 예수 그리스도의 죽음을 다루는 장이기 때문이다. 이 장에서 예수님의 죽음은 구체적으로 드러났으며, 장사지내는 것은 며칠 전에 이미 예비되었다. 예수 그리스도의 죽음과 장사와 부활, 이 세 가지는 은혜의 복음에 빠져서는 안 될, 필수불가결한 내용이다.

그러나 우리는 또한 본문을 영적으로 적용해 볼 때 몇 가지 실제적인 교훈을 발견할 수 있다.

1. 그리스도에 대한 사랑은 이웃을 먹이고 입히고 찾아 주고 도와주는 일보다 더 중요하다.

2. 예수 그리스도께서는 언제 어디에서나 경배를 받으시며, 자신이 하나님이심을 나타내신다(요 20:28, 마 14:33).

3. 그리스도인이 주님께 경배할 때는 무엇인가가 반드시 요구된다. 그것은 그에게 가장 값진 것이어야 한다. 그리고 진정한 사랑이 그분에게 부어지기 전에는 무엇인가가 깨져야 한다(행 9:16).

4. 그리스도께 진정으로 헌신하여 드린 일은 결코 숨겨지지 않는다. 그 향기는 온 방을 가득 채웠으며, 주님은 그 일이 전파된다고 하셨다(고전 8:3).

5. 그리스도께 드린 진정한 헌신은 자기 의를 강조하는 도덕주의자들과 종교적 형식주의자들에 의해 즉시로 비방을 받는다(요 16:1-4, 살전 2:13-16).

『**진실로 내가 너희에게 말하노니, 온 세상에 이 복음이 전파되는 곳마다 이 여인이 행한 이 일도 말하여 그녀를 기념하리라**』(13절).

이 여인이 행한 일은 예수 그리스도의 장사를 예비한 일이므로, 여기서 언급되는 복음은 "은혜의 복음"이라고 볼 수 있다. 그렇다면 마태복음에서 은혜의 복음이 직접적으로 언급된 곳은 이곳이 처음이다. (우리는 마태복음이 구약과 신약의 과도기적인 책이며, 26장을 기점으로 해서 구약과 신약이 실제적으로 나뉜다는 것을 이미 공부했다. 26장이 그 기점이라는 이유는 여기서 주님의 죽으심과 장사와 부활, 그리고 그 피로 인한 속죄가 구체화되기 때문이다.)

그러나 이 부분은 약간 애매한 부분이 남아 있다. 왜냐하면 은혜의 복음을 전파하던 바울은 그의 설교나 서신들 어디에서도 이 여인을 기념하고 있지 않으며, 이 시대에도 그녀를 "기념"하지는 않기 때문이다. 이 복음이 왕국 복음이라고 할지라도 같은 문제가 남는다. 왕국 복음이 전파될 때 온 세상은 고사하고라도 예루살렘에서조차 이 여인에 관한 일은 기념되었다는 기록이 없다. 물론 말은 했는데 성경에 기록이 되지 않았을 수도 있다. 그리고 이 시대에 은혜의 복음을 전하는 많은 설교자들은 이 여인이 행했던 것에 관해 설교를 한다. 또한 왕국 복음이 온 세상에 전파되는 것은 대환란 때이기 때문에 아직 기회가 남아 있다. 그러므로 본문에 대해서는 좀 더 연구가 필요할 것 같다.

26:14 그때에 열둘 가운데 하나인 유다 이스카리옷이라 하는 자가 선임 제사장들에게 가서

15 말하기를 "내가 그를 당신들에게 넘겨주리니, 나에게 무엇을 주겠나이까?"라고 하니, 그들이 은 삼십 개로 그와 약정하더라.

16 그 때부터 그가 주를 넘겨줄 기회를 엿보더라.

『**열둘 가운데 하나**』(14절)라는 표현은 사복음서에서 몇 번 등장하는 용어인데, 유다 이스카리옷을 가리키는 특별한 표현이다(요 6:70,71, 눅 22:3,47, 막 14:10,20, 마 26:14,47). 그는 열둘 가운데 있지만 그들과 분리되어 특별하게 불린다.

"유다 이스카리옷"에서 "이스"는 "사람"이란 뜻이며 "카리옷"은 "크리옷"

지역을 말한다. 그러므로 유다 이스카리옷은 "크리옷 사람 유다"라는 뜻인데, 크리옷은 요단강 동쪽, 시리아라고 불리는 지역이다. 그 지역의 사람들은 혼혈족으로서, 함족 계열의 모압인들이다(렘 48:1,9,11,24,35,41, 창 19:32-38,26; 13:12; 10:6,19를 보라). 그러므로 유다는 혼혈족 시리아계 유대인으로서, 님롯의 직접적인 후예이다(창 10:6,8,15,19). 더 나아가서, 비록 그에게는 "시몬"이라는 인간 아버지가 있었으나(요 13:26), 그는 인간이 아니라 마귀라 불린다(요 6:70,71). 마귀로서 그는 이적들을 행할 권세를 가졌다(계 16:13,14). 비록 그가 침례를 받았고 "성만찬"에 참여했을지라도 그는 끝없이 깊은 구렁으로 들어갔다(행 1:25, 계 9:1-11).

『**나에게 무엇을 주겠나이까?**』(15절)

그는 돈을 바라고 제사장들에게 갔다. 그의 동기는 돈이었다. 바리새인들은 시기심과 자기 의로 인해 예수님을 못 박았고 빌라도는 사람들을 두려워하여 예수님을 처형했으나, 유다는 돈을 바라고 주님을 팔았으며, 또한 자기 자신이 마귀이기에 주님을 팔았다.

"은 삼십 개"는 출애굽기 21:32에서 남자나 여자 노예의 값이었으며, 레위기 27:4에서는 여자가 서원한 값이었다. 그가 은 삼십 개를 받은 것은 스카랴 11:13에 대한 성취이다. 같은 문맥인 스카랴 11:15-17에서 적그리스도의 모습을 볼 수 있는데, 그렇다면 스카랴 11장의 예언을 성취한 유다 이스카리옷이 적그리스도라는 것을 알 수 있다. 그는 스카랴 11:17에서 "우상 목자"(idol shepherd)라고 불린다. [많은 역본들이 이 단어를 "쓸모없는 목자"(worthless shepherd), "게으른(idle) 목자," "어리석은(foolish) 목자" 등으로 번역했는데, 이 부분은 분명히 "우상 목자"로서, 적그리스도를 말한다. 또한 RSV는 스가랴 11:13에서 토기장이(potter)를 "창고"(treasure)라고 바꾸었다. 그러나 그 말씀의 성취인 마태복음 27:6,7에서 유다는 은 삼십 개를 창고에다 던지지 않았다. 그 돈은 성경의 예언대로 토기장이에게 돌아갔다.]

26:17 무교절의 첫날에 제자들이 예수께 와서 말씀드리기를 "우리가 주를 위하여 유월절 양을 잡수실 자리를 어디에 마련하기를 원하시나이까?"라고 하니,

18 주께서 말씀하시기를 "성읍으로 들어가서 이런 사람에게 말하라. '선생님께서 말씀하시기를, 내 때가 가까우니 내가 네 집에서 나의 제자들과 함께 유월절을 지키고자 하노라 하시더이다.'" 하시더라.

19 그러자 제자들이 예수께서 지시하신 대로 행하여 유월절을 준비하더라.

20 저녁이 되자 주께서 열둘과 함께 앉으시더라.

시간은 다시 화요일 오후로 돌아간다. 누가복음은 이 때에 대하여 다음과 같이 기록한다. 『**그때 유월절 양을 잡아야 하는 무교절이 되었는데**』(눅 22:7). 마가복음 14:12에서도 『**무교절의 첫날, 즉 유월절 양을 잡는 날**』이라고 기록한다. 유대력으로 유월절은 아빕월(2월) 14일이고, 무교절은 15일부터 시작되는 일주일간의 기간이다. 그런데 공관복음을 통해 유월절과 무교절은 한 기간으로 간주된다는 것을 알 수 있다. 즉 무교절의 첫날이 유월절이다. 유대인의 시간 개념은 저녁이 하루의 시작이다. 유월절 양은 유월절 저녁 여섯 시 이전에 잡히게 되고, 여섯 시 이후에 그 양을 먹게 되면 이미 그 다음 날이 된 것이다. 본문에서 무교절의 첫날, 즉 유월절 양을 잡아야 하는 무교절이 되었다는 것은 유월절 양을 오후 여섯 시 이전에 잡아야 하는 그날이 시작되었다는 것이다. 즉 오후 여섯 시가 지나 유월절 양 잡는 날이 시작되었다는 것이다. 예수님은 정확하게 이날 잡히시고 죽으셨다. (여섯 시 이후에 만찬을 행하신 후에 잡히시고 다음 날 오후에 죽으셨다. 즉 유대인의 시간으로 같은 날 잡히시고 죽으셨다.) 제자들이 준비한 만찬은 화요일 오후이다.

26:21 그들이 음식을 먹을 때에, 주께서 말씀하시기를 "진실로 내가 너희에게 말하노니, 너희 가운데 한 사람이 나를 배반하리라."고 하시니,

22 그들이 몹시 슬퍼하며, 각자가 묻기 시작하기를 "주여, 그가 나니이까?"라고 하더라.

23 주께서 대답하여 말씀하시기를 "나와 함께 그릇에 손을 적시는 자가 나를 배반하리라.

24 인자는 자기에 관하여 기록된 대로 가거니와, 인자를 배반하는 그 사람에게는 화 있으리라! 그 사람은 차라리 태어나지 아니하였더라면 그에게 좋을 뻔하였느니라."고 하시더라.

25 그때에 주를 배반한 유다가 대답하여 말씀드리기를 "선생님, 그가 나니이까?"라고 하니, 주께서 그에게 말씀하시기를 "그렇도다."

고 하시더라.

자, "최후의 만찬"이 열린다. 요한복음에서는 이 만찬의 자리에서와 그 이후에 하신 설교에 대해서 4장에 걸쳐(요 13-16장) 기록하고 있으나, 다른 세 복음서에서는 예수 그리스도의 죽음에 대해 집중적으로 기록한다.

주님은 식사 중에 자신이 배반당해 죽으실 것을 말씀하셨다. 제자들은 각자 배반할 자가 자기냐고 물었다. 요한복음은 이 일을 좀 더 자세하게 기록하는데, 제자들이 "나니이까?"라고 묻는 말에 대해 요한만은 그렇게 묻지 않았다. 다른 제자와 달리 요한은 베드로의 부탁에 의해 『**주여, 그가 누구니이까?**』라고 물었다(요 13:25). 요한은 주님을 사랑하고 또 사랑받는 일에 대해 다른 제자들처럼 의심하지 않았다. 그는 주님의 사랑에 대해 남다른 확신을 갖고 있었던 것이다. 이것은 또한 그가 교회의 모형이라는 것을 증명해 준다. 그리스도의 몸 된 교회는 구원에 대한 절대 안전한 보장을 받는다. 요한복음에 요한은 자신을 가리켜 특별하게 『**예수께서 사랑하시던 제자**』라고 부른다(요 13:23; 21:7,20). 교회 또한 하나님께서 모든 사람을 사랑하시는 것과 달리 특별한 사랑을 받는다.

요한은 베드로의 부탁으로 예수님의 품에 기대어 살짝 물었고, 그가 누구인지 알았다. 그 질문에 대해 다른 제자들이 듣지 못했으므로 유다가 주님과 함께 그릇에 손을 넣었어도 다른 제자들은 유다에 대해 그 자리에서 적개심을 품지 않았다. 그리고 그때 유다가 물었다. 『**선생님, 그가 나니이까?**』

유다의 특별한 표현을 주목하라. 다른 제자들은 『**주여, 그가 나니이까?**』라고 물었으나, 그는 『**선생님, 그가 나니이까?**』라고 물었다. 『**주여**』

(Lord) 대신 『**선생님**』(Master)이라고 묻는 것 또한 그의 특성이다. 물론 다른 제자들이 예수님을 『**선생님**』이라고 부르지 않은 것은 아니다. 베드로도 또 다른 제자들도 예수님을 『**선생님**』이라고 불렀었다. 그러나 『**주**』라고 불러야 할 자리에서 『**선생님**』이라고 부르는 것은 좀 특별하다(마 26:25,49, 막 13:1). 그것은 사탄이 예수 그리스도를 『**주**』라고 부르기 싫어하는 것과 똑같은 이유이다. 유다는 예수님을 『**주여**』라고 부른 적이 없다.

26:26 그들이 먹고 있을 때에, 예수께서 빵을 가지고 축복하신 후 떼어 제자들에게 주시며 말씀하시기를 "받아 먹으라. 이것은 나의 몸이니라."고 하시고

27 또 잔을 가지고 감사를 드린 후에 그들에게 주시며 말씀하시기를 "이것을 모두 마시라.

28 이는 이것이 죄들을 사하심으로 인하여 많은 사람을 위해 흘리는 나의 새 언약의 피이기 때문이라.

29 내가 너희에게 말하노니, 이제부터 내가 너희와 함께 나의 아버지의 왕국에서 새 것으로 마시는 그 날까지 이 포도 열매에서 난 것을 마시지 아니하리라."고 하시더라.

30 그리고 그들은 찬송을 부른 후에 올리브 산으로 가더라.

『**그들이 먹고 있을 때에**』(26절).

소위 "성만찬"이라고 불리는 이 예식은 식사가 진행되는 동안 행해졌다. 카톨릭의 견해는 이 식이 거행되는 동안 유다 이스카리옷은 그 자리에 없었다는 것이나, 성경은 그가 있는 자리에서 이 식이 거행되었다고 말한다. 유다가 소위 말하는 "성체"(eucharist, 성만찬 때 사용되는 빵과 포도주)를 받았다는 것은 카톨릭에게는 큰 충격이다. 왜냐하면 로마카톨릭에서는 구원을 받기 위해 계속해서 "성체"를 받아야 한다고 가르치기 때문이다. 로마 교회에서 빵과 포도주는 매주 미사 때마다 행해진다. 그들에게 있어서 그것은 실제적인 그리스도의 살과 피로 여겨지는데, 주님의 살과 피를 매주 먹고 마시지 않는다면 구원을 잃어버린다고 말한다. 그러므로 "성체"를 받는 것은 구원에 있어서 필수적이다. 그런데 유다 이스카리옷은 그 "성체"를, 그것도 주님께서 직접 주시는 "성체"를 받았다. 그런데도 그는 멸망당했고, 끝없이 깊은 구렁에 들어가고 말았다. 그렇기 때문에 로마카톨릭에서는 유다가 이 자리에 있지 않았다고 말하는 것이다. (보통 교회에서 이 예식을 "성찬식," 또는 "성만찬"이라고 부르고 있으나, 성경적인 용어는 "주의 만찬"이다. - 고전 11:20)

주님의 살과 피에 대한 문제에 대해서는 다소 고전적인 논란인 것 같으나, 아직도 많은 교회에서 카톨릭의 전통을 버리지 못하는 것 같다.

로마카톨릭이 성경을 문자적으로 해석하는 곳이 있다면 바로 마태복음 26:26-28(또는 이와 같은 내용을 다루고 있는 다른 복음서의 본문들)과 요한복음 6:51-56이다. 『**나는 하늘에서 내려온 살아 있는 빵이니 누구든지 이 빵을 먹으면 영원히 살리라. 또 내가 줄 이 빵은 세상의 생명을 위하여 줄 나의 살이라... 내 살을 먹고 내 피를 마시는 자는 누구든지 영원한 생명을 가졌나니 내가 그를 마지막 날에 살리리라**』(요 6:51,54).

물론 성경대로 믿는 사람들이 성경 해석에 있어서 취해야 할 자세는 분명 문자적인 방법이다. 이것은 문자적으로 해석할 수 없는 부분을 제외하고는 항상 문자적으로 해석해야 한다는 것이다. 그런데 위에 제시한 구절들은 도저히 문자적으로 해석할 수 없다. 사람의 살과 피를 먹고 마신다면 그는 식인종과 다름없다. 피는 율법 이전에도(창 9:1-5), 율법 아래에서도(레 17장), 그리고 율법 이후에도(행 15:20,29) 먹는 것이 금해졌다. 그러므로 만약 요한복음 6:51과 마태복음 26:26-28을 문자적으로 취한다면 그것은 피를 먹지 말라는 성경 구절들과 분명히 모순되는 것이다. 더구나 신부가 축복하는 순간 빵과 포도주가 살과 피로 변한다는 것은 어떠한 성경 구절로도 뒷받침될 수 없다.

우리가 비유적, 또는 상징적 본문을 취할 때 알아야 할 것은 그 본문들이 문자적인 방법으로 뒷받침된다는 것이다. 예를 들어 요한복음 6:51-56은 요한복음 6:63로 뒷받침된다. 『**살리는 것은 영이니, 육은 전혀 무익하니라. 내가 너희에게 한 말들은 영이요, 생명이라**』(요 6:63). 그러므로 본문은 영적으로 해석해야 함이 확인된다(마 16:7-12 주석 참조).

이러한 문제 때문에 로마카톨릭과 개신 교회에서는 성찬식에 관한 문제에 관해서 입장을 달리했다. 신학적으로는 빵과 포도주가 실제로 주님의 살과 피가 된다는 로마카톨릭의 주장을 “화체설”이라고 하고, 그것은 상징일 뿐 우리는 그것을 통해 주님의 죽음을 기념하는 것이라고 하는 것을 “기념설”이라고 한다. 전통적으로 로마카톨릭은 화체설을, 개신 교회는 기념설을 채택해 왔다. 물론 고린도전서 11:24-26에 따라서 기념설이 성경적으로 옳다. 그러나 문제는 많은 개신 교회들이 여기에 대해 확실한 개념이 없이 카톨릭의 전통을 따라가고 있다는 것이다. 종교개혁의 선봉에 섰던 마르틴 루터도 이 누룩을 없애지 못하고 화체설을 주장했다.

중세 로마카톨릭에서는 이 문제에 대해 많은 논란이 일어났다. 한번은 신부가 축복해 놓은 빵을 고양이가 물고 갔다. 이 고양이가 예수 그리스도의 몸을 먹어 그 몸을 불경하게 더럽혔으니 죽여야 하는가, 아니면 그리스도의 몸에 "참예자"가 되었으니 살려야 하는가? 또 수염 난 노인이 포도주를 마시다가 수염에 흘렸다. 그리스도의 피가 묻은 그 수염은 깎아야 하는가, 말아야 하는가? 우리가 볼 때 이러한 문제는 아주 유치한 것 같지만 그들에게는 대단히 중요했다. 많은 개신 교회들도 비록 교리적으로는 아닐지라도 이 빵과 포도주를 예수 그리스도의 살과 피로 여기는 경향이 있다. 그래서 성찬식에서 쓰고 남은 빵과 포도주를 어떻게 처리할 줄 몰라서 고민하다가 땅에 파묻어 버리곤 한다. 그러나 그럴 필요는 전혀 없다. 그 빵과 포도주는 주님을 기념할 뿐, 여전히 빵과 포도주이다. 예식이 끝난 뒤 그것들은 먹고 마셔도 전혀 상관이 없다.

우리가 로마카톨릭을 반대하는 많은 중요한 이유 중 하나는 그들이 "미사"라는 가증한 행위를 저지르기 때문이다. 카톨릭의 미사는 개신 교회의 예배와는 근본적으로 다르다. 미사의 주요 구성 요소는 "성체"이다. 즉 예수 그리스도의 살과 피를 실제로 먹고 마시는 것이다. 우리 주 예수 그리스도를 매주 죽여서, 식인종처럼 그분을 먹으며, 여기에 참여하지 않으면 구원받을 수 없다고 하는 그들은 참으로 가증한 자들이며, 이러한 그들과 손잡는 개신 교회 또한 매우 가증하다.

『이는 이것이 죄들을 사하심으로 인하여 많은 사람을 위해 흘리는 나

의 새 언약의 피이기 때문이라』(28절).

주의 만찬에 사용되었던 포도주는 사실 "포도즙," 즉 포도 주스였다. 바리새인들은 예수님을 술을 즐기는 자라고 비방하였지만(마 11:19) 사실 예수님께서 술을 마셨다는 증거는 성경에서 발견할 수 없다. 본문에서도 주님은 제자들과 함께 포도 주스를 마시면서 새 언약을 말씀하셨는데, 예수님의 피를 상징하는 포도즙이라면 결코 발효되지 않은 순수한 포도즙이어야 한다. 이는 신명기에서 명확히 제시되고 있는데, 신명기 32:14에서는 『**소의 버터와 양의 젖과 어린양들의 기름과 바산에서 기르는 숫양들과 염소들과 기름진 밀알로 먹이셨으며, 또 너는 포도의 순수한 피를 마셨도다.**』라고 말하고 있다. 이스라엘이 광야에서 먹은 포도즙을 『**순수한 피**』라고 묘사한 것은 예수 그리스도의 피를 상징하는 것이 분명하다. 그러므로 예수 그리스도의 피는 발효되지 않은 순수한 포도즙으로 상징되어야 하며, 발효된 포도주로 주의 만찬을 행하는 교회는 비성경적임이 드러난다.

29절에서 예수님께서는 "이 포도 열매에서 난 것"(of this fruit of the vine)이라고 말씀하시고 있는데, "이"(this)가 가리키는 것은 "포도 열매"이다. 주의 만찬의 자리에서 주님의 손에는 포도 열매가 들려 있었고, 그들이 마신 것은 포도 열매에서 짜낸 즙이었다. 29절은 이것을 가리켜 "새 것," 즉 새 포도주라고 말하는데, 이사야는 이에 대하여 『**주가 이같이 말하노라. 포도송이에 새 포도주가 보이면**』(사 65:8)이라고 설명한다. 새 술, 즉 새 포도주는 병이나 잔에 있지 않고 "포도송이"에 있다. 그것은 포도송이에서 막 짜낸, 발효되지 않은 포도즙이다. 그러므로 발효된 포도주로 미사를 행하는 로마카톨릭은 불경스런 짓을 저지르고 있는 것이다.

더욱이 발효된 포도주는 구약 유대인들에게 금지된 것이었다. 심지어 잠언에서는 그것을 보는 것조차 허락하지 않으셨다(잠 23:31; 20:1). 솔로몬이 술을 마셨든지 안 마셨든지 그것은 문제가 되지 않는다. 다윗이 잔치 자리에서 술을 마셨는지 안 마셨는지 그것은 문제가 되지 않는다. 어느 선지자가, 어느 재판관이 술을 마셨다면 그는 육신적인 상태였음이 분명할 뿐, 성경은 술 마시는 것을 금하고 있다. 『**술은 붉고 잔에서 빛을 내며 매끄럽게 내려가나니, 너는 술을 쳐다보지도 말라**』(잠 23:31). 『**술을 마시는 것은 왕이 해야 할 것이 아니며, 독주를 마시는 것은 통치자들이 해야 할 것이 아니니**』(잠 31:4).

유대인들은 40년의 광야생활에서 술을 마시지 않았다. 『**너희가 빵도 먹지 않았으며 너희가 포도주나 독주도 마시지 않았으니 내가 주 너희 하나님인 것을 너희로 알게 하려는 것이니라**』(신 29:6). 그러나 그들은 『**포도의 순수한 피**』는 마셨다(신 32:14). 그러므로 유대인들에게 허락된 유일한 포도주는 "새 포도주," 즉 발효되지 않은 포도즙이었다.

물론 유대인들에게 독주가 허락된 적도 있다. 그에 대한 예는 신명기 14:26에 나온다. 『**네가 네 마음에 원하는 것은 무엇이나 돈으로 살지니, 소나 양이나 포도주나 독주나 네 마음에 드는 것을 구하여 거기서 주 너의 하나님 앞에서 먹고 너와 네 가족과 더불어 즐거워할지니라**』(신 14:26). 그러나 이것은 '팔레스타인에 있는' 구약 유대인에게 주신 말씀으로, 매 삼 년에 한 번씩 '예루살렘에서' 축제가 열릴 때에 마시도록 허락된 일이다. (이것은 또한 천년왕국 때의 모형으로 제시된다. - 사 62:1-9)

[한글개역성경에는 신명기 32:14이 "포도즙의 붉은 술"이라고 되어 있어, 예수 그리스도의 피에 대한 진리를 가려 놓았다. 이 구절은 이스라엘

이 광야에서 보호받고 먹고 마신 것을 묘사하는데, 요한복음 6:31에서 유대인들은 예수님께 하늘로부터 오는 표적을 구하면서 『'**주께서 하늘로부터 그들에게 빵을 주시어 먹게 하셨도다.**'**라고 기록된 바와 같이 우리 조상은 광야에서 만나를 먹었나이다.**』라고 말했을 때, 주님께서는 자신의 살과 피를 제시하셨다. 즉 주님께서는 자신의 피를 『**포도의 순수한 피**』로 예표된 참된 음료라고 말씀하신 것이다. 그러므로 신명기 32:14이 요한복음 6장의 "예수 그리스도의 살과 피"를 증거하는 구절이라면 당연히 『**포도의 순수한 피**』로 기록되어야 한다. 한걸음 더 나아가 NIV 영어성경은 이 구절을 "the foaming blood of the grape"(거품이 이는 피)라고 번역해 놓아, 발효된 포도주가 예수 그리스도의 피를 상징하도록 만들었다.]

『**새 언약의 피**』(28절).

『**새 언약**』(new testament). 이 말씀을 하실 때부터 신약 시대의 모든 것이 펼쳐진다. 26장에서 예수 그리스도의 죽으심이 어떤 의의를 가져오는지 제시되었고, 27장에서는 주님께서 실제로 죽으신다. 새 언약이 시작되었다. 여기서 "언약"(testament)이라고 번역된 단어는 "유언"이라는 의미를 갖는 언약이다. 히브리서 9:15-17은 이 언약에 대해서 잘 설명해 주고 있는데, 이 언약(유언)은 누군가의 죽음과 관련된다는 것이다. 특별히 히브리서에서 이 언약은 "첫 언약"과 대조되어 설명되는데, 그것은 또한 첫 언약 때에 흘려진 피와 새 언약 때에 흘려진 피를 대조하고 있다. 그러면 첫 언약 때에 흘려진 피는 누구의 피인가? 그것은 동물의 피였다(히 9:18,19). 즉 동물의 피로 말미암아 주어진 언약이라는 것이다. 그것은 이스라엘이 죄를 범했을 때 송아지나 염소의 피로 죄사함을 받는다는 언약이었다. 이것을 우리는 흔히 "구약"(Old Testament)이라 한다. 그러므로 율법 시대에 속한 사람들은 첫 언약으로 말미암아 동물의 피로 죄사함을 얻었다(히 9:22).

그러나 첫 언약은 불완전했으며 영원하지 않았다. 그래서 구약에 속한 대제사장들은 해마다 백성의 죄를 속해야 했다(히 9:7,25). 또한 그들의 죄 용서함도 완전하지 못하여 그들의 죄는 "깨끗게 되지"(clear, take away) 못하고 다만 죄를 덮기만 할 뿐이었다(출 34:7). 그래서 새 언약이 필요했는데, 이 언약은 영원한 언약으로, 완전한 피를 통해 완전하고도 영원한 속죄를 가져오게 하는 언약이다. 이 "새 언약"은 예수 그리스도의 피를 통해 체결되었고, 그 피는 영원하고도 완전한 피이다. 이 피를 통하여 죄는 "깨끗게 될" 수 있고 "제거될 수" 있게 되었다. [로마카톨릭에서 매주 미사를 드리는 것은 예수 그리스도의 새 언약의 피가 영원하지 못하다고 간주하여 매주 반복하는 것이므로 그 행위는 또한 가증하다.]

그러므로 "새 언약"은 예수 그리스도의 피와 더불어 시작되는 언약이다. 히브리서 9:16,17은 『**유언이 있는 곳에는 유언한 자의 죽음도 필연코 따라와야 하리니 유언은 사람이 죽은 후에야 효력이 있으며 유언한 자가 살아 있는 동안에는 전혀 효력이 없느니라.**』**라**고 말하고 있다. 그러므로 예수 그리스도의 피가 흘려져야만 새 언약은 효력을 발휘할 수 있다. 그리고 주님께서는 『**이는 이것이 죄들을 사하심으로 인하여 많은 사람을 위해 흘리는 나의 새 언약의 피이기 때문이라.**』(28절)라고 말씀하시면서 그 피로 인한 영원한 속죄를 가르치셨다. 자, 드디어 "신약"(New Testament)시대가 펼쳐지게 되었다. 이제 남은 것은 예수 그리스도의 죽으심과 부활이며, 마태복음 27장이 지나기만 하면 누구나 거듭나서 신약 시대의 구원, 즉 행위가 필요 없고 믿음과 은혜로만 얻는 구원, 한 번 구원받으면 영원히 보장받는 그 구원에 참여할 수가 있는 것이다.

이제까지는 왕국 복음으로 일관했던 마태복음이 지금부터는 은혜의 복음으로 전환된다. 우리는 이제 예수 그리스도의 은혜의 강으로 달려가 마음껏 그 은혜에 취해, 나 같은 죄인을 살리신 그 피에 대해 감사하고 찬양할 수 있다. 이제 우리는 더 이상 우리의 구원을 의심할 필요가 없으며, 더 이상 구원의 영원한 보장에 대해 염려할 필요가 없다. 우리는 왕국 복음의 상황에서처럼 구원을 받기 위해 어떠한 행위도 할 필요가 없다. 이제 우리가 할 일은 이 "새 언약"의 능력 있는 일꾼이 되어(고후 3:6) 그리스도의 복음을 전파하는 것뿐이다.

"새 포도주"는 "순수한 피"로 언급된다. 그러므로 요한복음 2장의 포도주는 분명히 "새 포도주"였다. 그래서 예수님께서는 포도주가 필요하다는 유대인들의 요구에 대해서 『**나의 때가 아직 이르지 아니하였나이다.**』(요 2:4)라고 말씀하셨다. 주님의 때가 아직 이르지 않았다는 말씀은 요한복음 7:30에서 다시 언급되는데, 거기에서 그 말씀은 예수님께서 죽으실 때가 아직 이르지 않았다는 말이다. (요한복음 12:27에서 드디어 주님의 때가 되었는데, 그것은 주님이 죽으실 때였다.) 카나의 혼인식에서 유대인들은 육신을 위해 마실 포도주를 구했다. 그러나 예수님께서는 그들에게서 그들의 참다운 영적인 필요, 즉 그들에게는 새 언약의 피가 필요하다는 것을 아셨다. 그래서 주님께서 "내 때가 되지 않았다"고 말씀하신 것은 새 포도주로 상징되는 예수 그리스도의 새 언약의 피를 흘릴 때가 아직 되지 않았다는 말이다. 다만 그들의 육신적 필요를 충족시켜 주셨을 뿐인데, 그 때에도 새 언약의 피를 상징하는 새 포도주를 주신 것이다. ["새 언약"(New Testament)과 구별하여 히브리서 8장에는 "새 언약"(New Covenant)이 등장한다. 이것은 그리스도의 피로 시작되는 "유언"으로서의 언약이 아니다. 이것은 하나님께서 계획하신 "천국"(kingdom of heaven)과 관련되어 구약에 등장하는 여덟 가지 언약들(Covenants) 중 마지막 여덟 번째 언약으로서, 이스라엘이 대환란을 겪은 후 천년왕국을 맞이하여 팔레스타인에 돌아오면 "이스라엘 집과 유다 집과 더불어" 체결될 언약이다. 이 언약에서 하나님께서는 유대인들의 죄를 더 이상 기억치 않으실 것이라고 말씀하셨고, 그 때에는 누구나 주님을 알기 때문에 더 이상 주를 알라고 증거하지도, 또 예언하지도 않는다고 말씀하셨다. 이 언약은 예수 그리스도의 피와는 관련되지 않은 언약이다. 이 언약에서 유대인들의 죄가 기억되지 않는 이유는 대환란이라는 심판을 통해서 유대인들의 죄를 심판하셨기 때문이다. 그러나 유언으로서의 새 언약(New Testament)에서 성도들의 죄가 기억되지 않는 이유는 예수 그리스도의 피가 흘려졌기 때문이다.]

26:31 그때에 예수께서 그들에게 말씀하시기를 "오늘 밤 너희 모두는 나로 인하여 실족할 것이라. 기록되기를 '내가 목자를 치리니 양떼가 흩어지리라.'고 하였음이라.
32 그러나 내가 다시 살아난 후에 너희보다 먼저 갈릴리로 가리라." 고 하시니

33 **베드로가 대답하여 주께 말씀드리기를 "설령 모든 사람이 주로**
인하여 실족할지라도 나는 결코 실족하지 아니하겠나이다."라고
하니
34 **예수께서 그에게 말씀하시기를 "진실로 내가 네게 말하노니, 오늘**
밤 닭이 울기 전에 네가 나를 세 번 부인하리라."고 하시더라.
35 **베드로가 주께 말씀드리기를 "설령 내가 주와 함께 죽을지언정**
주를 부인하지 아니하겠나이다."라고 하니 다른 제자들도 모두
그렇게 말하더라.

예수님께서 인용하신 말씀은 스카랴 13:7이다. 『**오 칼아, 깨어서 내 목자를 대적하고 내 동료된 자를 대적하라. 만군의 주가 말하노라. 목자를 치라. 그리하면 양들이 흩어질 것이라. 그러나 나는 내 손을 어린 것들 위로 돌이키리라**』(슥 13:7). 주님은 이 말씀을 통하여 제자들에게 경고하고 계신 것이다. 주님의 경고는 곧 예언이며, 그것은 반드시 이루어질 것이다.

스카랴 11장에는 또 하나의 경고가 나온다. 『**주께서 내게 말씀하시기를 "그것을 토기장이에게 던지라. 그들이 나를 매긴 좋은 값이라." 하시기에 내가 은 삼십 개를 취하여 주의 집에 있는 토기장이에게 던졌더라**』(슥 11:13). 앞서 살펴본 것과 같이 이 경고는 유다에게 떨어졌다. 그리고 분명히 그에게 이루어졌다. 마찬가지로 베드로 및 다른 제자들에게도 스카랴 13:7의 경고는 이루어질 것이다. 그러나 그들은 그 경고를 무시했다. 하나님께서는 발라암에게도 경고를 하셨으나 그는 그 경고를 무시했다(민 24장). 파라오에게도 경고하셨으나 그도 무시했다. 유다 이스카리옷도 마찬가지였으며, 다른 제자들도 마찬가지였다. (로마카톨릭 또한 요한계시록 17,18장에서 받은 경고를 무시하고 있다. 그 창녀는 예언대로 멸망할 것이다.)

여기서 베드로와 다른 제자들은 주님께 대한 열심만을 가지고 성경을 무시한 것이다. 그들은 "스카랴 13:7이 무엇이라고 말하든 간에 그 예언은 비유적인 것일 뿐이고 나는 주님을 배반하지 않을 것입니다. 나는 스카랴가 예언한 사람들에 포함되지 않습니다."라고 말한 것과 같다. 『**설령 내가 주와 함께 죽을지언정 주를 부인하지 아니하겠나이다**』(35절). 그러나 그들은 결국 주님을 부인하고 말았다.

『**그러나 내가 다시 살아난 후에 너희보다 먼저 갈릴리로 가리라**』(32절).

이 말씀은 마가복음 16:7과 요한복음 21에서 성취된다. 특별히 마가복음에서는 이 일의 성취가 베드로에게 개인적으로 알려진다. 그는 다른 제자들과 구별되어 그 약속의 성취를 경험한다. 『**그리고 너희는 가서 주의 제자들과 베드로에게 '주께서 너희보다 먼저 갈릴리로 가시리니 주께서 너희에게 말씀하신 대로 그곳에서 너희가 주를 보리라.'고 말하라**』(막 16:7). 이것은 베드로가 다른 제자들과 달리 세 번씩이나 주님을 부인하리라는 경고를 받은 것을 상기시키는 것이었다. 요한복음에서는 갈릴리에서의 사건을 다루면서 이 예언이 베드로에게 개인적으로 이루어진 성취를 자세히 다루고 있다. 주님은 베드로에게 개인적으로 "네가 나를 사랑하느냐?"라고 세 번씩이나 물으셨다.

예수님께서는 그들이 부인할 것을 "기록되기를..."이라는 표현을 쓰시면서까지 경고하셨다(31절). 그리고 그 어부들이 주님을 부인한 후에 갈릴리로 갈 것이라는 사실을 주님은 미리 아시고 『**너희보다 먼저 갈릴리로 가리라**』고 말씀하셨던 것이다. 그러므로 그들이 경고받은 것은 단지 그들이 주님을 떠난다는 것뿐 아니라 그들이 직업적인 어부로서 갈릴리로 간다는 것이었다. 목자가 없어진 양들은 이제 스스로 생계를 찾아 흩어져야 했다. 삼 년 반 동안 주님으로 인해 먹고 살았던 것들이 더 이상 소용이 없게 되었다. 한때 그들은 예수님의 능력으로 5,000명을 먹이신 그 보리빵의 기적을 보고, 또 그 빵을 먹기도 했다. 그러나 주님으로 인해 실족한(31절) 그들에게 그 사실은 더 이상 가치가 없게 되었다. 그들은 예수님의 경고대로 흩어지고, 주님을 부인하고, 갈릴리로 간 것이다. 주님께서 부활하시어 그들에게 다시 힘을 주시기 전까지 그들은 무력하게 앉아 있을 수밖에 없었다.

26:36 그때에 예수께서 그들과 함께 겟세마네라 하는 곳에 가서, 제자들에게 말씀하시기를 "내가 저쪽에 가서 기도할 동안 너희는 여기 앉아 있으라."고 하시며

37 베드로와 세베대의 두 아들을 데리고 가서 슬퍼하며 심히 괴로워하기 시작하시더라.

38 주께서 그들에게 말씀하시기를 "내 혼이 심히 슬퍼 죽을 지경이라. 너희는 여기서 기다리며, 나와 함께 깨어 있으라." 하시고

39 조금 가시다가 얼굴을 땅에 대고 기도하며 말씀하시기를 "오 나의 아버지시여, 가능하시거든 이 잔을 내게서 지나가게 하옵소서. 그러나 내가 원하는 대로 하지 마옵시고 아버지께서 원하시는 대

로 하옵소서." 하고
40 제자들에게 돌아와 그들이 자고 있는 것을 보시고 베드로에게 말
씀하시기를 "너희가 나와 함께 한 시간도 깨어 있을 수 없더냐?
41 너희가 시험에 들지 않도록 깨어 기도하라. 참으로 영은 원하지
만 육신이 연약하도다."라고 하시더라.
42 다시 두 번째로 가셔서 기도하며 말씀하시기를 "오 나의 아버지시
여, 내가 마시지 않고는 이 잔이 내게서 지나갈 수 없다면 아버지
의 뜻대로 하옵소서."라고 하시고,
43 돌아오셔서 다시 그들이 자고 있는 것을 보시니, 이는 그들의 눈
이 무거움이라.
44 주께서 그들을 떠나 다시 가셔서 같은 말씀으로 말씀하시며 세
번째로 기도하시더라.
45 그리고 나서 제자들에게 오셔서 말씀하시기를 "이제는 자고 쉬어
라. 보라, 그 시간이 가까웠으니 인자가 죄인들의 손에 넘겨지리라.
46 일어나라. 함께 가자. 보라, 나를 배반하는 자가 가까이 왔노라."
하시더라.

주께서 제자들과 함께 하시는 마지막 시간이 되었다. 주님은 열두 명의 제자들 중에서 핵심 인물인 세 명, 베드로와 야고보와 요한을 따로 데리시고 기도하러 올라가셨다.

"겟세마네"는 "올리브 틀"이라는 뜻인데, 올리브 기름은 또한 성령의 모형이 된다. 특별히 누가복음에서는 이 사건을 자세히 묘사하면서 그분의 땀이 큰 핏방울처럼 되어 땅에 떨어졌으며(눅 22:44) 천사가 와서 그분께 힘을 돋우어 주었다고 말한다(눅 22:43). 이 사건은 예수님의 삶이 간절히 기도하며 아버지께 의뢰하는 삶이었다는 것을 단적으로 보여준다.

주님의 삶은 고난의 연속이었다. 그분은 백성들과 종교 지도자들로부터 많은 배척을 받으셨고, 머리를 둘 만한 곳도 없으셨으며(마 8:20), 때로는 울기도 하셨다(요 11:35). 본문에서는 주님께서 슬퍼하시며 심히 괴로워하셨다고 말한다(37절). 이 사실을 히브리서 2:18에서는 『**그가 이 일에 친히 시험을 받아 고난을 당하셨으므로 시험받는 자들을 능히 도와주실 수 있느니라.**』라고 말한다. 주님께서 고난받으시고 죽으시기까지 하신 것은 "죽음을 두려워하므로 평생을 노예로 속박되어 있는 자들을 놓아 주시려는" 것이었다. 그것 때문에 주님은 인간의 몸을 입으시고 인간의 고통에 동참하신 것이다. 그러나 주님께서 그 아끼시던 제자들에게 하신 마지막 부탁, 즉 주님을 위해 깨어 있으라는 그 부탁마저도 제자들은 듣지 않았다. 주님은 그들을 위해 모든 일에 동참하셨지만 그들은 주님을 위해 동참하지 않은 것이다.

그러므로 이 기도는 외로운 기도였다. 성도들은 예수님의 이 기도를 통해서 큰 교훈을 얻어야 한다. 우리는 때때로 아무에게도 도움을 받을 수 없어 주님께만 간구해야 할 때가 있다. 이때 우리는 예수 그리스도께서 외롭게 기도하셨던 것을 기억해야 한다. 주님은 또한 아주 실제적인 문제에 있어 매우 간절하게, 특히 하나님의 뜻대로 구했다. 내 뜻과 하나님의 뜻이 반대될 때는 과감히 내 뜻을 버리고 하나님의 뜻을 구해야 한다. 그리고 우리가 하나님의 뜻을 알기 위해서는 하나님의 말씀을 올바로 공부해야 한다. 하나님의 뜻은 하나님의 말씀 속에 계시되어 있으므로 그 말씀을 올바로 알지 못하면 하나님의 뜻에 반대되는 기도를 하면서도 간절히 기도할 수가 있다.

『**오 나의 아버지시여, 가능하시거든 이 잔을 내게서 지나가게 하옵소서. 그러나 내가 원하는 대로 하지 마옵시고 아버지께서 원하시는 대로 하옵소서**』(39절).

예수님께서 여기서 간구한 내용은 "아버지의 잔"을 지나가게 해 달라는 것이었다. 여기서 "잔"은 종종 육체적인 "죽음"으로 간주된다. 히브리서 5:7에서는 『**그는 육체로 계시는 날들 동안 자기를 사망에서 구원하실 수 있는 분께 심한 통곡과 눈물로 기도와 간구를 드렸고 하나님께서는 그의 두려워하심을 인하여 들으셨느니라.**』**라**고 되어 있어, 주님께서 겟세마네에서 죽음으로부터 구원해 달라고 기도한 것이 응답되었다는 해석이 나온다. 존 R. 라이스(John R. Rice)는 본문을 히브리서 5장과 연결하여서, 주님은 겟세마네에서 죽지 않게 해 달라고 기도하셨고 그것은 응답되어 주님께서는 십자가에서 죽으셨다고 말한다.

그러나 여기에는 몇 가지 오류가 있다. 만약 이 "잔"이 "육체적 죽음"을 말한다면, 주님은 분명히 죽음을 피하게 해 달라고 기도한 것인데, 우리가 아는 바는 성경 어디에서도 주님은 죽음에 대해 염려하신 적이 없다는 것이다(요 7:32,45; 7:30; 8:59, 눅 4:29,30, 요 10:18). 주님은 죽음을 두려워하지 않으셨다. 그분의 때가 되기 전에는 아무도 주님을 죽일 수 없었다. 누가복음 4장에서는 갈릴리 회당의 사람들이 예수님을 벼랑에서 밀어뜨려 죽이려고 하였으나 주님은 그들 사이를 유유히 가로질러 가셨고 아무도 주님을 막지 못했다.

예수님은 십자가에서조차도 죽음을 두려워하지 않으셨다. 주님은 "기꺼이" 자신의 목숨을 내어주셨다(요 10:18, 히 12:2, 골 2:15). 그러므로 주님께서는 십자가에서 풀려나게 해 달라거나 죽지 않게 해 달라고 기도하신 것이 아니다. 주님께서 기도하신 것은 이 "잔"이 지나가게 해 달라고 하신 것이다.

이 "잔," 즉 "하나님의 잔"은 "육체적 죽음"을 말하지 않는다. 이 "잔"이 말하는 것은 "하나님의 진노," 즉 하나님께서 죄인에게 내리시는 진노이다(렘 25:15, 사 51:17, 시 75:8). 『**주의 손에 한 잔이 있으니 그 포도주는 붉고 완전히 혼합되어 있도다. 그가 그것을 쏟으시니 지상의 모든 악인들이 그것의 찌끼를 짜 마시리로다**』(시 75:8). 그러므로 이 잔은 진노의 잔인데, 이 진노의 잔을 마시는 것은 악인들이다. 예수님은 바로 이 "하나님의 진노의 잔"으로부터 구해 냄을 받기 원하셨고, 그렇게 기도하셨다.

하지만 이 기도는 결국 응답되지 않았다. 예수님께서 기도하신 것에 대한 하나님의 응답은 "No"였다. 죄인들에게 내려질 하나님의 진노는 결국 예수님께 내려지고 말았고, 그분은 죄 없으신 분이었으나 우리의 죄를 대신 지시고 그 죗값인 진노를 받으셔야만 했다. 이 사실을 고린도후서 5:21에서는 이렇게 설명한다. 『**하나님께서 죄를 알지도 못하는 그를 우리를 위하여 죄로 삼으신 것은 우리로 하여금 그 안에서 하나님의 의가 되게 하려 하심이라**』(고후 5:21). 주님께서는 단지 우리의 죄를 짊어지셨을 뿐 아니라 우리를 위해 "죄가 되셨다."

예수님의 기도는 "No"로 응답되었고, 그 진노는 예수님께 부어졌으며, 주님께서는 그 잔의 찌끼까지 다 마시셨다. 이 모든 것은 십자가 위에서 이루어진 일이었다.

히브리서 5장에서 하나님께서 예수님의 기도를 들으셨다는 것은 죽지 않게 해 달라는 기도를 들으셨다는 말이 아니다. 히브리서 5:7의 사건이 겟세마네의 기도에 한정되지 않는다. 그러나 그 구절이 겟세마네의 기도에 적용된다 할지라도 그것은 죽지 않게 해 달라는 기도가 아니었다. 그 구절에서 예수님께서 응답받으신 기도는 "죽음으로부터 구원해 달라"는 기도였다. 주님께서 심한 통곡과 눈물과 간구로 이 기도를 드리신 분은 "죽음에서 구원하실 수 있는" 분이었다. 즉 이 기도는 죽지 않게 해 달라는 것(from dying)이 아니라 죽음 자체로부터 구원해 달라는 것(from dead)이었는데, 하나님께서는 이 기도에 응답해 주시어 주님을 죽음에 놓아두시지 않고 죽음으로부터 구원하셨다. 그러므로 히브리서 5:7은 예수 그리스도의 부활에 적용된다. 마태복음 26:39을 해석하기 위해 히브리서 5:7을 사용하지 말라. 마태복음 26장은 "잔"을 다루고 있으나 히브리서 5장에는 어떠한 "잔"도 등장하지 않는다.

『**너희가 나와 함께 한 시간도 깨어 있을 수 없더냐?**』(40절)

이 말에 대해 베드로는 아무 말도 대답하지 않았다. 다만 "죄송합니다만 깨어 있기가 힘들군요."라는 마음을 주님께서 읽으셨을 뿐이다. 사실 베드로는 이 제자들 중 어느 누구보다도 시험에 들지 않기 위해 깨어 기도해야 할 필요성이 있었다. 왜냐하면 그는 몇 시간 후에 주님을 부인할 것이기 때문이었다. 그러나 그는 잠을 이기지 못했다. 마찬가지로 지금도 많은 그리스도인들이 기도하려고만 하면 잠이 쏟아지는 것을 경험하고 있다.

『**참으로 영은 원하지만 육신이 연약하도다**』(41절).

영과 육이 대조되는 모습은 바울 서신에서 강력하게 드러난다. 사도 바울은 특별히 로마서와 갈라디아서에서 육신의 정욕과 성령이 싸우는 것, 또 겉 사람과 속 사람이 싸우는 것을 중요하게 다루고 있다(롬 7:24,25; 8:3,13, 갈 5:24,25,16,17). 『**오, 나는 비참한 사람이로다! 누가 이 사망의 몸에서 나를 구해 낼 것인가? 예수 그리스도 우리 주를 통하여 하나님께 감사하노라. 그러므로 내 자신이 생각으로는 하나님의 법을 섬기지만, 육신으로는 죄의 법을 섬기노라**』(롬 7:24,25). 『**육신은 성령을 거슬러 욕심을 부리며 성령은 육신을 거스리나니 이들은 서로 반목하여서 너희가 하고자 하는 것을 하지 못하게 하느니라**』(갈 5:17). 그러므로 이 세 제자들의 모습은 그리스도인들의 삶에서 일어나는 영적인 싸움에 적용시킬 수 있다.

『**너희가 시험에 들지 않도록 깨어 기도하라**』(41절).

이것은 마태복음 6:13의 제자들의 기도(소위 "주기도문"이라고 불리는)에서 가르쳐 주신 것과 똑같은 교훈을 준다. 『**우리를 시험에 들게 하지 마옵시고, 악에서 구하여 주옵소서**』(마 6:13). 그러나 야고보서 1:12에서는 시험을 당해 견뎌 이기는 사람들에게 주어지는 약속에 대해 설명한다. 『**시험을 견뎌 내는 자는 복이 있도다. 이는 그가 시련을 거친 후에 주께서 자기를 사랑하는 자들에게 약속하신 생명의 면류관을 받을 것이기 때문이라**』(약 1:12). 성도들은 시험을 당할 때 믿음으로 견뎌 이겨 내는 것이 필요하다. 그러나 성도들이 시험에 관해 기도하지 않을 때 그 시험은 성도들을 넘어뜨리기에 충분하다. 그러므로 우리는 시험을 피하게 해 달라고 기도하는 것이 훨씬 더 낫다(고전 10:12-14, 약 1:13-15). 시험에 관해 성도들에게 주어진 귀한 교훈 중의 하나를 우리는 고린도전서 10장에서 발견할 수 있다. 『**사람에게 흔히 닥치는 시험 외에는 너희가 당한 것이 없나니 하나님께서는 신실하셔서 너희가 감당할 수 있는 것 이상으로 시험을 당하지 않게 하시고 시험을 당하면 피할 길도 마련하셔서 너희로 능히 감당케 하시느니라**』(고전 10:13). 성도들에게 시험이 온다면 이기라. 왜냐하면 하나님께서는 그 사람이 감당할 만한 시험을 주시기 때문이다. 또 성도들에게 시험이 올 때 주님께선 반드시 피할 길을 주신다. 그러므로 시험에 들지 않도록 기도하라.

"깨어"(watch)라는 말은 신약 성도들에게 아주 중요한 용어이다(살전 5:1-10, 고전 16:13, 계 3:2; 16:15, 딤후 4:15, 벧전 4:6,7, 엡 6:18, 히 13:17). 『**깨어 있으라. 믿음 안에 굳게 서라. 남자답게 처신하라. 강건하라**』(고전 16:13). 『**모든 기도와 간구로 항상 성령 안에서 기도하고 이를 위하여 모든 성도들을 위해 모든 인내와 간구로 깨어 있으라**』(엡 6:18). 어떤 사람은 "깨어 있으라"(WATCH, 깨어 살피라, 파수하라)라는 말을 이렇게 정의한다. "W - 당신의 말(Words)에 깨어 있으라(말을 살피라). A - 당신의 행동(Action)에 깨어 있으라(행동을 살피라). T - 당신의 생각(Thoughts)에 깨어 있으라(생각을 살피라). C - 당신의 동료들(Compa- nions)에 깨어 있으라(동료들을 살피라). H - 당신의 마음(Heart)에 깨어 있으라(마음을 살피라)." "깨어 있으라"는 말에 대한 이러한 성경적인 적용은 설교를 위한 좋은 자료가 될 것이다.

『**이제는 자고 쉬어라. 보라, 그 시간이 가까웠으니 인자가 죄인들의 손에 넘겨지리라. 일어나라. 함께 가자. 보라, 나를 배반하는 자가 가까이 왔**

노라』(45,46절).

주님께선 마침내 단념하시고 모든 것을 아버지께 맡기시며, 제자들에게는 자고 쉬라고 말씀하신다. 아마 그들은 "일어나라 함께 가자"라는 말도 제대로 듣지 못했을 것이다. 그들은 잠결에 일어나는 일에 대해 분주했다. 그들 중 한 명은 칼을 휘둘렀으나 머리를 맞추지 못하고 귀만 잘랐을 뿐이다.

이날의 시간을 잠시 계산해 보자. 저녁 약 7시부터 9시까지 마지막 만찬이 있었고, 9시부터 12시까지 겟세마네에서 기도하셨고, 지금부터 일어나는 일은 수요일 새벽 약 1시부터 3시까지의 사건이다.

26:47 주께서 아직 말씀하고 계실 때에, 보라, 열 둘 가운데 하나인 유다가 왔는데 선임 제사장들과 백성의 장로들에게서 온 큰 무리가 칼과 몽둥이를 가지고 그와 함께 있더라.

48 주를 배반한 자가 그들에게 표시를 정해 주며 말하기를 "내가 입맞추는 이가 바로 그니 붙잡으라." 하고,

49 곧 그가 예수께 와서 말씀드리기를 "아, 선생님." 하며 주께 입맞추니

50 예수께서 그에게 말씀하시기를 "친구여, 네가 무슨 일로 여기 왔느냐?"라고 하시더라. 그러자 그들이 와서 예수께 손을 대어 붙잡더라.

드디어 인자께서 배반당하시는 순간이 왔다. 이 부분에 대해 요한복음에서는 다른 복음서에는 없는 부분을 자세히 묘사한다. 『**그러므로 예수께서 자기에게 다가올 모든 일을 아시고 나가시어 그들에게 말씀하시기를 "너희가 누구를 찾느냐?"고 하시니 그들이 "나사렛 예수라."고 주께 대답하니 예수께서 그들에게 말씀하시기를 "내가 그니라."고 하시더라. 주를 배반한 유다도 그들과 함께 서 있더라. 주께서 "내가 그니라."고 말씀하시자 그들이 뒤로 물러서서 땅에 엎드리더라. 그때 주께서 그들에게 다시 물으시기를 "너희가 누구를 찾느냐?"고 하시니 그들이 말하기를 "나사렛 예수라."고 하더라. 예수께서 대답하시기를 "'내가 그니라.'고 내가 말하였도다. 그러므로 너희가 나를 찾는다면 이 사람들은 자기들의 길을 가게 하라."고 하시니 이는 그가 말씀하신 바 "아버지께서 내게 주신 자들을 내가 하나도 잃어버리지 아니하였나이다."라는 말씀이 이루어지게 함이더라**』(요 18:4-9).

요한복음이 예수 그리스도에 대해서 다른 복음서보다 더 강조하고 있는 것은 예수 그리스도가 "하나님의 아들"이라는 것이다. 그러므로 요한복음은 다른 책들보다 예수 그리스도의 신성을 더 많이 묘사한다. 주님께서 잡히시던 그 밤에도 주님은 자신의 신성을 드러내신다.

자, 예수님께서 기도를 모두 마치신 후 제자들에게 오셨다. 제자들은 아직도 잠결인데, 한 무리의 사람들이 횃불을 들고 어둠 속을 걸어 다가온다. 그들은 배반자 유다와 군대와 대제사장들과 바리새인들에게서 온 경비병들이다(요 18:3). 주님께선 자신의 때가 다가온 것을 아시고 그들에게 나아가셨다. "너희가 누구를 찾느냐?" "나사렛 예수라."

여기서 우리 주님께서 하신 말씀을 주목하라. 『**내가 그니라**』(I am he, 요 18:6). 성경에서 "I AM"이라는 말은 하나님에게 쓰이는 매우 중요한 말이다. 예수님께서 그들에게 하신 이 대답은 출애굽기에서 하나님께서 모세에게 하신 말씀과 같은 말씀이다. 『**나는 곧 나니라**』(I AM THAT I AM, 출 3:14). 한글개역성경에서 "나는 스스로 있는 자니라."라고 번역한 이 말은 여호와 하나님의 절대적인 이름이다. 출애굽기에서는 계속해서 『**나이신 분**』 즉 "I AM"이신 분께서 모세를 백성들에게 보내셨다고 말한다.

그러므로 예수 그리스도께서 자신을 "I AM"이라고 소개하실 때에 우리는 그분의 신성을 발견할 수 있어야 한다. 특별히 요한복음에서는 예수님에 대해 일곱 가지의 "I AM"으로 소개하고 있다.

1. 나는 생명의 빵이다(요 6:35,41,48,51).
2. 나는 세상의 빛이다(요 8:12; 9:5).
3. 나는 양의 문이다(요 10:7,9).
4. 나는 선한 목자이다(요 10:11,14).
5. 나는 부활이요 생명이다(요 11:25).
6. 나는 길이요 진리요 생명이다(요 14:6).
7. 나는 참 포도나무이다(요 15:1,5).

여기에서 "I AM"(나는 ...이다)은 단순한 주어 동사로만 취급해서는 안 된다. 예수님께서는 하나님으로서, 유일하신 빵이시고 빛이시며 문이고 목자이시다. 이것은 하나님으로서의 예수 그리스도를 말하는 부분이다. 이러한 점으로 볼 때 요한복음 18:6에서 예수님께서 하신 말씀, 즉 "내가 그니라"(I am he)는 말씀은 자신이 하나님이시라는 것을 증명하는 말씀이다. [영어 〈킹제임스성경〉에서 "he"는 이탤릭체로 되어 있다. 즉 번역과정에서 헬라어와 영어와의 차이로 인해 "he"를 붙인 것이지, 원문에는 "I AM"만 있다. 그러므로 이 말은 출애굽기 3:14과 같은 말로서, 그분이 하나님이심을 나타내는 말이다.]

예수님께서 이렇게 말씀하셨을 때 병사들은 뒤로 물러나서 땅에 엎드렸다(요 18:6). 그들은 예수 그리스도로부터 하나님의 위엄 있는 말씀을 듣고, 그 말씀의 권위에 눌려 엎드린 것이다. 주님께서 자신을 다시 나사렛 예수라고 말씀하시고(요 18:7) 유다가 예수님께 입맞추기 전까지(마 26:49) 그들은 결코 예수님을 붙잡지 못했다.

『곧 그가 예수께 와서 말씀드리기를 "아, 선생님." 하며 주께 입맞추니 예수께서 그에게 말씀하시기를 "친구여, 네가 무슨 일로 여기 왔느냐?"라고 하시더라. 그러자 그들이 와서 예수께 손을 대어 붙잡더라』(49,50절).

예수님께서 자신의 신성을 드러내신 후에 유다가 와서 입을 맞추었다. 입맞춤으로 인해 예수님을 잡고자 하는 그들의 음모는 완성되었다.

예수님께서 그에게 대답하신 『**친구여**』라는 말씀은 배반자 유다를 가리켜 사용되는 말이다. 마태복음 22장의 혼인식의 비유에서도 『**친구여**』(마 22:12)라는 말이 나오는데, 그는 "초대받지 않은 손님"이다. 그는 원래 잔치에 참여할 자격이 없는 자로서 몰래 들어온 자이다. 바로 유다 이스카리옷을 가리키는 말인데, 유다는 원래 마귀로서, 주님의 제자의 회중에 끼어들었다. 그는 열둘 가운데 속해서 천국 복음도 전파하였고 그 표적도 행하였다(마 10:1-8). 그러나 그는 결국 떨어져 나갔으며, 멸망의 아들로 버림받게 되었다. 시편 55:13에서 유다 이스카리옷은 "벗"이라고 불린다.

26:51 그런데, 보라, 예수와 함께 있던 사람들 중 하나가 손을 펴서 자기 칼을 빼어 대제사장의 종을 쳐서 그의 귀를 잘라 버리더라.

52 그러자 예수께서 그에게 말씀하시기를 "네 칼을 도로 그 집에 꽂으라. 칼을 가지는 자들은 모두 칼로 망하리라.

53 너는 내가 지금이라도 나의 아버지께 간구하여 나에게 열두 군단이 넘는 천사들을 즉시 보내 달라고 할 수 없는 줄로 생각하느냐?

54 그러나 그렇게 하면 이같이 되리라고 한 성경을 어떻게 이룰 수 있겠느냐?"고 하시더라.

55 그 시간에 예수께서 무리에게 말씀하시기를 "너희가 강도에게 하듯이 나를 잡으려고 칼과 몽둥이를 가지고 왔느냐? 내가 매일 성전에서 너희와 함께 앉아 가르쳤으나 너희가 나를 붙잡지 아니하였도다.

56 그러나 이 모든 일이 된 것은 선지자들의 성경이 이루어지게 하려 함이라."고 하시더라. 그때에 모든 제자가 주를 버리고 도망가더라.

군사들이 예수님을 잡자 베드로와 야고보와 요한은 칼집에서 칼을 꺼내 들었다. 그리고 베드로는 말코의 귀를 잘랐다(요 18:10). 주님께선 그들에게 "이제 그만하라."(눅 22:51)라고 하셨고, 베드로에게는 "네 칼을 칼집에 꽂으라."(요 18:11)라고 하셨다. 그리고 말코의 귀를 만지시니 그에게서 새 귀가 나왔다. 주님께서 자신을 죽음에 내어 주신 것은 성경, 즉 자신이 피를 흘려 많은 사람들을 구원하신다는 성경을 이루시기 위함이었다. 유대인들에겐 예수님을 잡을 기회가 몇 번 있었다(요 7:30,32; 8:59, 눅 4:29,30). 그러나 그때마다 주님께선 자신의 때가 되지 않았으므로 잡히시지 않았다. 하지만 이제는 그때가 온 것이다. 누가복음 22장에서는 주님을 잡으러 온 무리에게 하신 말씀이 더 자세하게 나와 있다. **『내가 매일 성전에서 너희와 함께 있었으나 너희가 나를 잡으려고 손을 내밀지 아니하였도다. 그러나 지금은 너희의 때요, 또 흑암의 권세니라." 고 하시더라』**(눅 22:53). 주님은 자기를 잡는 무리들을 향하여 **『너희의 때』**, **『흑암의 권세』**라고 하셨다. 마귀가 잠시 동안 승리하는 것 같은 순간이다.

『너희가 강도에게 하듯이』(55절).

그들은 정말로 주님을 강도 대하듯 했다. 이 일은 십자가 위에서 정확히 이루어졌는데, 주님은 두 명의 강도와 함께 못박히신 것이다. **『그리하여 '그가 범죄자들과 더불어 헤아림을 받았다.'고 말한 성경이 이루어졌더라』**(막 15:28).

26:57 예수를 붙잡은 자들이 대제사장 카야파에게로 끌고 가니, 거기에 서기관들과 장로들이 모여 있더라.
58 그러나 베드로는 멀찍이 주를 따라가 대제사장의 관저까지 가서 안으로 들어가 그 일의 결말을 보려고 종들과 함께 앉아 있더라.

지금까지 가장 가까운 위치에서 주님을 따랐던 베드로는 벌거벗고 도

망친 청년처럼 주님을 떠날 수 없었다. 그는 죽음에까지 주님과 함께 가려고 했었으며, 실제로 군사들을 향해서 칼을 뽑아 주님을 지켰다. 주님을 위해 싸우려 했던 그가 주님의 명령에 따라서 후퇴해야만 했을 때 고통스러워했던 그의 마음을 우리는 읽을 수 있다. 그는 멀리서라도 따라가서 자기를 삼 년 동안 가르치셨고 아껴 주셨던 주님의 마지막을 보고 싶었다. 그는 키드론 골짜기를 지나 예루살렘 성 안으로 들어갔다.

26:59 선임 제사장들과 장로들과 온 공회가 예수를 사형에 처하려고 그
에 대한 거짓 증거를 찾았으나
60 아무것도 찾지 못하였으며, 정녕 많은 거짓 증인이 왔으나 역시
아무것도 찾지 못하더라. 마지막으로 두 명의 거짓 증인이 와서
61 말하기를 "이 사람이 말하기를 '나는 하나님의 성전을 헐고 삼 일
만에 지을 수 있다.'고 하더이다." 하니
62 대제사장이 일어서서 주께 말하기를 "대답할 것이 없느냐? 이 사
람들이 너에 대하여 하는 증거가 어떠하냐?"라고 하더라.
63 그러나 예수께서는 잠잠하시더라. 그러자 대제사장이 대답하여
주께 말하기를 "내가 살아 계신 하나님으로 엄명하노니, 네가 하나
님의 아들 그리스도인지 우리에게 말하라."고 하더라.
64 예수께서 그에게 말씀하시기를 "그렇도다. 그러나 내가 너희에게
말하노니, 이후에 너희는 인자가 권능의 오른편에 앉아 있는 것과
하늘의 구름을 타고 오는 것을 보리라."고 하시자,
65 대제사장이 자기 옷을 찢으며 말하기를 "저 사람이 하나님을 모

독하였으니, 우리에게 무슨 증인들이 더 필요하리요? 보라, 너희 는 방금 그가 하나님을 모독하는 것을 들었도다.

66 너희는 어떻게 생각하느냐?"고 하니, 그들이 대답하여 말하기를 "그는 사형에 해당한다."고 하더라.

67 그때 그들이 주의 얼굴에 침을 뱉고, 주먹으로 치며, 또 어떤 자들은 손바닥으로 때리며

68 말하기를 "너 그리스도야, 너를 때리는 자가 누구인지 우리에게 예언하라."고 하더라.

대제사장들이 예수 그리스도를 재판하는 것은 신명기의 율법에 따라 진행되었다. 신명기 17:6에는 『**두 증인이나 세 증인의 입으로 죽임을 당할 만한 사람을 죽이되 한 증인의 입으로는 그 사람을 죽이지 말 것이며**』라고 되어 있어, 이들도 주님을 재판하는 자리에서 몇 명의 증인들을 찾은 것이다.

그러나 이들은 율법을 정확히 따르지 않았다. 신명기 19:16-19에 따르면 제사장들과 재판관들은 사람을 고소하는 그 증거가 거짓 증거인지 충실히 조사하여, 거짓 증거임이 확인된다면 그 거짓 증거하는 자에게 죄를 지워, 그 고소하는 내용에 따라 처해야 한다. 『**그 재판관들은 충실히 조사할지니, 보라, 만일 그 증언이 거짓 증거이고 자기 형제에게 거짓으로 증거하였다면 그때에 너희는 그가 그의 형제에게 행하려고 생각했던 대로 그에게 행하여 너는 너희 가운데서 악을 제할지니라**』(신 19:18,19). 그러나 여기서 대제사장들과 장로들과 온 공회는 오히려 예수께 대하여 거짓 증인들을 찾은 것이다(59절). 대제사장들과 바리새인들이 "율법에는 충실하나 복음에는 원수가 되었다"는 고정관념은 여기서 다시 한번 깨어지게 된다.

『**이 사람이 말하기를 '나는 하나님의 성전을 헐고 삼 일 만에 지을 수 있다.'고 하더이다**』(61절).

마가복음 14:58에는 이 거짓 증거가 더 자세히 제시된다. 『**우리는 그가 말하는 것을 들었는데, '나는 손으로 지은 이 성전을 헐고, 삼 일 만에 손으로 짓지 아니한 다른 성전을 지으리라.'고 하더이다**』(막 14:58). 예수님께서 성전을 삼 일 만에 지을 수 있다고 말씀하신 것은 요한복음 2:19에 나타난다. 『**이 성전을 헐라. 그러면 내가 삼 일 만에 이것을 다시 일으키리라**』(요 2:19). 마태복음 4장에서 사탄이 행한 시험을 기억한다면 그가 하나님의 말씀을 고쳐서 인용했다는 사실을 인지할 수 있을 것이다. 마귀의 자식들인(요 8:44) 이들도 역시 그 아비를 따라서 주님의 말씀을 고쳐서 인용한다. 그들은 요한복음 2장의 예수님의 말씀에 "손으로 짓지 아니한(without hands) 다른 성전"이라는 말을 첨가시킨 것이다.

주님께서는 물론 "손으로 짓지 않은" 다른 집을 세울 것이다. 그것은 다니엘 2장에 나와 있다. 『**왕께서 보셨는데, 손으로 다듬지 아니한 돌이 철과 진흙으로 된 그 형상의 발을 쳐서 산산이 부수니, 그 철과 진흙과 놋과 은과 금이 함께 산산이 부서져서 여름 타작마당의 쭉정이같이 되어 바람에 날려 사라져 간 곳이 없어졌으며, 그 형상을 친 돌은 태산을 이루어서 온 세상을 가득 채웠나이다**』(단 2:34,35). 손으로 다듬지 않은(without hands) 이 "돌"에 대해서는 마태복음 21:44에서 『**이 돌이 누구에게든지 떨어지면 그 사람을 가루로 만들 것이라.**』**라**고 강조하신 바 있다.

그러나 이 사건은 예수 그리스도께서 이방 왕국들을 멸하시고 주님의 왕국을 세우실 그날, 곧 재림 때에 있을 일이다. 예수님께서는 초림과 재림을 분명히 알고 계셨으므로 재림 때에 이루어질 일을 당장 하시겠다고 말씀하지 않으셨다. 주님께서는 분명히 세상의 왕국들을 자신의 것으로 만드실 것이지만 마태복음 4:9의 사탄의 제안대로 그 왕국들을 "초림 때에" 차지하지 않으셨다. 만일 초림 때에 세상이 주님의 왕국이 될 것이었다면 주님께서는 아버지께 간구하여 열두 군단이 넘는 천사들을 즉시 보내 달라고 하셨을 것이다(53절). 사탄이 시험하는 방법은 교묘했다. 그는 전혀 근거 없는 말을 가지고 공격하지 않았다. 그는 분명히 이루어질 성경적인 사실을 가지고 주님을 시험했다. 단지 하나님의 말씀을 틀리게 인용하고, 또 그 이루어질 때를 잘못 적용하여 시험한 것이다. 본문에서의 거짓 증인들도 그와 똑같았다. 그들은 주님의 말씀에 "손으로 짓지 않은"이라는 말을 첨가시켜(그들이 인식했든지 인식하지 않았든지) 주님이 말씀하신 것과는 전혀 다른 의도의 말을 만들어 때를 변경한 거짓말을 한 것이다. 요한복음 2장에서 주께서 삼 일 만에 성전을 짓겠다고 말씀하신 것은 분명히 자신의 죽음과 부활을 말씀하신 것이다. 『**그러나 주께서는 성전 된 자기 몸에 관하여 말씀하신 것이라. 그후 주께서 죽은 자들로부터 살아나셨을 때 제자들은 주께서 그들에게 하신 이 말씀을 기억하고 성경과 예수께서 하신 말씀을 믿더라**』(요 2:21). 그들은 요한복음 2:19의 말씀에 다니엘 2:45의 말씀의 일부를 첨가하여 거짓 증거한 것이다.

이 거짓 증거에 대해서 주님께서는 침묵하셨다(63절). 『**그가 억압을 당하고 고난을 당하여도 그의 입을 열지 아니하였으니 그가 어린양처럼 도살장으로 끌려가며, 또 털 깎는 자들 앞의 양이 말 없듯이, 그가 자기**

입을 열지 아니하는도다』(사 53:7).

『**예수께서 그에게 말씀하시기를 "그렇도다. 그러나 내가 너희에게 말하노니, 이 후에 너희는 인자가 권능의 오른편에 앉아 있는 것과 하늘의 구름을 타고 오는 것을 보리라."고 하시자**』(64절).

예수께서는 서로 일치하지도 않는 거짓 증거들에 대해 대답하지 않으셨고, 주님의 교리에 대해 묻는 대제사장의 질문에도 대답하지 않으셨다. 요한복음 18:21에서 주님은 『**어찌하여 내게 묻느냐? 내가 말한 것을 들은 사람들에게 물어 보라. 보라, 그들은 내가 말한 것을 알고 있노라.**』라고 대답하셨다. 주님은 회당과 성전에서 공개적으로 말씀하시며 가르치셨고, 비밀리에 말씀하지 않으셨기 때문이다(요 18:20). 그러나 예수 그리스도의 신성에 대해 묻는 대제사장의 질문에 대해서는 분명하게 대답하셨다. "그렇도다." [마가복음 14:62에서 주님께서 "그렇다."고 대답하신 말에 대한 〈킹제임스성경〉의 번역은 "I am"이다. 대제사장은 분명히 주님의 신성에 대해 물었고, 주님은 자신의 신성이 분명히 담긴 이름 "I am"으로 대답하셨다(요 18:6).]

본문은 분명히 재림에 적용된다. 주님은 자신의 죽음으로 왕국은 거부당하고 2,000년 후에 이 세상의 종말과 더불어 재림하실 것이라는 사실을 미리 아시고 마태복음 24장에서 이미 그 종말에 대해 말씀하신 바 있다. 본문에서는 주님께서 하나님이신 자기를 재판하는 그 무리들을 향하여 심판주이신 인자의 모습으로 다시 오실 것을 경고하고 계신다.

『**대제사장이 자기 옷을 찢으며 말하기를 "저 사람이 하나님을 모독하**

였으니, 우리에게 무슨 증인들이 더 필요하리요? 보라, 너희는 방금 그가 하나님을 모독하는 것을 들었도다. 너희는 어떻게 생각하느냐?"고 하니, 그들이 대답하여 말하기를 "그는 사형에 해당한다."고 하더라』(65,66절).

주님을 사형에 처하시게 한 직접적인 죄목은 "신성모독"이다. 요한복음 10:30-33에서도 이 문제로 인해 유대인들은 대단히 흥분했었고, 주님을 돌로 치려고 했다. 그들이 "사형"을 선고하자마자 사람들은 주께 침을 뱉고, 얼굴을 가리고 때렸다(눅 14:66). 몇 시간 후에는 빌라도가 채찍질하고 병사들은 가시관을 씌우고 자주색 겉옷을 입혔다(요 19:1,2). 참으로 주님은 이사야 50:6과 52:14의 말씀을 이루시기까지 고난을 당하셨다. 『**내가 치는 자들에게는 내 등을, 머리카락을 뽑는 자들에게는 내 뺨들을 맡겼도다. 내가 치욕과 침뱉음으로부터 내 얼굴을 숨기지 아니하였도다**』(사 50:6).

26:69 그때 베드로가 관저 바깥에 앉아 있는데, 한 소녀가 그에게 와서 말하기를 "당신도 갈릴리 사람 예수와 함께 있었도다."라고 하더라.

70 그러나 베드로가 모든 사람 앞에서 부인하여 말하기를 "나는 네가 무슨 말을 하는지 알지 못하노라."고 하며,

71 현관 쪽으로 가니, 또 다른 하녀가 그를 보고 거기 있는 사람들에게 말하기를 "이 사람도 나사렛 사람 예수와 함께 있었도다."라고 하자,

72 그가 다시 맹세하며 부인하기를 "나는 그 사람을 알지 못하노라."

고 하더라.
73 잠시 후에 곁에 서 있던 사람들이 와서 베드로에게 말하기를 "분
명히 너도 그들과 한패라. 네 말투가 이를 증명한다."고 하니,
74 그가 저주하고 맹세하기 시작하여 말하기를 "나는 그 사람을 알
지 못하노라."고 하더라. 그러자 곧 닭이 울더라.
75 그때 베드로가 '닭이 울기 전에 네가 나를 세 번 부인하리라.'고
하신 예수의 말씀을 기억하고 밖으로 나가 비통하게 울더라.

이 모든 사건은 수요일 새벽 3-6시 사이에 발생한 일이다. 사탄과 예수 그리스도의 마지막 격전장이 다가오고(사 50:8) 지옥이 죄 없으신 하나님의 아들을 향해 그 입을 벌리고 있는 이때, 이 위대한 제자는 주님의 대적들과 함께 불을 쬐고 서 있다. 주님은 그를 종이라 부르시지 않고 "친구"라고 불렀지만(요 15:15) 그는 지금 "종"들 가운데 있다(막 14:54). 예수님은 겟세마네에서 붙잡혀서 대제사장 안나스에게 먼저 붙들려 가셨고, 거기서 안나스는 주님께 그분의 교리에 대해 물었으며, 다시 주님께선 대제사장 카야파에게로 가셨다. 베드로는 요한과 함께 안나스의 집에 들어갔다가 거기에서 주님을 부인하고(요 18:17), 또 카야파의 집에서 주님을 부인한다(마 26:69-75).

주님께서 사탄에게 승리하시기 전까지 "하나님의 위대한 사람들"은 사탄에게 무참히 참패했다. 우리는 천국의 역사를 통해서 왕국을 위임받은 자들이 범죄함으로 실패하는 과정을 이미 다루었다. 그 실패는 인간이 육신을 입고 있는 이상 계속될 것이다. 좀 과격하긴 하지만 결코 비겁하게 배신하지는 않을 것 같던 베드로마저도 주님을 저주하기까지 한다.

아담은 범죄하고 숨었고, 이브는 거짓말했고, 노아는 술 취했고, 요셉은 거짓말했으며, 야곱은 속임수를 썼고, 다윗은 간음했으며, 모세는 살인했다. 롯은 타락했고, 이삭은 거짓말했고, 아브라함도 거짓말했다. 예레미야는 주님을 신뢰하지 않았고, 욥은 불평했으며, 바울은 하나님의 뜻을 거역했고, 베드로는 저주했다. 어떤 "위인들"을 살펴봐도 그들은 모두 실패했다. 베드로가 세 번을 부인한 후 닭이 울었을 때, 예수님께서 베드로를 쳐다보신 순간(눅 22:61) 베드로의 비통함을 어떻게 설명할 수 있겠는가?

마태복음 27장

마태복음 27장은 예수 그리스도의 지상생애 중 가장 마지막 때를 기록한다. 26장에서 제자들에게 새 언약을 말씀하신 후 겟세마네에서 마지막 고통의 기도를 드리시고 제자에게 배반당하시어 제사장들에게 잡혀가셨다. 베드로에게 가장 길었던 그 밤이 지나고 아침이 밝아 오자(수요일 아침) 유대인들은 주님을 빌라도에게 데려간다. 26장의 후반부에서는 베드로에 대해서 많은 구절들을 할애하는데, 27장에서는 몇 구절을 유다 이스카리옷에 대해 할애한다. 우리는 여기서 베드로와 유다의 공통점과 차이점에 대해 몇 가지를 발견할 수 있다.

27:1 아침이 되니, 모든 선임 제사장들과 백성의 장로들이 예수를 사형에 처하려고 그에 대하여 의논하고

2 주를 결박한 후에 끌고 가서 총독 폰티오 빌라도에게 넘겨주더라.
3 그때 주를 배반한 유다가 주께서 정죄받으신 것을 보고, 스스로 후회하여 은 삼십 개를 선임 제사장들과 장로들에게 되돌려주며,
4 말하기를 "내가 무죄한 피를 배반한 죄를 지었다."고 하니 그들이 말하기를 "그 일이 우리와 무슨 상관이냐? 네가 당하라."고 하더라.
5 그러자 그가 은전들을 성전에 내던지고, 나가서 목매어 죽으니,
6 선임 제사장들이 그 은전을 거두며 말하기를 "이 돈은 피 값이므로 금고에 넣는 것이 합당치 않도다."라고 하더라.
7 그들이 의논한 후에 그것으로 토기장이의 밭을 샀으니, 이는 타국인들을 위한 묘지로 쓰려 함이라.
8 그러므로 그 밭을 오늘까지 피 밭이라 부르더라.

우리는 여기서 유다가 후회했다는 사실을 발견한다(3절). 그러나 그는 주님을 배반하기 몇 달 전부터 이 일을 계획했다. 그는 원래 마귀였고, 예수님을 팔아넘기는 것을 계획하여 잘 실천했다. 그러나 그는 "무죄한 피"를 배반했다고 후회하고 말았다(4절). 그러므로 유다는 여기서 매우 혼란스러운 상태에 있다는 것을 알 수 있다.

베드로도 유다 못지않게 커다란 죄를 지었고, 그들은 둘 다 후회했다. 그러나 유다의 후회는 베드로의 후회와 달랐다. 이 둘에 대한 대조는 고린도후서 7:10에서 잘 나타나 있다. 『**하나님의 뜻대로 하는 슬픔은 구원을 위한 회개에 이르게 하므로 후회할 것이 없느니라. 그러나 세상의 슬픔은 사망에 이르느니라**』(고후 7:10). 베드로의 슬픔은 전자와 같다. 그는 예수 그리스도께서 자기를 돌아보셨을 때 찔림을 받고 후회하였는데(눅

22:61), 그는 자기가 옳지 못한 일을 했다는 것에 대해 후회했다. 그의 슬픔은 하나님의 뜻대로 하는 슬픔이었다. 그러나 유다의 슬픔은 달랐다. 고린도후서 2장에 따르면 그의 슬픔은 세상적인 것이었고 인간적인 것이었다. 그는 단지 자기의 계획이 잘못되어 가는 것에 대해서 후회했을 뿐이다. 그가 후회한 동기는 아무것도 없었고, 단지 "스스로" 후회했을 뿐이다(3절). 베드로와 유다는 둘 다 잘못했고, 둘 다 후회했으나, 베드로는 후회했을 때 주님을 향해서 후회했고, 유다는 후회했을 때 제사장들에게 달려갔다. 유다는 자신의 잘못에 대한 고백을 제사장들에게 한 것이다.

우리가 여기서 또 하나 알 수 있는 것은 자기의 죄를 주님께 고백하지 않고 사제(priest, 제사장)에게 고백하는 로마카톨릭의 회개는 유다의 후회처럼 멸망하는 후회라는 사실이다. 디모데전서 2:5은 우리가 누구에게 고백해야 하는지를 정확하게 말해 주고 있다. 『**하나님은 한 분이시요, 하나님과 사람 사이에 중보자도 한 분이시니, 곧 사람이신 그리스도 예수시라**』(딤전 2:5).

베드로는 회개했을 때 상한 영과 겸손한 마음이 되었으나(마 26:75, 요 21:15), 유다는 후회했을 때 목매달아 자살했으며 그의 거처인 끝없이 깊은 구렁으로 들어가게 되었다.

다윗도 자신이 죄를 지었다고 말했으며(삼하 12:13), 아버지를 떠난 탕자도 그렇게 말했다(눅 15:18). "내가 죄를 지었나이다." 그러나, 마찬가지로 파라오와 발라암도 똑같이 말했으나(출 10:16, 민 22:34) 그들의 후회는 유다의 후회와 다를 것이 없었다. "내가 실수했구나. 내가 행한 일이 뭔가 잘못되었구나."

베드로와 유다는 둘 다 주님을 따랐고 둘 다 기적을 행했으며, 둘 다

주의 만찬에 참여했고 둘 다 지역 교회의 멤버가 되었으나, 하나는 진정한 제자였고 하나는 마귀였다.

『**그러자 그가 은전들을 성전에 내던지고, 나가서 목매어 죽으니**』(5절).

유다가 은전을 성전에 던진다는 것은 스카랴에 이미 예언되어 있었다. 『**주께서 내게 말씀하시기를 "그것을 토기장이에게 던지라. 그들이 나를 매긴 좋은 값이라." 하시기에 내가 은 삼십 개를 취하여 주의 집에 있는 토기장이에게 던졌더라**』(슥 11:13). "주의 집"에 있는 토기장이. 이 정확한 예언에 따라 성전에 던져진 이 은전들은 즉시로 토기장이에게 주어졌다. 토기장이로부터 산 그 밭은 "피 밭"이라 불렸는데(8절), 이곳은 게헨나 골짜기에 있으며, 이곳은 또한 "힌놈의 아들의 골짜기"라고 불리는 곳이다(렘 19:1,2; 18:1-10).

『**나가서 목매어 죽으니**』(5절).

자기의 행위를 후회한 유다의 행동을 주목하라. 사탄이 하나님을 가장 잘 모방하는 자라는 것을 증명하기라도 하는 것처럼 유다는 "나무에 매달린다." 성경은 『**나무에 매달린 자는 누구나 저주받은 자라.**』(갈 3:13)라고 말하는데, 예수 그리스도는 우리를 위해 죄와 저주가 되시어 나무에 달리신 것이지만(고후 5:21, 갈 3:13) 유다는 자기의 죄로 인해 저주받아 나무에 달렸다.

유다의 죽음에 관해 사도행전에서는 좀 다른 기술을 한다. 『**곤두박이로 떨어져서 몸의 중간이 터져**』(행 1:18). 마태복음에서는 유다가 목매어 죽었다고 말하고, 사도행전에서는 몸의 중간이 터졌다고 말함으로 이 두 부분은 모순처럼 느껴지게 되었고, 몇몇 사람들은 이 두 "모순 구절"들을 일치시키기 위해 사사로운 해석을 하기도 한다. 예를 들어 아담 클라크는 마태복음 27:5의 『**목매어 죽으니**』를 "질식했다"는 의미로 설명한다. 그래서 유다는 질식하여 창자가 터졌다는 것이다.

하지만 이 두 진술은 전혀 문제시되지 않는다. 마태복음에서 유다는 목을 매달았는데, 마태복음 27:51에서는 그 땅에 큰 지진이 있었다고 말한다. 땅이 흔들리고 바위들이 갈라질 정도의 지진이라면 유다를 떨어뜨려 그의 배를 가르기에 충분했을 것이다.

『**내가 무죄한 피를 배반한 죄를 지었다**』(4절).

예수 그리스도의 피는 참으로 무죄한 피였다. 그 피에 대해서는 성경의 많은 구절들이 증거하고 있다(골 1:14,20, 엡 1:7; 2:3, 벧전 1:2,19, 히 9:14; 13:12 등). 예수 그리스도의 피가 무죄한 피라는 것은 그 피가 "하나님의 피"라는 것을 말한다. 그 피는 인간의 피가 아니다. 그 피는 죄 없으신 하나님으로부터 오신 죄 없으신 생명의 죄 없는 피였다. 사도행전 20:28에서는 이 점을 명확히 말해 준다. 『**하나님께서 자신의 피로 사신 하나님의 교회를 돌보게 하셨느니라**』(행 20:28). [그러나 대부분의 변개된 성경들(NIV, NASV 등)은 "하나님"을 "주"로 바꿈으로서 "하나님의 피"라는 말을 지워버려 예수 그리스도의 피가 하나님의 피라는 사실을 가려 버린다. 마찬가지로 〈킹제임스성경〉을 제외한 많은 영어성경들에는 마태복음 27:4의 "무죄한 피"(the innocent blood)에서 "the"를 지워 버려, 예수 그리스도의 피만이 유일하게 무죄한 피라는 사실을 가려 버렸다.]

예수 그리스도의 피는 무죄한 피이고, 하나님의 피이다. 그래서 그 피는 영원하다. 이 사실은 히브리서에서 잘 나타내고 있는데, 구약이나 신약에서 피는 정결케 하는 것이다(히 9:22). 그러나 구약에서 동물들의 피가 일시적인 피여서 대제사장이 그 피를 드리는 일을 해마다 반복해야 했다면, 새 언약의 피로 제시된 예수 그리스도의 피는 영원하신 피여서 단 번에 드려진 그 피는 다시 반복될 필요가 없었다(히 9:12,25,26; 10:12,14). 『**염소와 송아지의 피로 아니하고 오직 자신의 피로 한 번 성소에 들어가셔서 우리를 위하여 영원한 구속을 이루셨느니라**』(히 9:12). 피에는 생명이 있다(레 17:11). 예수 그리스도의 피는 하나님의 피이며(행 20:28), 예수 그리스도 안에는 영원한 생명이 있다(요일 5:10-13). 그러므로 예수 그리스도의 피는 영원한 피이다.

27:9 그리하여 선지자 예레미야를 통하여 말씀하신 것이 이루어졌으니, 말씀하시기를 "그들이 은 삼십 개로 정한 자의 가격, 곧 이스라엘 자손 중에서 그들이 정한 그 가격을 가지고,

10 주께서 내게 명하신 대로 토기장이의 밭 값으로 치렀도다."라고 하신 것이라.

그런데 이 인용은 예레미야에는 어디에도 등장하지 않고, 오히려 스카랴 11장에 등장한다. 그러나 스카랴 7:7에서 『**너희는 주께서 이전 선지자들을 통하여 부르짖었던 그 말씀들을 듣지 아니하였던 것이 아니냐?**』라고 말한 것으로 볼 때, 예레미야가 비록 기록하지는 않았을지라도 말했다는 것을 알 수 있다. 이러한 예는 마태복음 2:23에서 이미 살펴보았다. 본문에서도 이 말씀은 예레미야를 통하여 "기록하신"(written)이라고 되어 있지 않고 『**말씀하신**』(spoken)이라고 되어 있다.

이 말씀이 예레미야서에는 기록되어 있지 않지만 예레미야가 말했다는 증거는 그 책의 다른 구절들에서도 확인할 수 있다. 예레미야 18:1-8에는 토기장이에 관해 기록되어 있고, 19:2,3에는 토기장이와 관련하여 "힌놈의 아들의 골짜기"(게헨나)가 언급되어 있다.

27:11 예수께서 총독 앞에 서시니 총독이 주께 물어 말하기를 "네가 유대인의 왕이냐?"고 하니, 예수께서 그에게 말씀하시기를 "그렇도다."라고 하시고,

12 선임 제사장들과 장로들에게 고소를 당하셨으나 주께서는 아무 대답도 아니하시더라.

13 그때 빌라도가 주께 말하기를 "그들이 얼마나 많은 것으로 너에 대하여 증거하는지 듣지 못하느냐?"고 하나,

14 주께서는 그에게 단 한마디도 대답하지 아니하시니, 총독이 매우 이상하게 여기더라.

15 명절이면 총독이 백성들이 원하는 죄수 한 명을 놓아주는 것이 관례였는데,

16 그때 그들에게 바라바라 하는 유명한 죄수가 있었더라.

17 그러므로 사람들이 함께 모여 있을 때, 빌라도가 그들에게 말하기를 "너희는 내가 누구를 너희에게 놓아주기를 원하느냐? 바라

바냐, 아니면 그리스도라 하는 예수냐?"고 하더라.

18 이는 그가 그들이 시기로 인하여 그를 넘겨준 것을 알기 때문이
더라.

대제사장들에게 심문을 받으신 주님께서는 드디어 빌라도에게 넘겨지셨다. 그러나 유대인들은 예수님과 함께 빌라도의 법정으로 들어가지 않고 빌라도를 나오게 했다. 『**그때에 빌라도가 그들에게 나와서 말하기를**』(요 18:29). 왜냐하면 유대인인 그들은 유월절 양을 먹는 날을 앞두고 이방인의 집에 들어갈 수 없었기 때문이다. 이방인과 접촉하면 부정하게 되는데, 부정한 자는 유월절 양을 먹는 데 참여할 수 없었다. 『**그후 그들은 예수를 카야파에게서 재판정으로 끌고 가니 때가 새벽이더라. 그 사람들이 재판정 안으로 들어가지 않은 것은 자기들이 더럽혀지지 않아야 유월절 양을 먹을 수 있기 때문이더라**』(요 18:28). 사실 이것은 유대인의 율법 중에 의식법에 속하는 부분이었는데, 이들이 의식법에 헌신했다는 사실은 이미 밝혀져 있다. 마태복음 12장에서 바리새인들이 가장 분노했던 일은 예수 그리스도께서 의식법인 안식일 준수를 어기신 일이었다. 그 일로 바리새인들은 예수님을 죽이려고 했다(마 12:14). 그들은 의식법 준수에 그들의 삶을 헌신했다. 유월절 어린양이신 예수 그리스도를 죽이는 자리에서, 율법에 속한 유월절 양을 먹기 위해 자신들을 정결하게 하려고 했던 것이다.

누가복음 23장에는 유대인들이 빌라도에게 예수님을 고소하는 내용이 나와 있다. 『**무리가 모두 일어나서 주를 빌라도에게로 끌고 가서 고소하기 시작하여 말하기를 "이 자가 우리 민족을 현혹하고, 카이사에게 세금**

바치는 것을 금하며, 자칭 그리스도 왕이라고 하더이다... 그는 갈릴리로부터 여기에 이르기까지 온 유대 지방을 두루 다니며 가르치므로 백성을 선동하였나이다."라고 하더라』(눅 23:1,5).

1. 『**이 자가 우리 민족을 현혹하고**』 - 이 말은 거짓말이다. 주님께서는 그 민족을 현혹한 적이 없고 오히려 그들을 치유하셨다(마 8-11장).

2. 『**카이사에게 세금 바치는 것을 금하며**』 - 이 말도 거짓말이다. 마태복음 17:24-27에서 주님께서는 베드로에게 세금을 내라고 명하셨다. 오히려 민족주의자인 바리새인들이 카이사에게 세금 바치는 것을 싫어했다.

3. 『**백성을 선동하였나이다**』 - 단에서부터 브엘세바에 이르기까지 주님을 따라다니며 백성들을 선동시킨 사람들은 오히려 바리새인들과 제사장들이다. 그들의 선동은 빌라도의 법정에서 절정을 이루어 우리 주님을 처형하고 말았다.

그러나 이 모든 고소에 주님께서는 침묵하셨다.

빌라도의 재판 장면은 요한복음 18장에서 자세히 묘사된다. 『**그때에 빌라도가 그들에게 나와서 말하기를 "너희가 무슨 일로 이 사람을 고소하느냐?"고 하니 그들이 대답하여 그에게 말하기를 "그가 행악자가 아니라면 우리가 그를 당신에게 넘겨주지 않았을 것이니이다."라고 하더라. 그러자 빌라도가 그들에게 말하기를 "그를 데리고 가서 너희의 율법에 따라 재판하라."고 하니, 유대인들이 그에게 말하기를 "우리가 누구를 사형에 처하는 것은 적법지 못하나이다."라고 하더라. 이는 예수의 말씀, 즉 주께서 어떤 죽음으로 죽으실 것인지 예시로 말씀하신 것이 이루어지게 함이더라**』(요 18:29-32).

유대인들의 고소에 대해 빌라도는 매우 소극적인 재판을 하였다. 그는 사건의 진위를 알아보려 하지 않고, 유대인들에게 그 문제를 맡겨 버렸다. 그러나 유대인들은 주님을 처형하는 일을 로마인에게 떠넘겼다. 『**"우리가 누구를 사형에 처하는 것은 적법지 못하나이다."**』(요 18:31). 그러나 이 말은 하나님의 정하신 뜻에 따라 예수님을 이방인의 손에 이방인의 방법대로 처형하게 한 말이었다. 『**주께서 어떤 죽음으로 죽으실 것인지 예시로 말씀하신 것이 이루어지게 함이더라**』(요 18:32). 예수님께서는 하나님의 뜻에 따라 로마식 형벌, 즉 십자가 형을 받으실 것이 예정되어 있었다(행 2:23).

이에 빌라도는 재판정 안으로 예수님을 불러들여 조용히 물었다. 『**네가 유대인의 왕이냐?**』(요 18:33) 그러나 사실 그는 예수님께서 유대인의 왕이신지 아니신지에 대하여는 관심이 없었다. 예수님께서는 빌라도의 마음을 알아보시고 대답하지 않으셨다. 예수님께서는 빌라도가 그 질문에 관심이 없다는 것을 아셨다. 빌라도는 오직 예수님께서 무슨 일을 하셨는지 그것만 관심이 있을 뿐이다. 왜냐하면 빌라도는 유대인들이 시기로 주님을 넘겨준 것을 알았기 때문이다(마 27:18). "너의 민족과 제사장들이 너를 나에게 떠넘겼다. 나는 너를 재판해야 한다. 나는 그들이 너를 시기하여 나에게 넘겼다는 것을 알고 있다. 도대체 너는 무슨 일을 하였느냐?" 이것이 그의 질문의 의도였다.

주님의 대답은 "왕국"이었다. 『**나의 왕국은 이 세상에 속한 것이 아니니라. 만일 나의 왕국이 이 세상에 속한 것이라면 내 부하들이 싸워서 나를 유대인들에게 넘어가지 않게 하였을 것이라. 그러나 지금은 나의 왕국이 여기에 속한 것이 아니니라**』(요 18:36). 본문에는 두 가지 왕국이 모두 제시된다. 주님께서는 주님의 왕국이 이 세상에 속하지 않는다고 말씀하셨다. 이것은 영적인 왕국을 말씀하시는 것이다. 그러나 이 구절의 뒷부분에 제시되어 있는 "지금은" 여기에 속하지 않는 왕국, 다시 말해 미래에는 이 세상에 속하게 될 왕국은 실제적인 왕국, 즉 메시아 왕께서 다윗의 보좌에 앉아 팔레스타인을 중심으로 하여 온 세상을 다스리는 "천국"이다.

로마카톨릭을 비롯하여 개혁주의 신학자들은 여기서 "지금은"이라는 말을 손으로 가리고 해석하며, 이들의 해석을 지지하기 위해 〈킹제임스성경〉을 제외한 다른 변개된 성경들은 "지금은"이라는 말을 삭제하거나 위치를 이동시켜 원래의 해석을 감추어 버렸다. 만약 이 구절에서 "지금은"이라는 단어가 없다면 예수 그리스도께서 실제적으로 다스리실 이 땅의 왕국은 사라지고 영적 왕국만이 남아 있게 된다. 그러나 성경은 실제적인 왕국이 도래할 것과 예수 그리스도께서는 그 왕국의 왕이 되실 것을 누누이 강조하고 있다(계 19,14장, 욜 2장, 사 63장, 마 24장, 슥 14장 등 수없이 많은 구절). 그리고 이 왕국은 인간의 노력과는 전혀 관계없이 미래에 도래할 것이다.

주님은 여기서 미래에 세워질 예수 그리스도의 왕국에 대해 빌라도에게 경고하고 계신다. 『**그러므로 빌라도가 주께 말하기를 "그러면 네가 왕이냐?"고 하니, 예수께서 대답하시기를 "네 말이 옳도다. 내가 왕이니라. 이 일을 위하여 내가 태어났고, 이런 연유로 내가 세상에 왔으니 진리를 증거하려는 것이라. 진리에 속한 자는 누구나 나의 음성을 듣느니라."고 하시니 빌라도가 주께 말하기를 "진리가 무엇이냐?"고 하더라. 이 말을 한 후에 그가 다시 유대인들에게 나와서 말하기를 "나는 이 사람에게서 아무런 잘못도 찾지 못하였노라**』(요 18:37,38). "네가 왕이냐?"고 재차 묻는 빌라도의 질문에 주님께선 분명히 대답하셨다. "내가 왕이니라." 그러나 주님은 자신이 왕이심을 분명히 밝히셨으나, 자신의 왕국은 이 세상으로부터 받는 것이 아님을 강조하셨다. 주님은 그 왕국과 관련하여 "진리를 증거하는 것"을 말씀하신 것이다. 다시 말해서 지금 왕이신 그분의 왕국은 진리로 특징지어지는 영적 왕국이다.

『**진리가 무엇이냐?**』(요 18:38) 그러나 빌라도는 이 질문의 대답을 기다리지도 않고 나가 버렸다. 빌라도는 '진심으로 진리를 알기 위해' 물은 것이 아니다. 요한은 빌라도의 말을 묘사하면서 "빌라도가 주께 묻기를"(asked)이라고 말하지 않고 "빌라도가 주께 말하기를"(said)이라고 말하고 있다. 그는 진리를 찾기 위해 물은 것이 아니라 "진리라는 게 도대체 뭐냐?"라고 말하고 나가 버린 것이다. [변개된 성경들(NIV, GNB 등)은 여기서도 "말하기를"(said)을 "묻기를"(asked)이라고 바꾸어 번역했다.]

그는 "진리는 상대적"이라고 생각한 무리 중 하나일 뿐이다. 사실 그가 원하기만 했다면 절대 진리를 찾을 수 있었다. 바로 그 앞에 진리 자체이신 분이 서 계셨기 때문이다. 『**나는 길이요 진리요 생명이라**』(요 14:6). 그러나 빌라도는 이 진리를 알 수 없었다. 왜냐하면 이 진리는 세상에게 감추어져 있기 때문이다. 『**이 지혜는 이 세상의 통치자들 가운데서는 아무도 몰랐노라. 만일 그들이 알았더라면 영광의 주를 십자가에 못박지는 아니하였으리라**』(고전 2:8). 그는 이 진리를 찾지 않고 나가 버렸다. 마찬가지로 오늘날의 많은 사람들도 어리석어 자기 의를 주장하며 그 길로 나가 버리며, 진리를 알고자 하지도 않았던 이 로마인의 길을 그대로 답습한다.

『**나는 이 사람에게서 아무런 잘못도 찾지 못하였노라**』(요 18:38). 빌라도는 세 번에 걸쳐 주님에겐 아무 잘못도 없음을 공포했다(요 18:38; 19:4; 19:6). 그러나 군중들의 요구에 따라 그는 주님을 처형했다. 이것은 오늘날 미국의 재판 제도와 똑같다. 미국의 법정에는 배심원들이 있어 그들이 판결을 결정한다. 해 아래 새 것이 없다는 말이 증명되기라도 한 것처럼 이때 유대인들은 배심원이 되어 빌라도의 판결을 되돌려 놓았다.

빌라도는 예수님을 재판함에 있어서 몇 가지 오류를 범했다. 첫째, 그는 주님을 매우 소홀하게 다루었다. "너희들이 알아서 그를 재판하라." 『**그를 데리고 가서 너희의 율법에 따라 재판하라**』(요 18:31). 둘째, 그는 비겁했다. 예수님에 대한 판결을 내리기가 힘이 들자 그는 주님을 헤롯에게 보냈다(눅 23:7). 셋째, 그는 이 상황을 교묘하게 피했다. 그는 군중들 앞에서 예수님이 죄가 없다는 것을 몇 번이나 공포하면서, 유대인들에게 그들의 요구로 인해 유죄를 선고한다는 것을 보여 주었다. "나는 할 일을 다 했고 나는 깨끗하니 너희가 책임을 지라"고 말하며 그는 군중들 앞에서 손을 씻기까지 하였다. 그러나 그의 이러한 의도는 모두 빗나가고 말았으니, 유대인들의 요구에 따라 그가 주님을 재판해야 했고, 헤롯에게 보냈으나 결국 다시 받아야 했으며, 그의 명석함으로 죄를 피하려고 했으나 죄는 그에게서 떠나지 않았다.

『**헤롯이 예수를 보자 매우 기뻐하더라. 이는 그가 주에 관해서 많은 것을 들었기 때문에 오랫동안 주를 보기 원하였으며, 또 주께서 행하신 어떤 기적을 보고자 하였기 때문이라. 그가 많은 말로 주께 묻되, 주께서는 아무 대답도 아니하시더라**』(눅 23:8,9). 헤롯의 태도는 당시 로마인과 그리스인들이 유대 종교가 어떤 점에서는 우월하고 초자연적이라고 생각했음을 보여 준다. 예를 들어 코넬료는 로마인으로서 하나님을 두려워하고 있었으며(행 10장), 사도행전 8장에서 에디오피아의 내시도 예루살렘으로 경배하러 왔고 유대인의 구약성경을 읽고 있었다. 또 요한복음 12장에는 유대인의 명절에 헬라인들이 경배하러 왔다고 기록되어 있다(요 12:20). 본문에서 헤롯도 예수님에게 많은 관심을 표명했다. 그는 침례인 요한 이후로 예수님께서 행하신 기적들을 보기 원했던 것이다. 그러나 주께서 자기를 멸시하는 헤롯의 말에 아무 대답도 하지 않으시고, 또 유대인들이 주님을 고소하자 오히려 주님을 멸시하고 빌라도에게 다시 돌려보낸다.

이때 서로 적대 관계였던 빌라도와 헤롯은 친구가 되는데(눅 23:12), 이것은 오늘날 진리를 대적하기 위해 연합하는 에큐메니컬 운동과 똑같다. 주님을 대적하기 위해서는 비록 원수 관계였을지라도 하나가 되는 것이 거듭나지 못한 죄인들의 모습이다. 이것과 똑같은 예가 마태복음 16장에서 발견된다. 『**바리새인들과 사두개인들이 주께 와서 주를 시험하여 하늘로부터 온 표적을 보여 달라고 요구하더라**』(마 16:1). 이것은 A.D. 1세기에 발생했던 에큐메니컬 연합이다. 바리새인들은 사두개인들과 연합했고, 헤롯당원들과 연합했으며(마 22:16,17), 이제는 이방인과도 연합했다.

27:19 빌라도가 재판석에 앉아 있을 때에, 그의 아내가 그에게 보내어 말하기를 "당신과 그 의로운 사람 사이에 아무 일도 없게 하소서. 내가 오늘 꿈에 그 사람으로 인하여 많은 것으로 고통을 받았나이다."라고 하더라.

20 그러나 선임 제사장들과 장로들이 무리를 설득하여 바라바를 원
하고 예수를 죽이게 하라고 하니,
21 총독이 그들에게 대답하여 말하기를 "그 둘 중에서 내가 누구를
놓아주기를 원하느냐?"고 하니, 그들이 말하기를 "바라바니이다."
라고 하더라.
22 빌라도가 그들에게 말하기를 "그러면 내가 그리스도라 하는 예수
는 어떻게 하랴?"고 하니, 그들 모두가 말하기를 "십자가에 못박
으소서."라고 하더라.
23 총독이 말하기를 "도대체 그가 무슨 악한 일을 행하였느냐?"고 하
니, 그들이 더욱 소리질러 말하기를 "십자가에 못박으소서."라고
하더라.

빌라도는 곤경에 빠졌다. 빌라도 자신도 예수님의 죄를 찾지 못한 상태에서, 그의 아내도 유죄를 선고하지 말라고 권면했으나 군중들은 피를 보기 원했기 때문이다. 여기서 그는 자유주의자들처럼 타협의 길을 모색했다. 그의 행동은 정치적, 종교적으로 손해를 입지 않으려는 차원에서 행해졌다. 피를 원하는 군중들의 요구를 위해 그는 채찍질을 한 것이다.

빌라도는 딜레마에 빠졌다. 그는 어떠한 죄도 찾지 못했으며, 예수님이 하나님의 아들이라고 주장했다는 것을 듣자(요 19:7) 두려워했다. 그래서 견딜 수 없는 혼란에 봉착했고, 드디어 주님께 협박까지 한다. 『**나에게는 너를 십자가에 못박을 권세도 있고 너를 놓아줄 권세도 있다는 것을 알지 못하느냐?**』(요 19:10)

그러나 이 말에 대해서도 주님은, 그 권세마저도 위에서 온 것이 아니면 허락될 수 없다고 하신다. 예수님께서 빌라도에게 말씀하신 마지막 말씀은 죄에 대한 문제였다(요 19:11). 그래서 빌라도는 더욱 곤경에 빠졌고, 어떻게든 해 보려고 군중들 앞에 나섰지만(행 3:13) 그는 냉담한 군중들 앞에서 아무것도 할 수 없었다. 빌라도가 군중을 설득시키려 했을 때 군중은 그를 살려 두면 카이사의 친구가 아니라고 말한다(요 19:12). 이 상황에서 결정하지 못하는 빌라도의 모습은 마치 하나님과 사람 사이에서 두 주인을 섬기고자 하는 죄인들의 모습과 정확히 일치한다.

결국 그는 양심의 판결을 무시하고 군중들의 요구를 들어 주었다. 그는 세상과 친구가 되는 길을 택했던 것이다. 『**세상과 친구 되는 것이 하나님과 원수 되는 것임을 알지 못하느냐?**』(약 4:4)

만약 빌라도가 군중들의 요구를 무시하고, 진리이신 그분을 인정하고 변호했다면 지금쯤 그의 이름은 역사에 남았을 것이며, 옥합을 깨뜨린 여인의 이름처럼 회자되었을 것이다(마 26:6-13).

27:24 빌라도가 자기로서는 아무것도 설득할 수 없고, 오히려 소요가 일어난 것을 보고, 물을 가져다가 무리 앞에서 손을 씻으며 말하기를 "나는 이 의로운 사람의 피에 대하여 무죄하니 너희가 맡으라."고 하자,

25 모든 백성이 대답하여 말하기를 "그의 피를 우리와 우리 자손에게 돌리라."고 하더라.

빌라도는 결국 곤경을 피하기 위해서 타협했고, 예수님을 그들의 의지

대로 하라고 넘겨주었다(눅 23:25, 요 19:16). **『그리하여 그는 사람들이 요구한 대로 난동과 살인으로 인하여 감옥에 갇힌 그 자를 그들에게 내어 주고 예수를 그들의 의도대로 하라고 넘겨주더라』**(눅 23:25). 그는 평화를 유지하기 원했다. 그러나 진정한 평화는 "의"(righteousness)에 달려 있음을 알지 못했다(약 3:17, 슥 8:16, 히 7:2). 역사상 사람들은 항상 의보다 평화를 더 원했으나 그들은 결코 의를 소유할 수 없으므로 평화를 이루지 못한다(마 6:33).

그는 죄를 씻기 위해 물에다가 손을 씻었다. 그러나 그는 죄를 씻기 위해서는 피가 필요하다는 것을 몰랐다. **『율법에 따르면 거의 모든 것이 피로써 정결케 되나니, 피흘림이 없이는 죄사함이 없느니라』**(히 9:22). 그는 구약 유대 율법에 따라서 물로 씻는 의식에 따라 죄를 씻으려고 했으나(신 21:6-8), 죄는 결코 물이나 불로도 씻을 수 없다(히 9:22,14).

『모든 백성이 대답하여 말하기를』(25절).

"모든 백성"이 예수님의 죽음을 요구했다. 이 사건은 출애굽기 12장의 최초의 유월절 사건과 동일하게 일어났다. **『같은 달 십사일까지 간수하였다가, 이스라엘 회중의 전체 모임에서 저녁 때에 그것을 잡을지니라』**(출 12:6). 유월절에 대한 하나님의 명령은 "이스라엘 회중의 전체 모임"이었다. 그러나 최초의 유월절 이후로 이스라엘 전체 회중 앞에서 유월절 양을 잡은 일은 없었다. 이 율법의 요구대로 유월절 양을 잡은 일은 출애굽기 12장 이후로 예수님의 죽음 때까지 없었다. 예수님은 유월절 양으로서 하나님의 요구를 충족시키기 위해서 "모든 백성" 앞에서 붙잡히셨다.

『**그의 피를 우리와 우리 자손에게 돌리라**』(25절).

이 요구는 그대로 이루어졌다. A.D. 70년의 예루살렘 파괴 이후, 세계 곳곳으로 떠돌아다니던 유대인들은 영국과 프랑스와 스페인과 러시아 등지에서 박해와 죽임과 추방을 당하고서도 부족하여, 히틀러 치하에서 그토록 비참하게 죽임당했다. 그러나 아직 끝나지 않았다. 그들은 히틀러보다 더 악한 적그리스도의 치하에서 "야곱의 고난의 때"에 더 큰 고난을 당할 것이다.

만약 예수님께서 단순한 순교자 중의 하나였다면, 그분의 피로 인해 2,000년의 박해가 있지는 않았을 것이다. 문제는 그 피가 하나님의 피라는 것이었고, 무죄한 하나님의 피를 흘림으로 그들은 그토록 심한 형벌을 받았다는 것이다.

그러나 그 "하나님의 피"가 흘려짐으로 말미암아 죄인은 구원받게 되었다. 인간의 더러운 피는 하나님의 순수한 피를 요구한 것이다. 이것은 대제사장 카야파가 예언했던 것과 같다. 『**또 한 사람이 백성을 위하여 죽어서 온 민족이 멸망치 않는 것이 우리에게 유익한 줄을 너희가 생각지 못하는도다**』(요 11:50).

27:26 그때 빌라도가 바라바는 그들에게 놓아주고, 예수를 채찍질한 후 십자가에 못박으라고 넘겨주니,

27 총독의 병사들이 예수를 관정으로 끌고 가서 주에게로 온 군대를 모으고,

28 그에게서 옷을 벗기고 주홍색 겉옷을 입히더라.

29 또 가시로 관을 엮어 그의 머리에 씌우고 그의 오른손에는 갈대를 쥐어 주며, 그의 앞에 무릎을 꿇고 조롱하며, 말하기를 "유대인의 왕 만세!"라고 하며,

30 그에게 침을 뱉고 갈대를 빼앗아 그의 머리를 치더라.

헤롯으로부터 화려한 자주색 옷을 입고 돌아오신 주님은 빌라도의 병사들에 의해 주홍색 겉옷으로 바꿔 입혀진다. 자주색 옷이 권위의 상징이라면 주홍색 옷은 조롱의 상징이다. 거기다 주님은 가시로 만든 면류관을 쓰시고, 통치자의 홀(scepter) 대신 갈대를 드셨다. 이방의 개들은(시 22:16) 만왕의 왕을 조롱의 왕으로 만든 것이다. 그러나 우리 주님께선 분명히 통치자의 홀을 잡으실 것이며(창 49:10), 온 세상을 철장으로 다스리실 것이다(계 12:5, 눅 1:30-33).

여기서 주목할 것은 29절의 "관"(crown)에 해당하는 헬라어이다. 그 단어는 "스테파노스"(στέφανος)로서, "승리자의 면류관"을 뜻하며, 이것은 "왕관"을 뜻하는 "디아데마"(διάδημα)와는 구별된다. 물론 우리 주님은 왕이시지만 성령께서는 여기에서 "승리자"의 모습을 강조하셨다. (그리고 실제적으로 아직 "천국"의 왕은 아니시다.) 여기에서 주목되는 장면은 예수님과 사탄의 대결장이다. 주님은 사탄과 싸우기 위해 십자가라는 링에 오르시는 것이다. 『**나를 의롭게 여기시는 이가 가까이 계시니 누가 나와 다투겠는가? 우리가 함께 서자. 누가 나의 대적인가? 그를 내게 가까이 오게 하라**』(사 50:8). 주님은 십자가에서 그분의 대적인 사탄을 불러 싸우셨고, 결국 승리하셨다. 성령께서는 이 십자가의 승리의 모습을 그리시면서 "가시관"을 조심스럽게 "스테파노스"라고 기록하셨다.

주님을 조롱하고 채찍질한 로마의 군사들은 사탄의 세력들이었다. 주님은 십자가에 오르시기 전부터 계속 사탄과 싸우고 계셨다. 채찍을 맞으실 때에도, 채찍 끝에 박힌 뼈들로 인해 온몸은 찢겨져 나갔지만 주님은 결코 입을 열지 않으셨다. 그는 우리의 허물로 인하여 상처를 입었고, 그는 우리의 죄악으로 인하여 상하셨다. 우리의 화평을 위한 징계가 그에게 내려졌고, 그가 맞은 채찍으로 우리가 치유되었다. 그러는 가운데도 주님은 도살장으로 끌려가는 어린양처럼 결코 입을 열지 않으심으로 사탄에게 승리하셨다(사 53:5-7).

27:31 조롱한 후에 그들이 그에게서 겉옷을 벗기고 다시 그의 옷을 입혀 십자가에 못박으려고 끌고 가더라.

32 그들이 나가다가 시몬이라 이름하는 쿠레네 사람을 만났는데, 그들은 그에게 강제로 주의 십자가를 지고 가게 하여,

33 그들이 골고다, 즉 해골의 장소라는 곳에 이르렀을 때,

34 쓸개즙을 탄 식초를 그에게 주어 마시게 하려 하였으나, 주께서 맛을 보신 후 마시려 하지 않으시더라.

35 그들이 주를 십자가에 못박은 후 주의 옷들을 제비뽑아 나누었으니 이는 선지자를 통하여 "그들이 그들 중에서 나의 옷들을 나누고 또 나의 속옷을 놓고 제비뽑았나이다."라고 하신 말씀이 이루어지게 하려 함이더라.

36 그리고 그들이 거기 앉아서 주를 지키며

장면은 바뀌고, 주님께서는 드디어 "해골의 장소"로 향하신다. 주님께서 끌려가실 때 주님의 겉옷(robe)은 벗겨지고 주님 자신의 옷(raiment)이 입혀졌다. 로마카톨릭이 만든 "성의"(Holy Robe)라는 전설의 영화는 이 겉옷(robe)을 다루는데, 그들은 주께서 십자가로 가실 때 입으시지도 않은 옷을 만들어 신성시했다. 만약 주님께서 그때 겉옷을 입으셨다고 해도 그것은 헤롯이 준 자주색 옷이거나 빌라도의 병사가 입힌 주홍색 옷이었지, 주님 자신의 옷은 아니었고 거룩한 옷은 더욱 아니었다. 오히려 요한계시록의 창녀가 입은 옷이 자주색이다(계 17:1-4).

십자가로 가는 길에 관해서는 누가복음 23장에서 자세히 다루고 있다. 『**백성의 큰 무리와 주를 위하여 통곡하고 애도하는 여인들이 주를 따라 가더라. 예수께서 그들을 돌아보시며 말씀하시기를 "예루살렘의 딸들아, 나를 위하여 울지 말고 너희와 너희 자녀를 위하여 울라. 보라, 그 날이 오면 그들이 말하기를 '잉태할 수 없는 자와 아이를 낳아 본 적이 없는 태와 빨려 본 적이 없는 젖이 복이 있도다.' 하리라. 그때 사람들이 산에게 '우리 위에 무너져 내리라.' 하며, 또 언덕에게 '우리를 덮으라.'고 말하기 시작하리라. 그들이 푸른 나무에 이렇게 행한 것을 보면 마른 나무에는 무슨 일이 일어나겠느냐?"고 하시더라**』(눅 23:27-31).

본문에서 『**예루살렘의 딸들**』은 교리적으로 "이스라엘의 남은 자"(remnant)를 가리키는데, 이는 구약에서나 대환란에서나 동일하다(애 2:13, 미 4:8, 습 3:14, 솔 2:7; 3:5; 5:8). 물론 누가복음 23장의 이 사건은 즉시로 A.D. 70년에 적용되었다. 그럼에도 불구하고 이 사건의 교리적인 적용은 재림에 맞추어져야 한다. 왜냐하면 이 본문은 대환란을 다루는 구절들과 정확하게 일치하고 있기 때문이다. 누가복음 23:29은(『**잉태할**

수 없는 자와 아이를 낳아 본 적이 없는 태와 빨려 본 적이 없는 젖이 복이 있도다.』) 마태복음 24:19과(『**그 날들에는 아이를 밴 자들과 젖 먹이는 자들에게 화 있으리라!**』) 같은 언급이며, 누가복음 23:28은(『**예루살렘의 딸들아, 나를 위하여 울지 말고 너희와 너희 자녀를 위하여 울라.**』) 마태복음 27:25(『**그의 피를 우리와 우리 자손에게 돌리라.**』)로 성취되기 때문이다. 또 "산"과 "언덕"은(눅 23:30) 요한계시록 6:15-17과 연관된다. 『**땅의 왕들과 위대한 자들과 부자들과 대장들과 힘 있는 자들과 모든 종과 모든 자유인이 각자 토굴과 산들의 바위틈에 숨어서 산들과 바위들에게 말하기를 "우리 위에 떨어져서 보좌에 앉으신 분의 얼굴과** 어린양의 **진노에서 우리를 숨기라**』(계 6:15,16). [마태복음 24장 주석 참조]

『**쓸개즙을 탄 식초를 그에게 주어 마시게 하려 하였으나, 주께서 맛을 보신 후 마시려 하지 않으시더라**』(34절).

이 구절은 시편 69:21이 성취된 것이다. 『**쓸개즙을 탄 식초**』는 마가복음 15:23에서 『**몰약을 탄 포도주**』라고 정의된다. 그러므로 그 식초는 발효된 술(wine)이었다. 우리는 마태복음 26장에서 "새 포도주"를 다루면서 발효된 포도주가 유대인들에게 금해져 있었다는 사실을 다루었다. 더욱이 잠언 31:4에서는 『**술을 마시는 것은 왕이 해야 할 것이 아니며, 독주를 마시는 것은 통치자들이 해야 할 것이 아니니**』라고 되어 있다. 왕으로서 예수님께서는 죽음의 순간에서도 잠언 31:4을 기억하셨다.

27:37 주의 머리 위에 '이 사람은 유대인의 왕 예수라.'고 쓴 죄명을 붙였

더라.

38 그때에 두 명의 강도들이 주와 함께 십자가에 못박혔는데 하나는 오른편에, 또 하나는 왼편에 있더라.

39 지나가던 사람들이 머리를 흔들며 주를 모독하여

40 말하기를 "성전을 헐고 삼 일 만에 짓는 자여, 네 자신을 구원하라. 만일 네가 하나님의 아들이거든 그 십자가에서 내려오라."고 하더라.

41 또 그와 같이 선임 제사장들도 서기관들과 장로들과 더불어 조롱하며 말하기를

42 "그가 다른 사람들은 구원하였으나 자기 자신은 구원하지 못하는도다. 그가 이스라엘의 왕이면 지금 그 십자가에서 내려와 보라고 하라. 그러면 우리가 그를 믿으리라.

43 그가 하나님을 신뢰하였으니, 만일 그분께서 그를 원하시면 당장 그를 구원하시게 하라. 이는 그가 말하기를 '나는 하나님의 아들이라.'고 하였음이라."고 하더라.

44 주와 함께 십자가에 못박힌 강도들도 이같이 주를 비난하더라.

예수 그리스도의 십자가의 명패는 세 언어로 기록되었다. 『**그의 위에는 헬라어와 라틴어와 히브리어로 '이 사람은 유대인의 왕이라.'고 쓴 명패도 있더라**』(눅 23:38). 이 세 언어, 즉 히브리어와 헬라어와 라틴어가 함께 쓰였다는 것은 "언어의 바벨탑"을 보여 주는 좋은 예다. 세계의 중요한 세 언어가 이 자리에서 함께 뭉친 것이다. 히브리어는 종교적인 세계를 대표한다면 헬라어는 지적인 세계를, 그리고 라틴어는 정치적인 세계를 대표한다. 또 이것들은 유대교의 세 종파를 대표하는데, 히브리어는 바리새인을, 헬라어는 사두개인을, 그리고 라틴어는 헤롯당원들을 대표한다. 세 언어가 함께 모였고, 이 언어의 바벨탑은 우리 주 예수 그리스도를 죽이기 위한 에큐메니컬 연합으로 뭉쳤다.

물론 이 명패에 쓰인 세 언어는 중요한 영적인 의미를 갖는다. 그것들은 하나님께서 신약성경을 기록하시고 은혜의 복음을 전파하기 위해 마련하신 위대한 언어들로 준비되었다. 히브리어를 사용하는 유대인에 의해 한 분 하나님 사상이 고취되었고, 헬라어를 통해 지중해 지역의 언어가 통일되었으며, 라틴어를 사용하는 로마인들에 의해 한 국가가 형성되었던 것이다. 그러므로 신약 시대에 한 분 하나님이 한 언어로 한 나라 안에서 전파될 수 있었다.

『**성전을 헐고 삼 일 만에 짓는 자여, 네 자신을 구원하라. 만일 네가 하나님의 아들이거든 그 십자가에서 내려오라**』(40절).

『**그가 다른 사람들은 구원하였으나 자기 자신은 구원하지 못하는도다. 그가 이스라엘의 왕이면 지금 그 십자가에서 내려와 보라고 하라. 그러면 우리가 그를 믿으리라**』(42절).

그들은 머리를 흔들며, "네 자신을 구원하라"고 외쳤다. 이러한 조롱은 욥기 12:4에서 발견된다. 『**정직한 의인이 조소를 당하는도다**』(욥 12:4). "네 자신을 구원하라"는 말은 또한 누가복음 4:23에서도 발견된다. 만일 이때 예수님께서 자신을 구원하셨다면 사탄과의 싸움에서 지신 것일 뿐 아니라, 우리 모두를 결코 구원하실 수 없었다. 주님께서는 조롱을 당하시면서도 견뎌 이기심으로 말미암아 많은 사람들을 구원하실 수 있었다.

사탄이 시험하는 방법 중 하나는 하나님의 말씀에 의심을 품게 하는 것이다. 창세기 3:1에서 이브에게 그랬고(『**참으로 하나님께서... 하시더냐?**』), 욥기 1:9에서 하나님으로 하여금 욥을 의심하도록 시도했으며(『**욥이 아무런 이유 없이 하나님을 두려워하리이까?**』), 마태복음 4:6에서는 예수님을 이와 같이 시험했다(『**네가 하나님의 아들이면...**』).

누가복음 23장에서 발견되는 한 행악자도 똑같이 "만약"(IF)이라는 의문을 제기했다. 『**네가 그리스도이거든...**』(눅 23:39) 이것은 그가 그의 아비 사탄의 음성을 따랐다는 것을 보여 준다(요 8:44). 그는 불순종의 자녀들 안에서 행하는 영을 따라 행했으므로 사탄과 똑같이 의심을 품은 질문을 하게 된다.

그 갈보리산 위에는 아무도 예수 그리스도가 하나님의 아들이라는 것을 몰랐다. 그들은 십자가의 명패에 "유대인의 왕"이라고 써 놓고도 그분이 왕이시라는 사실을 몰랐다. 이 사실을 안 사람은 오직 십자가에 달린 또 다른 행악자뿐이었다. 그는 예수 그리스도가 『**주**』(Lord)이신 것을 알고 『**주의 이름을**』 부름으로(행 2:21) 구원받은 최초의 사람이었다. 그는 예수님을 『**주**』라고 부름으로 즉시로 구원받아 주님과 함께 낙원으로 갈 수 있었다. 그는 믿음으로 구원받은 것이다. 그는 또한 주님을 왕으로 인정했고, 주님의 나라가 이 땅에 임한다는 사실을 믿었다. 그는 왕국을 구했으나, 주님은 그에게 낙원을 주었다.

[변개된 성경들이 하는 일은 언제나 예수 그리스도의 신성과 사역을 격하시키는 것이다. 누가복음 23:42의 『**주여**』(Lord)는 변개된 성경들에 의해 "예수여"로 바뀌어졌다. 이것은 예수 그리스도를 『**주**』로 인정하기 싫어하는 사람들에 의해 변개된 것이다. 누가복음의 그 구원받은 행악자는

예수님을 『주』라고 불러 구원받은 사람이다.]

27:45 제육시에서 제구시까지 어두움이 온 땅을 덮었더니
46 제구시경에 예수께서 큰 음성으로 소리질러 말씀하시기를 "엘리,
엘리, 라마 사박타니?" 하시니, 이는 "나의 하나님, 나의 하나님, 어
찌하여 나를 버리셨나이까?"라는 말이라.
47 거기 서 있던 자들 가운데 몇 사람이 그 말을 듣고 말하기를 "이
사람이 엘리야를 부른다."고 하더라.
48 그러자 그들 가운데 한 사람이 즉시 달려가서 해면을 가져다가
식초에 적셔 갈대에 꿰어 주께 마시라고 주더라.
49 그러나 나머지 사람들이 말하기를 "가만두어라. 엘리야가 와서
그를 구원하나 보자."고 하더라.

『**제육시에서 제구시까지 어두움이 온 땅을 덮었더니**』(45절).

제육시는 정오다. 유대인의 시간 개념으로 저녁 6시에 하루가 시작되고 열두 시간이 지나 아침 여섯 시에 다시 시간이 계산된다. 그러므로 "이른 아침"은 이방인의 시간으로 오전 6시, 삼시면 오전 9시, 육시면 정오, 구시면 오후 3시이다(마 20 참조). 그런데 요한복음에서 이 시간 개념은 유대인에게 맞추어져 있지 않고 이방인에게 맞추어져 있다. 『**그 날은 유월절 예비일이고 제육시쯤이더라. 그가 유대인들에게 말하기를 "너희의 왕을 보라!"고 하니**』(요 19:14). 요한은 이방인의 시간에 맞추어 빌라도가 주님을 심문한 시간을 육시, 즉 오전 6시로 설명한다. 그러므로 우리는 이날 예수님께서 재판받으시고 돌아가실 때까지의 시간을 계산해 볼 수 있다.

주님께서는 오전 6시에서 6시 30분 사이에 빌라도 앞에서 마지막 재판을 받으셨다. 빌라도의 군사들의 마지막 조롱은 오전 7시쯤에 있었고, 7시 30분에서 8시 사이에 주님은 갈보리로 끌려가셨다. 주님께서 못 박히신 것은 오전 9시였다. 마가는 제삼시, 즉 오전 9시에 주께서 못 박히셨다고 설명한다. 『**제삼시가 되니 그들이 주를 십자가에 못박더라**』(막 15:25). 그리고 어두워질 때까지 약 세 시간 동안 주님은 십자가에 달려 계셨다. 그 사이에 주님은 포도주도 거절하셨고 사람들에게 비난받으셨으며, 행악자들과 대화를 나눈 것도 이 시간 중에 있었던 사건이다. 그 후 12시가 되자 오후 3시까지 온 땅은 어두움에 덮였고, 오후 3시경에 주님은 죽으셨다.

『**어두움이 온 땅을 덮었더니**』(45절).

누가복음은 여기에다 『**해가 어두워지고**』(the sun was darkened)라는 설명을 덧붙였다(눅 23:45). 이 어두움은 초자연적인 현상이었다. 유월절 어린양은 어두워질 때 먹어야 하는데 아직 낮이었으므로 하나님께서는 유월절 양이 죽으시는 그 순간 온 땅을 어두움으로 덮으신 것이다.

그러나 하나님의 기적을 인정하지 않는 자유주의자들에 의해서 이 현상은 희석되고 만다. ASV와 RSV는 누가복음의 『**해가 어두워지고**』(the sun was darkened)를 "해가 빛을 잃었다"(the sun's light failing)라고 고쳤다. 더욱이 RSV에서는 각주에다 "이것은 일식 현상이었다."라고 덧붙였다. NIV에서는 이 구절이 "해가 비추는 것을 멈추었다"(the sun stopped shining)로 번역되었는데, 이들은 〈킹제임스성경〉의 원문 "에스코티스테"(ἐσκοτίσθη)를 버리고 변개된 바티칸 사본의 "에클리폰토스"(ἐκλιπόντος)를 따라 하나님의 능력을 가려 버린 것이다.

그들이 "빛을 잃었다"고 번역한 헬라어 "에클레이포"(ἐκλείπω)는 성경에서 단 세 곳, 누가복음 16:9과 22:32, 그리고 히브리서 11:32에만 쓰였는데, 이 말이 사용된 어디에서도 태양을 가리켜 사용되지 않았다. 성경은 분명히 "해가 어두워졌다"고 말한다. 우리 주 예수 그리스도께서 죽으신 그 순간 물리적인 태양은 위대하신 태양(말 4:2)의 죽음 앞에 빛을 잃을 수밖에 없었다. 태양은 실제적으로 어두워진 것이다. 어둠이 깔렸고, 마치 해가 진 것같이 되었다.

태양이 어두워지기 전에 예수님께서는 요한에게 마리아를 부탁하셨다(요 19:26,27). 그러나 주님께선 결코 마리아에게 "어머니"라 부르지 않았다. 예수님이 마리아를 어머니라 부른 성경 구절은 어디에서도 발견되지 않는다. 주님은 그녀를 "여인이여"라고 부르셨다(요 2:4; 19:26). 『**여인이여, 당신의 아들을 보소서**』(요 19:26).

『"**엘리, 엘리, 라마 사박타니?" 하시니, 이는 "나의 하나님, 나의 하나님, 어찌하여 나를 버리셨나이까?"라는 말이라**』(46절).

이 말은 예수 그리스도께서 십자가 위에서 사탄과 벌이시는 영적 전쟁이 치열하며 매우 힘든 상황임을 보여 준다. 범죄자도 아닌 주님께서 범죄자들과 더불어 버림을 받는 순간이다.

로마카톨릭의 전설은 마태가 마태복음을 히브리어로 썼고, 헬라어로 번역했다는 것인데, 이 구절은 마태가 원래 헬라어로 마태복음을 기록했다는 것을 증명한다. 저자는 히브리어로 "엘리, 엘리, 라마 사박타니"라고 쓴

후에 바로 그 뜻을 헬라어로 번역해 놓았다. 만약 마태가 이 책을 히브리어로 썼다면 이 부분에서 헬라어로 번역할 필요가 없었을 것이며, 히브리어로 된 전체의 책이 헬라어로 번역되었을 때 "나의 하나님, 나의 하나님..."이라는 번역은 굳이 필요 없었을 것이다. 마태는 분명히 헬라어로 기록했고, 부분적으로 필요한 상황에서 히브리어를 삽입하고, 바로 헬라어로 해석해 놓았다.

마가복음에서는 이 말이 아람어로 기록된 후에 헬라어로 번역되었다. 『**엘로이, 엘로이, 라마 사박타니**』(막 15:34). 마가복음과 더불어 아람어로 된 Q문서를 참조하여 마태복음을 기록했다고 하는 "두 문서 이론"을 주장하는 사람들은 마태복음조차도 "엘로이, 엘로이..."라고 고치기 원할 것이다. 그러나 그들은 여기에 대한 증거를 찾지 못한다. 왜냐하면 마태복음은 분명히 아람어로 된 Q문서를 참조하여 기록되지 않았고 성령님의 직접적인 영감으로 기록되었기 때문이다. 특별히 마태복음은 유대인의 왕으로 오신 예수 그리스도를 기록하고 있기 때문에 성령께선 아람어를 기록하시지 않고 히브리어로 "엘리, 엘리..."라고 기록하셨다. 이것이 마태복음이 마가복음과 달리 히브리어를 사용한 이유이다.

『**나의 하나님, 나의 하나님, 어찌하여 나를 버리셨나이까?**』(46절)

주님은 이미 열두 시간 전에 이 일이 임할 줄 아셨다. 주님은 가능하다면 이 일이 임하지 않게 해 달라고 간구했다. 그러나 이 일은 피할 수 없이 임하고 말았다. 이 부르짖음은 순교자의 부르짖음이 아니었다. 순교자들은 생명의 보장과 하나님의 축복을 확신하는 가운데 죽지만, 예수 그리스도께서는 버림받은 슬픔에 대하여 부르짖고 계신 것이다. 주님은 "나의 아버지, 나의 아버지"라고 부르짖지 않으시고 "나의 하나님, 나의 하나님"이라고 부르짖으셨다.

이 순간 버림받은 것은 하나님으로서의 예수 그리스도가 아니라 인간으로서의 예수 그리스도였다. 인성을 소유하신 완전한 인간으로서 그분은 죄인 위에 부어지는 하나님의 진노에 대한 두려움에 완전히 휩싸여서 지옥에 떨어진 죄인들의 부르짖음으로 부르짖으신 것이다. "나의 하나님, 나의 하나님, 어찌하여 나를 버리셨나이까?" 이 부르짖음은 지옥에 있는 모든 죄인들의 부르짖음이다. 이 순간 주님께서는 세상의 모든 죄인들을 위해 친히 죄가 되시고(고후 5:21) 저주가 되시어(갈 3:13) 하나님의 진노의 잔을 드신 것이다(마 26:39).

십자가 위에서 그분께서는 죽임을 당하신 어린양이시다(출 12:1-12). 그 양은 물에 삶아지지 않았고 불에 구워졌다(출 12:9). 그분께서는 태양 아래서 "목마르다"고 말씀하셨다(요 19:28). 그 어린양은 대속물로 드려졌다(출 13:13). 그 양은 누군가를 대신하여 고통받는 어린양이었다(사 53:6,12, 요 1:29, 히 9:28, 벧전 2:24). 그분께서는 화해를 위해 드려지셨고, 속죄를 위해 드려지신 제물이셨다. 그 제물의 유효성은 너무도 놀라워 그분을 믿고 영접하기만 하면 누구나 즉시로 구원받을 수 있고, 또 영원한 생명에 대한 안전한 보장을 받을 수 있다. 그 생명은 지금부터 영원까지 그분을 영접한 사람의 것이 될 것이다.

『**이 사람이 엘리야를 부른다**』(47절).

물론 이 사람들은 예수님의 말을 잘못 듣고 엘리야를 부른다고 말했을 것이다. 그러나 성경을 공부하는 사람이라면 태양이 어두워지는 이 순간과 엘리야에 대해서 어떤 상관관계가 있음을 알 것이다. 엘리야는 해가 어두워지는 크고 무서운 주의 날이 있기 전에 재림해서 주의 재림의 길을 예비할 것이다(암 8:9, 사 5:30; 13:10, 암 5:18,20, 말 4장, 습 1:15).

이제 주님은 고개를 떨구시고 『**목마르다.**』(요 19:28)라고 말씀하신다. 이 말은 누가복음 16장에서 지옥에 있는 부자의 말과 같은 말이다. 사람들은 목마른 그에게 엘리야가 와서 도와줄 것이라고 조롱했으나, 엘리야는 주님을 도우러 오지 않았다.

주님의 생애에서 목말라 물을 필요로 하신 때는 두 번 있었다. 첫 번째는 요한복음 4장에서 사마리아 여인에게 대화를 유도하기 위해 물을 요구할 때였고, 두 번째는 십자가상에서 죽음의 절규 가운데 목말라 하실 때였다. 주님은 쓸개 탄 식초(발효된 포도주, 막 15:23)는 받으시지 않았지만, 여기에서 해면에 적신 식초는 받으셨다(요 19:30). [벌링거는 마태복음 27:34과 마가복음 15:23을 구별하여 설명한다. 주님에게는 음료가 세 번 제공되었는데, 몰약을 탄 포도주는 맛도 보시지 않고 거절하시고(막 15:23), 쓸개 탄 식초는 맛을 보신 후 거절하시고(마 27:34), 해면에 적신 식초는 받으셨다(요 19:30). 그러나 어떤 경우에 있어서도 주님은 발효된 술을 받지 않으셨고, 이것은 마지막 만찬 때에도 마찬가지였다. 주님은 그분의 교회가 술 취한 창녀(로마카톨릭)에게 미혹되지 않도록 십자가 위에서까지 세심하게 고려하셨다.]

27:50 예수께서 다시 큰 음성으로 소리지르신 후, 숨을 거두시더라.

마가복음은 이 일을 동일하게 기록하고(마 15:37), 누가복음은 큰 음성으로 소리질러 말씀하신 내용을 기록한다(『**아버지시여, 내 영을 아버지의 손에 의탁하나이다**』, 눅 23:46). 주님께서 이렇게 부르짖으신 것은 스테판의 부르짖음과 같았다. 『**주 예수여, 나의 영을 받아 주소서**』(행 7:59). 그리고 이 부르짖음 뒤에 즉시 용서의 간구를 드렸다. 그는 참으로 예수 그리스도를 따랐던 사람이었다.

요한복음은 여기에다 『**다 이루었다.**』(요 19:30)라는 말씀을 추가한다. "다 이루었다."라는 말은 그야말로 다 이루셨다는 말이다. 주님께선 큰 소리로 자기의 영을 하나님께 맡기신 후, 그분의 지상생애의 모든 사역을 다 마쳤다고 고백하셨다. 모든 사역이 끝났다. 구원이 완성되었다. 새 언약이 시작되었다(히 9:15-17). 구약의 희생제사는 완전히 끝났다(히 10:9). 더 이상 속죄를 위한 제물은 남아 있지 않다. 주님은 영원한 구속을 이루셨다(히 9:12). 할렐루야!

27:51 그런데, 보라, 성전의 휘장이 위에서 아래까지 둘로 찢어지고 땅이 흔들리며, 바위들이 갈라지고

52 무덤들이 열리며 잠들었던 많은 성도들의 몸이 일어났으며

53 주께서 부활하신 후에 무덤에서 나와 거룩한 도성으로 들어가 많은 사람들에게 나타나더라.

54 백부장과 그와 함께 예수를 지키고 있던 사람들은 지진과 그 일어난 일들을 보고 크게 두려워하며 말하기를 "참으로 이 사람은 하나님의 아들이었도다."라고 하더라.

『성전의 휘장이 위에서 아래까지 둘로 찢어지고 땅이 흔들리며, 바위들이 갈라지고』(51절).

성막에서 휘장은 예수 그리스도의 몸을 상징한다(히 10:20). 그러므로 성막의 휘장이 찢겨졌다는 것은 예수 그리스도의 몸이 찢겼다는 것과 정확히 일치한다. 휘장은 그리스도의 몸의 모형이고, 그 몸은 육체로 나타나신 하나님의 몸이므로, 휘장이 찢어졌다는 것은 하나님의 마음으로 들어가는 것을 보여 준다. 동시에 성막은 우주의 모형이기도 한데, 휘장은 둘째 하늘에서 셋째 하늘로 들어가는 길이다. 성막은 찢겼고, 우리가 셋째 하늘, 즉 하나님의 보좌에 나아갈 길이 열렸을 뿐 아니라(히 9:23-25), 우리는 필요한 때에 도우시는 하나님의 은혜를 얻기 위해 은혜의 보좌 앞에 날마다 담대히 나아갈 수 있다(히 4:16).

휘장이 찢어졌다는 것은 매우 중요하다. 왜냐하면 그 전에는 대제사장이 일 년에 한 번 피를 가지고 휘장 안으로 들어가 하나님의 보좌 앞에 설 수 있었는데, 이제는 휘장이 찢겼으므로 하나님의 보좌는 공개되었고 누구든지 원하기만 하면 그 앞에 직접 나아갈 수 있기 때문이다. 전에는 제사장이라는 중보자를 통해서만, 그것도 제물을 가지고 나아가야만 하나님을 만날 수 있었으나, 이제 우리의 중보자는 예수 그리스도 한 분으로, 우리는 그분을 통해 하나님께 어느 때나 나아갈 수 있다. 더 이상 율법이나 양이나 제사장은 필요치 않다.

휘장은 위에서 아래로 찢어졌다. 누군가 인위적으로 찢지 않고는 그 두꺼운 휘장이 위에서 아래로 찢어질 수 없었다. 그것이 지진과 함께 찢어졌다는 것은 하나님께서 하셨다고 하지 않고는 설명할 수 없다. 하나님께서 인간에게 새 길을 제시하시기 위해 스스로 그것을 찢으신 것이다.

지옥을 뒤흔든 이 지진은 얼마나 강력했던지 바위를 가르며, 나무에 매달린 유다를 떨어뜨려 그 창자를 터지게 할 만큼 충분했다.

『**무덤들이 열리며 잠들었던 많은 성도들의 몸이 일어났으며**』(52절).

이 구절 또한 신약성경에서 가장 어려운 부분 중 하나이다. 고린도전서 15장에서 신약성도들의 부활이 제시되기 전에 또 하나의 부활이 제시되기 때문이다. 그러나 분명한 것은 여기 마태복음 27장에서 일단의 무리들이 부활했고, 그들은 주께서 부활하신 후에 무덤에서 나와 예루살렘에 들어갔다.

여기서 일어난 몸들은 영적인 몸이 아니라 분명 실제적인 몸이었다. 성경은 "잠들었다"고 표현할 때 몸 외에 다른 것을 가리켜 말하지 않기 때문이다. "잠들었다"는 것은 육체가 죽었다는 것을 말한다(행 7:59,60, 살전 5:9,10).

성경은 "잠들었던 많은 성도들의 몸"이 일어났다고 말한다. 이들은 구약성도들이다. 성경에 기록된 대로 구약성도들이 이때에 부활하여 사람들 앞에 나타났다. 성경은 첫 번째 부활(생명의 부활)에 대해 세 부분으로 나누어서 말하고 있는데, 그것은 구약 성도들의 부활과(마 27:53), 신약 성도들의 부활과(살전 4장, 고전 15:50-63), 환란 성도들의 부활이다(마 24장, 계 11장). 성경은 이 세 부활을 첫 번째 부활로 묶는데, 이 부활은 그들의 휴거와 직결된다. 그러므로 구약 성도들의 부활은 그들이 부활하여 사람들에게 보였다가 하늘로 올라간 것까지 말해야 한다.

그러나 성경은 "모든" 성도들이 부활했다고 하지 않고 "많은" 성도들이 부활했다고 말하고 있다. 그러므로 구약 성도들이 모두 마태복음 27장에서 부활한 것은 아니다. 그때 부활한 성도들은 앞으로 일어날 "추수"에 대한 일부분으로서 먼저 부활한 것이다.

이때 부활한 성도들은 "거룩한 도성," 즉 예루살렘으로 들어갔다. 그러나 구약성도들 중에는 예루살렘과 관련이 없는 사람들이 매우 많다. 모세부터 그 이후의 사람들은 팔레스타인에 관한 언약을 받았기에 그 성에 들어가야 할 필요가 있었으나, 아담이나 노아가 그 성에 들어가야 할 이유가 무엇인가? 그러면 이때 부활한 "많은 사람들"은 모세부터 요한까지에 이르는, 율법 아래 죽은 성도들을 말하는가? 여기에 대해서는 분명히 제시되어 있지 않다.

"많은" 성도들이 아브라함부터 모세에 이르는 성도들인지, 모세부터 요한에 이르는 성도들인지, 아니면 둘 다인지는 정확하게 제시되어 있지 않지만, 분명한 것은 이때 모든 구약 성도들이 부활한 것이 아니라 "많은" 성도들이 부활했다는 것이다. 그렇다면 그때 부활하지 않은 다른 성도들은 아직 지하에 남아 있고, 그들은 다음 부활을 기다려야 한다. 앞으로 있을 "생명의 부활"은 신약 성도의 부활(휴거)과 환란 성도의 부활이다. 그러나 신약 성도의 휴거에 대해서는 고린도전서 15:23에서 『**그 다음은 그리스도께서 오실 때 그분께 속한 사람들이라.**』**라**고 말한다. 데살로니가전서 4:16에서는 이것을 『**그리스도 안에서 죽은 자들이 먼저 일어나고**』라고 말하는데, 구약 성도들은 "그리스도 안에서" 죽지 않았다. 그들은 거듭나지 않았으며, 신약 성도들과 같이 그리스도의 몸으로 변한다는 약속을 받지 못했다(빌 3:20,21, 요일 3:1-3).

그러므로 남아 있는 구약 성도들은 환란 성도들의 부활 때에 부활할 것이다(사 26:18-21, 겔 37:1-17, 마 24:29-31, 시 50:1-6). 환란 성도들과 구약 성도들의 상황은 거의 비슷하다. 만약 그들이 환란 끝에 부활하지 않는다면, 천년왕국이 지난 후 큰 백보좌 심판이 펼쳐질 때 부활할 것이다.

27:55 또 거기에 많은 여인들이 멀리 서서 보고 있었는데, 그들은 갈릴리에서부터 예수를 따라와 그를 섬기는 여인들이더라.

56 그들 가운데는 막달라 마리아와, 야고보와 요세의 모친 마리아와, 세베대의 자녀들의 어머니가 있더라.

57 저녁이 되었을 때에 아리마대의 부자 요셉이라 하는 사람이 왔는데, 그도 예수의 제자였더라.

58 그가 빌라도에게 가서 예수의 시체를 달라고 간청하니 빌라도가 시체를 내어주라고 명령하더라.

59 요셉이 그 시체를 가져다가 깨끗한 세마포로 싸서

60 바위를 파서 만든 자기의 새 무덤에 안치하고 큰 돌을 굴려 무덤 문에 놓고 가더라.

61 막달라 마리아와 다른 마리아가 그 무덤 맞은편에 앉아 있더라.

제자들 중에 예수 그리스도의 십자가 밑에까지 따라갔던 사람은 요한뿐이었는데, 그들과 달리 많은 여인들은 주를 끝까지 따라갔다. 그들 중에는 십이 년 동안 유출병을 앓던 여인도 있었고, 일곱 마귀에서 풀려난 마리아도 있었다. 그들은 예수 그리스도께서 그들의 죄뿐만 아니라 질병까지도 고쳐 주시는 분임을 알았다. 그 여인들은 예수님께서 골고다로 가실 때 애도하며 따라갔다.

여기에는 여러 명의 마리아가 등장하는데, 골고다에 함께 있었던 마리아는 예수님의 어머니 마리아와(요 19:25), 세베대의 마리아와(마 27:56), 막달라 마리아와(막 16:9), 클로파의 아내 마리아이다(요 19:25). 26절에는 야고보와 요세의 모친 마리아가 등장하는데, 이 여인은 예수님의 어머니 마리아이다. 로마카톨릭은 이 여인이 예수님의 어머니가 아니라고 말하나, 마가복음 6:3은 분명히 『**이 사람은 마리아의 아들이며, 야고보와 요세와 유다와 시몬의 형제인 목수가 아니냐?**』라고 말하고 있다. 로마카톨릭은 이 "형제"를 "사촌"이라고 말하나 거기에 대한 근거는 전혀 없다. 이 "형제"는 친형제를 말한다. 그러므로 이 마리아는 예수님의 어머니가 분명하다.

아리마대의 부자 요셉은 남몰래 숨어서 믿던 제자들 중 한 사람이다(요 12:42). 이렇게 숨어서 믿던 관원들 중에는 니코데모도 있었다. 그는 요한복음 7:47-53의 논쟁에서 예수님을 변호하기도 했다. 아리마대의 요셉은 더 대담하게 죄인이 처형된 법정에 들어가서 빌라도에게 예수 그리스도의 시체를 요구했다.

빌라도는 예수님이 벌써 죽었다는 것을 이상히 여겼으나, 주님의 죽음을 확인하고 시체를 인계했다(막 15:44,45). 예수님은 단지 의식을 잃은 것이 아니라 완전히 죽으셨다.

예수님의 시체가 안치된 무덤은 "새 무덤"이었다. 그 몸은 세마포에 싸여 들여졌고, 유대인의 방법대로 장사되었다. 니코데모와 요셉에 의해 그 무덤은 돌로 막아졌을 것이며, 그 무덤 주위엔 "마리아들"이 있었다.

주님의 몸은 수요일 저녁에 무덤에 장사되었고, 주님의 영은 하나님께로 갔으며, 주님의 혼은 땅의 심장에 들어가 3일 밤낮을 있게 되었다.

27:62 그 이튿날은 예비일 다음 날이라. 선임 제사장들과 바리새인들이 빌라도 앞에 함께 모여

63 말하기를 "주여, 우리가 기억하건대, 저 미혹하던 자가 살아 있을 때 말하기를 '삼 일 후에 내가 다시 살아나리라.'고 하였나이다.

64 그러므로 셋째 날까지 그 무덤을 굳게 지키도록 명령하소서. 그의 제자들이 밤에 와서 시체를 훔쳐가고 백성들에게 말하기를 '그가 죽은 자들로부터 살아났다.'고 하리니, 그렇게 되면 나중 속임수가 처음보다 더 악화될까 하나이다."라고 하니

65 빌라도가 그들에게 말하기를 "너희에게 경비병이 있으니, 가서 할 수 있는 데까지 굳게 지키라."고 하더라.

66 그러므로 그들이 가서 돌문을 봉인하고 경비병을 세워 무덤을 안전하게 지키게 하더라.

『**그 이튿날**』(62절)은 목요일이다. 예수님께서 죽으신 날은 "예비일"이라고 불리는데, 이는 유월절에 대한 예비일이었다. 누가복음에는 예비일 다음 날이 "안식일"이라고 되어 있어(눅 23:54) 이 예비일이 금요일 같은 인상을 주지만, 이 안식일은 일주일마다 돌아오는 보통의 안식일이 아니라 특별한 안식일이었다.

요한복음 19:31에서 그 안식일은 "큰 날"이라고 불린다. 유대인들에겐 특별한 안식일이 있었고, 그 안식일은 일주일 중 어느 날에 위치할 수도 있었다. 예를 들어 유월절은 둘째 달 14일인데, 그날은 반드시 토요일이 되는 것은 아니면서도 반드시 쉬어야 하는 안식일이다. 그러므로 일주일에 두 번의 안식일이 올 수 있었다. 본문에서 말하는 "그 이튿날"인 안식일은 이렇게 특별한 안식일이었다.

예수님께서는 수요일 오후에 죽으셨고, 그 시체는 새로운 날이 시작되는 수요일 오후 6시 이전에 치워져야 했다. 왜냐하면 수요일 오후 6시는 이미 다음 날인 안식일로 넘어가기 때문이다. 반면 마태복음 28:1과 마가복음 16:1의 안식일은 금요일 저녁부터 토요일 저녁에 이르는 보통의 안식일이었다. 즉 예수 그리스도께서는 수요일 저녁 6시 직전에 무덤에 들어가셔서 삼 일 밤낮을 보내시고 토요일 저녁 6시쯤에 부활하신 것이다. 이로써 우리 주님께서는 마태복음 12장에서 말씀하신 요나의 표적을 이루신 것이다. 『**요나가 사흘 낮과 사흘 밤을 고래 뱃속에 있었듯이, 인자도 그처럼 사흘 낮과 사흘 밤을 땅의 심장 속에 있을 것이라**』(마 12:40).

마태복음 28장

삼 일 밤 삼 일 낮을 땅의 심장 속에서 보내신 예수님은 안식 후 첫날 드디어 부활하신다. 성경은 이때를 가리켜 『**안식일이 끝날 무렵, 그 주의 첫날 새벽이 시작될 때**』(마 28:1)라고 말한다. 그러므로 이때는 토요일 오후 여섯 시쯤이 된다. 이방인에게 그때는 아직 토요일 저녁이지만, 유대인에게 그때는 이미 안식일이 지난 다음 날이다. 27장에서 지상 생애를 모두 끝마치신 주 예수 그리스도께서는 28장에서 부활 후 마지막 사역을 행하시며 제자들에게 마지막 위임 사항을 전달하신 후 하늘로 오르신다. 그 장엄했던 왕의 행적과 그 왕국의 복음이 다른 국면으로 변하여 펼쳐지는 가운데 유대인의 왕을 다룬 이 복음서는 막을 내리게 된다.

28:1 안식일이 끝날 무렵, 그 주의 첫날 새벽이 시작될 때 막달라 마리

아와 다른 마리아가 무덤을 보러 갔더라.
2 그런데, 보라, 거기에 큰 지진이 일어나고, 주의 천사가 하늘에서
내려와 그 문에서 돌을 굴려내고 그 위에 앉아 있더라.
3 그의 용모는 번개와 같고 그의 옷은 눈처럼 희더라.
4 그러자 경비병들이 천사를 두려워하여 떨며 죽은 사람들처럼 되었
더라.

부활의 새벽 상황을 사복음서를 비교하여 자세히 살펴보자. 부활 후의 상황에 대한 사복음서의 기술이 서로 다른 것은 모순처럼 보이지만, 이 사건들을 종합해 보면 다음과 같은 일련의 사건 순서를 발견할 수 있다.

1. 두 여인, 곧 막달라 마리아와 다른 마리아가 무덤으로 갔다(마 28:1). 그 외에 이름이 알려져 있지 않은 다른 사람들이 있었을 텐데(눅 24:1), 그중 하나는 요안나였을 것이다(눅 24:10).

2. 막달라 마리아는 제자들에게 빈 무덤에 관한 소식을 전하려고 갔고, 다른 여인들은 무덤 앞에 있었다(눅 23:55-24:9, 요 20:1,2). 이 여인들은 무덤으로 들어가서 천사로부터 소식을 들었고, 그 여인들은 그들이 본 것을 말하려고 즉시 무덤을 떠났다(마 28:5-8).

3. 베드로와 요한은 막달라 마리아에게 그 소식을 듣고 즉시 무덤으로 달려갔다. 그리고 베드로는 그 일이 사실인가 확인하기 위해 무덤으로 들어가 보았다. [그들은 막달라 마리아가 소식을 전했을 때 의심했었다(눅 24:11).]

4. 두 사도가 무덤을 떠났을 때 막달라 마리아는 무덤으로 돌아왔는데,

그때 그녀는 부활 후에 첫 번째로 나타나신 예수 그리스도를 보았다(요 20:11-17).

5. 앞에서 두 천사를 만났던 여인들이 무덤을 떠나(마 28:8) 제자들에게 그 소식을 전하러 가는 도중, 그들은 막달라 마리아에게 이미 나타나셨던 예수님을 만났다(마 28:9,10).

28:5 천사가 대답하여 그 여인들에게 말하기를 "너희는 두려워 말라. 너희가 십자가에 못박히신 예수를 찾는 줄 내가 아노라.
6 그분은 여기에 계시지 않고 말씀하셨던 대로 살아나셨느니라. 와서 주께서 누우셨던 자리를 보라.
7 속히 가서 주의 제자들에게 주께서 죽은 자들로부터 살아나셨다고 말하라. 보라, 주께서 너희보다 먼저 갈릴리로 가시나니 거기서 너희가 주를 뵙게 되리라. 보라, 내가 너희에게 말하였느니라."고 하니
8 그들이 두려움과 큰 기쁨으로 무덤에서 급히 떠나 주의 제자들에게 말하려고 달려가더라.
9 또 여인들이 제자들에게 말하려고 갈 때에, 보라, 예수께서 그들을 만나서 말씀하시기를 "모두 평안하냐?"라고 하시니 여인들이 나아와 그의 발을 붙잡고 주께 경배하더라.

여기 예수 그리스도께서 부활하셨다는 여러 가지 "무오한 증거"들이 있다(행 1:2,3).

1. 예수 그리스도의 몸은 무덤에 없었다.

2. 경비병들은 시체가 없어진 사실을 은폐하기 위해 대제사장과 장로들로부터 돈을 받았다(마 28:15).

3. 부활하신 주님의 몸은 500명이 넘는 사람들에게 보여지셨다(고전 15:5-8).

4. 만약 누군가가 시체를 훔쳐갔다면, 그 훔친 사람은 훔치는 시간만큼 경비병들에게 최면이라도 걸어야 했다(마 28:4).

5. 무덤 속에 있던 수건은 한쪽에 개어져 있었다(요 20:5-7). 만약 누군가가 시체를 훔쳤다면 그는 왜 수건을 개었겠는가?

6. 만약 주님의 부활이 단순히 "영적인 부활"이었다면 주님께서 먹고 마셨다는 것은 설명할 수 없다(눅 24:42).

7. 부활하신 주님의 몸은 살과 뼈로 구성되어 있는(눅 24:39) 실제적인 몸이었다. 이 몸을 입으시고 주님은 40일 동안 가르치셨다.

그러나 부활하신 주님의 몸은 현재의 우리들의 몸과는 같지 않다. 그 몸은 피가 없이 살과 뼈로만 구성되어 있었다(눅 24:39). 그 몸은 구운 생선을 먹을 수 있을 만큼 실제적인 몸이면서도(눅 24:42), 벽을 통과할 수 있는 신비한 몸이었다(요 20:19). 또 이 몸은 순간적으로 우주 저 너머에 있는 셋째 하늘에 갔다 올 수 있는 몸이었다. 요한복음 20:17에서 주님께서는 아직 아버지께 올라가지 않으셨기에 마리아에게 만지는 것을 허락하지 않으셨는데, 마태복음 28:9에서는 여인들이 주님을 만지는 것을 허락하셨다. 주님은 그 사이에 하늘로 올라가셨다가 다시 내려오신 것이다. 요한복음 20:17에서 주님께서 마리아에게 "내가 아버지께 올라간다."라고 말씀하셨을 때, 그것이 현재 시제 "올라간다"(I ascend)라는 것을 주목하라. 이것은 40일 후에 사도행전에서 올라간다는 것이 아니라 "지금 바로" 올라간다는 것을 말한다. 주님은 그때 올라가셨다가 바로 내려오셔서 여인들에게 나타나셨다. 주님은 엠마오로 가는 제자들에게 나타나셨을 때 그들의 눈이 열리자 즉시로 그들 앞에서 사라지셨는데(눅 24:31), 이것은 원자 구조의 재배열에 의해 분해되기도 하고 결합되기도 하는 그러한 형태였다.

이 몸은 또한 그리스도인이 부활할 때 변화될 몸과 같은 몸이다. 그리스도인은 예수 그리스도의 몸과 같이 완전한 형태, 즉 살과 뼈를 가지고 있는 몸이며, 음식을 먹을 수 있으나 벽을 통과하고 하늘을 오르내릴 수 있는 초자연적인 몸, 예수 그리스도의 완전한 몸과 같은 서른세 살 반의 모습으로 변할 것이다(빌 3:20,21, 요일 3:1-3, 롬 6:5; 8:11).

예수님께서 셋째 하늘로 올라갔다 오신 것은 히브리서에서 묘사된 제사장 사역을 완성하신 일과도 관련이 있다. 구약의 대제사장은 피를 가지고 일 년에 한 번 지성소로 들어간다. 반면 예수 그리스도께서는 단번 속죄로 영원한 구속을 이루셨는데, 대제사장들의 원형이신 그분은 지상의 성막의 원형인 하늘로 그분의 피를 가지고 들어가셔야 했다. 성막은 하늘의 모형이다. 휘장은 둘째 하늘과 셋째 하늘을 가르는 거대한 물층이고, 지성소는 하나님의 보좌가 있는 셋째 하늘이다. 대제사장이 동물의 피를 가지고 일 년에 한 번씩 지성소에 들어가는 것처럼 예수님께서도 자기 자신의 피를 가지고 지성소인 셋째 하늘에 들어가셔야 했다(히 8:1-6; 7:14; 9:7-14, 23-25).

28:10 그러자 예수께서 그들에게 말씀하시기를 "두려워 말라. 가서 나의 형제들에게 갈릴리로 가라고 말하라. 그리하면 그들이 거기서 나를 보리라."고 하시더라.

11 그들이 가고 있을 때에, 보라, 경비병 몇 사람이 성읍에 들어가서 일어난 모든 일들을 선임 제사장들에게 보고하더라.

12 그들이 장로들과 함께 모여 의논하고 경비병들에게 많은 돈을 주면서

13 말하기를 "너희는 '그의 제자들이 밤에 와서, 우리가 자는 동안 그를 훔쳐갔다.'고 말하라.

14 만일 이 말이 총독의 귀에 들어가면 우리가 그를 설득하여 너희는 안전하게 하리라."고 하더라.

15 그러므로 그들이 돈을 받고 가르침받은 대로 행하였으니 이 말이 오늘까지 유대인들 사이에 두루 퍼지니라.

이 시간에 일어났던 다른 사건들 중에는 엠마오로 가는 제자들을 만나신 것과(눅 24:13-31), 베드로에게 보이신 것과(눅 24:34, 고전 15:5), 도마가 없을 때 다락방에서 보이신 것과(눅 24:36-43, 요 20:19-24), 도마가 있을 때 보이신 것(요 20:24-29), 그리고 갈릴리에서 베드로에게 "네가 나를 사랑하느냐?"라고 물었던 일(요 21장)과 더불어 500여 명의 형제들에게 보이신 것(고전 15:6) 등이 있다.

『**가서 나의 형제들에게 갈릴리로 가라고 말하라**』(10절).

마태복음에서 "나의 형제들"에게 갈릴리로 가라는 말씀이 주어지지만,

마가복음에서 이 말씀은 주의 제자들과 베드로에게 지시하는 말씀으로 제시되어, 베드로를 강조하고 있다(막 16:7). 이것은 수요일 새벽의 사건, 즉 베드로가 예수님을 세 번이나 부인한 사건과 베드로의 찔림을 상기시키시는 말이다. 주님께서는, 베드로가 부인한 그 순간부터 마리아가 부활의 소식을 전했을 때 주님을 만날 수 있을지도 모른다는 소망을 가지고 무덤에 달려갔을 때까지의 베드로의 그 마음을 자세히 알고 계셨던 것이다. 베드로를 개인적으로 언급한 것은 고린도전서 15:5에서도 나타난다.

고린도전서 15장에는 두 명의 이름만이 구체적으로 언급되는데, 베드로 외에 다른 한 명은 예수님의 동생 야고보이다(고전 15:7). 그는 예수님의 혈육 중에서 유일하게 예수님을 따랐던 사람이다.

『**"너희는 '그의 제자들이 밤에 와서 우리가 자는 동안 그를 훔쳐갔다.' 고 말하라."**』(13절).

경비병들이 이 말은 하는 것은 분명하게 모순이다. 만약 그들이 밤에 잤다고 말하면 그들은 근무태만이고, 그들이 깨어 있었다면 주님이 부활한 것이 분명하기 때문이다. 또한 그들이 잤다면 제자들이 훔쳐갔는지 그들이 어떻게 알 수 있는가? 결국 그들은 대제사장들의 매수로 인해 터무니없는 거짓말을 하게 된 것이고, 대제사장들은 총독마저도 매수하여 이 일을 무마시키려고 했다. 『**"만일 이 말이 총독의 귀에 들어가면 우리가 그를 설득하여 너희는 안전하게 하리라."**』(14절). 그들은 주님의 부활을 염려하여 무덤을 굳게 지키라고 철저하게 준비해 놓고(마 27:63-66), 이제 주님께서 부활하시자 그 부활 자체를 덮어 버리려 하는 것이다. 참으로 그들은 예수 그리스도의 신성에 대한 가장 확실한 증거를 보고서도 끝까지 부인하는 "위선자"의 모습을 버리지 않는다. 그들은 마태복음 27장에서 휘장이 찢어지는 것을 보고서도 이 모든 일을 백성들로부터 감추려고 하였다. 왜냐하면 성전의 휘장이 찢어진 일과 주님이 부활하신 일이 백성들에게 알려지게 될 경우 그들은 더 이상 제사장 노릇을 할 수 없기 때문이다. 그들은 성전에서 일어난 변화로 인해 제사장직을 잃어버리기를 원치 않았다. 결국 그들은 자기들의 배를 섬기는 자들이었던 것이다(롬 16:18).

28:16 그때 열한 제자가 갈릴리로 가서 예수께서 지시하신 산으로 가더라.
17 제자들이 주를 뵙고 경배하더라. 그러나 몇 사람은 의심하더라.
18 그후에 예수께서 그들에게 오셔서 일러 말씀하시기를 "하늘과 땅에 있는 모든 권세를 나에게 주셨도다."

『**그러나 몇 사람은 의심하더라**』(16절).

이것은 요한복음 20:21-28에 등장하는 도마의 경우이다. 주님은 제자들이 모여 있는 자리에 벽을 통과해서 들어가셨다. 그리고 봐야만 믿겠다는 도마에게 옆구리에 손을 넣어 보라고 말씀하셨다. 도마는 현대의 자유주의자들처럼 물리적인 증거를 원했던 사람이다. 그러한 그에게 주님께서 보여 주신 몸은 그 자체가 실제적으로 주님이 부활하셨다는 확실한 증거였다.

이후 요한복음 21장에서 갈릴리에 나타나시어 베드로를 만나셨을 때, 주님께서 그를 "시몬"이라고 부르신 것은 주목할 만하다. 예수님은 마태복음 16장에서 그를 더 이상 시몬이라 부르지 않고 베드로라 부르시겠다고 말씀하셨으나, 여기서는 시몬이라고 부르신 것이다. 이것은 그의 육신적인 상태를 상기시키는 말이었다. 주님은 베드로가 부인할 것을 경고하시면서 "시험에 들지 않도록 깨어 기도하라."고 말씀하셨으나(마 26:41), 그의 "영은 원하였지만 육신이 연약하였으므로"(마 27:41) 결국은 시험에 빠져 패배할 수밖에 없었다. 주님께서 베드로를 "시몬"이라 불렀을 때 그분은 베드로에게 이 모든 것을 상기시키고 계셨던 것이다.

『**하늘과 땅에 있는 모든 권세를 나에게 주셨도다**』(18절).

이 구절은 지난 1,500년 동안 로마카톨릭이 자기들의 교회의 권력을 유지하기 위해 사용한 구절이다. 그들은 주님께서 결코 위임하시지 않은 권세를 "찬탈"하여 온 세상의 권력을 로마카톨릭의 세력하에 집어넣으려고 했다.

하나님께서는 이 모든 권세를 아들에게 주시고, 그를 통하여 만물을 다스리려 하셨다(빌 2:10). 그러나 이 세상은 지금 아들에게 복종하지 않고 사탄에게 복종하고 있다. 그는 이 세상의 신이며(고후 4:4), 이 세상의 왕이다(눅 4:6, 요 12:31). 하나님께서 아담에게 주신 왕권을 빼앗은 이후로 사탄은 지금까지 이 세상의 왕 노릇을 해왔다. 그의 최종 목적은 하나님의 자리를 찬탈하는 것이다. 그 이유로 그는 하나님께서 왕권을 주신 사람마다 넘어뜨리고 실패하게 했다. 예수 그리스도께서 다시 그 왕권으로 왕국을 가지고 오셨을 때, 주님께서는 사탄의 가장 큰 적수가 되셨다. 그는 온갖 유혹과 시험과 고통으로 주님을 이겨 보려고 하였으나, 결국 갈보리에서 패하고 말았다. 그래서 그는 다시 주님께 주어진 이 권세, 아들에게 주어진 하늘과 땅의 모든 권세를 빼앗아 모든 불순종하는 세력들 위에서 통치하려고 하는 것이다.

이 권세는 사탄 아래서 "권세들"과 "정사들"에게 주어졌고(엡 6:12, 계 13:1-7), 다시 그들의 통제를 받는 인간 통치자들에게 주어졌다(롬 13:1-6). 그들은 이 물리적이고 정치적인 권세로 경제와 사회와 문화와 예술과 사법과 행정들을 다스린다. 이 세상은 사탄이 찬탈한 권세로 유지되기 때문에 죄악과 부도덕으로 만연하게 된 것이다.

그러나 여기 또 하나의 권세가 있다. 그것은 영적인 권세인데, 하나님께서는 이 권세를 통하여 거듭난 그리스도인들을 다스린다. 영으로 거듭난 그리스도인들만이 하나님의 영적인 통치를 받을 수 있는데, 이는 그들만이 하나님의 나라의 백성이기 때문이다.

하나님께서는 이 권세를 그분의 백성인 성도들에게 주셨다. 그래서 성도들은 물리적인 권세가 아니라 영적인 권세를 갖는다. 이것은 마태복음 16:19에서 베드로에게 주어졌고, 마태복음 18:18에서는 다른 제자들에게도 주어졌다. 이에 베드로는 유대인들과(행 2장) 이방인들에게(행 10장) 복음의 문을 열었고, 이 열린 문을 통해 다른 사도들과 바울이 복음을 전했다(고후 2:12). 주님께서는 땅 위에서 죄들을 용서하는 권세가 인자이신 주님께 주어졌다고 말씀하셨지만(마 9:6), 이 권세는 그들에게 위임되었기에(마 16:19; 18:18) 그들은 죄인에게 복음을 전함으로 죄사함을 "선포"할 수 있게 되었고, 복음을 받아들이지 않는 죄인에게는 저주를 선포할 수 있게 되었다.

이 권세는 복음을 전파하는 것과 밀접한 관계가 있는데, 제자들에게 위임된 이 권세는 그분의 영으로 거듭난 모든 성도들에게도 위임되었다(고

후 5,6장). 『**모든 것이 하나님께로부터 났으며 그분께서는 예수 그리스도를 통하여 스스로 우리와 화해하셨고 화해의 직분을 우리에게 주셨으니 즉 하나님께서 그리스도 안에 계셔서 세상을 자신과 화해하게 하시며 그들의 죄과를 그들에게 돌리지 아니하시고 우리에게 화해의 말씀을 맡겨 주신 것이라. 그러므로 이제 우리는 그리스도를 대신한 대사들로서 하나님께서 우리를 통하여 너희를 권면하신 것같이 우리도 그리스도를 대신하여 너희에게 간구하노니 너희는 하나님과 화해하라**』(고후 5:18-20). 그러므로 성도들은 영적 권세에 속한 자들이며, 따라서 교회 안에서 치리하는 지도자들에게 주어진 권세도 영적인 권세이다.

그러나 찬탈자인 사탄은 그의 권세를 가지고 하나님의 백성들 가운데로 들어왔다. 그는 하나님의 영적인 권세를 파괴시키기 위해 로마카톨릭이라는 거짓 교회를 사용했다. 요한계시록 17장에서 "창녀"로 정의된 그 교회는 사탄에게서 위임받은 권세로 교회를 통하여 세상을 다스리려고 한다. 그들이 하나님으로부터 권세를 받았다고 말하는 근거는 마태복음 16장에서 베드로에게 주어진 권세이다. 베드로 위에 교회가 세워졌고, 그 교회는 주님의 "물리적인" 권세를 받았으며, 하나님의 나라는 교회를 통하여 세상 끝까지 그 통치 범위를 확장한다는 것이 그들의 논리이다. 그들은 세례와 미사를 통해 세상의 통치자들을 그들의 권세 아래 두었고, 그들을 통해서 세상 정부들을 다스렸다. 그들에게는 복음을 확장하는 것이 곧 그들의 통치 범위를 확장하는 것이었으므로, 역사를 통해 볼 때 언제나 승자의 편에 선 것은 그들의 교권을 확장시키기 위함이었다(저자의 〈신약교회사〉 참조).

이 논리는 기독교계 내에서 효과적으로 퍼져 나가게 되었고, 그 사상은 "후천년주의" 교리로 뒷받침되게 되었다. 로마카톨릭에 항거했던 개혁자들도 카톨릭의 이 누룩에서 벗어나지 못하고, 복음으로 세상을 변화시키겠다는 잘못된 의지로 세상에서 권세를 행사하려고 했다. 대표적인 예가 칼빈의 제네바 개혁이다. 그는 제네바 시 전체를 교회법으로 다스렸고, 그 도시에 "천국"을 가져오려고 시도했던 사람이다. 결국 그 개혁은 또 하나의 세상 정치로 끝나게 되었다. 그의 영향을 받은 개신교회들이 교회-국가의 개념을 가지고 이 땅에 "천국"을 가져오려는 노력을 하지만 주 예수께서 재림하시지 않는 한 이 땅에는 결코 천국이 이루어지지 않는다. 그러므로 그리스도인들은 주님께서 주신 영적인 권위를 올바르게 행사해야 하며, 세상 권세에 대해서는 그들이 우리의 신앙을 박해하지 않는 한 세상 통치자들을 따라야 한다. 왜냐하면 모든 권세는 결국 하나님께로부터 기인된 것이며(롬 13:1), 세상 통치자들은 하나님의 선한 치리를 위해 하나님께서 "허용하신" 일꾼이기 때문이다(롬 13:4).

그러나 결국 하늘과 땅의 모든 권세는 우리 주 예수 그리스도께 속한 것이다. 주님께서는 지금 복음 전파에 관한 영적인 권세를 그리스도인들에게 위임하셨지만, 주님께서 영광스럽게 재림하시는 그 날, 세상의 모든 권세는 우리 주 예수 그리스도께 돌아갈 것이다. 사탄이 유혹했던 세상 왕국들의 모든 영광들도 주님의 것이 될 것이다. 주님께서는 이 왕국들을 쳐부수고 그 왕국들을 차지하실 것이며(사 63:1-6, 단 2:44, 계 11:15), 주님의 권세는 영원무궁할 것이다.

28:19 "그러므로 너희는 가서 모든 민족들을 가르치고, 아버지와 아들과

성령의 이름으로 침례를 주며
20 내가 너희에게 명령한 모든 것을 가르쳐 지키게 하라. 보라, 내가 세상 끝까지 너희와 항상 함께 있으리라."고 하시더라. 아멘.

마태복음의 마지막 부분은 "지상 명령"으로 마무리된다. 복음을 전하는 대부분의 그리스도인들은 이 말씀에 그들의 삶을 헌신한다. 이것이 가능한 것은 구약과 신약의 과도기에 있는 마태복음이 이제 은혜의 복음을 향해 나아가면서 마무리되고 있기 때문이다. 그러므로 이 말씀은 교회 시대를 향한 지상 명령이라고 보아도 무리가 없다.

그러나 카톨릭이나 개혁주의자들은 이 위임 사항을 그대로 받아들여 "복음 전파"(preaching)를 하기보다는 학문적으로 "가르치기만"(teaching) 하였고, 예수 그리스도께로 혼을 이겨오는 구령(soul winning)을 하기보다는 침례(또는 세례)를 주어 교인으로 만들기만 하였다. 다시 말해서 그들은 사람들을 "회심"(converting)시킨 것이 아니라 "개종"(proselyting)시킨 것이다. 더욱이 그들은 이 말을 "지상 명령"으로 받아들이면서도 "침례"를 주지 않고 물 뿌리는 "세례"를 줌으로 주님의 명령을 크게 무시하고 있다.

『**모든 민족들을 가르치고**』(19절).

주님의 명령을 전파하는 대상이 "모든 민족"(all nations)이다. "민족"이 복수 형태로 쓰였을 때 그것이 이방인(Gentiles)을 말한다는 사실은 명확하다. 이 "민족들"은 항상 이스라엘 민족을 제외한 이방 민족들이며, 그러므로 여기서 전파되는 복음은 이방인에게 전파되는 복음이다. 우리는 이 명령에 따라 가능한 모든 민족들에게 복음을 전해야 한다.

『**아버지와 아들과 성령의 이름으로 침례를 주며**』(19절).

여기서 명령되는 침례는 "아버지와 아들과 성령의 이름"으로 주어지는 침례이다. 이 침례는 이방인에게 주는 침례로서, 유대인에게 주는 침례와는 구별된다. 유대인들이 그들의 왕을 거부하고 십자가에 처형한 후 베드로가 그들에게 회개를 전파했을 때, 그들은 자기들의 죄를 깨닫고 침례를 받아야 했는데 그 침례는 "예수의 이름으로" 받는 침례였다(행 2:38). [사도행전 19장에서 바울은 에베소에서 어떤 제자들을 만나 그들에게 『**주 예수의 이름으로**』 침례를 주었는데(행 19:5), 그들이 이미 요한의 침례를 받은 상태였다는 것을 볼 때(행 19:3) 그들은 분명히 유대인들이었다.] 그들은 자기들의 메시아를 죽인 책임이 있기 때문에 그분의 이름으로 침례를 받아야 한다.

그러나 이방인들은 『**아버지와 아들과 성령의 이름으로**』 침례를 받는다. 주목할 것은 주님의 세 인격에 대한 이름이 언급되었음에도 그 이름은 "이름들"(names, 복수)로 되어 있지 않고 "이름"(name, 단수)으로 되어 있다는 사실이다. 이것은 삼위일체를 증명하는 또 하나의 예증인데, 세 인격께서 함께 계셔도 한 이름으로 제시된다는 것이다. 또한 그 세 인격은 각각 같은 이름을 가지는데, 그것은 『**주**』(Lord)이시다. 아버지의 이름이 『**주**』라는 것은 구약의 수백 구절들이 증명하는 바이고, 아들의 이름이 『**주**』라는 것도 신약에서 무수히 발견되며, 성령께서도 『**주**』라는 이름을 가지셨다(고후 3:17). 그러므로 『**아버지와 아들과 성령의 이름으로**』 주는 침례는 『**주의 이름으로**』 주는 침례와 동일하다. 사도행전에서 이방인들에게 침례를 주었을 때, 그들은 『**주의 이름으로**』 침례를 받음으로써(행 10:48) 마태복음 28:19을 실행하였다.

그러므로 이 명령은 교회 시대에 전파되는 은혜의 복음의 명령이라고 볼 수 있다. 더욱이 마태복음 28장의 명령은 마가복음 16장의 명령과는 다른데, 마가복음에서 왕국 복음의 표적들이 등장하는 대환란 때의 위임 사항은 승천하시기 직전 예루살렘에서 주신 것이며, 승천하실 때까지도 제자들은 이스라엘에 왕국이 회복될 것을 기다리고 있었고 주님은 그들의 기대를 저버리지 않으셨다. 그러므로 마가복음의 위임 사항은 분명 유대인에게 맡겨진 천국 복음의 위임 사항이었다. 그러나 마태복음 28장은 갈릴리에서 말씀하신 것으로 마가복음과는 좀 다른 상황이다.

그러나 이 위임사항을 교회 시대에 한정지을 때 몇 가지 문제가 발생한다.

『**내가 너희에게 명령한 모든 것을 가르쳐 지키게 하라**』(20절).

주님께서 이들에게 가르쳐 지키게 한 것은 "천국 복음"을 전파하는 것, 병든 자를 치유하는 것, 문둥병자를 고치는 것, 마귀들을 내어 쫓는 것, 죽은 자들을 일으키는 것, 이스라엘에게만 가라고 한 것, 산상설교를 지키라고 한 것 등 구약 율법과 왕국 복음에 속한 것들이 모두 포함된다.

『**내가 세상 끝까지 너희와 항상 함께 있으리라**』(20절).

이 구절에서 "세상"은 "땅"(earth)이 아니라 "시대"(age)를 말한다. 굳이 "코스모스"나 "에이온" 같은 헬라어를 보지 않더라도 이 구절을 대하는 사람은 누구든지 이 말을 "언제까지나," "항상"의 뜻으로 이해한다. 그러므로 여기서 『**세상 끝**』은 어떤 특정한 기간을 가리킨다. 『**끝**』(the end)이라는 말은 성경에서 항상 이 시대의 끝, 즉 새롭게 다가오는 세상(천년왕국)이 있기 전까지의 세상의 끝, 구체적으로 말하면 대환란의 끝을 말한다(마태복음 24장 참조).

더욱이 대환란 중에는 천국 복음이 이방인들에게도 전파되는데, 그것은 유대인들에게 전파되는 것과는 달리 "증거"로서 전파된다. 천국 복음이 유대인에게 전파될 때 그것은 "천국이 가까이 왔으니 너희는 회개하고 너희의 왕을 받아들이라"는 것이며 표적과 함께 전파되는데, 이 복음이 대환란 중에 이방인에게 전파될 때 그것은 "유대인은 하나님의 백성이며, 메시아께서 오셔서 유대인을 구원하실 것이며, 모든 왕국은 그분 앞에 복종할 것이고, 그분은 유대인을 통하여 온 땅에 은혜를 베푸실 것이다. 너희는 유대인을 구원하시는 그분의 역사를 보고 알라"는 것이다. 마태복음 10장에서 주님은 천국 복음을 유대인들에게만 한정시키셨지만, 마태복음 24장에서는 환란 중에 천국 복음은 이방인들에게도 전파되어야 한다고 말씀하셨다. 『**이 왕국 복음이 모든 민족에게 증거되기 위하여 온 세상에 전파되리니, 그런 후에야 끝이 오리라**』(마 24:14). 그때 이방인들은 마태복음 25장에서 약속한 대로, 왕국 복음을 전파하는 유대인들을 영접하고 대접해 줄 때 양에 속한 민족으로 구원을 받게 된다. 그때 유대인을 대접하고 그들에게 복음을 받아들이는 이방인들은 이 시대의 이방인들과 똑같이 "아버지와 아들과 성령의 이름으로" 침례를 받을 것이다.

그러므로 본문의 "지상 명령"은 교리적으로 유대인 제자들에게 주시는 왕국 복음의 지상 명령이다. 예수 그리스도의 죽음으로 "새 언약"(New Tes- tament)은 시작되었지만, 사도행전 7장까지는 아직 유대인을 다루시는 왕국 복음이 진행되고 있다. 사도행전 1장에서 승천하시는 주님은 왕국을 기다리는 유대인 제자들의 기대를 저버리지 않으셨고, 사도행전 2장에서 베드로는 유대인들에게 아직 왕국 복음을 전하며 "너희가 너희의 왕을 죽였다"고 말하여 회개의 침례를 전파했고, 사도행전 7장에서 스테판은 마지막으로 유대인들에게 회개를 촉구했다. 그러나 스테판은 거부당해 죽고, 이후로 예루살렘에서는 더 이상 어떠한 이적도 일어나지 않았으며, 왕국 복음은 하나님의 은혜의 복음으로 변하여 이스라엘이 아닌 이방인에게로 전파되고 만다. 사도행전이 진행되는 동안에도 바울은 가는 곳마다 유대인들에게 먼저 복음을 전했지만 목이 굳은 백성인 유대인들은 계속 거부하였고, 사도행전 28장에서는 마침내 바울의 사역이 완전히 이방인에게로 돌려지게 된다. 『**그러므로 하나님의 구원을 이방인들에게 보낸 것과 그들이 그것을 들을 것을 너희가 알라**』(행 28:28).

따라서 사도행전 7장까지는 아직 왕국 복음의 상황이고, 그 이후는 복음의 과도기로서, 왕국 복음이 사라지고 은혜의 복음이 점차로 확장되는 부분이며, 사도행전 28장 이후 바울 서신에 이르러는 완전히 은혜의 복음으로 일관하게 된다. 그러므로 마태복음은 구약과 신약의 과도기의 책으로서 예수 그리스도의 죽음으로 말미암아 신약이 시작되었다는 것을 보여줄 뿐, 왕국 복음의 요소를 마지막까지 간직하고 있다.

마태복음은 전환기의 책이다. 그러므로 우리가 지금까지 살펴보았던 것처럼 신약적 요소보다는 구약적 요소가 더 많이 발견되며, 신약 교회에는 도저히 적용할 수 없는 부분이 종종 등장한다. 전환기라는 관점을 이해하지 못하는 사람들은 사도행전과 히브리서와 더불어 이 책에서 가장 많은 오류를 범하게 된다. 마태복음은 처음부터 끝까지 유대인들에게 주어진

"천국"을 유념하면서 공부해야 하는 책이다. 마태복음을 읽을 때 우리는 "왕"이라는 말과, "천국" 또는 "왕국"이라는 말에 주의를 집중시켜야 한다. 왜냐하면 그 말 속에서 우리는 마태복음의 위대함을 발견할 수 있기 때문이다.

왕국이 예언되고 왕이 탄생하셨다. 왕의 선두주자 침례인 요한이 먼저 왕국을 전파했고, 그 왕은 시험을 받으신 후 그분 자신의 왕국을 직접 전파했다. 왕국 복음을 듣고 사람들이 몰려들어 왕국이 설립될 준비가 갖추어졌으며, 왕께서는 그 왕국의 법령을 공포하신다. 왕께서는 표적으로 친히 자신이 왕이심을 보이셨고, 제자들에게 그 왕국 복음의 전파를 위임하셨으나, 어리석은 백성들과 사악한 종교 지도자들에 의해 왕과 왕국은 거부되었다. 그 후 왕국은 신비 속에 감추어져 유대인에게 가려졌으며, 그 사이에 교회가 등장할 것이 암시되었다. 그러나 왕께서는 계속적인 가르침 속에서 왕국 복음을 전파하셨고, 거부한 백성들이 당할 대환란과 그 후에 도래할 천국에 대해 집중적으로 가르치셨다. 때가 되어 그 왕은 왕의 도성으로 입성하시어 백성들의 환호를 받으셨지만, 그 입성은 왕의 죽음을 위한 것이었다. 결국 왕께서는 죽으셨지만 그분의 죽으심은 참으로 왕다운 죽음이었으며, 그분은 왕답게 부활하시고 왕답게 승천하셨다.

한 가지 기억해야 할 사실은, 왕께서는 죽으시면서 우리에게 "새 언약"(New Testament)이라는 새로운 약속을 주셨다는 것이다. 그것은 단지 "천국"만을 위한 것이 아니다. 이 "새 언약"은 우리 모두가 들어가야 할 "하나님의 나라"를 위한 것이다. 지금 그 왕은 그분의 영으로 거듭난 사람들을 다스리는 영적인 나라의 왕이 되시어 그리스도인들을 "새 언약의 일꾼"으로 삼으셨다(고후 3:6). 우리는 그분의 명령에 따라 예수 그리스도의 죽으심과 묻히심과 부활을 증거하는 일꾼이 되었다. 이제 우리가 전파해야 할 것은 새 언약에 따른 은혜의 복음이다. 만약 우리가 은혜의 복음을 전하지 않아 우리 주위의 누군가가 대환란 중에 남는다면 그는 다시 전파될 왕국 복음을 들어야 할 것이다.

피터 럭크만의 주석서

마태복음

1996년 3월 11일 초판1쇄
2024년 2월 21일 개정판2쇄

지은이 피터 S. 럭크만
옮긴이 편 집 부
펴낸이 말씀보존학회
펴낸곳 말씀보존학회

서울시 강서우체국 사서함 제90호
전화 (02) 2665-3743 / 팩스 (02) 2665-3302
인터넷 / www.biblemaster.co.kr
등록 / 제409-2022-000036호

값 35,000원